# 经济数学基础

主 编 陈华峰 马 杨
副主编 袁 佳 章向明 王红广
　　　 杨陈琳 杨镜漩

西南交通大学出版社
·成都·

## 内容简介

本书是编者认真分析、总结、吸收部分高等职业教育本、专科高校经济数学类课程教学改革经验，本着"必需、够用、发展"的原则，以教育部高等职业教育教学课程的基本要求与课程改革精神及人才培养目标为依据编写而成的．在取材上力求注重基础与完整，结合生活、专业课学习及运用，在讲述上深入浅出，从而达到既为学生专业学习服务，又加强学生基本经济思维素质训练的目的．

本书主要包括函数、极限与连续、导数与微分、微分中值定理与导数的应用、不定积分、定积分及其应用、多元函数微分学、微分方程、线性代数、概率论初步等经济数学应用知识．

本书内容全面，语言简洁，例题和练习量大，可作为高等职业院校本、专科经济管理、财务管理、工商管理、电子商务等专业数学类课程的通用教材，也可供企事业管理及其他人员参考．

**图书在版编目（CIP）数据**

经济数学基础 / 陈华峰，马杨主编． -- 成都：西南交通大学出版社，2025. 5. -- ISBN 978-7-5774-0446-2

Ⅰ．F224.0

中国国家版本馆 CIP 数据核字第 2025H0F249 号

Jingji Shuxue Jichu
**经济数学基础**

| | |
|---|---|
| 主　编／陈华峰　马　杨 | 策划编辑／黄庆斌 |
| | 责任编辑／赵永铭 |
| | 责任校对／左凌涛 |
| | 封面设计／墨创文化 |

西南交通大学出版社出版发行
（四川省成都市金牛区二环路北一段 111 号西南交通大学创新大厦 21 楼　610031）
营销部电话：028-87600564　　028-87600533
网址：https://www.xnjdcbs.com
印刷：成都勤德印务有限公司

成品尺寸　185 mm×260 mm
印张　24.5　　字数　612 千
版次　2025 年 5 月第 1 版　　印次　2025 年 5 月第 1 次

书号　ISBN 978-7-5774-0446-2
定价　59.80 元

课件咨询电话：028-81435775
图书如有印装质量问题　本社负责退换
版权所有　盗版必究　举报电话：028-87600562

# 前　言

在社会持续进步、时代飞速发展的当下，尤其是人工智能（AI）教育技术不断迭代革新，国家对人才的要求日益严苛．全面贯彻党和国家的教育方针，培育德智体美劳全面发展的社会主义建设者与接班人，乃是数学教育义不容辞的基本任务．

对于高等职业教育的本、专科学生而言，单纯掌握专业知识已无法契合社会与企业的需求．他们还必须具备强大的适应能力、灵活的应变能力、高效的学习能力以及卓越的创新能力等．唯有如此，方能在竞争日趋激烈的环境中崭露头角，为祖国的建设贡献自己的力量．而这些能力的根基，正是丰富的专业基础知识与良好的思维品质．经济数学的学习，恰恰有助于夯实学生的专业基础知识，培育其良好的思维品质．

经济数学作为高等职业院校经济类、管理类、会计类、商务类等各专业的一门公共基础必修课程，在培养学生思维能力方面发挥着关键作用．通过学习经济数学，学生不仅能够掌握解决经济领域数学问题的描述工具与方法，为后续课程的学习奠定坚实的数学基础，还能有效提升抽象思维与逻辑推理能力，增强观察事物现象、剖析问题本质以及解决实际问题的能力．此外，还能帮助学生养成良好的意志力，以及逻辑性、新颖性等思维习惯，为今后的学习、工作和生活锤炼必备的基本素养．

基于此，本书在编写过程中，力求精准呈现经济数学基础知识的核心内容，做到简明扼要、通俗易懂．同时，高度注重理论联系实际，融入启发式思维训练，着重培养学生良好的思维品质，强化学生系统性、创新性、发散性、坚韧性的思维训练．本书凝聚了编者多年的经济数学教学经验，充分遵循新时代高等职业教育本、专科学生的学习规律与特点，博采国内众多教材之长，并借鉴国外相关教材的优秀之处编写而成．

本书主要具有以下特点：

（1）科学的内容选择：本书完整保留了经济数学具有代表性的核心内容体系，秉持少而精、释义清晰、学以致用的原则．内容编排由浅入深，符合认知规律，理论严谨、叙述简洁明了、逻辑性强，知识点脉络一目了然．其中，第1至8章为微积分模块，第9章为线性代数模块，第10章为概率统计模块．教师可依据实际教学需求，灵活选择教学内容．

（2）强化数学思维训练：教材中的大部分例题均融入了启发式思维训练，重点突出解题思路，致力于培养学生的数学思维能力以及分析和解决问题的能力．既契合新时代高等职业教育本、专科学生的学习认知过程，又将基础理论与经济实际问题紧密结合，成功将抽象思维转化为形象思维，有效提升学生的思考能力，塑造学生优秀的思维品质．

（3）融入课程思政元素：深入挖掘思政内容，并将课程思政切实落实到数学课堂教学之中．教材注重将数学知识与生活实践深度融合，把数学历史与实际问题有机结合，巧妙穿插贴近学生生活的案例，将数学文化、数学与其他科学的联系融会贯通．注重学生整体素质的教育培养，以潜移默化的方式激发学生对数学学习的兴趣，努力促使学生成长为具有家国情怀、历史使命感的新时代高素质人才．

本书的内容和结构充分展现了我校近年来教学改革的成果．全书由陈华峰负责统稿．

在此，特别感谢出版社编辑给予的大力支持，以及他们为审阅本书所付出的辛勤努力，使得本书得以顺利出版．

由于编者水平有限，且成书时间紧迫，书中难免存在不足之处，恳请广大读者批评指正．

编　者

二〇二五年四月二十九日

# 目 录

## 微积分模块

1 函 数 ... 2
   1.1 函数的概念 ... 2
   1.2 函数的几种特性 ... 6
   1.3 复合函数和反函数 ... 8
   1.4 基本初等函数 ... 9
   1.5 初等函数 ... 13
   1.6 常用的经济函数模型 ... 13
   复习题 1 ... 16

2 极限与连续 ... 18
   2.1 数列的极限 ... 18
   习题 2.1 ... 23
   2.2 函数的极限 ... 24
   习题 2.2 ... 28
   2.3 极限的运算法则 ... 29
   习题 2.3 ... 31
   2.4 极限存在准则与两个重要极限 ... 32
   习题 2.4 ... 36
   2.5 无穷小与无穷大 ... 36
   习题 2.5 ... 40
   2.6 函数的连续、间断及性质 ... 41
   习题 2.6 ... 48
   2.7 极限在经济中的应用 ... 49
   习题 2.7 ... 51
   复习题 2 ... 52

3 导数与微分 ... 55
   3.1 导数概念 ... 55
   习题 3.1 ... 64
   3.2 求导法则和导数公式 ... 65
   习题 3.2 ... 71

  3.3 高阶导数 ································································································ 72
  习题 3.3 ·········································································································· 75
  3.4 隐函数及由参数方程所确定的函数的导数 ······················································· 75
  习题 3.4 ·········································································································· 78
  3.5 微  分 ······································································································ 79
  习题 3.5 ·········································································································· 84
  3.6 微分的应用 ······························································································· 85
  习题 3.6 ·········································································································· 86
  复习题 3 ·········································································································· 86

4 微分中值定理与导数的应用 ····················································································· 89
  4.1 微分中值定理 ···························································································· 89
  习题 4.1 ·········································································································· 93
  4.2 洛必达（L'Hospital）法则 ········································································· 94
  习题 4.2 ·········································································································· 99
  4.3 函数的单调性与极值 ·················································································· 99
  习题 4.3 ········································································································ 105
  4.4 函数的最大值和最小值 ············································································· 106
  习题 4.4 ········································································································ 109
  4.5 函数的凹凸性与拐点 ················································································ 110
  习题 4.5 ········································································································ 113
  4.6 导数的经济应用 ······················································································· 113
  习题 4.6 ········································································································ 118
  复习题 4 ········································································································ 119

5 不定积分 ············································································································ 122
  5.1 不定积分的概念和性质 ············································································· 122
  习题 5.1 ········································································································ 125
  5.2 基本积分公式与积分法则 ·········································································· 126
  习题 5.2 ········································································································ 130
  5.3 换元积分法 ····························································································· 131
  习题 5.3 ········································································································ 139
  5.4 分部积分法 ····························································································· 140
  习题 5.4 ········································································································ 144
  5.5 不定积分的经济应用 ················································································ 145
  习题 5.5 ········································································································ 146
  复习题 5 ········································································································ 147

6 定积分及其应用 ··································································································· 150
  6.1 定积分的概念 ·························································································· 150
  习题 6.1 ········································································································ 159

- 6.2 微积分基本公式 ································································· 160
- 习题 6.2 ········································································· 165
- 6.3 定积分的换元积分法 ····················································· 166
- 习题 6.3 ········································································· 169
- 6.4 定积分的分部积分法 ····················································· 170
- 习题 6.4 ········································································· 172
- 6.5 广义积分 ······································································ 172
- 习题 6.5 ········································································· 176
- 6.6 定积分的几何应用 ······················································· 176
- 习题 6.6 ········································································· 183
- 6.7 定积分的经济应用 ······················································· 184
- 习题 6.7 ········································································· 187
- 复习题 6 ········································································· 187

# 7 多元函数微分学 ································································· 192

- 7.1 多元函数的基本概念 ····················································· 192
- 习题 7.1 ········································································· 197
- 7.2 偏导数与全微分 ··························································· 198
- 习题 7.2 ········································································· 207
- 7.3 多元复合函数的求导法则 ············································· 207
- 习题 7.3 ········································································· 212
- 7.4 隐函数的求导公式 ······················································· 212
- 习题 7.4 ········································································· 215
- 7.5 多元函数的极值及其求法 ············································· 216
- 习题 7.5 ········································································· 222
- 复习题 7 ········································································· 223

# 8 微分方程 ············································································· 227

- 8.1 微分方程的概念 ··························································· 227
- 习题 8.1 ········································································· 230
- 8.2 可分离变量的微分方程 ················································· 231
- 习题 8.2 ········································································· 235
- 8.3 一阶线性微分方程 ······················································· 236
- 习题 8.3 ········································································· 239
- 8.4 微分方程的经济应用 ····················································· 240
- 习题 8.4 ········································································· 241
- 复习题 8 ········································································· 242

## 线性代数模块

### 9 线性代数 ········ 246
- 9.1 行列式 ········ 246
- 习题 9.1 ········ 255
- 9.2 矩阵的概念及矩阵的运算 ········ 257
- 习题 9.2 ········ 274
- 9.3 线性方程组 ········ 278
- 习题 9.3 ········ 292
- 9.4 线性代数的经济应用 ········ 294
- 习题 9.4 ········ 303
- 复习题 9 ········ 304

## 概率论模块

### 10 概率论初步 ········ 312
- 10.1 随机事件 ········ 312
- 习题 10.1 ········ 319
- 10.2 随机事件的概率 ········ 321
- 习题 10.2 ········ 329
- 10.3 条件概率与独立性 ········ 331
- 习题 10.3 ········ 337
- 10.4 随机变量及其分布 ········ 339
- 习题 10.4 ········ 357
- 10.5 随机变量的数字特征 ········ 359
- 习题 10.5 ········ 368
- 10.6 概率在经济中的应用 ········ 370
- 习题 10.6 ········ 374
- 复习题 10 ········ 375

### 附录：常用的初等数学公式 ········ 379

### 参考文献 ········ 383

# 微积分模块

# 1 函 数

由于经济数学基础部分研究的主要对象是函数,虽然在中学阶段,我们学习了函数的概念,但是很有必要重新复习和深入学习.在此基础上,进一步介绍函数的定义域、表达式、分类及其性质,同时给出初等函数的概念及常用的经济函数.

**学习能力目标**

(1)理解并掌握函数的定义及其性质.
(2)熟练掌握函数定义域的求法.
(3)熟练掌握基本初等函数的概念、图像及性质,了解初等函数的定义.
(4)熟练掌握复合函数的复合、分解过程.
(5)了解简单函数关系模型的建立.
(6)熟悉经济学中常用的函数模型.

**课程思政目标**

培养学生鉴赏函数图像的美感,强化数学美育教育.

## 1.1 函数的概念

在生活、工作中,我们经常遇到很多量,例如我们出门打车,起步价 2 km 为 10 元,服务费为 0.5 元/km,车费为 1.5 元/km.如果设所需付费总额为 $y$ 元,设打车的距离为 $x$ km,那么就可以得到式子:

$$y = 10 + 0.5x + 1.5(x-2) = 2x + 7$$

在这个过程中,可以看到,$y$ 与 $x$ 都是变化的量,起步价、车费、服务费都是常量,而且 $y$ 随着 $x$ 的变化而变化.

在某个变化过程中,把保持不变的量,称为常量,一般用 $a,b,c$ 等来表示;可以取不同的数值的量,称为变量,一般用 $x,y,z$ 等来表示.

接下来,我们再看几个变量的例子.

**例 1.1.1** 半径为 $R$ 的圆的面积为

$$A = \pi R^2$$

这就是两个变量 $A$ 与 $R$ 之间的关系,当半径 $R$ 在区间 $(0,+\infty)$ 内任取一个值时,由上式就可以确定一个圆的面积值 $A$.

**例 1.1.2** 一个物体以 $v_0$ 为初速度做匀加速运动,加速度为 $a$,经过时间间隔 $t$ 后,物体的速度为

$$v = v_0 + at$$

这里开始计时,记 $t=0$,此时速度值为 $v_0$,加速度 $a$ 是常数,时间 $t$ 在区间 $[0,T]$ 内任取一个值时,就可以确定这个时刻 $t$ 物体的速度值 $v$.

**例 1.1.3** 在半径为 $R$ 的圆中,作内接正 $n$ 边形,由图 1.1.1 可得正 $n$ 边形的周长 $L_n$ 与边数 $n$ 之间的关系为

$$L_n = 2nR\sin\frac{\pi}{n}$$

图 1.1.1 中 $\alpha_n = \frac{\pi}{n}$,当 $n$ 在 $3,4,5,\cdots$ 自然数集中任取一个值时,由上式就可得到对应周长的值 $L_n$.

在以上几个例子中,都给出了一对变量之间的一种关系,这种关系确定了一个对应规则,当其中一个变量在其变化范围内任取一个值时,另一个变量依照对应规则就有一个确定的值与之对应. 这两个变量之间的对应关系就是函数概念的实质.

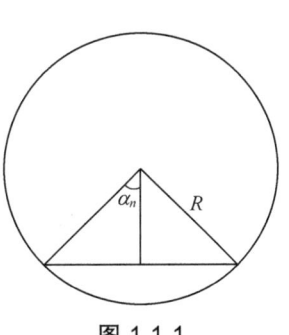

图 1.1.1

### 1. 函数的定义

设 $D$ 是一个非空实数集合,$f$ 为一个对应规则,使每一个 $x \in D$,都有一个确定的实数 $y$ 与之对应,称这个对应规则 $f$ 为定义在 $D$ 上的一个函数关系,或称变量 $y$ 是变量 $x$ 的函数,记作 $y = f(x), x \in D$. 其中,$x$ 称为自变量,$y$ 称为因变量,集合 $D$ 称为函数的定义域,可记为 $D(f)$.

对于 $x_0 \in D$,所对应的 $y$ 的值记为 $y_0$ 或 $f(x_0)$,称为函数 $y = f(x)$ 在 $x_0$ 处的函数值. 当 $x$ 取遍 $D$ 的一切值时,对应的所有函数值构成的集合

$$W = \{y \mid y = f(x), x \in D\}$$

称为函数的值域.

函数 $y = f(x)$ 中表示对应规则的记号 $f$ 也常用其他字母,如 $g, h, \varphi$ 或 $F, G, \Phi$ 等.

在实际问题中,函数的定义域是由问题的实际意义确定的,在例 1.1.1 中定义域为 $(0, +\infty)$,在例 1.1.2 中定义域为 $[0, T]$,在例 1.1.3 中定义域为大于等于 3 的自然数集 $\{n \mid n \in \mathbf{N}, n \geq 3\}$.

在数学中,对于抽象的函数表达式,我们约定:函数的定义域就是使函数表达式有意义的自变量的取值范围.

**例 1.1.4** 函数 $y = \sqrt{1-x^2}$ 的定义域为 $[-1, 1]$.

**例 1.1.5** 函数 $y = \log_2(5x-4)$ 的定义域应满足 $5x - 4 > 0$,故定义域为 $\left(\frac{4}{5}, +\infty\right)$.

**例 1.1.6** 函数 $y = \dfrac{1}{\sqrt{x^2-x-2}}$ 的定义域应满足 $x^2 - x - 2 > 0$,即 $(x-2)(x+1) > 0$,故定义域为 $(-\infty, -1) \cup (2, +\infty)$.

注：常见的定义域约束条件：

a. 分母不能为零；

b. 偶次根式的被开方数大于等于零；

c. 对数函数的真数大于零；

d. 分段函数的定义域为各段函数定义域的并集；

e. 若函数式是上述的混合式，则应取各部分定义域的交集.

### 2. 函数的三要素

在函数关系中，定义域、对应规则和值域是确定函数关系的三个要素，如果两个函数的对应规则和定义域、值域相同，则认为这两个函数是相同的，至于自变量和因变量用什么字母表示则无关紧要. 由于值域是由对应法则和定义域决定，所以实际判定中只需要判定对应法则和定义域是否相同即可

**例 1.1.7** 下列各对函数是否相同？

（1）$f(x)=x+1$，$g(x)=\dfrac{x^2-1}{x-1}$；（2）$f(x)=|x|$，$g(x)=\sqrt{x^2}$.

**解**：（1）不相同. $f(x)=x+1$ 的定义域为 $(-\infty,+\infty)$，$g(x)=\dfrac{x^2-1}{x-1}$ 的定义域为 $(-\infty,1)\cup(1,+\infty)$，因此 $f(x)$ 和 $g(x)$ 的定义域不相同，故不是相同的函数.

（2）相同. 因 $f(x)$ 和 $g(x)$ 的定义域相同，均为 $(-\infty,+\infty)$，而且对应规则、值域也相同，所以是相同的函数.

### 3. 函数的图形

设函数 $y=f(x)$ 的定义域为 $D$，对于任取的 $x\in D$，对应的函数值为 $y=f(x)$. 在平面直角坐标系中，取自变量 $x$ 在横轴上变化，因变量 $y$ 在纵轴上变化，则平面点集

$$C=\{(x,y)\,|\,y=f(x),x\in D\}$$

称为函数 $y=f(x)$ 的图形.

**例 1.1.8** 函数 $y=2x$ 的图形是一条直线，如图 1.1.2 所示.

**例 1.1.9** 函数 $y=|x|$ 的图形如图 1.1.3 所示. 这里当 $x\geqslant 0$ 时，$y=x$；当 $x<0$ 时，$y=-x$.

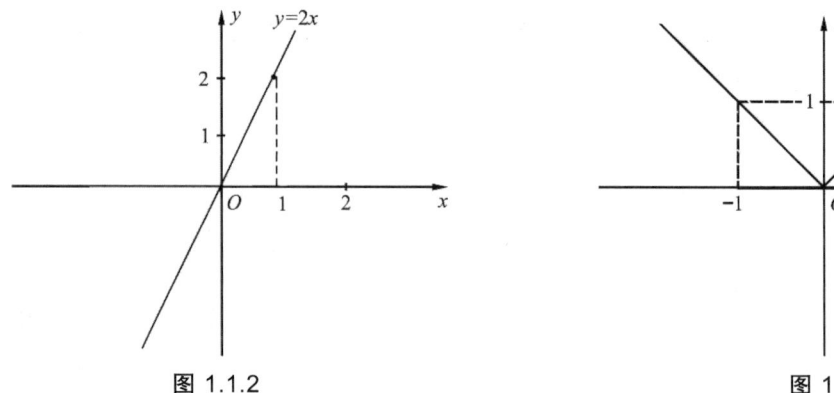

图 1.1.2　　　　　　　　　　图 1.1.3

**例 1.1.10**  符号函数
$$y = \operatorname{sgn} x = \begin{cases} -1, & x < 0 \\ 0, & x = 0 \\ 1, & x > 0 \end{cases}$$

定义域为 $(-\infty, +\infty)$，而值域为 $\{-1, 0, 1\}$，并且 $|x| = x \operatorname{sgn} x$，图形如图 1.1.4 所示.

**例 1.1.11**  取整函数 $y = [x]$，表示 $y$ 取不超过 $x$ 的最大整数. 如
$$\left[\frac{1}{3}\right] = 0, \left[\sqrt{2}\right] = 1, [\pi] = 3, [-1] = -1, [-3.5] = -4$$

其定义域为 $(-\infty, +\infty)$，值域为整数集合 **Z**，图形如图 1.1.5 所示.

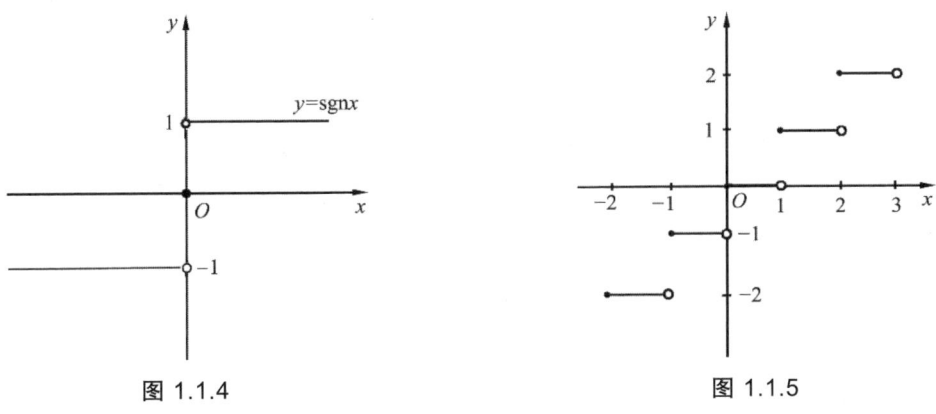

图 1.1.4　　　　　　　　　图 1.1.5

**例 1.1.12**  函数
$$y = f(x) = \begin{cases} \sqrt{1-x^2}, & |x| < 1 \\ x^2 - 1, & 1 < |x| < 2 \end{cases}$$

定义域 $D$ 为 $[-2,-1) \cup (-1,1) \cup (1,2]$，值域 $W$ 为 $(0,3]$，图形如图 1.1.6 所示.

当然，并非所有函数都可以用几何图形表示出来.

**例 1.1.13**  狄利克雷（Dirichlet）函数
$$D(x) = \begin{cases} 1, & x\text{为有理数} \\ 0, & x\text{为无理数} \end{cases}$$

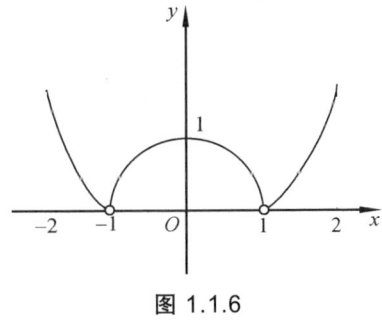

图 1.1.6

显然定义域为 $(-\infty, +\infty)$，值域为 $\{0,1\}$，这个函数不能用几何图形表示出来.

如果自变量在定义域内任取一个值时，对应的函数值总只有一个，这种函数叫作单值函数，否则叫作多值函数. 以后凡是没有特别说明时，函数都是指单值函数.

下面举一个多值函数的例子.

**例 1.1.14**  在直角坐标系中，半径为 $R$ 的圆心在原点的圆的方程是 $x^2 + y^2 = R^2$，这个方程在闭区间 $[-R, R]$ 上确定一个以 $x$ 为自变量、$y$ 为因变量的函数. 当 $x$ 取 $-R$ 或 $R$ 时，对应的函数值只有一个 $y = 0$，但当 $y = -\sqrt{R^2 - x^2}$ 在开区间 $(-R, R)$ 内取值时，其对应的函数值总有两

个为 $y = \pm\sqrt{R^2 - x^2}$，所以由方程 $x^2 + y^2 = R^2$ 确定了一个多值函数. 如果附加一定的条件，就可以将多值函数化为单值函数，这样得到的单值函数称为是这个多值函数的一个单值分支. 例如，由方程 $x^2 + y^2 = R^2$ 给出的对应规则中，附加"$y \geqslant 0$"的条件，就可以得到一个单值分支 $y = \sqrt{R^2 - x^2}$；附加"$y \leqslant 0$"的条件，就可以得到另一个单值分支 $y = -\sqrt{R^2 - x^2}$.

## 1.2 函数的几种特性

### 1. 函数的有界性

设函数 $f(x)$ 的定义域为 $D$，数集 $X \subset D$，如果存在一个常数 $M > 0$，使得对于一切 $x \in X$，其对应的函数值都满足不等式

$$|f(x)| \leqslant M$$

就称函数 $f(x)$ 在 $X$ 上有界. 如果不存在这样的 $M$，就称函数 $f(x)$ 在 $X$ 上无界. 也就是说，对任何正数 $M$，无论 $M$ 的值有多大，总可以找到 $X$ 中的点 $x_1$，使 $|f(x_1)| > M$，那么函数 $f(x)$ 在 $X$ 上无界.

函数 $y = \sin x$ 无论 $x$ 取任何实数，总有 $|\sin x| \leqslant 1$ 成立，这里 $M = 1$ 或为大于 1 的任何常数均可，所以 $y = \sin x$ 在 $(-\infty, +\infty)$ 内是有界的. 又如函数 $f(x) = \dfrac{1}{x}$ 在半开区间 $[1, +\infty)$ 上是有界的，因为对一切 $x \in [1, +\infty)$，总有 $|f(x)| = \left|\dfrac{1}{x}\right| \leqslant 1$. 但 $f(x) = \dfrac{1}{x}$ 在开区间 $(0,1)$ 内是无界的，因为不存在这样的常数 $M$，使得对所有 $x \in (0,1)$，有不等式 $|f(x)| = \left|\dfrac{1}{x}\right| \leqslant M$ 成立. 事实上，对于任意取定的正数 $M$，不妨设 $M > 1$，则 $\dfrac{1}{2M} \in (0,1)$，当取 $x_1 = \dfrac{1}{2M}$ 时，$|f(x_1)| = \left|\dfrac{1}{x_1}\right| = 2M > M$. 因此，可以进一步看到，同一个函数在不同的区间上有界性可能不同.

当一个函数是有界函数时，它的图形是介于两条水平直线 $y = M$ 及 $y = -M (M > 0)$ 之间的曲线.

### 2. 函数的单调性

设函数 $f(x)$ 的定义域为 $D$，区间 $I \subset D$，若对任意两点 $x_1, x_2 \in I$，当 $x_1 < x_2$ 时，有 $f(x_1) < f(x_2)$ 成立，则称函数 $f(x)$ 在区间 $I$ 上是单调增加的；而当 $x_1 < x_2$ 时，有 $f(x_1) > f(x_2)$ 成立，则称函数 $f(x)$ 在区间 $I$ 上是单调减少的.

单调增加和单调减少的函数统称为单调函数. 当函数单调增加时，它的图形是随 $x$ 的增加而上升的曲线；而函数单调减少时，它的图形是随着 $x$ 的增大而下降的曲线.

例如，函数 $y = x^2$ 在区间 $[0, +\infty)$ 上单调增加，在区间 $(-\infty, 0]$ 上是单调减少的，所以在区间 $(-\infty, +\infty)$ 内，函数 $y = x^2$ 不是单调函数，如图 1.2.1 所示. 又例如，函数 $y = x^3$ 在 $(-\infty, +\infty)$ 内是单调增加的函数，如图 1.2.2 所示.

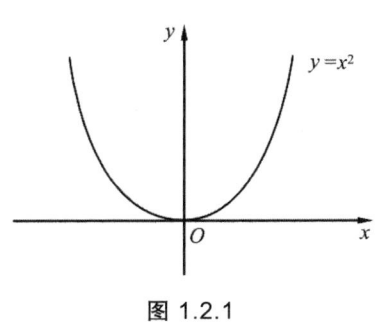
图 1.2.1

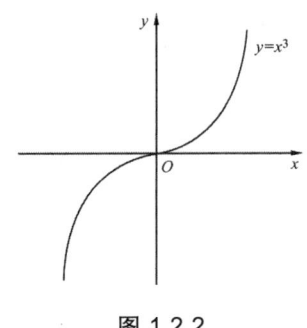
图 1.2.2

## 3. 函数的奇偶性

设函数 $f(x)$ 的定义域 $D$ 关于原点对称,如果对于任一个 $x \in D$,总有 $f(-x)=f(x)$,则称 $f(x)$ 为偶函数;如果对于任一个 $x \in D$,总有 $f(-x)=-f(x)$,则称 $f(x)$ 为奇函数.

偶函数的图形关于 $y$ 轴是对称的,因为若 $f(x)$ 是偶函数,则 $f(-x)=f(x)$,那么对应于 $x$ 及 $-x$ 的两个点 $A(x,f(x))$ 及 $A'(-x,f(x))$ 都在函数的图形上,并关于 $y$ 轴对称,如图 1.2.3(a)所示.

奇函数的图形关于原点是对称的,因为若 $f(x)$ 是奇函数,则 $f(-x)=-f(x)$,那么对应于 $x$ 及 $-x$ 的两个点 $A(x,f(x))$ 及 $A'(-x,-f(x))$ 都在函数的图形上,并关于原点对称,如图 1.2.3(b)所示.

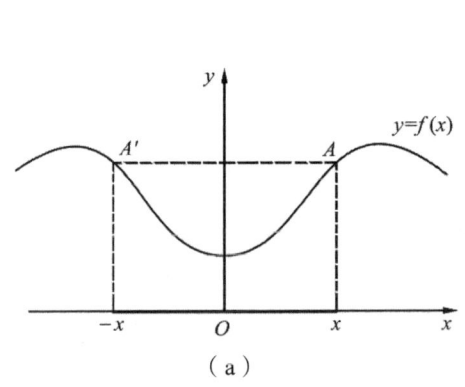
(a)

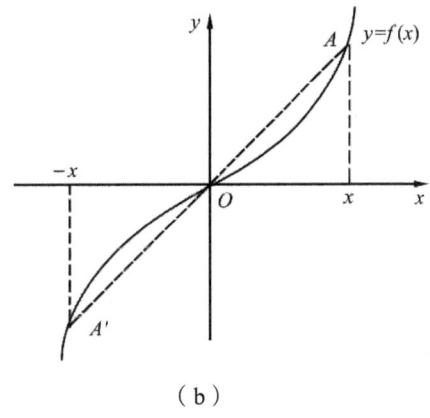
(b)

图 1.2.3

函数 $y=x^2+1$,$y=\cos x$,$y=\dfrac{1}{\sqrt[3]{x^2}}$,$y=\dfrac{e^x+e^{-x}}{2}$ 等皆为偶函数;而函数 $y=\sqrt[3]{x}$,$y=x^2\sin x$,$y=\dfrac{x}{1+x^2}$,$y=\dfrac{e^x-e^{-x}}{2}$ 等皆为奇函数;函数 $y=\sin x+\cos x$ 及 $y=x+x^2$ 既非奇函数,也非偶函数.

## 4. 函数的周期性

设函数 $f(x)$ 的定义域为 $D$,如果存在一个正数 $l$,使得对于任一个 $x \in D$,有 $(x \pm l) \in D$,且 $f(x+l)=f(x)$ 成立,则称 $f(x)$ 为周期函数,$l$ 称为 $f(x)$ 的一个周期.通常,我们所说的周期函数的周期是指最小正周期.

例如，函数 $y = \sin x$，$y = \cos x$ 都是以 $2\pi$ 为周期的周期函数；函数 $y = \sin \omega t$ 是以 $\dfrac{2\pi}{\omega}$ 为周期的函数.

一个周期为 $l$ 的周期函数，在每个长度为 $l$ 的区间上函数图形有相同的形状.

并不是每个周期函数都有最小正周期，狄利克雷函数就属于这种情形：

$$D(x) = \begin{cases} 1, & \text{当 } x \text{ 为有理数} \\ 0, & \text{当 } x \text{ 为无理数} \end{cases}$$

若 $x$ 为有理数，对任一有理数 $\gamma$，$x + \gamma$ 也是有理数，因而 $D(x + \gamma) = D(x) = 1$；若 $x$ 为无理数，对上述有理数 $\gamma$，$x + \gamma$ 也是无理数，所以 $D(x + \gamma) = D(x) = 0$. 这样，任何有理数 $\gamma$ 均是 $D(x)$ 的周期，但在有理数集中没有最小的正有理数，也就是说，函数 $D(x)$ 没有最小正周期.

## 1.3 复合函数和反函数

### 1. 复合函数

先看一个例子. 设 $y = \sqrt{u}$，而 $u = 1 - x^2$，以 $1 - x^2$ 代替第一式中的 $u$，得 $y = \sqrt{1 - x^2}$，这时函数 $y = \sqrt{1 - x^2}$ 就是由 $y = \sqrt{u}$ 及 $u = 1 - x^2$ 复合而成的复合函数.

一般地，若函数 $y = f(u)$ 的定义域为 $D_1$，函数 $u = \varphi(x)$ 的定义域为 $D_2$，值域为 $W_2$，并且 $W_2 \subset D_1$，那么对每个 $x \in D_2$，有确定函数值 $u \in W_2$ 与之对应，由于 $W_2 \subset D_1$，因此这个值 $u$ 也属于函数 $y = f(u)$ 的定义域 $D_1$，故又有确定的值 $y$ 与值 $u$ 对应. 这样，对每个数值 $x \in D_2$，通过 $u$ 有确定的数值 $y$ 与之对应，从而得到一个以 $x$ 为自变量，$y$ 为因变量的函数，这个函数称为由函数 $y = f(u)$ 及 $u = \varphi(x)$ 复合而成的复合函数，记作 $y = f(\varphi(x))$，而 $u$ 称为中间变量.

例如，函数 $y = \sin^2 x$ 就可看作由 $y = u^2$ 及 $u = \sin x$ 复合而成的，这个函数的定义域为 $(-\infty, +\infty)$，这也正是函数 $u = \sin x$ 的定义域；又例如，$y = \sqrt{x^2}$ 可看作由 $y = \sqrt{u}$ 及 $u = x^2$ 复合而成的函数，这个函数实际就是 $y = |x|$，这时 $y = \sqrt{x^2}$ 的定义域与 $u = x^2$ 的定义域相同，都是 $(-\infty, +\infty)$.

必须注意，不是任何两个函数都可以复合成一个复合函数的. 例如，$y = \arcsin u$ 及 $u = 2 + x^2$，因为对于 $u = 2 + x^2$，无论 $x$ 取什么实数，总有 $u \geq 2$，因而不能使 $y = \arcsin u$ 有意义，所以这两个函数不能复合成一个复合函数. 而在前面已经见到的函数 $y = \sqrt{1 - x^2}$，复合前的函数 $u = 1 - x^2$ 的定义域为 $(-\infty, +\infty)$，值域 $W_2$ 为 $(-\infty, 1]$，这显然不完全符合函数 $y = \sqrt{u}$ 的定义域 $D_1$ 的要求，也就是说，定义中的条件 $W_2 \subset D_1$ 不成立. 但由于 $W_2 \cap D_1 \neq \varnothing$，所以适当限制 $x$ 的取值范围后，函数 $y = \sqrt{u}$ 与 $u = 1 - x^2$ 就能复合成一个复合函数 $y = \sqrt{1 - x^2}$，即在 $u = 1 - x^2$ 中，$x$ 的取值范围必须限制为 $[-1, 1]$.

复合函数也可由两个以上的函数经过复合构成. 例如，$y = \ln \sqrt{2 + x^2}$，就是由 $y = \ln u$，$u = \sqrt{v}$ 和 $v = 2 + x^2$ 三个函数复合而成的，其中 $u$ 和 $v$ 都是中间变量.

## 2. 反函数

在同一个变化过程中存在着函数关系的两个变量之间，究竟哪一个是自变量，哪一个是因变量，并不是绝对的，这要视问题的具体要求而定．例如，在某商品销售工作中，已知其价格为 $a$，若想从商品的销量 $x$ 来确定销售总收入 $y$，那么 $x$ 是自变量，$y$ 是因变量，其函数关系为 $y = ax$；反过来，如果想由商品销售总收入 $y$ 确定其销量 $x$，则又有 $x = \dfrac{y}{a}$．我们称后一函数是前一函数的反函数，或者说它们互为反函数．

一般设 $y = f(x)$ 为给定的一个函数，如果对其值域 $W$ 中的任一值 $y$，都可以通过关系 $y = f(x)$ 在其定义域 $D$ 中确定一个 $x$ 值与之对应，则可得到一个定义在 $W$ 上的以 $y$ 作为自变量、$x$ 作为因变量的函数，这个函数称为 $y = f(x)$ 的反函数，记作 $x = f^{-1}(y)$，其定义域为 $W$，值域为 $D$．相对于反函数 $x = f^{-1}(y)$ 来说，原来的函数 $y = f(x)$ 称为直接函数．

由定义可以证明，若函数 $y = f(x)$ 是单值单调的函数，那么就能保证其反函数 $x = f^{-1}(y)$ 是单值单调的函数．这是因为，若 $y = f(x)$ 是单调函数，则任取其定义域 $D$ 上两个不同的值 $x_1 \neq x_2$ 时，必有 $f(x_1) \neq f(x_2)$，所以在其值域 $W$ 上任取一个数值 $y_0$ 时，$D$ 上不可能有两个不同的数值 $x_1$ 及 $x_2$ 使 $f(x_1) = f(x_2) = y_0$，但若 $y = f(x)$ 仅为单值函数，则其反函数 $x = f^{-1}(y)$ 就不一定为单值的．例如，函数 $y = x^2$ 的定义域为 $(-\infty, +\infty)$，值域为 $[0, +\infty)$，在 $[0, +\infty)$ 上任取一值 $y$，只要 $y \neq 0$，则适合关系 $x^2 = y$ 的数值 $x$ 就有两个，即 $x = \sqrt{y}$ 或 $x = -\sqrt{y}$，所以 $y = x^2$ 的反函数是多值函数．又因为 $y = x^2$ 在区间 $[0, +\infty)$ 上是单调增加的，所以，如果把 $x$ 限制在 $[0, +\infty)$ 上，则 $y = x^2$ 的反函数是单值且单调增加函数 $x = \sqrt{y}$，它称为函数 $y = x^2$ 的反函数的一个单值分支．类似可知另一个分支是 $x = -\sqrt{y}$．

要注意的是，$y = f(x)$ 和 $x = f^{-1}(y)$ 表示变量 $x$ 和 $y$ 之间的同一关系，因而它们的图形显然应是同一曲线．而函数的实质是对应关系，只要对应关系不变，自变量和因变量用什么字母是无关紧要的．在 $x = f^{-1}(y)$ 与 $y = f^{-1}(x)$ 中，表示对应关系的符号 $f^{-1}$ 没有改变，这就表示它们是同一函数，因此如果函数 $y = f(x)$ 的反函数是 $x = f^{-1}(y)$，那么 $y = f^{-1}(x)$ 也是 $y = f(x)$ 的反函数，这时，$x = f^{-1}(y)$ 与 $y = f^{-1}(x)$ 的图形关系也就相当于把 $x$ 轴和 $y$ 轴互换，或者说把 $x = f^{-1}(y)$ 的曲线以直线 $y = x$ 为对称轴翻转 $180°$，所得到的曲线就是 $y = f^{-1}(x)$ 的图形，它与曲线 $y = f(x)$ 关于直线 $y = x$ 是对称的，如图 1.3.1 所示．

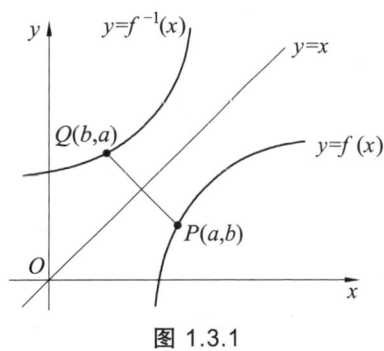

图 1.3.1

## 1.4 基本初等函数

基本初等函数是指下列五类函数：

（1）幂函数 $y = x^\alpha$（$\alpha$ 为常数）．

（2）指数函数 $y = a^x$（$a > 0, a \neq 1$）．

（3）对数函数 $y = \log_a x$（$a > 0, a \neq 1$）．

（4）三角函数 $y=\sin x, y=\cos x, y=\tan x, y=\cot x, y=\sec x, y=\csc x$.

（5）反三角函数 $y=\arcsin x, y=\arccos x, y=\arctan x, y=\operatorname{arccot} x$.

### 1. 幂函数 $y=x^{\alpha}$（$\alpha$ 为常数）

幂函数的定义域要视 $\alpha$ 的取值而定，例如当 $\alpha=2$ 时，$y=x^2$ 的定义域为 $(-\infty,+\infty)$；而当 $\alpha=\frac{1}{2}$ 时，$y=x^{\frac{1}{2}}$ 即 $y=\sqrt{x}$ 的定义域为 $[0,+\infty)$；又当 $\alpha=-\frac{1}{2}$ 时，$y=x^{-\frac{1}{2}}$ 即 $y=\frac{1}{\sqrt{x}}$ 的定义域为 $(0,+\infty)$. 但不论 $\alpha$ 取什么值，幂函数 $y=x^{\alpha}$ 在 $(0,+\infty)$ 内总有意义.

常见幂函数 $y=x^2, y=x^{2/3}, y=x^3, y=\sqrt[3]{x}$ 及 $y=\frac{1}{x}$ 的图形如图 1.4.1（a）、（b）、（c）所示.

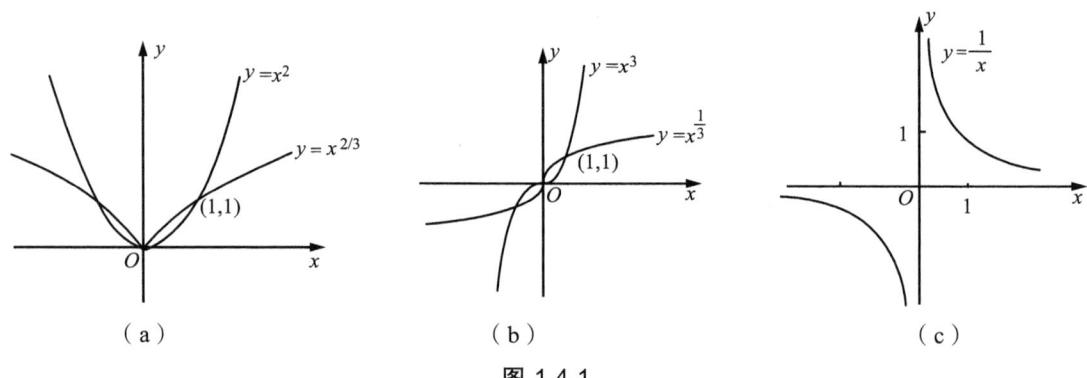

（a） （b） （c）

图 1.4.1

### 2. 指数函数 $y=a^x$（$a>0, a\neq 1$）

定义域为 $(-\infty,+\infty)$，值域为 $(0,+\infty)$，不论 $a$ 取何值，总有 $a^0=1$，所以函数曲线总在 $x$ 轴上方且经过点 $(0,1)$.

当 $a>1$ 时，$a^x$ 单调增加；当 $0<a<1$ 时，$a^x$ 单调减少.

由 $y=\left(\frac{1}{a}\right)^x=a^{-x}$，所以 $y=a^x$ 的图形与 $y=\left(\frac{1}{a}\right)^x$ 的图形是关于 $y$ 轴对称的，如图 1.4.2 所示.

在科技工作中，常用无理数 $e=2.7182818\cdots$ 为底的指数函数 $y=e^x$.

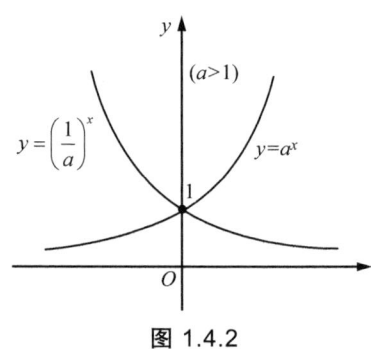

图 1.4.2

### 3. 对数函数 $y=\log_a x$（$a>0, a\neq 1$）

对数函数 $y=\log_a x$ 是指数函数 $y=a^x$ 的反函数，其定义域为 $(0,+\infty)$，值域为 $(-\infty,+\infty)$，所以 $y=\log_a x$ 的图形总在 $y$ 轴的右方且经过点 $(1,0)$. 对数函数的图形可以从它所对应的指数函数的图形按反函数作图的一般规则作出，关于直线 $y=x$ 作对称于曲线 $y=a^x$ 的图形就可得到函数 $y=\log_a x$ 的图形，如图 1.4.3 所示.

当 $a>1$ 时，$\log_a x$ 单调增加；当 $0<a<1$ 时，$\log_a x$ 单调减少.

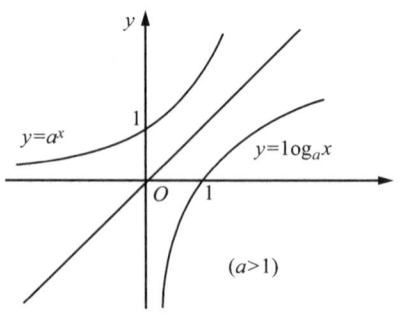

图 1.4.3

在工程问题中常常使用以常数 e 为底的对数函数 $y = \log_e x$，叫作自然对数函数，简记为 $y = \ln x$。

### 4. 三角函数

常用三角函数有 $y = \sin x$，$y = \cos x$，$y = \tan x$，$y = \cot x$。

正弦函数 $y = \sin x$ 与余弦函数 $y = \cos x$ 的定义域均为 $(-\infty, +\infty)$，均以 $2\pi$ 为周期，值域都是闭区间 $[-1, 1]$，所以它们都是有界函数。正弦函数是奇函数，余弦函数是偶函数，如图 1.4.4 及图 1.4.5 所示。

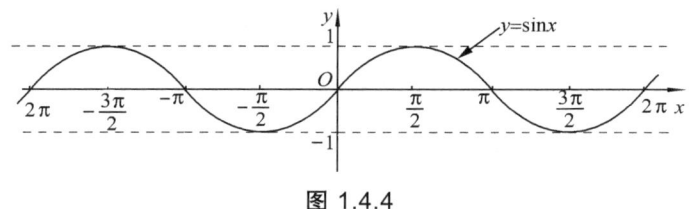

图 1.4.4

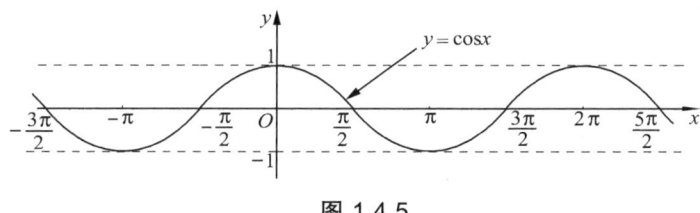

图 1.4.5

正切函数 $y = \tan x$ 的定义域为 $\left\{ x \mid x \in \mathbf{R}, x \neq (2n+1)\dfrac{\pi}{2}, n \in \mathbf{Z} \right\}$，值域为 $(-\infty, +\infty)$，周期为 $\pi$ 且为奇函数，如图 1.4.6 所示。

余切函数 $y = \cot x$ 的定义域为 $\{ x \mid x \in \mathbf{R}, x \neq n\pi, n \in \mathbf{Z} \}$，值域为 $(-\infty, +\infty)$，周期为 $\pi$ 且为奇函数，如图 1.4.7 所示。

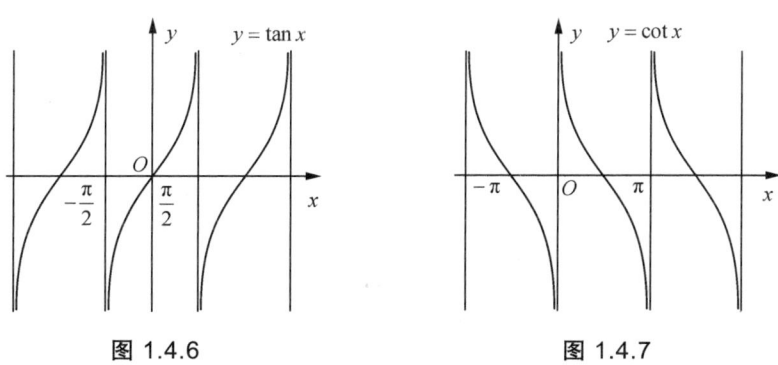

图 1.4.6　　　　　　　图 1.4.7

此外，正割函数 $y = \sec x$ 及余割函数 $y = \csc x$ 分别为余弦函数和正弦函数的倒函数，即 $\sec x = \dfrac{1}{\cos x}$，$\csc x = \dfrac{1}{\sin x}$。所以它们都是以 $2\pi$ 为周期的函数，并且在开区间 $\left( 0, \dfrac{\pi}{2} \right)$ 内都是无界函数，总有 $\sec x \geqslant 1$ 及 $\csc x \geqslant 1$。

### 5. 反三角函数

反三角函数是三角函数的反函数，常用的反三角函数有

反正弦函数　　　　$y = \arcsin x$；

反余弦函数　　　　$y = \arccos x$；

反正切函数　　　　$y = \arctan x$；

反余切函数　　　　$y = \text{arccot}\, x$．

以上函数的图形如图 1.4.8 所示．反三角函数的图形分别与其对应的三角函数的图形对称于直线 $y = x$．由于三角函数是周期函数，对于值域内的每个值 $y$，定义域总有无穷多个值 $x$ 与之对应，所以反三角函数都是多值函数，我们可以取这些函数的一个单值分支，称为主值，记作

$y = \arcsin x, x \in [-1,1]$，　$y \in \left[-\dfrac{\pi}{2}, \dfrac{\pi}{2}\right]$；

$y = \arccos x, x \in [-1,1]$，　$y \in [0, \pi]$；

$y = \arctan x, x \in \mathbf{R}$，　$y \in \left(-\dfrac{\pi}{2}, \dfrac{\pi}{2}\right)$；

$y = \text{arc cot}\, x, x \in \mathbf{R}$，　$y \in (0, \pi)$．

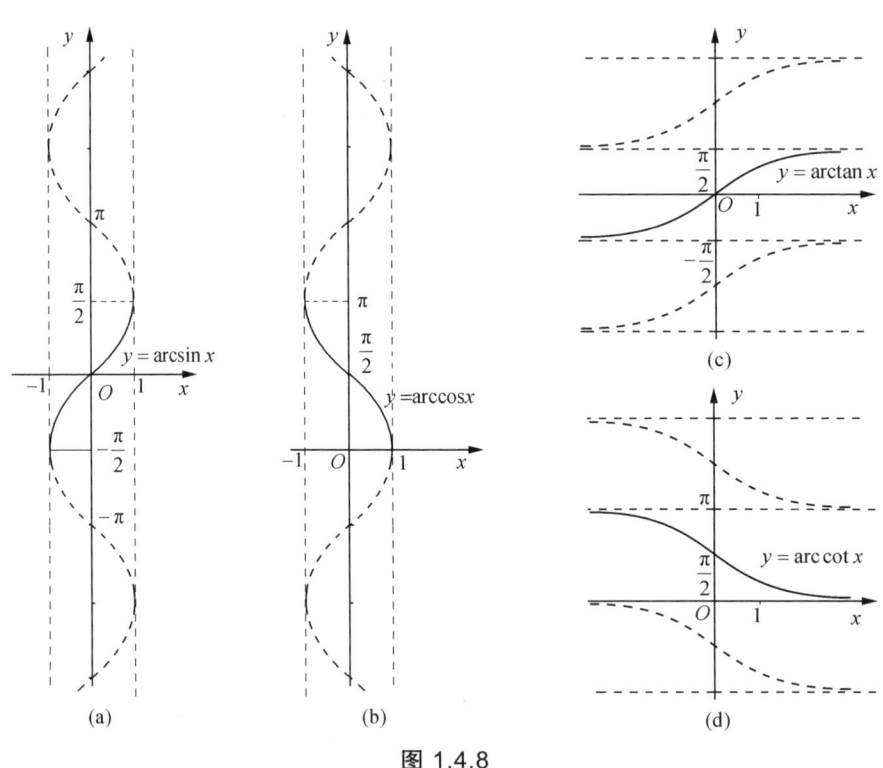

图 1.4.8

在图 1.4.8 各图中实线部分即为主值的图形．

这样单值函数 $y = \arcsin x$ 及 $y = \arccos x$ 的定义域都是闭区间 $[-1,1]$，值域分别是闭区间 $\left[-\dfrac{\pi}{2}, \dfrac{\pi}{2}\right]$ 及 $[0, \pi]$．在 $[-1,1]$ 上，$y = \arcsin x$ 是单调增加的，$y = \arccos x$ 是单调减少的．

$y=\arctan x$ 及 $y=\operatorname{arccot} x$ 的定义域都是区间 $(-\infty,+\infty)$，值域分别是开区间 $\left(-\dfrac{\pi}{2},\dfrac{\pi}{2}\right)$ 及 $(0,\pi)$. 在 $(-\infty,+\infty)$ 内，$y=\arctan x$ 是单调增加的，$y=\operatorname{arccot} x$ 是单调减少的.

最后我们给出初等函数的定义：由以上五种基本初等函数和常数经过有限次四则运算和有限次的函数复合而构成的可以用一个式子表示的函数称为初等函数.

例如，$y=\sqrt{1-x^2}$，$y=\sin^2 x$，$y=\sqrt{\cot\dfrac{x}{2}}$ 都是初等函数，而诸如

$$f(x)=\begin{cases} x^2, & x>0 \\ \sin x, & x\leqslant 0 \end{cases}$$

这种分段函数往往不是初等函数.

## 1.5 初等函数

由基本初等函数和常函数经过有限次的四则运算及有限次的函数复合，所产生并且能用一个解析式表示的函数称为初等函数.

例如，函数 $y=\sqrt{x^2-1}$，$y=2\cos\left(x+\dfrac{\pi}{3}\right)$ 等都是初等函数.

## 1.6 常用的经济函数模型

### 1. 需求函数

需求函数是用来描述消费者对某种商品的需求量和影响该需求量的各种因素之间相互关系的函数. 与商品的质量与价格、地区经济状况、消费者的收入与偏好、刚需程度等关系非常大. 通常，为化简问题，假定其他因素暂时保持某种状态不变，只考虑商品价格对需求量的影响，即把需求量 $Q_d$ 只看作种商品价格 $p$ 的函数，记作

$$Q_d = f(p)$$

这里 $p$ 为自变量，取非负值.

一般来说，需求函数是价格的单调减少函数，即需求量随着价格的上涨而减少.

在企业管理与经济学中，常用的需求函数有：

线性需求函数：$Q_d = b - aP\,(a,b\geqslant 0)$；

二次曲线需求函数：$Q_d = a - bp - cp^2\,(a,b,c\geqslant 0)$；

幂需求函数：$Q_d = kP^{-a}\,(a,k\geqslant 0)$；

指数需求函数：$Q_d = a\mathrm{e}^{-bP}\,(a,b\geqslant 0)$.

若需求函数 $Q_d = f(p)$ 的反函数记作 $p = f^{-1}(Q)$，也能反映商品需求与价格的关系. 有时也可以称其为价格函数.

**例 1.6.1** 某品牌手机为学生专门出了一款青春版，当每台售价定为 2 000 元时，月售 4 000 台；当售价降为 1 500 元时，则月销量上涨 6 000 台. 求此青春版手机的线性需求函数模型.

**解：** 设此手机线性需求函数为 $Q_d = b - ap$，根据题意可得，当售价降为 1 500 元时，则月销量为 10 000 台：

$$\begin{cases} b - 1500a = 10000 \\ b - 2000a = 4000 \end{cases}$$

解之得：$a = 12, b = 28000$，所以所求需求函数为 $Q_d = 28000 - 12p$.

### 2. 供给函数

供给量是指在某市场条件下，生产厂商在一定条件下产出的商品量。供给量受多种因素影响，如该商品的价格、成本、物流等。若忽略其他因素，主要考虑价格高低的问题。可设商品的市场供给量 $Q_s$ 看成该商品价格 $p$ 的函数，称为供给函数，记作

$$Q_s = g(p)$$

价格上涨将刺激生产者向市场供给更多的商品，使得供给量增加；反之，价格下跌将使供给量减少。因此，供给函数 $Q_s$ 为价格 $p$ 的单调递增函数。

在实际经济市场时，也有战争、天灾等不可抗力的特殊情况，也会出现价格上涨，供给量却减少。

常见的供给函数有线性函数、二次函数、幂函数、指数函数等。

其中线性供给函数可设为

$$Q_s = -c + dp, (c, d > 0)$$

假定其他因素不变，那么一种商品的价格只取决于它本身的供求情况，当需求量等于供给量即 $Q_d = Q_s$，就称这种商品达到了市场均衡。此时的商品量 $\bar{Q} = Q(\bar{p})$ 称为市场均衡数量，商品的价格称为市场均衡价格 $\bar{p}$。

当供应量大于销售量时，出现"供过于求"的现象，迫使商品降价，使原来买不起的人也买得起，这样销售面扩大，销量就增加，又可以产生新的平衡；当供应量小于销售量时，出现供不应求，迫使商品涨价，销量就要降低，又会产生新的平衡。实际市场经济中，供求平衡是很难长期维持的，都是动态基本平衡，不是一成不变的，是一个变化发展的动态过程。

**例 1.6.2** 若商品的需求与供给函数分别为 $Q_d = -3p + 200, Q_s = 4p - 10$，求该商品的市场均衡价格和均衡数量。

**解：** 设均衡价格为 $\bar{p}$，满足 $Q_d(\bar{p}) = Q_s(\bar{p})$，即 $-3\bar{p} + 200 = 4\bar{p} - 10$，解得 $\bar{p} = 30$，从而均衡数量为 $\bar{Q} = 4\bar{p} - 10 = 4 \times 30 - 10 = 110$.

### 3. 成本函数

厂商在进行生产活动时，需要有工作场地、相关设备、人力、各种能源、原料、物流等投入，把所需要的全部资金、资源等的费用总额，称为生产成本。生产成本大体可分为两大部分，即固定成本和可变成本。所谓固定成本，如企业管理费、场地租金、设备折旧费等，在一定时间内不变的那部分成本，常用 $C_0$ 表示；而可变成本，如生产该产品投入的原料、能源及工人的工资等，随产量变化而变化的那部分成本，常用 $C_1 = C_1(q)$ 表示，$q$ 为产品数量。生产某种产品时的可变成本与固定成本的和称为总成本函数，记为

$$C = C(q) = C_0 + C_1(q) \ (q \geq 0)$$

设 $C(q)$ 为成本函数,称 $\bar{C} = \dfrac{C(q)}{q}(q>0)$ 为单位成本函数或平均成本函数.

一般来说,总成本是单调增加函数,产量增加时,成本总额随之增加.

**例 1.6.3** 某汽车厂每年需购进某原料 20 000 件,每件购进成本为 5 500 元.若分若干批进货,每批进货台数相同,则一批用完后,马上进下一批货,每进货一次的运输、管理等综合成本为 1 500 元,为保证生产的连续性,平均年库存量为批量的 50%,该原料每年每件库存保管费为进货价格的 3%,库房租金为 20 000 元/年,试求华峰汽车厂每年在该原料上的投资成本表示为每批进货量的函数.

**解**:设每批进货量为 $x$ 件,总投资成本为 $y$ 元,则全年进货批数为 $\dfrac{20000}{x}$,根据题意有:

全年进货成本为 $\dfrac{20000}{x} \times 1500$ 元,

全年库存费用为 $x \times 50\% \times 5500 \times 3\%$ 元,

固定成本:库房租金为 20000 元/年,

全年商品付款为 $20000 \times 5500$ 元,于是可得总投资为

$$y = 20000 + 20000 \times 5500 + x \times 50\% \times 5500 \times 3\% + \dfrac{20000}{x} \times 1500$$

即 $y = 110020000 + \dfrac{165}{2}x + \dfrac{30000000}{x}(x>0)$

### 4. 收入函数

总收入又称总收益,是指产品出售后得到的全部收入,与销售总量和价格有关.用 $Q$ 表示出售的产品数量,$R$ 表示总收益,$\bar{R}$ 表示平均收益,则收入函数 $R = R(Q)$,平均收入为 $\bar{R} = \dfrac{R(Q)}{Q}$.

如果产品价格 $p$ 保持不变,则收入为 $R(Q) = p \cdot Q$,平均收入为 $\bar{R} = \dfrac{R(Q)}{Q} = p$.

**例 1.6.4** 某超市的洗衣液以每件 $p$ 元的价格销售,若消费者一次购买 5 件以上,则超出 5 件的商品享受 5 折优惠,试将一次成交的销售收入 $R$ 表示为销售量 $x$ 的函数.

**解**:已知一次销售收入 $R$ 元,销售量为 $x$ 件,则有

$$R = \begin{cases} px, & 0 \leqslant x \leqslant 10 \\ 10p + 0.5P(x-10), & x > 10 \end{cases}$$

### 5. 利润函数

总利润是生产中获得的总收益与投入的总成本之差,平均利润是单位商品所获得的利润.产销平衡时,总利润函数为

$$L(Q) = R(Q) - C(Q)$$

当 $L = R - C > 0$ 时,生产者盈利;

当 $L = R - C < 0$ 时,生产者亏损;

当 $L = R - C = 0$ 时,生产者盈亏平衡,使 $L(q) = 0$ 的点 $q_0$ 称为盈亏平衡点(又称为保本点).

**例1.6.5** 某公司的产品需求函数为 $q=50-\frac{1}{4}p$，公司的固定成本为2 000，每生产一件产品，需增加20个单位的成本，该公司的最大生产能力是24，请问该公司生产多少才能盈亏平衡？此时单价是多少？并分析盈亏情况．

**解**：生产多少才能盈亏平衡，就是求方程 $L(q)=R(q)-C(q)=0$ 的解．由需求函数为 $q=50-\frac{1}{4}p$ 可知：$p=200-4q$，则有：

收入函数 $R(q)=pq=200q-4q^2$，

成本函数 $C(q)=2000+20q$，

总利润函数 $L(q)=R(q)-C(q)=-4q^2+180q-2000=-4(q-20)(q-25)$．

由 $L(q)=0$ 得盈亏平衡点 $q=20$（$q=25$ 舍去），此时价格 $p=120$．当 $20<q<24$ 时，$L(q)>0$，此时盈利；当 $q<20$ 时，$L(q)<0$，此时亏损．

# 复习题1

1. 给定集合 $A,B$，分别求 $A\cup B, A\cap B$．
   
   （1）$A=\{-1,0,1,2,3,4,5\}, B=\{0,2,4,5,9\}$；　（2）$A=\{x\,|\,-3<x<3, x\in \mathbf{Z}\}, B=\mathbf{N}$；
   
   （3）$A=\{x\,|\,-5<x<5\}, B=\{x\,|\,x>0\}$；　（4）$A=\{x\,|\,x^2+x-6<0\}, B=\{x\,|\,x^2+2x+3<0\}$．

2. 用区间表示适合下列不等式的变量 $x$ 的变化范围．
   
   （1）$0<x\leqslant 6$；　（2）$|x|\geqslant 2$；
   
   （3）$|x-2|<3$；　（4）$1<|x-2|\leqslant 5$．

3. 下列各对函数中，两个函数是否相等，为什么？
   
   （1）$y=\ln x^4$ 与 $y=4\ln x$；　（2）$y=\sin^2 x+\cos^2 x$ 与 $y=1$；
   
   （3）$y=\sqrt{1-\sin^2 x}$ 与 $y=\cos x$；　（4）$y=\sqrt{x(x-1)}$ 与 $y=\sqrt{x}\sqrt{(x-1)}$．

4. 设 $f(x)=\begin{cases}\cos x, & -3<x<0,\\ x^2, & 0\leqslant x<2,\end{cases}$ 求 $f\left(\dfrac{\pi}{2}\right), f\left(-\dfrac{\pi}{4}\right)$．

5. 求下列函数的定义域．
   
   （1）$y=\dfrac{x}{\sqrt{x^2-x-6}}$；　（2）$y=\sqrt{2x}+\arccos\dfrac{x-1}{2}$；
   
   （3）$y=\sqrt{x-1}+\sqrt[3]{\dfrac{1}{x-3}}$；　（4）$y=\ln\dfrac{1}{2-x}+\sqrt{x+1}$；
   
   （5）$y=\dfrac{1}{\ln(4-x^2)}+\arcsin\dfrac{x-2}{3}$；　（6）$y=\tan\left(2x-\dfrac{\pi}{3}\right)$．

6. 把下列复合函数分解成简单函数．
   
   （1）$y=\mathrm{e}^{\sqrt{x^2-1}}$；　（2）$y=f(\sin^2(2x+1))$．

7. 设 $f(x)=\begin{cases}2^{-x}-1, & x\leqslant 0,\\ \sqrt{x}, & x>0,\end{cases}$ 若 $f(x_0)>1$，求 $x_0$ 的取值范围．

8. 求下列函数的定义域.

（1）$y = f(2x^2 - 1)$，其中 $f(x)$ 的定义域是 $[1, 2]$；

（2）若 $f(x)$ 的定义域是 $(0, 1)$，求 $f(\ln x)$ 的定义域.

9. 讨论函数 $f(x) = x \dfrac{a^x - 1}{a^x + 1} (a > 0, a \neq 1)$ 的奇偶性.

10. 设 $f(x) = \dfrac{1}{1-x} (x \neq 0, x \neq 1)$，求 $f(f(x))$ 和 $f(f(f(x)))$.

11. 设 $f(x) = x^2 + 4x, \varphi(t) = \lg(t - 5)$，求 $f(\varphi(t)), \varphi(f(x))$ 及其定义域.

12. 设 $f(3x + 1) = 3x^2 + 2x - 4$，求 $f(x)$.

13. 设 $f\left(\dfrac{1}{x}\right) = \dfrac{1}{2x} + \dfrac{x^2}{3x^2 + 2x + 1} (x \neq 0)$，求 $f(x)$.

14. 画出函数 $f(x) = \left| x^2 - 4x + 3 \right|$ 的图形，并讨论函数的定义域、值域、单调性、奇偶性、周期性、有界性.

15. 设 $f(x) = \begin{cases} 1 + x, & x < 0 \\ e^x, & x \geq 0 \end{cases}$，求复合函数 $f(f(x))$.

16. 求函数 $y = 2x + |2 - x|, x \in (-\infty, +\infty)$ 的反函数.

17. 试将函数 $f(x) = 2|x - 3| + |x - 5|$ 表示成分段函数，并画出它的图像.

18. 有一个底半径为 $R$，高为 $H$ 的圆锥形蓄水池，以 5 m³/min 流速向其中灌水，求水池内水深与时间的关系.

19. 某公司销售某产品，如果一次销售量不超过 10 kg，按每千克 10 元出售；如果一次销售量超过 10 kg，但不超过 100 kg，打 9 折，即按每千克 9 元出售；如果一次销售量超过 100 kg，打 8 折，即按每千克 8 元出售. 试给出该产品一次销售收入 $y$(元)与销售量 $x$(kg)的函数关系.

20. 某公司生产某产品，每天的固定成本为 3 000 元，每生产一件该产品的可变成本为 20 元. 如果每件产品的出厂价定为 30 元，则该公司每天至少要生产多少件该产品才会不亏本？

# 2　极限与连续

极限概念是微积分的理论基础，极限方法是微积分的基本分析方法，因此，掌握、运用好极限方法是学好微积分的关键．连续是函数的一个重要性态．本章将介绍函数、极限与连续的基本知识和有关的基本方法，为今后的学习打下必要的基础．

## 学习能力目标

（1）理解极限的定义，了解极限的性质．
（2）理解无穷小量与无穷大量的定义与关系，掌握无穷小量的性质与比较，会利用等价无穷小的代换求极限．
（3）熟练掌握利用极限的四则运算法则求极限的方法．
（4）熟练掌握利用两个重要极限求极限的方法．
（5）理解函数在一点连续的概念，会判断分段函数在分段点处函数的连续性，会判断间断点的类型．
（6）了解闭区间连续函数的性质．

## 课程思政目标

（1）通过刘徽的"割圆术"、庄子的"截杖问题"等数学史，了解中国古代数学家们的辉煌历史，增加民族自豪感，以数学家精神点燃学生的求知热情，培养家国情怀．
（2）培养学生善于观察、收集、整理信息，并训练利用数学思维分析问题、总结事物变化规律的能力．

## 2.1　数列的极限

在高速公路上行车，车的速度不能超过 120 km/h，否则，就是违规违法．明显，这个例子中的临界值是能够达到的．另一种情况是，我们可以观察其趋势变化，最终向一个临界值无限接近，却达不到．比如，有一块月饼，第一天吃它的一半，第二天吃余下的一半，日复一日，永远不停地吃下去，月饼余下的就会越来越少，极限趋势显然是零，但月饼余量永远是有的．

在英文里，limit（极限）是指一条不能超越的边界或界限．而数学中的"极限"一词，也有类似的意义．

在数学里,当函数中的 $x$ 渐渐趋近到某个定值时,该函数的值也会逐渐趋近一个值,这个值就是函数的"极限". 研讨的是在 $x$ 变化的过程中,去确定函数值的变化趋势.

极限是研究变量的变化趋势的基本工具,高等数学中许多基本概念,例如连续、导数、定积分、无穷级数等都是建立在极限的基础上. 极限方法又是研究函数的一种最基本的方法. 为了便于大家理解,我们从学习数列极限开始.

### 2.1.1 数 列

以自然数作下标编号并顺序排列的一列实数

$$x_1, x_2, \cdots, x_n, \cdots \tag{2.1.1}$$

称为实数列,简称为数列或序列,记作 $\{x_n\}$. 称数列(2.1.1)中每个数为数列的项,第一项称为首项,$x_n$ 称为通项,有时也用通项 $x_n$ 表示数列 $\{x_n\}$.

**例 2.1.1** 写出下面各数列的一个通项公式:

(1) $3, 5, 7, 9, \cdots$;

(2) $\dfrac{1}{2}, \dfrac{3}{4}, \dfrac{7}{8}, \dfrac{15}{16}, \dfrac{31}{32}, \cdots$;

(3) $-1, \dfrac{3}{2}, -\dfrac{1}{3}, \dfrac{3}{4}, -\dfrac{1}{5}, \dfrac{3}{6}, \cdots$;

(4) $-4, -6, -8, -10, \cdots$;

(5) $-\dfrac{1}{1\times 2}, \dfrac{1}{2\times 3}, -\dfrac{1}{3\times 4}, \dfrac{1}{4\times 5}, \cdots$;

(6) $a, b, a, b, a, b, \cdots$(其中 $a, b$ 为实数, $a \neq b$);

(7) $9, 99, 999, 9\,999, \cdots$.

**解:**(1) 各项减去 1 后为正偶数,所以 $x_n = 2n + 1$.

(2) 每一项的分子比分母少 1,而分母组成数列 $2^1, 2^2, 2^3, 2^4, \cdots$,所以 $x_n = \dfrac{2^n - 1}{2^n}$.

(3) 奇数项为负,偶数项为正,故通项公式的符号为 $(-1)^n$;各项绝对值的分母组成数列 $1, 2, 3, 4, \cdots$;而各项绝对值的分子组成的数列中,奇数项为 1,偶数项为 3,即奇数项为 $2-1$,偶数项为 $2+1$,所以

$$x_n = (-1)^n \cdot \dfrac{2 + (-1)^n}{n}$$

也可写为

$$x_n = \begin{cases} -\dfrac{1}{n}, & n \text{为奇数} \\ \dfrac{3}{n}, & n \text{为偶数} \end{cases}$$

(4) 各数都是偶数,且首为 $-4$,所以通项公式 $x_n = -2(n+1)$.

(5) 这个数列的前 4 项的绝对值都等于序号与序号加 1 的积的倒数,且奇数项为负,偶数项为正,所以它的一个通项公式为 $x_n = (-1)^n \times \dfrac{1}{n(n+1)}$.

（6）这是一个摆动数列，奇数项是 $a$，偶数项是 $b$，所以此数列的一个通项公式为

$$x_n = \begin{cases} a, & n\text{为奇数} \\ b, & n\text{为偶数} \end{cases}$$

（7）这个数列的前 4 项可以写成 $10-1$，$100-1$，$1\,000-1$，$10\,000-1$，所以它的一个通项公式为 $x_n = 10^n - 1$.

若对每个 $n \in \mathbf{N}$（$\mathbf{N}$ 为自然数集），定义 $f(n) = x_n$，则数列（2.1.1）由函数 $f$ 的函数值构成，因此也可以把数列看作是集合 $\mathbf{N}$ 上的一个函数. 类似于函数的单调性与有界性，可以定义数列的单调性与有界性.

在数列 $\{x_n\}$，若 $x_{n+1} \geq x_n$，则称此数列为单调递增数列；若 $x_{n+1} \leq x_n$，则称此数列为单调递减数列；若 $x_{n+1} = x_n$，则称此数列为常数列.

对于数列 $\{x_n\}$ 的项 $x_n$，若存在正整数 $M$，使得一切的 $x_n$ 都满足 $|x_n| \leq M$，则称数列 $\{x_n\}$ 有界，若不存在这样的正整数 $M$，则称此数列无界.

在上例中，数列（1）、（2）、（7）为单调递增数列，数列（4）为单调递减数列. 数列（2）、（3）、（5）、（6）为有界数列，数列（1）、（4）、（7）为无界数列.

以下是几个常用的数列：

调和数列 $\left\{\dfrac{1}{n}\right\}$：$1$，$\dfrac{1}{2}$，$\dfrac{1}{3}$，$\cdots$，$\dfrac{1}{n}$，$\cdots$（$n \in \mathbf{N}$）；

等比数列 $\{ar^{n-1}\}$：$a$，$ar$，$ar^2$，$\cdots$，$ar^{n-1}$，$\cdots$（$a \neq 0$，$n \in \mathbf{N}$）；

常数列 $\{c\}$：$c$，$c$，$c$，$\cdots$，$c$，$\cdots$

摆动数列 $\{(-1)^{n-1}\}$：$1$，$-1$，$1$，$\cdots$，$(-1)^{n-1}$，$\cdots$（$n \in \mathbf{N}$）；

等差数列 $\{x_n\}$：公差 $d = x_n - x_{n-1} \in \mathbf{R}$，通项公式为 $x_n = x_1 + (n-1)d$，前 $n$ 项求和公式为 $S_n = \dfrac{n(x_1 + x_n)}{2}$；

等比数列 $\{x_n\}$：公比 $q = \dfrac{x_n}{x_{n-1}}$，通项公式为 $x_n = x_1 \cdot q^{n-1}$，前 $n$ 项求和公式为 $S_n = \dfrac{x_1(1-q^n)}{1-q}$

### 2.1.2 数列的极限

下面，我们来研讨一下，在前面例 2.1.1 中的几个数列，随着 $n$ 的无限增大（记作 $n \to \infty$），$x_n$ 能否无限接近某个常数？

容易注意到，当 $n$ 无限增大时，$x_n$ 的变化情况是不相同的：数列（1）的通项 $x_n = 2n+1$ 也是无限增大的，不接近于任何一个确定的常数；数列（2）的通项 $x_n = \dfrac{2^n - 1}{2^n}$ 将无限接近于常数 1；数列（3）的通项 $x_n = (-1)^n \cdot \dfrac{2 + (-1)^n}{n}$ 将无限接近于常数 0；数列（4）的通项 $x_n = -2(n+1)$ 是无限减小的，不接近于任何一个确定的常数；数列（5）的通项 $x_n = (-1)^n \times \dfrac{1}{n(n+1)}$ 将无限接近于常数 0；数列（6）是一个摆动数列，奇数项是 $a$，偶数项是 $b$，在 $a$ 与 $b$ 之间来回跳动，不接近于任何一个确定常数；数列（7）的通项 $x_n = 10^n - 1$ 也是无限增大的，不接近于任何一个确定常数.

从上述观察，可以归纳出，当 $n$ 无限增大时，数列的通项变化趋势有两种：无限接近于某个确定的常数和不接近于任何确定的常数. 我们把通项接近某个确定的常数这种情形就称为数列有极限，通项不接近于任何确定的常数这种情形就称为无极限. 前面讨论的数列（2）、（3）、（5）有极限，数列（1）、（4）、（6）、（7）就无极限.

由此，我们就可以得到数列极限的描述性定义：

**定义 2.1.1**  设 $\{x_n\}$ 是一数列，$a$ 是一常数，若项数 $n$ 无限增大时，它的通项 $x_n$ 无限接近于一个确定的常数 $a$，则称 $a$ 为数列 $\{x_n\}$ 的极限，或简称为 $x_n$ 趋近于 $a$ 或收敛于 $a$，记作 $\lim\limits_{n\to\infty} x_n = a$ 或 $x_n \to a (n \to \infty)$. 这时我们称数列 $\{x_n\}$ 为收敛数列，否则称它为发散数列.

显然，一个数列如果有极限，则极限一定是唯一的，且是有界的.

在例 2.1.1 中：$\lim\limits_{n\to\infty}\dfrac{2^n-1}{2^n}=1$，$\lim\limits_{n\to\infty}(-1)^n\dfrac{2+(-1)^n}{n}=0$，$\lim\limits_{n\to\infty}(-1)^n\dfrac{1}{n(n+1)}=0$. 数列（2）、（3）、（5）都是收敛的，数列（1）、（4）、（6）、（7）是发散的.

当数列 $\{x_n\}$ 的项数 $n$ 无限增大时，如果 $|x_n|$ 也无限增大，则数列 $\{x_n\}$ 没有极限. 这种情形为了便于标记，我们也称数列 $\{x_n\}$ 的极限是无穷大，记作 $\lim\limits_{n\to\infty} x_n = \infty$. 例如，$\lim\limits_{n\to\infty}(2n+1)=\infty$，$\lim\limits_{n\to\infty}(10^n-1)=\infty$.

以下举例介绍由定义来考察数列的极限.

**例 2.1.2**  证明常数列 $\{C\}$ 以 $C$ 为极限.

**证**：当项数 $n$ 无限增大时，$x_n$ 的值是确定不变的 $C$. 所以 $\lim\limits_{n\to\infty} x_n = C$.

**例 2.1.3**  求下列数列的极限，并判断其敛散性.

（1）$x_n = \dfrac{1}{n}$；（2）$x_n = \dfrac{1}{3^n}$；（3）$x_n = \dfrac{1}{n^3}$.

**解**：（1）当项数 $n$ 无限增大时，$x_n$ 无限接近 $0$，于是有 $\lim\limits_{n\to\infty} x_n = \lim\limits_{n\to\infty}\dfrac{1}{n}=0$.

同理可得，（2）$\lim\limits_{n\to\infty} x_n = \lim\limits_{n\to\infty}\dfrac{1}{3^n}=0$，（3）$\lim\limits_{n\to\infty} x_n = \lim\limits_{n\to\infty}\dfrac{1}{n^3}=0$.

因此，这三个数列都是收敛的.

通过这两个例子的计算，一般地，

（1）对于任意的 $0<|q|<1$，都有 $\lim\limits_{n\to\infty} q^n = 0$；

（2）$\lim\limits_{n\to\infty} C = C$；

（3）$\lim\limits_{n\to\infty}\dfrac{1}{n^p}=0 (p>0)$.

感兴趣的读者可以自行证明.

### 2.1.3  数列极限的运算法则

为了便于计算数列的极限，下面直接给出数列极限的运算法则.

**定理 2.1.1**  设 $\lim\limits_{n\to\infty} x_n = A$，$\lim\limits_{n\to\infty} y_n = B$，则

（1）$\lim\limits_{n\to\infty}(x_n \pm y_n) = \lim\limits_{n\to\infty}x_n \pm \lim\limits_{n\to\infty}y_n = A \pm B$；

（2）$\lim\limits_{n\to\infty}(x_n \cdot y_n) = \lim\limits_{n\to\infty}x_n \cdot \lim\limits_{n\to\infty}y_n = A \cdot B$；

（3）$\lim\limits_{n\to\infty}(C \cdot x_n) = \lim\limits_{n\to\infty}C \cdot \lim\limits_{n\to\infty}x_n = C \cdot A$（$C$ 为常数）；

（4）$\lim\limits_{n\to\infty}\dfrac{x_n}{y_n} = \dfrac{\lim\limits_{n\to\infty}x_n}{\lim\limits_{n\to\infty}y_n} = \dfrac{A}{B}\left(\lim\limits_{n\to\infty}y_n = B \neq 0\right)$.

**例 2.1.4** 求下列数列的极限：

（1）$\lim\limits_{n\to\infty}(-1)^n \dfrac{1}{2n}$；

（2）$\lim\limits_{n\to\infty}\dfrac{2^n + 3^n}{4^n}$；

（3）$\lim\limits_{n\to\infty}\dfrac{4n^2 + 1}{2n^2 + n}$；

（4）$\lim\limits_{n\to\infty}\left(\dfrac{1}{2} + \dfrac{1}{2^2} + \cdots + \dfrac{1}{2^n}\right)$；

（5）$\lim\limits_{n\to\infty}\left(\dfrac{1+2+3+\cdots+n}{n^2} - \dfrac{1}{3}\right)$；

（6）$\lim\limits_{n\to\infty}(\sqrt{n+1} - \sqrt{n})$；

（7）$\lim\limits_{n\to\infty}\left(\dfrac{1}{1\cdot 3} + \dfrac{1}{3\cdot 5} + \dfrac{1}{5\cdot 7} + \cdots + \dfrac{1}{(2n-1)\cdot(2n+1)}\right)$；

（8）$\lim\limits_{n\to\infty}\dfrac{(2n+3)^{29}}{n^{30} + n^{29}}$.

**解**：（1）当项数 $n$ 无限增大时，$x_n$ 无限接近 0，于是有

$$\lim\limits_{n\to\infty}(-1)^n \dfrac{1}{2n} = 0.$$

（2）分成两部分分别计算，

$$\lim\limits_{n\to\infty}\dfrac{2^n + 3^n}{4^n} = \lim\limits_{n\to\infty}\left[\left(\dfrac{1}{2}\right)^n + \left(\dfrac{3}{4}\right)^n\right] = 0.$$

（3）将分子、分母同时除以 $n^2$，则有

$$\lim\limits_{n\to\infty}\dfrac{4n^2 + 1}{2n^2 + n} = \lim\limits_{n\to\infty}\dfrac{4 + \left(\dfrac{1}{n^2}\right)}{2 + \left(\dfrac{1}{n}\right)} = 2.$$

（4）利用等比数列求和公式，先求和，再算极限，则有

$$\lim\limits_{n\to\infty}\left(\dfrac{1}{2} + \dfrac{1}{2^2} + \cdots + \dfrac{1}{2^n}\right) = \lim\limits_{n\to\infty}\dfrac{\dfrac{1}{2}\cdot\left[1 - \left(\dfrac{1}{2}\right)^n\right]}{1 - \dfrac{1}{2}} = \lim\limits_{n\to\infty}\left[1 - \left(\dfrac{1}{2}\right)^n\right] = 1.$$

（5）利用等差数列求和公式，先求和，再算极限，则有

$$\lim\limits_{n\to\infty}\left(\dfrac{1+2+3+\cdots+n}{n^2} - \dfrac{1}{3}\right) = \lim\limits_{n\to\infty}\left(\dfrac{\dfrac{n(n+1)}{2}}{n^2} - \dfrac{1}{3}\right) = \dfrac{1}{2} - \dfrac{1}{3} = \dfrac{1}{6}.$$

（6）将分子有理化，再求极限，则有

$$\lim_{n\to\infty}(\sqrt{n+1}-\sqrt{n}) = \lim_{n\to\infty}\frac{(\sqrt{n+1}-\sqrt{n})(\sqrt{n+1}+\sqrt{n})}{\sqrt{n+1}+\sqrt{n}} = \lim_{n\to\infty}\frac{1}{\sqrt{n+1}+\sqrt{n}} = 0.$$

（7）利用裂项相消，$\frac{1}{(2n-1)(2n+1)} = \frac{1}{2}\left(\frac{1}{2n-1}-\frac{1}{2n+1}\right)$，于是有

$$\lim_{n\to\infty}\left(\frac{1}{1\cdot 3}+\frac{1}{3\cdot 5}+\frac{1}{5\cdot 7}+\cdots+\frac{1}{(2n-1)\cdot(2n+1)}\right)$$

$$= \lim_{n\to\infty}\frac{1}{2}\left[\left(1-\frac{1}{3}\right)+\left(\frac{1}{3}-\frac{1}{5}\right)+\left(\frac{1}{5}-\frac{1}{7}\right)+\cdots+\left(\frac{1}{2n-1}-\frac{1}{2n+1}\right)\right]$$

$$= \frac{1}{2}\lim_{n\to\infty}\left(1-\frac{1}{2n+1}\right)$$

$$= \frac{1}{2}.$$

（8）将分子、分母同时除以 $n^{30}$，则有

$$\lim_{n\to\infty}\frac{(2n+3)^{29}}{n^{30}+n^{29}} = \lim_{n\to\infty}\frac{\frac{1}{n}\left(2+\frac{3}{n}\right)^{29}}{1+\frac{1}{n}} = 0$$

# 习题 2.1

1. 下列数列中收敛的是（　　）.

   A. $\{(-1)^n\}$　　B. $\{n\}$　　C. $\left\{\frac{1+(-1)^n}{2^n}\right\}$　　D. $\{5^n\}$

2. 下列数列中发散的是（　　）.

   A. $\left\{\frac{2^n-1}{3^n}\right\}$　　B. $\left\{\frac{(-1)^n}{n}\right\}$　　C. $\left\{\frac{2+(-1)^n}{n}\right\}$　　D. $\left\{n-\frac{1}{n}\right\}$

3. 数列 $\{x_n\}$ 有界是数列 $\{x_n\}$ 收敛的（　　）条件.

   A. 充分　　B. 必要　　C. 充要　　D. 无关

4. 求下列数列的极限，并判断数列的敛散性.

（1）$\{x_n\}=\frac{1}{n}$；（2）$\{x_n\}=(-1)^n\frac{1}{n+1}$；（3）$\{x_n\}=n$.

5. 设 $x_1=0.9, x_2=0.99, x_3=0.999,\cdots,x_n=0.\underbrace{999\cdots 9}_{n\uparrow},\cdots$

（1）写出数列的通项；　　（2）求 $\lim_{n\to\infty}x_n$.

6. 求下列数列的极限.

（1）$\lim_{n\to\infty}\frac{3n^3+2}{2n^3+n}$；　　（2）$\lim_{n\to\infty}\frac{n+1}{3n^2+n}$；

（3）$\lim\limits_{n\to\infty}\dfrac{3^n+22}{6^n+33}$；

（4）$\lim\limits_{n\to\infty}\dfrac{1+2+\cdots+n}{6n^4}$；

（5）$\lim\limits_{n\to\infty}\dfrac{n^2+6}{n^3+5n}$；

（6）$\lim\limits_{n\to\infty}\dfrac{(n-2)(n-4)(n-6)}{7n^3}$；

（7）$\lim\limits_{n\to\infty}\dfrac{(-5)^n+3^{n-2}}{(-5)^{n-1}+3^n}$；

（8）$\lim\limits_{n\to\infty}\left(\sqrt{n^2+2n}-\sqrt{n^2+1}\right)$；

（9）$\lim\limits_{n\to\infty}\dfrac{\sqrt{4n^2}+\sqrt[3]{n^3+2}}{2n+1}$；

（10）$\lim\limits_{n\to\infty}\left(\dfrac{1}{2\cdot 4}+\dfrac{1}{4\cdot 6}+\dfrac{1}{6\cdot 8}+\cdots+\dfrac{1}{2n\cdot(2n+2)}\right)$.

## 2.2　函数的极限

数列可看作自变量为正整数 $n$ 的函数：$x_n=f(n)$，数列 $\{x_n\}$ 的极限为 $a$，即：当自变量 $n$ 取正整数且无限增大 $(n\to\infty)$ 时，对应的函数值 $f(n)$ 无限接近数 $a$. 若将数列极限概念中自变量 $n$ 和函数值 $f(n)$ 的特殊性抛开，将函数的定义域扩充到 $\mathbf{R}$，由此引出函数极限的一般概念：在自变量 $x$ 的某个变化过程中，如果对应的函数值 $f(x)$ 无限接近于某个确定的数 $A$，则 $A$ 就称为 $x$ 在该变化过程中函数 $f(x)$ 的极限. 显然，极限 $A$ 是与自变量 $x$ 的变化过程紧密相关，自变量的变化过程不同，函数的极限就有不同的表现形式.

本节分下列两种情况来讨论：

（1）自变量趋于无穷大 $(x\to\infty)$ 时函数的极限；

（2）自变量趋于有限值 $(x\to x_0)$ 时函数的极限.

### 2.2.1　函数极限的定义

**1. $x\to\infty$ 时函数的极限**

当自变量趋于无穷大 $(x\to\infty)$ 时，有三种情况：

（1）$x\to+\infty$，表示 $x$ 趋向于正无穷大的变化过程，即要求自变量 $x$ 沿 $x$ 轴的正向无限增大；

（2）$x\to-\infty$，表示 $x$ 趋向于负无穷大的变化过程，即要求自变量 $x$ 沿 $x$ 轴的负向 $|x|$ 无限增大；

（3）$x\to\infty$，表示 $x$ 沿 $x$ 轴的正向与负向同时无限增大，即要求自变量 $x$ 沿 $x$ 轴的正向与负向同时无限增大. 此变化过程包含了 $x\to+\infty$ 与 $x\to-\infty$ 两个过程.

先考察函数 $y=\arctan x$ 的图像.

函数 $y=\arctan x$ 的图像（见图 2.2.1），当自变量 $x$ 沿 $x$ 轴的正向无限增大时，函数值无限接近 $\dfrac{\pi}{2}$；而要求自变量 $x$ 沿 $x$ 轴的负向 $|x|$ 无限增大，函数值无限接近 $-\dfrac{\pi}{2}$.

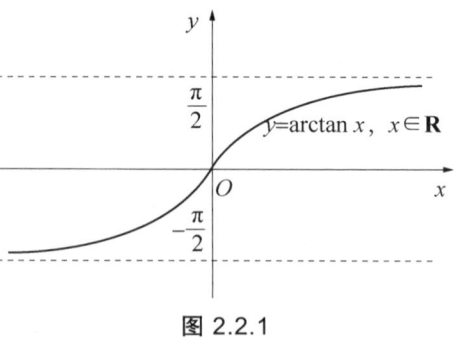

图 2.2.1

我们把数列极限的定义拓展到函数，就可以说，当 $x \to +\infty$ 时，$\arctan x$ 的极限为 $\dfrac{\pi}{2}$，当 $x \to -\infty$ 时，$\arctan x$ 的极限为 $-\dfrac{\pi}{2}$，即可记为 $\lim\limits_{x \to +\infty} \arctan x = \dfrac{\pi}{2}$，$\lim\limits_{x \to -\infty} \arctan x = -\dfrac{\pi}{2}$.

一般地，我们就有如下定义.

**定义 2.2.1** 设函数 $f(x)$，如果在 $x \to +\infty$ ($x \to -\infty$) 过程中，对应的函数值 $f(x)$ 无限接近一个确定的常数 $A$，则称 $A$ 为函数 $f(x)$ 当 $x \to +\infty$ ($x \to -\infty$) 时的极限. 记作

$$\lim_{x \to +\infty} f(x) = A \text{ 或 } f(x) \to A(x \to +\infty) \text{ 或 } \lim_{x \to -\infty} f(x) = A \text{ 或 } f(x) \to A(x \to -\infty)$$

例如，函数 $y = \operatorname{arccot} x$ 与 $y = a^x (a > 1)$ 的图像如图 2.2.2 所示.

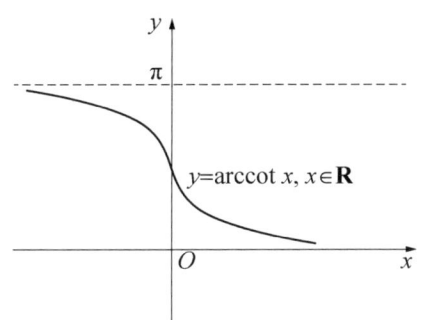 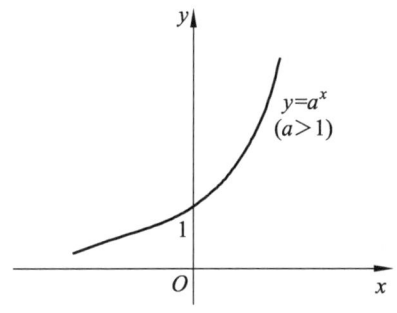

图 2.2.2

通过观察，我们很容易就得到，当 $x \to +\infty$ 时，$\operatorname{arccot} x$ 的极限为 0，当 $x \to -\infty$ 时，$\operatorname{arccot} x$ 的极限为 $\pi$，即可记为 $\lim\limits_{x \to +\infty} \operatorname{arccot} x = 0$，$\lim\limits_{x \to -\infty} \operatorname{arccot} x = \pi$；而当 $x \to +\infty$ 时，$a^x$ 的函数值也是无限增大的，这时就没有极限，$\lim\limits_{x \to +\infty} a^x$ 即可记为不存在，当 $x \to -\infty$ 时，$a^x$ 的极限为 0，$\lim\limits_{x \to -\infty} a^x = 0$.

再考察函数 $y = \dfrac{1}{x}$ 的图像（见图 2.2.3）.

对于函数 $y = \dfrac{1}{x}$，显然，无论 $x \to +\infty$ 还是 $x \to -\infty$，函数值

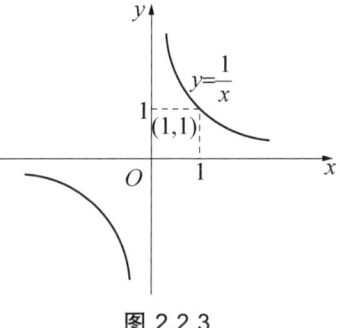

图 2.2.3

无限接近于 $x$ 轴，即 $y = 0$，可记为 $\lim\limits_{x \to +\infty} \dfrac{1}{x} = 0 = \lim\limits_{x \to -\infty} \dfrac{1}{x}$，即可认为 $\lim\limits_{x \to \infty} \dfrac{1}{x} = 0$.

当 $\lim\limits_{x \to -\infty} f(x) = A$ 且 $\lim\limits_{x \to +\infty} f(x) = A$ 时，我们就得到 $x \to \infty$ 时的函数 $f(x)$ 的极限定义.

**定义 2.2.2** 设函数 $f(x)$，如果在 $x \to \infty$ 过程中，对应的函数值 $f(x)$ 无限接近一个确定的常数 $A$，则称 $A$ 为函数 $f(x)$ 当 $x \to \infty$ 时的极限. 记作

$$\lim_{x \to \infty} f(x) = A \text{ 或 } f(x) \to A(x \to \infty)$$

由此可得下列定理.

**定理 2.2.1** $\lim\limits_{x \to \infty} f(x) = A \Leftrightarrow \lim\limits_{x \to +\infty} f(x) = A$ 且 $\lim\limits_{x \to -\infty} f(x) = A$.

所以，$\lim\limits_{x \to \infty} a^x$ 与 $\lim\limits_{x \to \infty} \arctan x$ 都不存在，因为 $\lim\limits_{x \to +\infty} a^x$ 不存在，$\lim\limits_{x \to -\infty} a^x = 0$，$\lim\limits_{x \to +\infty} \arctan x = \dfrac{\pi}{2}$，

$\lim\limits_{x\to-\infty}\arctan x = -\dfrac{\pi}{2}$.

一般地，如果 $\lim\limits_{x\to+\infty}f(x)=A$ 或 $\lim\limits_{x\to-\infty}f(x)=A$，那么称直线 $y=A$ 为函数 $y=f(x)$ 图形的水平渐近线.

**例 2.2.1** 当 $0<a<1$ 时，求 $\lim\limits_{x\to+\infty}a^x$，$\lim\limits_{x\to-\infty}a^x$，$\lim\limits_{x\to\infty}a^x$.

**解**：观察图 2.2.4 可得：

当 $x\to+\infty$ 时，$a^x$ 的极限为 $0$，即 $\lim\limits_{x\to+\infty}a^x=0$；当 $x\to-\infty$ 时，$a^x$ 的函数值是无限增大的，这时就没有极限，即 $\lim\limits_{x\to-\infty}a^x$ 不存在. 从而 $\lim\limits_{x\to\infty}a^x$ 也不存在.

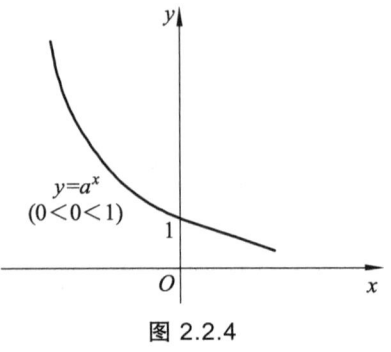

图 2.2.4

### 2. $x\to x_0$ 时函数的极限

接下来，看下面的例子：

先讨论当 $x\to 1$ 时，函数 $y=2+(x-1)^2$ 的变化趋势.

先根据函数 $y=2+(x-1)^2$ 列表（见表 2.2.1）并作图（见图 2.2.5），来看当 $x\to 1$ 时，$y$ 的变化趋势.

表 2.2.1　$y=2+(x-1)^2$

| $x$ | 0.5 | 1.5 | 0.9 | 1.1 | 0.99 | 1.01 | … |
|---|---|---|---|---|---|---|---|
| $2+(x-1)^2$ | 2.25 | | 2.01 | | 2.0001 | | |

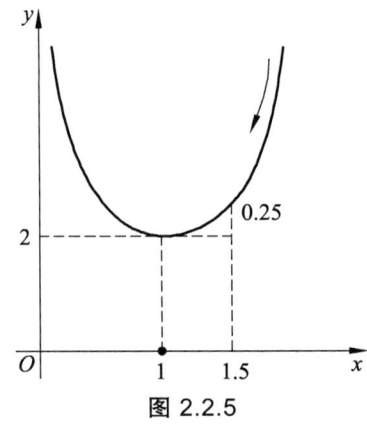

图 2.2.5

结合图、表可以看出：当 $x$ 从 $1$ 的左侧或右侧趋向于 $1$ 时，函数 $2+(x-1)^2$ 趋向于 $2$；$x$ 越接近于 $1$，$y$ 就越接近于 $2$；当 $x$ 无限接近于 $1$ 时，$y$ 就无限接近于 $2$. 即：当 $x\to 1$ 时，$y=2+(x-1)^2\to 2$.

再讨论函数 $f(x)=\dfrac{x^2-1}{x-1}$ 并作出图（见图 2.2.6）.

我们发现，虽然 $f(x)$ 在 $x=1$ 处无定义，但当 $x$ 从 $1$ 的左侧或右侧趋向于 $1$ 时，$f(x)$ 仍无限接近于常数 $2$.

由上两例，对当 $x\to x_0$ 时，函数 $f(x)$ 的极限可定义如下：

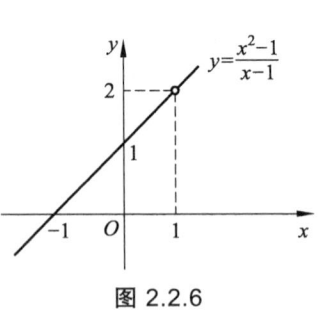

图 2.2.6

**定义 2.2.3** 当自变量 $x$ 无限接近于 $x_0$ 时($x$ 可以不等于 $x_0$),函数 $f(x)$ 无限接近于一个常数 $A$,那么 $A$ 就叫作函数 $f(x)$ 当 $x \to x_0$ 时的极限,记为

$$\lim_{x \to x_0} f(x) = A \quad \text{或当} \; x \to x_0 \; \text{时}, \; f(x) \to A$$

在上面的定义中,我们假定函数 $f(x)$ 在点 $x_0$ 的左右附近是有定义的,并且我们考虑的是当 $x \to x_0$ 时,$f(x)$ 的变化趋势,因此不在乎 $f(x)$ 在 $x_0$ 是否有定义. 于是,当 $x \to 1$ 时,函数 $y = 2 + (x-1)^2$ 的极限是 2,可记为

$$\lim_{x \to 1} \left[ 2 + (x-1)^2 \right] = 2$$

当 $x \to 1$ 时,$f(x) = \dfrac{x^2 - 1}{x - 1}$ 的极限为 2,记为

$$\lim_{x \to 1} \frac{x^2 - 1}{x - 1} = 2$$

**例 2.2.2** 在单位圆上考察 $\lim\limits_{x \to 0} \sin x$ 和 $\lim\limits_{x \to 0} \cos x$ 的值.

**解**:作单位圆,并取 $\angle AOB = x$ 弧度(见图 2.2.7),则 $\sin x = BA$,$\cos x = OB$. 当 $x \to 0$ 时,$BA$ 无限接近于 0,$OB$ 无限接近于 1,所以 $\lim\limits_{x \to 0} \sin x = 0$,$\lim\limits_{x \to 0} \cos x = 1$.

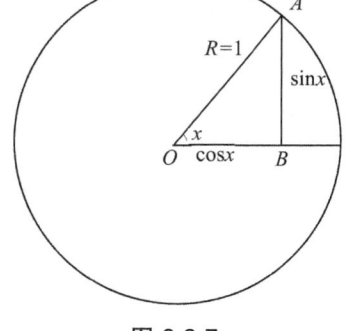

图 2.2.7

**例 2.2.3** 观察函数图像,求 $\lim\limits_{x \to 0} e^x$.

**解**:设 $f(x) = e^x$,画出函数图像如图 2.2.8 所示.

观察可得,当 $x$ 从 0 的左侧或右侧趋向于 0 时,$f(x)$ 都无限接近于常数 1,所以 $\lim\limits_{x \to 0} e^x = 1$.

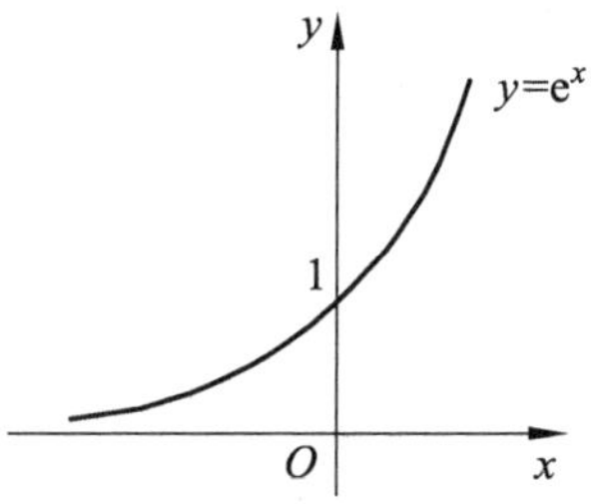

**例 2.2.4** 设 $f(x) = \begin{cases} x, & x \leq 0 \\ 1, & x > 0 \end{cases}$,研究 $\lim\limits_{x \to 0} f(x)$.

图 2.2.8

**解**:当 $x$ 从 0 的左侧($x < 0$)趋向于 0 时,$f(x)$ 无限接近常数 0,当 $x$ 从 0 的右侧($x > 0$)趋向于 0 时,$f(x)$ 无限接近常数 1. 所以 $\lim\limits_{x \to 0^-} f(x) \neq \lim\limits_{x \to 0^+} f(x)$,这种情形我们就称 $\lim\limits_{x \to 0} f(x)$ 不存在.

### 2.2.2 单侧极限

前面讲了 $x \to x_0$ 时 $f(x)$ 的极限,在那里 $x$ 是以任意方式趋近于 $x_0$ 的. 但是,有时我们还需要知道 $x$ 仅从 $x_0$ 的左侧($x < x_0$)或仅从 $x_0$ 的右侧($x > x_0$)趋于 $x_0$ 时,$f(x)$ 的变化趋势. 于是,就要引进左极限与右极限的概念.

**定义 2.2.4** 如果当 $x$ 从 $x_0$ 的左侧($x < x_0$)趋于 $x_0$ 时,$f(x)$ 无限趋近一个确定的常数 $A$,则称 $A$ 为 $x \to x_0$ 时 $f(x)$ 的左极限. 记作

$$\lim_{x \to x_0^-} f(x) = A \quad \text{或} \quad f(x_0^-) = A$$

如果当 $x$ 从 $x_0$ 的右侧($x > x_0$)趋于 $x_0$ 时,$f(x)$ 无限趋近一个确定的常数 $A$,则称 $A$ 为 $x \to x_0$ 时 $f(x)$ 的右极限. 记作

$$\lim_{x \to x_0^+} f(x) = A \quad \text{或} \quad f(x_0^+) = A$$

左极限和右极限统称为单侧极限. 根据左、右极限的定义, 显然可得下列定理.

**定理 2.2.2** 极限 $\lim\limits_{x \to x_0} f(x) = A$ 存在的充分必要条件是:

$$\lim_{x \to x_0^+} f(x) = \lim_{x \to x_0^-} f(x) = A$$

**例 2.2.5** 讨论极限 $\lim\limits_{x \to 0} \dfrac{|x|}{x}$ 是否存在?

**解**: 记 $f(x) = \dfrac{|x|}{x}$, 因 $x > 0$ 时 $f(x) \equiv 1$, 故 $f(0^+) = 1$; 而当 $x < 0$ 时 $f(x) \equiv -1$, 故 $f(0^-) = -1$. 因此 $f(0^+) \neq f(0^-)$, 故由定理 2.2.2 知所讨论的极限不存在.

**例 2.2.6** 证明: 当 $x \to 0$ 时, 函数 $f(x) = \begin{cases} x-1, x<0 \\ 0, x=0 \\ x+1, x>0 \end{cases}$ 的极限不存在.

**证**: 当 $x \to 0$ 时 $f(x)$ 的左极限是 $\lim\limits_{x \to 0^-} f(x) = \lim\limits_{x \to 0^-} (x-1) = -1$, 而右极限是 $\lim\limits_{x \to 0^+} f(x) = \lim\limits_{x \to 0^+} (x+1) = 1$.

因为左、右极限不相等, 所以当 $x \to 0$ 时, $f(x)$ 的极限不存在 (见图 2.2.9).

读者朋友可以自己思考一下, 若此例中, 求 $\lim\limits_{x \to -1} f(x)$ 呢?

### 2.2.3 极限的性质

接下来, 我们讨论极限的主要性质.

**定理 2.2.3 (唯一性)** 若极限 $\lim\limits_{x \to a} f(x)$ 存在, 则极限值唯一.

这说明, 极限存在必唯一.

**定理 2.2.4 (局部有界性)** 若极限 $\lim\limits_{x \to a} f(x)$ 存在, 则函数 $f(x)$ 在 $x_0$ 的某个去心邻域内是有界的.

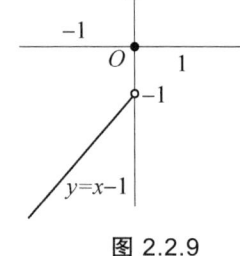

图 2.2.9

这说明有极限的函数在 $x_0$ 附近一定有界.

**定理 2.2.5 (局部保号性)** 若 $\lim\limits_{x \to a} f(x) = A > 0$ (或 $A < 0$), 则函数 $f(x)$ 在 $x_0$ 的某个去心邻域内, 有 $f(x) > 0$ (或 $f(x) < 0$).

这说明以正数 (或负数) 为极限的函数在 $x_0$ 附近一定是正函数 (负函数).

**推论** 若 $\lim\limits_{x \to a} f(x) = A$, 而且 $f(x) \geq 0$ (或 $f(x) \leq 0$), 则 $A \geq 0$ (或 $A \leq 0$).

# 习题 2.2

1. $\lim\limits_{x \to \infty} f(x)$ 存在的充要条件是_____.

2. $\lim\limits_{x \to -\infty} 3^x = $_____.

3. $\lim\limits_{x\to x_0}f(x)$ 存在的充要条件是 _____.

4. $\lim\limits_{x\to 2}(2x^2+9)=$ _____.

5. 函数 $y=\dfrac{3x+1}{x}$ 的水平渐近线为 _____.

6. 讨论下列函数的极限.

（1）$\lim\limits_{x\to 0}\sin x$；（2）$\lim\limits_{x\to +\infty}\ln x$；（3）$\lim\limits_{x\to 0}\arctan x$.

7. 设函数 $f(x)=\begin{cases}3x^2-a, & 0\leqslant x<1 \\ -x, & 1<x\leqslant 0\end{cases}$，且 $\lim\limits_{x\to 1}f(x)$ 存在，求 $a$.

8. 设 $f(x)=\begin{cases}3x, & -1<x<1 \\ 2, & x=1 \\ 3x^3, & 1<x<3\end{cases}$，求 $\lim\limits_{x\to 0}f(x)$，$\lim\limits_{x\to 1}f(x)$，$\lim\limits_{x\to 2}f(x)$.

## 2.3 极限的运算法则

前面我们已经讨论了极限的概念，要进行极限的计算，还需建立极限的四则运算法则和复合函数的极限运算法则. 在下面的讨论中，记号"lim"下面没有表明自变量的变化过程，是指对 $x\to x_0$ 和 $x\to\infty$ 以及单侧极限均成立.

**定理 2.3.1**　（函数极限的四则运算法则）　设 $\lim f(x)=A,\lim g(x)=B$，则

（1）$\lim(f(x)\pm g(x))=\lim f(x)\pm\lim g(x)=A\pm B$；

（2）$\lim(f(x)\cdot g(x))=\lim f(x)\cdot\lim g(x)=A\cdot B$；

（3）$\lim\dfrac{f(x)}{g(x)}=\dfrac{\lim f(x)}{\lim g(x)}=\dfrac{A}{B}(B\neq 0)$.

在这里，法则（1）、（2）可以推广到有限个函数的代数和及乘积的情形.

**推论**　若 $\lim f(x)$ 存在，则

（1）$\lim Cf(x)=C\lim f(x)$；

（2）$\lim[f(x)]^n=\left[\lim f(x)\right]^n$.

**定理 2.3.2**　（复合函数的极限运算法则）设函数 $y=f(g(x))$ 是由函数 $u=g(x)$ 与 $y=f(u)$ 复合而成的，$y=f(u)$ 在点 $u=a$ 有定义，若 $\lim\limits_{x\to x_0}g(x)=a,\lim\limits_{u\to a}f(u)=f(a)$，则

$$\lim_{x\to x_0}f(g(x))=f(\lim_{x\to x_0}g(x))=f(a)$$

利用极限四则运算规则、复合函数的极限运算法则及我们已知的极限结果，例如 $\lim\limits_{x\to\infty}\dfrac{1}{x}=0$，$\lim\limits_{x\to x_0}C=C$，$\lim\limits_{n\to\infty}q^n=0(|q|<1)$ 等，可简化极限计算.

**例 2.3.1**　计算以下极限.

（1）$\lim\limits_{n\to\infty}\dfrac{n^2+1}{n^2+2n+3}$；（2）$\lim\limits_{x\to 2}(2x^2-x+1)$；（3）$\lim\limits_{x\to 1}\dfrac{x^2+x-2}{x^2-1}$.

**解**：（1） $\lim\limits_{n\to\infty}\dfrac{n^2+1}{n^2+2n+3}=\lim\limits_{n\to\infty}\dfrac{1+\dfrac{1}{n^2}}{1+\dfrac{2}{n}+\dfrac{3}{n^2}}=\dfrac{\lim\limits_{n\to\infty}\left(1+\dfrac{1}{n^2}\right)}{\lim\limits_{n\to\infty}\left(1+\dfrac{2}{n}+\dfrac{3}{n^2}\right)}=\dfrac{1+\lim\limits_{n\to\infty}\dfrac{1}{n^2}}{1+2\lim\limits_{n\to\infty}\dfrac{1}{n}+3\lim\limits_{n\to\infty}\dfrac{1}{n^2}}=1.$

（2） $\lim\limits_{x\to 2}(2x^2-x+1)=\lim\limits_{x\to 2}2x^2-\lim\limits_{x\to 2}x+\lim\limits_{x\to 2}1=2\lim\limits_{x\to 2}x^2-\lim\limits_{x\to 2}x+1$

$$=2\left(\lim\limits_{x\to 2}x\right)^2-2+1=8-2+1=7.$$

（3）因为 $x\to 1$ 时，分母 $x^2-1\to 0$，故不能直接应用商规则. 注意到 $x\to 1$ 时 $x\ne 1$，故可以先约去分子与分母中的非零因子 $x-1$，再使用商规则求极限：

$$\lim\limits_{x\to 1}\dfrac{x^2+x-2}{x^2-1}=\lim\limits_{x\to 1}\dfrac{(x-1)(x+2)}{(x-1)(x+1)}=\lim\limits_{x\to 1}\dfrac{x+2}{x+1}=\dfrac{\lim\limits_{x\to 1}(x+2)}{\lim\limits_{x\to 1}(x+1)}=\dfrac{3}{2}.$$

**说明**：（1）设 $P_n(x)=a_0x^n+a_1x^{n-1}+a_2x^{n-2}+\cdots+a_n$，则

$$\lim\limits_{x\to x_0}P_n(x)=\lim\limits_{x\to x_0}\left(a_0x^n+a_1x^{n-1}+a_2x^{n-2}+\cdots+a_n\right)$$

$$=\left(a_0\lim\limits_{x\to x_0}x^n+a_1\lim\limits_{x\to x_0}x^{n-1}+a_2\lim\limits_{x\to x_0}x^{n-2}+\cdots+a_n\lim\limits_{x\to x_0}1\right)$$

$$=a_0x_0^n+a_1x_0^{n-1}+a_2x_0^{n-2}+\cdots+a_n=P_n(x_0).$$

（2）设 $f(x)=\dfrac{P_n(x)}{Q_m(x)}$，其中 $P_n(x),Q_m(x)$ 为多项式，$Q_m(x_0)\ne 0$，则

$$\lim\limits_{x\to x_0}f(x)=\dfrac{\lim\limits_{x\to x_0}P_n(x)}{\lim\limits_{x\to x_0}Q_m(x)}=\dfrac{P_n(x_0)}{Q_m(x_0)}=f(x_0).$$

为了表明以上每步所使用的规则，上述步骤写得比较详细，一旦熟练后便会省略一些简单的步骤.

**例 2.3.2** 计算以下极限.

（1） $\lim\limits_{n\to\infty}\dfrac{1+2+\cdots+n}{n^2}$；

（2） $\lim\limits_{n\to\infty}\left(\dfrac{1}{1\cdot 2}+\dfrac{1}{2\cdot 3}+\cdots+\dfrac{1}{n(n+1)}\right)$；

（3） $\lim\limits_{x\to+\infty}\dfrac{7x^3-2x+1}{2x^3+x+1}$；

（4） $\lim\limits_{x\to 1}\left(\dfrac{1}{1-x}-\dfrac{3}{1-x^3}\right)$.

**解**：（1）原式 $=\lim\limits_{n\to\infty}\dfrac{\dfrac{n(n+1)}{2}}{n^2}=\lim\limits_{n\to\infty}\dfrac{1}{2}\left(1+\dfrac{1}{n}\right)=\dfrac{1}{2}.$

（2）原式 $=\lim\limits_{n\to\infty}\left(1-\dfrac{1}{2}+\dfrac{1}{2}-\dfrac{1}{3}+\cdots+\dfrac{1}{n}-\dfrac{1}{n+1}\right)=\lim\limits_{n\to\infty}\left(1-\dfrac{1}{n+1}\right)=1.$

（3）不可直接应用商规则，因为当 $x\to+\infty$ 时分子分母的极限均不存在，可先用 $x^3$ 分别除分式的分子和分母，再用商规则求极限：

$$原式=\lim\limits_{x\to+\infty}\dfrac{7-2x^{-2}+x^{-3}}{2+x^{-2}+x^{-3}}=\dfrac{\lim\limits_{x\to+\infty}(7-2/x^2-1/x^3)}{\lim\limits_{x\to+\infty}(2+x^{-2}+x^{-3})}=\dfrac{7}{2}$$

（4）不可直接应用和规则，因 $x \to 1$ 时 $\dfrac{1}{1-x}$ 及 $\dfrac{3}{1-x^3}$ 的极限均不存在，应当先合并，化简后再求极限：

$$\text{原式} = \lim_{x \to 1}\frac{1+x+x^2-3}{1-x^3} = \lim_{x \to 1}\frac{(x-1)(x+2)}{(1-x)(1+x+x^2)} = -\lim_{x \to 1}\frac{x+2}{1+x+x^2} = -\frac{3}{3} = -1$$

说明：由前面的例子，当 $a_0 \neq 0, b_0 \neq 0$ 时，我们还可以总结有理分式的极限，一般地，

$$\lim_{x \to \infty}\frac{a_0 x^m + a_1 x^{m-1} + \cdots + a_m}{b_0 x^n + b_1 x^{n-1} + \cdots + b_n} = \begin{cases} 0, & n > m \\ \dfrac{a_0}{b_0}, & n = m \\ \infty, & n < m \end{cases}$$

**例 2.3.3** 求 $\lim\limits_{x \to -1}\dfrac{(1-\sqrt{x+2})}{x^2-1}$.

**解**：因分母的极限为零，要先对函数做必要的变形；分子中含有根式，通常用根式有理化，然后再约去分子、分母中的公因子.

$$\lim_{x \to -1}\frac{(1-\sqrt{x+2})}{x^2-1} = \lim_{x \to -1}\frac{(1-\sqrt{x+2})(1+\sqrt{x+2})}{(x-1)(x+1)(1+\sqrt{x+2})}$$
$$= \lim_{x \to -1}\frac{-(x+1)}{(x-1)(x+1)(1+\sqrt{x+2})} = \frac{1}{4}.$$

**例 2.3.4** 求极限 $\lim\limits_{x \to 0}e^{2x+3}$.

**解**：设 $u = 2x+3$，由 $\lim\limits_{x \to 0}(2x+3) = 0+3 = 3$，故 $\lim\limits_{x \to 0}e^{2x+3} = \lim\limits_{u \to 3}e^u = e^3$.

**例 2.3.5** 已知 $f(x) = \begin{cases} x-1, & x < 0 \\ \dfrac{x^2+3x-1}{x^3+1}, & x \geq 0 \end{cases}$，求 $\lim\limits_{x \to 0}f(x)$，$\lim\limits_{x \to +\infty}f(x)$.

**解**：$\lim\limits_{x \to 0^-}f(x) = \lim\limits_{x \to 0^-}(x-1) = -1$，$\lim\limits_{x \to 0^+}f(x) = \lim\limits_{x \to 0^+}\dfrac{x^2+3x-1}{x^3+1} = -1$，

所以 $$\lim_{x \to 0}f(x) = -1,$$

$$\lim_{x \to +\infty}f(x) = \lim_{x \to +\infty}\frac{x^2+3x-1}{x^3+1} = \lim_{x \to +\infty}\frac{\dfrac{x^2}{x^3}+\dfrac{3x}{x^3}-\dfrac{1}{x^3}}{1+\dfrac{1}{x^3}} = 0.$$

# 习题 2.3

1. 计算下列极限.

（1）$\lim\limits_{x \to 2}(4x^2-3x+5)$；（2）$\lim\limits_{n \to \infty}\dfrac{n^2-n}{5n^2+3n-2}$；（3）$\lim\limits_{x \to 1}\dfrac{x^2-1}{x+1}$；（4）$\lim\limits_{x \to +\infty}\dfrac{\sqrt{x^2}}{x+1}$；

(5) $\lim\limits_{x\to 1}\dfrac{x^2-3x+2}{x-1}$; (6) $\lim\limits_{x\to\infty}\dfrac{x^2+5x+6}{x^5+2022}$; (7) $\lim\limits_{x\to 1}\dfrac{\sqrt{x}-2}{x^2-2x-8}$; (8) $\lim\limits_{x\to 0}e^{3x-5}$.

2. 计算下列极限.

(1) $\lim\limits_{x\to 0}\dfrac{\sqrt{1+x}-1}{x}$; (2) $\lim\limits_{x\to 1}\dfrac{\sqrt{x+2}-\sqrt{3}}{x-1}$; (3) $\lim\limits_{x\to 1}\left(\dfrac{2}{x^2-1}-\dfrac{1}{x-1}\right)$; (4) $\lim\limits_{x\to\infty}\left(1+\dfrac{1}{x}\right)\left(2-\dfrac{1}{x^2}\right)$;

(5) $\lim\limits_{x\to 2}\sqrt[4]{x-1}$; (6) $\lim\limits_{x\to 1}\dfrac{\sqrt[3]{x}-1}{x-1}$; (7) $\lim\limits_{x\to+\infty}x\left(\sqrt{x^2+1}-x\right)$; (8) $\lim\limits_{x\to\frac{\pi}{2}}\ln(\sqrt{2-\sin^2 x})$.

3. 已知 $f(x)=\begin{cases}ax-1, & x<1 \\ \dfrac{2x^2-2x}{x^3-1}, & x\geqslant 1\end{cases}$,且 $\lim\limits_{x\to 1}f(x)$ 存在,求 $a$ 的值.

## 2.4 极限存在准则与两个重要极限

本节我们将介绍两个重要极限. 在学习之前,先给出两个判断极限存在的准则:夹逼准则、单调有界收敛准则.

### 2.4.1 极限存在准则

**准则 1** 如果数列 $\{x_n\},\{y_n\}$ 及 $\{z_n\}$ 满足:

(1) $y_n\leqslant x_n\leqslant z_n$,$n\in\mathbf{N}^*$;
(2) $\lim\limits_{n\to\infty}y_n=a,\lim\limits_{n\to\infty}z_n=a$,

那么数列 $\{x_n\}$ 的极限存在,且 $\lim\limits_{n\to\infty}x_n=a$.

相应地,准则 1 可以推广到函数的极限.

**准则 1'** 如果函数 $f(x),g(x),h(x)$ 满足:

(1) 当 $x\in\overset{\circ}{U}(x_0,r)$(或 $|x|>X$)时, $g(x)\leqslant f(x)\leqslant h(x)$;
(2) $\lim\limits_{\substack{x\to x_0\\(x\to\infty)}}g(x)=A,\lim\limits_{\substack{x\to x_0\\(x\to\infty)}}h(x)=A$,

则 $\lim\limits_{\substack{x\to x_0\\(x\to\infty)}}f(x)$ 存在,且 $\lim\limits_{\substack{x\to x_0\\(x\to\infty)}}f(x)=A$.

利用夹逼准则,可很方便地计算某些极限.

**例 2.4.1** 求 $\lim\limits_{n\to\infty}\left(\dfrac{1}{\sqrt{n^2+1}}+\dfrac{1}{\sqrt{n^2+2}}+\cdots+\dfrac{1}{\sqrt{n^2+n}}\right)$.

**解**:设 $x_n=\dfrac{1}{\sqrt{n^2+1}}+\dfrac{1}{\sqrt{n^2+2}}+\cdots+\dfrac{1}{\sqrt{n^2+n}}$,则可知 $x_n$ 为 $n$ 项之和. 先对数列 $\{x_n\}$ 的通项进行适当的"放缩".

$$\dfrac{1}{\sqrt{n^2+n}}+\dfrac{1}{\sqrt{n^2+n}}+\cdots+\dfrac{1}{\sqrt{n^2+n}}\leqslant\dfrac{1}{\sqrt{n^2+1}}+\dfrac{1}{\sqrt{n^2+2}}+\cdots+\dfrac{1}{\sqrt{n^2+n}},$$

$$\frac{1}{\sqrt{n^2+1}}+\frac{1}{\sqrt{n^2+2}}+\cdots+\frac{1}{\sqrt{n^2+n}} \leqslant \frac{1}{\sqrt{n^2+1}}+\frac{1}{\sqrt{n^2+1}}+\cdots+\frac{1}{\sqrt{n^2+1}},$$

即有

$$\frac{n}{\sqrt{n^2+n}} \leqslant \frac{1}{\sqrt{n^2+1}}+\frac{1}{\sqrt{n^2+2}}+\cdots+\frac{1}{\sqrt{n^2+n}} \leqslant \frac{n}{\sqrt{n^2+1}},$$

因为 $\lim\limits_{n\to\infty}\dfrac{n}{\sqrt{n^2+n}}=1$，$\lim\limits_{n\to\infty}\dfrac{n}{\sqrt{n^2+1}}=1$，由夹逼准则得

$$\lim_{n\to\infty}\left(\frac{1}{\sqrt{n^2+1}}+\frac{1}{\sqrt{n^2+2}}+\cdots+\frac{1}{\sqrt{n^2+n}}\right)=1.$$

在讨论数列极限的性质时，我们知道，收敛数列必有界，但有界数列未必收敛．可如果是单调有界数列呢？于是有了单调有界收敛准则．

**准则 2** 单调有界数列必有极限．

从数轴上直观来看（见图 2.4.1）由于数列 $\{x_n\}$ 为单调的，故对应数列的点 $x_n$ 只可能向一个方向移动．（单调递增数列只能向右运动，单调递减数列只向左运动）．所以：点 $x_n$ 或移向无穷远处，或趋于某个确定的值．又由于该数列是有界的，因此 $x_n$ 不能趋于无穷，只能趋于某个确定的值，这个值就是数列的极限．

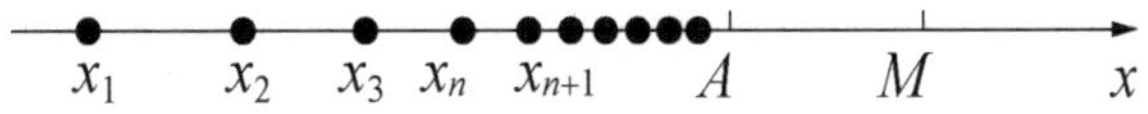

图 2.4.1

### 2.4.2 第一个重要极限

**重要极限 1** $\lim\limits_{x\to 0}\dfrac{\sin x}{x}=1$（变式：$\lim\limits_{x\to 0}\dfrac{x}{\sin x}=1$）

**例 2.4.2** 求下列极限．

（1）$\lim\limits_{x\to 0}\dfrac{\sin 2x}{x}$；（2）$\lim\limits_{x\to 0}\dfrac{\sin x}{2x}$；（3）$\lim\limits_{x\to 0}x\cot x$；（4）$\lim\limits_{x\to 0}\dfrac{\sin 3x}{\sin 4x}$；

（5）$\lim\limits_{x\to 0}\dfrac{\tan x}{x}$；（6）$\lim\limits_{x\to 0}\dfrac{1-\cos x}{\frac{1}{2}x^2}$；（7）$\lim\limits_{x\to 0}\dfrac{\tan x-\sin x}{\frac{1}{2}x^3}$．

**解**：（1）$\dfrac{\sin 2x}{x}$ 可以先变形为 $2\cdot\dfrac{\sin 2x}{2x}$，再由 $x\to 0$ 时 $2x\to 0$，于是有

原式 $=\lim\limits_{x\to 0}2\cdot\dfrac{\sin 2x}{2x}=2\lim\limits_{x\to 0}\dfrac{\sin 2x}{2x}=2$．

（2）原式 $=\lim\limits_{x\to 0}\dfrac{1}{2}\cdot\dfrac{\sin x}{x}=\dfrac{1}{2}\lim\limits_{x\to 0}\dfrac{\sin x}{x}=\dfrac{1}{2}$．

（3）原式 $=\lim\limits_{x\to 0}x\dfrac{\cos x}{\sin x}=\lim\limits_{x\to 0}\dfrac{x}{\sin x}\lim\limits_{x\to 0}\cos x=1$．

（4）原式 $=\lim\limits_{x\to 0}\dfrac{\sin 3x}{3x}\cdot\dfrac{4x}{\sin 4x}\cdot\dfrac{3}{4}=\dfrac{3}{4}\lim\limits_{x\to 0}\dfrac{\sin 3x}{3x}\cdot\lim\limits_{x\to 0}\dfrac{4x}{\sin 4x}=\dfrac{3}{4}$．

(5) 原式 $= \lim_{x \to 0} \dfrac{\tan x}{x} = \lim_{x \to 0} \dfrac{\sin x}{x} \cdot \dfrac{1}{\cos x} = 1$.

(6) 原式 $= \lim_{x \to 0} \dfrac{1-\cos x}{\frac{1}{2}x^2} = \lim_{x \to 0} \dfrac{2\sin^2 \frac{x}{2}}{\frac{1}{2}x^2} = \lim_{x \to 0} \left( \dfrac{\sin \frac{x}{2}}{\frac{x}{2}} \right)^2 = 1$.

(7) 原式 $= \lim_{x \to 0} \dfrac{\frac{\sin x}{\cos x} - \sin x}{\frac{1}{2}x \cdot x^2} = \lim_{x \to 0} \dfrac{\sin x \cdot \frac{1}{\cos x} - 1}{\frac{1}{2}x^2} = \lim_{x \to 0} \left( \dfrac{\sin x}{x} \cdot \dfrac{1-\cos x}{\frac{1}{2}x^2 \cos x} \right)$

$= \lim_{x \to 0} \left( \dfrac{\sin x}{x} \cdot \dfrac{1-\cos x}{\frac{1}{2}x^2} \cdot \dfrac{1}{\cos x} \right) = \lim_{x \to 0} \dfrac{\sin x}{x} \cdot \lim_{x \to 0} \dfrac{1-\cos x}{\frac{1}{2}x^2} \cdot \lim_{x \to 0} \dfrac{1}{\cos x} = 1$.

**例 2.4.3** 求下列极限.

(1) $\lim_{x \to 0} \dfrac{\arctan x}{x}$；(2) $\lim_{x \to 0} \dfrac{2\sin x - \sin 2x}{x^3}$；(3) $\lim_{x \to \infty} \dfrac{2x-1}{x^2 \sin \frac{2}{x}}$；

(4) $\lim_{x \to \infty} x \sin \dfrac{1}{x}$；(5) $\lim_{x \to 0} \dfrac{\arcsin x}{x}$.

**解：**(1) 令 $t = \arctan x$，则 $x = \tan t$，$\lim_{x \to 0} \dfrac{\arctan x}{x} = \lim_{u \to 0} \dfrac{t}{\tan t} = 1$.

(2) $\lim_{x \to 0} \dfrac{2\sin x - \sin 2x}{x^3} = \lim_{x \to 0} \dfrac{2\sin x - 2\sin x \cos x}{x^3} = 2\lim_{x \to 0} \left( \dfrac{\sin x}{x} \cdot \dfrac{1-\cos x}{x^2} \right) = 2 \cdot 1 \cdot \dfrac{1}{2} = 1$.

(3) 令 $t = \dfrac{1}{x}$，当 $x \to \infty$ 时，$t \to 0$，于是有

$$\lim_{x \to \infty} \dfrac{2x-1}{x^2 \sin \dfrac{2}{x}} = \lim_{x \to \infty} \dfrac{\dfrac{2}{x} - \dfrac{1}{x^2}}{\sin \dfrac{2}{x}} = \lim_{t \to 0} \dfrac{2t - t^2}{\sin 2t} = \lim_{t \to 0} \dfrac{2t \left(1 - \dfrac{t}{2}\right)}{\sin 2t} = \lim_{t \to 0} \dfrac{2t}{\sin 2t} \left(1 - \dfrac{t}{2}\right) = 1.$$

(4) 令 $t = \dfrac{1}{x}$，当 $x \to \infty$ 时，$t \to 0$，于是有 $\lim_{x \to \infty} x \sin \dfrac{1}{x} = \lim_{x \to \infty} \dfrac{\sin \dfrac{1}{x}}{\dfrac{1}{x}} = \lim_{x \to \infty} \dfrac{\sin t}{t} = 1$.

(5) 令 $t = \arcsin x$，则 $x = \sin t$，$\lim_{x \to 0} \dfrac{\arcsin x}{x} = \lim_{u \to 0} \dfrac{t}{\sin t} = 1$.

### 2.4.3 第二个重要极限

**重要极限 2**　$\lim_{x \to \infty} \left(1 + \dfrac{1}{x}\right)^x = e$（变式：$\lim_{x \to 0} (1+x)^{\frac{1}{x}} = e$）.

说明：在求函数极限时，常用到形如 $(f(x))^{g(x)}$（$f(x) > 0, f(x) \neq 1$）的函数（通常称为幂指函数）的极限，我们有下面的计算公式.

**性质** 如果 $\lim f(x) = A > 0, \lim g(x) = B$，那么
$$\lim[f(x)]^{g(x)} = A^B$$

**例 2.4.4** 计算下列极限.

（1）$\lim\limits_{x \to 0}(1+2x)^{\frac{1}{x}}$ ；　　（2）$\lim\limits_{x \to \infty}\left(1+\dfrac{1}{x}\right)^{x+2}$ ；　　（3）$\lim\limits_{x \to \infty}\left(1+\dfrac{1}{x+2}\right)^{x}$ ；

（4）$\lim\limits_{x \to \infty}\left(1+\dfrac{1}{x}\right)^{2x}$ ；　　（5）$\lim\limits_{x \to \infty}\left(\dfrac{x+4}{x+2}\right)^{x}$ ；　　（6）$\lim\limits_{x \to \infty}\left(1-\dfrac{1}{x}\right)^{x}$ .

**解**：（1）原式 $=\lim\limits_{x \to 0}(1+2x)^{\frac{1}{2x} \times 2} \xlongequal{t=2x} \left(\lim\limits_{t \to 0}(1+t)^{\frac{1}{t}}\right)^{2} = e^{2}$.

（2）原式 $=\lim\limits_{x \to \infty}\left(1+\dfrac{1}{x}\right)^{x} \lim\limits_{x \to \infty}\left(1+\dfrac{1}{x}\right)^{2} = e \cdot 1 = e$.

（3）原式 $=\lim\limits_{x \to \infty}\left(1+\dfrac{1}{x+2}\right)^{x+2-2} \xlongequal{t=x+2} \lim\limits_{t \to \infty}\left(1+\dfrac{1}{t}\right)^{t}\left(1+\dfrac{1}{t}\right)^{-2} = e$.

（4）原式 $=\left(\lim\limits_{x \to \infty}\left(1+\dfrac{1}{x}\right)^{x}\right)^{2} = e^{2}$.

（5）原式 $=\lim\limits_{x \to \infty}\left(1+\dfrac{2}{x+2}\right)^{x} = \left(\lim\limits_{x \to \infty}\left(1+\dfrac{2}{x+2}\right)^{\frac{x+2}{2}-1}\right)^{2}$

$\xlongequal{t=\frac{x+2}{2}} \left(\lim\limits_{t \to \infty}\left(1+\dfrac{1}{t}\right)^{t-1}\right)^{2} = \left(\lim\limits_{t \to \infty}\left(1+\dfrac{1}{t}\right)^{t}\lim\limits_{t \to \infty}\left(1+\dfrac{1}{t}\right)^{-1}\right)^{2} = e^{2}$.

（6）原式 $=\lim\limits_{x \to \infty}\left(1+\dfrac{1}{-x}\right)^{-x \cdot (-1)} = \left[\lim\limits_{x \to \infty}\left(1+\dfrac{1}{-x}\right)^{-x}\right]^{-1} = e^{-1} = \dfrac{1}{e}$.

**例 2.4.5** 求下列函数的极限.

（1）$\lim\limits_{x \to 0}(\cos^{2} x)^{\csc^{2} x}$ ；（2）$\lim\limits_{x \to 0}(1+\sin x)^{\frac{1}{x}}$ ；（3）$\lim\limits_{x \to \infty}\left(\dfrac{x}{1+x}\right)^{x+1}$ ；（4）$\lim\limits_{x \to \infty}\left(\dfrac{2x+5}{2x-1}\right)^{x}$ .

**解**：（1）原式 $=\lim\limits_{x \to 0}(1+\cos^{2} x - 1)^{\frac{1}{\sin^{2} x}} = \lim\limits_{x \to 0}(1+\cos^{2} x - 1)^{\frac{-1}{\cos^{2} x - 1}}$

$\xlongequal{t=\cos^{2} x - 1} \lim\limits_{t \to 0}(1+t)^{-\frac{1}{t}} = \lim\limits_{t \to 0}(1+t)^{\frac{1}{t} \cdot (-1)} = e^{-1}$.

（2）原式 $=\lim\limits_{x \to 0}\left[(1+\sin x)^{\frac{1}{\sin x}}\right]^{\frac{\sin x}{x}} = e^{\lim\limits_{x \to 0}\frac{\sin x}{x}} = e$.

（3）原式 $=\lim\limits_{x \to \infty}\left(\dfrac{1}{\frac{1}{x}+1}\right)^{x} \cdot \left(\dfrac{x}{1+x}\right) = \lim\limits_{x \to \infty}\dfrac{1}{\left(1+\dfrac{1}{x}\right)^{x}} \cdot \left(\dfrac{x}{1+x}\right) = \dfrac{1}{e}$.

（4）原式 $=\lim\limits_{x \to \infty}\left[\left(1+\dfrac{6}{2x-1}\right)^{\frac{2x-1}{6}}\right]^{\frac{6}{2x-1} \cdot x} = e^{\lim\limits_{x \to \infty}\frac{6x}{2x-1}} = e^{3}$.

## 习题 2.4

1. 求下列函数的极限.

（1）$\lim\limits_{x\to\pi}\dfrac{\sin x}{\pi-x}$；　（2）$\lim\limits_{x\to 0}(1-x)^{\frac{1}{x}}$；　（3）$\lim\limits_{x\to 0}\dfrac{\sin 5x}{x}$；　（4）$\lim\limits_{x\to\infty}\left(1+\dfrac{3}{x}\right)^{x}$；

（5）$\lim\limits_{x\to 0}\dfrac{\sin 5x}{\sin 6x}$；　（6）$\lim\limits_{x\to 0}\dfrac{\sin\frac{x}{2}}{x}$；　（7）$\lim\limits_{x\to 0}\dfrac{x}{\tan 3x}$；　（8）$\lim\limits_{x\to 0}(1+3x)^{\frac{5}{2x}}$.

2. 求下列函数的极限.

（1）$\lim\limits_{x\to 0}\dfrac{\sin 3x}{\tan 5x}$；　（2）$\lim\limits_{x\to\infty}\left(1-\dfrac{1}{x}\right)^{2x+3}$；　（3）$\lim\limits_{x\to\infty}\left(\dfrac{3+x}{2+x}\right)^{2x+3}$；　（4）$\lim\limits_{x\to 0}(1-2x)^{\frac{1}{x}}$；

（5）$\lim\limits_{x\to 0}\dfrac{1-\cos 2x}{x\sin x}$；　（6）$\lim\limits_{x\to 0}\dfrac{\tan x-\sin x}{\sin^{3}x}$；　（7）$\lim\limits_{x\to\frac{\pi}{2}}(1+\cos x)^{2\sec x}$；　（8）$\lim\limits_{x\to 0}\dfrac{x-\sin 2x}{x+\sin 2x}$.

## 2.5 无穷小与无穷大

在讨论极限时，经常遇到以零为极限的变量. 例如，函数 $\dfrac{1}{x}$，当 $x\to\infty$ 时，其极限为 0. 这是一种非常特殊的变量，称为无穷小.

本节将着重研究两类特殊的变量：趋于零的变量（无穷小量）以及趋于无穷大的变量（无穷大量）. 为了叙述方便，本节约定用 $u$，$v$，$w$ 表示数列变量或函数变量，而 $\lim u$ 泛指数列极限或各种类型的函数极限.

### 2.5.1 无穷小量和无穷大量

**定义 2.5.1** 若 $\lim u=0$，则称变量 $u$ 为该极限过程中的无穷小量.

例如，当 $n\to\infty$ 时 $\left\{\dfrac{1}{n}\right\}$ 是无穷小量，当 $x\to 1$ 时 $(x-1)^2$ 是无穷小量，当 $x\to+\infty$ 时 $\dfrac{1}{\sqrt{x}}$ 是无穷小量，当 $x\to\dfrac{\pi}{2}$ 时 $\cos x$ 是无穷小量，等等. 而 $\dfrac{1}{10^{2022}}$ 虽然很小，但却是一个非零常数，不是无穷小，当 $x\to\dfrac{\pi}{2}$ 时 $\sin x\to 1$ 也不是无穷小量.

在论及具体的无穷小量时，应当指明其极限过程，否则会使含义不清. 例如，$u=x^2$ 当 $x\to 0$ 时是无穷小量，当 $x\to 1$ 时便不是无穷小量. 其次，不可把无穷小量与"很小的量"混为一谈，非零的常量均不是无穷小量. 常量零由于可以看作是恒取零的变量且极限是零，故可视其为无穷小量.

由于 $\lim u=0$ 等价于 $\lim|u|=0$，故无穷小量可以说成是绝对值趋于零的变量.

若对某个极限过程，变量 $u$ 收敛于常数 $A$（此时称 $u$ 为收敛变量），则变量 $u-A$ 趋于零，

即变量 $u-A$ 是同一极限过程中的无穷小量;反过来,若变量 $u-A$ 是无穷小量,则 $u$ 收敛于 $A$,记 $\alpha = u-A$,因此收敛变量与无穷小量有如下关系.

**定理 2.5.1**  $\lim u = A \Leftrightarrow u = A + \alpha$,$\alpha$ 是同一极限过程中的无穷小量.

**定义 2.5.2**  若自变量在某个变化过程中,对应的函数值的绝对值 $|f(x)|$ 无限增大,就称函数 $f(x)$ 为无穷大量(简称为无穷大),并记作
$$\lim f(x) = \infty$$

若将定义 2.5.2 中 $|f(x)|$ 无限增大,改成"$f(x)$ 向正方向无限增大"或"$f(x)$ 向负方向无限增大",则有

$$\lim f(x) = +\infty,\text{称 } f(x) \text{ 为正无穷大}$$
$$\lim f(x) = -\infty,\text{称 } f(x) \text{ 为负无穷大}$$

例如,当 $x \to 1$ 时 $\dfrac{1}{x-1}$ 是无穷大量,当 $x \to \infty$ 时 $x^2$ 是无穷大量,当 $x \to +\infty$ 时 $e^x \to +\infty$,当 $x \to 0^+$ 时 $\ln x \to -\infty$,等等.而 $2^{1\,000\,000}$ 虽然很大,但却是一个常数,不是无穷大,当 $x \to 2$ 时 $x^2 \to 4$ 也不是无穷大量.

注意:(1)如果当 $x \to x_0$ 时,函数 $f(x)$ 为无穷大,按极限定义,这时极限是不存在的,但为了方便描述函数的特征,习惯上也说"函数的极限是无穷大".

(2)无穷大 ($\infty$) 不是数,是一种特殊变量,不可与大数(如 $10^{2\,022}$ 等)混为一谈.

(3)描述某个变量是无穷大时,一定要指出变化过程.变化过程不同,极限结果就很有可能不同.

用定义验证无穷大量比较复杂,通常利用无穷小量与无穷大量的关系,来判定无穷大量.

**定理 2.5.2**

(1)若 $u$ 是无穷大量 $\Leftrightarrow \dfrac{1}{u}$ 是无穷小量;

(2)若 $u \neq 0$,则 $u$ 是无穷小量 $\Leftrightarrow \dfrac{1}{u}$ 是无穷大量.

由于变量 $\dfrac{1}{n^2}(n \to \infty)$,$\sin x(x \to 0)$,$x(x \to 0)$,$4-x^2(x \to 2)$ 是无穷小量,因此变量 $n^2(n \to \infty)$,$\dfrac{1}{\sin x}(x \to 0)$,$\dfrac{1}{x}(x \to 0)$,$\dfrac{1}{4-x^2}(x \to 2)$ 均为无穷大量.

无穷小量的运算有以下性质.

**定理 2.5.3**

(1)有限个无穷小量的和、差与积仍是无穷小量;

(2)有界量与无穷小量之积仍是无穷小量.

**推论**  常数与无穷小的乘积是无穷小.

**例 2.5.1**  证明函数极限的四则运算法则:设 $\lim f(x) = A, \lim g(x) = B$,则
$$\lim(f(x) \cdot g(x)) = \lim f(x) \cdot \lim g(x) = A \cdot B.$$

**证明:**已知 $\lim f(x) = A$,$\lim g(x) = B$,则根据定理 2.5.1,有

$$f(x) = A + \alpha, \ g(x) = B + \beta$$

$\alpha, \beta$ 是自变量 $x$ 同一变化过程中的无穷小，即 $\lim \alpha = 0, \lim \beta = 0$. 由无穷小的性质可得

$$\lim(f(x) \cdot g(x)) = \lim(A+\alpha)(B+\beta) = \lim(AB + A\beta + B\alpha + \alpha\beta) = A \cdot B$$

**例 2.5.2** 求极限 $\lim\limits_{x \to \infty} \dfrac{\sin x}{x}$.

**解**：由于 $x \to \infty$ 时，$\dfrac{1}{x}$ 的极限为零，故 $\dfrac{1}{x}$ 是当 $x \to \infty$ 时的无穷小. 而 $|\sin x| \leqslant 1$ 是有界函数变量，故由无穷小的性质可得

$$\lim_{x \to \infty} \frac{\sin x}{x} = \lim_{x \to \infty} \frac{1}{x} \sin x = 0.$$

### 2.5.2 无穷小的比较

当 $n \to \infty$ 时，$\dfrac{1}{n}$ 与 $\dfrac{1}{n^2}$ 都是无穷小量，但趋于零的快慢不一样. 对相同的 $n$，$\dfrac{1}{n^2}$ 要比 $\dfrac{1}{n}$ 更快地趋近于零. 在一般情形，如何比较无穷小量趋近于零的快慢呢？比如 $x$ 与 $\sin x (x \to 0)$，$\dfrac{1}{\sqrt{n}}$ 与 $(\sqrt{n+1} - \sqrt{n})$ $(n \to \infty)$？为此，建立一个比较准则.

**定义 2.5.3** 设 $u$，$v$ 均为同一极限过程的无穷小量.

（1）若 $\lim \dfrac{u}{v} = 0$，则称 $u$ 是 $v$ 的高阶无穷小，记作 $u = o(v)$.

（2）若 $\lim \dfrac{u}{v} = \infty$，则称 $u$ 是 $v$ 的低阶无穷小.

（3）若 $\lim \dfrac{u}{v} = C \ (C \neq 0)$，则称 $u$，$v$ 是同阶无穷小. 特别，当 $C = 1$ 时，则称 $u$ 与 $v$ 是等价无穷小，记作 $u \sim v$ 或 $v \sim u$.

直接从定义可得，当 $x \to 0$ 时，$x^2$ 是 $x$ 的高阶无穷小；$2x$ 与 $x$ 是同阶无穷小；$x + x^2$ 与 $x$ 是等价无穷小. 当 $n \to \infty$ 时，$\dfrac{1}{n}$ 是比 $\dfrac{1}{n^2}$ 低阶的无穷小.

**例 2.5.3** 比较下列函数的阶.

（1）当 $x \to 0$ 时，$4x^4 - 3x^3$ 与 $x^2 - x^3$；  （2）当 $x \to 1$ 时，$\sqrt{x^2 - 3x + 2}$ 与 $x - 1$；

（3）当 $x \to 1$ 时，$2\sin(x-1)$ 与 $x - 1$；  （4）当 $x \to 0$ 时，$\sqrt{x+1} - 1$ 与 $\dfrac{1}{2}x$.

**解**：（1）由 $\lim\limits_{x \to 0} \dfrac{4x^4 - 3x^3}{x^2 - x^3} = \lim\limits_{x \to 0} \dfrac{4x^2 - 3x}{1 - x} = 0$ 可知，当 $x \to 0$ 时，$4x^4 - 3x^3$ 是比 $x^2 - x^3$ 的高阶无穷小.

（2）由 $\lim\limits_{x \to 1} \dfrac{\sqrt{x^2 - 3x + 2}}{x - 1} = \lim\limits_{x \to 1} \dfrac{\sqrt{(x-1)(x-2)}}{x - 1} = \infty$ 可知，当 $x \to 1$ 时，$\sqrt{x^2 - 3x + 2}$ 是比 $x - 1$ 的低阶无穷小.

（3）由 $\lim\limits_{x \to 1} \dfrac{2\sin(x-1)}{x - 1} = 2\lim\limits_{x \to 1} \dfrac{\sin(x-1)}{x - 1} = 2$ 可知，当 $x \to 1$ 时，$2\sin(x-1)$ 与 $x - 1$ 是同阶无穷小.

（4）由 $\lim\limits_{x\to 0}\dfrac{\sqrt{x+1}-1}{\frac{1}{2}x} = \lim\limits_{x\to 0}\dfrac{2(\sqrt{x+1}-1)(\sqrt{x+1}+1)}{x(\sqrt{x+1}+1)} = \lim\limits_{x\to 0}\dfrac{2}{\sqrt{x+1}+1} = 1$ 可知，当 $x\to 0$ 时，$\sqrt{x+1}-1$ 与 $\dfrac{1}{2}x$ 等价无穷小．

由（4）还可以推广到一个更一般的结论：$x\to 0$ 时，$(1+x)^\alpha - 1 \sim \alpha x (\alpha \in \mathbf{R}, \alpha \neq 0)$．

更进一步总结，由前面的例题可得出如下常用无穷小的等价关系：

当 $x\to 0$ 时，$\sin x \sim \arcsin x \sim \tan x \sim \arctan x \sim x$，$1-\cos x \sim \dfrac{1}{2}x^2$，$\tan x - \sin x \sim \dfrac{1}{2}x^3$，$(1+x)^\alpha - 1 \sim \alpha x (\alpha \in \mathbf{R}, \alpha \neq 0)$，$x \sim \ln(1+x) \sim \mathrm{e}^x - 1$，$a^x - 1 \sim x \ln a (a>0, a\neq 1)$，$\log_a(x+1) \sim \dfrac{x}{\ln a}(a>0, a\neq 1)$．

### 2.5.3 等价无穷小的应用

利用等价无穷小来计算某些极限，非常方便，我们先看如下定理：

**定理 2.5.4** （等价代换法则）设在某一极限过程中有 $u \sim v$，则（当下列等式任一端的极限存在时）有

（1）$\lim uw = \lim vw$；

（2）$\lim \dfrac{w}{u} = \lim \dfrac{w}{v}$．

**证：** 只证（1），（2）请读者自己证明.

$\lim uw = \lim \dfrac{u}{v} w \cdot v = \lim \dfrac{u}{v} \lim wv = \lim wv$．

**注意：**（1）在上述等价无穷小中，用无穷小量 $\alpha$ 代替自变量 $x$ 也成立．例如，当 $x\to 1$ 时，$\tan(x-1) \sim x-1$．

（2）在使用等价代换法则时必须注意，要代换的量 $u$ 必须是极限式 $\lim f(x)$ 中 $f(x)$ 的因式（若 $f(x)$ 是分式，也可以是分母的因式），不注意这一点可能会导致错误的结果，如以下计算 $\lim\limits_{x\to 0}\dfrac{\tan x - \sin x}{x^3} \xlongequal{\text{将分子代换化简}} \lim\limits_{x\to 0}\dfrac{x-x}{x^3} = 0$，是不对的.

**例 2.5.4** 求下列函数的极限．

（1）$\lim\limits_{x\to 0}\dfrac{3x}{\tan 2x}$；
（2）$\lim\limits_{x\to 0}\dfrac{\sin 3x}{\sin 4x}$；
（3）$\lim\limits_{x\to 0}\dfrac{\mathrm{e}^{3x^3}-1}{\tan x - \sin x}$；
（4）$\lim\limits_{x\to 0}\dfrac{1-\cos x}{x^2 + x}$；

（5）$\lim\limits_{x\to 0}\dfrac{\sqrt{1+x^2}-1}{2\sin^2 x}$；
（6）$\lim\limits_{x\to 0}\dfrac{\ln^2(1+2x)}{x \arcsin x}$；
（7）$\lim\limits_{n\to\infty} 2^n \arctan \dfrac{x}{2^n}$．

**解：**（1）当 $x\to 0$ 时，$\tan 2x \sim 2x$，可得

$$\lim_{x\to 0}\dfrac{3x}{\tan 2x} = \lim_{x\to 0}\dfrac{3x}{2x} = \dfrac{3}{2}.$$

（2）当 $x\to 0$ 时，$\sin 3x \sim 3x$，$\sin 4x \sim 4x$，故

$$\text{原式} = \lim_{x\to 0}\dfrac{3x}{4x} = \dfrac{3}{4}.$$

（3）当 $x \to 0$ 时，$3x^3 \to 0$，$e^{3x^3}-1 \sim 3x^3$，$\tan x - \sin x \sim \dfrac{1}{2}x^3$，所以

$$\lim_{x \to 0} \frac{e^{3x^3}-1}{\tan x - \sin x} = \lim_{x \to 0} \frac{3x^3}{\dfrac{1}{2}x^3} = 6.$$

（4）当 $x \to 0$ 时，$1-\cos x \sim \dfrac{1}{2}x^2$，$x^2+x \sim x$，故

$$原式 = \lim_{x \to 0} \frac{\dfrac{1}{2}x^2}{x} = \frac{1}{2}\lim_{x \to 0} x = 0.$$

（5）当 $x \to 0$ 时 $x^2 \to 0$，得 $\sqrt{1+x^2}-1 \sim \dfrac{1}{2}x^2$，$\sin^2 x = \sin x \sin x \sim x \cdot x = x^2$，故

$$原式 = \lim_{x \to 0} \frac{\dfrac{1}{2}x^2}{2x^2} = \frac{1}{4}.$$

（6）当 $x \to 0$ 时，$\ln(1+2x) \sim 2x$，$\arcsin x \sim x$，于是

$$\lim_{x \to 0} \frac{\ln^2(1+2x)}{x \arcsin x} = \lim_{x \to 0} \frac{(2x)^2}{x \cdot x} = 4.$$

（7）当 $n \to \infty$ 时，$\dfrac{x}{2^n} \to 0$，$\arctan \dfrac{x}{2^n} \sim \dfrac{x}{2^n}$，所以

$$\lim_{n \to \infty} 2^n \arctan \frac{x}{2^n} = \lim_{n \to \infty} 2^n \frac{x}{2^n} = x.$$

## 习题 2.5

1. 当 $x \to 0^+$ 时，下列变量中_____是无穷小量.

A. $x^2 \cos \dfrac{1}{x}$          B. $\dfrac{1}{x}\sin x$          C. $\ln x^2$          D. $2^x$

2. 当 $x \to 0^+$ 时，下列变量中_____是无穷大量.

A. $x^2 \cos \dfrac{1}{x}$          B. $\dfrac{1}{x}\sin x$          C. $\ln x^2$          D. $2^x$

3. 判断下列函数在变量 $x$ 怎样的变化趋势下是无穷大？在 $x$ 怎样的变化趋势下是无穷小？

（1）$2^x$；      （2）$\ln(1-x)$；      （3）$x^2$；      （4）$\operatorname{arccot} x$.

4. 当 $x \to 0$ 时，比较下列函数的无穷小.

（1）$2x+7x^2$ 与 $x\sin x$；      （2）$\sqrt{a+x^4}-\sqrt{a}\ (a>0)$ 与 $x$；

（3）$1-\cos x$ 与 $x^2$；      （4）$\log_a(x+1)\ (a>0, a \neq 1)$ 与 $\dfrac{x}{\ln a}$.

5. 求下列函数的极限.

(1) $\lim\limits_{x\to\infty}\dfrac{x^3+2x}{x^2+1}$；
(2) $\lim\limits_{x\to 0}\dfrac{\tan^2 2x}{1-\cos x}$；
(3) $\lim\limits_{x\to\infty}\dfrac{\sqrt{x^4-5x}}{x^2+6x}$；
(4) $\lim\limits_{x\to 0}\dfrac{\tan x-\sin x}{\sin^3 2x}$；

(5) $\lim\limits_{x\to 0}\dfrac{\sin(\sin x)}{\sqrt{1+3x}-1}$；
(6) $\lim\limits_{x\to 0}\dfrac{\ln(1+2x)}{\arcsin x}$；
(7) $\lim\limits_{x\to 0}\dfrac{e^{\sin x}-1}{\arctan x}$；
(8) $\lim\limits_{x\to\infty}x\left(2^{\frac{1}{x}}-1\right)$；

(9) $\lim\limits_{n\to\infty}n[\ln(n+1)-\ln n]$；
(10) $\lim\limits_{x\to 0}\dfrac{\log_3(2x+1)}{x}$.

## 2.6 函数的连续、间断及性质

本节将以极限为基础，介绍连续函数的概念、连续函数的运算及连续函数的一些性质.

### 2.6.1 函数连续的定义

考察函数 $y=f(x)$，当其自变量由 $x$ 变到 $x+\Delta x$ 时，因变量 $f(x)$ 也会随之产生变化（见图 2.6.1）. 通常将 $x$ 的变化值 $\Delta x$ 称为 $x$ 的改变量或增量，它可以是正的，也可以是负的. 因变量 $y=f(x)$ 随之产生的变化值称为 $y$ 的改变量，记作 $\Delta y$，即

$$\Delta y=f(x+\Delta x)-f(x)$$

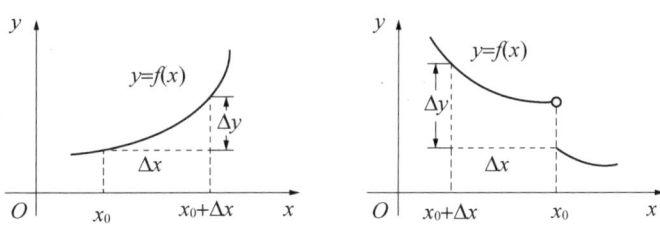

图 2.6.1

应该注意到：记号 $\Delta y$ 并不表示某个量 $\Delta$ 与变量 $y$ 的乘积，而是一个整体不可分割的记号.

例如，对函数 $y=x^2$，$\Delta y=(x+\Delta x)^2-x^2=2x\cdot\Delta x+(\Delta x)^2$.

**例 2.6.1** 在下列条件下，求函数 $y=2x^2+1$ 的增量.

(1) 当 $x$ 由 1 变到 3 时；(2) 当 $x$ 由 1 变到 $-\dfrac{1}{2}$ 时.

**解**：(1) 由已知 $x_0=1, x_0+\Delta x=3$，可得 $\Delta y=f(x_0+\Delta x)-f(x_0)=f(3)-f(1)=16$；

(2) 由已知 $x_0=1, x_0+\Delta x=-\dfrac{1}{2}$，可得 $\Delta y=f(x_0+\Delta x)-f(x_0)=f(-\dfrac{1}{2})-f(1)=-\dfrac{3}{2}$.

对同一函数 $f(x)$，$\Delta y$ 的大小取决于 $x$ 与 $\Delta x$，接下来要考虑的问题是：当 $\Delta x$ 无限趋于 0 时，$\Delta y$ 是否也无限趋于 0？即是否有 $\lim\limits_{\Delta x\to 0}\Delta y=0$（或等价地 $\lim\limits_{\Delta x\to 0}f(x+\Delta x)=f(x)$）.

**定义 2.6.1** 设函数 $y=f(x)$ 在点 $x_0$ 的某一邻域内有定义，如果

$$\lim_{\Delta x\to 0}\Delta y=\lim_{\Delta x\to 0}[f(x_0+\Delta x)-f(x_0)]=0 \qquad (2.6.1)$$

那么就称函数 $y=f(x)$ 在点 $x_0$ 连续.

为了应用方便起见，下面把函数 $y=f(x)$ 在点 $x_0$ 连续的定义用不同的方式来叙述.

设 $x=x_0+\Delta x$，则 $\Delta x\to 0$ 就是 $x\to x_0$. 又由于

$$\Delta y=f(x_0+\Delta x)-f(x_0)=f(x)-f(x_0)$$

即

$$f(x)=f(x_0)+\Delta y$$

可见 $\Delta y\to 0$ 就是 $f(x)\to f(x_0)$，因此式（2.6.1）与

$$\lim_{x\to 0}f(x)=f(x_0) \tag{2.6.2}$$

等价，所以，函数 $y=f(x)$ 在点 $x_0$ 连续的定义又可叙述如下：

**定义 2.6.2** 设函数 $y=f(x)$ 在点 $x_0$ 的某一邻域内有定义，如果

$$\lim_{x\to x_0}f(x)=f(x_0)$$

那么就称函数 $f(x)$ 在点 $x_0$ 连续.

**例 2.6.2** 用连续性定义证明：$y=x^3$ 在 $x_0=1$ 处连续.

**证**：当自变量 $x$ 的增量为 $\Delta x$ 时，函数 $y=x^3$ 对应的增量为

$$\Delta y=(x_0+\Delta x)^3-x_0^3=(1+\Delta x)^3-1=\Delta x((\Delta x)^2+3\Delta x+3),$$

可得

$$\lim_{\Delta x\to 0}\Delta y=\lim_{\Delta x\to 0}\Delta x\left[(\Delta x)^2+3\Delta x+3\right]=0.$$

所以 $y=x^3$ 在 $x_0=1$ 处连续.

类似左、右极限的概念，也有左连续、右连续的概念.

**定义 2.6.3** （1）若 $f(x)$ 在 $x_0$ 的某个左邻域 $(x_0-\delta,x_0]$ $(\delta>0)$ 内有定义，且

$$\lim_{x\to x_0^-}f(x)=f(x_0)$$

则称 $f(x)$ 在 $x_0$ 处左连续；若 $f(x)$ 在 $x_0$ 的某个右邻域 $[x_0,x_0+\delta)$ $(\delta>0)$ 内有定义，且

$$\lim_{x\to x_0^+}f(x)=f(x_0)$$

则称 $f(x)$ 在 $x_0$ 处右连续.

（2）设 $f(x)$ 在开区间 $(a,b)$ 上有定义，若 $f(x)$ 在 $(a,b)$ 内每个点都连续，则说 $f(x)$ 在开区间 $(a,b)$ 上连续.

（3）设 $f(x)$ 在闭区间 $[a,b]$ 上有定义，若 $f(x)$ 在开区间 $(a,b)$ 上连续，且在左端点 $x=a$ 右连续，在右端点 $x=b$ 左连续，则说 $f(x)$ 在闭区间 $[a,b]$ 上连续.

由左右极限与极限的相互关系可得如下定理：

**定理 2.6.1** $f(x)$ 在 $x_0$ 处连续的充分必要条件是 $f(x)$ 在 $x_0$ 既左连续又右连续.

若 $f(x)$ 在 $[a,b]$ 上连续，则其图形是一条无间断的曲线，即是从点 $A(a,f(a))$ 到点 $B(b,f(b))$ 的一笔画成的曲线（见图 2.6.2）.

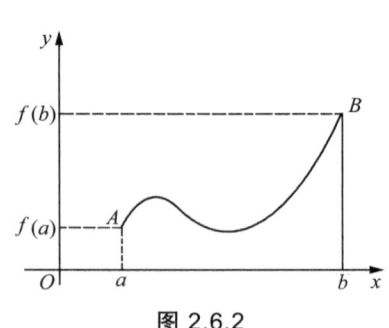

图 2.6.2

**例 2.6.3** 证明 $f(x)=\sin x$ 在 $(-\infty,+\infty)$ 上连续.

**证**：任给 $x_0 \in (-\infty,+\infty)$，因为

$$0 \leq |\sin x - \sin x_0| = 2\left|\sin\frac{x-x_0}{2}\cos\frac{x+x_0}{2}\right| \leq 2\left|\sin\frac{x-x_0}{2}\right| \leq 2\frac{|x-x_0|}{2} = |x-x_0|$$

令 $x \to x_0$，得 $|\sin x - \sin x_0| \to 0$，此即 $\lim_{x \to x_0}\sin x = \sin x_0$，这说明 $\sin x$ 在 $x_0$ 处连续，由 $x_0$ 的任意性即知 $f(x) = \sin x$ 在 $(-\infty,+\infty)$ 上连续.

**例 2.6.4** 已知函数 $f(x)=\begin{cases}\cos x, & x>0 \\ x+a, & x\leq 0\end{cases}$，在 $x=0$ 处连续，求 $a$ 值.

**解**：已知函数 $f(x)$ 在 $x=0$ 处连续，且 $x=0$ 又是函数的分段点，可得

$$\lim_{x \to 0^-}f(x) = f(0) = \lim_{x \to 0^+}f(x),$$

即

$$\lim_{x \to 0^-}f(x) = \lim_{x \to 0^-}(x+a) = a = f(0) = \lim_{x \to 0^+}f(x) = \lim_{x \to 0^+}\cos x = 1.$$

所以 $a=1$.

## 2.6.2 函数的间断点

根据函数 $f(x)$ 在 $x_0$ 处连续的定义，我们知道，如果函数 $y=f(x)$ 在点 $x_0$ 处是连续的，那么必须同时满足下面三个条件：

（1）函数 $f(x)$ 在点 $x_0$ 的邻域内有定义；

（2）$\lim_{x \to x_0}f(x)$ 存在；

（3）$\lim_{x \to x_0}f(x) = f(x_0)$.

当三个条件中有任何一个不成立时，我们就说函数 $f(x)$ 在 $x_0$ 处不连续，而点 $x_0$ 叫作函数 $f(x)$ 的**间断点**或不连续点.

对函数的间断点按左、右极限的存在性分类：

第一类间断点：$f(x_0^-)$ 与 $f(x_0^+)$ 都存在的间断点.

第二类间断点：$f(x_0^-)$ 与 $f(x_0^+)$ 中至少有一个不存在的间断点（注意，无穷大属于不存在之列）.

在第一类间断点中，有以下两种情形：

（1）$f(x_0^-) = f(x_0^+) \neq f(x_0)$（或 $f(x_0)$ 无定义），这种间断点称为**可去间断点**. 只要重新定义 $f(x_0)$（或补充定义 $f(x_0)$），令 $f(x_0) = f(x_0^-) = f(x_0^+)$，则函数 $f(x)$ 在 $x_0$ 点连续.

（2）$f(x_0^-) \neq f(x_0^+)$，这种间断点称为**跳跃间断点**. 对于跳跃间断点 $x_0$，数 $|f(x_0^+) - f(x_0^-)|$ 称为函数 $f(x)$ 在 $x_0$ 点的跃度.

在第二类间断点中，常见的有无穷间断点和振荡间断点：

（1）若 $f(x_0^-) = \infty, f(x_0^+) = \infty, \lim_{x \to x_0}f(x) = \infty$，则称 $x_0$ 为 $f(x)$ 的**无穷间断点**.

（2）若 $x \to x_0$ 时，函数值 $f(x)$ 无限次地在两个不同的确定值之间变化，则称 $x_0$ 为 $f(x)$ 的**振荡间断点**.

**例 2.6.5**  $x_0 = 0$ 是函数 $f(x) = \dfrac{\sin x}{x}$ 的可去间断点,这是因为 $f(0^-) = f(0^+) = 1$,而 $f(0)$ 无定义(见图 2.6.3),这时我们可以补充定义 $f(0) = 1$,于是便得到一个连续的函数

$$F(x) = \begin{cases} \dfrac{\sin x}{x}, & x \neq 0 \\ 1, & x = 0 \end{cases}$$

这样便把间断点 $x_0 = 0$ "去掉"了.

**例 2.6.6**  函数 $f(x) = \begin{cases} \arctan \dfrac{1}{x}, & x \neq 0 \\ 0, & x = 0 \end{cases}$ 在 $x_0 = 0$ 点的左、右极限分别为 $-\dfrac{\pi}{2}$、$\dfrac{\pi}{2}$,所以 $x_0 = 0$ 是函数的跳跃间断点(见图 2.6.4).

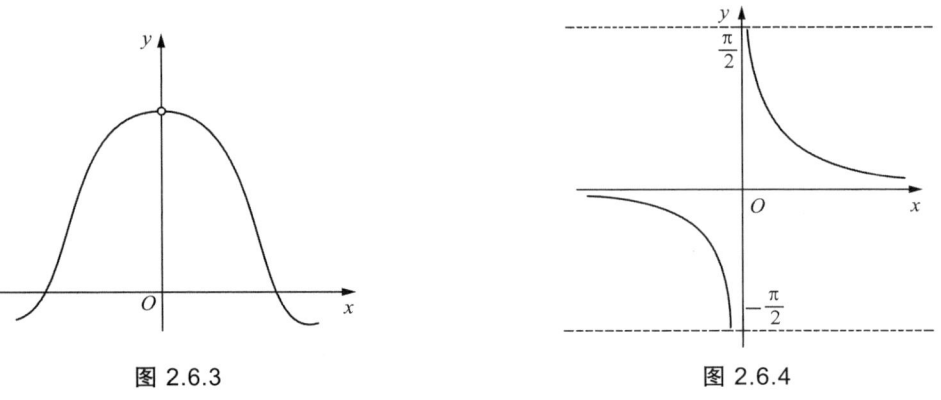

图 2.6.3            图 2.6.4

**例 2.6.7**  讨论函数 $f(x) = [x]$($x$ 的最大整数部分)的连续性.

**解**:由函数的定义知道,当 $0 \leq x < 1$ 时,$f(x) = 0$;当 $1 \leq x < 2$ 时,$f(x) = 1$. 于是(见图 2.6.5)$f(1^+) = 1$,$f(1^-) = 0$. 因此,$x = 1$ 是 $f(x) = [x]$ 的跳跃间断点,函数的跃度等于 1.

类似可证一切整数点都是函数 $f(x) = [x]$ 的跳跃间断点,且跃度都是 1. 还可以证明一切整数点处,函数是右连续的,但不左连续,非整数点都是连续点.

**例 2.6.8**  函数 $f(x) = \begin{cases} \dfrac{1}{x}, & x \neq 0 \\ 0, & x = 0 \end{cases}$ 在 $x = 0$ 点的左、右极限都不存在(均为无穷大),所以 $x = 0$ 是函数的第二类间断点(也称**无穷间断点**),如图 2.6.6 所示.

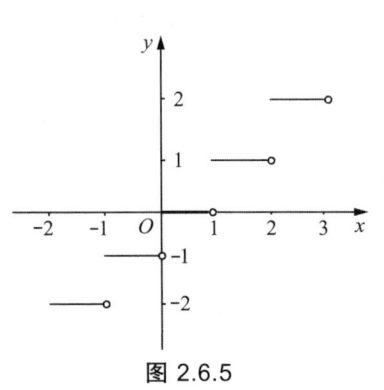
图 2.6.5

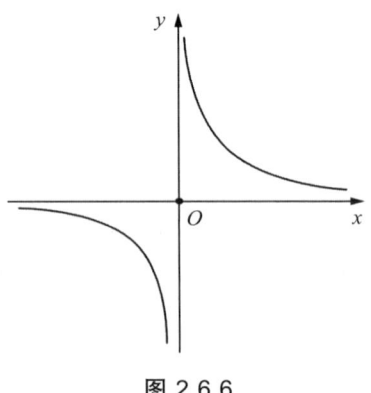
图 2.6.6

**例 2.6.9** 设 $f(x)=\begin{cases}\sin\dfrac{1}{x}, & x\neq 0\\ 0, & x=0\end{cases}$，当 $x\to 0$ 时，$\dfrac{1}{x}\to\infty$，$\sin\dfrac{1}{x}$ 不趋向任何数，也不趋向无穷大，当 $x$ 充分靠近 0 时，$\sin\dfrac{1}{x}$ 的值在 +1 与 –1 之间无限振荡，因此 $x=0$ 是 $f(x)$ 的第二类间断点（也称**振荡型间断点**），如图 2.6.7 所示.

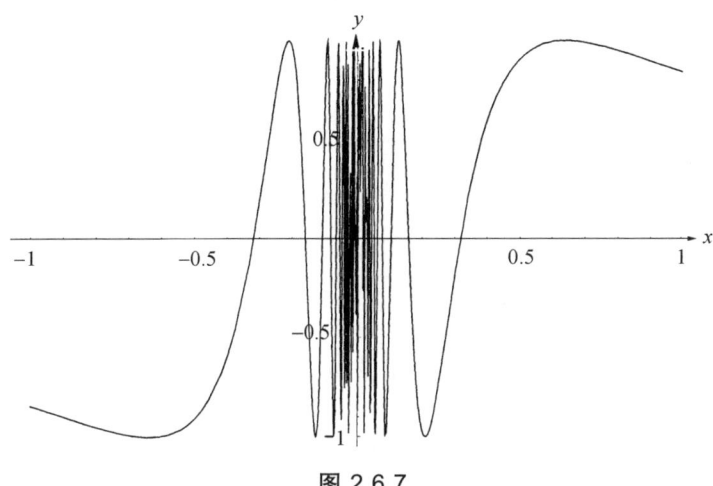

图 2.6.7

**例 2.6.10** 求函数 $f(x)=\begin{cases}\dfrac{x-3}{x^2-5x+6}, & x>0\\ x-\dfrac{1}{2}, & x\leqslant 0\end{cases}$ 的连续性.

**解：** 由已知，函数 $f(x)$ 的定义域为 $(-\infty,2)\cup(2,3)\cup(3,+\infty)$，且 $x=0$ 是分段点，所以分别讨论 $x=0$，$x=2$，$x=3$ 处的情形，其余点都是连续的.

因为 $\lim\limits_{x\to 0^-}f(x)=\lim\limits_{x\to 0^-}(x-\dfrac{1}{2})=-\dfrac{1}{2}=f(0)$，$\lim\limits_{x\to 0^+}f(x)=\lim\limits_{x\to 0^+}\dfrac{x-3}{x^2-5x+6}=-\dfrac{1}{2}=f(0)$，所以 $\lim\limits_{x\to 0^+}f(x)=\lim\limits_{x\to 0^-}f(x)=-\dfrac{1}{2}=f(0)$，函数 $f(x)$ 在 $x=0$ 是连续的.

因为 $\lim\limits_{x\to 2}f(x)=\lim\limits_{x\to 2}\dfrac{x-3}{x^2-5x+6}=\lim\limits_{x\to 2}\dfrac{x-3}{(x-3)(x-2)}=\lim\limits_{x\to 2}\dfrac{1}{x-2}=\infty$，函数 $f(x)$ 在 $x=2$ 是间断的，$x=2$ 是无穷间断点.

因为 $\lim\limits_{x\to 3}f(x)=\lim\limits_{x\to 3}\dfrac{x-3}{x^2-5x+6}=\lim\limits_{x\to 3}\dfrac{x-3}{(x-3)(x-2)}=\lim\limits_{x\to 3}\dfrac{1}{x-2}=1$，函数 $f(x)$ 在 $x=3$ 是间断的，$x=3$ 是可去间断点.

### 2.6.3 连续函数的有关定理

根据连续函数的定义，可以从函数极限的运算性质中推出如下性质.

**定理 2.6.2** （四则运算的连续性）设 $f(x)$ 与 $g(x)$ 在点 $x_0$ 处连续，则 $f(x)\pm g(x)$，$f(x)g(x)$，$f(x)/g(x)(g(x_0)\neq 0)$ 在 $x_0$ 处也连续.

**定理 2.6.3** （复合函数的连续性） 设 $g(f(x))$ 在 $x_0$ 的某邻域上有定义，$f(x)$ 在 $x_0$ 处连续，$g(y)$ 在 $y_0 = f(x_0)$ 处连续，则 $g(f(x))$ 在 $x_0$ 处连续.

**定理 2.6.4** （反函数的连续性） 设 $y = f(x)$ 是区间 $I$ 上严格单调的连续函数，则 $y = f(x)$ 的值域 $J$ 是一个区间，且 $f(x)$ 的反函数 $x = f^{-1}(y)$ 也是 $J$ 上严格单调（单调性与 $f$ 相同）的连续函数.

此定理的证明从略. 下面利用这些定理来讨论初等函数的连续性.

先考虑基本初等函数的连续性.

（1）三角函数.

我们已经在前面证明了 $\sin x$ 在定义区间 $(-\infty, +\infty)$ 上连续，而 $\cos x = \sin\left(x + \dfrac{\pi}{2}\right)$ 是连续函数 $\sin y$ 与 $y = x + \dfrac{\pi}{2}$ 的复合，故由定理 2.6.3 知，$\cos x$ 也在 $(-\infty, +\infty)$ 上连续. 又由

$$\tan x = \frac{\sin x}{\cos x}, \quad \cot x = \frac{\cos x}{\sin x}, \quad \sec x = \frac{1}{\cos x}, \quad \csc x = \frac{1}{\sin x}.$$

从定理 2.6.2 知，它们在各自的定义域上连续.

（2）指数函数.

指数函数 $a^x$（$a > 0$，$a \neq 1$）在 $(-\infty, +\infty)$ 上严格单调并且连续. 证明留给大家练习.

（3）对数函数、反三角函数.

对数函数 $\log_a x$ 是指数函数的反函数，由于指数函数严格单调而且连续，故由定理 2.6.4 知，对数函数在 $(0, +\infty)$ 上连续. 类似地可以推出，反三角函数 $\arcsin x$，$\arccos x$，$\arctan x$，$\operatorname{arccot} x$ 在各自的定义域上连续.

（4）幂函数.

幂函数 $y = x^u$ 的定义域随 $u$ 的值而异，但无论 $u$ 为何值，在区间 $(0, +\infty)$ 内幂函数总是有定义的. 下面我们来证明，在 $(0, +\infty)$ 内幂函数是连续的. 事实上，设 $x > 0$，则

$$y = x^u = e^{u \ln x}$$

因此，幂函数 $y = x^u$ 可看作是由 $y = e^v$，$v = u \ln x$ 复合而成的，故根据定理 2.6.3 知，它在 $(0, +\infty)$ 内连续. 如果对于 $u$ 取各种不同值加以分别讨论，可以证明（证明从略）幂函数在它的定义域内也是连续的.

综上所述，基本初等函数在其定义域上连续，于是由定理 2.6.2、定理 2.6.3 和基本初等函数的连续性可得下列重要结论：

**定理 2.6.5** 初等函数在其定义区间上连续.

**说明**：（1）定义区间是指包含在定义域内的区间.

（2）分段函数一般不看作初等函数，分界点的连续性一般按定义加以讨论.

（3）若函数 $f(x)$ 在 $x = x_0$ 处连续，则有 $\lim\limits_{x \to x_0} f(x) = f(x_0)$. 因此，此时若求 $\lim\limits_{x \to x_0} f(x)$，则只需求出函数值 $f(x_0)$ 就可以了.

例如，$\lim\limits_{x \to \frac{\pi}{2}} e^{\sin x} = e^{\sin \frac{\pi}{2}} = e$.

**例 2.6.11** 求下列函数的极限.

(1) $\lim\limits_{x \to 0} \dfrac{\log_a(1+x)}{\dfrac{x}{\ln a}}$ $(a > 0)$; (2) $\lim\limits_{x \to 0} \dfrac{a^x - 1}{x \ln a}$ $(a > 0)$; (3) $\lim\limits_{x \to \infty} \sqrt{2 - \dfrac{\sin x}{x}}$.

**解：**（1）因为 $e = \lim\limits_{x \to 0}(1+x)^{\frac{1}{x}}$ 是 $\log_a u$ 的连续点，故

$$\lim_{x \to 0} \frac{\log_a(1+x)}{\dfrac{x}{\ln a}} = \lim_{x \to 0} \ln a \log_a(1+x)^{\frac{1}{x}}$$

$$= \ln a \log_a \left( \lim_{x \to 0}(1+x)^{\frac{1}{x}} \right) = \ln a \log_a e = \ln a \frac{\ln e}{\ln a} = 1.$$

（2）令 $y = a^x - 1$，则 $x \ln a = \ln(1+y)$，故

$$\lim_{x \to 0} \frac{a^x - 1}{x \ln a} = \lim_{y \to 0} \frac{y}{\ln(1+y)} = 1.$$

（3）$\lim\limits_{x \to \infty} \sqrt{2 - \dfrac{\sin x}{x}} = \sqrt{2 - \lim\limits_{x \to \infty} \dfrac{\sin x}{x}} = \sqrt{2 - 0} = \sqrt{2}$.

### 2.6.4 闭区间上连续函数的性质

接下来讨论闭区间上连续函数的性质，其证明超纲，有兴趣的同学可以查阅其他资料，这里就略去了.

先介绍函数 $f(x)$ 的最大值与最小值概念.

**定义 2.6.4** 设 $f(x)$ 的定义域是 $D$，$x_0 \in D$，若对 $\forall x \in D$，都有 $f(x) \leq f(x_0)$，则称 $f(x_0)$ 是 $f(x)$ 在 $D$ 上的最大值；若对 $\forall x \in D$，都有 $f(x) \geq f(x_0)$，则称 $f(x_0)$ 是 $f(x)$ 在 $D$ 上的最小值. 最大值与最小值统称为最值，分别记作 $\max\limits_{x \in D} f(x)$ 及 $\min\limits_{x \in D} f(x)$ 或简记作 $f_{\max}$ 及 $f_{\min}$.

最大值与最小值是函数 $f(x)$ 的两个十分重要的值，讨论最值的存在性和计算函数的最值简称为最值问题.

关于函数 $f(x)$ 的最值存在性有以下定理.

**定理 2.6.6** 设 $f(x)$ 是闭区间 $[a,b]$ 上的连续函数，则 $f(x)$ 在 $[a,b]$ 上有最大值和最小值，从而 $f(x)$ 是 $[a,b]$ 上的有界函数.

例如，$f(x) = x^2$ 在闭区间 $[-1,1]$ 上连续且有界，有最小值 0 及最大值 1，但它在开区间 $(-1,1)$ 上则有最小值 0，没有最大值. 在后一种情形中，1 只是 $f(x) = x^2$ 在区间 $(-1,1)$ 上的上界，但由于不是函数值，因而不是 $f(x)$ 在 $(-1,1)$ 上的最值.

又如，函数 $f(x) = \dfrac{1}{x}$ 在 $[1,2]$ 上连续且有界，在 $f_{\max} = 1$，$f_{\min} = \dfrac{1}{2}$，在 $(1,2)$ 没有最小值，也没有最大值.

**定理 2.6.7**（介值定理）若函数 $f(x)$ 在 $[a,b]$ 上连续，且 $f(a) = A$，$f(b) = B(A \neq B)$，则对于 $A$、$B$ 之间的任意一个数 $C$，在 $(a,b)$ 内至少存在一点 $\xi$，使 $f(\xi) = C$. 进一步，函数必取得介于最小值 $m$ 和最大值 $M$ 之间的任何值.

我们直接给出几何直观解释（见图 2.6.8）：函数 $f(x)$ 在 $[a,b]$ 上的连续图像与直线 $y=C$ 至少有一个交点.

方程 $f(x)=0$ 的根，称为函数 $f(x)$ 的**零点**.

那么，什么样的函数有零点呢？我们可以由介值定理推证（请读者自己证明）出如下定理：

**推论**（零点定理）设 $f(x)$ 在 $[a,b]$ 上连续，且 $f(a)f(b)<0$，则至少存在一个 $x_0 \in (a,b)$ 使 $f(x_0)=0$.

从函数图像上看，如果连续曲线弧 $y=f(x)$ 的两个端点位于 $x$ 轴的不同侧，那么这段曲线弧与 $x$ 轴至少有一个交点（见图 2.6.9）. 这也说明函数 $y=f(x)$ 在闭区间 $[a,b]$ 上两个端点的值异号，则方程 $f(x)=0$ 在开区间 $(a,b)$ 内至少有一个实根. 所以零点定理也称为**根的存在性定理**.

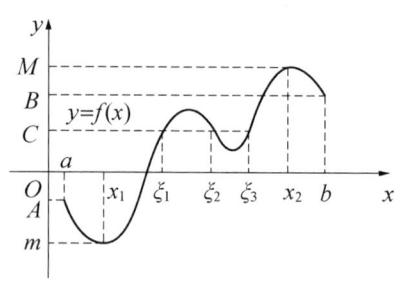
图 2.6.8

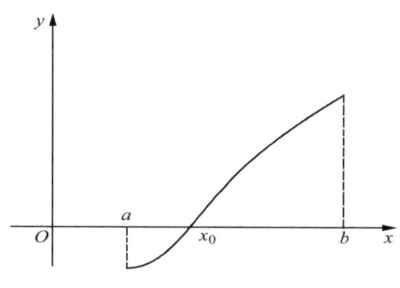
图 2.6.9

另一方面，我们也可以由零点定理推证介值定理.

**证**：设 $g(x)=f(x)-C$，则 $g(x)$ 在闭区间 $[a,b]$ 上连续，$g(a)=f(a)-C=A-C$，$g(b)=f(b)-C=B-C$. 由 $C$ 介于 $A$、$B$ 之间可知，$g(a)$，$g(b)$ 异号. 由零点定理可得，在开区间 $(a,b)$ 内至少有一点 $x_0$ 使得 $g(x_0)=0$，即

$$g(x_0)=f(x_0)-C=0 \Rightarrow f(x_0)=C.$$

**例 2.6.12** 证明方程 $x^5-3x=1$ 在区间 $(1,2)$ 内有一个根.

**证**：记 $f(x)=x^5-3x-1$，因 $f(x)$ 在 $[1,2]$ 上连续且 $f(1)=-3$，$f(2)=25$，$f(1)f(2)<0$，故存在 $x_0 \in (1,2)$ 使 $f(x_0)=x_0^5-3x_0-1=0$，即 $x_0^5-3x_0=1$ 这表明该方程在 $(1,2)$ 内必有根 $x_0$.

**例 2.6.13** 证明方程 $x \cdot \log_3(x+6)=1$ 至少有一个小于 3 的正根.

**证**：设 $f(x)=x \cdot \log_3(x+6)-1$，显然 $f(x)$ 在 $[0,3]$ 上连续，且 $f(0)=-1<0$，$f(3)=6-1=5>0$，即 $f(0) \cdot f(3)<0$.

由零点定理，可得至少存在一点 $x_0 \in (0,3)$，使 $f(x_0)=0$，即方程 $x \cdot \log_3(x+6)=1$ 至少有一个小于 3 的正根.

# 习题 2.6

1. 函数 $f(x)=\dfrac{1}{(x+1)(x-2)(x+3)}$ 在连续区间为 _____ .

2. 函数 $f(x) = \dfrac{x-6}{x^2-4x-12}$ 的第一类间断点为_____，第二类间断点为_____.

3. 求下列函数的极限.

（1）$\lim\limits_{x \to 1} \sqrt{2 - \sin x}$；

（2）$\lim\limits_{x \to 0} e^{\frac{\arctan x^2}{1-\cos x}}$；

（3）$\lim\limits_{x \to +\infty} (\sqrt{x^2 + 2x} - \sqrt{x^2 - x})$；

（4）$\lim\limits_{x \to 0} \dfrac{\ln(3+x) - \ln 3}{x}$.

4. 设 $f(x) = \begin{cases} \dfrac{\cos x}{x+2}, & x \geq 0 \\ \dfrac{\sqrt{a} - \sqrt{a-x}}{x}, & x < 0 \end{cases}$ $(a > 0)$，求：

（1）当 $a$ 为何值时，$x = 0$ 是 $f(x)$ 的连续点？

（2）当 $a$ 为何值时，$x = 0$ 是 $f(x)$ 的间断点？

（3）当 $a = 2$ 时，求函数的连续区间？

5. 求下列函数的间断点，并指明其类型.

（1）$y = \dfrac{\sin x}{x}$；

（2）$y = \dfrac{x^2 + x - 2}{x^2 - 1}$；

（3）$f(x) = \dfrac{x^2 - 1}{x^2 + 2x - 3}$；

（4）$f(x) = \begin{cases} x - 1, & x \leq 0 \\ 2x, & x > 0 \end{cases}$.

6. 证明：函数 $y = x \cdot 3^x - 2$ 有零点.

7. 证明：方程 $x = a \sin x + b$ $(a > 0, b > 0)$ 至少有一个正根，并且它不超过 $a + b$.

## 2.7 极限在经济中的应用

极限的应用就是指用极限无限逼近的数学思维方法、特性来观察、分析和解决实际问题. 极限思想来源于生产生活，相应的，反过来也用来指导大家解决生活、工作中的一些问题，科学提升创造性能力.

### 2.7.1 复利问题

在我们实际生活中，存钱、贷款、还款是常见的经济活动. 这些事项中都涉及到利息的计算问题. 而复利，就是计算利息的一种常用方法. 它是指不仅对本金计算利息，而且还要计算利息的利息. 即把前一期的利息与本金之和作为后一期的本金，进行反复计息. 俗称"利滚利".

若按 1 年为一期计算利息，假设本金 $A_0$ 元存入银行，年利率为 $r$，一年后的本利和为 $A_1$，则 $A_1 = A_0 + A_0 r = A_0(1 + r)$；

把 $A_1$ 作为本金继续存入，第二年后的本利和为 $A_2$，则

$$A_2 = A_1 + A_1 r = A_1(1 + r) = A_0(1 + r)^2$$

再把 $A_2$ 作为本金继续存入，以此类推，第 $t$ 年后的本利和为

$$A_t = A_0(1+r)^t \qquad (2.7.1)$$

如果每年结算 $m$ 次，此时每次利率为 $\dfrac{r}{m}$，则第 $t$ 年后本利和为

$$A_t = A_0\left(1+\dfrac{r}{m}\right)^{mt} \qquad (2.7.2)$$

进一步，把这种情况拓展到一般性的期数，如果每期结算 $m$ 次，此时每期利率为 $\dfrac{r}{m}$，则第 $t$ 个计息期末的本利和为

$$A_t = A_0\left(1+\dfrac{r}{m}\right)^{mt}.$$

我们发现，计算利息分期越细，所得本息就越多，即结算次数越多越赚. 但是不是无限多呢？显然不是. 假设无限次结算，从而计息次数 $m \to \infty$，则第 $t$ 个计息期末的本利和为

$$A_t = \lim_{m\to\infty} A_0\left(1+\dfrac{r}{m}\right)^{mt} = A_0\left[\lim_{m\to\infty}\left(1+\dfrac{r}{m}\right)^{\frac{m}{r}}\right]^{rt} = A_0\mathrm{e}^{rt} \qquad (2.7.3)$$

式（2.7.1）、式（2.7.2）称为离散复利计算公式，式（2.7.3）称为连续复利计算公式.

以本金 $A_0 = 100\,000$ 元，年利率 $r = 5\%$，$t = 10$ 为例，到期本息和约为 $164\,872$ 元. 这说明，当本金不是非常大时，仅依靠利息难以财富自由. 如果还考虑到通胀、经济环境等因素，在银行存款 10 年后大概率是不能保值的.

**例 2.7.1** 如果起初向某银行存入 1 000 元，银行给出的年利率为 4%，根据下列要求计息，请计算 10 年后账面上应有多少存款？

（1）每半年计息一次； （2）每月计息一次； （3）连续复利计息.

**解**：（1）每半年计息一次，即一年计息 2 次，则每次的利率为 $\dfrac{4\%}{2} = 2\%$，年末的本利和为

$$A_1 = A_0\left(1+\dfrac{r}{2}\right)^2 = 1000(1+2\%)^2 = 1040.4\,(\text{元}),$$

则 10 年后账面上应有 $A_{10} = A_0\left(1+\dfrac{r}{2}\right)^{20} = 1000(1+2\%)^{20} = 1485.95\,(\text{元})$.

（2）每月计息一次，即一年计息 12 次，则每次的利率为 $\dfrac{4\%}{12} \approx 0.3\%$，年末的本利和为

$$A_2 = A_0\left(1+\dfrac{r}{12}\right)^{12} = 1000(1+0.3\%)^{12}\,(\text{元}),$$

则 10 年后账面上应有 $A_{10} = A_0\left(1+\dfrac{r}{12}\right)^{120} = 1000(1+0.3\%)^{120} = 1490.83\,（\text{元}）$.

（3）按连续复利计息，则年末的本利和为

$$A_3 = A_0\mathrm{e}^r = 1000\mathrm{e}^{0.04}\,(\text{元}),$$

则 10 年后账面上应有 $A_{10} = A_0\mathrm{e}^{tr} = 1000\mathrm{e}^{0.4} = 1491.82\,（\text{元}）$.

连续复利数学模型，比较好的描绘了现实世界中许多事项增长、衰减的发展趋势，多用在生物繁殖、经济投资增长、机器设备折旧、保险费用测算等，都服从这个模型．

### 2.7.2 贴现问题

通过前面的复利分析，我们已知，现在值 $A_0$，要确定未来值 $A_t$，这是复利问题；反之，已知未来值 $A_t$，求现在值 $A_0$，这种问题称为贴现问题，这时的利率称为贴现率．

由复利公式可以推出

离散的贴现公式：

$$A_0 = A_t(1+r)^{-t} ; \quad A_0 = A_t\left(1+\frac{r}{m}\right)^{-mt}$$

连续贴现公式：

$$A_0 = A_t e^{-rt}$$

**例 2.7.2** 假设银行年利率为 9%，如果按年复利率计息，应该存入多少钱才能在 10 年后得到 12 000 元？若年利率不变，改为按一年复利计息 4 次，又应该存入多少？若按连续复利计息，又应该存入多少？

**解：** 根据 $A_0 = A_t(1+r)^{-t}$，可得一年复利计息一次，10 年后得到 12 000 元的初值为：

$$12000(1+0.09)^{-10} = 5068.93(元).$$

又根据 $A_0 = A_t\left(1+\frac{r}{m}\right)^{-mt}$ 可得一年复利计息 4 次，10 年后得到 12 000 元的初值为：

$$12000\left(1+\frac{0.09}{4}\right)^{-4\times 10} = 4927.75\,(元).$$

又根据 $A_0 = A_t e^{-rt}$ 可得按连续复利计息，10 年后得到 12 000 元的初值为：

$$12000 e^{-0.09\times 10} = 4878.84\,(元).$$

即在三种计息下，分别存入的是 5 068.93 元、4 927.75 元、4 878.84 元．

# 习题 2.7

1. 现有存入某银行本金 10 000 元，年利率为 2%，请按照单利、一年 1 期、一年 2 期、一年 4 期和连续复利 5 种方式计息，计算 5 年后的本利和．

2. 某银行的年利率为 3.2%，按连续复利计息，现存入多少元，10 年后可得 1 500 元？

3. 东南亚某国现有劳动人口 3 000 万，预计今后 30 年内平均每年劳动力人口增长为 4%，求 30 年后将有多少劳动力人口？

# 复习题 2

## 一、填空题

1. 函数 $f(x) = \dfrac{x-1}{\ln x}$ 的定义域为 _____.

2. $\lim\limits_{x \to 0} x \sin \dfrac{1}{x^2} =$ _____; $\lim\limits_{x \to \infty} x \sin \dfrac{1}{x} =$ _____.

3. 已知 $\lim\limits_{x \to 1} \dfrac{3x^2 + ax - 2}{x^2 - 1}$ 存在，那么 $a =$ _____，该极限等于 _____.

4. $\lim\limits_{x \to \frac{1}{2}} \dfrac{\arcsin x}{x^2 + 1} =$ _____，得出这个结论的依据是 _____.

5. 设 $f(x) = \dfrac{1 - \sqrt{1+x}}{x}$，试定义 $f(x)$ 在 $x = 0$ 处的值，使 $f(x)$ 在 $x = 0$ 处连续，则 $f(0) =$ _____.

6. 当 $x \to 1$ 时，$\sqrt{x} - 1$ 与 $k(x-1)$ 等价，则 $k =$ _____.

7. 函数 $f(x)$ 当 $x \to x_0$ 时极限存在的充分条件是 _____.

8. $x \to$ _____，函数 $\mathrm{e}^x$ 是无穷小，$x \to$ _____，$\mathrm{e}^x$ 是无穷大.

9. 设函数 $f(x) = \dfrac{1}{\mathrm{e}^{\frac{x}{x-1}} - 1}$，则函数的第一类间断点 _____，第二类间断点 _____.

## 二、选择题

1. 下列数列中收敛的是（　　）.

   A. $\left\{ (-1)^n \dfrac{n+1}{n} \right\}$　　B. $\{n\}$　　C. $\left\{ \dfrac{1}{2^n} \right\}$　　D. $\{5^n\}$

2. 函数 $y = \dfrac{1}{\sqrt{x^2 - x - 2}} + \ln(x-1)$ 的定义域为（　　）.

   A. $(2, +\infty)$　　B. $(-\infty, -1) \cup (2, +\infty)$

   C. $(1, +\infty)$　　D. $(1, 2)$

3. 若 $\lim\limits_{x \to \infty} f(x) = A$，则当 $x \to \infty$ 时，$f(x) - A$ 是（　　）.

   A. 0　　B. 不存在

   C. 无穷大　　D. 无穷小

4. 设 $f(x) = \begin{cases} k + x, & x \geq 1 \\ \dfrac{\sin(1-x)}{x-1}, & x < 1 \end{cases}$，且 $f(x)$ 在 $x = 1$ 点极限存在，则 $k = $（　　）.

   A. 0　　B. 1　　C. $-2$　　D. 2

5. $\lim\limits_{x \to x_0} f(x)$ 存在是 $f(x)$ 在 $x_0$ 点有定义的（　　）.

   A. 充分条件　　B. 必要条件

   C. 充分必要条件　　D. 无关条件

6. 极限 $\lim\limits_{x\to\infty}\left(1+\dfrac{a}{x}\right)^{bx+d} = ($ ).

  A. $e$      B. $e^b$      C. $e^{ab}$      D. $e^{ab+d}$

7. 设函数 $f(x) = e^{-x^2} - 1$, $g(x) = x^2$, 则当 $x \to 0$ 时, $f(x)$ 是 $g(x)$ 的 ( ).

  A. 高阶无穷小      B. 低阶无穷小

  C. 同阶但非等阶无穷小      D. 等阶无穷小

8. $\lim\limits_{x\to\infty}\dfrac{x^3+2}{3x^3-4\sin x} = ($ ).

  A. 1      B. 2      C. 1/2      D. 1/3

9. 已知 $f(x) = \begin{cases} a+bx^2, & x \leq 0 \\ \dfrac{\sin bx}{x}, & x > 0 \end{cases}$ 在 $x=0$ 处连续, 则常数 $a,b$ 的关系是 ( ).

  A. $a = -b$      B. $a = 2b$      C. $a = b$      D. $2a = b$

10. 函数 $f(x) = \begin{cases} \sqrt{|x|}\sin\dfrac{1}{x^2}, & x \neq 0 \\ 1, & x = 0 \end{cases}$ 在点 $x=0$ 处 ( ).

  A. 不连续      B. 连续      C. 极限不存在      D. 不确定

### 三、计算题

1. $\lim\limits_{x\to 1}\dfrac{x^2-1}{x^2-3x+2}$;

2. $\lim\limits_{x\to 1}\left(\dfrac{2}{x^2-1}-\dfrac{1}{x-1}\right)$;

3. $\lim\limits_{x\to\infty}\dfrac{2x^3+3x+1}{5x^3-2x}$;

4. $\lim\limits_{n\to\infty} n[\ln(n+3)-\ln n]$;

5. $\lim\limits_{x\to 0}\dfrac{2-\sqrt{4-x}}{x}$;

6. $\lim\limits_{x\to\infty}\left(\dfrac{x-2}{x}\right)^x$;

7. $\lim\limits_{x\to\infty}\dfrac{x+1}{x+2}\arcsin\dfrac{2}{x}$;

8. $\lim\limits_{x\to -\infty}\dfrac{\ln(1+4^x)}{\ln(1+2^x)}$;

9. $\lim\limits_{x\to 0^-}\left(e^{\frac{1}{2x}}\sin\dfrac{1}{x}+\dfrac{\arcsin 2x}{x}\right)$;

10. $\lim\limits_{x\to 0}\dfrac{1-\cos x}{\sin^2 x}$;

11. $\lim\limits_{x\to 0}\dfrac{\sqrt{1+5x}-1}{(3x)^2+\arctan 2x}$;

12. $\lim\limits_{x\to 0}(\cos x)^{\frac{1}{\ln(1+x^2)}}$.

### 四、解答题

1. 已知 $a,b$ 为常数, $\lim\limits_{x\to 2}\dfrac{ax+b}{x-2}=3$, 求 $a,b$ 的值.

2. 讨论 $f(x) = \begin{cases} e^{\frac{1}{x}}, & x < 0 \\ 0, & 0 \leq x \leq 1 \\ \dfrac{\ln x}{x-1}, & x > 1 \end{cases}$ 在 $x=0, x=1$ 的连续性.

3. 已知 $f(x) = \begin{cases} \dfrac{1-e^{\tan x}}{\arcsin\frac{x}{2}}, & x > 0 \\ ae^{2x}, & x \leq 0 \end{cases}$ 在 $x=0$ 处连续, 求 $a$ 的值.

4. 设 $f(x) = \lim\limits_{n\to\infty}\dfrac{(n-1)x}{nx^2+1}$, 求 $f(x)$ 的间断点及其类型.

5. 已知 $f(x)=\begin{cases}\dfrac{x(x-1)}{|x|(x^2-1)}, & x\neq 1\\ \dfrac{1}{2}, & x=1\end{cases}$，求 $f(x)$ 的间断点及其类型.

## 五、证明题

1. 证明方程 $\ln x=\dfrac{2}{x}$ 在 $(1,e)$ 内至少有一个实数根.

2. 设函数 $f(x)$ 在 $[0,1]$ 上连续，$f(0)>0$，$f(1)<1$，证明 $\exists \xi\in(0,1)$，使 $f(\xi)=\xi^2$.

3. 设 $f(x)$ 在 $[a,b]$ 上连续，且 $a<x_1<x_2<\cdots<x_n<b$，$n$ 为任意正数，则在 $(a,b)$ 内至少存在一点 $\xi$，使 $f(\xi)=\dfrac{f(x_1)+f(x_2)+\cdots+f(x_n)}{n}$.

## 六、综合应用题

1. 现向银行存入 8 000 元，假设年利率 5%，按照以下复利计息，分别计算一年后账面上有多少资金？
   （1）按年；　（2）按季；　（3）按月；　（4）按天.

2. 若小张以本金 100 000 元进行基金投资，基金公司承诺的年利率为 8%，分别按离散复利、连续复利计算 10 年末可得本利和是多少.

3. 电机厂的电机设备价值为 5 000 万元，折旧率为 5%，求连续折旧多少年其价值降到 1 000 万元？

4. 电脑公司现在的总资产是 20 亿元，根据发展规划，5 年末资产要翻两番，利用连续复利公式计算每年的平均增长率.

# 3 导数与微分

微分学是微积分的重要组成部分，研究导数、微分及其应用统称为微分学，研究不定积分、定积分及其应用统称为积分学. 微分与积分统称为微积分.

微积分是高等数学最基本、最重要的组成部分，是现代数学许多分支的基础，是人类认识现实世界、探索宇宙奥秘乃至人类自身的最经典的数学模型之一，是最重要思想方法之一.

微积分的发展历史曲折跌宕，撼人心灵，是培养人们正确世界观、科学方法论及对"人"进行文化熏陶的极好训练素材. 积分的雏形可追溯到古希腊和中国魏晋时期，但微分概念直至 16 世纪才应运而生.

本章主要介绍一元函数微分学及其应用.

## 学习能力目标

（1）理解导数的定义、几何意义及经济意义，会根据定义求函数的导数.

（2）理解函数的可导与连续的关系.

（3）熟练掌握基本初等函数的导数公式、导数的四则运算法则、复合函数求导法则、隐函数求导法、对数求导法及参数方程求导法，了解反函数的求导法则.

（4）了解高阶导数的概念，熟练掌握初等函数的一阶和高阶导数的求法.

（5）理解微分的定义、几何意义及经济意义可微与可导的关系，了解微分的四则运算法则及一阶微分形式的不变性；会求函数的微分.

## 课程思政目标

（1）了解微积分的起源，学习数学史，尊重无数数学家们对于人类精神文明的影响，不断探索新知领域.

（2）依托数学知识的内涵外延阐述人生哲理，激发学生对未知世界的好奇心，克服畏难情绪，培养热爱学习的情感，陶冶道德情操.

## 3.1 导数概念

### 3.1.1 导数概念的引入

16 世纪的欧洲，正处在资本主义萌芽、社会经济大发展及生产力解放时代. 社会生产生活实践的发展，对自然科学提出了新的课题和要求，迫切要求力学、天文学等基础科学的新的突破，而这些学科都深刻依赖于数学的进展，因而也推动了数学的突飞猛进. 在各类学科对数学提出的种种要求中，下列三类问题导致了微分学的产生：

（1）求变速运动的瞬时速度；

（2）求曲线上一点处的切线；

（3）求最大值和最小值.

### 1. 变速直线运动的速度

设物体 $M$ 沿直线 $L$ 做变速运动，运动开始时 $(t=0)$ 物体 $M$ 位于 $O$，经过一段时间 $t$ 之后，物体 $M$ 到达 $A$ 点. 这时，物体所走过的路程 $s=OA$. 可以得到，路程 $s$ 是时间 $t$ 的函数，即

$$s=f(t)$$

当时间由 $t_0$ 变到 $t_0+\Delta t$ 时，物体 $M$ 由 $A$ 点移至 $B$ 点. 对应于时间 $t_0$ 的增量 $\Delta t$，物体 $M$ 所走过的路程 $s$ 有相应增量 $\Delta s = AB$ （见图 3.1.1），即

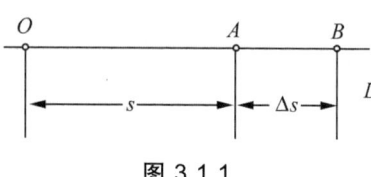

图 3.1.1

$$\Delta s=f(t_0+\Delta t)-f(t_0)$$

在本问题中，因变量 $s$ 的增量 $\Delta s$ 与自变量 $t$ 的增量 $\Delta t$ 的比 $\Delta s/\Delta t$ 表示物体 $M$ 在 $\Delta t$ 这段时间内的平均速度 $\bar{v}$，即

$$\bar{v}=\frac{\Delta s}{\Delta t}=\frac{f(t_0+\Delta t)-f(t_0)}{\Delta t}$$

当 $\Delta t$ 很小时，可以用 $\bar{v}$ 近似地表示物体在时刻 $t_0$ 的速度，$\Delta t$ 愈小，近似的程度就愈好. 当 $\Delta t \to 0$ 时，如果极限 $\lim\limits_{\Delta t \to 0}\dfrac{\Delta s}{\Delta t}$ 存在，就称此极限为物体在时刻 $t_0$ 的瞬时速度，即

$$v|_{t=t_0}=\lim_{\Delta t \to 0}\frac{\Delta s}{\Delta t}=\lim_{\Delta t \to 0}\frac{f(t_0+\Delta t)-f(t_0)}{\Delta t}$$

**例 3.1.1** 已知自由落体的运动方程为

$$s=\frac{1}{2}gt^2$$

求：（1）落体在 $t_0$ 到 $t_0+\Delta t$ 这段时间内的平均速度；

（2）落体在 $t_0$ 时的瞬时速度；

（3）落体在 $t_0=10$ s 到 $t_1=10.1$ s 这段时间内的平均速度；

（4）落体在 $t=10$ s 时的瞬时速度.

**解：**（1）落体在 $t_0$ 到 $t_0+\Delta t$ 这段时间内（即 $\Delta t$ 时间内）取得的路程增量为

$$\Delta s=\frac{1}{2}g(t_0+\Delta t)^2-\frac{1}{2}gt_0^2$$

因此，落体在 $t_0$ 到 $t_0+\Delta t$ 这段时间内的平均速度为

$$\bar{v}=\frac{\Delta s}{\Delta t}=\frac{\frac{1}{2}g(t_0+\Delta t)^2-\frac{1}{2}gt_0^2}{\Delta t}=\frac{1}{2}g\frac{\Delta t(2t_0+\Delta t)}{\Delta t}=\frac{1}{2}g(2t_0+\Delta t) \quad (3.1.1)$$

（2）落体在 $t_0$ 时的瞬时速度为

$$v|_{t=t_0} = \lim_{\Delta t \to 0} \frac{1}{2}g(2t_0 + \Delta t) = gt_0 \qquad (3.1.2)$$

（3）当 $t_0 = 10$ s，$\Delta t = 0.1$ s 时，由式（3.1.1）得平均速度为

$$\bar{v} = \frac{1}{2}g(2 \times 10 + 0.1) = 10.05g \text{ （m/s）}$$

（4）当 $t = 10$ s 时，由式（3.1.2）得瞬时速度为

$$v|_{t=10} = 10g \text{ （m/s）}$$

从本例可以看到，当 $\Delta t$ 较小时，平均速度 $\bar{v}$ 与瞬时速度 $v$ 是很接近的.

**2. 曲线的切线斜率**

设点 $A(x_0, y_0)$ 是曲线 $y = f(x)$ 上一点，当自变量 $x_0$ 变到 $x_0 + \Delta x$ 时，在曲线上得到另一点 $B(x_0 + \Delta x, y_0 + \Delta y)$，由图 3.1.2 可以看到，函数的增量 $\Delta y$ 与自变量的增量 $\Delta x$ 的比 $\Delta y / \Delta x$ 等于曲线 $y = f(x)$ 的割线 $AB$ 的斜率

$$\tan \varphi = \frac{\Delta y}{\Delta x} = \frac{f(x_0 + \Delta x) - f(x_0)}{\Delta x}$$

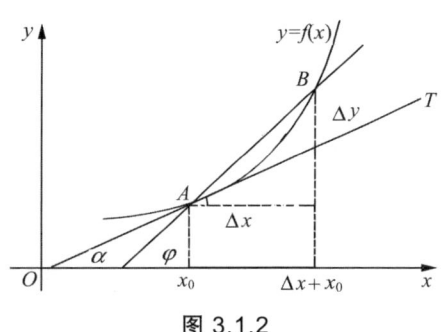

图 3.1.2

其中，$\varphi$ 是割线 $AB$ 的倾角. 显然，当 $\Delta x \to 0$ 时，$B$ 点沿曲线移动而趋向于 $A$ 点，这时割线 $AB$ 以 $A$ 为支点逐渐转动而趋于一极限位置，即为直线 $AT$，直线 $AT$ 称为曲线 $y = f(x)$ 在 $A$ 点处的切线. 相应地，割线 $AB$ 的斜率 $\tan \varphi$ 随 $\Delta x \to 0$ 而趋于切线 $AT$ 的斜率 $\tan \alpha$（$\alpha$ 是切线的倾角），即

$$k = \tan \alpha = \lim_{\varphi \to \alpha} \tan \varphi = \lim_{\Delta x \to 0} \frac{\Delta y}{\Delta x} = \lim_{\Delta x \to 0} \frac{f(x_0 + \Delta x) - f(x_0)}{\Delta x}$$

通过以上两个实际问题的讨论，我们抛开速度问题的物理意义、切线斜率问题的几何意义，从抽象的函数关系分析，它们具有共同特点：

（1）给自变量 $x_0$ 一个增量 $\Delta x$ 时，函数 $y = f(x)$ 有增量：$\Delta y = f(x_0 + \Delta x) - f(x_0)$.

（2）函数增量 $\Delta y$ 与自变量增量 $\Delta x$ 的比值 $\dfrac{\Delta y}{\Delta x} = \dfrac{f(x_0 + \Delta x) - f(x_0)}{\Delta x}$ 反映的是自变量 $x$ 从 $x_0$ 改变到 $x_0 + \Delta x$ 时，函数 $f(x)$ 的平均变化速度，称为函数的平均变化率.

（3）当 $\dfrac{\Delta y}{\Delta x}$ 时，比值 $\dfrac{\Delta y}{\Delta x}$ 的极限 $\lim\limits_{\Delta x \to 0} \dfrac{\Delta y}{\Delta x}$ 反映的是函数在点 $x_0$ 处的变化速度，称为函数在点 $x_0$ 的变化率或导数或微商.

### 3.1.2 导数的定义

**1. $f(x)$ 在 $x_0$ 处的导数**

**定义 3.1.1** 设函数 $y = f(x)$ 在点 $x_0$ 的某个邻域内有定义，当自变量在点 $x_0$ 处取得改变量

$\Delta x(\neq 0)$ 时,函数 $f(x)$ 取得相应的改变量

$$\Delta y = f(x_0 + \Delta x) - f(x_0)$$

如果当 $\Delta x \to 0$ 时,$\dfrac{\Delta y}{\Delta x}$ 的极限存在,即

$$\lim_{\Delta x \to 0} \frac{\Delta y}{\Delta x} = \lim_{\Delta x \to 0} \frac{f(x_0 + \Delta x) - f(x_0)}{\Delta x}$$

存在,则称此极限值为函数 $f(x)$ 在点 $x_0$ 处的导数(或微商),可记作

$$f'(x_0), \quad y'|_{x=x_0}, \quad \left.\frac{\mathrm{d}y}{\mathrm{d}x}\right|_{x=x_0} \quad \text{或} \quad \left.\frac{\mathrm{d}f(x)}{\mathrm{d}x}\right|_{x=x_0}$$

即

$$f'(x_0) = \lim_{\Delta x \to 0} \frac{f(x_0 + \Delta x) - f(x_0)}{\Delta x} \tag{3.1.3}$$

若在(3.1.3)中令 $x = x_0 + \Delta x$,则有:
① $\Delta x = x - x_0$;
② 当 $\Delta x \to 0$ 时,$x \to x_0$;

于是,得到一个和式(3.1.3)等价的定义:

$$f'(x_0) = \lim_{x \to x_0} \frac{f(x) - f(x_0)}{x - x_0} \tag{3.1.4}$$

当然,下式也是式(3.1.3)的一个等价式:

$$f'(x_0) = \lim_{h \to 0} \frac{f(x_0 + h) - f(x_0)}{h}$$

**例 3.1.2** 求函数 $y = x^3$ 在点 $x = 1$ 处的导数.

**解**:当 $x$ 由 1 改变到 $1 + \Delta x$ 时,函数改变量为

$$\Delta y = (1 + \Delta x)^3 - 1^3 = \Delta x[3 + 3\Delta x + (\Delta x)^2],$$

因此

$$\frac{\Delta y}{\Delta x} = 3 + 3\Delta x + (\Delta x)^2,$$

$$f'(1) = \lim_{\Delta x \to 0} \frac{\Delta y}{\Delta x} = \lim_{\Delta x \to 0}[3 + 3\Delta x + (\Delta x)^2] = 3.$$

**2. $f(x)$ 在 $(a,b)$ 内可导**

如果函数 $f(x)$ 在点 $x_0$ 处有导数,则称函数 $f(x)$ 在点 $x_0$ 处可导,否则称函数 $f(x)$ 在点 $x_0$ 处不可导. 如果函数 $f(x)$ 在某区间 $(a,b)$ 内每一点处都可导,则称 $f(x)$ 在区间 $(a,b)$ 内可导.

设 $f(x)$ 在区间 $(a,b)$ 内可导,此时,对于区间 $(a,b)$ 内每一点 $x$,都有一个导数值与它对应,这就形成了一个新的函数,这个新函数称为函数 $y = f(x)$ 在区间 $(a,b)$ 内对 $x$ 的导函数,简称为导数,记作

$$f'(x), \quad y', \quad \frac{dy}{dx} \text{ 或 } \frac{d}{dx}f(x)$$

即有 $f'(x) = \lim\limits_{\Delta x \to 0} \dfrac{f(x+\Delta x) - f(x)}{\Delta x}$.

根据导数定义,两个引入例题可以叙述为:

(1)瞬时速度是路程 $s$ 对时间 $t$ 的导数,即

$$v = s' = \frac{ds}{dt}$$

(2)曲线 $y = f(x)$ 在点 $x$ 处的切线的斜率是曲线的纵坐标对横坐标 $x$ 的导数,即

$$\tan \alpha = f'(x) = \frac{dy}{dx}$$

由导数定义可将求导数的方法概括为以下几个步骤:

(1)求出对应于自变量改变量 $\Delta x$ 的函数改变量:

$$\Delta y = f(x + \Delta x) - f(x)$$

(2)作出比值:

$$\frac{\Delta y}{\Delta x} = \frac{f(x+\Delta x) - f(x)}{\Delta x}$$

(3)求 $\Delta x \to 0$ 时 $\dfrac{\Delta y}{\Delta x}$ 的极限,即

$$y' = f'(x) = \lim\limits_{\Delta x \to 0} \frac{f(x+\Delta x) - f(x)}{\Delta x}$$

**例 3.1.3** 求线性函数 $y = 3x + 5$ 的导数.

**解:** (1) $\Delta y = [3(x+\Delta x) + 5] - (3x+5) = 3\Delta x$.

(2) $\dfrac{\Delta y}{\Delta x} = 3$.

(3) $y' = \lim\limits_{\Delta x \to 0} \dfrac{\Delta y}{\Delta x} = \lim\limits_{\Delta x \to 0} 3 = 3$.

**例 3.1.4** 求函数 $y = \dfrac{1}{x}$ 的导数.

**解:** (1) $\Delta y = \dfrac{1}{x+\Delta x} - \dfrac{1}{x} = \dfrac{-\Delta x}{x(x+\Delta x)}$.

(2) $\dfrac{\Delta y}{\Delta x} = -\dfrac{1}{x(x+\Delta x)}$.

(3) $y' = \lim\limits_{\Delta x \to 0} \dfrac{\Delta y}{\Delta x} = \lim\limits_{\Delta x \to 0}\left[-\dfrac{1}{x(x+\Delta x)}\right] = -\dfrac{1}{x^2}$.

**例 3.1.5** 设 $f(x) = x^2$,求 $f'(x)$,$f'(1)$,$f'(-2)$.

**解:** 由导数定义有

$$f'(x) = \lim_{\Delta x \to 0} \frac{f(x+\Delta x) - f(x)}{\Delta x} = \lim_{\Delta x \to 0} \frac{(x+\Delta x)^2 - x^2}{\Delta x} = \lim_{\Delta x \to 0} \frac{\Delta x(2x+\Delta x)}{\Delta x} = 2x$$

于是有

$$f'(1) = f'(x)|_{x=1} = 2 \times 1 = 2$$

$$f'(-2) = f'(x)|_{x=-2} = 2 \times (-2) = -4$$

**说明**：$f(x)$ 在 $x_0$ 处的导数 $f'(x_0)$ 等于 $f'(x)$ 在 $x_0$ 处的值.

**例 3.1.6** 若 $f'(0)$ 存在，试表示出下列函数的各极限.

（1）$\lim\limits_{x \to 0} \dfrac{f(x)}{x}$，其中 $f(0) = 0$；（2）$\lim\limits_{h \to 0} \dfrac{f(h) - f(-h)}{h}$；（3）$\lim\limits_{x \to 0} \dfrac{f(3x) - f(0)}{x}$.

**解**：

（1）因为 $f(0) = 0$，于是 $\lim\limits_{x \to 0} \dfrac{f(x)}{x} = \lim\limits_{x \to 0} \dfrac{f(x) - f(0)}{x - 0} = f'(0)$.

（2）$\lim\limits_{h \to 0} \dfrac{f(h) - f(-h)}{h} = \lim\limits_{h \to 0} \dfrac{f(h) - f(0) + f(0) - f(-h)}{h}$

$$= \lim_{h \to 0}\left(\frac{f(h) - f(0)}{h} + \frac{-f(-h) + f(0)}{h}\right)$$

$$= \lim_{h \to 0} \frac{f(h) - f(0)}{h - 0} + \lim_{-h \to 0} \frac{f(-h) - f(0)}{-h - 0}$$

$$= 2f'(0).$$

（3）$\lim\limits_{x \to 0} \dfrac{f(3x) - f(0)}{x} = \lim\limits_{3x \to 0} 3 \cdot \dfrac{f(3x) - f(0)}{(3x - 0)} = 3 \cdot \lim\limits_{3x \to 0} \dfrac{f(3x) - f(0)}{3x - 0} = 3f'(0).$

与左、右极限类似，我们也可以定义左、右导数.

### 3.1.3 单侧导数

**定义 3.1.2** 若 $\lim\limits_{\Delta x \to 0^-} \dfrac{f(x_0 + \Delta x) - f(x_0)}{\Delta x}$ 存在，则称其为 $f(x)$ 在点 $x_0$ 处的左导数，记作 $f'_-(x_0)$；反之，若 $\lim\limits_{\Delta x \to 0^+} \dfrac{f(x_0 + \Delta x) - f(x_0)}{\Delta x}$ 存在，则称其为 $f(x)$ 在点 $x_0$ 处的右导数，记作 $f'_+(x_0)$；$f'_-(x_0)$ 与 $f'_+(x_0)$ 统称为 $f(x)$ 在点 $x_0$ 处的单侧导数，即

$$f'_-(x_0) = \lim_{\Delta x \to 0^-} \frac{f(x_0 + \Delta x) - f(x_0)}{\Delta x}, \quad f'_+(x_0) = \lim_{\Delta x \to 0^+} \frac{f(x_0 + \Delta x) - f(x_0)}{\Delta x}$$

根据导数定义及极限存在定理，有

$$f'(x_0) \text{ 存在} \Leftrightarrow f'_-(x_0) = f'_+(x_0)$$

**例 3.1.7** 讨论函数 $y = f(x) = |x|$ 在 $x = 0$ 处的可导性.

**解**：如图 3.1.3 所示，$f(x) = |x| = \begin{cases} x, & x \geq 0 \\ -x, & x < 0 \end{cases}$.

右导数：$f'_+(0) = \lim\limits_{x \to 0^+} \dfrac{\Delta y}{\Delta x} = \lim\limits_{\Delta x \to 0^+} \dfrac{|\Delta x|}{\Delta x} = \lim\limits_{\Delta x \to 0^+} \dfrac{\Delta x}{\Delta x} = 1.$

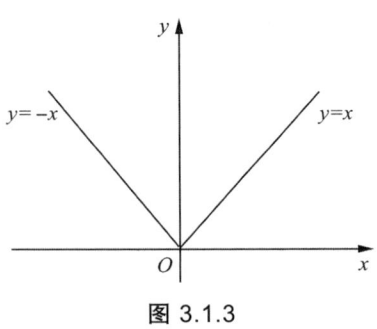

图 3.1.3

左导数：$f'_-(0) = \lim\limits_{x \to 0^-} \dfrac{\Delta y}{\Delta x} = \lim\limits_{\Delta x \to 0^-} \dfrac{|\Delta x|}{\Delta x} = \lim\limits_{\Delta x \to 0^-} \dfrac{-\Delta x}{\Delta x} = -1$.

因 $f'_+(0) \neq f'_-(0)$，故 $f(x)$ 在 $x = 0$ 不可导. 但显然，$y = |x|$ 在 $x = 0$ 连续.

### 3.1.4 可导与连续的关系

**定理 3.1.1** 若函数 $y = f(x)$ 在点 $x_0$ 处可导，则 $f(x)$ 在点 $x_0$ 处连续.

**证**：由 $y = f(x)$ 在点 $x_0$ 处可导，即

$$\lim_{x \to x_0} \frac{f(x) - f(x_0)}{x - x_0} = f'(x_0)$$

得

$$\lim_{x \to x_0}[f(x) - f(x_0)] = \lim_{x \to x_0} \frac{f(x) - f(x_0)}{x - x_0}(x - x_0) = f'(x_0) \cdot 0 = 0$$

从而

$$\lim_{x \to x_0} f(x) = f(x_0)$$

故 $f(x)$ 在点 $x_0$ 处连续.

这个定理的逆定理不成立，即函数 $y = f(x)$ 在点 $x_0$ 处连续，但在 $x_0$ 处不一定可导.

由例 3.1.7，知函数 $y = |x|$ 在 $x = 0$ 处连续，左、右导数存在，但不可导.

由定理 3.1.1 及例 3.1.7 可知：连续是可导的必要不充分条件，即可导一定连续，但连续不一定可导.

根据这个定理，我们可以判断当函数 $f(x)$ 在某点不连续时，则在该点一定不可导.

**例 3.1.8** 讨论函数 $f(x) = \begin{cases} 1 - x, & x \geq 0 \\ 1 + x, & x < 0 \end{cases}$ 在 $x = 0$ 处的连续性与可导性.

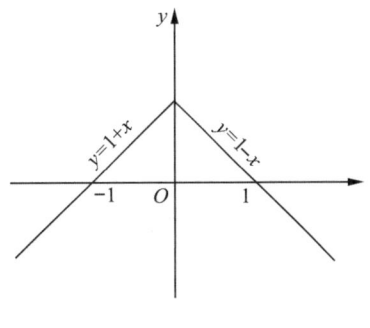

图 3.1.4

**解**：$f(x)$ 在 $x = 0$ 处，如图 3.1.4 所示.

左极限　$f(0^-) = \lim\limits_{x \to 0^-} f(x) = \lim\limits_{x \to 0^-} (1 + x) = 1$，

右极限　$f(0^+) = \lim\limits_{x \to 0^+} f(x) = \lim\limits_{x \to 0^+} (1 - x) = 1$，

从而 $\lim\limits_{x \to 0} f(x) = 1$. 又由 $f(0) = 1$，有

$$\lim_{x \to 0} f(x) = f(0),$$

故 $f(x)$ 在 $x = 0$ 处连续.

$f(x)$ 在 $x = 0$ 处的左导数为

$$f'_-(0) = \lim_{x \to 0^-} \frac{f(x) - f(0)}{x - 0} = \lim_{x \to 0^-} \frac{(1+x) - 1}{x} = \lim_{x \to 0^-} \frac{x}{x} = 1.$$

同理，$f(x)$ 在 $x = 0$ 处的右导数为

$$f'_+(0) = \lim_{x \to 0^+} \frac{(1-x) - 1}{x} = -1.$$

则 $f(x)$ 在点 $x = 0$ 的左、右导数存在但不相等，故 $f(x)$ 在 $x = 0$ 处不可导.

**例 3.1.9** 讨论函数 $f(x)=\begin{cases}3x+1, & x\geq 0\\ 3x-1, & x<0\end{cases}$ 在 $x=0$ 的可导性.

**解**：由于
$$\lim_{x\to 0^+}f(x)=\lim_{x\to 0^+}(3x+1)=1,$$
$$\lim_{x\to 0^-}f(x)=\lim_{x\to 0^-}(3x-1)=-1,$$

所以 $f(x)$ 在 $x=0$ 的极限不存在，则它在该点不连续，从而 $f(x)$ 在 $x=0$ 不可导.

**例 3.1.10** 讨论函数 $f(x)=\begin{cases}x\sin\dfrac{1}{x}, & x\neq 0\\ 0, & x=0\end{cases}$ 在 $x=0$ 处的连续性与可导性.

**解**：因为
$$\lim_{x\to 0}f(x)=\lim_{x\to 0}x\sin\frac{1}{x}=0=f(0),$$

所以 $f(x)$ 在点 $x=0$ 处连续.

又因为 $\lim_{x\to 0}\dfrac{f(x)-f(0)}{x-0}=\lim_{x\to 0}\dfrac{x\sin\dfrac{1}{x}}{x}=\lim_{x\to 0}\sin\dfrac{1}{x}$，不存在，所以 $f(x)$ 在点 $x=0$ 处不可导.

### 3.1.5　用导数定义求导数

**1. 常数的导数**

**例 3.1.11** 设 $y=C$，求 $y'$.

**解**：记 $f(x)\equiv C$，则
$$C'=\lim_{\Delta x\to 0}\frac{f(x+\Delta x)-f(x)}{\Delta x}=\lim_{\Delta x\to 0}\frac{C-C}{\Delta x}=0,$$

即 $C'=0$.

**2. 幂函数的导数**

**例 3.1.12** 设 $y=x^n$（$n$ 为正整数），求 $y'$.

**解**：记 $f(x)=x^n$，则
$$f'(x)=\lim_{\Delta x\to 0}\frac{f(x+\Delta x)-f(x)}{\Delta x}=\lim_{\Delta x\to 0}\frac{(x+\Delta x)^n-x^n}{\Delta x}$$
$$=\lim_{\Delta x\to 0}\frac{x^n+nx^{n-1}\Delta x+\dfrac{n(n-1)}{2}x^{n-2}\Delta x^2+\cdots+\Delta x^n-x^n}{\Delta x}$$
$$=\lim_{\Delta x\to 0}\frac{nx^{n-1}\Delta x+\dfrac{n(n-1)}{2}x^{n-2}\Delta x^2+\cdots+\Delta x^n}{\Delta x}$$
$$=\lim_{\Delta x\to 0}\left[nx^{n-1}+\frac{n(n-1)}{2}x^{n-2}\Delta x+\cdots+\Delta x^{n-1}\right]$$
$$=nx^{n-1}$$

即
$$(x^n)' = nx^{n-1}$$

一般地，当 $x \neq 0$，$y = x^\mu$ 有定义时，

$$(x^\mu)' = \lim_{\Delta x \to 0} \frac{(x+\Delta x)^\mu - x^\mu}{\Delta x} = x^\mu \lim_{\Delta x \to 0} \frac{\left(1+\dfrac{\Delta x}{x}\right)^\mu - 1}{\Delta x} = x^\mu \lim_{\Delta x \to 0} \frac{\mu \cdot \dfrac{\Delta x}{x}}{\Delta x} = \mu x^{\mu-1}$$

当 $x = 0$，$y = x^\mu$ 有定义时也有上式成立.

**特例** （1）若 $\mu = 1$，则 $x' = 1$； （2）若 $\mu = 2$，则 $(x^2)' = 2x$；

（3）若 $\mu = \dfrac{1}{2}$，则 $(\sqrt{x})' = \dfrac{1}{2\sqrt{x}}$； （4）若 $\mu = -1$，则 $\left(\dfrac{1}{x}\right)' = -\dfrac{1}{x^2}$.

### 3. 三角函数的导数

**例 3.1.13** 求 $f(x) = \sin x$ 的导数.

**解：**
$$(\sin x)' = \lim_{\Delta x \to 0} \frac{\sin(x+\Delta x) - \sin x}{\Delta x} = \lim_{\Delta x \to 0} \frac{2\cos\left(x+\dfrac{\Delta x}{2}\right)\sin\dfrac{\Delta x}{2}}{\Delta x}$$

$$= \lim_{\Delta x \to 0} \cos\left(x+\frac{\Delta x}{2}\right) \frac{\sin\dfrac{\Delta x}{2}}{\dfrac{\Delta x}{2}} = \cos x.$$

同理，$(\cos x)' = -\sin x$.

### 4. 指数函数的导数

**例 3.1.14** 求 $f(x) = a^x (a > 0, a \neq 1)$ 的导数.

**解：** $(a^x)' = \lim_{\Delta x \to 0} \dfrac{a^{x+\Delta x} - a^x}{\Delta x} = a^x \lim_{\Delta x \to 0} \dfrac{a^{\Delta x} - 1}{\Delta x} = a^x \ln a$.

**特例** 当 $a = e$ 时，有
$$(e^x)' = e^x \ln e = e^x$$

### 5. 对数函数的导数

**例 3.1.15** 求 $f(x) = \log_a x (a > 0, a \neq 1)$ 的导数.

**解：** $(\log_a x)' = \lim_{\Delta x \to 0} \dfrac{\log_a(x+\Delta x) - \log_a x}{\Delta x} = \lim_{\Delta x \to 0} \dfrac{\log_a\left(1+\dfrac{\Delta x}{x}\right)}{\Delta x} = \lim_{\Delta x \to 0} \dfrac{\dfrac{\Delta x}{x}}{\Delta x \cdot \ln a} = \dfrac{1}{x \ln a}$.

**特例** 若 $a = e$，则得 $(\ln x)' = \dfrac{1}{x}$.

## 3.1.6 导数的几何意义

函数 $f(x)$ 在点 $x_0$ 处的导数在几何上表示曲线 $y = f(x)$ 在点 $M(x_0, y_0)$ 处切线的斜率，如图 3.1.2 所示.

$$f'(x_0) = \lim_{\Delta x \to 0} \frac{\Delta y}{\Delta x} = \lim_{\varphi \to \alpha} \tan\varphi = \tan\alpha \quad \left(\alpha \neq \frac{\pi}{2}\right)$$

由导数的几何意义及直线的点斜式方程，可知曲线 $y = f(x)$ 上点 $(x_0, y_0)$ 处的切线方程为

$$y - y_0 = f'(x_0)(x - x_0)$$

法线方程为

$$y - y_0 = -\frac{1}{f'(x_0)}(x - x_0)(f'(x_0) \neq 0)$$

法线即为过切点 $M(x_0, y_0)$ 且与切线垂直的直线.

**例 3.1.16** 求 $y = \ln x$ 在点 $(1, 0)$ 处的切线方程及法线方程.

**解：** 因为 $f'(x) = \dfrac{1}{x}$，因为 $f'(1) = 1$，所以所求的切线方程为

$$y - 0 = 1 \cdot (x - 1),$$

即

$$y = x - 1,$$

法线方程为

$$y - 0 = -1 \cdot (x - 1),$$

即

$$y = -x + 1.$$

# 习题 3.1

1. 填空题.

（1）设函数 $f(x) = 2024$，则 $f'(x) = $ _____.

（2）函数 $f(x)$ 在点 $x_0$ 处连续是在该点处可导的_____条件.

（3）函数 $f(x)$ 在 $x_0$ 处可导的充要条件是_____.

（4）设函数 $f(x) = \dfrac{1}{x\sqrt{x}}$，则 $f'(2) = $ _____.

（5）设函数 $f(x) = 3^x$，则 $f'(x) = $ _____. $[f(0)]' = $ _____.

（6）设函数 $f(x) = \log_2 x$，则 $f'(5) = $ _____.

（7）过曲线 $y = x^4$ 上点 $(2, 4)$ 处的切线斜率为_____.

（8）函数 $f(x) = \begin{cases} e^x & 0 < x \\ x + 1 & x \geq 0 \end{cases}$，则 $f'_{-}(0) = $ _____，$f'_{+}(0) = $ _____.

2. 求下列函数的导数.

（1）$y = \sqrt[3]{x}$；　　　　　（2）$y = x^6$；　　　　　（3）$y = x^2\sqrt{x}$；

（4）$y = \sqrt{x}$；　　　　　（5）$y = \dfrac{1}{x^2}$；　　　　　（6）$y = \dfrac{1}{x}$；

（7）$y = 3^x e^x$；　　　　　（8）$y = \ln 5$；　　　　　（9）$y = \log_5 x$.

3. 设函数 $f(x)=\begin{cases}\sin x, x\leqslant 0\\ x, x>0\end{cases}$，求 $f'(0)$.

4. 求曲线 $y=\cos x$ 在点 $\left(\dfrac{\pi}{6},\dfrac{\sqrt{3}}{2}\right)$ 处的切线与法线方程.

5. 用定义证明：$(\cos x)'=-\sin x$.

6. 求函数 $f(x)=x^2$ 在点 $x_0=3$ 处的导数.

7. 设函数 $f(x)=\begin{cases}2\sin x, x\leqslant 0\\ a+bx, x>0\end{cases}$ 在点 $x=0$ 处可导，试确定 $a$、$b$ 的值.

8. 讨论函数 $f(x)=\begin{cases}x^3-x+3, x<1\\ 2x+1, x\geqslant 1\end{cases}$ 在点 $x=1$ 处的可导性.

9. 求曲线 $y=x^2-x$ 上，其切线与直线 $y=2x$ 平行的点.

10. 设函数 $f(x)$ 在 $x_0$ 处可导，求 $\lim\limits_{h\to 0}\dfrac{f(x_0-h)-f(x_0)}{h}$.

## 3.2 求导法则和导数公式

求函数的变化率即求导数，是理论研究和生产生活实践应用中经常遇到的一个普遍问题. 但我们发现，若根据定义求导，往往非常烦琐，有时甚至是无法操作. 那么能否找到求导的一般法则或常用函数的求导公式，使求导的运算变得更为简单易行呢？从微积分诞生之日起，数学家们就在探求这一途径. 牛顿和莱布尼茨都做了大量的工作. 特别是博学多才的数学符号大师莱布尼茨对此做出了不朽的贡献. 今天我们所学的微积分学中的法则、公式，特别是所采用的符号，大体上是由莱布尼茨完成的.

### 3.2.1 导数的四则运算

为探索函数的和、差、积、商的求导法则，先设函数 $u=u(x)$，$v=v(x)$ 在点 $x$ 具有导数 $u'=u'(x)$，$v'=v'(x)$，并分别考虑这两个函数的和、差、积、商在点 $x$ 的导数.

**1. 函数和、差求导法则**

两个可导函数之和（差）的导数等于这两个函数导数之和（差），即

$$[u\pm v]'=u'\pm v'$$

这个法则可推广到有限个代数和情形，如

$$[f_1(x)\pm f_2(x)\pm\cdots\pm f_n(x)]'=f_1'(x)\pm f_2'(x)\pm\cdots\pm f_n'(x)$$

**例 3.2.1** 设 $y=\ln x+\cos x$，求 $y'$，$y'(1)$.

**解：** $y'=\dfrac{1}{x}-\sin x$.

$y'(1)=1-\sin 1$.

## 2. 函数积的求导法则

两个可导函数乘积的导数等于第一个因子的导数与第二因子的乘积加上第一个因子与第二个因子的导数的乘积，即

$$[uv]' = u'v + uv'$$

特殊地，如果 $u = C$（常数），则因 $C' = 0$，故有

$$[Cv]' = Cv'$$

这就是说：求一个常数与一个可导函数的乘积的导数时，常数因子可以提到求导记号外面去.

积的求导法则也可推广到任意有限个函数之积的情形. 例如

$$[uvw]' = [(uv)w]' = (uv)'w + (uv)w' = (u'v + uv')w + uvw'$$

即

$$[uvw]' = u'vw + uv'w + uvw'$$

**例 3.2.2** 设 $y = e^x \left( \sin x + \dfrac{1}{x} \right) \sqrt{x}$，求 $y'$.

**解：** $y' = (e^x)' \left( \sin x + \dfrac{1}{x} \right) \sqrt{x} + e^x \left( \sin x + \dfrac{1}{x} \right)' \sqrt{x} + e^x \left( \sin x + \dfrac{1}{x} \right)(\sqrt{x})'$

$= e^x \left( \sin x + \dfrac{1}{x} \right) \sqrt{x} + e^x \left( \cos x - \dfrac{1}{x^2} \right) \sqrt{x} + e^x \left( \sin x + \dfrac{1}{x} \right) \dfrac{1}{2\sqrt{x}}$

## 3. 函数之商的求导法则

两个可导函数之商的导数等于分子的导数与分母的乘积减去分母的导数与分子的乘积，再除以分母的平方，即

$$\left( \frac{u}{v} \right)' = \frac{u'v - uv'}{v^2} \quad (v \neq 0)$$

**例 3.2.3** 设 $y = \tan x$，求 $y'$.

**解：** $y' = (\tan x)' = \left( \dfrac{\sin x}{\cos x} \right)' = \dfrac{(\sin x)' \cos x - \sin x (\cos x)'}{\cos^2 x} = \dfrac{\cos^2 x + \sin^2 x}{\cos^2 x} = \dfrac{1}{\cos^2 x}$，

即

$$(\tan x)' = \sec^2 x .$$

这就是正切函数导数公式.

同理可得

$$(\cot x)' = -\csc^2 x .$$

**例 3.2.4** 设 $y = \sec x$，求 $y'$.

**解：** $y' = (\sec x)' = \left( \dfrac{1}{\cos x} \right)' = \dfrac{0 - 1 \cdot (\cos x)'}{\cos^2 x} = \dfrac{\sin x}{\cos^2 x} = \sec x \tan x$，

即

$$(\sec x)' = \sec x \tan x .$$

这就是正割函数的导数公式.
同理可得
$$(\csc x)' = -\csc x \cot x.$$

**例 3.2.5** 求 $y = \dfrac{1-x}{1+x}$ 的导数 $y'$.

**解：** $y' = \dfrac{(1-x)'(1+x) - (1-x)\cdot(1+x)'}{(1+x)^2} = \dfrac{(-1)\cdot(1+x) - (1-x)\cdot 1}{(1+x)^2} = \dfrac{-2}{(1+x)^2}.$

### 3.2.2 反函数求导法则

设函数 $y = f(x)$ 在 $x$ 处有不等于零的导数，对应反函数记作 $x = f^{-1}(y)$，它在相应点处连续，则
$$[f^{-1}(y)]' = \dfrac{1}{f'(x)} \quad \text{或} \quad \dfrac{\mathrm{d}x}{\mathrm{d}y} = \dfrac{1}{\mathrm{d}y/\mathrm{d}x}$$

即反函数的导数等于直接函数的导数的倒数.

**例 3.2.6** 求反正弦函数 $y = \arcsin x$ 的导数.

**解：** 因为 $y = \arcsin x \ (-1 < x < 1)$ 的反函数是
$$x = \sin y \quad \left(-\dfrac{\pi}{2} < y < \dfrac{\pi}{2}\right),$$

而 $(\sin y)' = \cos y > 0 \ \left(-\dfrac{\pi}{2} < y < \dfrac{\pi}{2}\right)$，且 $\cos y = \sqrt{1 - \sin^2 y} = \sqrt{1 - x^2} > 0$，

所以由反函数求导公式
$$y' = (\arcsin x)' = \dfrac{1}{(\sin y)'} = \dfrac{1}{\sqrt{1-x^2}} \quad (-1 < x < 1),$$

即
$$(\arcsin x)' = \dfrac{1}{\sqrt{1-x^2}} \quad (-1 < x < 1),$$

同样可证
$$(\arccos x)' = -\dfrac{1}{\sqrt{1-x^2}} \quad (-1 < x < 1).$$

**例 3.2.7** 求反正切函数 $y = \arctan x$ 的导数.

**解：** 由 $y = \arctan x$，于是
$$x = \tan y \quad \left(-\dfrac{\pi}{2} < y < \dfrac{\pi}{2}\right),$$

又
$$(\arctan x)' = \dfrac{1}{(\tan y)'} = \dfrac{1}{\sec^2 y},$$

$$\sec^2 y = 1 + \tan^2 y = 1 + x^2,$$

得

$$(\arctan x)' = \frac{1}{1+x^2} \quad (-\infty < x < +\infty),$$

同理可得反余切函数的导数为

$$(\operatorname{arccot} x)' = -\frac{1}{1+x^2} \quad (-\infty < x < +\infty).$$

到目前为止，已将基本初等函数的导数求出，下面我们讨论复合函数的导数问题.

### 3.2.3 复合函数求导法则

设函数 $y = f(u)$，$u = \varphi(x)$，则 $y$ 是 $x$ 的复合函数 $y = f(\varphi(x))$. 如 $\ln\tan x$，$e^{\sin x}$，$\sin\dfrac{2x}{1+x^2}$ 均为复合函数.

**法则** 若 $u = \varphi(x)$ 在点 $x_0$ 有导数 $\left.\dfrac{du}{dx}\right|_{x=x_0} = \varphi'(x_0)$，$y = f(u)$ 在对应点 $u_0$ 处有导数 $\left.\dfrac{dy}{du}\right|_{u=u_0} = f'(u_0)$，则复合函数 $y = f(\varphi(x))$ 在 $x_0$ 点处也有导数，且

$$\left.\frac{dy}{dx}\right|_{x=x_0} = \left.\frac{dy}{du}\right|_{u=u_0} \left.\frac{du}{dx}\right|_{x=x_0} \quad \text{或} \quad \left.\frac{dy}{dx}\right|_{x=x_0} = f'(u_0)\varphi'(x_0)$$

该公式可推广到有限次的复合函数的求导法则. 例如，设

$$y = f(u), \quad u = \varphi(v), \quad v = \psi(x)$$

则复合函数 $y = f\{\varphi[\psi(x)]\}$ 对 $x$ 的导数为

$$\frac{dy}{dx} = \frac{dy}{du} \cdot \frac{du}{dv} \cdot \frac{dv}{dx}$$

以上称为复合函数求导的链式法则.

**例 3.2.8** 求下列函数的导数 $y'$.

（1）$y = (4x-3)^{100}$； （2）$y = \ln\tan x$； （3）$y = e^{\cos x}$；

（4）$y = \sin\dfrac{2x}{1+x^2}$； （5）$y = \arcsin x^3$.

**解**：（1）设 $y = u^{100}$，$u = 4x-3$，则

$$y'_u = 100u^{99}, \quad u'_x = 4,$$

于是

$$y' = y'_u \cdot u'_x = 4 \cdot 100u^{99} = 400(4x-3)^{99}.$$

（2）记 $u = \tan x$，$y = \ln u$，则 $y'_u = \dfrac{1}{u}$，$u'_x = \sec^2 x$.

于是

$$\frac{dy}{dx} = \frac{1}{u} \cdot \sec^2 x = \cot x \cdot \frac{1}{\cos^2 x} = \frac{1}{\sin x \cos x}.$$

（3）原式可看作由 $y = e^u$，$u = \cos x$ 复合而成，则

$$\frac{dy}{dx} = \frac{dy}{du} \cdot \frac{du}{dx} = -e^u \sin x = -e^{\sin x} \sin x.$$

（4）记 $y = \sin u, u = \dfrac{2x}{1+x^2}$，则

$$\frac{dy}{du} = \cos u, \quad \frac{du}{dx} = \frac{2(1+x^2)-(2x)^2}{(1+x^2)^2} = \frac{2(1-x^2)}{(1+x^2)^2},$$

于是

$$\frac{dy}{dx} = \frac{dy}{du} \cdot \frac{du}{dx} = \cos u \cdot \frac{2(1-x^2)}{(1+x^2)^2} = \frac{2(1-x^2)}{(1+x^2)^2} \cdot \cos \frac{2x}{1+x^2}.$$

（5）$y' = (\arcsin x^3)' = \dfrac{1}{\sqrt{1-x^6}}(x^3)' = \dfrac{3x^2}{\sqrt{1-x^6}}.$

**例 3.2.9** 求下列函数的导数.

（1）$y = e^{\sin \sqrt{x}}$；   （2）$y = \ln\left(x + \sqrt{x^2 + a^2}\right)$.

**解：**（1）$y' = \left(e^{\sin \sqrt{x}}\right)' = e^{\sin \sqrt{x}} \left(\sin \sqrt{x}\right)' = e^{\sin \sqrt{x}} \cos \sqrt{x} \left(\sqrt{x}\right)' = e^{\sin \sqrt{x}} \cos \sqrt{x} \cdot \dfrac{1}{2} \cdot \dfrac{1}{\sqrt{x}}.$

（2）$y' = \left[\ln\left(x + \sqrt{x^2 + a^2}\right)\right]' = \dfrac{1}{x + \sqrt{x^2 + a^2}} \left(x + \sqrt{x^2 + a^2}\right)'$

$$= \frac{1}{x + \sqrt{x^2 + a^2}} \left\{1 + \left[(x^2 + a^2)^{1/2}\right]'\right\}$$

$$= \frac{1}{x + \sqrt{x^2 + a^2}} \left[1 + \frac{1}{2}(x^2 + a^2)^{-\frac{1}{2}}(x^2 + a^2)'\right]$$

$$= \frac{1}{x + \sqrt{x^2 + a^2}} \left(1 + \frac{x}{\sqrt{x^2 + a^2}}\right) = \frac{1}{\sqrt{x^2 + a^2}}.$$

**例 3.2.10** 证明：$(x^\mu)' = \mu x^{\mu-1}$（$\mu$ 为任意实数）（$x > 0$）.

**证：** 由对数性质有

$$x = e^{\ln x},$$

故

$$(x^\mu)' = [(e^{\ln x})^\mu]' = (e^{\mu \ln x})' = e^{\mu \ln x} (\mu \ln x)' = x^\mu \cdot \mu \cdot \frac{1}{x} = \mu x^{\mu-1}.$$

### 3.2.4 取对数法求导

设 $y = u^v$，其中 $u = u(x)$，$v = v(x)$ 在 $x$ 处可导，则 $y$ 在 $x$ 处可导，可以先在两边同时取对数 $\ln y = \ln u^v \Rightarrow \ln y = v \ln u$，然后两边同时对 $x$ 求导可得

$$\frac{1}{y} y' = v' \ln u + v(\ln u)' = v' \ln u + v \frac{1}{u} u' \Rightarrow y' = u^v \left(v' \ln u + \frac{v}{u} u'\right)$$

即
$$(u^v)' = u^v\left(v'\ln u + \frac{v}{u}u'\right)$$

**例 3.2.11** 求 $y = x^{\sin x}$ 的导数.

**解：**

方法 1：直接求导.

$$y' = (x^{\sin x})' = (e^{\sin x \ln x})' = e^{\sin x \ln x}(\sin x \ln x)' = x^{\sin x}\left(\cos x \ln x + \frac{\sin x}{x}\right).$$

方法 2：将 $y = x^{\sin x}$ 两端取对数，得

$$\ln y = \sin x \ln x,$$

两边对 $x$ 求导数，得

$$\frac{1}{y}y' = \cos x \ln x + \frac{\sin x}{x},$$

故

$$y' = y\left(\cos x \ln x + \frac{\sin x}{x}\right) = x^{\sin x}\left(\cos x \ln x + \frac{\sin x}{x}\right).$$

**例 3.2.12** 求 $y = \sqrt{\frac{(x-1)(x-2)}{(x-3)(x-4)}}$（$x > 4$）的导数.

**解：** 先在两边取对数（$x > 4$），得

$$\ln y = \frac{1}{2}[\ln(x-1) + \ln(x-2) - \ln(x-3) - \ln(x-4)],$$

对上式两端求导数，得

$$\frac{1}{y}y' = \frac{1}{2}\left(\frac{1}{x-1} + \frac{1}{x-2} - \frac{1}{x-3} - \frac{1}{x-4}\right) = \frac{1}{2}\left(\frac{1}{x-1} + \frac{1}{x-2} + \frac{1}{3-x} + \frac{1}{4-x}\right),$$

故

$$y' = \frac{1}{2}y\left(\frac{1}{x-1} + \frac{1}{x-2} + \frac{1}{3-x} + \frac{1}{4-x}\right)$$

$$= \frac{1}{2}\sqrt{\frac{(x-1)(x-2)}{(x-3)(x-4)}}\left(\frac{1}{x-1} + \frac{1}{x-2} + \frac{1}{3-x} + \frac{1}{4-x}\right).$$

### 3.2.5 导数公式与求导法则

**1. 基本求导公式**

（1） $C' = 0$（$C$ 为常数）；

（2） $(x^\mu)' = \mu x^{\mu-1}$（$\mu$ 为任意实数） 特例：$x' = 1$ $\left(\frac{1}{x}\right)' = -\frac{1}{x^2}$ $(\sqrt{x})' = \frac{1}{2\sqrt{x}}$；

（3）$(a^x)' = a^x \ln a$；

（4）$(e^x)' = e^x$；

（5）$(\log_a x)' = \dfrac{1}{x}\log_a e = \dfrac{1}{x\ln a}$；

（6）$(\ln x)' = \dfrac{1}{x}$；

（7）$(\sin x)' = \cos x$；

（8）$(\cos x)' = -\sin x$；

（9）$(\tan x)' = \sec^2 x$；

（10）$(\cot x)' = -\csc^2 x$；

（11）$(\arcsin x)' = \dfrac{1}{\sqrt{1-x^2}}$ （$-1 < x < 1$）；

（12）$(\arccos x)' = -\dfrac{1}{\sqrt{1-x^2}}$ （$-1 < x < 1$）；

（13）$(\arctan x)' = \dfrac{1}{1+x^2}$ （$-\infty < x < +\infty$）；

（14）$(\operatorname{arccot} x) = -\dfrac{1}{1+x^2}$ （$-\infty < x < +\infty$）；

（15）$(\sec x)' = \sec x \tan x$；

（16）$(\csc x)' = -\csc x \cot x$.

**2. 和、差、积、商求导法则**

$$(u \pm v)' = u' \pm v';\ (u \cdot v)' = u' \cdot v + u \cdot v';\ \left(\dfrac{u}{v}\right)' = \dfrac{u' \cdot v - u \cdot v'}{v^2}(v \neq 0).$$

**3. 复合函数求导法则**

$$\dfrac{dy}{dx} = \dfrac{dy}{du} \cdot \dfrac{du}{dx}.$$

**4. 对数求导法则**

$$(u^v)' = u^v\left(v'\ln u + \dfrac{v}{u}u'\right).$$

**5. 反函数求导法则**

$$[f^{-1}(y)]' = \dfrac{1}{f'(x)}.$$

# 习题 3.2

1．求下列函数的导数．

（1）$y = x^3 + \sin x + 7$；

（2）$y = x^2 \ln x$；

（3）$y = \dfrac{1}{\ln x}$；

（4）$y = \dfrac{1+\sin x}{1+\cos x}$；

（5）$y = (2+5x)(4-3x)$；

（6）$y = \sin x \cos x$；

（7）$y = \tan 3x - 5\sec x$；

（8）$y = x^3 e^x \cot x$；

（9）$y = \dfrac{\arcsin x}{1-x^2}$；

（10）$y = x^2 \arccos x$；

（11）$y = (1+x^2)\arctan x$；

（12）$y = \lg 3x - \operatorname{arccot} x$.

2．求下列复合函数的导数．

（1）$y = \cos(2x-4)$；

（2）$y = \dfrac{1}{\sqrt{1-x^2}}$；

（3）$y = (5x+6)^{2022}$；

（4）$y = \ln \sec x$；

（5）$y = \sqrt{x^2 + 3x}$；

（6）$y = \log_3^{\sqrt{x}}$；

（7） $y = \arcsin(2-5x^3)$ ；  （8） $y = \sin^4(1-x)$ ；  （9） $y = 5^{\cot x}$ ；

（10） $y = \arctan e^{x^2}$ ；  （11） $y = \sqrt{\dfrac{1+\sin x}{1-\sin x}}$ ；  （12） $y = \ln\left(x+\sqrt{x^2-1}\right)$ .

3. 求下列复合函数的导数.

（1） $y = x(\sin\ln x - \cos\ln x)$ ；  （2） $y = \sin\ln(x^2+1)$ ；  （3） $y = \ln[\ln(\ln x)]$ ；

（4） $y = \ln(\sec x + \tan x)$ ；  （5） $y = \ln(\csc x - \cot x)$ ；  （6） $y = \arctan\dfrac{x+1}{x-1}$ ；

（7） $y = e^{\arcsin\sqrt{x}}$ ；  （8） $y = \log_5^{\sin x^4}$ .

4. 证明：

（1） $(\arccos x)' = -\dfrac{1}{\sqrt{1-x^2}}$ （ $-1 < x < 1$ ）；（2） $(\operatorname{arccot} x) = -\dfrac{1}{1+x^2}$ （ $-\infty < x < +\infty$ ）.

## 3.3 高阶导数

在研究物体运动时，我们不但需要关心物体运动的速度，而且需要关心物体运动速度的变化，即加速度问题. 例如，自由落体的运动距离方程为 $s = \dfrac{1}{2}gt^2$ ，$t$ 时刻的瞬时速度可表示为 $v = \dfrac{ds}{dt} = \left(\dfrac{1}{2}gt^2\right)' = gt$ ，$t$ 时刻的加速度 $a = \dfrac{dv}{dt} = (gt)' = g$ . 从最初的方程函数到加速度之间，我们求了两次导数.

在工程研究中，常常需要把握曲线斜率的变化程度，以求得曲线的弯曲程度，即需要讨论斜率函数的导数问题. 在进一步讨论函数的性质时，也会遇到类似的情况，也就是说，我们对一个可导函数求导之后，还需研究其导函数的导数问题. 这就形成了高阶导数的问题.

### 3.3.1 高阶导数的定义

**定义 3.3.1** 设函数 $y = f(x)$ 在 $x$ 处可导，若 $f'(x)$ 的导数存在，则称该导数为 $y = f(x)$ 的二阶导数，记为 $f''(x)$ 或 $y''$ ，$\dfrac{d^2 y}{dx^2}$ ，$\dfrac{d^2 f}{dx^2}$ ，即

$$f''(x) = \lim_{\Delta x \to 0} \dfrac{f'(x+\Delta x) - f'(x)}{\Delta x}$$

记作

$$y'', f''(x), \dfrac{d^2 y}{dx^2} \quad 或 \quad \dfrac{d^2 f}{dx^2}$$

即

$$y'' = (y')', \quad f''(x) = [f'(x)]', \quad \dfrac{d^2 y}{dx^2} = \dfrac{d}{dx}\left(\dfrac{dy}{dx}\right) \quad 或 \quad \dfrac{d^2 f}{dx^2} = \dfrac{d}{dx}\left(\dfrac{df}{dx}\right).$$

由此，前面所讨论的变速直线运动中，速度 $v(t)$ 就是位置函数 $s(t)$ 对时间 $t$ 的导数，即

$$v(t) = \dfrac{ds}{dt}, \quad 或 v = s'$$

而加速度 $a(t)$ 是速度函数 $v(t)$ 对时间 $t$ 的变化率，即速度函数 $v(t)$ 对时间 $t$ 的导数，就是位置函数 $s(t)$ 对时间 $t$ 的二阶导数，即

$$a = \frac{dv}{dt} = \frac{d}{dt}\left(\frac{ds}{dt}\right), \text{ 或 } a = (s')' = s'' = \frac{d^2 s}{dt^2}$$

这就是二阶导数的物理意义.

若 $y'' = f''(x)$ 的导数存在，则称该导数为 $y = f(x)$ 的三阶导数，记为 $f'''(x)$ 或 $y'''$.

例如，$(x^5)' = 5x^4, (x^5)'' = (5x^4)' = 20x^3, (x^5)''' = [(x^5)'']' = [20x^3]' = 60x^2$.

若 $y''' = f'''(x)$ 的导数存在，则称该导数为 $y = f(x)$ 的四阶导数，记为 $f^{(4)}(x)$ 或 $y^{(4)}$. 类似地，若 $y = f(x)$ 的 $n-1$ 阶导数 $f^{(n-1)}(x)$ 的导数存在，则称该导数为 $y = f(x)$ 的 $n$ 阶导数，记为 $y^{(n)}$ 或 $f^{(n)}(x)$，$\frac{d^n y}{dx^n}$，$\frac{d^n f}{dx^n}$.

我们为了统称方便，把函数本身称为零阶导数，函数的导数称为一阶导数，函数的二阶及二阶以上的导数称为函数的高阶导数. 函数 $f(x)$ 的 $n$ 阶导数在 $x = x_0$ 处的导数值记为

$$f^{(n)}(x_0) \text{ 或 } y^{(n)}(x_0), \left.\frac{d^n y}{dx^n}\right|_{x=x_0}$$

### 3.3.2 求导举例

**例 3.3.1** $y = ax^3 + bx^2 + cx + d$，求 $y''$，$y''(1)$，$y^{(3)}$，$y^{(4)}$，$y^{(5)}$.

**解：** $y' = 3ax^2 + 2bx + c$，$y'' = 6ax + 2b$，$y''(1) = 6a + 2b$，$y^{(3)} = 6a$，$y^{(4)} = 0$，$y^{(5)} = 0$.

**例 3.3.2** 证明 $(\arctan x)'' + (\text{arccot } x)'' = 0$.

**证：** 因为 $(\arctan x)' = \frac{1}{1+x^2}, (\arctan x)'' = \left(\frac{1}{1+x^2}\right)' = \frac{-2x}{(1+x^2)^2}$，

$(\text{arccot } x)' = -\frac{1}{1+x^2}, (\text{arccot } x)'' = \left(-\frac{1}{1+x^2}\right)' = \frac{2x}{(1+x^2)^2}$，

所以 $(\arctan x)'' + (\text{arccot } x)'' = 0$.

**例 3.3.3** 求函数 $y = \sin \ln x$ 的二阶导数.

**解：** $y' = \frac{\cos \ln x}{x}$，$y'' = \frac{-\sin \ln x \cdot \frac{1}{x} \cdot x - \cos \ln x \cdot 1}{x^2} = -\frac{\sin \ln x + \cos \ln x}{x^2}$.

**例 3.3.4** 求下列函数的 $n$ 阶导数.

（1）$y = e^x$； （2）$y = \sin x$； （3）$y = x^n$； （4）$\ln(1+x)$.

**解：**（1）由 $y' = e^x$，$y'' = e^x$，$y''' = e^x$，一般地，可得

$$y^{(n)} = e^x.$$

（2）正弦函数为 $y = \sin x$，则

$$y' = \cos x = \sin\left(x + \frac{\pi}{2}\right),$$

$$y'' = \cos\left(x + \frac{\pi}{2}\right) = \sin\left(x + \frac{\pi}{2} + \frac{\pi}{2}\right) = \sin\left(x + 2 \cdot \frac{\pi}{2}\right),$$

$$y''' = \cos\left(x + 2 \cdot \frac{\pi}{2}\right) = \sin\left(x + 3 \cdot \frac{\pi}{2}\right),$$

一般地，可得

$$y^{(n)} = \sin\left(x + n \cdot \frac{\pi}{2}\right),$$

即

$$\sin^{(n)}(x) = \sin\left(x + n \cdot \frac{\pi}{2}\right),$$

用类似方法，可得

$$\cos^{(n)}(x) = \cos\left(x + n \cdot \frac{\pi}{2}\right).$$

（3）因 $y' = nx^{n-1}$，$y'' = n(n-1)x^{n-2}$，由归纳法可得

$$y^{(k)} = n(n-1)\cdots(n-k+1)x^{n-k} \quad (k < n),$$

当 $k = n$ 时，

$$y^{(k)} = y^{(n)} = n(n-1)\cdots 3 \cdot 2 \cdot 1 = n!,$$

当 $k = n$，显然有

$$y^{(n+1)} = 0, y^{(n+2)} = 0, \cdots, y^{(k)} = 0.$$

（4）因 $y = \ln(1+x)$，$y' = \dfrac{1}{1+x}$，$y'' = -\dfrac{1}{(1+x)^2}$，$y^{(3)} = \dfrac{1 \cdot 2}{(1+x)^3}$，一般地，可得

$$y^{(n)} = (-1)^{n-1}\frac{(n-1)!}{(1+x)^n}.$$

**例 3.3.5** 设函数 $y = \ln(1+x^2)$，求 $y''(0)$。

**解**：因 $y' = \dfrac{2x}{1+x^2}$，$y'' = \dfrac{2(1+x^2) - 2x \cdot 2x}{(1+x^2)^2} = \dfrac{2(1-x^2)}{(1+x^2)^2}$，从而

$$y''(0) = \left.\frac{2(1-x^2)}{(1+x^2)^2}\right|_{x=0} = 2.$$

## 习题 3.3

1. 求下列函数的三阶导数.

（1）$y = x^4 - 2x^3 + 8$； （2）$y = x^4 \ln x$； （3）$y = e^x \sin x$； （4）$y = \dfrac{2x}{1+x^2}$.

2. 求下列函数的二阶导数.

（1）$y = \cos 2x \cdot \tan 3x$； （2）$y = \log_2 x^3$； （3）$y = (1-x^2)\arcsin x$； （4）$y = \sec x$.

3. 求下列函数的二阶导数.

（1）$y = \dfrac{\cot x}{x}$；

（2）$y = \ln\left(x - \sqrt{1+x^2}\right)$；

（3）$y = \cos^2 x \ln x$；

（4）$y = \ln\left(\sqrt{2+x^2} - x\right)$；

（5）$y = (1+x^2)\arctan x$；

（6）$y = \operatorname{arccot}\sqrt{1+x^2}$.

4. 求下列函数的 $n$ 阶导数.

（1）$y = \ln x$； （2）$y = e^{x^2}$； （3）$y = a^x$； （4）$y = \cos 2x$.

5. 已知函数 $y = x^3 e^x$，求 $y^{(4)}(1)$.

6. 验证函数 $y = C_1 e^{\lambda x} + C_2 e^{-\lambda x}$（$\lambda, C_1, C_2$ 是常数）满足关系式：$y'' - \lambda^2 y = 0$.

## 3.4 隐函数及由参数方程所确定的函数的导数

### 3.4.1 隐函数求导法则

**1. 隐函数概念**

函数 $y = f(x)$ 表示两个变量 $y$ 与 $x$ 之间的对应关系，如 $y = 2x+1$，$y = \sin x$，这种表达的函数叫作显函数. 有些函数的表达方式，如方程：$x^2 + y^2 = 1$（$y > 0$），它也表示 $y = \sqrt{1-x^2}$，那么，前者称为隐函数，后者称为隐函数的显化.

一般地，如果在方程 $F(x,y) = 0$ 中，当 $x$ 取某区间内任一值时，相应地总有满足这方程的唯一的 $y$ 值存在，那么，就说方程 $F(x,y) = 0$ 在该区间确定了一个隐函数，记为 $y = y(x)$. 如：$xe^y - y + 1 = 0$ 确定的函数 $y = y(x)$ 是一个隐函数.

那么隐函数如何求导呢？

设方程 $F(x,y) = 0$ 确定了一个函数 $y = y(x)$，将 $y = y(x)$ "代入" 方程，便得到恒等式 $F(x, y(x)) \equiv 0$. 在等式 $F(x, y(x)) \equiv 0$ 两边关于 $x$ 求导，且将 $y$ 看作 $x$ 的函数，即可解得 $\dfrac{dy}{dx}$.

**2. 求导举例**

**例 3.4.1** 求由方程 $e^y + xy - e = 0$ 所确定的隐函数 $y = y(x)$ 的导数 $\dfrac{dy}{dx}$，$\left.\dfrac{dy}{dx}\right|_{x=0}$.

**解**：把 $y$ 视为 $x$ 的函数，方程两边对 $x$ 求导，得

$$e^y \cdot \frac{dy}{dx} + y + x \cdot \frac{dy}{dx} = 0,$$

从而
$$\frac{dy}{dx} = -\frac{y}{x+e^y} \quad (x+e^y \neq 0),$$

由于 $x=0$ 时，$y=1$，故
$$\left.\frac{dy}{dx}\right|_{x=0} = -\frac{1}{0+e} = -\frac{1}{e}.$$

**例 3.4.2** 如图 3.4.1 所示，求椭圆 $\frac{x^2}{16} + \frac{y^2}{9} = 1$ 在点 $A\left(2, \frac{3\sqrt{3}}{2}\right)$ 处的切线方程.

**解：** 由导数的几何意义知道，所求切线斜率为
$$k = y'|_{x=2},$$

把椭圆方程的两边分别对 $x$ 求导，有
$$\frac{x}{8} + \frac{2}{9} y \cdot \frac{dy}{dx} = 0,$$

从而
$$\frac{dy}{dx} = -\frac{9x}{16y},$$

当 $x=2$ 时，$y = \frac{3\sqrt{3}}{2}$，代入上式得
$$\left.\frac{dy}{dx}\right|_{x=2} = -\frac{\sqrt{3}}{4},$$

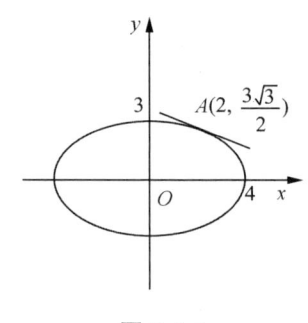

图 3.4.1

于是所求的切线方程为
$$y - \frac{3}{2}\sqrt{3} = -\frac{\sqrt{3}}{4}(x-2),$$

即
$$\sqrt{3}x + 4y - 8\sqrt{3} = 0.$$

**例 3.4.3** 求由方程 $x^y = y^x (x, y > 0, x, y \neq 1)$ 所确定的隐函数 $y$ 对 $x$ 的导数 $\frac{dy}{dx}$.

**解：** 先将方程取对数，得 $y \ln x = x \ln y$，然后两边关于 $x$ 求导，即
$$y' \ln x + \frac{y}{x} = \ln y + x \frac{y'}{y},$$

得
$$y' = \frac{xy \ln y - y^2}{xy \ln x - x^2} \quad (xy \ln x - x^2 \neq 0),$$

其中 $y = y(x)$ 是由方程 $x^y = y^x$ 所确定的隐函数.

### 3.4.2 参数方程所确定的函数求导

在实际问题中，函数 $y$ 与自变量 $\begin{cases} x = \varphi(t) \\ y = \psi(t) \end{cases}$ 可能不是直接由 $\begin{cases} x = \varphi(t) \\ y = \psi(t) \end{cases}$ 表示，而是通过一参变量 $\begin{cases} x = \varphi(t) \\ y = \psi(t) \end{cases}$ 来表示，即

$$\begin{cases} x = \varphi(t) \\ y = \psi(t) \end{cases}$$

称为函数的参数方程. 这类函数怎么求导呢？

设 $x = \varphi(t)$ 有连续的反函数 $t = \varphi^{-1}(x)$，又 $\varphi'(t)$ 与 $\psi'(t)$ 存在，且 $\varphi'(t) \neq 0$，则 $y$ 为复合函数，

$$y = \psi(t) = \psi(\varphi^{-1}(x))$$

利用反函数和复合函数求导法则，得

$$\frac{dy}{dx} = \frac{dy}{dt} \frac{dt}{dx} = \psi'(t) \cdot \frac{1}{\varphi'(t)} = \frac{\psi'(t)}{\varphi'(t)}$$

或

$$\frac{dy}{dx} = \frac{dy}{dt} \frac{dt}{dx} = \frac{dy}{dt} \cdot \frac{1}{\frac{dx}{dt}} = \frac{\psi'(t)}{\varphi'(t)}$$

如果 $x = \varphi(t)$、$y = \psi(t)$ 二阶可导，则还可以求二阶导数：

$$\frac{d y^2}{dx^2} = \frac{d}{dx}\left(\frac{dy}{dx}\right) = \frac{d}{dt}\left(\frac{dy}{dx}\right)\frac{dt}{dx} = \frac{\frac{d}{dt}\left(\frac{dy}{dx}\right)}{\frac{dx}{dt}}$$

$$= \frac{\frac{\psi''(t)\varphi'(t) - \psi'(t)\varphi''(t)}{(\varphi'(t))^2}}{\varphi'(t)} = \frac{\psi''(t)\varphi'(t) - \psi'(t)\varphi''(t)}{(\varphi'(t))^3}$$

**例 3.4.4** 已知椭圆的参数方程为 $\begin{cases} x = a\cos t \\ y = b\sin t \end{cases}$，求椭圆在 $t = \dfrac{\pi}{4}$ 相应的点 $M_0$ 处的切线方程.

**解：**
$$\frac{dy}{dx} = \frac{dy/dt}{dx/dt} = \frac{(b\sin t)'}{(a\cos t)'} = \frac{b\cos t}{-a\sin t} = -\frac{b}{a}\cot t,$$

又当 $t = \pi/4$ 时，椭圆上相应点 $M_0(x_0, y_0)$ 的直角坐标为

$$x_0 = a\cos\frac{\pi}{4} = \frac{\sqrt{2}}{2}a, \quad y_0 = b\sin\frac{\pi}{4} = \frac{\sqrt{2}}{2}b,$$

曲线在 $M_0$ 的切线斜率为

$$k = \frac{dy}{dx}\bigg|_{t=\frac{\pi}{4}} = -\frac{b}{a}\cot\frac{\pi}{4} = -\frac{b}{a},$$

故在 $M_0$ 点的切线方程为

$$y - \frac{\sqrt{2}}{2}b = -\frac{b}{a}\left(x - \frac{\sqrt{2}}{2}a\right),$$

即
$$bx + ay - \sqrt{2}ab = 0.$$

**例 3.4.5** 已知曲线 $\begin{cases} x = \ln(1+t^2) \\ y = \arctan\sqrt{t} \end{cases}$,求 $\dfrac{dy}{dx}$.

**解:** $\dfrac{dy}{dx} = \dfrac{\dfrac{1}{1+t} \cdot \dfrac{1}{2\sqrt{t}}}{\dfrac{2t}{1+t^2}} = \dfrac{1+t^2}{2t\sqrt{t}(1+t)}$.

**例 3.4.6** 设曲线 $x = x(t), y = y(t)$ 由方程组 $\begin{cases} x = te^t \\ e^t + e^y = 2e \end{cases}$ 确定,求曲线在 $t=1$ 处的斜率.

**解:** $y'_t = -\dfrac{e^t}{e^y} = \dfrac{e^t}{e^t - 2e}$,$x'_t = e^t + te^t$,$\dfrac{dy}{dx} = \dfrac{y'_t}{x'_t} = \dfrac{\dfrac{e^t}{e^t - 2e}}{e^t + te^t} = \dfrac{1}{(1+t)(e^t - 2e)}$.

所以该曲线在 $t=1$ 处的斜率为 $\dfrac{dy}{dx}\bigg|_{t=1} = -\dfrac{1}{2e}$.

# 习题 3.4

1. 下列方程确定变量 $y$ 为 $x$ 的函数,求 $y'$.

(1) $xy - e^x + e^y = 0$;  (2) $\sin y + e^x - xy^2 = e$;

(3) $\ln y = xy + \cos x$;  (4) $\begin{cases} x = \cos\theta \\ y = 2\sin\theta \end{cases}$;

(5) $5x^3 y + y^4 = \ln 3$;  (6) $\begin{cases} x = t^3 + 5t \\ y = 4t - 2t^2 \end{cases}$;

(7) $\begin{cases} x = a(t - \sin t) \\ y = a(1 - \cos t) \end{cases}$;  (8) $\arctan\dfrac{y}{x} = \ln\sqrt{x^2 + y^2}$.

2. 设 $\begin{cases} x = te^t \\ y = 2t + t^2 \end{cases}$,求 $\dfrac{dy}{dx}\bigg|_{t=1}$.

3. 设方程 $e^x - e^y = xy$ 确定 $y$ 是 $x$ 的函数,求 $\dfrac{dy}{dx}\bigg|_{x=0}$.

4. 设 $\begin{cases} x = te^t \\ y = \sin 2t + \cos t^2 \end{cases}$,求 $\dfrac{dy}{dx}\bigg|_{x=0}$.

5. 求曲线 $\begin{cases} x = \sin^2 t \\ y = \cos 3t \end{cases}$,在 $t = \dfrac{\pi}{2}$ 处的切线斜率.

6. 求下列方程的导数.

（1）$xy^2 = e^{x+3y}$；

（2）$y = \arctan x + ye^x$；

（3）$y = x^{\frac{1}{y}}$；

（4）$e^{xy} = 3x + y$；

（5）$\begin{cases} x = e^t \cos t \\ y = e^t \sin t \end{cases}$；

（6）$\begin{cases} x = t - \ln(1+t) \\ y = t^3 + t^2 \end{cases}$；

（7）$x^y + y^x = 1$；

（8）$\begin{cases} x = \dfrac{t^2}{1+t} \\ y = \dfrac{t}{1+t} \end{cases}$.

7. 已知 $xy = x - e^{xy}$，求 $\left.\dfrac{dy}{dx}\right|_{y=0}$.

## 3.5 微 分

经过前面的学习, 我们清楚了函数的导数, 是表示函数在点 $x$ 处的变化率, 它描述了函数在点 $x$ 处变化的快慢程度. 在实践过程中, 有的问题需要掌握函数在某一点, 当自变量取得一个微小的改变量时, 函数取得的相应改变量的大小. 这就要引入微分的概念.

分析一个简化的例子.

设有一个边长为 $x$ 的理想化的正方形金属薄片（不计厚度）, 其面积用 $S$ 表示, 显然 $S = x^2$. 如果受热有一个微小的膨胀, 边长 $x$ 取得一个改变量 $\Delta x$, 则面积 $S$ 相应地取得改变量

$$\Delta S = (x + \Delta x)^2 - x^2 = 2x\Delta x + (\Delta x)^2$$

上式包括两部分: 第一部分 $2x\Delta x$ 是 $\Delta x$ 的线性函数, 即图 3.5.1 中画斜线的那两个矩形面积之和; 而第二部分 $(\Delta x)^2$, 当 $\Delta x \to 0$ 时, 是比 $\Delta x$ 高阶的无穷小量. 因此, 当 $\Delta x$ 很小时, 我们可以用第一部分 $2x\Delta x$ 近似地表示 $\Delta S$, 而将第二部分忽略掉, 其差 $\Delta S - 2x\Delta x$ 只是一个比 $\Delta x$ 高阶的无穷小量. 我们把 $2x\Delta x$ 叫作正方形面积 $S$ 的微分, 记作

$$dS = 2x\Delta x$$

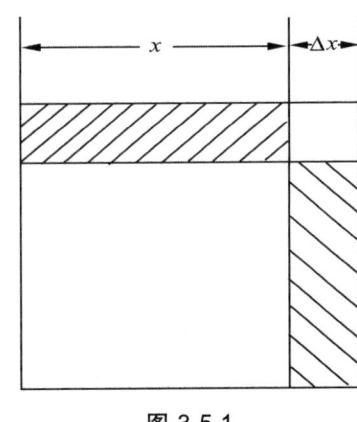

图 3.5.1

### 3.5.1 微分的定义

**定义 3.5.1** 对于自变量在点 $x$ 处的改变量 $\Delta x$, 如果函数 $y = f(x)$ 的相应改变量 $\Delta y$ 可以表示为

$$\Delta y = A\Delta x + o(\Delta x) \qquad (\Delta x \to 0) \qquad (3.5.1)$$

其中 $A$ 与 $\Delta x$ 无关, 则称函数 $y = f(x)$ 在点 $x$ 处可微, 并称 $A\Delta x$ 为函数 $y = f(x)$ 在点 $x$ 处的微分, 记为 $dy$ 或 $df(x)$, 即

$$dy = df(x) = A\Delta x$$

由微分的定义可知，微分是自变量的改变量 $\Delta x$ 的线性函数. 当 $\Delta x \to 0$ 时，微分与函数的改变量 $\Delta y$ 的差是一个比 $\Delta x$ 高阶的无穷小量 $o(\Delta x)$. 当 $A \neq 0$ 时，函数的微分 $dy = A\Delta x$ 与函数改变量 $\Delta y$ 是等价无穷小量. 通常称函数微分 $dy$ 为函数改变量 $\Delta y$ 的线性主部.

现在的问题是怎样确定 $A$？还是从上面讲到的正方形面积来考察，我们已经知道正方形面积 $S$ 的微分为

$$dS = 2x\Delta x$$

显然，这里 $A = 2x = (x^2)' = S'$，这就是说，正方形面积 $S$ 的微分等于正方形面积 $S$ 对边长 $x$ 的导数与边长改变量的乘积.

这个例子说明：微分系数"$A$"就是函数在点 $x$ 处的导数. 下面我们来证明这个结论对一般的可微函数也是正确的.

设函数 $y = f(x)$ 在点 $x$ 处可微，则由定义可知，公式（3.5.1）成立. 用 $\Delta x(\neq 0)$ 除从式（3.5.1）的两边得

$$\frac{\Delta y}{\Delta x} = A + \frac{o(\Delta x)}{\Delta x}, \quad \lim_{\Delta x \to 0} \frac{o(\Delta x)}{\Delta x} = 0$$

所以
$$y' = \lim_{\Delta x \to 0} \frac{\Delta y}{\Delta x} = A$$

由此可见，如果函数 $y = f(x)$ 在点 $x$ 处可微，则它在点 $x$ 处可导，而且

$$dy = f'(x)\Delta x$$

反之，如果 $y = f(x)$ 在点 $x$ 处可导，则它在点 $x$ 处也可微. 因为，若

$$\lim_{\Delta x \to 0} \frac{\Delta y}{\Delta x} = f'(x)$$

则由 2.5 节定理 2.5.1 的必要条件可知

$$\frac{\Delta y}{\Delta x} = f'(x) + \alpha$$

其中 $\alpha$ 是当 $\Delta x \to 0$ 时的无穷小量，所以

$$\Delta y = f'(x)\Delta x + \alpha \Delta x$$

$f'(x)\Delta x$ 是 $\Delta x$ 的线性函数，$\alpha \Delta x$ 是比 $\Delta x$ 高阶的无穷小量. 这就是说，函数 $y = f(x)$ 在点 $x$ 处可微，且 $f'(x)\Delta x$ 就是它的微分.

由上面的讨论可知：函数可微必可导，可导必可微，可导与可微是一致的，并且函数的微分就是函数的导数与自变量改变量的乘积，即 $dy = f'(x)\Delta x$，于是我们就得到一个定理.

**定理 3.5.1** 函数 $f(x)$ 在 $x = x_0$ 处可微的充分必要条件是 $f(x)$ 在 $x = x_0$ 处可导.

如果再将自变量 $x$ 当作自己的函数 $y = x$，则得

$$dx = x' \cdot \Delta x = \Delta x$$

因此，我们说自变量的微分就是它的改变量. 于是，函数的微分可以写成

$$dy = f'(x)dx$$

即函数的微分就是函数的导数与自变量的微分之乘积. 由上式可得

$$\frac{dy}{dx} = f'(x)$$

以前我们曾用 $\dfrac{dy}{dx}$ 表示过导数，那时 $\dfrac{dy}{dx}$ 是作为一个整体记号来用的. 在引进微分概念之后，我们才知道 $\dfrac{dy}{dx}$ 表示的是函数微分与自变量微分的商，所以我们又称导数为**微商**. 由于求微分的问题可归结为求导数的问题，因此求导数与求微分的方法叫作**微分法**.

**例 3.5.1** 求函数 $y = 2x^2 - 1$ 在 $x = 1$，$\Delta x = 0.01$ 时的微分.

**解**：先求函数在任意点 $x$ 的微分

$$dy = (2x^2 - 1)' \Delta x = 4x \Delta x,$$

再求函数当 $x = 1$，$\Delta x = 0.01$ 时的微分

$$dy \bigg|_{\substack{x=1 \\ \Delta x=0.01}} = 4x \Delta x \bigg|_{\substack{x=1 \\ \Delta x=0.01}} = 0.04.$$

**例 3.5.2** 设 $y = \sin \sqrt{x}$，求 $dy$.

**解**：$dy = f'(x)dx = (\sin \sqrt{x})' dx = (\cos \sqrt{x}) \cdot (\sqrt{x})' dx$

$= (\cos \sqrt{x}) \cdot \dfrac{1}{2\sqrt{x}} dx = \dfrac{\cos \sqrt{x}}{2\sqrt{x}} dx.$

### 3.5.2 微分的几何意义

在直角坐标系中作函数 $y = f(x)$ 的图形，如图 3.5.2 所示. 在曲线上取定一点 $M(x, y)$，过 $M$ 点作曲线的切线，则此切线的斜率为

$$f'(x) = \tan \alpha$$

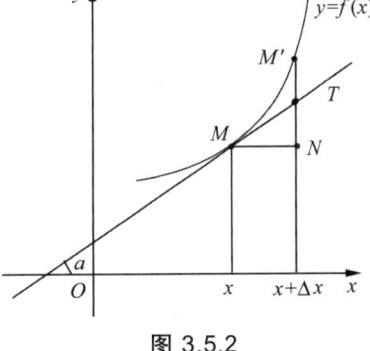

图 3.5.2

当自变量在点 $x$ 处取得改变量 $\Delta x$ 时，就得到曲线上另外一点 $M'(x + \Delta x, y + \Delta y)$. 由图 3.5.2 易知

$$MN = \Delta x, NM' = \Delta y$$

且

$$NT = MN \cdot \tan \alpha = f'(x) \Delta x = dy$$

因此，函数 $y = f(x)$ 的微分 $dy$ 就是过点 $M(x, y)$ 的切线的纵坐标的改变量. 图中线段 $TM'$ 是 $\Delta y$ 与 $dy$ 之差，它是 $\Delta x$ 的高阶无穷小量，即

$$\lim_{\Delta x \to 0} \frac{\Delta y - dy}{\Delta x} = 0$$

### 3.5.3 基本初等函数的微分公式与微分运算法则

从函数的微分表达式

$$dy = f'(x)dx$$

可以看出，要计算函数的微分，只要计算函数的导数，再乘以自变量的微分，因此可得如下的微分公式和微分运算法则.

### 1. 基本初等函数的微分公式

由基本初等函数的导数公式，可以直接写出基本初等函数的微分公式，为了便于对照，如表 3.5.1 所示.

表 3.5.1 基本初等函数的微分公式

| 导数公式 | 微分公式 |
| --- | --- |
| $(C)'=0$（$C$ 为常数） | $dC=0$（$C$ 为常数） |
| $(\sin x)'=\cos x$ | $d\sin x=\cos x dx$ |
| $(\cos x)'=-\sin x$ | $d\cos x=-\sin x dx$ |
| $(\tan x)'=\sec^2 x$ | $d\tan x=\sec^2 x dx$ |
| $(\cot x)'=-\csc^2 x$ | $d\cot x=-\csc^2 x dx$ |
| $(\sec x)'=\sec x \tan x$ | $d\sec x=\sec x \tan x dx$ |
| $(\csc x)'=-\csc x \cot x$ | $d\csc x=-\csc x \cot x dx$ |
| $(a^x)'=a^x \ln a$ | $da^x=a^x \ln a dx$ |
| $(e^x)'=e^x$ | $de^x=e^x dx$ |
| $(\log_a x)'=\dfrac{1}{x\ln a}$ | $d\log_a x=\dfrac{1}{x\ln a}dx$ |
| $(\ln x)'=\dfrac{1}{x}$ | $d\ln x=\dfrac{1}{x}dx$ |
| $(\arcsin x)'=\dfrac{1}{\sqrt{1-x^2}}$ | $d\arcsin x=\dfrac{1}{\sqrt{1-x^2}}dx$ |
| $(\arccos x)'=-\dfrac{1}{\sqrt{1-x^2}}$ | $d\arccos x=-\dfrac{1}{\sqrt{1-x^2}}dx$ |
| $(\arctan x)'=\dfrac{1}{1+x^2}$ | $d\arctan x=\dfrac{1}{1+x^2}dx$ |
| $(\operatorname{arccot} x)'=-\dfrac{1}{1+x^2}$ | $d\operatorname{arccot} x=-\dfrac{1}{1+x^2}dx$ |

### 2. 函数微分四则运算法则

由函数和、差、积、商的求导法则，可推得相应的微分法则，表 3.5.2 中 $u=u(x)$，$v=v(x)$.

表 3.5.2 函数微分四则运算法则

| 求导法则 | 微分法则 |
| --- | --- |
| $(u\pm v)'=u'\pm v'$ | $d(u\pm v)=du\pm dv$ |
| $(ku)'=ku'$（$k$ 为常数） | $d(ku)=kdu$（$k$ 为常数） |
| $(uv)'=u'v+uv'$ | $d(uv)=vdu+udv$ |
| $\left(\dfrac{u}{v}\right)'=\dfrac{u'v-uv'}{v^2}$ $(v\neq 0)$ | $d\left(\dfrac{u}{v}\right)=\dfrac{vdu-udv}{v^2}$ |

现在，我们以乘积的微分法则为例加以证明.
因为
$$d(uv) = (uv)'dx$$
而
$$(uv)' = u'v + uv'$$
于是
$$d(uv) = (u'v + uv')dx = vu'dx + uv'dx = vdu + udv$$

### 3.5.4 微分形式不变性

我们知道，如果函数 $y = f(u)$ 对 $u$ 是可导的，则当 $u$ 是自变量时，函数的微分为
$$dy = f'(u)du$$
当 $u$ 是中间变量，即 $u = \varphi(x)$ 为 $x$ 的可导函数时，则 $y$ 为 $x$ 的复合函数
$$y = f(\varphi(x))$$
根据复合函数求导法则，有
$$\frac{dy}{dx} = f'(u)\varphi'(x)$$
于是
$$dy = f'(u)\varphi'(x)dx$$
而
$$du = \varphi'(x)dx$$
所以
$$dy = f'(u)du$$

由此可见，对函数 $y = f(u)$ 来说，不论 $u$ 是自变量还是自变量的可导函数，它的微分形式都是
$$dy = f'(u)du$$
这就叫作微分形式的不变性.

**例 3.5.3** 求下列函数的微分.

（1）$y = \sin(\sin x)$；　　　（2）$y = \ln(1 + e^{2x})$；

（3）$y = e^{-ax}\tan bx$；　　　（4）$y = \dfrac{1 - 2x}{1 + 2x}$.

**解**：（1）**方法 1** 微分与导数关系
$$dy = [\sin(\sin x)]'dx = \cos(\sin x)\cos x dx.$$

**方法 2** 微分形式不变性
$$dy = \cos(\sin x)d(\sin x) = \cos(\sin x)\cos x dx.$$

（2）由微分形式不变性，得

$$dy = \frac{1}{1+e^{2x}} \cdot d(1+e^{2x}) = \frac{1}{1+e^{2x}} \cdot e^{2x} \cdot 2dx.$$

（3）$dy = \tan bx \, de^{-ax} + e^{-ax} d(\tan bx) = \tan bx \, e^{-ax}(-a)dx + e^{-ax} \sec^2 bx \cdot b \, dx$
$= e^{-ax}(b\sec^2 bx - a\tan bx)dx.$

（4）由 $y' = \left(\dfrac{1-2x}{1+2x}\right)' = \dfrac{-2(1+2x)-2(1-2x)}{(1+2x)^2} = -\dfrac{4}{(1+2x)^2}$，得

$$dy = -\frac{4}{(1+2x)^2}dx.$$

**例 3.5.4** 将适当的函数填入括号内，使等式成立：

（1）$\cos 2x \, dx = d(\quad)$；　　　（2）$\dfrac{1}{\sqrt{x}}dx = d(\quad)$.

**解**：（1）由 $d\sin 2x = 2\cos 2x \, dx$，得 $d\dfrac{1}{2}\sin 2x = \cos 2x \, dx$，所以

$$\cos 2x \, dx = d\left(\frac{1}{2}\sin 2x\right).$$

（2）由 $d(\sqrt{x}) = \dfrac{1}{2\sqrt{x}}dx$，得 $d(2\sqrt{x}) = \dfrac{1}{\sqrt{x}}dx$，所以

$$\frac{1}{\sqrt{x}}dx = d(2\sqrt{x}).$$

# 习题 3.5

1. 填空题：

（1）$f(x)$ 在点 $x_0$ 处可导是 $f(x)$ 在点 $x_0$ 处可微的_____条件，$f(x)$ 在点 $x_0$ 处可导是 $f(x)$ 在点 $x_0$ 处连续的_____条件，$f(x)$ 在点 $x_0$ 处连续是 $f(x)$ 在点 $x_0$ 处可导的_____条件.

（2）函数 $y = f(x)$ 的微分 $dy$ 的几何意义是_____.

（3）设函数 $y = f(x)$ 在点 $x_0$ 处可导，则 $\lim\limits_{\Delta x \to 0} \dfrac{\Delta y - dy}{\Delta x} =$ _____.

（4）设函数 $f(x)$ 可导，则当 $x$ 在 $x=1$ 处有微小增量 $\Delta x$ 时，函数的增量约为_____.

（5）已知 $y = 2x^2 + x$，在 $x=1$ 处当 $\Delta x$ 等于 0.01 时的 $\Delta y=$ _____，$dy=$ _____.

2. 求函数 $y = \sqrt[3]{x}$ 在 $x=1$ 当 $\Delta x = 0.003$ 时的微分.

3. 求下列函数的微分.

（1）$y = \dfrac{1}{x} + 2\sqrt{x}$；　　（2）$y = \dfrac{x}{\sin x}$；　　（3）$y = x\sin x$；　　（4）$y = 3^{\ln x}$；

（5）$y = x\ln x^2 - \csc x$；（6）$y = \text{arccot}\sqrt{x}$；　（7）$y = (1+x)\arctan\sqrt{x}$；（8）$y = \ln(\tan 2x)$.

4. 方程式 $xy+\ln y=1$ 确定变量 $y$ 为 $x$ 的函数，求微分 $dy$.

5. 将适当的函数填入括号内，使等式成立.

（1）$3dx = d(\quad)$；

（2）$4x^3 dx = d(\quad)$；

（3）$\sin 2x dx = d(\quad)$；

（4）$\sec^2 x dx = d(\quad)$；

（5）$\dfrac{1}{1+2x}dx = d(\quad)$；

（6）$5^x dx = d(\quad)$；

（7）$\dfrac{1}{1+x^2}dx = d(\quad)$；

（8）$\sec x \tan x dx = d(\quad)$.

6. 求下列函数的微分.

（1）$y=\ln\dfrac{\cos x}{x^2-1}$；

（2）$y=\ln(1+e^{x^2})$；

（3）$y=\dfrac{1-x}{\sqrt{1+x^2}}$；

（4）$y=e^{3x}\cos 2x$；

（5）$y=\ln\sqrt{1+x^3}$；

（6）$y=e^{\arcsin\sqrt{x}}$；

（7）$y=\log_3 \sin^2(2x)$；

（8）$y=\tan^2(1+2x^2)$；

（9）$y=3^{\ln(\csc x)}$；

（10）$y=\dfrac{3-x^4}{3+x^4}$.

## 3.6 微分的应用

在经济问题中，经常会遇到一些复杂的计算公式，如果直接用这些公式进行计算，将很繁琐、费力，但利用微分往往可以将公式改用简单的近似公式来代替.

由前面知道，如果 $y=f(x)$ 在点 $x_0$ 处导数 $f'(x_0)\neq 0$ 且 $|\Delta x|$ 很小时，有

$$\Delta y \approx dy = f'(x_0)\Delta x$$

这个式子可以写为

$$\Delta y = f(x_0+\Delta x)-f(x_0)\approx f'(x_0)\Delta x$$

即

$$f(x_0+\Delta x)\approx f(x_0)+f'(x_0)\Delta x$$

记 $x=x_0+\Delta x$，上式又可写成

$$f(x)\approx f(x_0)+f'(x_0)(x-x_0)$$

在 $x_0=0$ 的特殊情况时，有

$$f(x)\approx f(0)+f'(0)x \quad (|x| \text{很小})$$

此为 $x_0=0$ 附近函数值的近似公式.

**例 3.6.1** 若一个外直径为 8 cm 的球，球壳厚度为 $\dfrac{1}{16}$ cm，若按球壳体积计价，售价为 10 元/cm³. 试对球壳进行估值.

**解**：半径为 $r$ 的球体积为

$$V=f(r)=\dfrac{4}{3}\pi r^3,$$

球壳体积为 $\Delta V$，用 $dV$ 作为其近似值：

$$dV = f'(r)\Delta r = 4\pi r^2 \Delta r = 4\pi \cdot 4^2 \cdot \left(-\frac{1}{16}\right) \approx -12.56 \left(\text{其中 } r=4, \Delta r = -\frac{1}{16}\right).$$

所求球壳体积 $|\Delta V|$ 的近似值 $|dV|$ 为 $12.56 \text{ cm}^3$. 所以球壳估值为 125.6 元.

**例 3.6.2** 计算 $\sqrt{1.05}$ 的近似值.

**解**：$\sqrt{1.05} = \sqrt{1+0.05}$，令 $x = 0.05$，则 $|x|$ 较小，于是用微分近似公式有

$$\sqrt{1.05} \approx 1 + \frac{1}{2} \times 0.05 = 1.025.$$

**例 3.6.3** 设某公司的经营成本 $x$（万元）与总收入 $y$（万元）之间的函数关系为

$$y = 20 + x + 0.6x^2 - 0.0005x^3.$$

问：当经营成本从 100 万元增加到 100.5 万元时，总收入改变量是多少？

**解**：令 $x_0 = 100, \Delta x = 0.5$，因为 $\Delta x$ 相对于 $x_0$ 较小，可用上面的近似公式来求：

$$f(\Delta x) \approx f'(x_0)\Delta x = y'\Big|_{x=100} \cdot \Delta x = (1 + 1.2x - 0.0015x^2)\Big|_{x=100} \cdot 0.5 = 53.$$

所以总收入改变量为 53 万元.

## 习题 3.6

1. 若 $y = 2x^3 + 3x^2$，求 $x = 处 \Delta x = 0.01$ 时的 $\Delta y$ 和 $dy$.

2. 求下列近似值：
（1）$\sqrt{1.02}$；　（2）$e^{1.001}$；　（3）$\arcsin 0.5001$；　（4）$\lg 11$.

3. 假如小李家的家庭消费模型为 $y = 0.02\sqrt{x} + 0.5x + 30$. 其中，总消费额为 $y$ 元；可支配收入为 $x$ 元. 试求当 $x = 400.5$ 时，总消费额是多少？

## 复习题 3

### 一、选择题

1. 设 $f(x)$ 可导且下列各极限均存在，则（　　）成立.

　　A. $\lim\limits_{x \to 0} \dfrac{f(x) - f(0)}{x} = f'(0)$　　　　B. $\lim\limits_{h \to 0} \dfrac{f(a+2h) - f(a)}{h} = f'(a)$

　　C. $\lim\limits_{\Delta x \to 0} \dfrac{f(x_0) - f(x_0 - \Delta x)}{\Delta x} = f'(x_0)$　　D. $\lim\limits_{\Delta x \to 0} \dfrac{f(x_0 + \Delta x) - f(x_0 - \Delta x)}{2\Delta x} = f'(x_0)$

2. 若 $\lim\limits_{\Delta x \to 0} \dfrac{f(x) - f(a)}{x - a} = A$，$A$ 为常数，则有（　　）.

　　A. $f(x)$ 在点 $x = a$ 处连续　　　　B. $f(x)$ 在点 $x = a$ 处可导

　　C. $\lim\limits_{x \to a} f(x)$ 存在　　　　D. $f(x) - f(a) = A(x - a) + o(x - a)$

3. 若 $f(x)$ 在 $x_0$ 可导，则 $|f(x)|$ 在 $x_0$ 处（　　）.

　　A. 必可导　　　　　　　　　　B. 连续但不一定可导

　　C. 一定不可导　　　　　　　　D. 不连续

4. 下列命题中正确的是（　　）.

　　A. $f(x)$ 在点 $x_0$ 可导是 $f(x)$ 在点 $x_0$ 连续的必要条件

　　B. $f(x)$ 在点 $x_0$ 连续是 $f(x)$ 在点 $x_0$ 可导的充分条件

　　C. $f(x)$ 在点 $x_0$ 的左导数 $f'_-(x_0)$ 及右导数 $f'_+(x_0)$ 都存在是 $f(x)$ 在点 $x_0$ 可导的充分条件

　　D. $f(x)$ 在点 $x_0$ 可导是 $f(x)$ 在点 $x_0$ 可微的充要条件

5. $y=|x-1|$ 在 $x=1$ 处（　　）.

　　A. 连续　　　　B. 不连续　　　　C. 可导　　　　D. 不可导

6. $f(x)=\begin{cases}1, & x=0 \\ 1-x^2, & x<0 \\ x-1, & x \geqslant 0\end{cases}$（　　）.

　　A. 在点 $x=0$ 处可导　　　　　　B. 在点 $x=0$ 处不可导

　　C. 在点 $x=1$ 处可导　　　　　　D. 在点 $x=1$ 处不可导

7. 若 $f(x)$ 为可微分函数，当 $\Delta x \to 0$ 时，则在点 $x$ 处的 $\Delta y - dy$ 是关于 $\Delta x$ 的（　　）.

　　A. 高阶无穷小　　B. 等阶无穷小　　C. 低阶无穷小　　D. 不可比较

## 二、解答题

1. 根据导数的定义求下列函数的导数.

（1）$y=1-2x^2$；　　（2）$y=\dfrac{1}{x^2}$；　　（3）$y=\sqrt[3]{x^2}$.

2. 给定函数 $f(x)=ax^2+bx+c$，其中 $a$，$b$，$c$ 为常量，求：$f'(x)$，$f'(0)$，$f'\left(\dfrac{1}{2}\right)$，$f'\left(-\dfrac{b}{2a}\right)$.

3. 一物体的运动方程为 $s=t^3+10$，求该物体在 $t=3$ 时的瞬时速度.

4. 求在抛物线 $y=x^2$ 上点 $x=3$ 处的切线方程.

5. 自变量 $x$ 取哪些值时，抛物线 $y=x^2$ 与 $y=x^3$ 的切线平行.

6. 讨论下列函数在指定点的连续性与可导性.

（1）$f(x)=\begin{cases}x^2+1, & 0 \leqslant x<1 \\ 3x-1, & 1 \leqslant x\end{cases}$，$x=1$ 处；

（2）$y=x|x|$，$x=0$ 处；

（3）$f(x)=\begin{cases}\dfrac{\ln(1+x)}{\sqrt{1+x}-\sqrt{1-x}}\end{cases}$，$x=0$ 处.

7. 求下列各函数的导数（其中 $a$，$b$ 为常量）.

（1）$y=3x^2-x+5$；　　（2）$y=x^{a+b}$；　　（3）$y=2\sqrt{x}-\dfrac{1}{x}+4\sqrt{3}$；

（4）$y=\dfrac{x^2}{2}+\dfrac{2}{x^2}$；　　（5）$y=\dfrac{1-x^3}{\sqrt{x}}$；　　（6）$y=x^2(2x-1)$；

（7）$y=(\sqrt{x}+1)\left(\dfrac{1}{\sqrt{x}}-1\right)$；　　（8）$y=(x+1)\sqrt{2x}$.

8. 求下列各函数的微分（其中 $a$，$b$，$c$，$n$ 为常量）.

（1）$y = (x+1)(x+2)(x+3)$；　　（2）$y = x\ln x$；　　（3）$y = x^n \ln x$；

（4）$y = \log_a \sqrt{x}$；　　（5）$y = \dfrac{x+1}{x-1}$；　　（6）$y = \dfrac{5x}{1+x^2}$；

（7）$y = 3x - \dfrac{2x}{2-x}$；　　（8）$y = \dfrac{a}{b+cx^n}$.

9. 求下列各函数的导数.

（1）$y = x\sin x + \cos x$；　　（2）$y = \dfrac{x}{1-\cos x}$；　　（3）$y = \tan x - x\tan x$；

（4）$y = \dfrac{5\sin x}{1+\cos x}$；　　（5）$y = \dfrac{\sin x}{x} + \dfrac{x}{\sin x}$；　　（6）$y = x\sin x \ln x$.

10. 求曲线 $y = \sin x$ 在点 $x = \pi$ 处的切线方程.

11. $a$ 为何值时 $y = ax^2$ 与 $y = \ln x$ 相切.

12. 求下列各函数的微分（其中 $a$，$n$ 为常量）.

（1）$y = (1+x)(1+x^2)^2$；　　（2）$y = (2+3x^2)\sqrt{1+5x^2}$；　　（3）$y = \dfrac{(x+4)^2}{x+3}$；

（4）$y = \sqrt{x^2 - a^2}$；　　（5）$y = \dfrac{x}{\sqrt{1-x^2}}$；　　（6）$y = \log_a(1+x^2)$；

（7）$y = \ln(a^2 - x^2)$；　　（8）$y = \ln\sqrt{x} + \sqrt{\ln x}$.

13. 求下列各函数的二阶导数.

（1）$y = \arcsin\dfrac{x}{2}$；　　（2）$y = \operatorname{arccot}\dfrac{1}{x}$；　　（3）$y = \arctan\dfrac{2x}{1-x^2}$；

（4）$y = \sqrt{1-x^2}\arccos x$；　　（5）$y = \left(\arcsin\dfrac{x}{2}\right)^2$；　　（6）$y = x\sqrt{1-x^2} + \arcsin x$；

（7）$y = \arcsin x + \arccos x$.

14. 求下列隐函数的导数（其中 $a$，$b$ 为常数）.

（1）$x^2 + y^2 - \cos xy = 1$；　　（2）$y^2 - 2axy + b = 0$；

（3）$x - y^2 + \dfrac{1}{2}\sin y = 0$.

15. 利用取对数求导法求下列函数的导数.

（1）$y = x\sqrt{\dfrac{1-x}{1+x}}$；　　（2）$y = x^{\sin x}$；　　（3）$y = \left(\dfrac{x}{1+x}\right)^x$；　　（4）$y = \dfrac{\sqrt{x+2}(3-x)^4}{(x+1)^5}$.

16. 求下列参数方程所确定的函数的导数 $\dfrac{dy}{dx}$.

（1）$\begin{cases} x = t^3 - t^2 \\ y = \operatorname{arccot} 2t - t^2 \end{cases}$；　　（2）$\begin{cases} x = \cos^2 t \\ y = \sin^2 t \end{cases}$；　　（3）$\begin{cases} x = e^t \cos 2t \\ y = e^t \sin 2t \end{cases}$；　　（4）$\begin{cases} x = t^3 - \cos 5t \\ y = 2t^4 + \sec t \end{cases}$.

17. 已测得一球的直径为 43 cm，并知在测量中的绝对误差不超过 0.2 cm，求以此数据计算体积时所产生的误差.

18. 有一半径为 100 cm，圆心角为 $\alpha = 50°$ 的扇形，若半径增加 0.5 cm，其扇形面积增加多少？

# 4 微分中值定理与导数的应用

在上一章中,我们介绍了微分学的两个基本概念——导数与微分及其计算方法.本章以微分学基本定理——微分中值定理为基础,进一步介绍利用导数研究函数的性态及其图形,并利用这些性态解决实际问题.

本章主要介绍微分中值定理,洛必达法则,函数的单调性和凹凸性,函数的极值、最大(小)值以及函数作图的方法.

## 学习能力目标

(1)理解罗尔(Rolle)定理、拉格朗日中值(Lagrange)定理,了解柯西(Cauchy)中值定理和泰勒(Taylor)中值定理.会用罗尔定理证明方程根的存在性,会用拉格朗日中值定理证明一些简单不等式.

(2)熟练掌握用洛必达(L'Hospital)法则求未定式的极限.

(3)理解函数极值的概念、极值存在的必要条件及充分条件.

(4)会求函数的单调区间和极值,会求函数的最大值与最小值,会解决一些简单的应用问题,会证明一些简单的不等式.

(5)了解函数的凹凸性及曲线拐点的定义,会求函数的凹凸区间及曲线的拐点.

(6)会求曲线的渐近线,会描绘一些简单函数的图形.

(7)利用导数熟练解决实际经济生活中的最值问题、边际问题、弹性问题,会进行最优分析.

## 课程思政目标

(1)利用导数分析讨论定价、利润等策略时,强调诚信、公平、合作等道德品质,培养学生良好的职业道德,引导学生理解和尊重法律,培养法治意识.

(2)利用导数的概念、思维与方法将经济实际问题转化为数学模型进行求解的创新性思维能力.

## 4.1 微分中值定理

要研究函数的性质,导数是一个非常重要的方法.但需要先了解导数值与函数值之间的联系.反映这些联系的是微分学中的几个中值定理.本节将介绍罗尔定理,然后根据它推出拉格朗日中值定理和柯西中值定理.它们是微分学的理论基础.

### 4.1.1 罗尔（Rolle）定理

**定理 4.1.1（罗尔定理）** 如果函数 $y=f(x)$ 满足：

（1）在闭区间 $[a,b]$ 上连续；

（2）在开区间 $(a,b)$ 内可导；

（3）在区间端点的函数值相等，即 $f(a)=f(b)$.

那么在开区间 $(a,b)$ 内至少有一点 $\xi(a<\xi<b)$，使函数 $f(x)$ 在该点的导数等于 0，即 $f'(\xi)=0$.

该定理的几何解释如图 4.1.1 所示．函数曲线 $y=f(x)$ 是一条以 $A(a,f(a))$，$B(b,f(b))$ 为端点的连续曲线弧段．

除端点 $A$、$B$ 外，处处有不垂直于 $x$ 轴的切线，由于 $f(a)=f(b)$，故线段 $AB$ 平行于 $x$ 轴．定理的结论表示了这样一个几何事实：在曲线弧 $\overset{\frown}{AB}$ 上至少有一点 $c$，坐标为 $(\xi,f(\xi))$，在该点处曲线的切线平行于 $x$ 轴，如图 4.1.1 所示．

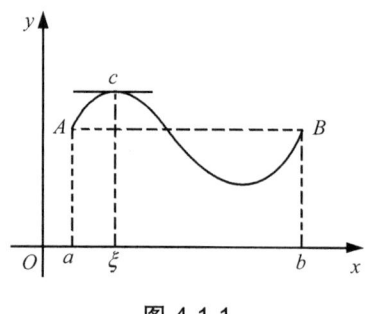

图 4.1.1

**例 4.1.1** 验证函数 $f(x)=(x^2-1)^2+1$ 在区间 $[-2,2]$ 上满足罗尔定理的三个条件，并求出满足 $f'(\xi)=0$ 的点 $\xi$.

**解：** 因为 $f(x)=(x^2-1)^2+1$ 是多项式，所以在 $(-\infty,+\infty)$ 内 $f(x)$ 是可导的，故它在闭区间 $[-2,2]$ 上连续，在开区间 $[-2,2]$ 内可导，且 $f(-2)=f(2)=10$，所以 $f(x)$ 满足罗尔定理的三个条件．而

$$f'(x)=4x(x^2-1).$$

令 $f'(x)=0$，即 $x(x^2-1)=0$，解得 $x=0$ 及 $x=\pm 1$，即在 $(-2,2)$ 内存在三个点 $-1$，$0$，$1$，均是满足罗尔定理结论 $f'(\xi)=0$ 的点 $\xi$.

**例 4.1.2** 证明 $f(x)=x^3-3x+a$ 在 $[0,1]$ 上不可能有两个零点．

**证：**（反证法）若 $f(x)$ 在 $[0,1]$ 上有两个零点 $x_1,x_2$，不妨设 $x_1<x_2$，即

$$f(x_1)=f(x_2)=0.$$

因此 $f(x)$ 在 $[x_1,x_2]$ 上满足罗尔定理的条件，故存在 $\xi\in(x_1,x_2)$，使得

$$f'(\xi)=0.$$

由于 $\xi\in(x_1,x_2)\subset[0,1]$，故 $f'(\xi)=3\xi^2-3<0$，矛盾．从而 $f(x)$ 在 $[0,1]$ 上不可能有两个零点．

## 4.1.2 拉格朗日（Lagrange）中值定理

**定理 4.1.2（拉格朗日中值定理）** 如果函数 $y=f(x)$ 满足：
（1）在闭区间 $[a,b]$ 上连续；
（2）在开区间 $(a,b)$ 内可导.
则在开区间 $(a,b)$ 内至少有一点 $\xi$ $(a<\xi<b)$，使得

$$f'(\xi)=\frac{f(b)-f(a)}{b-a}.$$

在上式中，如果 $f(a)=f(b)$，则拉格朗日定理就变成了罗尔定理，因此，罗尔定理是拉格朗日定理的特例. 与罗尔定理相比较，拉格朗日中值定理的条件仅少了函数在区间两端点的值相等的条件，在结论中，$\dfrac{f(b)-f(a)}{b-a}$ 正是曲线两端点 $A(a,f(a))$，$B(b,f(b))$ 连线的斜率，因此 $f'(\xi)=\dfrac{f(b)-f(a)}{b-a}$ 表示区间 $(a,b)$ 内至少有一点 $\xi$，使曲线上对应于 $\xi$ 的点 $C(\xi,f(\xi))$ 处的切线与弦 $AB$ 平行，如图 4.1.2 所示. 如果此时恰有 $f(a)=f(b)$ 成立，则弦 $AB$ 平行于 $x$ 轴，因而点 $c$ 处的切线也就随之平行于 $x$ 轴了. 这也正是罗尔定理对应的情形. 可见，罗尔定理是拉格朗日中值定理的特殊情形.

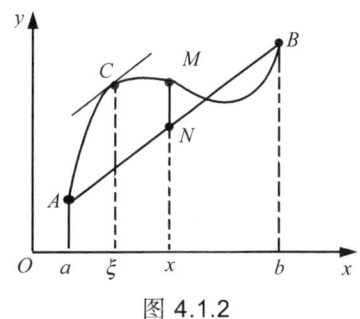

图 4.1.2

**例 4.1.3** 验证 $f(x)=4x^3-5x^2+x-2$ 在区间 $[0,1]$ 上拉格朗日中值定理成立，并求满足定理结论的 $\xi$.

**解：** 函数 $f(x)=4x^3-5x^2+x-2$ 在区间 $[0,1]$ 上连续，在 $(0,1)$ 内可导，所以 $f(x)$ 在 $[0,1]$ 上满足拉格朗日中值定理条件，从而至少存在一点 $\xi\in(0,1)$，使得

$$f'(\xi)=\frac{f(1)-f(0)}{1-0}=\frac{-2-(-2)}{1}=0.$$

又由 $y'(\xi)=12\xi^2-10\xi+1=0$ 可知 $\xi=\dfrac{5\pm\sqrt{13}}{12}\in(0,1)$，因此拉格朗日中值定理对函数 $f(x)=4x^3-5x^2+x-2$ 在区间 $[0,1]$ 上是成立的.

**例 4.1.4** 验证函数 $f(x)=\ln(x+1)$ 在区间 $[0,1]$ 上是否满足拉格朗日中值定理的条件，如果满足，再求满足定理结论的 $\xi$.

**解：** 显然 $f(x)=\ln(x+1)$ 在 $[0,1]$ 上连续，在 $(0,1)$ 内可导，所以 $f(x)$ 满足拉格朗日中值定理的条件，从而存在一点 $\xi$，使得 $f'(\xi)=\dfrac{f(1)-f(0)}{1-0}$.

又

$$f'(x)=\frac{1}{x+1},\quad f(1)=\ln 2,\quad f(0)=0,$$

所以

$$f'(\xi)=\frac{1}{1+\xi}=\ln 2,$$

解得

$$\xi=\frac{1}{\ln 2}-1.$$

我们已经知道，如果函数 $f(x)$ 在某区间上是一个常数，那么 $f(x)$ 在该区间上的导数恒为零. 作为拉格朗日中值定理的一个应用，我们将给出如下结论.

**推论 1**　如果函数 $f(x)$ 在区间 $(a,b)$ 上的导数恒为零，那么 $f(x)$ 在区间 $I$ 上是一个常数，即任意 $\forall x \in (a,b)$，若 $f'(x) \equiv 0$，则 $f(x) \equiv C$（其中 $C$ 为常数）.

**证**：在区间 $(a,b)$ 上任取两点 $x_1,x_2$，且 $x_1 < x_2$，在 $(x_1,x_2)$ 上应用拉格朗日定理，有

$$f(x_2) - f(x_1) = f'(\xi)(x_2 - x_1) \quad (x_1 < \xi < x_2)$$

由假定，$f'(\xi) = 0$，所以 $f(x_2) - f(x_1) = 0$，即 $f(x_1) = f(x_2)$. 由于 $x_1$，$x_2$ 是 $(a,b)$ 上任意两点，所以在 $(a,b)$ 上 $f(x)$ 的函数值总不变，即 $f(x)$ 在区间 $(a,b)$ 上是一个常数.

**推论 2**　如果对于任意的 $\forall x \in (a,b)$ 都有 $f'(x) = g'(x)$，则 $f(x)$ 与 $g(x)$ 在区间 $(a,b)$ 内仅仅相差一个常数，即

$$f(x) - g(x) = C.$$

**证**：因为对于任意的 $x \in (a,b)$ 都有 $(f(x) - g(x))' = f'(x) - g'(x) = 0$，所以根据推论 1，得 $f(x) - g(x) = C$.

**例 4.1.5**　证明恒等式 $\arctan x + \operatorname{arccot} x = \dfrac{\pi}{2}$.

**证**：设函数 $y = \arctan x + \operatorname{arccot} x = \dfrac{\pi}{2}$. 因为

$$f'(x) = \frac{1}{1+x^2} - \frac{1}{1+x^2} = 0,$$

故 $f(x) \equiv C$. 取 $x = 1$，得 $f(1) = \dfrac{\pi}{4} + \dfrac{\pi}{4} = \dfrac{\pi}{2} = C$. 因此 $\arctan x + \operatorname{arccot} x = \dfrac{\pi}{2}$.

**例 4.1.6**　证明当 $x > 0$ 时，$\dfrac{x}{1+x} < \ln(1+x) < x$.

**证**：设 $f(x) = \ln(1+x)$，则 $f(x)$ 在 $[0,x]$ 上满足拉格朗日中值定理的条件. 故

$$f(x) - f(0) = f'(\xi)(x - 0) \ (0 < \xi < x).$$

因为 $f(0) = 0, f'(x) = \dfrac{1}{1+x}$，从而 $\ln(1+x) = \dfrac{x}{1+\xi} \ (0 < \xi < x)$.

又因为 $1 < 1 + \xi < 1 + x \Rightarrow \dfrac{1}{1+x} < \dfrac{1}{1+\xi} < 1$，

所以 $\dfrac{x}{1+x} < \dfrac{x}{1+\xi} < x$，即 $\dfrac{x}{1+x} < \ln(1+x) < x$.

#### *4.1.3　柯西中值定理

**定理 4.1.3**（柯西中值定理）　设函数 $f(x)$、$F(x)$ 满足
（1）在 $[a,b]$ 上连续；
（2）在 $(a,b)$ 内可导；
（3）当 $x \in (a,b)$ 时，$F'(x) \neq 0$.

则至少存在一点 $\xi \in (a,b)$，使 $\dfrac{f(b)-f(a)}{F(b)-F(a)} = \dfrac{f'(\xi)}{F'(\xi)}$.

## *4.1.4 泰勒中值定理

**定理 4.1.4**（泰勒中值定理） 设函数 $f(x)$ 在含有 $x_0$ 的开区间 $(a,b)$ 内具有直到 $(n+1)$ 阶的导数，则当 $x \in (a,b)$ 时，$f(x)$ 可以表示为 $(x-x_0)$ 的一个 $n$ 次多项式与一个余项 $R_n(x)$ 之和：

$$f(x) = f(x_0) + f'(x_0)(x-x_0) + \dfrac{f''(x_0)}{2!}(x-x_0)^2 + \cdots + \dfrac{f^{(n)}(x_0)}{n!}(x-x_0)^n + R_n(x),$$

其中 $R_n(x) = \dfrac{f^{(n+1)}(\xi)}{(n+1)!}(x-x_0)^{n+1}$，这里 $\xi$ 介于 $x_0, x$ 之间.

# 习题 4.1

1. 选择题.

（1）下列函数中在区间 $[-1,1]$ 上满足罗尔定理条件的是（　　）.

A. $y = e^x$　　　B. $y = \ln|x|$　　　C. $y = 1 - x^2$　　　D. $y = \dfrac{1}{x^2}$

（2）函数 $f(x) = \dfrac{1}{x}$ 满足拉格朗日中值定理条件的区间是（　　）.

A. $[1,2]$　　　B. $[-2,2]$　　　C. $[-2,0]$　　　D. $[0,1]$

（3）下列函数在给定区间上不满足拉格朗日中值定理条件的是（　　）.

A. $y = \dfrac{2x}{1+x^2}, x \in [-1,1]$　　　B. $y = \ln|x|, x \in [-1,2]$

C. $y = 4x^3 - 5x^2 + x - 2, x \in [0,1]$　　　D. $y = \ln(x^2+1), x \in [0,3]$

（4）$f(x) = x^2 + 1$ 在区间 $[0,1]$ 上满足拉格朗日中值定理条件的 $\xi = $（　　）.

A. $0$　　　B. $\dfrac{1}{4}$　　　C. $\dfrac{1}{3}$　　　D. $\dfrac{1}{2}$

（5）$f(x) = x^2 + 1$ 在区间 $[-1,1]$ 上满足罗尔中值定理条件的 $\xi = $（　　）.

A. $0$　　　B. $\dfrac{1}{4}$　　　C. $\dfrac{1}{3}$　　　D. $\dfrac{1}{2}$

2. 验证函数 $f(x) = x^3 + 4x^2 - 7x - 10$ 在区间 $[-1,2]$ 上满足罗尔定理的条件，并求出满足 $f'(\xi) = 0$ 的 $\xi$.

3. 验证函数 $f(x) = x^3 - x$ 在区间 $[0,1]$ 上满足拉格朗日中值定理的条件，并求出满足条件的 $\xi$.

4. 已知函数 $f(x) = (x-1)(x-2)(x-3)(x-4)$，则求 $f'(x)$ 的零点，并指出其所在的区间.

5. 证明恒等式 $\sin^2 x + \cos^2 x = 1$（$x \in \mathbf{R}$）.

6. 若方程 $a_0 x^n + a_1 x^{n-1} + \cdots + a_{n-1} x = 0$ 有一个正根 $x = x_0$，证明：方程 $a_0 n x^{n-1} + a_1(n-1)x^{n-2} + \cdots + a_{n-1} = 0$ 必有一个小于 $x_0$ 的正根.

## 4.2 洛必达（L'Hospital）法则

在求极限时，有时会遇到求两个无穷小量或无穷大量之比的极限，这类极限可能存在，也可能不存在，通常称这类极限为"未定式"。求"未定式"就是判断两个无穷小量之比（或无穷大量之比）是否有极限以及有极限时把极限求出来。

如果当 $x \to x_0$（或 $x \to \infty$）时，两个函数 $f(x)$ 与 $g(x)$ 都趋于零或都趋于无穷大，那么这种类型极限 $\lim\limits_{\substack{x \to x_0 \\ (x \to \infty)}} \dfrac{f(x)}{g(x)}$ 称为 $\dfrac{0}{0}$ 或 $\dfrac{\infty}{\infty}$ 型未定式。

例如，$\lim\limits_{x \to 0} \dfrac{\sin x}{x}$ 是两个无穷小量之比的极限，此极限为 $\dfrac{0}{0}$ 型未定式，而 $\lim\limits_{x \to \infty} \dfrac{x^2}{2x^2+1}$ 是两个无穷大量之比的极限，此极限为 $y = x^3 - 6x^2 + 9x - 4$ 型未定式。

本节将给出计算未定式极限的一种简单、有效的法则——洛必达法则。

### 4.2.1 $\dfrac{0}{0}$ 型未定式

**定理 4.2.1** 洛必达（L'Hospital）法则 I  如果函数 $f(x)$ 与 $g(x)$ 满足下列三个条件：

（1）$\lim\limits_{x \to x_0} f(x) = 0$，$\lim\limits_{x \to x_0} g(x) = 0$；

（2）$f(x)$ 与 $g(x)$ 在点 $x_0$ 的某个邻域内（点 $x_0$ 可以除外）可导，且 $g'(x) \neq 0$；

（3）极限 $\lim\limits_{x \to x_0} \dfrac{f'(x)}{g'(x)} = A$（或 $\infty$）。

那么
$$\lim_{x \to x_0} \frac{f(x)}{g(x)} = \lim_{x \to x_0} \frac{f'(x)}{g'(x)}.$$

这种在一定条件下通过分子、分母分别求导后，再求极限，从而确定未定式的值的方法，称为洛必达法则。

**例 4.2.1** 求 $\lim\limits_{x \to 0} \dfrac{\sin 2x}{\sin 3x}$。

**解**：这是 $\dfrac{0}{0}$ 型未定式，由洛必达法则，得

$$\lim_{x \to 0} \frac{\sin 2x}{\sin 3x} = \lim_{x \to 0} \frac{(\sin 2x)'}{(\sin 3x)'} = \lim_{x \to 0} \frac{2\cos 2x}{3\cos 3x} = \frac{2}{3}.$$

**例 4.2.2** 求 $\lim\limits_{x \to 0} \dfrac{x - \sin x}{x^3}$。

**解**：这是 $\dfrac{0}{0}$ 型未定式，由洛必达法则，得

$$\lim_{x \to 0} \frac{x - \sin x}{x^3} = \lim_{x \to 0} \frac{(x - \sin x)'}{(x^3)'} = \lim_{x \to 0} \frac{1 - \cos x}{3x^2} = \lim_{x \to 0} \frac{(1 - \cos x)'}{(3x^2)'} = \lim_{x \to 0} \frac{\sin x}{6x} = \frac{1}{6}.$$

**例 4.2.3** 求 $\lim\limits_{x\to 0}\dfrac{x^3-3x+2}{x^3-x^2-x+1}$.

**解**：这是 $\dfrac{0}{0}$ 型未定式，由洛必达法则，得

$$\lim_{x\to 1}\frac{x^3-3x+2}{x^3-x^2-x+1}=\lim_{x\to 1}\frac{(x^3-3x+2)'}{(x^3-x^2-x+1)'}=\lim_{x\to 1}\frac{3x^2+2}{3x^2-2x-1}$$

$$=\lim_{x\to 1}\frac{(3x^2+2)'}{(3x^2-2x-1)'}=\lim_{x\to 0}\frac{6x}{6x-2}=\frac{6}{4}=\frac{3}{2}.$$

**注**：当使用一次洛必达法则后，所得极限式仍是未定式，可以继续利用洛必达法则，但每次利用洛必达法则时，需检查极限式是否为未定式，如果已经不是未定式，还继续使用法则，势必出现错误.

**例 4.2.4** 求 $\lim\limits_{x\to +\infty}\dfrac{\dfrac{\pi}{2}-\arctan x}{\dfrac{1}{x}}$.

**解**：这是 $\dfrac{0}{0}$ 型未定式，由洛必达法则，得

$$\lim_{x\to +\infty}\frac{\dfrac{\pi}{2}-\arctan x}{\dfrac{1}{x}}=\lim_{x\to +\infty}\frac{\left(\dfrac{\pi}{2}-\arctan x\right)'}{\left(\dfrac{1}{x}\right)'}=\lim_{x\to +\infty}\frac{-\dfrac{1}{1+x^2}}{-\dfrac{1}{x^2}}$$

$$=\lim_{x\to +\infty}\frac{x^2}{1+x^2}=\lim_{x\to +\infty}\frac{1}{1+\dfrac{1}{x^2}}=1.$$

**注意**：法则对于 $x\to\infty$，$x\to\pm\infty$ 时的 $\dfrac{0}{0}$ 型未定式同样适用.

## 4.2.2 $\dfrac{\infty}{\infty}$ 型未定式

**定理 4.2.2** 洛必达（L'Hospital）法则 II   如果函数 $f(x)$ 与 $g(x)$ 满足条件：
（1）$\lim\limits_{x\to x_0}f(x)=\infty, \lim\limits_{x\to x_0}g(x)=\infty$；
（2）$f(x)$ 与 $g(x)$ 在点 $x_0$ 的某个邻域内（点 $x_0$ 可以除外）可导，且 $g'(x)\neq 0$；
（3）极限 $\lim\limits_{x\to x_0}\dfrac{f'(x)}{g'(x)}=A$ (或 $\infty$).

那么
$$\lim_{x\to x_0}\frac{f(x)}{g(x)}=\lim_{x\to x_0}\frac{f'(x)}{g'(x)}.$$

与洛必达法则 I 相同，定理对于 $x\to\infty$，$x\to\pm\infty$ 时的 $\dfrac{\infty}{\infty}$ 型未定式同样适用，并且对使用后得到的 $\dfrac{\infty}{\infty}$ 或 $\dfrac{0}{0}$ 型未定式，只要满足条件，可以连续多次使用洛必达法则.

**例 4.2.5** 求 $\lim\limits_{x \to +\infty} \dfrac{\ln x}{x^3}$.

**解**：这是 $x \to +\infty$ 时的 $\dfrac{\infty}{\infty}$ 型.

$$\lim_{x \to +\infty} \frac{\ln x}{x^3} = \lim_{x \to +\infty} \frac{(\ln x)'}{(x^3)'} = \lim_{x \to +\infty} \frac{\frac{1}{x}}{3x^2} = \lim_{x \to +\infty} \frac{1}{3x^3} = 0.$$

**例 4.2.6** 求 $\lim\limits_{x \to \frac{\pi}{2}} \dfrac{\tan 3x}{\tan x}$.

**解**：这是 $x \to \dfrac{\pi}{2}$ 时的 $\dfrac{\infty}{\infty}$ 型.

$$\lim_{x \to \frac{\pi}{2}} \frac{\tan 3x}{\tan x} = \lim_{x \to \frac{\pi}{2}} \frac{3\sec^2 3x}{\sec^2 x} = \lim_{x \to \frac{\pi}{2}} \frac{3\cos^2 x}{\cos^2 3x} \left( \frac{0}{0} \text{型未定式} \right)$$

$$= \lim_{x \to \frac{\pi}{2}} \frac{6\cos x(-\sin x)}{2\cos 3x(-3\sin 3x)} = \lim_{x \to \frac{\pi}{2}} \frac{\sin 2x}{\sin 6x} \left( \frac{0}{0} \text{型未定式} \right)$$

$$= \lim_{x \to \frac{\pi}{2}} \frac{2\cos 2x}{6\cos 6x} = \frac{1}{3}.$$

需要说明的是，洛必达法则是求未定式的一种有效方法，但最好能与其他方法结合使用，这样可以使运算更简捷.

**例 4.2.7** 求 $\lim\limits_{x \to 0} \dfrac{x - \sin x}{\sin^3 x}$.

**解**：**方法 1** 这是 $\dfrac{0}{0}$ 型未定式，使用洛必达法则，得

$$\lim_{x \to 0} \frac{x - \sin x}{\sin^3 x} = \lim_{x \to 0} \frac{(x - \sin x)'}{(\sin^3 x)'} = \lim_{x \to 0} \frac{1 - \cos x}{3\sin^2 x \cos x};$$

最后的极限仍然是 $\dfrac{0}{0}$ 型未定式，继续使用洛必达法则得

$$\lim_{x \to 0} \frac{x - \sin x}{\sin^3 x} = \lim_{x \to 0} \frac{(1 - \cos x)'}{(3\sin^2 x \cos x)'} = \lim_{x \to 0} \frac{\sin x}{6\sin x \cos x - 3\sin^3 x}$$

$$= \lim_{x \to 0} \frac{1}{6\cos x - 3\sin^2 x} = \frac{1}{6}.$$

由上述计算我们发现，若直接用洛必达法则，分母的导数会比较复杂，特别是若需反复使用洛必达法则时，分母的高阶导数形式会更复杂，所以可以利用等价无穷小量进行变换，并在计算过程中注意整理，以及使用已知结论.

**方法 2** 当 $x \to 0$ 时，$\sin x \sim x$，所以 $\lim\limits_{x \to 0} \dfrac{x - \sin x}{\sin^3 x} = \lim\limits_{x \to 0} \dfrac{x - \sin x}{x^3}$.

由例 4.2.2 得，$\lim\limits_{x \to 0} \dfrac{x - \sin x}{\sin^3 x} = \lim\limits_{x \to 0} \dfrac{x - \sin x}{x^3} = \dfrac{1}{6}$.

洛必达法则并非万能的，有时会失效，事实上，法则只有当极限 $\lim\limits_{x \to x_0} \dfrac{f'(x)}{g'(x)}$ 存在或为 $\infty$ 时，才能够使用. 也就是说，若无法断定 $\dfrac{f'(x)}{g'(x)}$ 的极限状态，或能断定它振荡而无极限时，洛必达法则失效.

**例 4.2.8**  求 $\lim\limits_{x \to \infty} \dfrac{x + \sin x}{1 + x}$.

**解**：这是 $\dfrac{\infty}{\infty}$ 型的未定式，但

$$\lim_{x \to \infty} \frac{x + \sin x}{1 + x} = \lim_{x \to \infty} \frac{(x + \sin x)'}{(1 + x)'} = \lim_{x \to \infty} (1 + \cos x).$$

此式振荡无极限，因而不能用洛必达法则. 此时，只能用其他方法.

$$\lim_{x \to \infty} \frac{x + \sin x}{1 + x} = \lim_{x \to \infty} \frac{\dfrac{x + \sin x}{x}}{\dfrac{1 + x}{x}} = \lim_{x \to \infty} \frac{1 + \dfrac{\sin x}{x}}{1 + \dfrac{1}{x}} = 1.$$

未定式除了前面讨论的两种基本类型外，还有其他类型的未定式.

### 4.2.3  $0 \cdot \infty$ 及 $\infty - \infty$ 型未定式

这两种类型的未定式均可经过适当变型，转化为 $\dfrac{0}{0}$ 型或 $\dfrac{\infty}{\infty}$ 型，再考虑使用洛必达法则.

**例 4.2.9**  求 $\lim\limits_{x \to +\infty} x\left(\dfrac{\pi}{2} - \arctan x\right)$.

**解**：这是 $0 \cdot \infty$ 型，参看例 4.2.5，变形为 $\dfrac{0}{0}$ 型.

$$\lim_{x \to +\infty} x\left(\frac{\pi}{2} - \arctan x\right) = \lim_{x \to +\infty} \frac{\dfrac{\pi}{2} - \arctan x}{\dfrac{1}{x}} = 1.$$

**例 4.2.10**  求 $\lim\limits_{x \to 0^+} x \ln x$.

**解**：这也是 $0 \cdot \infty$ 型，但变形为 $\dfrac{\infty}{\infty}$ 型较简捷.

$$\lim_{x \to 0^+} x \ln x = \lim_{x \to 0^+} \frac{\ln x}{\dfrac{1}{x}} = \lim_{x \to 0^+} \frac{(\ln x)'}{\left(\dfrac{1}{x}\right)'} = \lim_{x \to 0^+} \frac{\dfrac{1}{x}}{-\dfrac{1}{x^2}} = -\lim_{x \to 0^+} x = 0.$$

**例 4.2.11**  求 $\lim\limits_{x \to \frac{\pi}{2}} (\sec x - \tan x)$.

**解**：这是 $\infty - \infty$ 型，通分即可化为 $\dfrac{0}{0}$ 型.

$$\lim_{x\to\frac{\pi}{2}}(\sec x - \tan x) = \lim_{x\to\frac{\pi}{2}}\left(\frac{1}{\cos x} - \frac{\sin x}{\cos x}\right) = \lim_{x\to\frac{\pi}{2}}\frac{1-\sin x}{\cos x} = \lim_{x\to\frac{\pi}{2}}\frac{-\cos x}{-\sin x} = 0.$$

**例 4.2.12** 求 $\lim\limits_{x\to 1}\left(\dfrac{x}{x-1} - \dfrac{1}{\ln x}\right)$.

**解**：这是 $\infty - \infty$ 型.

$$\lim_{x\to 1}\left(\frac{x}{x-1} - \frac{1}{\ln x}\right) = \lim_{x\to 1}\frac{x\ln x - x + 1}{(x-1)\ln x} = \lim_{x\to 1}\frac{\ln x + 1 - 1}{\ln x + \frac{x-1}{x}} = \lim_{x\to 1}\frac{\ln x}{\ln x + 1 - \frac{1}{x}} = \lim_{x\to 1}\frac{\frac{1}{x}}{\frac{1}{x} + \frac{1}{x^2}} = \frac{1}{2}.$$

### 4.2.4 $0^0, 1^\infty$ 及 $\infty^0$ 型未定式

这类未定式源于幂指函数 $y = [f(x)]^{g(x)}$，因此通常可以用取对数的方法或换底的方法来解决，通过这两种方法变形后的未定式为 $0\cdot\infty$ 型：

（1）$0^0$ 型：取对数得 $0^0 \Rightarrow e^{0\cdot\ln 0}$，

其中 $0\cdot\ln 0 \Rightarrow 0\cdot\infty \Rightarrow \dfrac{0}{1/\infty} \Rightarrow \dfrac{0}{0}$ 或 $0\cdot\ln 0 \Rightarrow 0\cdot\infty \Rightarrow \dfrac{\infty}{1/0} \Rightarrow \dfrac{\infty}{\infty}$；

（2）$1^\infty$ 型：取对数得 $1^\infty \Rightarrow e^{\infty\cdot\ln 1}$，

其中 $\infty\cdot\ln 1 \Rightarrow \infty\cdot 0 \Rightarrow \dfrac{0}{1/\infty} \Rightarrow \dfrac{0}{0}$ 或 $\infty\cdot\ln 1 \Rightarrow \infty\cdot 0 \Rightarrow \dfrac{\infty}{1/0} \Rightarrow \dfrac{\infty}{\infty}$；

（3）$\infty^0$ 型：取对数得 $\infty^0 \Rightarrow e^{0\cdot\ln\infty}$，

其中 $0\cdot\ln\infty \Rightarrow 0\cdot\infty \Rightarrow \dfrac{0}{1/\infty} \Rightarrow \dfrac{0}{0}$ 或 $0\cdot\ln\infty \Rightarrow 0\cdot\infty \Rightarrow \dfrac{\infty}{1/0} \Rightarrow \dfrac{\infty}{\infty}$.

**例 4.2.13** 求 $\lim\limits_{x\to 0^+} x^x$.

**解**：这是 $\lim\limits_{x\to 0^+} x^x = \lim\limits_{x\to 0^+} e^{x\ln x} = e^{\lim\limits_{x\to 0^+} x\ln x} = e^0 = 1$ 型，所以

$$\lim_{x\to 0^+} x^x = \lim_{x\to 0^+} e^{\ln x^x} = \lim_{x\to 0^+} e^{x\ln x} = e^{\lim\limits_{x\to 0^+} x\ln x} = e^0 = 1.$$

这里由例 4.2.10 知 $\lim\limits_{x\to 0^+} x\ln x = 0$.

**例 4.2.14** 求 $\lim\limits_{x\to 1} x^{\frac{1}{x-1}}$.

**解**：这是 $1^\infty$ 型. 则

$$\lim_{x\to 0^+} x^{\frac{1}{x-1}} = \lim_{x\to 0^+} e^{\ln x^{\frac{1}{x-1}}} = \lim_{x\to 0^+} e^{\frac{1}{x-1}\ln x} = e^{\lim\limits_{x\to 0^+}\frac{\ln x}{x-1}} = e^0 = 1.$$

**例 4.2.15** 求 $\lim\limits_{x\to +\infty} x^{\frac{1}{x}}$.

**解**：这是 $\infty^0$ 型未定式，将其化为 $0\cdot\infty$ 型，再将其 $\dfrac{\infty}{\infty}$ 型未定式.

$$\lim_{x\to +\infty} x^{\frac{1}{x}} = \lim_{x\to +\infty} e^{\frac{1}{x}\cdot\ln x} = \lim_{x\to +\infty} e^{\frac{\ln x}{x}} = e^{\lim\limits_{x\to +\infty}\frac{\ln x}{x}} = e^{\lim\limits_{x\to +\infty}\frac{\frac{1}{x}}{1}} = e^0 = 1.$$

## 习题 4.2

1. 利用洛必达法则求下列函数的极限.

（1）$\lim\limits_{x \to 0} \dfrac{\sin 5x}{2x}$；

（2）$\lim\limits_{x \to 1} \dfrac{\ln x}{x-1}$；

（3）$\lim\limits_{x \to 0} \dfrac{e x - e - x}{x}$；

（4）$\lim\limits_{x \to 1} \dfrac{x^2 - x}{\ln x - x - 1}$；

（5）$\lim\limits_{x \to 0} \dfrac{e^x - x - 1}{x(e^x - 1)}$；

（6）$\lim\limits_{x \to +\infty} \dfrac{\ln \ln x}{x}$；

（7）$\lim\limits_{x \to +\infty} \dfrac{x^2}{e^{2x}}$；

（8）$\lim\limits_{x \to 1} \dfrac{x^3 - 3x^2 + 2}{x^3 - 2x^2 + 1}$；

（9）$\lim\limits_{x \to \frac{\pi}{2}} \dfrac{\sec x}{\tan x}$；

（10）$\lim\limits_{x \to 0} \dfrac{e^x - e^{-x}}{\sin x}$；

（11）$\lim\limits_{x \to 0} \dfrac{\tan x - x}{x - \sin x}$；

（12）$\lim\limits_{x \to \frac{\pi}{2}^+} \dfrac{\ln\left(x - \dfrac{\pi}{2}\right)}{\tan x}$.

2. 利用洛必达法则求下列函数的极限.

（1）$\lim\limits_{x \to 0} \dfrac{e^x - \cos x}{x \sin x}$；

（2）$\lim\limits_{x \to 0} \dfrac{1 - \cos x^2}{x^2 \sin x^2}$；

（3）$\lim\limits_{x \to 0} \dfrac{(1 - \cos x) \sin x}{x^3}$；

（4）$\lim\limits_{x \to +\infty} \dfrac{\ln\left(1 + \dfrac{1}{x}\right)}{\operatorname{arccot} x}$；

（5）$\lim\limits_{x \to \frac{\pi}{4}} \dfrac{\sin x - \cos x}{1 - \tan^2 x}$；

（6）$\lim\limits_{x \to 0} \dfrac{e^x \cos x - 1}{\sin 2x}$；

（7）$\lim\limits_{x \to 0} \dfrac{\ln(\sin x + 1)}{\ln e^x}$；

（8）$\lim\limits_{x \to 0^+} \dfrac{\ln \cot x}{\ln x}$；

（9）$\lim\limits_{x \to 0^+} \dfrac{\ln(\sin 2x)}{\ln(\sin 7x)}$；

（10）$\lim\limits_{x \to 0} \dfrac{x - \arcsin x}{\ln\left(1 - \dfrac{1}{3}x^3\right)}$；

（11）$\lim\limits_{x \to \frac{\pi}{2}} \dfrac{\ln \sin x}{(\pi - 2x)^2}$；

（12）$\lim\limits_{x \to +\infty} \dfrac{\sqrt{1 + x^2}}{x}$.

## 4.3 函数的单调性与极值

在初等数学中已经介绍了函数在区间上单调性的概念，并通过定义来求一些简单函数的单调性. 然而直接根据定义来判断函数的单调性，对很多函数来说往往有一定难度. 下面我们利用导数对函数的单调性进行研究.

### 4.3.1 函数的单调性

从几何上看，如果函数 $y=f(x)$ 在区间 $(a,b)$ 上单调增加，那么它的图形是一条沿 $x$ 轴正向上升的曲线，这时曲线上各点的切线斜率都是非负的，即 $y'=f'(x)\geqslant 0$，如图 4.3.1（a）所示；类似，若函数 $f(x)$ 在区间 $(a,b)$ 上单调减少，那么其图形是一条沿 $x$ 轴正向下降的曲线，并且曲线上各点的切线斜率是非正的，即 $y'=f'(x)\leqslant 0$，如图 4.3.1（b）所示. 由此可见，函数的单调性与导数的符号有着密切的联系.

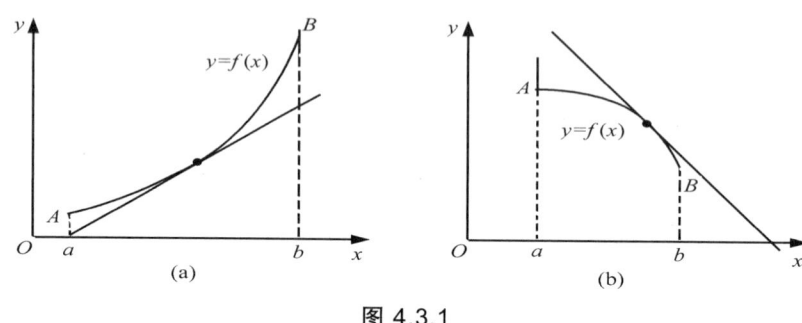

图 4.3.1

因此，可以考虑能否用导数的符号来判定函数的单调性呢？我们给出下面的定理：

**定理 4.3.1** 设函数 $f(x)$ 在闭区间 $[a,b]$ 上连续，在开区间 $(a,b)$ 内可导.

（1）若在 $(a,b)$ 内 $f'(x)>0$，那么函数 $y=f(x)$ 在 $[a,b]$ 上单调增加；

（2）若在 $(a,b)$ 内 $f'(x)<0$，那么函数 $y=f(x)$ 在 $[a,b]$ 上单调减少.

**证：**任取 $x_1, x_2 \in I$，不妨设 $x_1 < x_2$，$f(x)$ 在 $[x_1, x_2]$ 上满足拉格朗日中值定理的条件，则有

$$f(x_2)-f(x_1)=f'(\xi)(x_2-x_1)，其中 \xi \in (x_1, x_2).$$

因此，若在 $I$ 内 $f'(x)>0$，则 $f(x_2)-f(x_1)>0$，即在区间 $I$ 上 $f(x)$ 单调增加；若在 $I$ 内 $f'(x)<0$，则 $f(x_2)-f(x_1)<0$，即在区间 $I$ 上 $f(x)$ 单调减少.

**说明：**如果把这个定理中的闭区间换成其他各种形式的区间（开区间，半开区间，无穷区间），结论也成立.

**例 4.3.1** 判定函数 $y=x+\operatorname{arccot}x$ 在区间 $[0,+\infty)$ 上的单调性.

**解：**因为在 $(0,+\infty)$ 内，$y'=1-\dfrac{1}{1+x^2}>0$，所以由定理 4.3.1 可知，函数 $y=x+\operatorname{arccot}x$ 在 $[0,+\infty)$ 上单调增加.

**例 4.3.2** 讨论函数 $y=\mathrm{e}^x-x-1$ 的单调性.

**解：**因 $y'=\mathrm{e}^x-1$，而函数 $y=\mathrm{e}^x-x-1$ 的定义域为 $(-\infty,+\infty)$，在 $(-\infty,0)$ 内，$y'<0$，所以函数 $y=\mathrm{e}^x-x-1$ 在 $(-\infty,0]$ 上单调减少；在 $(0,+\infty)$ 内，$y'>0$，所以函数 $y=\mathrm{e}^x-x-1$ 在 $[0,+\infty)$ 上单调增加.

**例 4.3.3** 讨论函数 $y=\sqrt[3]{x^2}$ 的单调性.

**解：**该函数的定义域为 $(-\infty,+\infty)$.

当 $x\neq 0$ 时，$y'=(x^{\frac{2}{3}})'=\dfrac{2}{3}x^{-\frac{1}{3}}=\dfrac{2}{3\sqrt[3]{x}}$.

当 $x=0$ 时，函数的导数不存在. 但 $x=0$ 却将定义域分成两部分：

在 $(-\infty,0)$ 内，$y'<0$，所以函数 $y=\sqrt[3]{x^2}$ 在 $(-\infty,0]$ 上单调减少；

在 $(0,+\infty)$ 内，$y'>0$，所以函数 $y=\sqrt[3]{x^2}$ 在 $[0,+\infty)$ 上单调增加.

函数图形如图 4.3.2 所示.

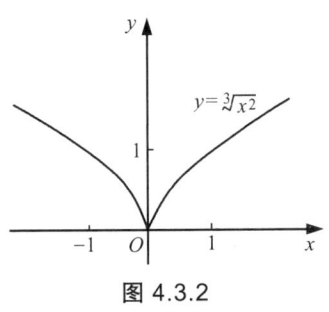

图 4.3.2

由例 4.3.2 和例 4.3.3 可知，有些函数在它的定义区间上不是单调的，但在部分区间上具有单调性，这些区间称为函数的**单调区间**. 我们注意到，在例 4.3.2 中，$x=0$ 是函数 $y=e^x-x-1$ 的单调减少区间 $(-\infty,0]$ 与单调增加区间 $[0,+\infty)$ 的分界点，且在这一点处 $y'=0$. 在例 4.3.3 中，$x=0$ 是函数 $y=\sqrt[3]{x^2}$ 的单调减少区间 $(-\infty,0]$ 与单调增加区间 $[0,+\infty)$ 的分界点，但在该点处导数不存在. 由此可见，使得导数为零的点（即方程 $f'(x)=0$ 的根，也称为函数的驻点）和 $f'(x)$ 不存在的点可能是函数单调区间的分界点.

综上所述，判断函数单调性的步骤如下：

（1）确定函数的定义域；

（2）求出使得 $f'(x)=0$ 的点和 $f'(x)$ 不存在的点；

（3）用（2）中求出的点将函数的定义域分成若干个部分区间，由 $f'(x)$ 在各个部分区间上的符号判断函数 $f(x)$ 在相应区间上的单调性，根据单调性得出单调区间.

**例 4.3.4** 讨论函数 $y=x^3$ 的单调性.

**解：**函数的定义域为 $(-\infty,+\infty)$. $y'=3x^2$，显然当 $x\neq0$ 时，总有 $y'>0$，而当 $x=0$ 时 $y'=0$，这样函数 $y=x^3$ 在区间 $(-\infty,0]$ 及 $[0,+\infty)$ 上都是单调增加的，因此在整个定义域 $(-\infty,+\infty)$ 内是单调增加的，如图 4.3.3 所示. 这里导数为零的点 $x=0$ 并不是单调区间的分界点，仅仅表明函数曲线在该点处有一条水平切线.

一般地，如果 $f'(x)$ 在某区间内的有限点处为零，其余各点处均为正（或负），那么 $f(x)$ 在该区间上仍是单调增加（或减少）的.

**例 4.3.5** 证明：当 $x\in(0,+\infty)$ 时，$e^x>x$ 成立.

**证：**当 $x\in(0,+\infty)$ 时，令 $f(x)=e^x-x$，则 $f'(x)=e^x-1>0$.

当 $x>0$ 时，$f(x)$ 单调增加；当 $x>0$ 时，$f(x)>f(0)=0$；

所以，$x\in(0,+\infty)$ 时，$e^x>x$.

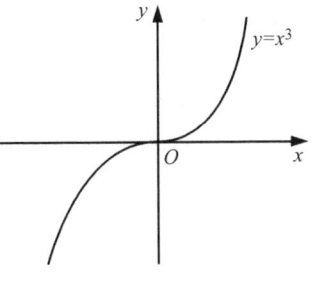

图 4.3.3

**例 4.3.6** 证明方程 $x^3+2x+2=0$ 在区间 $(-1,0)$ 内有且只有一个实根.

**证：**令 $f(x)=x^3+2x+2$，因 $f(x)$ 在闭区间 $[-1,0]$ 上连续，且 $f(-1)=-1<0, f(0)=2>0$，根据零点定理，$f(x)$ 在 $(-1,0)$ 内至少有一个零点.

又，对于 $\forall x\in R$，有 $f'(x)=3x^2+2>0$，所以 $f(x)$ 在 $(-\infty,+\infty)$ 内单调增加，因此曲线 $y=f(x)$ 与 $x$ 轴至多有一个交点. 即原方程在区间 $(-1,0)$ 内有且只有一个实根.

### 4.3.2 函数的极值及其求法

如果连续函数 $f(x)$ 在点 $x_0$ 的左侧邻近和右侧邻近的单调性相反，那么曲线 $y=f(x)$ 在点 $(x_0,f(x_0))$ 处就出现了"峰"或"谷"，如图 4.3.4 所示.

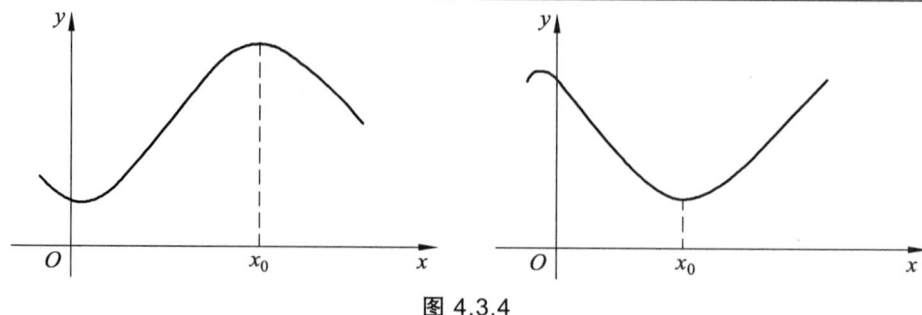

图 4.3.4

这样的点在应用与研究中有着重要意义. 下面我们将对此进行讨论.

**定义 4.3.1**  设函数 $f(x)$ 在点 $x_0$ 的某个邻域内有定义,且

(1) 若对于邻域中异于 $x_0$ 的任何点 $x$, $f(x) < f(x_0)$ 均成立,就称 $f(x_0)$ 为函数 $f(x)$ 的一个**极大值**,而称 $x_0$ 为**极大值点**.

(2) 若对于邻域中异点 $x_0$ 的任何点 $x$, $f(x) > f(x_0)$ 均成立,就称 $f(x_0)$ 为函数 $f(x)$ 的一个**极小值**,而称 $x_0$ 为**极小值点**.

极大值和极小值统称为**极值**,极大值点和极小值点统称为**极值点**. 例如,图 4.3.5 反映了函数 $y = f(x)$ 在区间 $(a,b)$ 中极值点的各种情况. 图中,函数 $f(x)$ 有 2 个极大值 $f(x_2)$,$f(x_5)$,3 个极小值 $f(x_1)$,$f(x_4)$,$f(x_6)$.

**注意**:(1) 函数极值是局部概念,某个邻域内的最大、最小值不一定是整个区间上或定义域内的最大值或最小值;

(2) 极值点不包含区间端点;

(3) 在一个区间中可以有多个极值,甚至某个极大值不一定大于某个极小值(如图 4.3.5 中 $f(x_2) < f(x_6)$).

接下来,讨论函数取得极值的必要条件.

**定理 4.3.2**(极值存在的必要条件)  设函数 $f(x)$ 在点 $x_0$ 有导数,且在 $x_0$ 处 $f(x)$ 取得极值,那么这个函数在 $x_0$ 处的导数 $f'(x_0) = 0$.

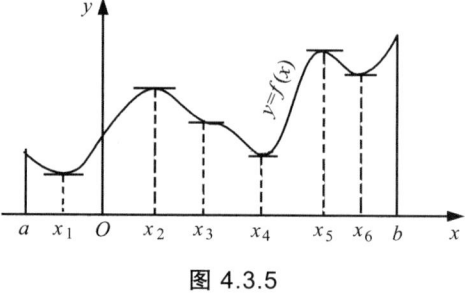

图 4.3.5

**证**:设 $f(x)$ 在 $x_0$ 取得极大值 $f(x_0)$,那么在 $x_0$ 的某个邻域内的任何点 $x$,只要 $x \neq x_0$,就有 $f(x) < f(x_0)$.

当 $x < x_0$ 时,

$$\frac{f(x) - f(x_0)}{x - x_0} > 0$$

则

$$f'(x_0) = \lim_{x \to x_0^-} \frac{f(x) - f(x_0)}{x - x_0} \geq 0$$

当 $x > x_0$ 时,

$$\frac{f(x) - f(x_0)}{x - x_0} < 0$$

则

$$f'(x_0) = \lim_{x \to x_0^+} \frac{f(x) - f(x_0)}{x - x_0} \leq 0$$

所以 $f'(x_0)=0$.

$f(x)$ 在 $x_0$ 处取得极小值时可类似地证明.

一般地，把使得导数为零点即方程 $f'(x)=0$ 的实根，叫作函数 $f(x)$ 的**驻点**.

定理 4.3.2 告诉我们，可导函数 $f(x)$ 的极值点必定是它的驻点，但驻点不一定是极值点. 例如，$f(x)=x^3$ 在 $x=0$ 处有 $f'(0)=0$，但 $x=0$ 却不是该函数的极值点.

但是，定理 4.3.2 只讨论了可导函数如何寻找可能极值点，对于不可导的函数显然不能用此定理. 然而，许多函数在导数不存在的点处却也可能取得极值. 例如，$f(x)=|x|$，在 $x=0$ 处均取得极小值，且函数在点 $x=0$ 都不可导.

综上所述，要确定函数的极值点，应从函数导数为零的点和导数不存在的点中去寻找，而这两类点在单调区间的计算中已经多次用到过，它们往往是单调区间的分界点，那么若能确定函数的单调性，就能判定可能极值点的函数值与它两侧各点函数值的大小关系，从而确定该点是否为极值点. 这就是下面定理要给出的结论.

**定理 4.3.3**（极值第一充分条件） 设函数 $f(x)$ 在点 $x_0$ 的一个邻域内连续，且在此邻域内可导（$x_0$ 可以除外），那么

（1）若 $x<x_0$ 时，$f'(x)>0$，而 $x>x_0$ 时，$f'(x)<0$，则 $f(x)$ 在 $x_0$ 取到极大值，如图 4.3.6（a）所示.

（2）若 $x<x_0$ 时，$f'(x)<0$，而 $x>x_0$ 时，$f'(x)>0$，则 $f(x)$ 在 $x_0$ 取到极小值，如图 4.3.6（b）所示.

（3）若 $x\neq x_0$ 时，$f'(x)<0$，或当 $x\neq x_0$ 时，$f'(x)>0$，则 $x_0$ 不是 $f(x)$ 的极值点，如图 4.3.6（c）、（d）所示.

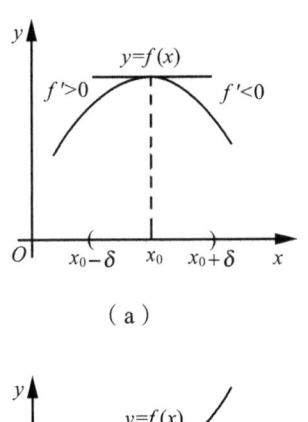

（a）

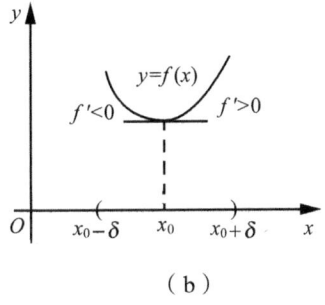

（b）

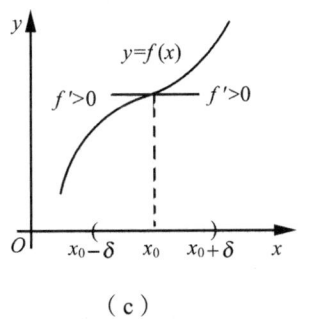

（c）

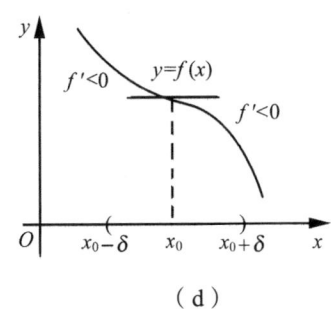

（d）

图 4.3.6

上述定理可简单地这样看：当一个连续函数的自变量从左到右变化经过某一点时，其导数改变符号，那么函数在该点取得极值。若导数符号由正变负，则取得极大值，导数符号由负变正，则取得极小值，而若导数符号不变，那么函数在该点无极值。

根据前面的讨论，可以将求函数 $f(x)$ 的极值点和极值的步骤归纳如下：

（1）求出函数 $f(x)$ 的定义域；

（2）求出 $f'(x)$，确定 $f(x)$ 的可能极值点（驻点及导数不存在的点）。

（3）考察 $f'(x)$ 在可能极值点两侧的符号是否发生改变，确定极大值点和极小值点。

（4）求出各极值点处的函数值。

**例 4.3.7** 求函数 $y = 2x^3 - 6x^2 - 18x - 2$ 的极值。

**解：** 函数的定义域为 $(-\infty, +\infty)$。

$$f'(x) = 6x^2 - 12x - 18 = 6(x+1)(x-3)$$

令 $f'(x) = 0$，解得驻点 $x = -1$ 及 $x = 3$。显然无不可导的点。下面列表讨论（见表 4.3.1）。

表 4.3.1

| $x$ | $(-\infty, -1)$ | $-1$ | $(-1, 3)$ | $3$ | $(3, +\infty)$ |
|---|---|---|---|---|---|
| $f'(x)$ | + | 0 | − | 0 | + |
| $f(x)$ | ↗ | 极大值 | ↘ | 极小值 | ↗ |

由表 4.3.1 可知，函数 $f(x)$ 在点 $x = -1$ 处取得极大值 $f(-1) = 8$；$f(x)$ 在点 $x = 3$ 处取得极小值 $f(3) = 56$。

**例 4.3.8** 求函数 $f(x) = x - \dfrac{3}{2}x^{\frac{2}{3}}$ 的极值。

**解：** 函数的定义域为 $(-\infty, +\infty)$。

$$f'(x) = 1 - x^{-\frac{1}{3}} = 1 - \frac{1}{\sqrt[3]{x}} = \frac{\sqrt[3]{x} - 1}{\sqrt[3]{x}}.$$

令 $f'(x) = 0$，解得驻点为 $x = 1$。当 $x = 0$ 时，$f'(x)$ 不存在，故 $x = 0$ 为不可导的点。

其驻点 $x = 1$ 和不可导点 $x = 0$ 把整个定义域分成三个小区间，其极值情况如表 4.3.2 所示。

表 4.3.2

| $x$ | $(-\infty, 0)$ | $0$ | $(0, 1)$ | $1$ | $(1, +\infty)$ |
|---|---|---|---|---|---|
| $f'(x)$ | + | 不存在 | − | 0 | + |
| $f(x)$ | ↗ | 极大值 | ↘ | 极小值 | ↗ |

由表 4.3.2 可知，函数 $f(x)$ 在点 $x = 0$ 处取得极大值 $f(0) = 0$；$f(x)$ 在点 $x = 1$ 处取得极小值 $f(1) = -\dfrac{1}{2}$。

当函数 $f(x)$ 在驻点 $x$ 处的二阶导数 $f''(x_0)$ 存在且不为零时，还可以利用二阶导数来确定 $f(x)$ 在 $x_0$ 处的极值。

**定理 4.3.4**（极值第二充分条件） 设函数 $f(x)$ 在点 $x_0$ 处具有二阶导数且 $f'(x_0)=0$，$f''(x_0) \neq 0$，则

（1）当 $f''(x_0)<0$ 时，函数 $f(x)$ 在 $x_0$ 处取得极大值；

（2）当 $f''(x_0)>0$ 时，函数 $f(x)$ 在 $x_0$ 处取得极小值.

证明略.

**例 4.3.9** 求函数 $f(x)=2x^3-6x+5$ 的极值.

**解**：函数的定义域为 $(-\infty,+\infty)$.

$f'(x)=6x^2-6$，令 $f'(x)=0$，解得驻点 $x=\pm 1$.

又
$$f''(x)=12x,$$

由于 $f''(-1)=-12<0$，故 $f(x)$ 在 $x=-1$ 取得极大值 $f(-1)=9$；

同理，因为 $f''(1)=12>0$，所以 $f(x)$ 在 $x=1$ 取得极小值 $f(1)=1$.

**例 4.3.10** 求函数 $f(x)=(x^2-1)^3+1$ 的极值.

**解**：函数在定义域 $(-\infty,+\infty)$ 内连续且可导.

$$f'(x)=6x(x^2-1)^2,$$

令 $f'(x)=0$，得驻点 $x=0$，$x=1$ 及 $x=-1$.

$$f''(x)=6(x^2-1)(5x^2-1),$$

由于 $f''(0)=6>0$，则 $f(x)$ 在 $x=0$ 处取得极小值，极小值为 $f(0)=0$；又 $f''(-1)=f''(1)=0$，所以定理 4.3.4 失效. 考察一阶导数 $f'(x)$ 在驻点 $x=1$ 及 $x=-1$ 左右邻近的符号：在 $(-\infty,-1)$ 内，$f'(x)<0$；在 $(-1,0)$ 内，$f'(x)<0$；在 $(0,1)$ 内，$f'(x)>0$；在 $(1,+\infty)$ 内，$f'(x)>0$. 也就是说，在 $x=-1$ 及 $x=1$ 两侧邻近，$f'(x)$ 的符号没有改变，所以这两个驻点都不是极值点.

**注意**：函数 $f(x)$ 在点 $x_0$ 处如果二阶导数不存在，就不能使用定理 4.3.4，或者如果 $f(x)$ 在驻点 $x_0$ 处二阶导数为零，即 $f''(x_0)=0$，也不能使用定理 4.3.4，这时 $x_0$ 是否为 $f(x)$ 的极值点就还得用定理 4.3.2 来判断.

# 习题 4.3

1. 选择题.

（1）下列函数在 $(-\infty,+\infty)$ 内单调增加的是（　　）.

　　A. $y=\sin x$ 　　　　　　　　B. $y=e^x$

　　C. $y=x^2$ 　　　　　　　　　D. $y=3-x$

（2）设函数 $f(x)$ 在 $(-\infty,+\infty)$ 内可导，且恒有 $f'(x)>0$，则下列正确是（　　）.

　　A. $f(x)$ 在 $(-\infty,+\infty)$ 内单调减少　　B. $f(x)$ 在 $(-\infty,+\infty)$ 内是常数

　　C. $f(x)$ 在 $(-\infty,+\infty)$ 内不是单调的　　D. $f(x)$ 在 $(-\infty,+\infty)$ 内单调递增

（3）设函数 $y=f(x)$ 在点 $x=x_0$ 取得极大值，则必有（　　）.

　　A. $f'(x_0)=0$ 　　　　　　　　B. $f''(x_0)<0$

　　C. $f'(x_0)=0$ 且 $f''(x_0)<0$ 　　D. $f'(x_0)=0$ 或导数不存在

（4）设函数 $f(x)=x^3-12x+1$ 在定义域内（　　）.

  A. 单调增加         B. 单调减少

  C. 有增有减         D. 不确定

2. 填空题.

（1）函数 $y=x-e^x$ 的单调增区间为_____.

（2）设函数 $f(x)=x^3-3x^2-9x+5$，则 $f(x)$ 的驻点为_____，单调递增区间为_____，单调递减区间为_____，极小值点为_____，极大值点为_____，极小值为_____，极大值为_____.

3. 判断题（正确的打√，不正确的打×）.

（1）函数 $f(x)$ 在区间 $(a,b)$ 上可以有多个极大值和极小值. （　　）

（2）函数 $f(x)$ 的极大值一定大于它的极小值. （　　）

（3）函数 $f(x)$ 的极值可以在定义区间的端点取得. （　　）

（4）函数 $f(x)$ 的极值点是它的驻点. （　　）

（5）函数 $f(x)$ 的极值点不一定可导. （　　）

4. 解答题.

（1）判断函数 $f(x)=\arctan x-x$ 的单调性.

（2）判断函数 $f(x)=x+\cos x(0\leqslant x\leqslant 2\pi)$ 的单调性.

**提高练习**

5. 求下列函数的单调区间.

（1）$f(x)=7x^2+14x+1$；    （2）$f(x)=2x^3-6x^2-18x-7$；

（3）$y=e^{-x^2}$；       （4）$y=2x^2-\ln x$；

（5）$f(x)=(x^2-4)^2$；     （6）$y=(x-1)^3(x+1)^2$.

6. 求下列函数的极值点和极值.

（1）$f(x)=x^2-\dfrac{1}{2}x^4$；    （2）$f(x)=4x^3-3x^2-6x+2$；

（3）$f(x)=\sin x-2x$；     （4）$y=x+\sqrt{1-x}$.

7. 求函数 $y=\dfrac{1}{2}-\cos x$ 在区间 $[0,2\pi]$ 上的极值.

8. 求函数 $f(x)=\sqrt{-x^2+6x-8}$ 的单调区间.

9. 求函数 $f(x)=\dfrac{x^2}{1+x^2}$ 的单调区间和极值.

## 4.4 函数的最大值和最小值

  在许多实际问题中，常常遇到这样一类问题：在一定条件下，怎样使投入最少，产出最多，成本最低，效率最高，路程最短，利润最大等问题. 用数学的方法进行描述，它们都可归结为求一个函数的最大值、最小值问题.

由闭区间上连续函数的性质，$f(x)$ 在 $[a,b]$ 上必存在最大值和最小值，其最大值和最小值可能在区间内部取得，也可能在区间的端点取得．如果在区间内部某点取得最大值或最小值，那么这个值也一定相应地是函数的极大值或极小值．因此，可以用如下方法求 $[a,b]$ 上的连续函数 $f(x)$ 的最大值和最小值．

由此，我们得到闭区间 $[a,b]$ 上连续函数求最值的步骤：

（1）求出函数 $f(x)$ 在 $(a,b)$ 内的所有可能极值点：驻点及不可导点；

（2）计算函数 $f(x)$ 在驻点、不可导点处以及区间端点 $a,b$ 处的函数值；

（3）比较这些函数值，其中最大的即为函数的最大值，最小的即为函数的最小值．

**例 4.4.1** 求函数 $f(x) = x^3 - \dfrac{3}{2}x^2 + 3$ 在区间 $[-2,2]$ 上的最大值和最小值．

**解**：因为函数 $f(x)$ 在 $[-2,2]$ 上连续，所以 $f(x)$ 在 $[-2,2]$ 上必有最大值和最小值．
$f'(x) = 3x^2 - 3x = 3x(x-1)$，令 $f'(x) = 0$，得驻点 $x_1 = 0$，$x_2 = 1$，且无不可导点．
计算函数 $f(x)$ 在驻点、区间端点处的函数值：

$$f(0) = 3, f(1) = \dfrac{5}{2}, f(-2) = -11, f(2) = 5.$$

比较大小可知，函数 $f(x)$ 在区间 $[-2,2]$ 上的最大值为 5，最小值为 $-11$．

**注意**：

（1）在闭区间 $[a,b]$ 上单调增加或单调减少的函数，必在端点处取得最大值或最小值；

（2）连续函数 $f(x)$ 在开区间 $(a,b)$ 内有且仅有一个极值点，则一定在该点处取得最值．若此极值点为极大值点，则函数在该点必取得最大值，如图 4.4.1（a）所示；若此极值点为极小值点，则函数在该点必取得最小值，如图 4.4.1（b）所示．

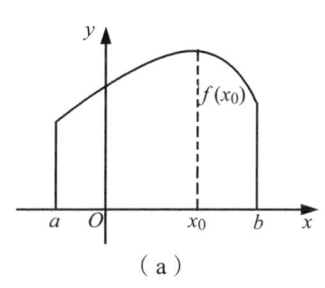 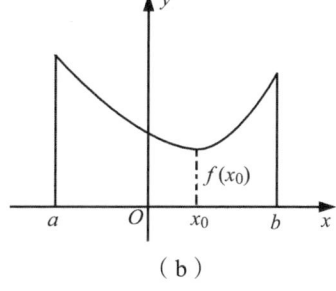

（a） （b）

图 4.4.1

若处理实际问题时，发现在 $(a,b)$ 内 $f(x)$ 具有唯一驻点 $x_0$，根据实际问题可知，在 $(a,b)$ 内必有最值，则 $f(x_0)$ 就是所要求的最值．

下面的例子，都可以归结为求函数的最值问题．

**例 4.4.2** 要做一个容积为 $V$ 的圆柱形煤气柜，问怎样设计才能使所用材料最省？

**解**：设煤气柜的底半径为 $r$，高为 $h$，如图 4.4.2 所示，则煤气柜的侧面积为 $2\pi rh$，底面积为 $\pi r^2$，表面积为 $S = 2\pi r^2 + 2\pi rh$．

由 $V = \pi r^2 h$ 得，$h = \dfrac{V}{\pi r^2}$，

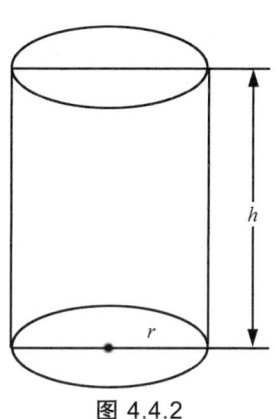

图 4.4.2

所以 $S = 2\pi r^2 + \dfrac{2V}{r}$，$r \in (0, +\infty)$．

$$S' = 4\pi r - \dfrac{2V}{r^2} = \dfrac{2(2\pi r^3 - V)}{r^2},$$

令 $S' = 0$，有唯一驻点 $r = \left(\dfrac{V}{2\pi}\right)^{\frac{1}{3}} \in (0, +\infty)$，因此它一定是使 $S$ 达到最小值的点．此时对应的高为 $h = \dfrac{V}{\pi r^2} = 2\left(\dfrac{V}{2\pi}\right)^{\frac{1}{3}} = 2r$．

当煤气柜的高和底直径相等时，所用材料最省．

**例 4.4.3** 铁路线上 $AB$ 段的距离为 100 km，工厂 $C$ 距 $A$ 处为 20 km，$AC$ 垂直于 $AB$，如图 4.4.3 所示．为了运输需要，要在 $AB$ 线上选定一点 $D$ 向工厂修筑一条公路，已知铁路每千米货运的运费与公路每千米的运费之比为 3∶5．为了使货物在 $B$ 与 $C$ 之间运送的费用最省，问 $D$ 点应选在何处？

**解**：如图 4.4.3 所示，设 $AD = x$（km），那么

$$DB = 100 - x,\ CD = \sqrt{20^2 + x^2}$$

设铁路每千米运费为 $3k$，公路每千米运费为 $5k$（$k$ 为一大于零的常数），则 $B$ 与 $C$ 之间运费的总费用

$$y = 5k \cdot CD + 3k \cdot DB$$

即

$$y = 5k\sqrt{400 + x^2} + 3k(100 - x)\ (0 \leq x \leq 100)$$

下面只需求出当 $x$ 在 $[0,100]$ 上取值时，函数 $y$ 的最小值．

$$y' = k\left(\dfrac{5x}{\sqrt{400 + x^2}} - 3\right)$$

令 $y' = 0$，得 $x = 15$（km）．由于 $y(0) = 400k$，$y(15) = 380k$，$y(100) = 500k\sqrt{1 + \dfrac{1}{5^2}}$，因此当 $AD = 15$ km 时，总运费最省．

**例 4.4.4** 一正方形铁皮，边长为 $a$ cm，从它的四角截去四个相等的小正方形，如图 4.4.4 所示，剩下的部分做成一个无盖的盒子，问被截去的小正方形的边长为多少厘米时，才能使盒子的容积最大？

**解**：设截下去的小正方形边长为 $x$ cm，则盒子的容积为

$$V = x(a - 2x)^2 \quad \left(0 < x < \dfrac{a}{2}\right)$$

求 $V$ 的一阶、二阶导数，得

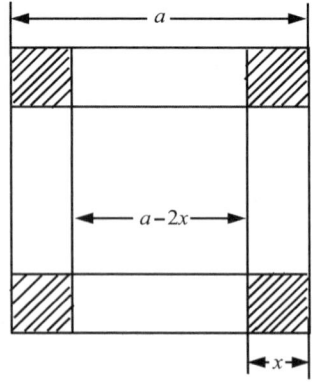

图 4.4.4

$$V' = (a-2x)(a-6x), \quad V'' = 8(3x-a)$$

令 $V'=0$，得驻点 $x=\dfrac{a}{2}$ 及 $x=\dfrac{a}{6}$，可见在区间 $\left(0,\dfrac{a}{2}\right)$ 内的驻点只能是 $x=\dfrac{a}{6}$，由 $V''\left(\dfrac{a}{6}\right)=-4a<0$，所以 $x=\dfrac{a}{6}$ 时，体积值 $V$ 有极大值 $V\left(\dfrac{a}{6}\right)$，而除此之外在 $\left(0,\dfrac{a}{2}\right)$ 内，体积 $V$ 没有其他极值，故 $V\left(\dfrac{a}{6}\right)$ 也是最大值. 当 $x=\dfrac{a}{6}$ cm 时，盒子的最大容积

$$V\left(\dfrac{a}{6}\right)=\dfrac{2a^3}{27}\ (\mathrm{cm}^3)$$

**例 4.4.5** 问智公司准备销售 $P$ 件产品，售价定为 $24-3p$ 万元. 所需总成本为 $p^2-30$ 万元. 为使利润最大，该公司需销售多少件产品？其最大利润是多少万元？

**解**：根据题意，$p$ 件产品对应的成本为 $C(p)=p^2-30$，收入为 $R(p)=p(24-3p)$，由经济函数间的关系知，利润 $L(p)$ 为

$$L(p)=R(p)-C(p)=-4p^2+24p+30,\quad L'(p)=-8p+24$$

令 $L'(p)=0$ 得 $p=3$（唯一的驻点）. 所以 $p=3$ 时，$L(p)$ 最大，最大利润为 66 万元.

# 习题 4.4

1. 设函数 $f(x)=x^2-x$ 在区间 $[0,1]$ 上的最大值为（　　　）.

   A. 0　　　　B. $-\dfrac{1}{4}$　　　　C. $1-\sin 1$　　　　D. $\dfrac{\pi}{2}$

2. 设函数 $f(x)=x-\sin x$ 在区间 $[0,1]$ 上的最大值为（　　　）.

   A. 0　　　　B. 1　　　　C. $1-\sin 1$　　　　D. $\dfrac{\pi}{2}$

3. 函数 $f(x)=x^3-3x+3$ 在区间 $\left[-3,\dfrac{3}{2}\right]$ 上的最大值为_____，最小值为_____.

4. 求下列函数在给定区间上的最大值和最小值.

   （1）$f(x)=2x^3-3x^2,x\in[-1,4]$；　　　　（2）$y=x^4-\dfrac{4}{3}x^3+6,[-2,2]$；

   （3）$f(x)=x^5-5x^4+5x^3+1,x\in[-1,2]$；　　（4）$y=\sqrt{x(10-x)},[0,10]$.

5. 用长 6 m 的铝合金材料加工一个日字形窗框，问窗框的长和宽各为多少时，才能使窗户的面积最大？最大的面积是多少？

6. 设某商店以每件 10 元的进价购进一批衬衫，并设此商品的需求函数 $Q=80-2p$（其中 $Q$ 为需求量，单位为件，$p$ 为销售价格，单位为元），问该商店应将售价定为多少元时，才能获得最大利润，最大利润是多少？

7. 围一个面积为 600 m² 的矩形场地，所用材料正面造价为 6 元/m²，其余三面造价均是 3 元/m²，问场地的长、宽各是多少米时，才能使总造价最低？

## 4.5 函数的凹凸性与拐点

在前面的学习中,我们研究了函数的单调性和极值,这对于描绘函数图形有很大作用,但是仅仅知道这些还不能准确地描绘函数图形. 如图 4.5.1 中的两条曲线弧,虽然它们都是上升的,但它们的弯曲方向却不一样,因而图形有着显著的不同. $\overset{\frown}{ACB}$ 弧上每一点的切线位于曲线弧的上方,其图形是凸起的;而 $\overset{\frown}{ADB}$ 弧上每一点的切线位于曲线弧的下方,其图形是凹下的. 下面我们就来研究曲线的凹凸性及其判别法.

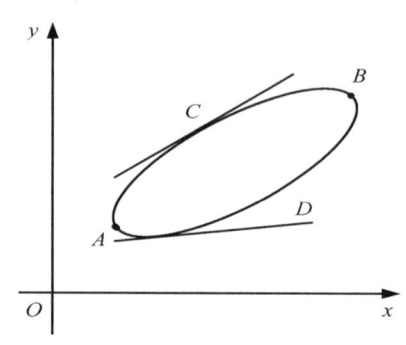

图 4.5.1

**定义 4.5.1** 函数 $y=f(x)$ 在区间 $(a,b)$ 内可导,如果在区间 $(a,b)$ 内曲线 $y=f(x)$ 总位于它每一点处切线的上方,那么称曲线 $y=f(x)$ 在区间 $(a,b)$ 上是凹的,区间 $(a,b)$ 称为凹区间;如果在区间 $(a,b)$ 内曲线 $y=f(x)$ 总位于它每一点处切线的下方,那么称曲线 $y=f(x)$ 在区间 $(a,b)$ 上是凸的,区间 $(a,b)$ 称为凸区间.

从图 4.5.2(a)看到凹的曲线 $f(x)$ 的切线斜率 $k=\tan\alpha=f'(x)$ 随着 $x$ 的增大而增大,即 $f'(x)$ 是单调增加的;而图 4.5.2(b)中凸的曲线 $f(x)$ 的切线斜率 $k=\tan\alpha=f'(x)$ 随着 $x$ 的增大而减小,即 $f'(x)$ 是单调减少的.

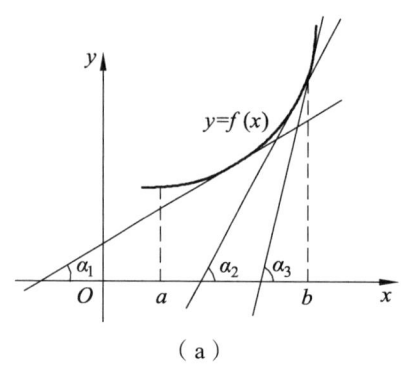
(a)

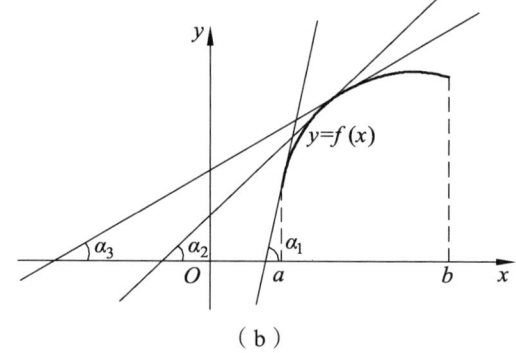
(b)

图 4.5.2

由此可见,曲线 $f(x)$ 的凹凸性可以用导数 $f'(x)$ 的单调性来判定,而 $f'(x)$ 的单调性又可以用它的导数 $(f'(x))'$,即 $f(x)$ 的二阶导数 $f''(x)$ 的符号来判定,故曲线 $f(x)$ 的凹凸性与 $f''(x)$ 的符号有关,因此,有如下曲线凹凸性的判定定理:

**定理 4.5.1** 设函数 $f(x)$ 在区间 $(a,b)$ 内具有二阶导数,那么
(1)若在 $(a,b)$ 内 $f''(x)>0$,则曲线 $y=f(x)$ 在 $(a,b)$ 内是凹的;
(2)若在 $(a,b)$ 内 $f''(x)<0$,则曲线 $y=f(x)$ 在 $(a,b)$ 内是凸的.

**例 4.5.1** 判定 $y=\ln x$ 的凹凸性.

**解:** 因为 $y'=\dfrac{1}{x}$,$y''=-\dfrac{1}{x^2}<0$,所以,在函数的定义域 $(0,+\infty)$ 内,曲线 $y=\ln x$ 是凸的.

**例 4.5.2** 判断 $y = x^3 - 3x^2$ 的凹凸性.

**解**：因为 $y' = 3x^2 - 6x$，$y'' = 6x - 6 = 6(x-1)$，所以

当 $x > 1$ 时，$y'' > 0$，曲线 $y = x^3 - 3x^2$ 在 $[1, +\infty)$ 上为凹弧；

当 $x < 1$ 时，$y'' < 0$，曲线 $y = x^3 - 3x^2$ 在 $(-\infty, 1]$ 上为凸弧.

在本例中，当 $x = 1$ 时，$y'' = 0$，同时点 $(1, -2)$ 是曲线 $y = x^3 - 3x^2$ 由凸变凹的分界点.

**定义 4.5.2** 连续曲线弧 $y = f(x)$ 上凹弧与凸弧的分界点 $(x_0, f(x_0))$ 称为曲线的**拐点**.

那么，怎么样才能找到曲线 $y = f(x)$ 的拐点呢？

由前面的定理 4.5.1 可知，由 $f''(x)$ 的符号可以判断曲线的凹凸性，若函数 $y = f(x)$ 在点 $x_0$ 左右两侧邻近有二阶导数异号，则点 $(x_0, f(x_0))$ 必定是曲线的一个拐点，而在拐点处，$f''(x_0) = 0$ 或 $f''(x_0)$ 不存在.

因此，判别曲线 $y = f(x)$ 的凹凸性及拐点的步骤如下：

（1）给出函数的定义域，并求二阶导数 $f''(x)$；

（2）令 $f''(x) = 0$，求出二阶导数为零的点，以及二阶导数不存在的点；

（3）对于（2）中确定的每个点 $x_0$，将定义域分为若干区间，在每个区间上确定 $f''(x)$ 的符号，从而确定曲线的凹凸区间；

（4）检查 $f''(x)$ 在 $x_0$ 左、右两侧邻近的符号是否发生改变，若符号保持不变，则 $(x_0, f(x_0))$ 不是拐点，若符号相反，则 $(x_0, f(x_0))$ 就是曲线 $y = f(x)$ 的拐点.

**例 4.5.3** 求曲线 $y = x^4 + 2x^3 - 12x^2 + 48$ 的凹凸区间与拐点.

**解**：函数的定义域为 $(-\infty, +\infty)$. 求导数，得

$$y' = 4x^3 + 6x^2 - 24x, \quad y'' = 12x^2 + 12x - 24 = 12(x-1)(x+2).$$

令 $y'' = 0$ 得 $x_1 = 1$，$x_2 = -2$.

由 $x_1 = 1$，$x_2 = -2$ 将函数定义域 $(-\infty, +\infty)$ 分成三个小区间，其凹凸性及拐点如表 4.5.1 所示.

表 4.5.1

| $x$ | $(-\infty, -2)$ | $-2$ | $(-2, 1)$ | $1$ | $(1, +\infty)$ |
|---|---|---|---|---|---|
| $f''(x)$ | + | 0 | — | 0 | + |
| $f(x)$ | 凹的 | 拐点 $(-2, 0)$ | 凸的 | 拐点 $(1, 39)$ | 凹的 |

所以，曲线的凹区间是 $(-\infty, -2)$ 和 $(1, +\infty)$；凸区间为 $(-2, 1)$；拐点是 $(-2, 0)$ 和 $(1, 39)$.

**例 4.5.4** 考察曲线 $y = x^6$ 是否有拐点.

**解**：对函数求导，得 $y' = 6x^5$，$y'' = 30x^4$.

显然，在 $x = 0$ 有 $y'' = 0$，当 $x \neq 0$ 时 $y'' > 0$. 因此点 $(0, 0)$ 不是曲线 $y = x^6$ 的拐点，曲线 $y = x^6$ 在 $(-\infty, +\infty)$ 内是凹的，没有拐点.

**例 4.5.5** 考察曲线 $y = \sqrt[3]{x}$ 是否有拐点？

**解**：函数的定义域为 $(-\infty, +\infty)$.

当 $x \neq 0$ 时，有 $y' = \frac{1}{3} x^{-\frac{2}{3}}$，$y'' = -\frac{2}{9} x^{-\frac{5}{3}} = -\frac{2}{9} \frac{1}{\sqrt[3]{x^5}}$.

当 $x = 0$ 时，函数 $y = \sqrt[3]{x}$ 的 $y'$，$y''$ 均不存在. 但是，在 $(-\infty, 0)$ 内，$y'' > 0$，所以曲线在 $(-\infty, 0]$

上是凹的；在 $(0,+\infty)$ 内，$y'' < 0$，所以曲线在 $[0,+\infty)$ 上是凸的，而当 $x = 0$ 时，$y = 0$，故点 $(0,0)$ 是曲线 $y = \sqrt[3]{x}$ 的拐点.

最后，介绍一下函数的渐近线.

**定义**：若曲线上的点沿曲线趋于无穷远时，该点与某一直线的距离趋于零，则称此直线是曲线的一条渐近线. 渐近线分为斜渐近线、水平渐近线和垂直渐近线三种. 这里只讨论水平渐近线和垂直渐近线.

考察函数 $y = e^x$ 的图像，如图 4.5.3 所示，当 $x \to -\infty$ 时，曲线越来越接近于水平直线 $x$ 轴，即直线 $y = 0$. 对于这种情况有下列定义.

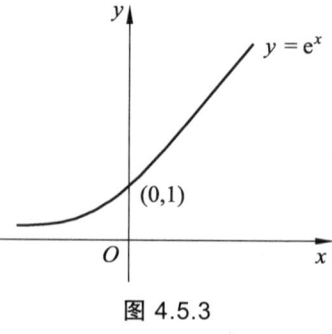

图 4.5.3

### 1. 水平渐近线

**定义 4.5.3** 如果曲线 $y = f(x)$ 的定义域是无限区间，且有

$$\lim_{x \to -\infty} f(x) = C \quad \text{或} \quad \lim_{x \to +\infty} f(x) = C$$

则称直线 $y = C$ 为曲线 $y = f(x)$ 的一条水平渐近线.

**例 4.5.6** 求曲线 $y = \arctan x$ 的渐近线.

**解**：按水平渐近线定义，$\lim\limits_{x \to -\infty} \arctan x = -\dfrac{\pi}{2}$，$\lim\limits_{x \to +\infty} \arctan x = \dfrac{\pi}{2}$.

所以曲线 $y = \arctan x$ 有两条水平渐近线：$y = -\dfrac{\pi}{2}$ 和 $y = \dfrac{\pi}{2}$，如图 4.5.4 所示.

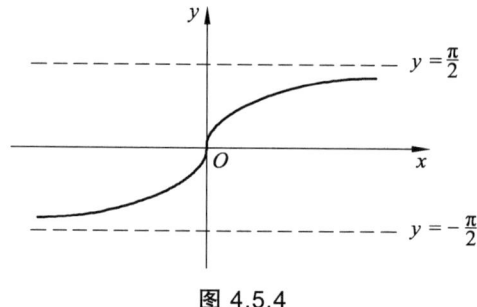

图 4.5.4

### 2. 垂直渐近线

**定义 4.5.4** 如果曲线 $y = f(x)$ 在点 $a$ 间断，且

$$\lim_{x \to a^-} f(x) = \infty \quad \text{或} \quad \lim_{x \to a^+} f(x) = \infty$$

则称直线 $x = a$ 为曲线 $y = f(x)$ 的一条铅直渐近线.

**例 4.5.6** 求曲线 $y = \dfrac{1}{x-1}$ 的渐近线.

**解**：因为 $\lim\limits_{x \to \infty} \dfrac{1}{x-1} = 0$，所以 $y = 0$ 是曲线的水平渐近线. 又因为 $\lim\limits_{x \to 1} \dfrac{1}{x-1} = \infty$，所以 $x = 1$ 是曲线的垂直渐近线，如图 4.5.5 所示.

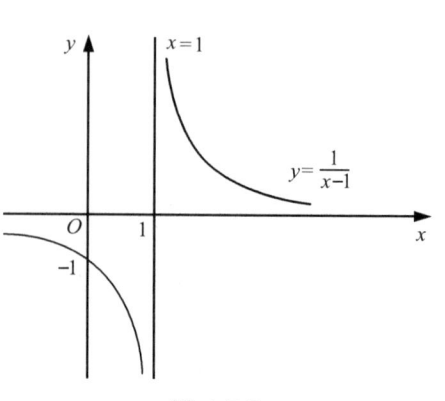

图 4.5.5

## 习题 4.5

1. 函数 $y = 3x - x^3$ 的拐点是（　　）.
   A. $(0,1)$　　　B. $(-1,0)$　　　C. $(0,0)$　　　D. $(\sqrt{3},0)$

2. 条件 $f''(x_0) = 0$ 是函数 $f(x)$ 的图形在点 $x = x_0$ 处有拐点的（　　）.
   A. 必要条件　　　　　　　　　　B. 充分条件
   C. 充分必要条件　　　　　　　　D. 无关条件

3. 函数 $y = \frac{1}{3}x^3 - x^2 + 1$ 的图形在区间 $(0,1)$ 内（　　）.
   A. 是凹的　　　　　　　　　　　B. 是凸的
   C. 是直线段　　　　　　　　　　D. 部分是凹的，部分是凸的

4. 曲线 $f(x) = x^4$ 的拐点是_____.

5. 曲线 $f(x) = 2 + (x-4)^{\frac{1}{3}}$ 的凹区间是_____，凸区间是_____，拐点是_____.

6. 曲线 $f(x) = (x-1)^2(x-3)^2$ 的拐点个数为_____.

7. 求曲线 $f(x) = x^4 - 2x^3 + 1$ 的凹凸区间和拐点.

8. 判断曲线 $f(x) = (2x-1)^4 + 1$ 是否有拐点.

9. 求曲线 $y = xe^{-x}$ 的拐点.

10. 求曲线 $y = \dfrac{x^3}{x^2 + 2x - 3}$ 的渐近线.

## 4.6 导数的经济应用

通俗来讲，导数的实质就是函数在某一点的瞬时变化率，经济学中经常用变化率来研究生产经营问题. 比如航空公司节假日是否需要增加班次，就涉及到需求变化率，汽车电池原料降价，小车售价要不要降价，降多少，这就涉及到成本变化率，人工智能大语言模型与工业自动化结合，某商品形成规模化生产，这就涉及到产量变化率等. 这些变化率大体可分为两类：绝对变化率和相对变化率. 均可利用导数来研究其特征. 它对经营管理者做出正确的决策起着科学的理论支撑，在经济生活中有着广泛深远的影响.

### 4.6.1 边际分析

导数在经济生活中一个重要的应用就是边际分析，呈现的是经济相关变量的变化率. 因此在经济学中，常常将经济函数的相应导数称为**边际函数**. 更普通地，如果令经济函数 $y = f(x)$，则其边际函数 $y' = f'(x)$ 在点 $x_0$ 处的函数值 $f'(x_0)$，称其为在 $x = x_0$ 处**边际函数值**.

由前面的学习我们知道，当 $|\Delta x|$ 很小时，有

$$f(x + \Delta x) - f(x) \approx f'(x)\Delta x.$$

特别地，当 $x=x_0, \Delta x=1$ 或 $\Delta x=-1$ 时，有

$$f'(x_0) \approx f(x_0+1)-f(x_0) \text{ 或 } f'(x_0) \approx f(x_0)-f(x_0-1).$$

由此，边际函数 $f'(x_0)$ 的经济意义是：函数 $y=f(x)$ 在点 $x=x_0$ 处，当自变量 $x$ 再增加（减少）1个单位时，函数 $f(x)$ 的改变量的近似值为 $f'(x_0)$. 但在实际应用中，可以认为在 $x=x_0$ 处，若 $x$ 产生一个单位的改变时，$y$ 相应地变化了 $f'(x_0)$ 个.

### 1. 边际成本

**定义 4.6.1** 设总成本函数为 $C(q)=C_0+C_1(q)$，其中 $q$ 是单位时间内的产量，则其导数 $C'(q)$ 称为**边际成本函数**. 其经济意义为：当产量为 $q$ 时，再生产一个单位产品所增加的总成本. 边际成本只与变动成本有关，与固定成本无关.

**例 4.6.1** 若某软件公司开发产品的总成本函数为：$C(q)=300+q+\frac{1}{5}q^2$（$q$ 表示产量），试求：

（1）固定成本和可变成本；
（2）边际成本函数、平均成本函数；
（3）当 $q=20$ 时的平均成本、边际成本，并解释边际成本的经济意义.

**解**：（1）固定成本：$C_0=300$，可变成本：$C_1(q)=q+\frac{1}{5}q^2$.

（2）边际成本函数：$C'(q)=1+\frac{2}{5}q$，

平均成本函数：$\frac{C(q)}{q}=\frac{300+q+\frac{1}{5}q^2}{q}=\frac{300}{q}+1+\frac{1}{5}q$.

（3）由边际成本函数可知，当 $q=20$ 时，$C'(q)|_{q=20}=1+\frac{2}{5}q\Big|_{q=20}=9.$

由平均成本函数可知：当 $q=20$ 时，$\frac{C(q)}{q}=\frac{300}{20}+1+\frac{1}{5}\times 20=20$.

当产量 $q=20$ 时的边际成本为 9，其经济意义为：当产量为 20 时，若增加（减少）一个单位产品，总成本将近似增加（减少）9 个单位.

### 2. 边际收入

**定义 4.6.2** 设总收入函数 $R(q)=qp(q)$，其中 $q$ 是单位时间内的产量或销量，$p(q)$ 为商品的价格函数，则其导数 $R'(q)$ 称为**边际收入函数**. 其经济意义为：在销量为 $q$ 时，再多销售一个单位产品所增加的总收入.

**例 4.6.2** 某企业通过大数据分析建模，得到 A 型号产品的销售函数为 $q=2000-4p$，其中 $p$（单位：元）为 A 产品的售价格，$q$（单位：件）为销售量. 求销售该新产品的边际收入函数以及当销售量 $q=500$ 件时的边际收入.

**解**：由销售函数得价格 $p=\frac{1}{4}(2000-q)$，

总收入函数为 $R(q)=qp(q)=\frac{1}{4}q(2000-q)=500q-\frac{1}{4}q^2$，则边际收入函数

$$R'(q) = \left(500q - \frac{1}{4}q^2\right)' = 500 - \frac{1}{2}q.$$

当销量 $q = 500$ 件时的边际收入: $R'(500) = 500 - \frac{1}{2} \times 500 = 250$.

### 3. 边际利润

**定义 4.6.3** 总利润函数 $L(q) = R(q) - C(q)$ 的导数 $L'(q)$ 称为**边际利润函数**，$q$ 为销量. 其经济意义为: 在销量为 $q$ 时，再多销售一个单位产品所增加的总利润. 由导数的运算法则可得 $L'(q) = R'(q) - C'(q)$，即边际利润等于边际收入减边际成本.

**例 4.6.3** 某医疗器械厂每月生产电子血压计 $q$ 台时的总成本函数（单位: 元）为

$$C(q) = 2q^2 + 20q + 200.$$

若每百台的销价为 5 万元，试写出总利润函数，并求边际利润.

**解**: 由题意得，总收入函数 $R(q) = \frac{50000}{100}q = 500q$.

总利润函数: $L(q) = R(q) - C(q) = 500q - 2q^2 - 20q - 200 = -2q^2 + 480q - 200$;

边际利润: $L'(q) = R'(q) - C'(q) = -4q + 480$.

### 4. 边际需求

**定义 4.6.4** 需求函数 $Q(p)$ 的导数 $Q'(p)$ 称为**边际需求函数**，$p$ 为价格. 其经济意义为: 在价格为 $p$ 时，若价格再多涨一个单位，需求量将增加 $Q'(p)$ 个.

**例 4.6.4** 设某商品的需求量 $Q$ 对价格 $p$ 的函数关系为 $Q = 4000\left(\frac{1}{2}\right)^p$，求当 $p = 3$ 时的边际需求.

**解**: 由已知需求函数可得边际需求函数: $Q' = 4000\left(\frac{1}{2}\right)^p \ln \frac{1}{2}$,

当 $p = 3$ 时，$Q'(3) = 4000\left(\frac{1}{2}\right)^3 \ln \frac{1}{2} \approx -345$.

## 4.6.2 弹性分析

在前面的边际问题中，讨论的函数改变量及变化率均是绝对变化的情形. 但在经济生活中，有时还需要讨论一个经济变量对另一个经济变量的反应速度，即相对改变量与相对变化率的问题. 这就需要弹性分析. 由于函数的弹性与量纲无关，即与 $x, y$ 的计量单位无关，这使弹性在经济学中运用非常广泛.

### 1. 弹性的概念

若函数 $y = f(x)$，当自变量 $x$ 增量为 $\Delta x$ 时，函数 $y = f(x)$ 有相应的增量 $\Delta y = f(x + \Delta x) - f(x)$，则分别称 $\Delta y, \Delta x$ 为函数、自变量在点 $x$ 处的**绝对增量**.

此时，$\frac{\Delta y}{y} = \frac{f(x + \Delta x) - f(x)}{f(x)}$ 称为函数在点 $x$ 处的**相对增量**，或称为**函数的增减率**; 而 $\frac{\Delta x}{x}$ 称为自变量 $x$ 的**相对增量**，或称为**自变量的增减率**.

**定义 4.6.5** 对于函数 $y=f(x)$ 在 $x_0$ 处可导，$f(x_0) \neq 0$，如果极限 $\lim\limits_{\Delta x \to 0} \dfrac{\dfrac{\Delta y}{y_0}}{\dfrac{\Delta x}{x_0}}$ 存在，那么称此极限为函数 $y=f(x)$ 在点 $x=x_0$ 处的**相对变化率**或**弹性**，记作 $E(x_0)$，即

$$E(x_0) = \lim_{\Delta x \to 0} \frac{\dfrac{\Delta y}{y_0}}{\dfrac{\Delta x}{x_0}} = \frac{x_0}{y_0} \cdot \lim_{\Delta x \to 0} \frac{\Delta y}{\Delta x} = \frac{x_0}{f(x_0)} f'(x_0)$$

**定义 4.6.6** 对于函数 $y=f(x)$，如果极限 $\lim\limits_{\Delta x \to 0} \dfrac{\dfrac{\Delta y}{y}}{\dfrac{\Delta x}{x}}$ 存在，那么称此极限为函数 $y=f(x)$ 在点 $x$ 处的弹性，记作 $E(x)$，即

$$E(x) = \lim_{\Delta x \to 0} \frac{\dfrac{\Delta y}{y}}{\dfrac{\Delta x}{x}} = \lim_{\Delta x \to 0} \frac{\Delta y}{\Delta x} \cdot \frac{x}{y} = y' \frac{x}{y}$$

一般地，$E(x)$ 也可称为函数 $y=f(x)$ 的弹性函数.

由前面定义可知，若函数 $y=f(x)$ 在 $x_0$ 点处可导，则其弹性计算公式为

$$E(x)\big|_{x=x_0} = \frac{x_0}{y_0} f'(x_0)$$

其经济意义为：若函数 $y=f(x)$ 是一个可导的经济函数，则 $E(x)\big|_{x=x_0}$ 表示在 $x=x_0$ 处，当 $x$ 产生一个百分点 (1%) 的相对改变量时，函数 $y=f(x)$ 近似地改变 $(E(x_0)\%)$.

用弹性函数来分析经济量的规律，就称为弹性分析.

**例 4.6.5** 求函数 $y=\left(\dfrac{1}{5}\right)^x$ 的弹性函数及在 $x=2$ 处的弹性.

**解**：由题得

弹性函数 $E(x) = \left(\dfrac{1}{5}\right)^x \ln \dfrac{1}{5} \cdot \dfrac{x}{\left(\dfrac{1}{5}\right)^x} = -x \ln 5$，则 $E(2) = -2 \ln 5$.

## 2. 需求弹性

在经济活动中，价格是影响需求的主要因素之一. 商品经营者最关心的是价格的改变动会对收入产生怎样的影响. 当商品降价（或涨价）一个百分点时，其需求量将可能产生多少个百分点的增减，这就是需求量对价格变动的敏感性. 通过弹性分析，指导实践中合理制定商品的价格.

**定义 4.6.7** 设某商品的需求量 $Q$ 是价格 $p$ 的函数，$Q=Q(p)$，$\dfrac{\Delta p}{p}$ 和 $\dfrac{\Delta Q}{Q}$ 分别表示价格和需求量的增减率，则需求弹性为

$$E(p) = \lim_{\Delta p \to 0} \frac{\frac{\Delta Q}{\Delta p}}{\frac{\Delta p}{p}} = \lim_{\Delta p \to 0} \frac{\Delta Q}{\Delta p} \cdot \frac{p}{Q(p)} = \frac{p}{Q(p)} Q'(p)$$

$E(p)$ 表示某种商品需求量 $Q$ 对价格 $p$ 的变化的敏感程度. 它表示在单价为 $p$ 元时, 单价每变动一个百分点(1%)时需求量变化的百分数, 也称之为需求量对价格的弹性系数. 由于需求函数一般是减函数, 所以 $E(p)$ 为负, 所以需求弹性通常小于零.

当 $E(p) = -1$ 时, 称为单位弹性, 即商品需求量的相对变化与价格的相对变化基本相等, 此价格是最优价格.

当 $E(p) < -1$ 时, 称为富有弹性, 即商品需求量的相对变化大于价格的相对变化, 此时价格的变动对需求量的影响较大. 所以适当降价会使需求量较大幅度上升, 从而增加收入.

当 $-1 < E(p) < 0$ 时, 称为缺乏弹性, 即商品需求量的相对变化小于价格的相对变化, 此时价格的变动对需求量的影响较小. 在适当涨价后不会使需求量有较大的下降, 从而可增加收入.

**例 4.6.6** 设某商品的需求函数 $Q = 20 - 2p^2$, 试求：

（1）需求弹性函数；

（2）当价格 $p = 2$ 时的需求弹性, 并解释其经济意义.

**解**：（1）需求弹性函数为

$$E(p) = \frac{p}{Q(p)} \cdot Q'(p) = -\frac{p}{20 - 2p^2} 4p = -\frac{4p^2}{20 - 2p^2}.$$

（2）当价格 $p = 2$ 时, 需求弹性为

$$E(2) = -\frac{4p^2}{20 - 2p^2} \bigg|_{p=2} = -\frac{4}{3}.$$

其经济意义为：当 $p = 2$ 时, 若价格上涨（降价）1%, 则需求量将减少（增加）1.33%. 需求量的变化幅度大于价格变化的幅度, 适当降低价格可增加销售量, 从而增加总收入.

### 4.6.3 最优化问题

在经济活动中, 通常会遇到在已知的限制条件下求利润最大、生产安排最优、成本最低、资源配置最佳等问题, 就可以利用导数对某一经济函数进行分析, 根据条件求出函数最值. 通过分析, 合理、科学的制定策略, 有效地安排生产经营活动.

**1. 最大利润问题**

微观经济学认为, 利润是衡量企业经济效益的一个主要指标, 在一定的设备条件下, 能获得最大利润, 这是企业管理中的一个现实问题.

总利润函数 $L(x) = R(x) - C(x)$ 取得最大值的必要条件是

$$L'(x) = R'(x) - C'(x) = 0, \quad 即 \quad R'(x) = C'(x)$$

取得最大值的充分条件是

$$L''(x) = R''(x) - C''(x) < 0，即 R''(x) < C''(x)$$

也就是边际收入的导数小于边际成本的导数.

可以看出，在经济学中，当 $R'(q) = C'(q)$，且 $R''(q) < C''(q)$ 时，边际收益等于边际成本，这就是利润最大化原则；边际收益的变化率小于成本边际的变化率，这时利润最大.

**例 4.6.7** 设 B 型轮船配件产品的成本函数为 $C = 200 + 2Q$，需求函数为 $Q = 100 - 2p$，且产销平衡，求：

（1）此配件的总利润函数；

（2）当 B 型配件价格 $p$ 为多少时，总利润最大？并求出最大利润.

**解**：（1）将成本表示成价格的函数：$C = 200 + 2(100 - 2p) = 400 - 4p$.

总收益函数为 $R(p) = pQ = p(100 - 2p) = 100p - 2p^2$，所以，总利润函数为

$$L(p) = R(p) - C(p) = -2p^2 + 104p - 400.$$

（2）$L'(p) = -4p + 104$，令 $L'(p) = 0$，求得驻点 $p = 26$，

又因为 $L''(p) = -4 < 0$，所以驻点 $p = 26$ 为极大值点，且是唯一驻点，因而也是最大值点.
即当价格 $p = 26$ 时，利润最大，最大值为 952.

**2. 最小成本问题**

同理可得，除了可以求最大利润，还可以对其他经济中的变量进行最大化和最小化分析. 下面给出一个求最小成本的例子.

**例 4.6.8** 某食品加工厂生产糕点为 $q$ 件时，生产成本函数为

$$C(q) = 10000 - 4q + 0.002q^2.$$

求该食品加工厂生产多少件糕点时，平均成本最低，并求出其最低平均成本.

**解**：平均成本函数为 $\bar{C}(q) = \dfrac{C(q)}{q} = \dfrac{10000}{q} - 4 + 0.002q$.

$$\bar{C}'(q) = -\dfrac{10000}{q^2} + 0.002.$$

令 $\bar{C}'(q) = 0$，得 $q = 1000\sqrt{5}$，这是唯一的驻点，它也最小值点.

因此，当 $q = 1000\sqrt{5}$ 时平均成本达到最小，最小平均成本为

$$\bar{C}(1000\sqrt{5}) = \dfrac{10000}{1000\sqrt{5}} - 4 + 0.002 \times 1000\sqrt{5} \approx 4.945.$$

# 习题 4.6

1. 设某钢铁 L7 的新产品总收益函数和总成本函数分别为

$$R = R(Q) = 33Q - 4Q^2，C = C(Q) = Q^3 - 9Q^2 + 36Q + 6,$$

求利润最大时的产量，产品的价格和利润.

2. 某超市每年销售某种商品 $a$ 件，每次购进的手续费为 $b$ 元，而每件的库存费为 $c$ 元/年. 若该商品均匀销售，且上批销完立即进下一批货，问商店应分几批购进此种商品，能使所用的手续费及库存费总和最少？

3. 设某商品需求函数为 $Q = 10 - \dfrac{P}{2}$. （1）求需求弹性函数；（2）求 $P = 10$ 时的需求弹性；（3）在 $P = 4$ 时，若价格上涨1%，总收益增加还是减少？将变化百分之几？（4）$P$ 为多少时，总收益最大？最大的总收益为多少？

4. 设某产品的总成本函数和总收入函数分别为 $C(q) = 200 + 5q, R(q) = 10q - 0.01q^2$，求该产品的边际成本，边际收入和边际利润.

5. 某工厂生产 $A$ 类产品的总成本函数和总收入函数分别为
$$C(x) = 100 + 2x + 0.02x^2, R(x) = 7x + 0.01x^2.$$
求边际利润函数及当日产量分别是 200kg, 250kg 和 300kg 时的边际利润，并说明其经济意义.

6. 假设对新能源汽车需求的价格弹性 $E_d = -1.2$，需求的收格弹性 $E_y = 3.0$，计算：

（1）价格提高3%对需求的影响；

（2）收格增加2%对需求的影响；

（3）若价格提高8%，收格增加10%，去年的汽车销售量为800万辆，利用有关弹性系数的数据估计今年新能源汽车的销售量.

# 复习题 4

## 一、选择题

1. 下列函数中在给定区间上满足罗尔定理条件的是（　　）.

   A. $y = x^2 - 5x + 6, x \in [2,3]$ 　　　　B. $y = \dfrac{1}{\sqrt[3]{(x-1)^2}}, x \in [0,2]$

   C. $y = xe^{-x}, x \in [0,1]$ 　　　　　　D. $y = |x-1|, x \in [0,2]$

2. 函数 $y = x\ln x$ 在区间 $[1,2]$ 上满足拉格朗日定理条件的 $\xi$ 是（　　）.

   A. $\dfrac{e}{4}$ 　　　　B. $\dfrac{4}{e}$ 　　　　C. $2\ln 2$ 　　　　D. 1

3. 设 $y = \dfrac{1}{3}x^3 - 4x + 4$，那么在区间 $(-\infty, -2)$ 和 $(2, +\infty)$ 内，$y$ 分别为（　　）.

   A. 单调增加，单调增加　　　　B. 单调增加，单调减少

   C. 单调减少，单调增加　　　　D. 单调减少，单调减少

4. 函数 $f(x) = (x-3)^{\frac{2}{3}}$ 在点 $x = 3$ 处是 $f(x)$ 的（　　）.

   A. 可导点　　　B. 拐点　　　C. 驻点　　　D. 极值点

5. 函数 $f(x) = 3x^3 - 4x^2 + 7$ 在区间 $(1, +\infty)$ 上是（　　）.

   A. 单调递增而且凹的　　　　B. 单调递减而且凹的

   C. 单调递增而且凸的　　　　D. 单调递减而且凸的

6. 条件 $f'(x_0)=0$ 是函数 $y=f(x)$ 在 $x_0$ 点处有极值的（　　）.

 A. 必要条件  B. 充分条件  C. 充分必要条件  D. A、B、C 都不是

7. 曲线 $f(x)=x^3(1-x)$ 的拐点是（　　）.

 A. $\left(\dfrac{1}{2},0\right)$  B. $\left(0,\dfrac{1}{2}\right)$  C. $\left(0,\dfrac{1}{16}\right)$  D. $\left(\dfrac{1}{2},\dfrac{1}{16}\right)$

8. 曲线 $f(x)=\dfrac{1}{\ln(1+x)}$ 的渐近线情况是（　　）.

 A. 既有水平渐近线，又有垂直渐近线  B. 既无水平渐近线，又无垂直渐近线

 C. 只有水平渐近线  D. 只有垂直渐近线

## 二、填空题

1. 函数 $y=x^3+12x^2+1$ 的单调减少区间为 _____.

2. 点 $(0,1)$ 是曲线 $y=ax^3+bx+c$ 的拐点，则常数 $a=$ _____, $b=$ _____, $c=$ _____.

3. 函数 $y=x^3-6x^2+9x$ 的极大值点为 _____，拐点为 _____.

4. 函数 $y=\ln(1+x^2)$ 在 $[-1,2]$ 上的最大值为 _____，最小值为 _____.

5. 曲线 $y=\operatorname{arccot}x$ 有两条水平渐近线分别为 _____ 和 _____.

6. 曲线 $y=\dfrac{2x-1}{(x-1)^2}$ 的垂直渐近线为 _____.

## 三、求下列函数的极限

（1） $\lim\limits_{x\to\frac{\pi}{4}}\dfrac{\tan x-1}{\sin 4x}$；

（2） $\lim\limits_{x\to 0^+}\dfrac{x^3}{\mathrm{e}^x}$；

（3） $\lim\limits_{x\to\pi}\dfrac{\sin 3x}{\tan 5x}$；

（4） $\lim\limits_{x\to+\infty}\dfrac{x^5-3x^2}{\mathrm{e}^{5x}}$；

（5） $\lim\limits_{x\to a}\dfrac{x^m-a^m}{x^n-a^n}$；

（6） $\lim\limits_{x\to+\infty}\dfrac{x^2+\ln x}{x\ln x}$；

（7） $\lim\limits_{x\to+\infty}\dfrac{\mathrm{e}^x+\mathrm{e}^{-x}}{\mathrm{e}^x-\mathrm{e}^{-x}}$；

（8） $\lim\limits_{x\to 0}\dfrac{(1-\cos x)\mathrm{e}^x}{x^2\ln(x+1)}$；

（9） $\lim\limits_{x\to 0}\left(\dfrac{1}{x^2}-\dfrac{1}{x\tan x}\right)$；

（10） $\lim\limits_{x\to 1}\left(\dfrac{2}{x^2-1}-\dfrac{1}{x-1}\right)$；

（11） $\lim\limits_{x\to\pi}\left(1-\tan\dfrac{x}{4}\right)\sec\dfrac{x}{2}$；

（12） $\lim\limits_{x\to 0}x^2\mathrm{e}^{\frac{1}{x^2}}$.

## 四、计算题

1. 求函数 $y=x^3-6x^2+9x-4$ 的单调区间、极值凹凸区间和拐点.

2. 讨论函数 $f(x)=\dfrac{\ln x}{x}$ 的单调性和凹凸性.

3. 求函数 $y=x^4-8x^2+2$ 在区间 $[-1,3]$ 上的最大值与最小值.

4. 试确定常数 $a$、$b$、$c$ 的值，使曲线 $y=x^3+ax^2+bx+c$ 在 $x=2$ 处取到极值，且与直线 $y=-3x+3$ 相切于点 $(1,0)$.

5. 以直的河岸为一边用篱笆围出一矩形场地，现有 36 m 长的篱笆，问能围出的最大场地面积是多少？

6. 从一块半径为 $R$ 的圆铁片上挖去一个扇形做成漏斗，问剩下的扇形的中心角 $\varphi$ 取多大时，挖去的那一块做成的漏斗容积最大？

7. 用汽船拖载重量相等的小船若干只，在两港之间来回运货. 已知每次拖 4 只小船一日能来回 16 次，每次拖 7 只则一日能来回 10 次，如果小船增多的只数与来回减少的次数成正比，问每日来回多少次，每次拖多少只小船能使运货总量达到最大？

## 五、证明题

1. 若 $f(x)$ 可导，试证在 $f(x)$ 的两个零点之间，一定有 $f(x)+f'(x)$ 的零点.

2. 设函数 $f(x)$ 在区间 $[a,b]$ 上连续，在 $(a,b)$ 内可导. 证明：在 $(a,b)$ 内至少存在一点 $\xi$，使

$$\frac{bf(b)-af(a)}{b-a}=f(\xi)+\xi f'(\xi).$$

## 六、经济应用题

1. 某商品的需求函数 $Q=300-P^2\ Q=300-P^2$，其中 $P$ 为价格，$Q$ 为需求量. 若该商品产销平衡，问：价格 $P$ 为多少时总收益最大？

2. 某公司有 50 套公寓要出租，当租金定为每月 180 元时，公寓会全部租出去；当租金每月增加 10 元时，就有一套租不出去，而租出去的房子每月共需花费 20 元的维修费. 问房租定为多少时可获得最大收入？

3. 某商品的需求量 $Q$（单位：件）与价格 $p$（单位：元）满足 $Q=55-\dfrac{p}{2}$，试求：

（1）需求弹性函数；

（2）当价格 $p=10$(元/件)时，若价格上涨1%，需求量如何改变？改变百分之几？并说明经济意义.

4. 某产品的成本函数为 $C(Q)=100+Q^2$. 求产量 $Q=10$ 时的平均成本和边际成本.

5. 已知某水泥型号产品的成本函数为 $C=C(Q)=\dfrac{1}{4}Q^2+8Q+4900$(元)，求：

（1）当 $Q=100$ 吨时的平均成本与边际成本；

（2）最低平均成本及相应产量的边际成本.

# 5 不定积分

正如加法有其逆运算减法，乘法有其逆运算除法，微分法同样有它的逆运算——积分法。在前面已经介绍已知函数求导数或微分的问题，那么与之相反的问题是：已知导函数求其函数，即求一个未知函数，使其导函数恰好是某一已知函数。这种由导数或微分求原来函数的逆运算就叫作求原函数，也就是求不定积分。本章将介绍不定积分的概念、计算方法及其经济应用。

### 学习能力目标

（1）理解原函数的概念。
（2）掌握不定积分的概念及性质。
（3）熟练掌握不定积分的基本公式及运算法则。
（4）灵活运用直接积分法求不定积分。
（5）熟练掌握不定积分的换元积分法。
（6）熟练掌握不定积分的分部积分法。
（7）会应用不定积分解决相应的经济问题。

### 课程思政目标

（1）介绍我国数学家在微积分研究方面的成就及其在航天、高铁等领域的应用，激发学生的爱国情怀和民族自豪感。
（2）介绍牛顿和莱布尼茨等一大批数学家在对微积分的研究中做出了巨大贡献，强调学习数学家们在解决这个问题过程中所展现出的敬业精神和坚持不懈的探索精神。

## 5.1 不定积分的概念和性质

### 5.1.1 原函数

在解决实际问题时，我们会经常会遇到已知一个函数的导数，要求这个函数的问题。例如，在经济学中，边际成本函数是总成本函数的导数，现在已知边际成本函数 $y = f(x)$，反过来求总成本函数 $F(x)$。这就涉及到了微分学中求导数或求微分的相反问题，即已知函数的导数或微分，反过来求原来这个函数。

**定义 5.1.1**　如果在区间 $D$ 内，可导函数 $F(x)$ 的导函数为 $f(x)$，即对任意 $x \in D$，均有

$$F'(x) = f(x) \text{ 或 } dF(x) = f(x)dx$$

则称函数 $F(x)$ 为 $f(x)$ 在区间 $D$ 上的**原函数**（简称为 $f(x)$ 的**原函数**）.

比如，由 $(\ln x)' = \dfrac{1}{x}$ 可知，$\ln x$ 是 $\dfrac{1}{x}$ 的一个原函数. 又如，由 $(x^3)' = 3x^2$ 可知，$x^3$ 是 $3x^2$ 的一个原函数.

**定理 5.1.1（原函数存在定理）** 如果函数 $f(x)$ 在区间 $D$ 上连续，那么函数 $f(x)$ 在该区间上的原函数一定存在，即在区间 $D$ 上存在可导函数 $F(x)$，使对任意 $x \in D$，都有 $F'(x) = f(x)$.

简单言之：连续函数一定有原函数. 例如，一切初等函数在其定义区间上都连续，从而都有原函数.

**思考**：（1）如果函数存在一个原函数，那这个函数的原函数是否唯一？

（2）如果不唯一，那这些原函数之间有什么联系？

由 $(x^2)' = 2x$、$(x^2+2)' = 2x$、$(x^2+C)' = 2x$ 可知，$x^2, x^2+2, x^2+C$ 都是 $2x$ 的原函数（$C$ 为任意实数）. 可以看出，如果函数有一个原函数，那么它函数就有无数多个原函数，并且，这些原函数之间只相差一个常数.

**定理 5.1.2（原函数族定理）** 如果函数 $f(x)$ 有一个原函数，那么它就有无限多个原函数，而且这些原函数之间仅相差一个常数.

一般地，若 $F(x)$ 是 $f(x)$ 的原函数，那么 $f(x)$ 的所有原函数（称为**原函数族**）就是 $F(x) + C$（其中 $C$ 为任意常数）.

若 $F(x)$ 和 $G(x)$ 都是 $f(x)$ 的原函数，则 $F(x) - G(x) = C_0$（其中 $C_0$ 为某个常数），这表明 $f(x)$ 的任意两个原函数只相差一个常数.

### 5.1.2 不定积分的概念

**定义 5.1.2** 如果 $F(x)$ 是 $f(x)$ 的一个原函数，那么 $f(x)$ 的所有原函数 $F(x) + C$ 称为 $f(x)$ 的不定积分，记为 $\int f(x)dx$，即

$$\int f(x)dx = F(x) + C$$

其中，$\int$ 称为**积分号**，$f(x)$ 称为**被积函数**，$f(x)dx$ 称为**被积表达式**，$x$ 称为**积分变量**，任意常数 $C$ 称为**积分常数**.

由不定积分的定义可知，求函数 $f(x)$ 的不定积分，只需求出 $f(x)$ 的一个原函数 $F(x)$ 再加上积分常数 $C$ 即可.

例如：

$$\int \sin x dx = -\cos x + C; \qquad \int 3x^2 dx = x^3 + C.$$

**例 5.1.1** 计算下列函数的不定积分.

（1）$\int x^3 dx$；（2）$\int \cos 3x dx$；（3）$\int \dfrac{1}{x} dx$；（4）$\int x^\alpha dx (\alpha \neq -1)$；（5）$\int a^x dx (a \neq 1, a > 0)$.

**解：**（1）因为对任意 $x \in (-\infty, +\infty)$ 有 $\left(\dfrac{1}{4}x^4\right)' = x^3$，则 $\dfrac{1}{4}x^4$ 是 $x^3$ 的一个原函数，故

$$\int x^3 \mathrm{d}x = \dfrac{1}{4}x^4 + C.$$

（2）因为对任意 $x \in (-\infty, +\infty)$ 有 $\left(\dfrac{1}{3}\sin 3x\right)' = \cos 3x$，则 $\dfrac{1}{3}\sin 3x$ 是 $\cos 3x$ 的一个原函数，故

$$\int \cos 3x \mathrm{d}x = \dfrac{1}{3}\sin 3x + C.$$

（3）当 $x > 0$ 时，由 $(\ln x)' = \dfrac{1}{x}$，所以 $\int \dfrac{1}{x}\mathrm{d}x = \ln x + C$；

当 $x < 0$ 时，由 $(\ln(-x))' = \dfrac{1}{x}$，所以 $\int \dfrac{1}{x}\mathrm{d}x = \ln(-x) + C.$

综合这两种情形，故

$$\int \dfrac{1}{x}\mathrm{d}x = \ln|x| + C.$$

（4）因为 $(x^{\alpha+1})' = (\alpha+1)x^{\alpha}$，所以 $\left(\dfrac{1}{\alpha+1}x^{\alpha+1}\right)' = x^{\alpha}$，故

$$\int x^{\alpha}\mathrm{d}x = \dfrac{1}{\alpha+1}x^{\alpha+1} + C.$$

（5）因 $(a^x)' = a^x \ln a$，$\left(\dfrac{a^x}{\ln a}\right)' = a^x$，（$a > 0, a \neq 1$），故

$$\int a^x \mathrm{d}x = \dfrac{a^x}{\ln a} + C.$$

### 5.1.3 不定积分的几何意义

在几何上，我们通常把函数 $f(x)$ 的一个原函数 $y = F(x)$ 的图形称为函数 $f(x)$ 的积分曲线，而函数 $f(x)$ 的不定积分为 $\int f(x)\mathrm{d}x = F(x) + C$ 在几何上是表示一族曲线，称为积分曲线族. 这一积分曲线族具有以下两个特点:其一是每一条积分曲线上横坐标相同的点处的切线彼此平行，斜率都等于 $f(x)$；其二是积分曲线族中任意两条积分曲线仅相差一个常数,如图 5.1.1 所示.

故函数 $f(x)$ 的不定积分为 $\int f(x)\mathrm{d}x$ 的几何意义是 $f(x)$ 的积分曲线族，其表达式为

$$y = F(x) + C \quad （C \text{ 为任意常数}）$$

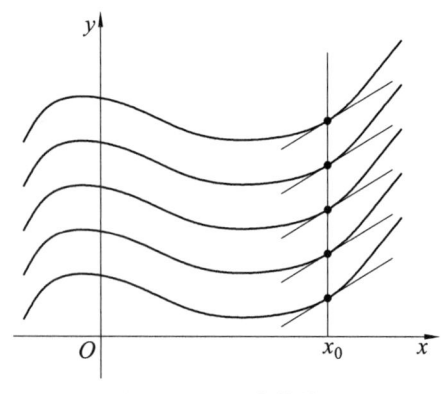

图 5.1.1　积分曲线族

**例 5.1.2** 设已知曲线通过点 $(0,3)$，且其上任一点处的切线斜率为 $e^x$，求此曲线的方程.

**解：** 设所求曲线方程为 $y = F(x)$，由导数的几何意义知 $F'(x) = e^x$，由不定积分的定义可得

$$\int e^x dx = e^x + C.$$

又曲线经过 $(0,3)$ 点，所以将 $x = 0$，$y = 3$ 代入上式可得：$3 = e^0 + C$，从而 $C = 2$，故所求曲线为 $y = e^x + 2$.

### 5.1.4 不定积分的性质

根据不定积分的定义可知，不定积分与导数（或微分）互为逆运算，有如下的关系：

（1）若先积分后微分，则两者的作用相互抵消. 即

$$\left(\int f(x)dx\right)' = f(x) \quad \text{或} \quad d\left[\int f(x)dx\right] = f(x)dx$$

（2）若先微分后积分，则抵消后要相差一个常数，即

$$\int F'(x)dx = F(x) + C \quad \text{或} \quad \int dF(x) = F(x) + C$$

也就是说，函数不定积分的导数（或微分）等于被积函数（或被积表达式），而函数的导数（或微分）的不定积分与这个函数仅相差一个积分常数.

例如：

$$\left(\int \cos x dx\right)' = \cos x, \quad \int (\cos x)' dx = \cos x + C.$$

# 习题 5.1

1. 选择题.

（1）若 $F'(x) = f(x)$，则 $\int f(x)dx = ($   $)$.

　　A. $F(x)$　　　　B. $f(x)$　　　　C. $F(x) + C$　　　　D. $f(x) + C$

（2）设 $\int f(x)dx = \sec x + C$，则 $f(x) = ($   $)$.

　　A. $\tan x$　　　B. $\tan^2 x$　　　C. $\sec x \cdot \tan x$　　　D. $\sec x \cdot \tan^2 x$

（3）$\int d(1 - \cos x) = ($   $)$.

　　A. $1 - \cos x$　　B. $x - \sin x + C$　　C. $-\cos x + C$　　D. $\sin x + C$

（4）设 $F'(x) = f(x)$，则 $d\int f(x)dx = ($   $)$.

　　A. $f(x)$　　　B. $f(x)dx$　　　C. $F(x)$　　　D. $F(x)dx$

（5）设 $f(x)$ 的一个原函数是 $x$，则 $\int f(x)\cos x dx = ($   $)$.

　　A. $\sin x + C$
　　B. $-\sin x + C$
　　C. $x\sin x + \cos x + C$
　　D. $x\sin x - \cos x + C$

2. 写出下列函数的一个原函数.

（1）1； （2）$5x^4$； （3）$e^x$； （4）$\sin 3x$； （5）$\dfrac{1}{\sqrt{x}}$； （6）$2^x$.

3. 判断下列式子是否正确.

（1）$\int x dx = \dfrac{1}{2}x^2$； （2）$\int x dx = \dfrac{1}{2}x^2 + 2$； （3）$\int x dx = \dfrac{1}{2}x^2 + C$；

（4）$\dfrac{d}{dx}\left[\int f(x)dx\right] = f(x)$； （5）$d\left[\int f(x)dx\right] = f(x)$； （6）$\int f'(x)dx = f(x)$.

4. 计算下列函数的不定积分.

（1）$\int x^4 dx$； （2）$\int x dx$； （3）$\int \sec^2 x dx$；

（4）$\int 1 dx$； （5）$\int 3^x dx$； （6）$\int \dfrac{1}{1+x^2} dx$；

（7）$\int \dfrac{1}{\sqrt{1-x^2}} dx$； （8）$\int \csc x \cot x dx$； （9）$\int \dfrac{1}{x^2} dx$.

5. 已知函数 $f(x)$ 的一个原函数为 $\ln x$，求 $f'(x)$.

6. 已知曲线 $y = F(x)$ 通过点 $(1, 3)$，且在任一点处的切线斜率为 $3x$，求该曲线的方程.

## 5.2 基本积分公式与积分法则

### 5.2.1 基本积分公式

由前面可知，求不定积分与求导数（或求微分）是互逆运算，那么，要得到积分公式，只需要把导数基本公式反过来整理一下即可.

例如，因为 $(x^{a+1})' = (a+1)x^a$，即 $\left(\dfrac{x^{a+1}}{a+1}\right)' = x^a$，故 $\dfrac{x^{a+1}}{a+1}$ 是 $x^a$ 的一个原函数，从而

$$\int x^a dx = \dfrac{x^{a+1}}{a+1} + C \quad (a \neq -1).$$

类似地，根据其他导数基本公式就可以得到相对应的基本积分公式，如表 5.2.1 所示.

表 5.2.1 基本积分公式

| 序列 | 基本积分公式 | 导数基本公式 |
| --- | --- | --- |
| 1 | $\int 0 dx = C$ | $(C)' = 0$ |
| 2 | $\int k dx = kx + C$ | $(kx + C)' = k$ |
| 3 | $\int x^a dx = \dfrac{1}{a+1}x^{a+1} + C \ (a \neq -1)$ | $\left(\dfrac{1}{a+1}x^{a+1}\right)' = x^a \ (a \neq -1)$ |
| 4 | $\int \dfrac{1}{x} dx = \ln|x| + C$ | $(\ln x)' = \dfrac{1}{x}$ |

续表

| 序列 | 基本积分公式 | 导数基本公式 |
|---|---|---|
| 5 | $\int a^x \mathrm{d}x = \dfrac{a^x}{\ln a} + C$ | $(a^x)' = a^x \ln a$ |
| 6 | $\int \mathrm{e}^x \mathrm{d}x = \mathrm{e}^x + C$ | $(\mathrm{e}^x)' = \mathrm{e}^x$ |
| 7 | $\int \sin x \mathrm{d}x = -\cos x + C$ | $(\cos x)' = -\sin x$ |
| 8 | $\int \cos x \mathrm{d}x = \sin x + C$ | $(\sin x)' = \cos x$ |
| 9 | $\int \sec^2 x \mathrm{d}x = \int \dfrac{1}{\cos^2 x} \mathrm{d}x = \tan x + C$ | $(\tan x)' = \sec^2 x = \dfrac{1}{\cos^2 x}$ |
| 10 | $\int \csc^2 x \mathrm{d}x = \int \dfrac{1}{\sin^2 x} \mathrm{d}x = -\cot x + C$ | $(\cot x)' = -\csc^2 x = -\dfrac{1}{\sin^2 x}$ |
| 11 | $\int \sec x \tan x \mathrm{d}x = \sec x + C$ | $(\sec x)' = \sec x \tan x$ |
| 12 | $\int \csc x \cot x \mathrm{d}x = -\csc x + C$ | $(\csc x)' = -\csc x \cot x$ |
| 13 | $\int \dfrac{1}{\sqrt{1-x^2}} \mathrm{d}x = \arcsin x + C$ | $(\arcsin x)' = \dfrac{1}{\sqrt{1-x^2}}$ |
| 14 | $\int \dfrac{1}{1+x^2} \mathrm{d}x = \arctan x + C$ | $(\arctan x)' = \dfrac{1}{1+x^2}$ |

表 5.2.1 中 14 个基本积分公式是求不定积分的基础，必须熟记并熟练应用，有时需要对被积函数进行适当的恒等变形．

**例 5.2.1** 求下列函数的不定积分．

（1）$\int x^4 \mathrm{d}x$； （2）$\int x^3 \sqrt{x} \mathrm{d}x$； （3）$\int \dfrac{1}{x\sqrt[3]{x}} \mathrm{d}x$； （4）$\int (1+\sqrt{x})^2 \mathrm{d}x$．

**解**：（1）$\int x^4 \mathrm{d}x \dfrac{1}{4+1} x^{4+1} + C = \dfrac{1}{5} x^5 + C$．

（2）$\int x^3 \sqrt{x} \mathrm{d}x = \int x^{\frac{7}{2}} \mathrm{d}x = \dfrac{1}{\frac{7}{2}+1} x^{\frac{7}{2}+1} + C = \dfrac{2}{9} x^{\frac{9}{2}} + C$．

（3）$\int \dfrac{1}{x\sqrt[3]{x}} \mathrm{d}x = \int x^{-\frac{4}{3}} \mathrm{d}x = \dfrac{1}{-\frac{4}{3}+1} x^{-\frac{4}{3}+1} + C = -3x^{-\frac{1}{3}} + C = -\dfrac{3}{\sqrt[3]{x}} + C$．

（4）因为 $(1+\sqrt{x})^2 = 1 + 2\sqrt{x} + x$，故

$$\int (1+\sqrt{x})^2 \mathrm{d}x = \int (1+2\sqrt{x}+x^2) \mathrm{d}x = \int \mathrm{d}x + 2\int x^{\frac{1}{2}} \mathrm{d}x + \int x \mathrm{d}x = x + \dfrac{4}{3} x^{\frac{3}{2}} + \dfrac{1}{2} x^2 + C.$$

**说明**：$\int 1 \mathrm{d}x$ 可以写作 $\int \mathrm{d}x$．

上面四个例子表明，有时被积函数不是标准的基本初等函数，往往先把它通过恒等变形，化成基本初等函数积分公式形式，然后再用积分公式直接来求不定积分．

### 5.2.2 不定积分的运算法则

根据不定积分的定义，可以推得不定积分有以下两个性质：

**法则 1** 设函数 $f(x)$ 的原函数存在，则

$$\int kf(x)dx = k\int f(x)dx \quad (k \neq 0 \text{ 为常数})$$

即求不定积分时，被积函数中的非零常数因子可以提到积分号外.

**法则 2** 设函数 $f(x)$ 和 $g(x)$ 的原函数都存在，则

$$\int [f(x) \pm g(x)]dx = \int f(x)dx \pm \int g(x)dx$$

即两个函数代数和的不定积分等于各函数不定积分的代数和.

法则 2 可以推广到有限个函数，即

$$\int [f_1(x) \pm f_2(x) \pm \cdots \pm f_n(x)]dx = \int f_1(x)dx \pm \int f_2(x)dx \pm \cdots \pm \int f_n(x)dx$$

将被积函数经过适当的恒等变形，再利用积分基本公式和不定积分的运算法则，则可以计算一些函数的不定积分，这种方法一般称为直接积分法.

**例 5.2.2** 求下列函数的不定积分.

(1) $\int (1 + 3x^2 + \cos x - e^x)dx$；

(2) $\int \left(2x + \cos x - \dfrac{1}{x\sqrt{x}}\right)dx$；

(3) $\int \left(\dfrac{x-1}{x}\right)^3 dx$；

(4) $\int (e^x - 3\cos x)dx$.

**解**：(1) $\int (1 + 3x^2 + \cos x - e^x)dx = \int dx + 3\int x^2 dx + \int \cos x dx - \int e^x dx$

$$= x + 3 \cdot \dfrac{1}{2+1}x^{2+1} + \sin x - e^x + C$$

$$= x + x^3 + \sin x - e^x + C.$$

(2) $\int \left(2x + \cos x - \dfrac{1}{x\sqrt{x}}\right)dx = \int \left(2x + \cos x - x^{-\frac{3}{2}}\right)dx$

$$= \int 2x dx + \int \cos x dx - \int x^{-\frac{3}{2}} dx$$

$$= x^2 + \sin x + 2x^{-\frac{1}{2}} + C.$$

(3) $\int \left(\dfrac{x-1}{x}\right)^3 dx = \int \left(1 - \dfrac{1}{x}\right)^3 dx = \int \left(1 - \dfrac{3}{x} + \dfrac{3}{x^2} - \dfrac{1}{x^3}\right)dx$

$$= x - 3\ln|x| - \dfrac{3}{x} + \dfrac{1}{2x^2} + C.$$

(4) $\int (e^x - 3\cos x)dx = \int e^x dx - 3\int \cos x dx = e^x - 3\sin x + C.$

说明：(1) 当每个函数的不定积分求完之后，结果中都含有任意常数，因任意常数之和还是任意常数，因而只用一个任意常数表示即可. 并且，当各等式右边尚有积分号时，隐含着任意常数，可以不写"+C"，当右边的所有积分号都消失时，再写上"+C".

（2）检验不定积分的结果是否正确，只需将结果进行求导数即可，看它的导数是否等于被积函数，若相等，则说明结果正确，否则结果是错误的.

如对例 5.2.2 中（2）的结果，由于

$$\left(x^2+\sin x+2x^{-\frac{1}{2}}+C\right)'=2x+\cos x+2\cdot\left(-\frac{1}{2}\right)x^{-\frac{3}{2}}=2x+\cos x-\frac{1}{x\sqrt{x}}$$

则说明结果是正确的.

有一些不定积分，被积函数在基本积分公式中没有，我们可以通过简单的恒等变形化成基本积分公式中所列类型的不定积分后再求不定积分. 有一些则需要把它们进行分项（或拆项）后，再逐项积分. 下面举出一些此类型积分的例子.

**例 5.2.3** 求下列函数的不定积分.

（1）$\int 3^x e^x dx$；　（2）$\int \frac{x^2}{1+x^2}dx$；　（3）$\int \frac{1+2x^2}{x^2(1+x^2)}dx$.

**解：**（1）由 $3^x e^x = (3e)^x$，并把 3e 看成整体，为基本积分公式 5 中的 $a$，再用这个公式.

$$\int 3^x e^x dx = \int (3e)^x dx = \frac{1}{\ln(3e)}(3e)^x + C = \frac{3^x e^x}{1+\ln 3}+C.$$

（2）$\int \frac{x^2}{1+x^2}dx = \int \frac{1+x^2-1}{1+x^2}dx = \int\left(1-\frac{1}{1+x^2}\right)dx = \int dx - \int\frac{1}{1+x^2}dx$

$$= x - \arctan x + C.$$

（3）$\int \frac{1+2x^2}{x^2(1+x^2)}dx = \int \frac{1+x^2+x^2}{x^2(1+x^2)}dx = \int\left(\frac{1}{x^2}+\frac{1}{1+x^2}\right)dx$

$$= \int \frac{1}{x^2}dx + \int \frac{1}{1+x^2}dx = -\frac{1}{x}+\arctan x + C.$$

还有一些不定积分，被积函数可利用三角函数恒等变形，化为基本积分公式中已有的类型，然后再求不定积分.

**例 5.2.4** 求下列函数的不定积分.

（1）$\int \frac{1}{1+\cos 2x}dx$；　（2）$\int \tan^2 x dx$；　（3）$\int \cos^2 \frac{x}{2}dx$；　（4）$\int \frac{1}{\sin^2 x \cos^2 x}dx$.

**解：**（1）$\int \frac{1}{1+\cos 2x}dx = \int \frac{1}{1+2\cos^2 x-1}dx = \frac{1}{2}\int \frac{1}{\cos^2 x}dx = \frac{1}{2}\tan x + C.$

（2）$\int \tan^2 x dx = \int(\sec^2 x-1)dx = \int \sec^2 x dx - \int dx = \tan x - x + C.$

（3）$\int \cos^2 \frac{x}{2}dx = \int \frac{1+\cos x}{2}dx = \frac{1}{2}\int dx + \frac{1}{2}\int \cos x dx = \frac{1}{2}x + \frac{1}{2}\sin x + C.$

（4）$\int \frac{1}{\sin^2 x \cos^2 x}dx = \int \frac{\sin^2 x+\cos^2 x}{\sin^2 x \cos^2 x}dx = \int\left(\frac{1}{\sin^2 x}+\frac{1}{\cos^2 x}\right)dx$

$$= \int \frac{1}{\sin^2 x}dx + \int \frac{1}{\cos^2 x}dx = \tan x - \cot x + C.$$

## 习题 5.2

1. 填空题.

（1）若 $\int f(x)dx = \sqrt{x} - 3x + C$，则 $f(x) = $ _____.

（2）若 $\int f(x)dx = x + \cos 2x + C$，则 $f(x) = $ _____.

（3）设 $f(x) = \dfrac{1}{x}$，则 $\int f'(x)dx = $ _____.

（4）$\int (xe^x)'dx = $ _____.

（5）$\int \dfrac{1}{x^2\sqrt{x}}dx = $ _____.

（6）$\int 3^x dx = $ _____.

2. 求下列函数的不定积分.

（1）$\int \left(e^x + \dfrac{1}{x} + \dfrac{1}{x^2}\right)dx$；

（2）$\int \left(x^{22} + \dfrac{\sqrt{x}}{3} + \ln 2\right)dx$；

（3）$\int (1 + 3x^2 + \cos x - e^x)dx$；

（4）$\int (5^x + x^5)dx$；

（5）$\int (2\cos x - \sin x)dx$；

（6）$\int \left(\csc^2 x - \dfrac{2}{x^2+1} + \dfrac{1}{4\sqrt{1-x^2}}\right)dx$；

（7）$\int x(x+1)dx$；

（8）$\int (\sqrt{x}+2)(2x - \sqrt{x})dx$；

（9）$\int \dfrac{\sqrt{x} + x^3\cos x}{2x^3}dx$；

（10）$\int \dfrac{x^2}{1-x^2}dx$；

（11）$\int \dfrac{2\cdot 3^x - 5\cdot 2^x}{3^x}dx$；

（12）$\int \dfrac{x-1}{\sqrt[3]{x}-1}dx$.

3. 求下列函数的不定积分.

（1）$\int \dfrac{4x^4 + 4x^2 + 1}{x^2+1}dx$；

（2）$\int e^{-x}\left[e^{2x} - \dfrac{e^x x^4}{x^2-1}\right]dx$；

（3）$\int \dfrac{1}{x^2(1+x^2)}dx$；

（4）$\int \dfrac{\cos 2x}{\sin x + \cos x}dx$；

（5）$\int \dfrac{1}{1-\cos 2x}dx$；

（6）$\int \sin^2 \dfrac{x}{2}dx$；

（7）$\int 3^{x+2}dx$；

（8）$\int \left(\sin\dfrac{x}{2} + \cos\dfrac{x}{2}\right)^2 dx$；

（9）$\int \dfrac{1+\cos^2 x}{1+\cos 2x}dx$；

（10）$\int \dfrac{\sin x}{\cos^2 x}dx$；

（11）$\int \dfrac{1}{\sin^2\dfrac{x}{2}\cos^2\dfrac{x}{2}}dx$；

（12）$\int \dfrac{\cos 2x}{\cos^2 x \sin^2 x}dx$.

## 5.3 换元积分法

从前面的例子可以看到,有些不定积分是不能用直接积分处理的,例如

$$\int \sin 3x \mathrm{d}x, \quad \int \mathrm{e}^{2x}\mathrm{d}x \ \text{及} \int (5x-1)^{100}\mathrm{d}x$$

就无法利用直接积分计算出来. 为解决此类问题, 我们必须进一步对不定积分的计算方法进行讨论, 本节介绍不定积分的另一个非常重要的方法——换元积分法. 通常分为两类, 即第一类换元法(也称**凑微分**)与第二类换元法.

换元积分法是将复合函数的求导法则反过来用于不定积分, 通过适当的变量替换(换元), 把某些不定积分化为基本积分公式表中所列函数的形式, 再计算出所求的不定积分.

### 5.3.1 第一类换元积分法(凑微分法)

对于不定积分 $\int (5x-1)^{100}\mathrm{d}x$, 不能直接使用基本积分公式 $\int x^a \mathrm{d}x = \frac{1}{1+a}x^{1+a}+C$ 来计算, 因为被积函数 $(5x-1)^{100}$ 是由 $y=u^{100}$、$u=5x-1$ 复合而成, 其中间变量是"$u=5x-1$", 与积分变量"$x$"不同. 但若能把被积表达式恒等变形, 使得被积函数的变量与积分变量变得相同, 那么就可用公式 $\int u^a \mathrm{d}x = \frac{1}{1+a}u^{1+a}+C$ 来求.

由 $u = 5x-1$, 等式两边微分可得 $\mathrm{d}u = 5\mathrm{d}x$, 即 $\mathrm{d}x = \frac{1}{5}\mathrm{d}u$, 故

$$\int (5x-1)^{100}\mathrm{d}x = \int (u)^{100} \cdot \frac{1}{5}\mathrm{d}u = \frac{1}{5}\int u^{100}\mathrm{d}u = \frac{1}{5} \cdot \frac{1}{100+1}u^{100+1}+C = \frac{1}{505}u^{101}+C,$$

再将 $u$ 还原成 $5x-1$, 即有

$$\int (5x-1)^{100}\mathrm{d}x = \frac{1}{505}(5x-1)^{101}+C.$$

在整个求解过程中, 运用了转化的思想, 是将不定积分 $\int (5x-1)^{100}\mathrm{d}x$ 转化为 $\int (5x-1)^{100} \cdot \frac{1}{5}\mathrm{d}(5x-1)$ 来计算, 再将复合函数的中间变量 $u=5x-1$ 当成新的积分变量, 利用基本积分公式求出结果, 这种将中间变量函数看成一个整体的新的积分变量的积分方法, 就称为第一类换元积分法, 也称凑微分法.

**定理 5.3.1**(第一类换元积分法) 设 $F(u)$ 是 $f(u)$ 的一个原函数, 即 $\int f(u)\mathrm{d}u = F(u)+C$, $u=\varphi(x)$ 可导, 则有换元公式

$$\int f[\varphi(x)]\varphi'(x)\mathrm{d}x = F[\varphi(x)]+C$$

第一类换元积分法的主要思想是: 在不定积分 $\int f[\varphi(x)]\varphi'(x)\mathrm{d}x$ 中, 若函数 $f(u)$ 的原函数

$F(u)$ 比较容易求出,那么就可以用 $u = \varphi(x)$ 对原式作换元,这时利用微分公式就有 $du = \varphi'(x)dx$,从而就有

$$\int f[\varphi(x)]\varphi'(x)dx = \int f[\varphi(x)]d\varphi(x) \qquad (凑微分)$$
$$= \int f(u)du \qquad (换元)$$
$$= F(u) + C \qquad (积分公式)$$
$$= F[\varphi(x)] + C. \qquad (还原)$$

可以归纳成四个步骤:

(1)凑:变换积分形式,即 $\int g(x)dx = \int f[\varphi(x)]\varphi'(x)dx$;

(2)换:作变量代换 $u = \varphi(x)$,有 $\int g(x)dx = \int f(u)du$;

(3)代:代入常用的积分公式,求出 $f(u)$ 的原函数 $F(u)$,即得 $\int f(u)du = F(u) + C$

(4)还:将 $u = \varphi(x)$ 还原,即得 $\int g(x)dx = F[\varphi(x)] + C$.

常用"凑微分"的方法:

(1)观察被积函数的复合特征,结合基本积分公式,再恒等变形拼凑,把 $dx$ 凑成 $d(ax+b)$ 即: $dx = \frac{1}{a}d(ax+b)$. 如

$$\int \cos(3x+7)dx = \frac{1}{3}\int \cos(3x+7)d((3x+7)) = \frac{1}{3}\int \cos u du = \frac{1}{3}\sin u + C = \frac{1}{3}\sin(3x+7) + C.$$

(2)把被积函数中的某一因子与 $dx$ 凑成一个新的微分 $d\varphi(x)$,即 $\varphi'(x)dx = d\varphi(x)$. 如

$$\int \frac{\sec^2 \sqrt{x}}{\sqrt{x}}dx = 2\int \sec^2 \sqrt{x} d\sqrt{x} = 2\int \sec^2 u du = 2\tan u + C = 2\tan \sqrt{x} + C.$$

在熟练了以后,也可不必引入中间变量 $u = \varphi(x)$,直接把 $\varphi(x)$ 看成一个整体,作为新的变量代入积分公式运算即可. 这和我们以前学习过的复合函数求导法则相类似.

**例 5.3.1** 求下列不定积分.

(1) $\int e^{-2x}dx$; (2) $\int \sin \frac{3}{4}x dx$; (3) $\int (4x+1)^{22}dx$; (4) $\int \frac{1}{3x+5}dx$; (5) $\int \frac{1}{\sqrt{1-x}}dx$.

**解**:(1)设 $u = -2x$,则 $du = -2dx$,即 $dx = -\frac{1}{2}du$,故

$$\int e^{-2x}dx = \int e^{-2x} \cdot \left(-\frac{1}{2}\right)d(-2x) = -\frac{1}{2}\int e^u du = -\frac{1}{2}e^u + C = -\frac{1}{2}e^{-2x} + C.$$

(2)设 $u = \frac{3}{4}x$,则 $du = \frac{3}{4}dx$,即 $dx = \frac{4}{3}du$,故

$$\int \sin \frac{3}{4}x dx = \int \sin \frac{3}{4}x \cdot \frac{4}{3}d\left(\frac{3}{4}x\right) = \frac{4}{3}\int \sin u du = -\frac{4}{3}\cos u + C = -\frac{4}{3}\cos \frac{3}{4}x + C.$$

（3）$\int (4x+1)^{22} dx = \frac{1}{4}\int (4x-1)^{22} d(4x+1) = \frac{1}{4} \cdot \frac{1}{23}(4x+1)^{23} + C = \frac{1}{92}(4x+1)^{23} + C$.

（4）$\int \frac{1}{3x+5} dx = \frac{1}{3}\int \frac{1}{3x+5} d(3x+5) = \frac{1}{3}\ln|3x+5| + C$.

（5）$\int \frac{1}{\sqrt{1-x}} dx = -\int \frac{1}{\sqrt{1-x}} d(1-x) = -2\sqrt{1-x} + C$.

**例 5.3.2** 求下列不定积分.

（1）$\int e^x \cos e^x dx$；

（2）$\int \frac{1}{x(1+\ln x)} dx$；

（3）$\int x e^{x^2} dx$；

（4）$\int \frac{\sin\sqrt{x}}{\sqrt{x}} dx$；

（5）$\int \frac{1}{x^2} e^{\frac{1}{x}} dx$；

（6）$\int \frac{x}{9+x^2} dx$；

（7）$\int \frac{1}{9+x^2} dx$；

（8）$\int \frac{1}{a^2+x^2} dx$ $(a \neq 0)$；

（9）$\int \frac{1}{x^2-a^2} dx$ $(a \neq 0)$；

（10）$\int \frac{x}{\sqrt{4-x^2}} dx$；

（11）$\int \frac{1}{1+e^x} dx$；

（12）$\int \frac{1}{\sqrt{3x+2}-\sqrt{3x+1}} dx$.

**解：**（1）设 $u = e^x$，则 $du = e^x dx$，故

$$\int e^x \cos e^x dx = \int \cos e^x d(e^x) = \int \cos u du = \sin u + C = \sin e^x + C.$$

（2）设 $u = 1+\ln x$，则 $du = \frac{1}{x} dx$，故

$$\int \frac{1}{x(1+\ln x)} dx = \int \frac{1}{1+\ln x} d(1+\ln x) = \int \frac{1}{u} du = \ln|u| + C = \ln|1+\ln x| + C.$$

（3）设 $u = x^2$，则 $du = 2x dx$，即 $x dx = \frac{1}{2} du$，故

$$\int x e^{x^2} dx = \int e^{x^2} \cdot \frac{1}{2} d(x^2) = \frac{1}{2} \int e^u du = \frac{1}{2} e^u + C = \frac{1}{2} e^{x^2} + C.$$

（4）设 $u = \sqrt{x}$，则 $du = \frac{1}{2\sqrt{x}} dx$，即 $\frac{1}{\sqrt{x}} dx = 2 du$，故

$$\int \frac{\sin\sqrt{x}}{\sqrt{x}} dx = \int \sin\sqrt{x} \cdot 2 d(\sqrt{x}) = 2\int \sin u du = -2\cos u + C = -2\cos\sqrt{x} + C.$$

（5）$\int \frac{1}{x^2} e^{\frac{1}{x}} dx = -\int e^{\frac{1}{x}} d\left(\frac{1}{x}\right) = -e^{\frac{1}{x}} + C$.

（6）$\int \frac{x}{9+x^2} dx = \frac{1}{2}\int \frac{1}{9+x^2} d(9+x^2) = \frac{1}{2}\ln|9+x^2| + C = \frac{1}{2}\ln(9+x^2) + C$.

（7）$\int \frac{1}{9+x^2} dx = \frac{1}{9}\int \frac{1}{1+\left(\frac{x}{3}\right)^2} dx = \frac{1}{9}\int \frac{1}{1+\left(\frac{x}{3}\right)^2} \cdot 3 d\left(\frac{x}{3}\right) = \frac{1}{3}\arctan\frac{x}{3} + C$.

(8) $\int \dfrac{1}{a^2+x^2}dx = \dfrac{1}{a^2}\int \dfrac{1}{1+\left(\dfrac{x}{a}\right)^2}dx = \dfrac{1}{a^2}\int \dfrac{1}{1+\left(\dfrac{x}{a}\right)^2}\cdot a\,d\left(\dfrac{x}{a}\right) = \dfrac{1}{a}\arctan\dfrac{x}{a}+C$.

(9) $\int \dfrac{1}{x^2-a^2}dx = \int \dfrac{1}{(x+a)(x-a)}dx = \dfrac{1}{2a}\int\left(\dfrac{1}{x-a}-\dfrac{1}{x+a}\right)dx$.

$\qquad = \dfrac{1}{2a}\left[\int \dfrac{1}{x-a}dx - \int \dfrac{1}{x+a}dx\right]$

$\qquad = \dfrac{1}{2a}\left[\int \dfrac{1}{x-a}d(x-a) - \int \dfrac{1}{x+a}d(x+a)\right]$

$\qquad = \dfrac{1}{2a}\left[\ln|x-a|-\ln|x+a|\right]+C$

$\qquad = \dfrac{1}{2a}\ln\left|\dfrac{x-a}{x+a}\right|+C$.

(10) $\int \dfrac{x}{\sqrt{4-x^2}}dx = -\dfrac{1}{2}\int \dfrac{1}{\sqrt{4-x^2}}d(4-x^2) = -\sqrt{4-x^2}+C$.

(11) 原式 $= \int \dfrac{1+e^x-e^x}{1+e^x}dx = \int\left(1-\dfrac{e^x}{1+e^x}\right)dx = \int dx - \int \dfrac{e^x}{1+e^x}dx$

$\qquad = \int dx - \int \dfrac{1}{1+e^x}d(1+e^x) = x-\ln(1+e^x)+C$.

(12) 原式 $= \int \dfrac{\sqrt{3x+2}+\sqrt{3x+1}}{(\sqrt{3x+2}+\sqrt{3x+1})(\sqrt{3x+2}-\sqrt{3x+1})}dx$

$\qquad = \int(\sqrt{3x+2}+\sqrt{3x+1})dx$

$\qquad = \dfrac{1}{3}\int\sqrt{3x+2}\,d(3x+2)+\dfrac{1}{3}\int\sqrt{3x+1}\,d(3x+1)$

$\qquad = \dfrac{2}{9}(\sqrt{3x+2})^3+\dfrac{2}{9}(\sqrt{3x+1})^3+C$.

**注意**：求同一积分可以有多种不同的解法，其结果在形式上可能不同，但实际上最多只是积分常数有区别.

**例 5.3.3** 求不定积分 $\int \sin 2x\,dx$.

**解法一**：$\int \sin 2x\,dx = \dfrac{1}{2}\int \sin 2x\,d(2x) = -\dfrac{1}{2}\cos 2x+C_1$.

**解法二**：$\int \sin 2x\,dx = 2\int \sin x\cos x\,dx = 2\int \sin x\,d(\sin x) = \sin^2 x+C_2$.

**解法三**：$\int \sin 2x\,dx = 2\int \sin x\cos x\,dx = -2\int \cos x\,d(\cos x) = -\cos^2 x+C_3$.

以上三种不同的结果，利用余弦的倍角公式可以化为相同的形式. 事实上，要检验不定积分的结果是否正确，只需要对所得结果进行求导，若这个导数与被积函数相同，那么结果就是正确的.

**例 5.3.4** 求下列不定积分.

(1) $\int \tan x \mathrm{d}x$; (2) $\int \sec x \mathrm{d}x$; (3) $\int \sin^2 x \mathrm{d}x$; (4) $\int \cos^3 x \mathrm{d}x$.

**解:** (1) $\int \tan x \mathrm{d}x = \int \frac{\sin x}{\cos x} \mathrm{d}x = -\int \frac{1}{\cos x} \mathrm{d}\cos x = -\ln|\cos x| + C$.

同理可得 $\int \cot x \mathrm{d}x = \ln|\sin x| + C$.

(2) $\int \sec x \mathrm{d}x = \int \frac{1}{\cos x} \mathrm{d}x = \int \frac{\cos x}{\cos^2 x} \mathrm{d}x = \int \frac{1}{1-\sin^2 x} \mathrm{d}(\sin x)$ （利用例 5.3.3 的结果）

$$= \frac{1}{2}\ln\left|\frac{1+\sin x}{1-\sin x}\right| + C = \frac{1}{2}\ln\frac{(1+\sin x)^2}{\cos^2 x} + C = \ln\left|\frac{1+\sin x}{\cos x}\right| + C$$

$$= \ln\left|\frac{1}{\cos x} + \frac{\sin x}{\cos x}\right| + C = \ln|\sec x + \tan x| + C.$$

同理可得 $\int \csc x \mathrm{d}x = \ln|\csc x - \cot x| + C$.

(3) 被积函数为三角函数的偶次幂, 一般应先降幂 (利用倍角公式)

$$\int \sin^2 x \mathrm{d}x = \frac{1}{2}\int(1-\cos 2x)\mathrm{d}x = \frac{1}{2}\int \mathrm{d}x - \frac{1}{2}\int \cos 2x \mathrm{d}x.$$

$$\frac{1}{2}\int \mathrm{d}x - \frac{1}{2} \cdot \frac{1}{2}\int \cos 2x \mathrm{d}(2x) = \frac{1}{2}x - \frac{1}{4}\sin 2x + C.$$

(4) 先从三角函数 $\cos^3 x$ (奇次幂) 中分出一个 $\cos x$ 与 $\mathrm{d}x$ 凑微分, 再把被积函数的剩余部分化成 $\sin x$,

$$\int \cos^3 x \mathrm{d}x = \int \cos^2 x \cdot \cos x \mathrm{d}x = \int(1-\sin^2 x)\mathrm{d}(\sin x) = \int \mathrm{d}(\sin x) - \int \sin^2 x \mathrm{d}(\sin x)$$

$$= \sin x - \frac{1}{3}\sin^3 x + C.$$

**例 5.3.5** 求下列不定积分.

(1) $\int \frac{1}{x^2-4x+8} \mathrm{d}x$; (2) $\int \frac{10^{\arctan \sqrt{x}}}{\sqrt{x}(1+x)} \mathrm{d}x$; (3) $\int \sec^4 x \mathrm{d}x$; (4) $\int \cos 4x \cos 6x \mathrm{d}x$.

**解:** (1) 因为 $x^2 - 4x + 8 = (x-2)^2 + 4$, 则

$$\int \frac{1}{x^2-4x+8} \mathrm{d}x = \int \frac{1}{(x-2)^2+4} \mathrm{d}x = \frac{1}{4}\int \frac{1}{\left(\frac{x-2}{2}\right)^2+1} \mathrm{d}x$$

$$= \frac{1}{2}\int \frac{1}{\left(\frac{x}{2}-1\right)^2+1} \mathrm{d}\left(\frac{x}{2}-1\right)$$

$$= \frac{1}{2}\arctan\left(\frac{x}{2}-1\right) + C.$$

(2) 由 $\frac{1}{2\sqrt{x}} \mathrm{d}x = \mathrm{d}\sqrt{x}$ 可化为

$$\int \frac{10^{\arctan\sqrt{x}}}{2\sqrt{x}(1+x)}dx = \int \frac{10^{\arctan\sqrt{x}}}{1+(\sqrt{x})^2}d\sqrt{x}$$

$$= \int 10^{\arctan\sqrt{x}} d(\arctan\sqrt{x})$$

$$= \frac{1}{\ln 10} 10^{\arctan\sqrt{x}} + C.$$

（3）$\int \sec^4 x dx = \int \sec^2 x \cdot \sec^2 x dx = \int \sec^2 x d(\tan x) = \int (1+\tan^2 x) d(\tan x)$

$$= \tan x + \frac{1}{3}\tan^3 x + C.$$

（4）利用三角函数的积化和差公式 $\cos\alpha\cos\beta = \frac{1}{2}[\cos(\alpha+\beta)+\cos(\alpha-\beta)]$，可得

$$\int \cos 4x \cos 6x dx = \int \frac{1}{2}(\cos 10x + \cos 2x) dx = \frac{1}{2}\left(\frac{1}{10}\sin 10x + \frac{\sin 2x}{2}\right) + C$$

$$= \frac{1}{20}\sin 10x + \frac{1}{4}\sin 2x + C.$$

**注意**：由上面几个例子可知，变量 $u = \varphi(x)$ 选择适当，很快就能解决一部分常见积分运算．要迅速掌握凑微分法，必须熟悉基本微分公式，现将常用的一些凑微分形式列出如下：

（1）$f(ax+b)dx = \frac{1}{a}f(ax+b)d(ax+b) \quad (a \neq 0)$；

（2）$f(ax^2+b) \cdot x dx = \frac{1}{2a}f(ax^2+b)d(ax^2+b) \quad (a \neq 0)$；

（3）$f\left(\frac{1}{x}\right) \cdot \frac{1}{x^2} dx = -f\left(\frac{1}{x}\right) d\left(\frac{1}{x}\right)$；

（4）$f(\ln x) \cdot \frac{1}{x} dx = f(\ln x) d(\ln x)$；

（5）$f(\sqrt{x}) \cdot \frac{1}{\sqrt{x}} dx = 2f(\sqrt{x}) d(\sqrt{x})$；

（6）$f(e^x) \cdot e^x dx = f(e^x) d(e^x)$；

（7）$f(\cos x) \cdot \sin x dx = -f(\cos x) d(\cos x)$；

（8）$f(\sin x) \cdot \cos x dx = f(\sin x) d(\sin x)$；

（9）$f(\tan x) \cdot \frac{1}{\cos^2 x} dx = f(\tan x) \cdot \sec^2 x dx = f(\tan x) d(\tan x)$；

（10）$f(\cot x) \cdot \frac{1}{\sin^2 x} dx = f(\cot x) \cdot \csc^2 x dx = -f(\cot x) d(\cot x)$；

（11）$f(\arcsin x) \cdot \frac{1}{\sqrt{1-x^2}} dx = f(\arcsin x) d(\arcsin x)$；

（12）$f(\arctan x) \cdot \frac{1}{1+x^2} dx = f(\arctan x) d(\arctan x)$．

## 5.3.2 第二类换元积分法

通过前面的学习,我们知道,凑微分是利用中间变量代换 $u=\varphi(x)$ 将不容易计算的不定积分 $\int f(\varphi(x))\varphi'(x)dx$ 化为比较简单的形式 $\int f(u)du$,并易于积分.把这思路逆过来,可以把原来不容易计算的被积函数及积分变元转化为可化简、易于积分的函数.例如 $\int \frac{1}{x+\sqrt{x}}dx$,这个积分的困难之处在于被积函数中有 $\sqrt{x}$,为了去掉根号,可以引入新的变量,令 $t=\sqrt{x}$,即 $x=t^2$ ( $t \geq 0$ ),故 $dx=2tdt$,代入原不定积分,得

$$\int \frac{1}{x+\sqrt{x}}dx = \int \frac{2t}{t^2+t}dt = 2\int \frac{1}{t+1}d(t+1) = 2\ln(t+1)+C = 2\ln\left(\sqrt{x}+1\right)+C$$

我们将这种经过选择适当变量代换 $x=\psi(t)$ 将积分 $\int f(x)dx$ 化为积分 $f(\psi(x))\psi'(x)$ 的方法,目的是容易计算不定积分,称为**第二类换元积分法**.

**注意:**(1)函数 $f(\psi(x))\psi'(x)$ 的原函数存在,且容易计算;(2)要求代换式 $x=\psi(t)$ 的反函数存在且唯一.

**定理 5.3.2**(第二类换元积分法) 设 $x=\psi(t)$ 是单调的可导函数,并且 $\psi'(t) \neq 0$,又设 $f(\psi(x))\psi'(x)$ 具有原函数,则

$$\int f(x)dx = \left[\int f(\psi(t))\psi'(t)dt\right]_{t=\psi^{-1}(x)}$$

其中 $t=\psi^{-1}(x)$ 是 $x=\psi(t)$ 的反函数.

**例 5.3.6** 求下列不定积分.

(1) $\int \frac{1}{\sqrt{e^x-1}}dx$; (2) $\int \frac{1}{\sqrt[3]{x^2}+x}dx$; (3) $\int \frac{1}{\sqrt{x}+\sqrt[3]{x}}dx$.

**解:**(1)令 $\sqrt{e^x-1}=t$, $t \geq 0$,则 $x=\ln(1+t^2)$,故 $dx=\frac{2t}{1+t^2}dt$,代入原不定积分可得

$$\int \frac{1}{\sqrt{e^x-1}}dx = \int \frac{1}{t} \cdot \frac{2t}{1+t^2}dt = 2\int \frac{t}{1+t^2}dt = 2\arctan t+C = 2\arctan\sqrt{e^x-1}+C.$$

(2)令 $t=\sqrt[3]{x}$,则 $x=t^3, dx=3t^2dt$.

$$\int \frac{1}{\sqrt[3]{x^2}+x}dx = \int \frac{3t^2}{t^2+t^3}dt = 3\int \frac{1}{1+t}dt = 3\ln|1+t|+C = 3\ln\left|1+\sqrt[3]{x}\right|+C.$$

(3)令 $\sqrt[6]{x}=t$,则 $x=t^6, dx=6t^5dt$.

$$\begin{aligned}\int \frac{1}{\sqrt{x}+\sqrt[3]{x}}dx &= \int \frac{6t^5}{t^3+t^2}dt = 6\int \frac{t^3}{1+t}dt = 6\int \frac{t^3+1-1}{1+t}dt \\ &= 6\int (t^2-t+1)dt - 6\int \frac{1}{1+t}dt = 2t^3-3t^2+6t-6\ln|1+t|+C \\ &= 2x^{\frac{1}{2}}-3x^{\frac{1}{3}}+6x^{\frac{1}{6}}-6\ln\left|1+x^{\frac{1}{6}}\right|+C.\end{aligned}$$

**注**：对含有根式的积分，用换元法的目的是消去根号，从而化简函数的积分.

**例 5.3.7** 求不定积分，其中 $a > 0$.

（1）$\int \sqrt{a^2 - x^2}\, dx$；　（2）$\int \dfrac{dx}{\sqrt{x^2 + a^2}}$；　（3）$\int \dfrac{dx}{\sqrt{x^2 - a^2}}$.

**解**：（1）令 $x = a\sin t$，$-\dfrac{\pi}{2} \leq t \leq \dfrac{\pi}{2}$，则 $\sqrt{a^2 - x^2} = a\cos t$，$dx = a\cos t\, dt$，代入原不定积分可得

$$\int \sqrt{a^2 - x^2}\, dx = \int (a\cos t \cdot a\cos t)\, dt = a^2 \int \cos^2 t\, dt = a^2 \int \dfrac{1 - \cos 2t}{2}\, dt$$

$$= \dfrac{a^2}{2} t + \dfrac{a^2}{4} \sin 2t + C = \dfrac{a^2}{2} t + \dfrac{a^2}{2} \sin t \cos t + C$$

$$= \dfrac{a^2}{2} \arcsin \dfrac{x}{a} + \dfrac{a^2}{2} \cdot \dfrac{x}{a} \cdot \dfrac{\sqrt{a^2 - x^2}}{a} + C$$

$$= \dfrac{a^2}{2} \arcsin \dfrac{x}{a} + \dfrac{1}{2} x \sqrt{a^2 - x^2} + C.$$

（2）令 $x = a\tan t$，$t \in \left(-\dfrac{\pi}{2}, \dfrac{\pi}{2}\right)$，则 $\sqrt{a^2 + x^2} = a\sec t$，$dx = a\sec^2 t\, dt$，代入原不定积分可得

$$\int \dfrac{dx}{\sqrt{x^2 + a^2}} = \int \dfrac{a\sec^2 t}{a\sec t}\, dt = \int \sec t\, dt = \ln|\sec t + \tan t| + C_1.$$

由 $\tan t = \dfrac{x}{a}$ 知 $\sec t = \sqrt{1 + \tan^2 t} = \sqrt{1 + \left(\dfrac{x}{a}\right)^2} = \dfrac{\sqrt{x^2 + a^2}}{a}$，故

$$\int \dfrac{dx}{\sqrt{x^2 + a^2}} = \ln\left|\dfrac{\sqrt{x^2 + a^2}}{a} + \dfrac{x}{a}\right| + C_1 = \ln\left|x + \sqrt{x^2 + a^2}\right| + C \quad (C = C_1 - \ln a).$$

（3）令 $x = a\sec t$，$t \in \left(0, \dfrac{\pi}{2}\right)$，(设 $x > 1$，当 $x < -1$ 时同理可证)则 $\sqrt{x^2 - a^2} = a\tan t$，$dx = a\sec t \tan t\, dt$，代入原不定积分可得

$$\int \dfrac{dx}{\sqrt{x^2 - a^2}} = \int \dfrac{a\sec t \tan t}{a\tan t}\, dt = \int \sec t\, dt = \ln|\sec t + \tan t| + C_1.$$

由 $\sec t = \dfrac{x}{a}$ 知 $\tan t = \sqrt{\sec^2 t - 1} = \sqrt{\left(\dfrac{x}{a}\right)^2 - 1} = \dfrac{\sqrt{x^2 - a^2}}{a}$，故

$$\int \dfrac{dx}{\sqrt{x^2 - a^2}} = \ln\left|\dfrac{x}{a} + \dfrac{\sqrt{x^2 - a^2}}{a}\right| + C_1 = \ln\left|x + \sqrt{x^2 - a^2}\right| + C \quad (C = C_1 - \ln a).$$

**注意**：使用第二类换元积分法的关键在于寻找积分变量 $x$ 的一个合适的代换 $x = \psi(t)$，常用的积分变量代换有以下几种情况：

| 被积函数中含有 | 积分变量代换 |
|---|---|
| $\sqrt[n]{ax+b}$ → | $x = \dfrac{1}{a}(t^n - b)$ ; |
| $\sqrt{a^2 - x^2}$ → | $x = a\sin t \quad t \in \left(-\dfrac{\pi}{2}, \dfrac{\pi}{2}\right)$ |
| $\sqrt{x^2 + a^2}$ → | $x = a\tan t \quad t \in \left(-\dfrac{\pi}{2}, \dfrac{\pi}{2}\right)$ |
| $\sqrt{x^2 - a^2}$ → | $x = a\sec t \quad t \in \left(0, \dfrac{\pi}{2}\right)$ |

**总结**：前面的例题结果，有几个类型也可以当作公式使用，后面会经常遇到（其中 $a > 0$）.

（1）$\int \tan x \mathrm{d}x = -\ln|\cos x| + C$；  （2）$\int \cot x \mathrm{d}x = \ln|\sin x| + C$；

（3）$\int \sec x \mathrm{d}x = \ln|\sec x + \tan x| + C$；  （4）$\int \csc x \mathrm{d}x = \ln|\csc x - \cot x| + C$；

（5）$\int \dfrac{1}{a^2 + x^2} \mathrm{d}x = \dfrac{1}{a} \arctan \dfrac{x}{a} + C$；  （6）$\int \dfrac{1}{\sqrt{a^2 - x^2}} \mathrm{d}x = \arcsin \dfrac{x}{a} + C$；

（7）$\int \dfrac{1}{x^2 - a^2} \mathrm{d}x = \dfrac{1}{2a} \ln\left|\dfrac{x-a}{x+a}\right| + C$；  （8）$\int \dfrac{\mathrm{d}x}{\sqrt{x^2 \pm a^2}} = \ln\left|x + \sqrt{x^2 \pm a^2}\right| + C$.

# 习题 5.3

1. 填空题.

（1）$\mathrm{d}x = (\quad)\mathrm{d}(ax+b) \ (a \neq 0)$；  （2）$x\mathrm{d}x = \mathrm{d}(\quad)$；  （3）$\dfrac{1}{x^2} \mathrm{d}x = \mathrm{d}(\quad)$；

（4）$\dfrac{1}{x} \mathrm{d}x = \mathrm{d}(\quad)$；  （5）$\dfrac{1}{\sqrt{x}} \mathrm{d}x = \mathrm{d}(\quad)$；  （6）$\mathrm{e}^x \mathrm{d}x = \mathrm{d}(\quad)$；

（7）$\sin x \mathrm{d}x = \mathrm{d}(\quad)$；  （8）$\cos x \mathrm{d}x = \mathrm{d}(\quad)$；  （9）$\sec^2 x \mathrm{d}x = \mathrm{d}(\quad)$；

（10）$\csc^2 x \mathrm{d}x = \mathrm{d}(\quad)$；  （11）$\dfrac{1}{\sqrt{1-x^2}} \mathrm{d}x = \mathrm{d}(\quad)$；  （12）$\dfrac{1}{1+x^2} \mathrm{d}x = \mathrm{d}(\quad)$.

2. 填空题.

（1）$\int \sin(2x-5)\mathrm{d}x = $ _____；  （2）$\int \mathrm{e}^{3x+5} \mathrm{d}x = $ _____；

（3）$\int \dfrac{1}{1+\left(\dfrac{x-2}{2}\right)^2} \mathrm{d}x = $ _____；  （4）$\int (5x-3)^{2022} \mathrm{d}x = $ _____；

（5）$\int \dfrac{1}{1-2x} \mathrm{d}x = $ _____；  （6）$\int \dfrac{1}{\sqrt{6x-1}} \mathrm{d}x = $ _____.

3. 求下列函数的不定积分.

（1）$\int \cos(x+1)\mathrm{d}x$；  （2）$\int \dfrac{1}{3x+1} \mathrm{d}x$；  （3）$\int (3-2x)^3 \mathrm{d}x$；

（4）$\int \mathrm{e}^{2x-3} \mathrm{d}x$；  （5）$\int \dfrac{x}{x^2+3} \mathrm{d}x$；  （6）$\int \mathrm{e}^x (2+\mathrm{e}^x)^2 \mathrm{d}x$；

（7）$\int \dfrac{1+\ln x}{x}\mathrm{d}x$； （8）$\int \sin^3 x\mathrm{d}x$； （9）$\int \sin^3 x\cos x\mathrm{d}x$.

4. 填空题.

（1）若 $F(x)$ 是 $f(x)$ 的一个原函数，则 $\int f(2x)\mathrm{d}x = $ _____．

（2）设 $\int f(x)\mathrm{d}x = F(x)+C$，则 $\int f(2x+3)\mathrm{d}x = $ _____．

（3）设 $\int f(x)\mathrm{d}x = F(x)+C$，则 $\int \dfrac{f(\ln x)}{x}\mathrm{d}x = $ _____．

5. 求下列函数的不定积分.

（1）$\int \dfrac{\sin x}{\cos^2 x}\mathrm{d}x$； （2）$\int \dfrac{1}{4+x^2}\mathrm{d}x$； （3）$\int \cos^2 x\mathrm{d}x$；

（4）$\int \dfrac{\sqrt{\tan x}}{\cos^2 x}\mathrm{d}x$； （5）$\int \dfrac{1}{1+\cos 2x}\mathrm{d}x$； （6）$\int \dfrac{1}{\mathrm{e}^x+\mathrm{e}^{-x}}\mathrm{d}x$；

（7）$\int \dfrac{1}{1+\sqrt{x}}\mathrm{d}x$； （8）$\int \dfrac{x}{\sqrt{x+2}}\mathrm{d}x$； （9）$\int \sec^4 x\mathrm{d}x$.

6. 求下列函数的不定积分.

（1）$\int \sin^3 x\cos^2 x\mathrm{d}x$； （2）$\int \dfrac{\arcsin^2 x}{\sqrt{1-x^2}}\mathrm{d}x$； （3）$\int \dfrac{\arctan^3 x}{1+x^2}\mathrm{d}x$；

（4）$\int \dfrac{1}{9+2x^2}\mathrm{d}x$； （5）$\int \dfrac{1}{x^2+6x+9}\mathrm{d}x$； （6）$\int \dfrac{1}{x^2+2x+5}\mathrm{d}x$；

（7）$\int \dfrac{2x+2}{x^2+2x+5}\mathrm{d}x$； （8）$\int \dfrac{x^4}{x^2+1}\mathrm{d}x$； （9）$\int \mathrm{e}^x\sqrt{1+3\mathrm{e}^x}\mathrm{d}x$；

（10）$\int \dfrac{1}{\sqrt{x}(1+3\sqrt[3]{x})}\mathrm{d}x$； （11）$\int \dfrac{1}{\sqrt{25-9x^2}}\mathrm{d}x$； （12）$\int \dfrac{3x-7}{\sqrt{1-x^2}}\mathrm{d}x$；

（13）$\int \sqrt{36-x^2}\mathrm{d}x$； （14）$\int \dfrac{1}{x^2\sqrt{4+x^2}}\mathrm{d}x$； （15）$\int \dfrac{\sqrt{x}}{2+x}\mathrm{d}x$.

## 5.4　分部积分法

前面，利用复合函数求导法则，推导出换元积分法．本节我们利用两个函数乘积的求导法则，来推导另一个积分基本方法——**分部积分法**．

设函数 $u=u(x)$ 及 $v=v(x)$ 具有连续导数，那么这两个函数乘积的导数公式为

$$(uv)' = u'v + uv'$$

移项得

$$uv' = (uv)' - u'v$$

对两边求不定积分，得

$$\int uv'\mathrm{d}x = uv - \int u'v\mathrm{d}x.$$

**定理 5.4.1（分部积分法）** 设函数 $u=u(x)$ 及 $v=v(x)$ 具有连续导数，则

$$\int u(x)v'(x)dx = u(x)v(x) - \int u'(x)v(x)dx \tag{5.4.1}$$

$$\left(\int uv'dx = uv - \int u'vdx\right)$$

或

$$\int u(x)dv(x) = u(x)v(x) - \int v(x)du(x) \tag{5.4.2}$$

$$\left(\int udv = uv - \int vdu\right)$$

式（5.4.1）和式（5.4.2）称为不定积分的分部积分公式. **主要解决**当被积函数为两个不同类型的函数相乘时的不定积分问题.

**例 5.4.1** 求下列不定积分.

（1）$\int x\sin x dx$；（2）$\int xe^x dx$；（3）$\int x^2 \ln x dx$；（4）$\int x\arctan x dx$.

**解：**（1）由于被积函数是两个不同类型的乘积，当选定一个函数为 $u$ 时，余下部分就是 $v'$. 设 $u=x$，$v'=\sin x$，则 $u'=1$，$v=-\cos x$，有

$$\int x\sin x dx = \int xd(-\cos x) = -x\cos x - \int(-\cos x)dx = -x\cos x + \sin x + C.$$

求这个积分时，若令 $u=\sin x$，$v'=x$，则 $u'=\cos x$，$v=\frac{1}{2}x^2$，于是

$$\int x\sin x dx = \frac{1}{2}x^2 \sin x - \frac{1}{2}\int x^2 \cos x dx$$

上式右边不定积分的被积函数中的 $x$ 变成了 $x^2$，要比原积分更难求出，这说明这种选取是错误的.

（2）设 $u=x$，$v'=e^x$，则 $u'=1$，$v=e^x$，可得

$$\int xe^x dx = \int xd(e^x) = xe^x - \int e^x dx = xe^x - e^x + C.$$

（3）设 $u=\ln x$，$v'=x^2$，则 $u'=\frac{1}{x}$，$v=\frac{1}{3}x^3$，于是应用分部积分公式得

$$\int x^2 \ln x dx = \frac{1}{3}\int \ln x d(x^3) = \frac{1}{3}x^3 \ln x - \frac{1}{3}\int x^3 d(\ln x)$$

$$= \frac{1}{3}x^3 \ln x - \frac{1}{3}\int x^3 \cdot \frac{1}{x}dx = \frac{1}{3}x^3 \ln x - \frac{1}{3}\int x^2 dx$$

$$= \frac{1}{3}x^3 \ln x - \frac{1}{9}x^3 + C.$$

（4）设 $u=\arctan x$，$v'=x$，则 $u'=\frac{1}{1+x^2}$，$v=\frac{1}{2}x^2$，于是应用分部积分公式得

$$\int x\arctan x\,dx = \frac{1}{2}\int \arctan x\,d(x^2) = \frac{1}{2}x^2\arctan x - \frac{1}{2}\int x^2 d(\arctan x)$$

$$= \frac{1}{2}x^2\arctan x - \frac{1}{2}\int \frac{x^2}{1+x^2}dx = \frac{1}{2}x^2\arctan x - \frac{1}{2}\int \frac{x^2+1-1}{1+x^2}dx$$

$$= \frac{1}{2}x^2\arctan x - \frac{1}{2}\int \left(1-\frac{1}{1+x^2}\right)dx$$

$$= \frac{1}{2}x^2\arctan x - \frac{x}{2} + \frac{1}{2}\arctan x + C.$$

大家可以看出,恰当地选取 $u$ 和 $v'$ 是利用分部积分法的关键.

**注意**:(1) 选取 $v'$(或 $dv$)时,要能够容易地找到原函数 $v$,并且求 $v$ 时,$v$ 不必添加常数 $C$;

(2) $\int u'v\,dx$ 要比 $\int uv'\,dx$ 更容易求出积分;

(3) 选取 $u$ 和 $v'$(或 $dv$)的原则为:

**反对幂三指,谁在前谁为 $u$.**

其中"在前"是按"反三角函数、对数函数、幂函数、三角函数、指数函数"的先后顺序.

**例 5.4.2** 求不定积分.

(1) $\int x^2 e^x dx$; (2) $\int x^2 \sin x\,dx$; (3) $\int x\cos 2x\,dx$; (4) $\int x^3 \ln x\,dx$.

**解**:(1) 设 $u = x^2$,$v' = e^x$,则 $u' = 2x$,$v = e^x$,故

$$\int x^2 e^x dx = \int x^2 d(e^x) = x^2 e^x - \int e^x d(x^2) = x^2 e^x - 2\int x e^x dx.$$

此时,等号右端再一次出现 $\int xe^x dx$,前面例子中已处理过,可以再使用一次分部积分公式就可以得出结果. 当然,也可利用前面例子的结果,直接代入即可,故

$$\int x^2 e^x dx = x^2 e^x - 2(x e^x - e^x) + C = x^2 e^x - 2x e^x + 2e^x + C.$$

**说明**:有些不定积分需要多次使用分部积分法,使得积分逐步化简,才能得出结果.

(2) 设 $u = x^2$,$v' = \sin x$,则 $u' = 2x$,$v = -\cos x$,于是应用分部积分公式得

$$\int x^2 \sin x\,dx = \int x^2 d(-\cos x) = -x^2 \cos x + \int \cos x\,d(x^2)$$

$$= -x^2 \cos x + 2\int x\cos x\,dx = -x^2 \cos x + 2\int x\,d\sin x$$

$$= -x^2 \cos x + 2x\sin x + 2\cos x + C.$$

(3) 设 $u = x$,$v' = \cos 2x$,则 $u' = 1$,$v = \frac{1}{2}\sin 2x$,于是应用分部积分公式得

$$\int x\cos 2x\,dx = \frac{1}{2}\int x\,d(\sin 2x) = \frac{1}{2}x\sin 2x - \frac{1}{2}\int \sin 2x\,dx$$

$$= \frac{1}{2}x\sin 2x - \frac{1}{4}\int \sin 2x\,d(2x)$$

$$= \frac{1}{2}x\sin 2x + \frac{1}{4}\cos 2x + C.$$

（4）设 $u = \ln x, \mathrm{d}v = x^3 \mathrm{d}x$，

$$\int x^3 \ln x \mathrm{d}x = \frac{1}{4}\int \ln x \mathrm{d}(x^4) = \frac{1}{4}\left(x^4 \ln x - \int x^4 \cdot \frac{1}{x}\mathrm{d}x\right)$$
$$= \frac{1}{4}x^4 \ln x - \frac{1}{4}\int x^3 \mathrm{d}x = \frac{1}{4}x^4 \ln x - \frac{1}{16}x^4 + C.$$

**例 5.4.3** 求不定积分.

（1）$\int \ln x \mathrm{d}x$；（2）$\int \arctan x \mathrm{d}x$；（3）$\int \arcsin x \mathrm{d}x$.

**解**：（1）将被积函数视为 $1 \times \ln x$，则设 $u = \ln x$，$v' = 1$，则 $u' = \frac{1}{x}$，$v = x$，于是应用分部积分公式得

$$\int \ln x \mathrm{d}x = x \ln x - \int x \mathrm{d} \ln x = x \ln x - \int x \cdot \frac{1}{x}\mathrm{d}x$$
$$= x \ln x - \int \mathrm{d}x = x \ln x - x + C.$$

（2）将被积函数视为 $1 \times \arctan x$，则设 $u = \arctan x$，$v' = 1$，则 $u' = \frac{1}{1+x^2}$，$v = x$，于是应用分部积分公式得

$$\int \arctan x \mathrm{d}x = x \arctan x - \int x \mathrm{d}(\arctan x) = x \arctan x - \int \frac{x}{1+x^2}\mathrm{d}x$$
$$= x \arctan x - \frac{1}{2}\int \frac{1}{1+x^2}\mathrm{d}(1+x^2)$$
$$= x \arctan x - \frac{1}{2}\ln(1+x^2) + C.$$

（3）将被积函数视为 $1 \times \arcsin x$，则设 $u = \arcsin x$，$v' = 1$，则 $u' = \frac{1}{\sqrt{1-x^2}}$，$v = x$，于是应用分部积分公式得

$$\int \arcsin x \mathrm{d}x = x \arcsin x - \int x \mathrm{d}(\arcsin x)$$
$$= x \arcsin x - \int x \cdot \frac{1}{\sqrt{1-x^2}}\mathrm{d}x$$
$$= x \arcsin x + \int \frac{1}{2\sqrt{1-x^2}}\mathrm{d}(1-x^2)$$
$$= x \arcsin x + \sqrt{1-x^2} + C.$$

**例 5.4.4** 求下列不定积分.

（1）$\int \mathrm{e}^x \cos x \mathrm{d}x$；（2）$\int \cos(\ln x)\mathrm{d}x$.

**解**：（1）$\int \mathrm{e}^x \cos x \mathrm{d}x = \int \mathrm{e}^x \mathrm{d}(\sin x) = \mathrm{e}^x \sin x - \int \sin x \mathrm{d}(\mathrm{e}^x)$
$= \mathrm{e}^x \sin x - \int \mathrm{e}^x \sin x \mathrm{d}x = \mathrm{e}^x \sin x - \int \mathrm{e}^x \mathrm{d}(-\cos x)$

$$= e^x \sin x - \left[ -e^x \cos x + \int \cos x \mathrm{d}(e^x) \right]$$
$$= e^x \sin x + e^x \cos x - \int e^x \cos x \mathrm{d}x.$$

两次分部积分后，出现与原积分相同的积分式子（类似 $X = A - X$），经过移项整理再添上任意常数，得

$$\int e^x \cos x \mathrm{d}x = \frac{1}{2} e^x (\sin x + \cos x) + C.$$

（2）$\int \cos(\ln x) \mathrm{d}x = x \cos(\ln x) - \int x \cdot \left[ -\sin(\ln x) \cdot \frac{1}{x} \right] \mathrm{d}x$

$$= x \cos(\ln x) + \int \sin(\ln x) \mathrm{d}x$$

$$= x \cos(\ln x) + x \sin(\ln x) - \int x \cos(\ln x) \cdot \frac{1}{x} \mathrm{d}x,$$

同上，于是有

$$\int \cos(\ln x) \mathrm{d}x = \frac{x}{2} [\cos(\ln x) + \sin(\ln x)] + C.$$

**说明：**（1）有时候使用若干次分部积分可导出所求积分的方程式（产生循环的结果），然后解此方程，这个方程的解再加上任意常数即为所求积分.

（2）形如 $\int e^x \sin x \mathrm{d}x$，$\int e^x \cos x \mathrm{d}x$ 的不定积分 $u$ 和 $v'$（或 $\mathrm{d}v$）的选取可任意，但若连用两次分部积分法，$u$ 和（或 $\mathrm{d}v$）的选取前后要一致，否则将得不出结果.

还有一些积分（如下面的例子），往往需要同时用到换元积分法和分部积分法才能解决.

**例 5.4.5** 求不定积分 $\int e^{\sqrt{x}} \mathrm{d}x$.

**解：**令 $t = \sqrt{x}$，则 $x = t^2$，$\mathrm{d}x = 2t \mathrm{d}t$ 代入可得

$$\int e^{\sqrt{x}} \mathrm{d}x = \int e^t \cdot 2t \mathrm{d}t = 2 \int t \mathrm{d}e^t = 2t e^t - 2 \int e^t \mathrm{d}t = 2t e^t - 2 e^t + C$$

$$= 2 \sqrt{x} e^{\sqrt{x}} - 2 e^{\sqrt{x}} + C.$$

**例 5.4.6** 已知 $f(x)$ 的一个原函数是 $\sec x^2$，求 $\int x f'(x) \mathrm{d}x$.

**解：**由 $\sec x^2$ 是 $f(x)$ 的一个原函数可得

$$\int f(x) \mathrm{d}x = \sec x^2 + C.$$

两边同时对 $x$ 求导，得 $f(x) = 2x \sec x^2 \tan x^2$，则

$$\int x f'(x) \mathrm{d}x = \int x \mathrm{d}f(x) = x f(x) - \int f(x) \mathrm{d}x$$

$$= 2x^2 \sec x^2 \tan x^2 - \sec x^2 + C.$$

# 习题 5.4

1. 求下列函数的不定积分.

（1）$\int x \cos x \mathrm{d}x$；　　　　（2）$\int x \ln x \mathrm{d}x$；　　　　（3）$\int x 2^x \mathrm{d}x$；

（4）$\int x\operatorname{arccot} x\mathrm{d}x$；　　（5）$\int \ln(1+x)\mathrm{d}x$；　　（6）$\int \arccos x\mathrm{d}x$.

2. 求下列函数的不定积分.

（1）$\int \mathrm{e}^x\sin x\mathrm{d}x$；　　（2）$\int x\sec^2 x\mathrm{d}x$；　　（3）$\int x^2\cos x\mathrm{d}x$；

（4）$\int x^2\sin 2x\mathrm{d}x$；　　（5）$\int (x+4)\sin 2x\mathrm{d}x$；　　（6）$\int \sin\sqrt{x}\mathrm{d}x$；

（7）$\int x^2\mathrm{e}^{2x}\mathrm{d}x$；　　（8）$\int \dfrac{\arcsin\sqrt{x}}{\sqrt{x}}\mathrm{d}x$；　　（9）$\int \dfrac{x\arctan x}{\sqrt{1+x^2}}\mathrm{d}x$.

3. 已知 $f(x)$ 的一个原函数是 $\mathrm{e}^{-x^2}$，求 $\int xf'(x)\mathrm{d}x$.

## 5.5 不定积分的经济应用

在前面，我们知道，若设 $y=f(x)$ 是经济总量函数（如需求函数、生产函数、成本函数、总收入函数等），则导数 $f'(x)$ 称为 $y=f(x)$ 的边际函数（如边际成本、边际收益、边际利润、边际需求等）或变化率. 相应的，若已知边际函数，则可以利用积分法求出总量函数（即原函数）或总函数在区间 $[a,b]$ 上的增量.

在现实经济实践活动中，经常会遇到已知边际函数或变化率，求总量函数（总成本、总收入、总利润等），则直接积分即可.

收入总量函数：$R(b) = \int R'(x)\mathrm{d}x$.

成本总量函数：$C(b) = \int C'(x)\mathrm{d}x + C_0$（$C_0$ 为固定成本）.

利润总量函数：$L(b) = \int L'(x)\mathrm{d}x$.

**例 5.5.1**　设某商品每天生产 $Q$ 单位时，固定成本为 40 元，边际成本 $C'(Q)=0.2Q+2$（元/单位）.

（1）求总成本函数 $C(Q)$；

（2）为了使平均成本最小，应生产多少单位产品？

（3）若该商品的销售单价为 20 元，且商品全部售出，问每天生产多少单位时，才能获得最大利润？

**解：**（1）因为边际成本 $C'(Q)=0.2Q+2$，所以总成本为

$$C(Q) = \int C'(Q)\mathrm{d}Q + 40 = \int (0.2Q+2)\mathrm{d}Q + 40 = 0.1Q^2 + 2Q + 40.$$

（2）平均成本 $\overline{C}(Q) = \dfrac{C(Q)}{Q} = 0.1Q + 2 + \dfrac{40}{Q}$. 令 $\overline{C}'(Q) = 0.1 - \dfrac{40}{Q^2} = 0$，得 $Q_1 = 20, Q_2 = -20$（舍去）.

因为 $\overline{C}''(20) = \dfrac{80}{Q^3}\bigg|_{Q=20} > 0$，所以，在 $Q=20$ 时取得最小值，即生产 20 单位时，平均成本最小.

（3）由题意可知，总收益为 $R(Q) = 20Q$，

总利润 $L(Q) = R(Q) - C(Q) = 18Q - 0.1Q^2 - 40$.

令 $L'(Q) = 18 - 0.2Q = 0$，得 $Q = 90$，
又 $L''(Q) = -0.2 < 0$.
故在 $Q = 90$ 时，取得最大值，又 $L(90) = 770$ 元.
所以每天生产 90 单位时才能获得最大利润，最大利润为 770 元.

**例 5.5.2** 设 $S$ 为居民储蓄额，$Y$ 为居民收入，已知边际储蓄倾向 $\dfrac{dS}{dY} = 0.5 - 0.2Y^{-0.5}$，$Y = 25$ 时，$S = -3.5$，求储蓄函数. 若收入从 36 变为 49，储蓄将如何变化？

**解：** 由题意可得，边际储蓄倾向 $\dfrac{dS}{dY}$ 就是 $S = S(Y)$ 关于 $Y$ 的导数 $S'(Y)$，要求 $S(Y)$，直接积分可得

$$S(Y) = \int S'(Y) dY = \int (0.5 - 0.2Y^{-0.5}) dY = 0.5Y - 0.4Y^{0.5} + C.$$

当 $Y = 25$ 时，$S = -3.5$ 代入得

$$-3.5 = 0.5 \times 25 - 0.4 \times 25^{0.5} + C.$$

解得：$C = -14$
所以所求储蓄函数为：$S(Y) = 0.5Y - 0.4Y^{0.5} - 14$
当收入 $Y$ 从 36 变到 49 时，储蓄额的变化为：$\Delta S = S(49) - S(36) = 6.1$.

# 习题 5.5

1. 某工厂生产某种产品，已知每月生产的产品的边际成本是 $M'(q) = 2 + \dfrac{7}{\sqrt[3]{q^2}}$，且固定成本是 5 000 元，求总成本 $M$ 与月产量 $q$ 的函数关系.

2. 某产品产量为 $x$ 时的边际成本函数为 $C'(x) = 2x + 5$，边际收益函数为 $R'(x) = 20$，固定成本为 10，且产销平衡. 求：
（1）总成本函数、平均成本函数；
（2）收益函数；
（3）利润的最大值.

3. 经市场调查，某企业的某种商品销售增长率（即变化率或导数）服从 $f(t) = 80 - 2e^{-2t}$（其中 $t$ 是商品销售时间，单位：月），试确定该商品的销售总量函数.

4. 已知某厂生产某产品总产量 $Q(t)$ 的变化率是时间 $t$ 的函数 $Q'(t) = 136t + 20$，当 $t = 0$ 时 $Q = 0$，求该产品的总产量函数 $Q(t)$.

5. 设某商品的需求量 $Q$ 是价格 $P$ 的函数，该商品的最大需求量为 1000（即 $P = 0$ 时，$Q = 1000$），已知需求量的变化率（边际需求）为

$$Q'(P) = -1000 \ln 3 \cdot \left(\dfrac{1}{3}\right)^P$$

求需求量 $Q$ 与价格 $P$ 的函数关系.

## 复习题 5

### 一、选择题

1. 下列等式成立的是（　　）.
   A. $\left(\int f(x)\mathrm{d}x\right)' = f(x)$　　B. $\int f'(x)\mathrm{d}x = f(x)$
   C. $\mathrm{d}\int f(x)\mathrm{d}x = f(x)$　　D. $\int \mathrm{d}f(x) = f(x)$

2. 若 $f(x)$ 的一个原函数是 $\dfrac{1}{x}$，则 $f'(x) =$（　　）.
   A. $\ln|x|$　　B. $\dfrac{1}{x}$　　C. $\dfrac{2}{x^3}$　　D. $-\dfrac{1}{x^2}$

3. 在区间 $I$ 内连续函数 $f(x)$ 的任意两个原函数 $F_1(x)$，$F_2(x)$ 满足（　　）.
   A. $F_1(x) - F_2(x) = C$　　B. $F_1(x) \cdot F_2(x) = C$
   C. $F_1(x) = CF_2(x)$　　D. $F_1(x) + F_2(x) = C$

4. 若 $F'(x) = f(x)$，则 $\int \mathrm{d}F(x) =$（　　）.
   A. $f(x)$　　B. $F(x)$　　C. $f(x) + C$　　D. $F(x) + C$

5. 在切线斜率为 $2x$ 的积分曲线族中，通过点 (9,1) 的曲线方程是（　　）.
   A. $y = x^2 + 1$　　B. $y = x^2 - 80$　　C. $y = x^2 + 4$　　D. $y = x^2 + 15$

6. 下列函数中，是 $\sin 2x$ 的原函数的是（　　）.
   A. $\cos^2 x$　　B. $\cos 2x$　　C. $\sin^2 x$　　D. $1 - \cos 2x$

7. 若函数 $f(x)$ 的一个原函数为 $\ln x$，则一阶导数 $f'(x) =$（　　）.
   A. $\dfrac{1}{x}$　　B. $-\dfrac{1}{x^2}$　　C. $\ln x$　　D. $x\ln x$

8. 已知 $\int f(x)\mathrm{d}x = F(x) + C$，则 $\int f\left(\dfrac{x}{2} + 1\right)\mathrm{d}x =$（　　）.
   A. $2F(x) + C$　　B. $F\left(\dfrac{x}{2}\right) + C$　　C. $F\left(\dfrac{x}{2} + 1\right) + C$　　D. $2F\left(\dfrac{x}{2} + 1\right) + C$

9. 已知 $\int f(x)\mathrm{d}x = F(x) + C$，则 $\int \dfrac{1}{x} f(\ln x)\mathrm{d}x =$（　　）.
   A. $F(\ln x) + C$　　B. $F(\ln x)$　　C. $\dfrac{1}{x}F(\ln x) + C$　　D. $F\left(\dfrac{1}{x}\right) + C$

10. 若 $\int f(x)\mathrm{d}x = x\mathrm{e}^x + C$，则 $f(x) =$（　　）.
    A. $x\mathrm{e}^x$　　B. $\mathrm{e}^x$　　C. $x\mathrm{e}^x + \mathrm{e}^x$　　D. $x\mathrm{e}^x - \mathrm{e}^x$

### 二、判断题（正确的划√，不正确的划×）

1. $\cos 2x$ 是 $\sin 2x$ 的原函数. （　　）
2. 若 $f(x)$ 的一个原函数为 $\mathrm{e}^{\cos x + 1}$，则 $f(x) = -\sin x \mathrm{e}^{\cos x + 1}$. （　　）
3. 若 $F'(x) = f(x)$，则对于任意常数 $C$，$F(x) + C$ 都是 $f(x)$ 的原函数. （　　）

4. $\int f'(x)dx = f(x)$. ( )

5. $\dfrac{d}{dx}\int f(x)dx = f(x)$. ( )

6. $\int \dfrac{1}{x}dx = \ln x + C \quad (x>0)$. ( )

7. $\int \sin x dx = \cos x + C$. ( )

8. $\dfrac{1}{\sqrt{2x}}dx = d\sqrt{2x}$. ( )

9. $\int \cos 2x dx = \sin 2x + C$. ( )

10. $\int xe^{-x}dx = \int xde^{-x}$. ( )

### 三、填空题

1. 函数 $2^x$ 为_____的一个原函数.

2. 函数 $f(x)$ 的不定积分是 $f(x)$ 的_____.

3. 设 $\int f(x)dx = e^x + C$，则 $f(x) = $_____.

4. 设 $f(x) = \dfrac{1}{x}$，则 $\int f'(x)dx = $_____.

5. $\int (x^5 \ln x)'dx = $_____； $d\int 3^{-x}dx = $_____；

   $\left(\int x^2 \arcsin x dx\right)' = $_____； $\int d(e^{-x}) = $_____.

6. 若 $e^{-x}$ 是 $f(x)$ 的一个原函数，则 $\int f(x)dx = $_____.

7. 若 $F(x)$ 是 $f(x)$ 的一个原函数，则 $\int f(2x)dx = $_____.

8. 设 $\int f(x)dx = F(x) + C$，则 $\int f(2x+3)dx = $_____.

9. 设 $\int f(x)dx = F(x) + C$，则 $\int \dfrac{f(\ln x)}{x}dx = $_____.

10. $\int \sin(2x+5)dx = $_____； $\int e^{3x+5}dx = $_____；

    $\int \dfrac{1}{x^2}e^{\frac{1}{x}}dx = $_____； $\int \cos x de^{\cos x} = $_____；

    $\int xe^x dx = $_____； $\int \ln x dx = $_____.

### 四、求下列不定积分

1. $\int \dfrac{3-\sqrt{x^3}+x\sin x}{x}dx$；

2. $\int (1+3x^2+\cos x - e^x)dx$；

3. $\int \dfrac{1}{x^2(1+x^2)}dx$；

4. $\int \dfrac{1}{1-\cos 2x}dx$；

5. $\int \dfrac{1}{\sin^2 x \cos^2 x}dx$；

6. $\int \dfrac{\cos 2x}{\sin x + \cos x}dx$；

7. $\int \cos(x+1)dx$ ;

8. $\int \dfrac{1}{x+1}dx$ ;

9. $\int \dfrac{x}{9+x^2}dx$ ;

10. $\int \cot x dx$ ;

11. $\int \sin^3 x dx$ ;

12. $\int \dfrac{1+(\ln x)^2}{x}dx$ ;

13. $\int \dfrac{1}{x^2}\cos\dfrac{1}{x}dx$ ;

14. $\int \dfrac{e^{\sqrt{x}}}{\sqrt{x}}dx$ ;

15. $\int \dfrac{e^x}{\sqrt{1-e^x}}dx$ ;

16. $\int \dfrac{\sqrt{\tan x}}{\cos^2 x}dx$ ;

17. $\int x\sin x dx$ ;

18. $\int x\arctan x dx$ ;

19. $\int x\ln x dx$ ;

20. $\int \arcsin x dx$ ;

21. $\int e^x \sin x dx$ ;

22. $\int x^2 e^x dx$ ;

23. $\int xe^{2x}dx$ ;

24. $\int x^2 \ln(x+1)dx$ ;

25. $\int (x+1)\sin 2x dx$ ;

26. $\int x\sec^2 x dx$ .

## 五、解答题

1. 一曲线通过点 $(e^2, 3)$ ，且在任一点处的切线斜率为 $\dfrac{1}{x}$ ，求该曲线的方程.

2. 已知 $f(x)$ 的一个原函数是 $e^{-\sin x}$ ，求 $\int xf'(x)dx$ .

3. 已知某产品的边际成本函数 $C'(x) = 4x+5$ ，固定成本为 200 ，求总成本函数.

4. 某商品的边际利润函数为 $L'(q) = 6q - q^2$ ， $q$ 为商品的销售量，销售此商品的盈亏平衡点为 $q = 3$ ，求总利润函数.

# 6 定积分及其应用

不定积分是微分法逆运算的一个侧面，本章要介绍的定积分则是它的另一个侧面．定积分起源于求图形的面积和体积等实际问题．

本章先从几何问题与运动学问题引入定积分的定义，然后讨论定积分的性质、计算方法以及定积分在几何与经济中的应用．

## 学习能力目标

（1）理解定积分的概念和几何意义，掌握定积分的基本性质．

（2）理解变上限积分函数的定义，掌握求变上限积分函数导数的方法．

（3）熟练掌握牛顿-莱布尼兹(Newton-Leibniz)公式，掌握定积分的换元法和分部积分法．

（4）掌握定积分的微元法，会求平面图形的面积及平面图形绕坐标轴旋转的旋转体的体积．

（5）理解无穷区间上有界函数的广义积分与有限区间上无界函数的瑕积分的概念，掌握其计算方法．

（6）运用用定积分知识分析经济问题．

## 课程思政目标

（1）通过"以直代曲、化整为零，零积为整"测量面积的定积分思维方法，激发学生人文精神，培养学生的社会责任感和使命感，增强学生的爱国热情、民族自信．

（2）利用定积分求体积等例子，培养学生学以致用、耐心细致、严谨求实的科学素养和创新能力，积极投身于创建美好家园、建设祖国的社会实践中．

## 6.1 定积分的概念

### 6.1.1 引例

**1. 曲边梯形的面积计算**

设 $y=f(x)$ 为闭区间 $[a,b]$ 上连续函数，且 $f(x) \geqslant 0$，由曲线 $y=f(x)$，直线 $x=a$，$x=b$ 以及 $x$ 轴所围成平面图形（见图 6.1.1），称为曲边梯形．其中曲线弧称为曲边．

我们知道矩形的面积是

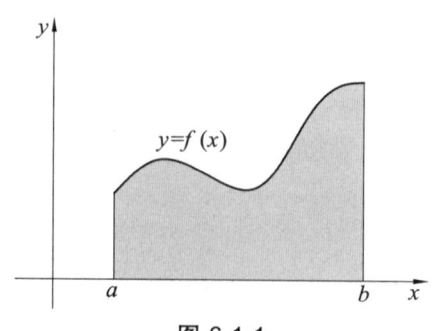

图 6.1.1

$$A = ab$$

其中 $a$，$b$ 分别为矩形两条邻边的长.

而曲边梯形的面积的计算不同于矩形，其在底边上各点处的高 $y=f(x)$ 在 $[a,b]$ 上是随 $x$ 的变化而变化的，不能用矩形的面积公式来计算. 但其高 $y=f(x)$ 在 $[a,b]$ 上是连续变化的，即自变量 $x$ 在很微小的小区间内变化时，$f(x)$ 的变化也很微小，近似于不变，因此，如果把 $[a,b]$ 划分为很多的小区间，在每一个小区间上用其中某一点处的函数值来近似代替这个小区间上的小曲边梯形的变高，那么每个小曲边梯形的面积就近似等于这个小区间上的小矩形的面积. 从而，所有这些小矩形的面积之和就可以作为原曲边梯形面积的近似值. 而且，若将 $[a,b]$ 无限细分下去，使得每个小区间的长度都趋于零时，所有小矩形面积之和的极限就可以定义为曲边梯形的面积. 具体可分为如下几个步骤：

（1）分割：将曲边梯形分割成 $n$ 个小曲边梯形（见图 6.1.2）.

在区间 $[a,b]$ 中任意插入 $n-1$ 个分点

$$a = x_0 \quad x_1 \quad x_2 \quad \cdots \quad x_{n-1} \quad x_n = b$$

把 $[a,b]$ 分成 $n$ 个小区间

$$[x_0, x_1], \ [x_1, x_2], \ \cdots, \ [x_{n-1}, x_n]$$

其长度依次记为

$$\Delta x_1 = x_1 - x_0, \ \Delta x_2 = x_2 - x_1, \ \cdots, \ \Delta x_n = x_n - x_{n-1}$$

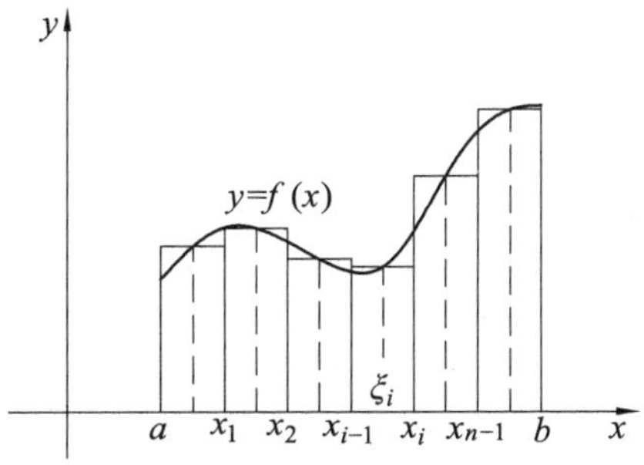

经过每一个分点 $x_i (i=1,2,\cdots,n-1)$ 作垂直于 $x$ 轴的直线段，把曲边梯形划分成 $n$ 个小曲边梯形. 它们的面积分别记为

$$\Delta A_1, \ \Delta A_2, \ \cdots, \ \Delta A_n$$

图 6.1.2

（2）近似代替：小矩形的面积近似代替小曲边梯形的面积.

在每个小曲边梯形底边 $[x_{i-1}, x_i]$ 上任取一点 $\xi_i \in [x_{i-1}, x_i]$ $(i=1,2,\cdots,n-1)$，以 $[x_{i-1}, x_i]$ 为底边，$f(\xi_i)$ 为高的小矩形的面积 $f(\xi_i)\Delta x_i$ 近似代替相对应的小曲边梯形的面积 $\Delta A_i$，即

$$\Delta A_i \approx f(\xi_i)\Delta x_i \quad (i=1,2,\cdots,n)$$

（3）求和：

把（2）得到的 $n$ 个小矩形面积之和作为所求曲边梯形的面积 $A$ 的近似值，即

$$A \approx f(\xi_1)\Delta x_1 + f(\xi_2)\Delta x_2 + \cdots + f(\xi_n)\Delta x_n = \sum_{i=1}^{n} f(\xi_i)\Delta x_i$$

（4）取极限：

若无限细分区间 $[a,b]$，并使得所有小区间的长度都是趋向于零，记 $\lambda = \max\limits_{1 \leqslant i \leqslant n}\{\Delta x_i\}$，当 $\lambda \to 0$，即最长的小区间的长度趋向于零，其他的小区间的长度也是趋向于零的，取上述和式的极限，便可得到曲边梯形的面积的精确值 $A$，即

$$A = \lim_{\lambda \to 0} \sum_{i=1}^{n} f(\xi_i)\Delta x_i$$

### 2. 直线运动的路程

设某物体做直线运动，已知速度 $v=v(t)$ 在时间间隔 $[T_1,T_2]$ 上是连续函数且 $v(t)\geqslant 0$，求在运动时间 $[T_1,T_2]$ 内物体所经过的路程 $s$.

我们知道，匀速直线运动的路程公式是

$$s=vt$$

而变速直线运动的速度是时刻发生改变的，故要求它的路程就不能直接使用上述公式来计算，然而速度是连续变化的，在很小的时间间隔内速度的变化很小，故我们可以近似理解为物体在做匀速直线运动，故可以用匀速直线运动的路程近似代替变速直线运动的路程，从而，可以类似于计算曲边梯形的面积的方法来计算变速直线运动的路程 $s$.

（1）分割：

在时间间隔 $[T_1,T_2]$ 内任意插入 $n-1$ 个分点

$$T_1=t_0 \quad t_1 \quad t_2 \quad \cdots \quad t_{n-1} \quad t_n=T_2$$

把时间间隔 $[T_1,T_2]$ 分成 $n$ 个时间间隔 $[t_{i-1},t_i]$，每段时间间隔的长为

$$\Delta t_i=t_i-t_{i-1} \quad (i=1,2,\cdots,n)$$

（2）近似代替：在每个小区间上以匀速直线运动的路程近似代替变速直线运动的路程.

在 $[t_{i-1},t_i]$ 内任取一点 $\xi_i\in[t_{i-1},t_i]$ $(i=1,2,\cdots,n-1)$，作乘积

$$\Delta s_i=v(\xi_i)\Delta t_i \quad (i=1,2,\cdots,n)$$

为 $[t_{i-1},t_i]$ 内的路程的近似值.

（3）求和：

将所有这些近似值求和，得到总路程的近似值，即

$$s\approx\sum_{i=1}^{n}v(\xi_i)\Delta t_i$$

（4）取极限：

对时间间隔 $[T_1,T_2]$ 分得越细，误差就越小. 于是记 $\lambda=\max_{1\leqslant i\leqslant n}\{\Delta t_i\}$，当 $\lambda\to 0$ 时，取上述和式的极限，即为变速直线运动的路程.

$$s=\lim_{\lambda\to 0}\sum_{i=1}^{n}v(\xi_i)\Delta t_i$$

### 6.1.2 定积分的定义

上述两个实际问题，一个是求曲边梯形的面积，一个是变速直线运动的路程，虽然它们的实际意义不同，但其解决问题的途径一致，即分割、近似代替、求和，最后均为求一个特定乘积和式的极限. 类似的问题还有很多，弄清它们在数量关系上共同的本质与特性，加以抽象与概括，就是定积分的定义.

**定义 6.1.1** 设函数 $f(x)$ 在区间 $[a,b]$ 上连续，任取 $n-1$ 个分点

$$a=x_0<x_1<x_2<\cdots<x_{n-1}<x_n=b$$

把 $[a,b]$ 分成 $n$ 个小区间 $[x_{i-1}, x_i]$，并记每个小区间的长度为 $\Delta x_i = x_i - x_{i-1}$，$(i=1,2,\cdots,n)$，在每个小区间 $[x_{i-1}, x_i]$ 上任取一点 $\xi_i$，作乘积 $f(\xi_i)\Delta x_i$，$(i=1,2,\cdots,n)$ 的和式 $\sum_{i=1}^{n} f(\xi_i)\Delta x_i$，记 $\lambda = \max_{1 \leqslant i \leqslant n}\{\Delta x_i\}$，当 $\lambda \to 0$ 时和式的极限

$$\lim_{\lambda \to 0}\sum_{i=1}^{n} f(\xi_i)\Delta x_i$$

存在，则称此极限值叫作函数 $f(x)$ 在区间 $[a,b]$ 上的定积分，记作 $\int_a^b f(x)\mathrm{d}x$，即

$$\int_a^b f(x)\mathrm{d}x = \lim_{\lambda \to 0}\sum_{i=1}^{n} f(\xi_i)\Delta x_i$$

其中 $f(x)$ 称为被积函数，$f(x)\mathrm{d}x$ 称为被积表达式，$x$ 称为积分变量，$a$ 称为积分下限，$b$ 称为积分上限，$[a,b]$ 称为积分区间.

根据定积分的定义，前面所举的例子可以用定积分表述如下：

（1）曲边梯形的面积 $A$ 等于曲边所对应的函数 $y = f(x)$（$f(x) \geqslant 0$）在其底所在区间 $[a,b]$ 上的定积分

$$A = \int_a^b f(x)\mathrm{d}x$$

（2）变速直线运动的物体所经过的路程 $s$ 等于其速度 $v = v(t)$（$v(t) \geqslant 0$）在时间间隔 $[T_1, T_2]$ 上的定积分

$$s = \int_{T_1}^{T_2} v(t)\mathrm{d}t$$

**说明：**

（1）如果定积分 $\int_a^b f(x)\mathrm{d}x$ 存在，则称函数 $f(x)$ 在闭区间 $[a,b]$ 上可积.

（2）定积分是一个确定的常数，其积分值仅与被积函数 $f(x)$ 及积分区间 $[a,b]$ 有关，而与积分变量用什么字母表示无关，即

$$\int_a^b f(x)\mathrm{d}x = \int_a^b f(t)\mathrm{d}t = \int_a^b f(u)\mathrm{d}u$$

也与区间的分法和 $\xi_i$ 的取法无关.

（3）关于函数 $f(x)$ 的可积性问题：

**定理 6.1.1** 闭区间 $[a,b]$ 上的连续函数必在 $[a,b]$ 上可积.

**定理 6.1.2** 闭区间 $[a,b]$ 上的只有有限个第一类间断点的有界函数必在 $[a,b]$ 上可积.

**例 6.1.1** 用定积分定义求 $\int_0^2 x^2\mathrm{d}x$.

**解：** 由于定积分与积分区间怎么分割及 $\xi_i$ 的取法无关，不妨把 $[0,2]$ 平均分成 $n$ 份，每份小区间的长度为 $\Delta x_i = \Delta x = \dfrac{2}{n}$，分点为 $x_0 = 0, x_1 = \dfrac{2}{n}, x_2 = \dfrac{4}{n}\cdots, x_{n-1} = \dfrac{2(n-1)}{n}, x_n = 2$.

取 $\xi_i = x_i = \dfrac{2i}{n}$ $(i=1,2,3\cdots n)$

则有
$$\int_0^2 x^2 \mathrm{d}x = \lim_{n\to\infty} \sum_{i=1}^n f(\xi_i)\Delta x_i.$$

而
$$\sum_{i=1}^n f(\xi_i)\Delta x_i = \sum_{i=1}^n \left(\dfrac{2i}{n}\right)^2 \cdot \dfrac{2}{n} = \dfrac{8}{n^3}(1^2+2^2+\cdots+n^2)$$
$$= \dfrac{8}{n^3}\cdot\dfrac{1}{6}n(n+1)(2n+1) = \dfrac{4}{3}\left(1+\dfrac{1}{n}\right)\left(2+\dfrac{1}{n}\right)$$

故
$$\int_0^2 x^2 \mathrm{d}x = \lim_{n\to\infty} \dfrac{4}{3}\left(1+\dfrac{1}{n}\right)\left(2+\dfrac{1}{n}\right) = \dfrac{8}{3}.$$

### 6.1.3 定积分的几何意义

下面根据连续函数 $f(x)$ 在区间上的符号,给出定积分 $\int_a^b f(x)\mathrm{d}x$ 所表示的几何意义.

(1) 在 $[a,b]$ 上如果 $f(x)\geqslant 0$,如图 6.1.3 所示,$\int_a^b f(x)\mathrm{d}x$ 表示曲线 $y=f(x)$,直线 $x=a$,$x=b$ 以及 $x$ 轴所围成的图形的面积,即 $\int_a^b f(x)\mathrm{d}x = A$;

(2) 在 $[a,b]$ 上如果 $f(x)\leqslant 0$,如图 6.1.4 所示,$\int_a^b f(x)\mathrm{d}x$ 表示曲线 $y=f(x)$,直线 $x=a$,$x=b$ 以及 $x$ 轴所围成的图形的面积的负值,即 $\int_a^b f(x)\mathrm{d}x = -A$;

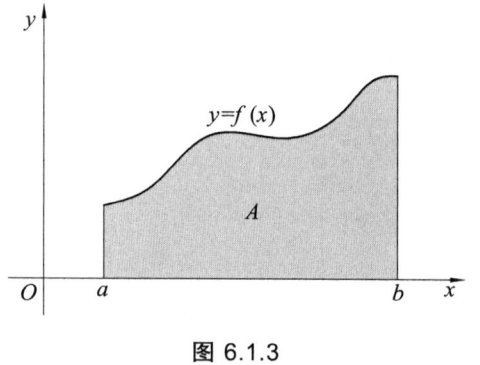

图 6.1.3

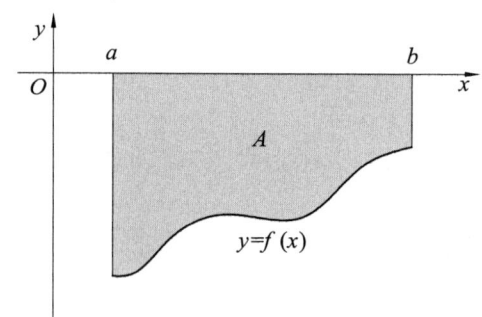

图 6.1.4

(3) 在 $[a,b]$ 上如果 $f(x)$ 既取得正值又取得负值时,如图 6.1.5 所示,$\int_a^b f(x)\mathrm{d}x$ 表示介于 $x$ 轴,函数 $f(x)$ 的图像及直线 $x=a$,$x=b$ 之间的各部分图形的面积的代数和,其中在 $x$ 轴上方的部分图形的面积规定为正,下方的规定为负,即

$$\int_a^b f(x)\mathrm{d}x = A_1 - A_2 + A_3 - A_4.$$

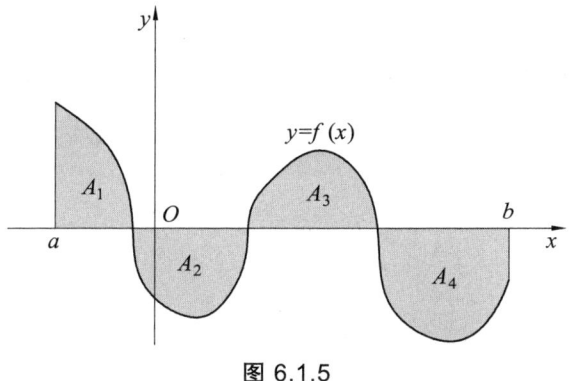

图 6.1.5

**例 6.1.2** 用定积分表示图 6.1.6 中阴影部分的面积.

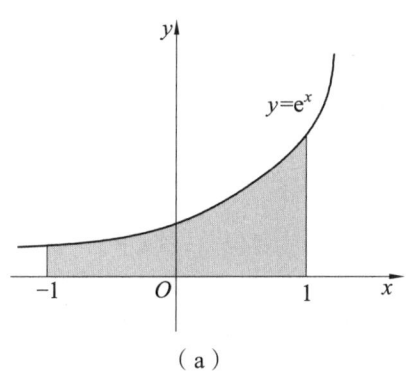

（a）

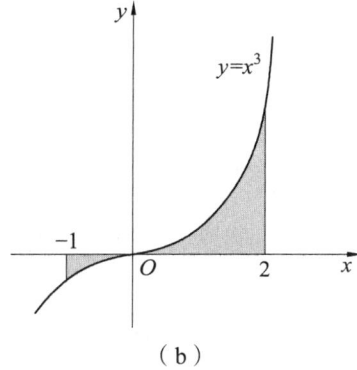

（b）

图 6.1.6

**解**：图 6.1.6（a）中阴影部分的面积为

$$A = \int_{-1}^{1} e^x dx.$$

图 6.1.6（b）中阴影部分的面积为

$$A = \int_{0}^{2} x^3 dx - \int_{-1}^{0} x^3 dx.$$

**例 6.1.3** 利用定积分几何意义，作图证明下列等式成立.

（1）$\int_{0}^{1} 2x dx = 1$；（2）$\int_{0}^{2\pi} \sin x dx = 0$；（3）$\int_{0}^{1} \sqrt{1-x^2} dx = \dfrac{\pi}{4}$.

**解**：（1）画出被积函数 $y = 2x$ 在 $[0,1]$ 上的图形，如图 6.1.7（a）所示. 则根据定积分的几何意义可知

$$\int_{0}^{1} 2x dx = S_{\triangle} = 1.$$

（2）画出被积函数 $y = \sin x$ 在 $[0, 2\pi]$ 上的图形，如图 6.1.7（b）所示. 因 $x$ 轴上方与 $x$ 轴下方图形面积相同，即 $A_1 = A_2$，则根据定积分的几何意义可知

$$\int_{0}^{2\pi} \sin x dx = A_1 - A_2 = 0.$$

（3）画出被积函数 $y=\sqrt{1-x^2}$ $(y\geqslant 0, x\in[0,1])$ 的图形，如图 6.1.7（c）所示，即圆心在原点半径为 1 的且在第一象限的四分之一个圆面. 则根据定积分的几何意义可知

$$\int_0^1 \sqrt{1-x^2}\,\mathrm{d}x = \frac{\pi}{4}.$$

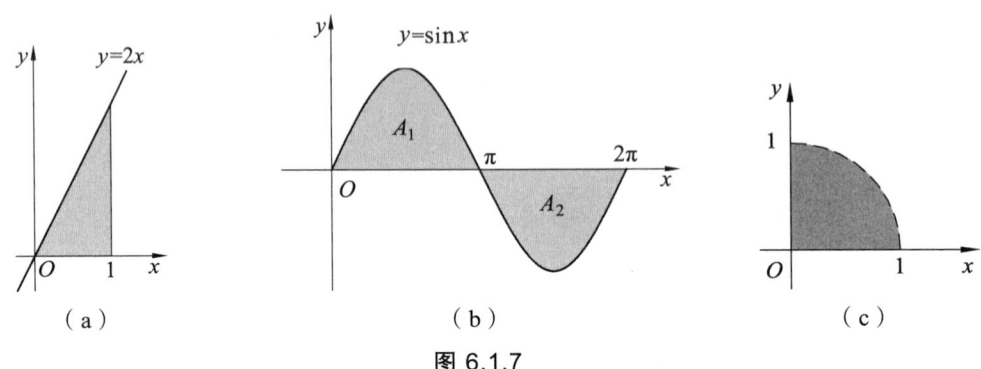

图 6.1.7

### 6.1.4 定积分的性质

利用定积分的概念和极限的运算法则，可得到定积分的一些性质，在以下所列的性质中，均认定函数在所讨论的区间上都是可积的.

**性质 6.1.1** 两个函数的代数和的积分等于两函数积分的代数和，即

$$\int_a^b [f(x) \pm g(x)]\mathrm{d}x = \int_a^b f(x)\mathrm{d}x \pm \int_a^b g(x)\mathrm{d}x$$

对于任意有限个函数的代数和，该性质都成立，即

$$\int_a^b [f_1(x) \pm f_2(x) \pm \cdots \pm f_n(x)]\mathrm{d}x = \int_a^b f_1(x)\mathrm{d}x \pm \int_a^b f_2(x)\mathrm{d}x \pm \cdots \pm \int_a^b f_n(x)\mathrm{d}x$$

**性质 6.1.2** 被积函数的常数因子可以提到积分号外面，即

$$\int_a^b kf(x)\mathrm{d}x = k\int_a^b f(x)\mathrm{d}x \qquad （k 为常数）$$

**性质 6.1.3** 定积分的上、下限对换则积分变号，即

$$\int_a^b f(x)\mathrm{d}x = -\int_b^a f(x)\mathrm{d}x$$

特别地，当 $a=b$ 时，规定 $\int_a^b f(x)\mathrm{d}x = 0$.

**性质 6.1.4（定积分的积分区间可加性）** 如果将积分区间 $[a,b]$ 分成两个小区间 $[a,c]$ 和 $[c,b]$，则在整个区间上的定积分等于这两个小区间上定积分之和，即若 $a<c<b$，则

$$\int_a^b f(x)\mathrm{d}x = \int_a^c f(x)\mathrm{d}x + \int_c^b f(x)\mathrm{d}x.$$

补充：不论 $a,b,c$ 的相对位置如何，上式总成立.

例如，若 $a<b<c$，则
$$\int_a^c f(x)\mathrm{d}x = \int_a^b f(x)\mathrm{d}x + \int_b^c f(x)\mathrm{d}x,$$
则
$$\int_a^b f(x)\mathrm{d}x = \int_a^c f(x)\mathrm{d}x - \int_b^c f(x)\mathrm{d}x = \int_a^c f(x)\mathrm{d}x + \int_c^b f(x)\mathrm{d}x.$$

**性质 6.1.5** 如果在 $[a,b]$ 上，$f(x)\equiv 1$，则 $\int_a^b 1\mathrm{d}x = \int_a^b \mathrm{d}x = b-a$.

**性质 6.1.6** 如果在 $[a,b]$ 上，$f(x) \leqslant g(x)$，则 $\int_a^b f(x)\mathrm{d}x \leqslant \int_a^b g(x)\mathrm{d}x$.

**推论 1** 设 $f(x)\geqslant 0, x\in[a,b]$，且 $\int_a^b f(x)\mathrm{d}x$ 均存在，则 $\int_a^b f(x)\mathrm{d}x \geqslant 0$.

**推论 2** $\left|\int_a^b f(x)\mathrm{d}x\right| \leqslant \int_a^b |f(x)|\mathrm{d}x$.

**证：** 由 $-|f(x)|\leqslant f(x) \leqslant |f(x)|, x\in[a,b]$，得
$$-\int_a^b |f(x)|\mathrm{d}x \leqslant \int_a^b f(x)\mathrm{d}x \leqslant \int_a^b |f(x)|\mathrm{d}x,$$
即
$$\left|\int_a^b f(x)\mathrm{d}x\right| \leqslant \int_a^b |f(x)|\mathrm{d}x.$$

**性质 6.1.7（估值性质）** 设 $M = \max_{[a,b]} f(x), m = \min_{[a,b]} f(x)$，则
$$m(b-a) \leqslant \int_a^b f(x)\mathrm{d}x \leqslant M(b-a)$$

**证：** 由 $m\leqslant f(x)\leqslant M, x\in[a,b], m(b-a) = \int_a^b m\mathrm{d}x \leqslant \int_a^b f(x)\mathrm{d}x \leqslant \int_a^b M\mathrm{d}x = M(b-a)$，
即
$$m(b-a) \leqslant \int_a^b f(x)\mathrm{d}x \leqslant M(b-a).$$

**性质 6.1.8（积分中值定理）** 设函数 $f(x)$ 在 $[a,b]$ 上连续，则至少存在一点 $\xi\in[a,b]$，使
$$\int_a^b f(x)\mathrm{d}x = f(\xi)(b-a).$$

**证：** 因为 $f(x)$ 在 $[a,b]$ 上连续，所以 $f(x)$ 在 $[a,b]$ 上有最大值 $M$ 与最小值 $m$. 故由估值性质有 $m(b-a)\leqslant \int_a^b f(x)\mathrm{d}x \leqslant M(b-a)$，从而有
$$m \leqslant \frac{1}{b-a}\int_a^b f(x)\mathrm{d}x \leqslant M,$$

即 $\frac{1}{b-a}\int_a^b f(x)\mathrm{d}x$ 介于 $f(x)$ 的最小值和最大值之间. 由连续函数的介值定理，至少有一点 $\xi\ (a\leqslant\xi\leqslant b)$，使下式成立：
$$f(\xi) = \frac{1}{b-a}\int_a^b f(x)\mathrm{d}x$$

即
$$\int_a^b f(x)\mathrm{d}x = f(\xi)(b-a).$$

我们称 $\bar{y} = \dfrac{1}{b-a}\int_a^b f(x)\mathrm{d}x$ 连续函数 $f(x)$ 在 $[a,b]$ 上的**平均值**.

中值定理表明，平均值可以在某一点取得. 其几何意义如下.

设 $f(x) \geq 0$，则由曲线 $y = f(x)$、直线 $x = a$、$x = b$ 及 $x$ 轴高的矩形 $abcd$ 的面积（见图 6.1.8）.

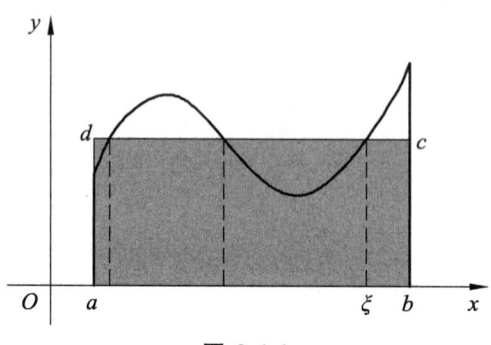

图 6.1.8

**例 6.1.4** 利用定积分的性质比较 $\int_0^1 x\mathrm{d}x$ 和 $\int_0^1 x^2\mathrm{d}x$ 的大小.

**解**：因为对任意 $x \in [0,1]$ 有，$x \geq x^2$，则根据定积分的性质 6.1.6 可得
$$\int_0^1 x\mathrm{d}x \geq \int_0^1 x^2\mathrm{d}x.$$

**例 6.1.5** 利用定积分的性质比较 $\int_0^1 \mathrm{e}^x\mathrm{d}x$ 和 $\int_0^1 (1+x)\mathrm{d}x$ 的大小.

**解**：令 $f(x) = \mathrm{e}^x - (1+x)$，因为对任意 $x \in [0,1]$ 有 $f'(x) = \mathrm{e}^x - 1 \geq 0$（仅当 $x = 0$ 时等号成立），则 $f(x)$ 在 $[0,1]$ 上单调递增，故对任意 $x \in [0,1]$ 有 $f(x) \geq f(0) = 0$，即对任意 $x \in [0,1]$ 有 $\mathrm{e}^x \geq 1+x$，从而根据定积分的性质 6.1.6 可得
$$\int_0^1 \mathrm{e}^x\mathrm{d}x \geq \int_0^1 (1+x)\mathrm{d}x.$$

**例 6.1.6** 估计积分 $\int_0^2 \dfrac{1}{1+x^3}\mathrm{d}x$ 的值.

**解**：$f(x) = \dfrac{1}{1+x^3}, x \in [0,2]$，因为 $0 \leq x^3 \leq 8$，所以 $\dfrac{1}{9} \leq \dfrac{1}{1+x^3} \leq 1$，有
$$\int_0^2 \dfrac{1}{9}\mathrm{d}x \leq \int_0^2 \dfrac{1}{1+x^3}\mathrm{d}x \leq \int_0^2 \mathrm{d}x,$$

于是
$$\dfrac{2}{9} \leq \int_0^2 \dfrac{1}{1+x^3}\mathrm{d}x \leq 2.$$

**例 6.1.7** 试求 $y = 2x$ 在区间 $[0,1]$ 上满足积分中值定理的 $\xi$ 的值.

**解**：由定积分的几何意义可知，由曲线 $y=2x$，$x$ 轴和直线 $x=1$ 所围的图形面积即为 $\int_0^1 2x\mathrm{d}x$ 的值. 从例 6.1.3 可知，$\int_0^1 2x\mathrm{d}x = 1$. 再由积分中值定理得

$$2\xi \cdot (1-0) = \int_0^1 2x\mathrm{d}x = 1,$$

于是 $\xi = \dfrac{1}{2}$.

## 习题 6.1

1. 填空题.

（1）定积分 $\int_1^4 (3x^2 + \mathrm{e}^{2x})\mathrm{d}x$ 中，积分上限是_____，积分下限_____，积分区间是_____.

（2）由直线 $y=x$，$x=a$，$x=b$，$(b>a)$ 以及 $x$ 轴所围成图形的面积等于_____，用定积分表示为_____.

（3）由曲线 $y=x^3$，直线 $x=3$ 以及 $x$ 轴所围成图形的面积用定积分表示为_____.

（4）假设 $f(x)$ 连续，且 $\int_0^1 f(x)\mathrm{d}x = 2$，则 $\int_1^{-1} f(x)\mathrm{d}x + \int_{-1}^3 f(x)\mathrm{d}x + \int_3^0 f(x)\mathrm{d}x = $_____.

（5）利用定积分的几何意义，得定积分 $\int_{-1}^1 \sqrt{1-x^2}\mathrm{d}x = $_____.

2. 比较下列两个积分的大小.

（1）$\int_0^1 x^2 \mathrm{d}x$ 和 $\int_0^1 x^3 \mathrm{d}x$；　　　　（2）$\int_0^{\frac{\pi}{2}} x\mathrm{d}x$ 和 $\int_0^{\frac{\pi}{2}} \sin x\mathrm{d}x$.

3. 利用定积分表示图 6.1.9 中阴影部分的面积 $A$.

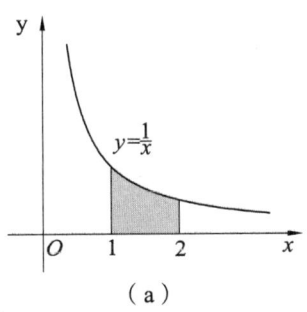

（a）

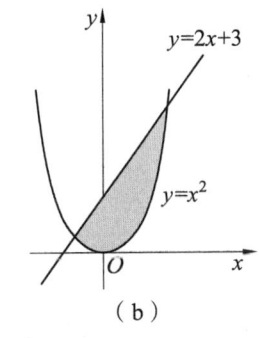

（b）

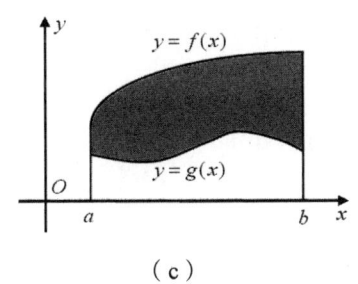

（c）

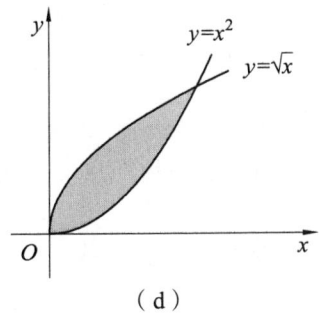

（d）

图 6.1.9

4. 利用定积分的几何意义,说明下列等式成立.

(1) $\int_4^5 2(x-4)dx = 1$；  (2) $\int_0^\pi \cos x dx = 0$.

5. 求函数 $y = \cos x$ 在 $[0, 2\pi]$ 上的平均值.

6. 不计算积分,直接比较下列各组积分值的大小.

(1) $\int_1^2 x dx$ 与 $\int_1^2 x^2 dx$；  (2) $\int_0^1 x dx$ 与 $\int_0^1 \sqrt{1+x^2} dx$；  (3) $\int_1^e \ln x dx$ 与 $\int_1^e \ln^2 x dx$；

(4) $\int_0^{\frac{\pi}{2}} x^2 dx$ 与 $\int_0^{\frac{\pi}{2}} (\sin x)^2 dx$；  (5) $\int_0^{\frac{\pi}{4}} \sin x dx$ 与 $\int_0^{\frac{\pi}{4}} \cos x dx$；  (6) $\int_0^1 e^x dx$ 与 $\int_0^1 e^{x^2} dx$.

7. 估计下列定积分值的范围.

(1) $\int_0^1 \frac{1}{1+x^2} dx$；  (2) $\int_{\frac{\sqrt{3}}{3}}^{\sqrt{3}} \arctan x dx$；  (3) $\int_0^{\frac{\pi}{2}} (1 + \cos^4 x) dx$.

## 6.2 微积分基本公式

前一节研讨了定积分的基本概念,接下来第二个问题就是定积分的计算问题. 定积分的定义是特定乘积和式的极限,如果直接利用定义来计算定积分是很困难的. 虽然不定积分作为原函数的概念与定积分作为积分和的极限的概念是完全不相干的两个概念. 但是,牛顿和莱布尼茨两位伟大的数学家不仅发现而且找到了这两个概念之间存在着的深刻的内在联系. 即"微积分基本定理",并由此开创了求定积分的新途径——牛顿-莱布尼茨公式.

设一物体沿直线做变速运动,速度为 $v(t)$ ($v(t) \geq 0$),则物体在时间间隔 $[T_1, T_2]$ 内经过的路程 $s$ 可用速度函数表示为

$$s = \int_{T_1}^{T_2} v(t) dt$$

另一方面,物体经过的路程 $s$ 是关于时间 $t$ 的函数 $s(t)$,那物体在时间间隔 $[T_1, T_2]$ 所经过的路程为

$$s = s(T_2) - s(T_1)$$

则

$$\int_{T_1}^{T_2} v(t) dt = s(T_2) - s(T_1)$$

由导数的物理意义可知：$s'(t) = v(t)$,即 $s(t)$ 是 $v(t)$ 的一个原函数,因此,为求定积分 $\int_{T_1}^{T_2} v(t) dt$,应先求出被积函数 $v(t)$ 的一个原函数 $s(t)$,再求 $s(t)$ 在区间 $[T_1, T_2]$ 上的增量 $s(T_2) - s(T_1)$ 即可.

若抛开上面问题的物理意义,便可得出计算定积分 $\int_a^b f(x) dx$ 的一般方法.

### 6.2.1 积分上限函数

设函数 $f(x)$ 在区间 $[a,b]$ 上连续,$x$ 为 $[a,b]$ 上的任意一点(见图 6.2.1),则积分 $\int_a^x f(x) dx$ 存

在，这里上限 $x$ 是 $[a,b]$ 上的任意取定的一点，当 $x$ 在 $[a,b]$ 上每取定一个值时，都表示一块平面区域的面积，即 $\int_a^x f(x)\mathrm{d}x$ 也有一个唯一的值与之对应.

为了区分积分变量与积分上限，将 $\int_a^x f(x)\mathrm{d}x$ 表示成 $\int_a^x f(t)\mathrm{d}t$，故 $\int_a^x f(t)\mathrm{d}t$ 为 $[a,b]$ 上变量 $x$ 的函数，称为 $f(x)$ 的**积分上限函数**. 记为 $\Phi(x) = \int_a^x f(t)\mathrm{d}t, (a \leqslant x \leqslant b)$. 同理，$\int_x^b f(t)\mathrm{d}t$ 也是 $x$ 的函数 $(a \leqslant x \leqslant b)$，称为 $f(x)$ 的积分下限的函数.

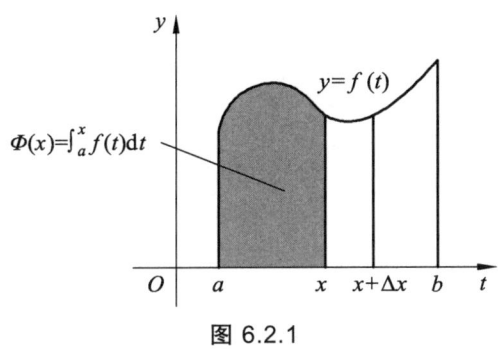

图 6.2.1

由定积分的几何意义，可以看到 $\int_a^b f(x)\mathrm{d}x$ 表示区间 $[a,b]$ 上整块曲边梯形的面积，而 $\Phi(x) = \int_a^x f(t)\mathrm{d}t$ 表示区间 $[a,x]$ 上对应的曲边梯形的面积.

**定理 6.2.1** 若函数 $f(x)$ 在 $[a,b]$ 上连续，则 $\Phi(x) = \int_a^x f(t)\mathrm{d}t$ 在 $[a,b]$ 上可导，且

$$\Phi'(x) = \frac{\mathrm{d}}{\mathrm{d}x}\int_a^x f(t)\mathrm{d}t = f(x).$$

**证**：先求 $\Delta\Phi(x)$，再用积分中值定理（见图 6.2.2）转化，有

$$\begin{aligned}\Delta\Phi(x) &= \Phi(x+\Delta x) - \Phi(x) \\ &= \int_a^{x+\Delta x} f(t)\mathrm{d}t - \int_a^x f(t)\mathrm{d}t \\ &= \int_x^{x+\Delta x} f(t)\mathrm{d}t = f(\xi)\Delta x,\end{aligned}$$

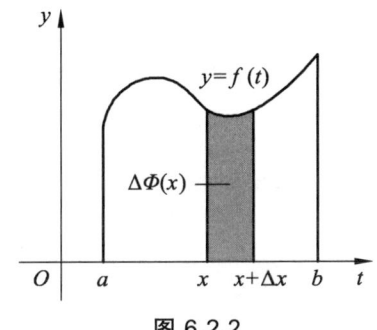

图 6.2.2

其中 $\xi$ 介于 $x$、$x+\Delta x$ 之间.
当 $\Delta x \to 0$ 时，$\xi \to x$，因此

$$\lim_{\Delta x \to 0}\frac{\Delta\Phi(x)}{\Delta x} = \lim_{\Delta x \to 0} f(\xi) = f(x),$$

即

$$\Phi'(x) = \frac{\mathrm{d}}{\mathrm{d}x}\int_a^x f(t)\mathrm{d}t = f(x).$$

**说明** 从定理的结论可以看出，$\Phi(x)$ 是 $f(x)$ 的一个原函数.

**推论** 若函数 $f(x)$ 在 $[a,b]$ 上连续，$\Phi(x) = \int_{a(x)}^{b(x)} f(t)\mathrm{d}t, a \leqslant a(x) < b(x) \leqslant b, a(x), b(x)$ 在 $[a,b]$ 上可导，则

$$\Phi'(x) = \frac{\mathrm{d}}{\mathrm{d}x}\int_{a(x)}^{b(x)} f(t)\mathrm{d}t = f[b(x)]b'(x) - f[a(x)]a'(x).$$

**证**： $\Phi(x) = \int_{a(x)}^{b(x)} f(t)\mathrm{d}t = \int_{a(x)}^{c} f(t)\mathrm{d}t + \int_{c}^{b(x)} f(t)\mathrm{d}t = \int_{c}^{b(x)} f(t)\mathrm{d}t - \int_{c}^{a(x)} f(t)\mathrm{d}t$ ,

其中 $c \in [a, b]$ ，考虑 $F(x) = \int_{c}^{b(x)} f(t)\mathrm{d}t = \int_{c}^{u} f(t)\mathrm{d}t \Big|_{u=b(x)}$ ，则

$$F'(x) = f'(u)\big|_{u=b(x)} \cdot b'(x) = f[b(x)]b'(x),$$

因此， $\Phi'(x) = \dfrac{\mathrm{d}}{\mathrm{d}x}\int_{a(x)}^{b(x)} f(t)\mathrm{d}t = f[b(x)]b'(x) - f[a(x)]a'(x).$

特别地，若 $a(x) \equiv a \in \mathbf{R}$ ，则 $\Phi'(x) = \dfrac{\mathrm{d}}{\mathrm{d}x}\int_{a}^{b(x)} f(t)\mathrm{d}t = f[b(x)]b'(x).$

若 $b(x) \equiv b \in \mathbf{R}$ ，则 $\Phi'(x) = \dfrac{\mathrm{d}}{\mathrm{d}x}\int_{a(x)}^{b} f(t)\mathrm{d}t = -f[a(x)]a'(x).$

**例 6.2.1** 求下列函数的导数.

（1） $y = \int_{0}^{x} \arctan t \mathrm{d}t$ ； （2） $y = \int_{0}^{\cos x} \sin t \mathrm{d}t$ ； （3） $y = \int_{x^3}^{5} \dfrac{\ln t}{t}\mathrm{d}t (x > 0)$ .

**解**：（1） $y' = \left(\int_{0}^{x} \arctan t \mathrm{d}t\right)' = \arctan x$ .

（2） $y' = (\int_{0}^{\cos x} \sin t \mathrm{d}t)' = \sin(\cos x) \cdot (\cos x)' = -\sin x \sin(\cos x)$ .

（3） $y' = \dfrac{\ln x^3}{x^3} \cdot (x^3)' = \dfrac{3\ln x^3}{x}$ .

**例 6.2.2** 设 $f(x)$ 是连续函数，求下列函数的导数.

（1） $F(x) = \int_{x^2-3x}^{\mathrm{e}^{x^2}} \mathrm{e}^{f(t)}\mathrm{d}t$ ； （2） $F(x) = \int_{0}^{x} xf(t)\mathrm{d}t$ .

**解**：（1） $F'(x) = 2x\mathrm{e}^{f(\mathrm{e}^{x^2})}\mathrm{e}^{x^2} - \mathrm{e}^{f(x^2-3x)}(2x-3)$ .

（2）因为 $F(x) = x\int_{0}^{x} f(t)\mathrm{d}t$ ，所以 $F'(x) = xf(x) + \int_{0}^{x} f(t)\mathrm{d}t$ .

**例 6.2.3** 计算 $\lim\limits_{x \to 0} \dfrac{\int_{0}^{x} \ln(1+t^2)\mathrm{d}t}{x^3}$ .

**解**：这是 $\dfrac{0}{0}$ 型不定式，应用洛必达法则，于是有

$$\lim_{x \to 0} \frac{\int_{0}^{x} \ln(1+t^2)\mathrm{d}t}{x^3} = \lim_{x \to 0} \frac{\ln(1+x^2)}{3x^2} = \lim_{x \to 0} \frac{x^2}{3x^2} = \frac{1}{3}.$$

**例 6.2.4** 设函数 $y = f(x)$ 是可导函数， $f(0) = 1$ ，且满足方程 $\int_{0}^{x} f(t)\mathrm{d}t = xf(x) - x^2$ . 求 $f(x)$ .

**解**：在方程两边同时对 $x$ 求导，得

$$\left(\int_{0}^{x} f(t)\mathrm{d}t\right)' = (xf(x) - x^2)',$$

于是有
$$f(x) = f(x) + xf'(x) - 2x,$$
即
$$f'(x) = 2,$$
故
$$f(x) = \int 2\mathrm{d}x = 2x + C,$$

因为 $f(0)=1$，所以 $C=1$，$f(x)=2x+1$.

### 6.2.2 牛顿-莱布尼茨公式

**定理 6.2.1（微积分基本公式）** 如果函数 $F(x)$ 是 $[a,b]$ 上的连续函数 $f(x)$ 的任意一个原函数，则

$$\int_a^b f(x)\mathrm{d}x = F(b) - F(a).$$

为了方便起见，还常用 $F(x)\big|_a^b$ 或 $\big[F(x)\big]_a^b$ 表示 $F(b)-F(a)$，即

$$\int_a^b f(x)\mathrm{d}x = \big[F(x)\big]_a^b = F(x)\big|_a^b = F(b) - F(a),$$

这个公式称为牛顿-莱布尼茨公式，也称为**微积分基本公式**. 它表示一个函数的定积分等于这个函数的原函数在积分上、下限处函数值之差. 它揭示了定积分与不定积分或被积函数的原函数的内在联系，它指出了求连续函数定积分的一般方法，把求定积分的问题转化成求原函数的问题，是联系微分学与积分学的桥梁.

**注意** 当 $a>b$ 时，$\int_a^b f(x)\mathrm{d}x = F(b) - F(a)$ 仍成立.

**例 6.2.5** 计算下列定积分.

（1）$\int_0^1 3x^2 \mathrm{d}x$；（2）$\int_{-1}^1 \dfrac{1}{1+x^2}\mathrm{d}x$；（3）$\int_{-3}^{-1}\dfrac{1}{x}\mathrm{d}x$；

（4）$\int_0^2 \mathrm{e}^x \mathrm{d}x$；（5）$\int_{-1}^3 |2-x|\mathrm{d}x$；（6）$\int_{\frac{\pi}{6}}^{\pi}\sqrt{1-\sin^2 x}\mathrm{d}x$.

**解**：（1）由于 $x^3$ 是 $3x^2$ 的一个原函数，所以根据牛顿-莱布尼茨公式有

$$\int_0^1 3x^2 \mathrm{d}x = \big[x^3\big]_0^1 = 1^3 - 0^3 = 1.$$

（2）由于 $\dfrac{1}{1+x^2}$ 的一个原函数为 $\arctan x$，故

$$\int_{-1}^1 \dfrac{1}{1+x^2}\mathrm{d}x = \big[\arctan x\big]_{-1}^1 = \arctan 1 - \arctan(-1) = \dfrac{\pi}{4} - \left(-\dfrac{\pi}{4}\right) = \dfrac{\pi}{2}.$$

（3）当 $x<0$ 时，$\dfrac{1}{x}$ 的一个原函数是 $\ln|x|$，故

$$\int_{-3}^{-1}\dfrac{1}{x}\mathrm{d}x = \left[\ln|x|\right]_{-3}^{-1} = \ln 1 - \ln 3 = -\ln 3.$$

（4）$\int_{0}^{2}\mathrm{e}^{x}\mathrm{d}x = \mathrm{e}^{x}\big|_{0}^{2} = \mathrm{e}^{2}-1.$

（5）因为 $|2-x| = \begin{cases} x-2, & x \geqslant 2 \\ 2-x, & x < 2 \end{cases}$，故

$$\int_{-1}^{3}|2-x|\mathrm{d}x = \int_{-1}^{2}(2-x)\mathrm{d}x + \int_{2}^{3}(x-2)\mathrm{d}x$$
$$= \left[2x-\dfrac{1}{2}x^{2}\right]_{-1}^{2} + \left[\dfrac{1}{2}x^{2}-2x\right]_{2}^{3} = \dfrac{9}{2}+\dfrac{1}{2} = 5.$$

（6）$\int_{\frac{\pi}{6}}^{\pi}\sqrt{1-\sin^{2}x}\mathrm{d}x = \int_{\frac{\pi}{6}}^{\pi}\sqrt{\cos^{2}x}\mathrm{d}x = \int_{\frac{\pi}{6}}^{\pi}|\cos x|\mathrm{d}x$

$$= \int_{\frac{\pi}{6}}^{\frac{\pi}{2}}\cos x\mathrm{d}x - \int_{\frac{\pi}{2}}^{\pi}\cos x\mathrm{d}x = \sin x\Big|_{\frac{\pi}{6}}^{\frac{\pi}{2}} - \sin x\Big|_{\frac{\pi}{2}}^{\pi} = 1-\dfrac{1}{2}-(0-1) = \dfrac{3}{2}.$$

**例 6.2.6** 设 $f(x) = \begin{cases} 1+x^{2}, & 0 \leqslant x \leqslant 1 \\ 2-x, & 1 < x \leqslant 2 \end{cases}$，求定积分 $\int_{0}^{2}f(x)\mathrm{d}x$.

**解：** 显然函数 $f(x)$ 在区间 $[0,2]$ 上有界，且只有一个第一类间断点 $x=1$，则 $\int_{0}^{2}f(x)\mathrm{d}x$ 存在．由定积分的积分区间可加性，有

$$\int_{0}^{2}f(x)\mathrm{d}x = \int_{0}^{1}f(x)\mathrm{d}x + \int_{1}^{2}f(x)\mathrm{d}x = \int_{0}^{1}(1+x^{2})\mathrm{d}x + \int_{1}^{2}(2-x)\mathrm{d}x$$
$$= \left[x+\dfrac{1}{3}x^{3}\right]_{0}^{1} + \left[2x-\dfrac{1}{2}x^{2}\right]_{1}^{2} = \dfrac{4}{3}+\dfrac{1}{2} = \dfrac{11}{6}.$$

**例 6.2.7** 计算正弦曲线 $y=\sin x$ 在 $[0,\pi]$ 上与 $x$ 轴所围成的图形（见图 6.2.3）的面积．

**解：** 由于 $y=\sin x$ 在 $[0,\pi]$ 上非负连续，所以它围成的面积为

$$A = \int_{0}^{\pi}\sin x\mathrm{d}x = \left[-\cos x\right]_{0}^{\pi} = -(\cos \pi)+(\cos 0) = 2.$$

**例 6.2.8** 设 $f(x) = x^{2}-x\int_{0}^{2}f(x)\mathrm{d}x + 2\int_{0}^{1}f(x)\mathrm{d}x$，求 $f(x)$．

**分析：** 关键是求 $\int_{0}^{2}f(x)\mathrm{d}x, \int_{0}^{1}f(x)\mathrm{d}x$，而这两个定积分为确定的数值．求定积分时可提到积分号外面．

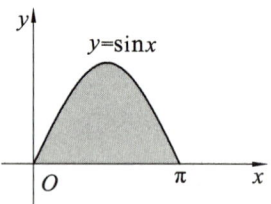

图 6.2.3

**解：** 令 $a = \int_{0}^{1}f(x)\mathrm{d}x, b = \int_{0}^{2}f(x)\mathrm{d}x$，于是有

$$f(x) = x^{2}-bx+2a,$$

故

$$a = \int_{0}^{1}f(x)\mathrm{d}x = \int_{0}^{1}(x^{2}-bx+2a)\mathrm{d}x = \dfrac{1}{3}-\dfrac{b}{2}+2a,$$

同理,
$$b = \int_0^2 f(x)dx = \frac{8}{3} - 2b + 4a,$$

即
$$\begin{cases} a - \frac{1}{2}b = -\frac{1}{3} \\ 4a - 3b = -\frac{8}{3} \end{cases},$$

解得
$$\begin{cases} a = \frac{1}{3} \\ b = \frac{4}{3} \end{cases},$$

所以
$$f(x) = x^2 - \frac{4}{3}x + \frac{2}{3}.$$

**例 6.2.9** 火车以 $v = 54 \text{ km/h}$ 的速度在平直的轨道上行驶,到某处需要减速停车. 设汽车以加速度 $a = -5 \text{m/s}^2$ 刹车. 问从开始刹车到停车,火车行驶了多少距离?

**解：** 首先要算出从开始刹车到停车所需要的时间. 当 $t = 0$ 时,火车的速度为
$$v_0 = 54 \text{km/h} = \frac{54 \times 1000}{3600} \text{m/s} = 15 \text{m/s},$$

刹车后火车减速行驶,其速度为
$$v(t) = v_0 + at = 15 - 5t,$$

当火车停住时,速度为 $v(t) = 0$,故从
$$v(t) = 15 - 5t = 0,$$

解之
$$t = \frac{15 \text{m/s}}{5 \text{m/s}^2} = 3\text{s},$$

于是从开始刹车到停车,火车所走过的路程为
$$s = \int_0^3 v(t)dt = \int_0^3 (15 - 5t)dt = \left[15t - \frac{5}{2}t^2\right]_0^3 = 22.5 \text{m}.$$

即在刹车后,火车需要走过 $22.5 \text{m}$ 才能停住.

## 习题 6.2

1. $\dfrac{\mathrm{d}}{\mathrm{d}x}\int_a^b \sin x^2 \mathrm{d}x = $ _____, $\dfrac{\mathrm{d}}{\mathrm{d}a}\int_a^b \sin x^2 \mathrm{d}x = $ _____, $\dfrac{\mathrm{d}}{\mathrm{d}b}\int_a^b \sin x^2 \mathrm{d}x = $ _____.

2. 求下列函数的定积分.

（1）$\int_{-1}^{2}(x^2-1)dx$；

（2）$\int_{1}^{2}(x^2+x^{-2})dx$；

（3）$\int_{0}^{1}(x-1)^2 dx$；

（4）$\int_{0}^{\pi}(\sin x+\cos x)dx$；

（5）$\int_{1}^{\sqrt{3}}\frac{1}{1+x^2}dx$；

（6）$\int_{-\frac{1}{2}}^{\frac{1}{2}}\frac{1}{\sqrt{1-x^2}}dx$；

（7）$\int_{0}^{1}(2x+3)dx$；

（8）$\int_{a}^{b}e^x dx$；

（9）$\int_{0}^{\pi}(2\cos x+1)dx$；

（10）$\int_{4}^{9}\left(\sqrt{x}+\frac{1}{\sqrt{x}}\right)dx$.

3. 求由曲线 $y=x^2$ 和直线 $y=2x$ 所围成的平面图形的面积.

4. 求下列函数的定积分.

（1）$\int_{0}^{1}\frac{x^4}{x^2+1}dx$；

（2）$\int_{-1}^{0}\frac{3x^4+3x^2+1}{x^2+1}dx$；

（3）$\int_{0}^{\pi}\frac{\cos 2x}{\sin x+\cos x}dx$；

（4）$\int_{0}^{\frac{\pi}{2}}2\cos^2\frac{x}{2}dx$；

（5）$\int_{-1}^{2}|x-1|dx$；

（6）$\int_{0}^{2\pi}|\sin x|dx$；

（7）$\int_{0}^{\frac{\pi}{4}}\tan^2\theta d\theta$；

（8）$\int_{-2}^{4}(|x-2|+|x-3|)dx$；

（9）$\int_{-2}^{2}\max\{1,e^x\}dx$；

（10）设 $f(x)=\begin{cases}x^2, & 0\leqslant x\leqslant 1\\ 2-x, & 1<x\leqslant 2\end{cases}$，求 $\int_{0}^{2}f(x)dx$.

5. 求下列变上限（或下限）的积分所定义的函数的导函数.

（1）$y=\int_{0}^{x}\frac{1}{1+t}dt$；

（2）$y=\int_{0}^{22-x^2}\arcsin t dt$；

（3）$y=\int_{-2x}^{0}\sqrt{1+t^2}dt$；

（4）$y=\int_{x}^{x^2}e^{-t^2}dt$；

（5）$y=\int_{\sqrt{x}}^{\sqrt[3]{x}}\ln\frac{(1+t^6)}{t}dt$；

（6）$y=\int_{\sin x}^{3x^2-2}2^{t^2}dt$.

6. 求下列函数的极限.

（1）$\lim_{x\to 0}\frac{\int_{0}^{x}\sin^2 t dt}{x^3}$；

（2）$\lim_{x\to 0}\frac{\int_{0}^{x}2t\sin t dt}{1-\cos x}$；

（3）$\lim_{x\to 0}\frac{\int_{0}^{x}\arcsin t dt}{\ln(1+x)}$；

（4）$\lim_{x\to 0}\frac{x^2}{\int_{0}^{x}(e^t-1)dt}$；

（5）$\lim_{x\to 0}\frac{\int_{0}^{\sin x}\sqrt{\tan t}dt}{\int_{0}^{\tan x}\sqrt{\sin t}dt}$；

## 6.3  定积分的换元积分法

我们知道，牛顿-莱布尼茨公式是计算定积分 $\int_{a}^{b}f(x)dx$ 的简便方法，先求出被积函数的一个原函数，再算值. 在不定积分中，换元积分法可以求出一些函数的原函数. 因此，在一定条件下，可以用换元积分法来计算定积分. 下面，我们就来研讨这个方法.

**定理 6.3.1** 假设

（1） $f(x)$ 在 $[a,b]$ 上连续；

（2）函数 $x = \varphi(t)$ 在 $[\alpha,\beta]$ 上是单值的且有连续导数；

（3）当 $t$ 在区间 $[\alpha,\beta]$ 上变化时，$x = \varphi(t)$ 的值在 $[a,b]$ 上变化，且 $\varphi(\alpha) = a$，$\varphi(\beta) = b$，则有

$$\int_a^b f(x)dx = \int_\alpha^\beta f[\varphi(t)]\varphi'(t)dt$$

该公式称为定积分的换元公式．

**注意：**

（1）换元必换限，即作变量替换 $x = \varphi(t)$ 把积分变量 $x$ 换成新变量 $t$ 时，积分限也相应地改变；

（2）求出 $f(\varphi(t))\varphi'(t)$ 的一个原函数 $\varPhi(t)$ 后，不必像计算不定积分那样"回代"，即把 $\varPhi(t)$ 变换成原变量 $x$ 的函数，而只要把新变量 $t$ 的上、下限分别代入 $\varPhi(t)$ 然后相减就行了．

**例 6.3.1** 计算下列定积分．

（1） $\int_0^3 \dfrac{x}{\sqrt{1+x}}dx$；（2） $\int_0^{\frac{\pi}{2}} \sin^3 x \cos x dx$；（3） $\int_0^1 \dfrac{e^x}{1+e^x}dx$；（4） $\int_1^e \dfrac{1+(\ln x)^2}{x}dx$．

**解：**（1）令 $\sqrt{1+x} = t$，则 $x = t^2 - 1$，$dx = 2tdt$，当 $x = 0$ 时，$t = 1$，当 $x = 3$ 时，$t = 2$，于是

$$\int_0^3 \frac{x}{\sqrt{1+x}}dx = \int_1^2 \frac{t^2-1}{t} \cdot 2tdt = 2\int_1^2 (t^2-1)dt = 2\left[\frac{t^3}{3} - t\right]_1^2 = \frac{8}{3}.$$

（2）方法一：令 $\sin x = t$，则 $dt = \cos x dx$，当 $x = 0$ 时，$t = 0$，当 $x = \dfrac{\pi}{2}$ 时，$t = 1$，于是

$$\int_0^{\frac{\pi}{2}} \sin^3 x \cos x dx = \int_0^1 t^3 dt = \left[\frac{1}{4}t^4\right]_0^1 = \frac{1}{4}.$$

方法二：
$$\int_0^{\frac{\pi}{2}} \sin^3 x \cos x dx = \int_0^{\frac{\pi}{2}} \sin^3 x d\sin x = \left[\frac{1}{4}\sin^4 x\right]_0^{\frac{\pi}{2}} = \frac{1}{4}.$$

说明：方法二没有引入新的积分变量．计算时，原积分的上、下限不用改变．对于能用"凑微分法"求原函数的积分，且未写出中间变量，则无须改变积分限．

（3） $\int_0^1 \dfrac{e^x}{1+e^x}dx = \int_0^1 \dfrac{1}{1+e^x}d(1+e^x) = \left[\ln(1+e^x)\right]_0^1$

$$= \ln(1+e) - \ln 2 = \ln\frac{1+e}{2}.$$

（4） $\int_1^e \dfrac{1+(\ln x)^2}{x}dx = \int_1^e (1+(\ln x)^2)d(\ln x)$

$$= \left[\ln x + \frac{1}{3}(\ln x)^3\right]_1^e = \frac{4}{3}.$$

**例 6.3.2** 求定积分 $\int_0^a \sqrt{a^2 - x^2}dx$ $(a > 0)$．

**解**：令 $x = a\sin t$，则 $\mathrm{d}x = \mathrm{d}(a\sin t) = a\cos t\mathrm{d}t$. 当 $x = 0$ 时，$t = 0$；当 $x = a$ 时，$t = \dfrac{\pi}{2}$.

$$\int_0^a \sqrt{a^2 - x^2}\,\mathrm{d}x = a^2 \int_0^{\frac{\pi}{2}} \cos^2 t\,\mathrm{d}t = \dfrac{a^2}{2}\int_0^{\frac{\pi}{2}}(1 + \cos 2t)\mathrm{d}t = \dfrac{a^2}{2}\left(t + \dfrac{1}{2}\sin 2t\right)\bigg|_0^{\frac{\pi}{2}} = \dfrac{\pi a^2}{4}.$$

**例 6.3.3** 求 $\int_1^2 \dfrac{1}{x(x^4 + 1)}\mathrm{d}x$.

**解**：令 $x = \dfrac{1}{t}$，则 $\mathrm{d}x = -\dfrac{1}{t^2}\mathrm{d}t$，$x = 1, t = 1; x = 2, t = \dfrac{1}{2}$，

$$\int_1^2 \dfrac{1}{x(x^4 + 1)}\mathrm{d}x = \int_1^{\frac{1}{2}} \dfrac{1}{\dfrac{1}{t}\left(\dfrac{1}{t^4} + 1\right)}\left(-\dfrac{1}{t^2}\right)\mathrm{d}t = \int_{\frac{1}{2}}^1 \dfrac{t^3}{1 + t^4}\mathrm{d}t$$

$$= \dfrac{1}{4}\left[\ln(1 + t^4)\right]_{\frac{1}{2}}^1 = \dfrac{1}{4}\ln 2 - \dfrac{1}{4}\ln\left(\dfrac{17}{2^4}\right) = \dfrac{5}{4}\ln 2 - \dfrac{1}{4}\ln 17.$$

**例 6.3.4（奇偶函数的积分性质）** 设函数 $f(x)$ 在闭区间 $[-a, a]$ 上连续，证明

（1）当 $f(x)$ 为奇函数时有 $\int_{-a}^a f(x)\mathrm{d}x = 0$；

（2）当 $f(x)$ 为偶函数时有 $\int_{-a}^a f(x)\mathrm{d}x = 2\int_0^a f(x)\mathrm{d}x$.

**证**：利用定积分的积分区间可加性，有

$$\int_{-a}^a f(x)\mathrm{d}x = \int_{-a}^0 f(x)\mathrm{d}x + \int_0^a f(x)\mathrm{d}x,$$

对上式右端的积分式 $\int_{-a}^0 f(x)\mathrm{d}x$ 作变换 $x = -t$，则有

$$\int_{-a}^0 f(x)\mathrm{d}x = -\int_a^0 f(-t)\mathrm{d}t = \int_0^a f(-t)\mathrm{d}t = \int_0^a f(-x)\mathrm{d}x.$$

从而

$$\int_{-a}^a f(x)\mathrm{d}x = \int_0^a f(-x)\mathrm{d}x + \int_0^a f(x)\mathrm{d}x = \int_0^a \left(f(-x) + f(x)\right)\mathrm{d}x.$$

（1）若 $f(x)$ 为奇函数，即 $f(-x) = -f(x)$，即 $f(-x) + f(x) = 0$，故

$$\int_{-a}^a f(x)\mathrm{d}x = \int_0^a \left(f(-x) + f(x)\right)\mathrm{d}x = 0;$$

（2）若 $f(x)$ 为偶函数，即 $f(-x) = f(x)$，故

$$\int_{-a}^a f(x)\mathrm{d}x = \int_0^a \left(f(x) + f(x)\right)\mathrm{d}x = 2\int_0^a f(x)\mathrm{d}x.$$

这个结论从定积分的几何意义看是很明显的，如图 6.3.1 所示. 利用此结论，可以简化计算在对称于原点的区间上的定积分.

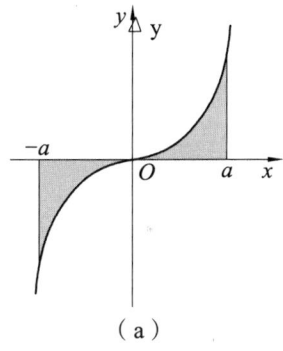
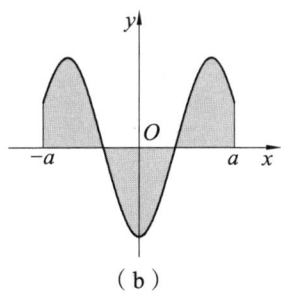

图 6.3.1

**例 6.3.5** 计算定积分 $\int_{-\frac{\pi}{2}}^{\frac{\pi}{2}} x^8 \sin x \, dx$.

**解**：因为被积函数 $f(x) = x^8 \sin x$ 在对称区间 $\left[-\frac{\pi}{2}, \frac{\pi}{2}\right]$ 上是奇函数，故

$$\int_{-\frac{\pi}{2}}^{\frac{\pi}{2}} x^8 \sin x \, dx = 0.$$

**例 6.3.6** 计算定积分 $\int_{-1}^{1} \frac{2 + x \cos x}{\sqrt{1-x^2}} dx$.

**解**：因为被积函数

$$f(x) = \frac{2 + x\cos x}{\sqrt{1-x^2}} = \frac{2}{\sqrt{1-x^2}} + \frac{x\cos x}{\sqrt{1-x^2}},$$

在对称区间 $[-1,1]$ 上是偶函数 $\frac{2}{\sqrt{1-x^2}}$ 与奇函数 $\frac{x\cos x}{\sqrt{1-x^2}}$ 之和，故

$$\int_{-1}^{1} \frac{2 + x\cos x}{\sqrt{1-x^2}} dx = \int_{-1}^{1} \frac{2}{\sqrt{1-x^2}} dx + \int_{-1}^{1} \frac{x\cos x}{\sqrt{1-x^2}} dx$$
$$= 2\int_{0}^{1} \frac{2}{\sqrt{1-x^2}} dx = 4[\arcsin x]_{0}^{1} = 2\pi.$$

# 习题 6.3

1. 求下列函数的定积分.

（1）$\int_{0}^{1} e^{x+1} dx$；

（2）$\int_{0}^{1} (x+2)^2 dx$；

（3）$\int_{0}^{\frac{\pi}{2}} \cos^5 x \sin x \, dx$；

（4）$\int_{0}^{\pi} \sin^3 x \cos x \, dx$；

（5）$\int_{1}^{e} \frac{1 + \ln x}{x} dx$；

（6）$\int_{\ln \pi}^{\ln 2\pi} e^x \cos e^x \, dx$；

（7）$\int_{-3}^{3}\left(\dfrac{\sin x\cos^{4}x}{1+x^{8}}+x^{22}\right)dx$ ；  （8）$\int_{1}^{4}\dfrac{1}{\sqrt{x}}e^{\sqrt{x}}dx$ ；

（9）$\int_{\frac{1}{\pi}}^{\frac{2}{\pi}}\dfrac{1}{x^{2}}\cos\dfrac{1}{x}dx$ ．

2．计算下列函数的定积分．

（1）$\int_{0}^{\frac{\pi}{2}}\sin^{2}xdx$ ；  （2）$\int_{0}^{\frac{\pi}{2}}\sin^{3}xdx$ ；  （3）$\int_{0}^{\frac{\pi}{2}}\sin^{3}x\cos^{2}xdx$ ；

（4）$\int_{0}^{\frac{\pi}{2}}\sin^{3}x\cos^{5}xdx$ ；  （5）$\int_{-\frac{\pi}{2}}^{\frac{\pi}{2}}\sqrt{\cos x-\cos^{3}x}\,dx$ ；  （6）$\int_{0}^{\frac{\pi}{2}}\cos 3x\sin xdx$ ．

3．求下列函数的定积分．

（1）$\int_{0}^{1}x^{2}\sqrt{1-x^{2}}dx$ ；  （2）$\int_{0}^{1}2x(1+x^{2})^{3}dx$ ；  （3）$\int_{0}^{1}e^{x}(e^{x}-1)^{2}dx$ ；

（4）$\int_{0}^{1}\dfrac{1}{e^{x}+e^{-x}}dx$ ；  （5）$\int_{1}^{\sqrt{3}}\dfrac{1}{x^{2}\sqrt{1+x^{2}}}dx$ ；  （6）$\int_{-\pi}^{\pi}\sin mx\cos nxdx$ ；

（7）$\int_{0}^{9}\dfrac{1-\sqrt{x}}{1+\sqrt{x}}dx$ ；  （8）$\int_{1}^{2}\dfrac{\sqrt{x^{2}-1}}{x}dx$ ；  （9）$\int_{0}^{1}\dfrac{x^{3}}{\sqrt{1-x^{2}}}dx$ ；

（10）$\int_{-\pi}^{\pi}\dfrac{\sin x}{1+x^{2}}dx$ ；  （11）$\int_{-2}^{-1}\dfrac{dx}{x\sqrt{x^{2}-1}}$ ；  （12）$\int_{0}^{1}\dfrac{x^{2}}{\sqrt{1-x^{2}}}dx$ ．

4．已知 $f(x)=\begin{cases}1+x^{2} & x<0,\\ e^{-x} & x\geqslant 0,\end{cases}$ 求 $\int_{1}^{3}f(x-2)dx$ ．

## 6.4　定积分的分部积分法

在不定积分中，分部积分法可以求出一些函数的原函数．类似地，可以用分部积分法来计算定积分．下面，我们就来研讨这个方法．

设函数 $u(x)$ ，$v(x)$ 在闭区间 $[a,b]$ 上有连续导数，则有定积分的分部积分公式：

$$\int_{a}^{b}u(x)v'(x)dx=\left[u(x)v(x)\right]_{a}^{b}-\int_{a}^{b}u'(x)v(x)dx$$

或

$$\int_{a}^{b}u(x)dv(x)=\left[u(x)v(x)\right]_{a}^{b}-\int_{a}^{b}v(x)du(x)．$$

说明：利用定积分的分部积分公式计算定积分时，$u(x)$ 或 $dv(x)$ 的选择与不定积分中的情形相同．

**例 6.4.1**　计算下列函数的定积分．

（1）$\int_{0}^{1}xe^{x}dx$ ；  （2）$\int_{0}^{\pi}x\sin xdx$ ；  （3）$\int_{0}^{\frac{\pi}{4}}\dfrac{x}{1+\cos 2x}dx$ ；  （4）$\int_{0}^{2\pi}x^{2}\cos xdx$ ．

**解**：（1）令 $u=x$ ，$v'=e^{x}$ ，则 $u'=1$ ，$v=e^{x}$ ，有

$$\int_{0}^{1}xe^{x}dx=\int_{0}^{1}xde^{x}=\left[xe^{x}\right]_{0}^{1}-\int_{0}^{1}e^{x}dx=e-\left[e^{x}\right]_{0}^{1}=e-(e-1)=1．$$

（2）令 $u=x$，$v'=\sin x$，则 $u'=1$，$v=-\cos x$，有

$$\int_0^\pi x\sin x dx = -\int_0^\pi x d(\cos x) = -[x\cos x]_0^\pi + \int_0^\pi (\cos x)dx = \pi + [\sin x]_0^\pi = \pi.$$

（3）因为 $1+\cos 2x = 2\cos^2 x$，所以

$$\int_0^{\frac{\pi}{4}} \frac{x}{1+\cos 2x}dx = \int_0^{\frac{\pi}{4}} \frac{x}{2\cos^2 x}dx = \frac{1}{2}\int_0^{\frac{\pi}{4}} x d(\tan x) = \frac{1}{2}[x\tan x]_0^{\frac{\pi}{4}} - \frac{1}{2}\int_0^{\frac{\pi}{4}} \tan x dx$$

$$= \frac{1}{2}[x\tan x]_0^{\frac{\pi}{4}} - \frac{1}{2}\int_0^{\frac{\pi}{4}} \frac{\sin x}{\cos x}dx = \frac{1}{2}[x\tan x]_0^{\frac{\pi}{4}} + \frac{1}{2}\int_0^{\frac{\pi}{4}} \frac{1}{\cos x}d(\cos x)$$

$$= \frac{\pi}{8} + \frac{1}{2}\left[\ln|\cos x|\right]_0^{\frac{\pi}{4}} = \frac{\pi}{8} - \frac{\ln 2}{4}.$$

（4）$\int_0^{2\pi} x^2 \cos x dx = \int_0^{2\pi} x^2 d\sin x = [x^2 \sin x]_0^{2\pi} - \int_0^{2\pi} \sin x dx^2$

$$= -2\int_0^{2\pi} x\sin x dx = 2\int_0^{2\pi} x d\cos x = 2[x\cos x]_0^{2\pi} - 2\int_0^{2\pi} \cos x dx$$

$$= -2[\sin x]_0^{2\pi} = 0.$$

**例 6.4.2** 求下列定积分．

（1）$\int_1^e \ln x dx$；（2）$\int_0^{\frac{1}{2}} \arccos x dx$；（3）$\int_0^1 \arctan x dx$．

**解：**（1）$\int_1^e \ln x dx = [x\ln x]_1^e - \int_1^e x d\ln x = e - \int_1^e dx = e - (e-1) = 1$．

（2）$\int_0^{\frac{1}{2}} \arccos x dx = [x\arccos x]_0^{\frac{1}{2}} - \int_0^{\frac{1}{2}} x d\arccos x = \frac{1}{2}\cdot\frac{\pi}{3} + \int_0^{\frac{1}{2}} \frac{x}{\sqrt{1-x^2}}dx$

$$= \frac{\pi}{6} - \int_0^{\frac{1}{2}} \frac{1}{2\sqrt{1-x^2}}d(1-x^2) = \frac{\pi}{6} - \left[\sqrt{1-x^2}\right]_0^{\frac{1}{2}} = \frac{\pi}{6} - \frac{\sqrt{3}}{2} + 1.$$

（3）$\int_0^1 \arctan x dx = x\arctan x\Big|_0^1 - \int_0^1 \frac{x dx}{1+x^2}$

$$= 1\cdot\frac{\pi}{4} - \frac{1}{2}\int_0^1 \frac{1}{1+x^2}d(1+x^2) = \frac{\pi}{4} - \frac{1}{2}\ln(1+x^2)\Big|_0^1 = \frac{\pi}{4} + \frac{\ln 2}{2}.$$

**例 6.4.3** 求 $\int_0^{\frac{\pi}{2}} e^x \sin x dx$．

**解：** $\int_0^{\frac{\pi}{2}} e^x \sin x dx = \int_0^{\frac{\pi}{2}} \sin x de^x = e^x \sin x\Big|_0^{\frac{\pi}{2}} - \int_0^{\frac{\pi}{2}} e^x d\sin x$

$$= e^{\frac{\pi}{2}} - \int_0^{\frac{\pi}{2}} e^x \cos x dx = e^{\frac{\pi}{2}} - \int_0^{\frac{\pi}{2}} \cos x de^x = e^{\frac{\pi}{2}} - e^x \cos x\Big|_0^{\frac{\pi}{2}} + \int_0^{\frac{\pi}{2}} e^x d\cos x$$

$$= e^{\frac{\pi}{2}} + 1 - \int_0^{\frac{\pi}{2}} e^x \sin x dx.$$

即

$$\int_0^{\frac{\pi}{2}} e^x \sin x dx = e^{\frac{\pi}{2}} + 1 - \int_0^{\frac{\pi}{2}} e^x \sin x dx,$$

所以有

$$2\int_0^{\frac{\pi}{2}} e^x \sin x dx = e^{\frac{\pi}{2}} + 1,$$

从而

$$\int_0^{\frac{\pi}{2}} e^x \sin x dx = \frac{1}{2}\left(e^{\frac{\pi}{2}} + 1\right).$$

**例 6.4.4** 计算定积分 $\int_0^1 e^{\sqrt{x}} dx$.

**解**：令 $\sqrt{x} = t$，则 $x = t^2$，$dx = 2tdt$，当 $x = 0$ 时，$t = 0$，当 $x = 1$ 时，$t = 1$，于是

$$\int_0^1 e^{\sqrt{x}} dx = 2\int_0^1 t e^t dt = 2\int_0^1 t de^t = 2\left(\left[te^t\right]_0^1 - \int_0^1 e^t dt\right)$$
$$= 2\left(e - \left[e^t\right]_0^1\right) = 2.$$

## 习题 6.4

1. 求下列定积分.

（1）$\int_0^\pi x \cos x dx$；

（2）$\int_1^e x \ln x dx$；

（3）$\int_0^{e-1} \ln(1+x) dx$；

（4）$\int_0^1 x 2^x dx$；

（5）$\int_1^e x^2 \ln x dx$；

（6）$\int_0^{\sqrt{3}} \text{arc cot } x dx$；

（7）$\int_0^1 x \arctan x dx$；

（8）$\int_0^{\frac{1}{2}} \arcsin x dx$.

2. 求下列定积分.

（1）$\int_0^1 x e^{2x} dx$；

（2）$\int_0^\pi x^2 \sin x dx$；

（3）$\int_0^\pi e^x \sin x dx$；

（4）$\int_0^{\ln 3} x e^{-x} dx$；

（5）$\int_1^e (\ln x)^2 dx$；

（6）$\int_0^{\frac{\pi}{4}} (2x+3) \sin 2x dx$；

（7）$\int_1^e \sin(\ln x) dx$；

（8）$\int_1^4 \frac{\ln x}{\sqrt{x}} dx$.

（9）$\int_1^4 \ln \sqrt{x} dx$；

（10）$\int_0^3 \arcsin \sqrt{\frac{x}{1+x}} dx$；

（11）$\int_{\frac{1}{e}}^e |\ln x| dx$；

（12）$\int_0^1 e^{x^2}(x^3 + x) dx$.

3. 求定积分 $\int_0^{\frac{\pi}{2}} \frac{x + \sin x}{1 + \cos x} dx$.

4. 计算 $\int e^{2x} (\tan x + 1)^2 dx$.

## 6.5 广义积分

前面所讲的定积分，其积分区间是有限的，并且只讨论了 $f(x)$ 在 $[a,b]$ 上连续函数或只有有限个第一类间断点的有界函数的情形，这种定积分称为**常义积分**. 但是，在处理实际问题

时，经常会遇到需要考虑积分区间为无限的积分. 因此，必须要推广定积分的概念. 若积分区间为无限，或积分区间有限但被积函数在积分区间上是无界的，这两种情况的定积分称为广义积分. 接下来就介绍这两种广义积分.

## 6.5.1 无限区间上的广义积分

**例 6.5.1** 计算由曲线 $y=\dfrac{1}{x^2}$，$x$ 轴以及直线 $x=1$ 右边所围成的"开口曲边梯形"面积.

**解**：由于这个图形不是封闭的曲边梯形，在 $x$ 轴正方向是开口的，也就是说，这时的积分区间是无限区间 $[1,+\infty)$，故不能直接用之前所学的定积分来计算它的面积.

为了利用常义积分来求这个图形的面积，则任取大于 1 的常数 $b$，则在区间 $[1,b]$ 上由曲线 $y=\dfrac{1}{x^2}$，直线 $x=1$，$x=b$ 以及 $x$ 轴所围成的曲边梯形（见图 6.5.1）的面积为

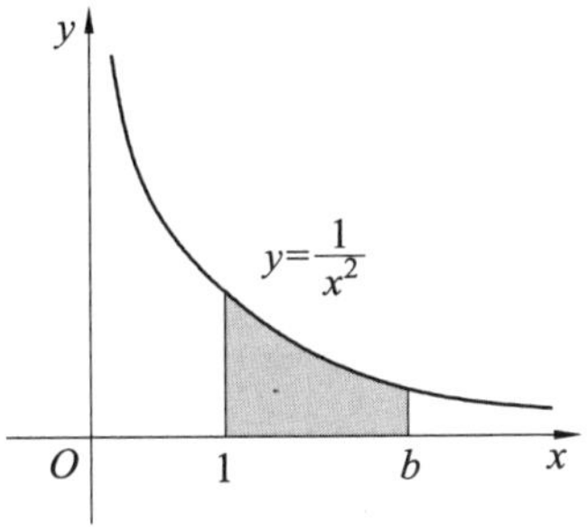

$$\int_1^b \frac{1}{x^2}\mathrm{d}x = \left[-\frac{1}{x}\right]_1^b = 1-\frac{1}{b}.$$

图 6.5.1

显然，随着 $b$ 的改变，曲边梯形的面积也随之改变，并且随着 $b$ 趋于无穷大而趋于一个确定的常数，即

$$\lim_{b\to+\infty}\int_1^b \frac{1}{x^2}\mathrm{d}x = \lim_{b\to+\infty}\left(1-\frac{1}{b}\right) = 1.$$

这个极限值就是表示了所求的"开口曲边梯形"的面积.

一般地，对于积分区间是无限的情况，给出下面的定义.

**定义 6.5.1** 设函数 $f(x)$ 在 $[a,+\infty)$ 上连续，任取 $t>a$，若极限

$$\lim_{t\to+\infty}\int_a^t f(x)\mathrm{d}x$$

存在，则称这个极限为函数 $f(x)$ 在 $[a,+\infty)$ 上的广义积分，记 $\int_a^{+\infty}f(x)\mathrm{d}x$，即

$$\int_a^{+\infty}f(x)\mathrm{d}x = \lim_{t\to+\infty}\int_a^t f(x)\mathrm{d}x.$$

若 $\lim\limits_{t\to+\infty}\int_a^t f(x)\mathrm{d}x$ 存在且等于 $A$，则称广义积分 $\int_a^{+\infty}f(x)\mathrm{d}x$ 存在或收敛，也称广义积分 $\int_a^{+\infty}f(x)\mathrm{d}x$ 收敛于 $A$；若 $\lim\limits_{t\to+\infty}\int_a^t f(x)\mathrm{d}x$ 不存在，则称广义积分 $\int_a^{+\infty}f(x)\mathrm{d}x$ 不存在或发散.

类似地，可以定义函数 $f(x)$ 在无穷区间 $(-\infty,b]$ 上的广义积分为

$$\int_{-\infty}^b f(x)\mathrm{d}x = \lim_{t\to-\infty}\int_t^b f(x)\mathrm{d}x.$$

函数 $f(x)$ 在无穷区间 $(-\infty,+\infty)$ 上的广义积分为

$$\int_{-\infty}^{+\infty} f(x)\mathrm{d}x = \int_{-\infty}^{c} f(x)\mathrm{d}x + \int_{c}^{+\infty} f(x)\mathrm{d}x$$

$$= \lim_{k\to-\infty}\int_{k}^{c} f(x)\mathrm{d}x + \lim_{t\to+\infty}\int_{c}^{t} f(x)\mathrm{d}x$$

其中 $c$ 为任意实数.

**注意** （1）无限区间 $(-\infty,+\infty)$ 的内分点可以任意选取；

（2）广义积分 $\int_{-\infty}^{+\infty} f(x)\mathrm{d}x$ 仅当两个极限同时存在时才收敛，否则广义积分 $\int_{-\infty}^{+\infty} f(x)\mathrm{d}x$ 是发散的.

由牛顿-莱布尼茨公式，若 $F(x)$ 是 $f(x)$ 在 $[a,+\infty)$ 上的一个原函数，且 $\lim\limits_{x\to+\infty} F(x)$ 存在，则广义积分

$$\int_{a}^{+\infty} f(x)\mathrm{d}x = \lim_{x\to+\infty} F(x) - F(a)$$

为了书写方便，当 $\lim\limits_{x\to+\infty} F(x)$ 存在时，常记 $F(+\infty) = \lim\limits_{x\to+\infty} F(x)$，即

$$\int_{a}^{+\infty} f(x)\mathrm{d}x = \left[F(x)\right]_{a}^{+\infty} = F(+\infty) - F(a)$$

另外两种类型在收敛时也可类似地记为

$$\int_{-\infty}^{b} f(x)\mathrm{d}x = \left[F(x)\right]_{-\infty}^{b} = F(b) - F(-\infty)$$

$$\int_{-\infty}^{+\infty} f(x)\mathrm{d}x = \left[F(x)\right]_{-\infty}^{+\infty} = F(+\infty) - F(-\infty)$$

**注意** $F(+\infty)$，$F(-\infty)$ 有一个不存在时，广义积分 $\int_{-\infty}^{+\infty} f(x)\mathrm{d}x$ 发散.

**例 6.5.2** 计算广义积分 $\int_{0}^{+\infty} x\mathrm{e}^{-x}\mathrm{d}x$.

**解：**
$$\int_{0}^{+\infty} x\mathrm{e}^{-x}\mathrm{d}x = \lim_{t\to+\infty}\int_{0}^{t} x\mathrm{e}^{-x}\mathrm{d}x = \lim_{t\to+\infty}\int_{0}^{t}(-x)\mathrm{d}\mathrm{e}^{-x}$$

$$= \lim_{t\to+\infty}\left(\left[-x\mathrm{e}^{-x}\right]_{0}^{t} - \int_{0}^{t}\mathrm{e}^{-x}\mathrm{d}(-x)\right) = \lim_{t\to+\infty}\left(-t\mathrm{e}^{-t} - \left[\mathrm{e}^{-x}\right]_{0}^{t}\right)$$

$$= \lim_{t\to+\infty}(-t\mathrm{e}^{-t} - \mathrm{e}^{-t} + 1) = 1 - \lim_{t\to+\infty}\frac{t+1}{\mathrm{e}^{t}} = 1 - \lim_{t\to+\infty}\frac{1}{\mathrm{e}^{t}} = 1.$$

**例 6.5.3** 计算广义积分 $\int_{-\infty}^{+\infty}\frac{1}{x^2+2x+2}\mathrm{d}x$.

**解：**
$$\int_{-\infty}^{+\infty}\frac{1}{x^2+2x+2}\mathrm{d}x = \int_{-\infty}^{+\infty}\frac{1}{(x+1)^2+1}\mathrm{d}(x+1) = \left[\arctan(x+1)\right]_{-\infty}^{+\infty}$$

$$= \lim_{x\to+\infty}\arctan(x+1) - \lim_{x\to-\infty}\arctan(x+1)$$

$$= \frac{\pi}{2} - \left(-\frac{\pi}{2}\right) = \pi.$$

**例 6.5.4** 讨论反常积分 $\int_{1}^{+\infty}\frac{\mathrm{d}x}{x^p}$ 的敛散性.

**解：** 当 $p=1$ 时，$\int_{1}^{+\infty}\frac{\mathrm{d}x}{x} = \ln x\Big|_{1}^{+\infty} = +\infty$，故反常积分发散；

当 $p \neq 1$ 时，$\int_1^{+\infty} \dfrac{\mathrm{d}x}{x^p} = \dfrac{x^{1-p}}{1-p}\bigg|_1^{+\infty} = \begin{cases} +\infty, p < 1 \\ \dfrac{1}{p-1}, p > 1 \end{cases}$，

因此，反常积分 $\int_1^{+\infty} \dfrac{\mathrm{d}x}{x^p}$ 当 $p \leq 1$ 时发散，当 $p > 1$ 时收敛.

这是一个非常重要的反常积分，应记住它的结果.

### 6.5.2 无界函数的广义积分（瑕积分）

**定义 6.5.2** 设函数 $f(x)$ 在 $(a,b]$ 上连续，且 $\lim\limits_{x \to a^+} f(x) = \infty$，对任意 $\varepsilon > 0$，若极限则称 $\lim\limits_{\varepsilon \to 0^+} \int_{a+\varepsilon}^b f(x)\mathrm{d}x$ 为 $f(x)$ 在 $(a,b]$ 上的广义积分，仍记为 $\int_a^b f(x)\mathrm{d}x$，即

$$\int_a^b f(x)\mathrm{d}x = \lim_{\varepsilon \to 0^+} \int_{a+\varepsilon}^b f(x)\mathrm{d}x.$$

若 $\lim\limits_{\varepsilon \to 0^+} \int_{a+\varepsilon}^b f(x)\mathrm{d}x$ 存在且等于 $A$，则称广义积分 $\int_a^b f(x)\mathrm{d}x$ 存在或收敛，也称广义积分 $\int_a^b f(x)\mathrm{d}x$ 收敛于 $A$；若 $\lim\limits_{\varepsilon \to 0^+} \int_{a+\varepsilon}^b f(x)\mathrm{d}x$ 不存在，则称广义积分 $\int_a^b f(x)\mathrm{d}x$ 不存在或发散.

类似地，可定义 $f(x)$ 在 $[a,b)$ 上连续，且 $\lim\limits_{x \to b^-} f(x) = \infty$ 时的广义积分的收敛与发散：

$$\int_a^b f(x)\mathrm{d}x = \lim_{\varepsilon \to 0^+} \int_a^{b-\varepsilon} f(x)\mathrm{d}x.$$

以及 $f(x)$ 在 $[a,b]$ 上除 $c$ 点（$a < c < b$）外连续，且 $\lim\limits_{x \to c} f(x) = \infty$ 时的广义积分的收敛与发散：

$$\int_a^b f(x)\mathrm{d}x = \int_a^c f(x)\mathrm{d}x + \int_c^b f(x)\mathrm{d}x = \lim_{\varepsilon \to 0^+} \int_a^{c-\varepsilon} f(x)\mathrm{d}x + \lim_{\varepsilon \to 0^+} \int_{c+\varepsilon}^b f(x)\mathrm{d}x.$$

此时，$\int_a^c f(x)\mathrm{d}x$ 与 $\int_c^b f(x)\mathrm{d}x$ 至少有一个为无界函数的广义积分，且二者均收敛是 $\int_a^b f(x)\mathrm{d}x$ 收敛的充要条件.

**例 6.5.5** 计算广义积分 $\int_0^1 \dfrac{1}{\sqrt{1-x^2}}\mathrm{d}x$.

**解**：因为 $\lim\limits_{x \to 1^-} \dfrac{1}{\sqrt{1-x^2}} = +\infty$，所以

$$\int_0^1 \dfrac{1}{\sqrt{1-x^2}}\mathrm{d}x = \lim_{\varepsilon \to 0^+} \int_0^{1-\varepsilon} \dfrac{1}{\sqrt{1-x^2}}\mathrm{d}x = \lim_{\varepsilon \to 0^+} [\arcsin x]_0^{1-\varepsilon}$$

$$= \lim_{\varepsilon \to 0^+} [\arcsin(1-\varepsilon) - \arcsin 0] = \arcsin 1 - \arcsin 0 = \dfrac{\pi}{2}.$$

**例 6.5.6** 计算广义积分 $\int_0^2 \dfrac{\mathrm{d}x}{(1-x)^2}$.

**解**：在 $x = 1$ 处，函数 $f(x) = \dfrac{1}{(1-x)^2}$ 无界，故有

原式 $= \int_0^1 \frac{1}{(1-x)^2}dx + \int_1^2 \frac{dx}{(1-x)^2} = \frac{1}{1-x}\Big|_0^1 + \frac{1}{1-x}\Big|_1^2 = \lim_{x\to 1^-}\frac{1}{1-x} - 1 - 1 - \lim_{x\to 1^+}\frac{1}{1-x} = $ 不存在.

所以原广义积分发散.

注意，如果忽视瑕点 $x = 1$，则会出现错误结果：

$$\int_0^2 \frac{dx}{(1-x)^2} = \int_0^2 \frac{dx}{(x-1)^2} = -\frac{1}{x-1}\Big|_0^2 = -1 - 1 = -2.$$

## 习题 6.5

1. 计算下列广义积分.

（1）$\int_1^{+\infty} \frac{dx}{x^4}$；  （2）$\int_0^{+\infty} \cos x \, dx$；  （3）$\int_1^{+\infty} \frac{dx}{\sqrt{x}}$；  （4）$\int_0^{+\infty} e^{-ax}dx \, (a > 0)$；

（5）$\int_0^{+\infty} \frac{dx}{1+x^2}$；  （6）$\int_{-\infty}^{+\infty} \frac{dx}{1+x^2}$；  （7）$\int_{-\infty}^0 \frac{dx}{1+x^2}$；  （8）$\int_1^{+\infty} x^{\frac{1}{2}}dx$.

2. 计算下列广义积分.

（1）$\int_0^1 \frac{1}{1-x}dx$；  （2）$\int_{-1}^0 \frac{1}{x^2}dx$；  （3）$\int_1^2 \frac{1}{2-x}dx$；  （4）$\int_0^1 \frac{x}{\sqrt{1-x^2}}dx$.

3. 判断下列广义积分的敛散性，若收敛计算反常积分的值.

（1）$\int_1^{+\infty} \frac{1}{x(x+1)}dx$；  （2）$\int_{-\infty}^{+\infty} \frac{1}{x^2+2x+2}dx$；  （3）$\int_0^{+\infty} xe^{-x^2}dx$；

（4）$\int_1^{+\infty} \frac{1}{x(1+x^2)}dx$；  （5）$\int_2^{+\infty} \frac{dx}{x\sqrt{x-1}}$；  （6）$\int_1^2 \frac{xdx}{\sqrt{x-1}}$；  （7）$\int_{-1}^1 \frac{1}{x^2}dx$；

（8）$\int_1^e \frac{dx}{x\sqrt{1-(\ln x)^2}}$；  （9）$\int_1^3 \frac{1}{\sqrt{x-1}}dx$；  （10）$\int_0^1 \frac{x^2}{\sqrt{1-x^3}}dx$.

## 6.6 定积分的几何应用

定积分是非常实用的一种数学方法，在现实生产、生活中有着广泛的运用. 本节着重介绍在几何中解决一些求面积、求体积的分析方法.

### 6.6.1 微元法

我们在本章第一节研讨过计算曲边梯形的面积 $A$（见图 6.6.1）：

设 $f(x)$ 在区间 $[a,b]$ 上连续且 $f(x) \geq 0$，求以曲线 $y = f(x)$ 为曲边、底为 $[a,b]$ 的曲边梯形的面积 $A$. 把这个面积 $A$ 表示为定积分

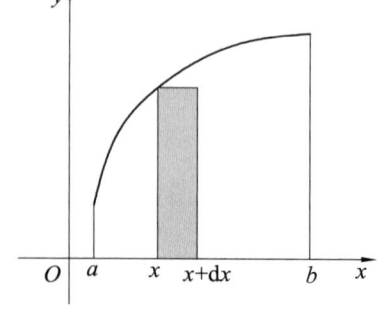

图 6.6.1

$$A = \int_a^b f(x)dx$$

的步骤分为四步：

（1）用任意一组分点把区间 $[a,b]$ 分成长度为 $\Delta A_i$（$i=1,2,\cdots,n$）的 $n$ 个小区间，相应地把曲边梯形分成 $n$ 个窄曲边梯形，第 $i$ 个窄曲边梯形的面积设为 $\Delta A_i$，于是有 $A = \sum_{i=1}^{n} A_i$；

（2）计算 $\Delta A_i$ 地近似值 $\Delta A_i \approx f(\xi_i)\Delta x_i$，$\xi_i \in [x_{i-1}, x_i]$；

（3）求和，得 $A$ 得近似值 $A \approx \sum_{i=1}^{n} \Delta A_i = \sum_{i=1}^{n} f(\xi_i)\Delta x_i$；

（4）对（3）中的和取极限得：$A = \lim_{\lambda \to 0} \sum_{i=1}^{n} f(\xi_i)\Delta x_i = \int_a^b f(x)dx$.

上述四个步骤中，关键在于第二步，即确定 $\Delta A_i \approx f(\xi_i)\Delta x_i$，在实际应用中，为了简单起见，省略下标 $i$，用 $\Delta A$ 表示任一小区间 $[x, x+dx]$ 上的窄曲边梯形的面积，这样，

$$A = \sum \Delta A.$$

取 $[x, x+dx]$ 的左端点 $x$ 为 $\xi$，以点 $x$ 处的函数值 $f(x)$ 为高、$dx$ 为底的矩形的面积 $f(x)dx$ 为 $\Delta A$ 的近似值（如图 6.6.1 阴影部分），即

$$\Delta A \approx f(x)dx.$$

上式右端 $f(x)dx$ 叫作面积元素（或微元），记为

$$dA = f(x)dx.$$

于是面积 $A$ 就是将这些微元在区间 $[a,b]$ 上的"**无限累加**"，即从 $a$ 到 $b$ 的定积分

$$A = \int_a^b dA = \int_a^b f(x)dx.$$

一般说来，如果某一实际问题中的所求量 $U$ 的积分表达式的步骤是：

（1）根据问题的具体情况，选取一个变量例如 $x$ 为积分变量，并确定积分区间 $[a,b]$；

（2）在区间 $[a,b]$ 上，任取一微小区间 $[x, x+dx]$，求出相应于这个小区间的部分量 $\Delta U$ 的近似值 $\Delta U \approx dU = f(x)dx$（称它为所求量 $U$ 的微元）；

（3）将 $dU = f(x)dx$ 在区间 $[a,b]$ 上作定积分，得 $U = \int_a^b dU = \int_a^b f(x)dx$，这就是所求量 $U$ 的积分表达式.

这个方法通常叫作微元法（或元素法）. 微元法使用起来非常方便，在解决实际问题中具有极为广泛的应用.

下面用微元法讨论定积分在几何中的应用.

### 6.6.2 平面图形的面积

根据定积分的几何意义知，设由连续曲线 $y = f(x)$（$f(x) \geq 0$）和 $x$ 轴以及两条直线 $x = a$，$x = b$（$a < b$）所围成的曲边梯形的面积 $A$，则面积 $A$ 的公式为

$$A = \int_a^b f(x)dx$$

应注意此公式中要求 $f(x)$ 是非负的，如果 $f(x) \leq 0$，那么这块面积 $A$ 的计算公式为

$$A = -\int_a^b f(x)\mathrm{d}x$$

一般地，如果一块图形是由连续曲线 $y=f(x)$，$y=g(x)$ 以及 $x=a$，$x=b(a<b)$ 所围成，并且在闭区间 $[a,b]$ 上 $g(x) \leq f(x)$（见图 6.6.2），那么这块图形的面积 $A$ 的计算公式为

$$A = \int_a^b [f(x)-g(x)]\mathrm{d}x$$

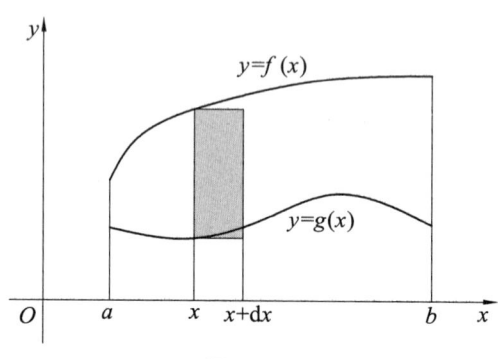

图 6.6.2

类似地，如果一块图形是由连续曲线 $x=\varphi(x)$，$x=\phi(y)$ 以及 $y=c$，$y=d(c<d)$ 所围成，并且在闭区间 $[c,d]$ 上 $\phi(y) \leq \varphi(y)$（见图 6.6.3），那么这块图形的面积 $A$ 的计算公式为

$$A = \int_c^d [\varphi(y)-\phi(y)]\mathrm{d}y$$

利用定积分计算平面图形的面积的一般步骤：
（1）画出平面图形以及在图形上标出所求部分图形；
（2）选取积分变量（$x$ 或 $y$），确定积分区间；
（3）若选 $x$ 为积分变量，确定上下曲线；若选 $y$ 为积分变量，确定左右曲线；
（4）计算定积分.

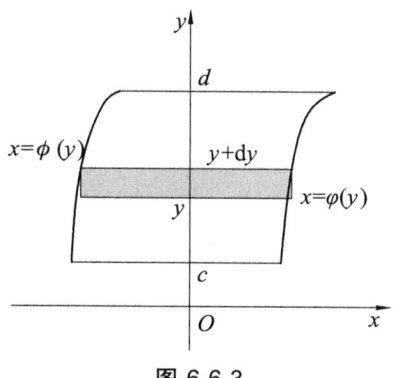

图 6.6.3

**例 6.6.1** 求由抛物线 $y=x^2$ 与 $y^2=x$ 所围成图形的面积 $A$.

**解**：如图 6.6.4 所示，解方程组 $\begin{cases} y=x^2 \\ y^2=x \end{cases}$ 得交点 $(0,0)$ 和 $(1,1)$，选取 $x$ 为积分变量，则积分区间为 $[0,1]$，则所求的面积为

$$A = \int_0^1 (\sqrt{x}-x^2)\mathrm{d}x = \left[\frac{2}{3}x\sqrt{x}-\frac{1}{3}x^3\right]_0^1 = \frac{1}{3}.$$

**例 6.6.2** 求由曲线 $y=x^3-6x$ 与 $y=x^2$ 所围成图形的面积 $A$.

**解**：如图 6.6.5 所示，解方程组 $\begin{cases} y=x^3-6x \\ y=x^2 \end{cases}$ 得交点 $(0,0)$，$(-2,4)$ 和 $(3,9)$，选取 $x$ 为积分

变量，则积分区间为 $[-2,3]$. 用 $x=0$ 把图形分为左、右两部分，则所求的面积为

$$A = \int_{-2}^{0} (x^3 - 6x - x^2) dx + \int_{0}^{3} (x^2 - x^3 + 6x) dx$$
$$= \left[\frac{x^4}{4} - 3x^2 - \frac{x^3}{3}\right]_{-2}^{0} + \left[\frac{x^3}{3} - \frac{x^4}{4} + 3x^2\right]_{0}^{3} = \frac{16}{3} + \frac{63}{4} = \frac{253}{12}.$$

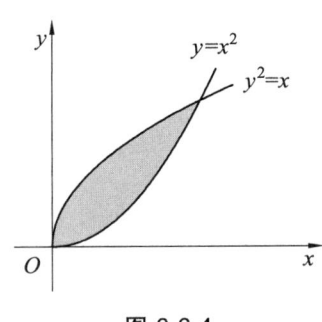

图 6.6.4

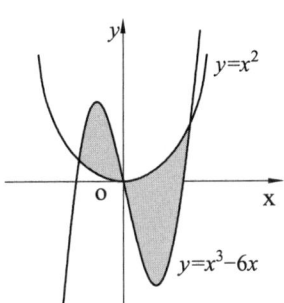

图 6.6.5

**例 6.6.3** 求由曲线 $y^2 = 2x$ 与直线 $y = x - 4$ 所围成图形的面积 $A$.

**解**：如图 6.6.6 所示，解方程组 $\begin{cases} y^2 = 2x \\ y = x - 4 \end{cases}$ 得交点 $(2,-2)$ 和 $(8,4)$，选取 $y$ 为积分变量，则积分区间为 $[-2,4]$，则所求的面积为

$$A = \int_{-2}^{4} \left(y + 4 - \frac{1}{2}y^2\right) dy = \left[\frac{y^2}{2} + 4y - \frac{y^3}{6}\right]_{-2}^{4} = 18.$$

**例 6.6.4** 求由曲线 $y = \frac{1}{x}$ 与直线 $y = x$，$x = 2$ 以及 $x$ 轴所围成图形的面积 $A$.

**解**：如图 6.6.7 所示，求得交点为 $(0,0)$，$(1,1)$，$(2,0)$ 和 $\left(2, \frac{1}{2}\right)$，选取 $x$ 为积分变量，则积分区间为 $[0,2]$. 用 $x=1$ 把图形分为左、右两部分，则所求的面积为

$$A = \int_{0}^{1} x dx + \int_{1}^{2} \frac{1}{x} dx = \left[\frac{1}{2}x^2\right]_{0}^{1} + \left[\ln|x|\right]_{1}^{2} = \frac{1}{2} + \ln 2.$$

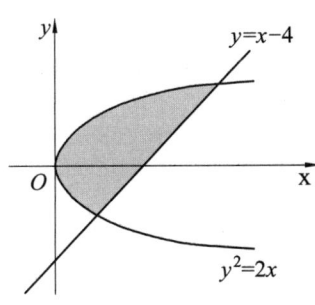

图 6.6.6

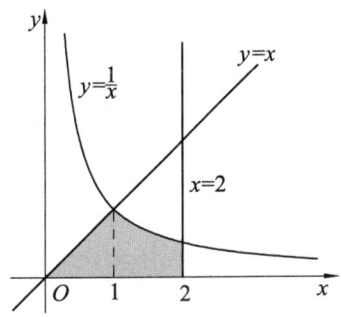

图 6.6.7

**例 6.6.5** 求椭圆 $\dfrac{x^2}{a^2}+\dfrac{y^2}{b^2}=1$ 的面积.

**解**：由 $\dfrac{x^2}{a^2}+\dfrac{y^2}{b^2}=1$，得

$$y=\pm\dfrac{b}{a}\sqrt{a^2-x^2}.$$

其中，若 $y$ 取正号，即表示上半椭圆的方程，若 $y$ 取负号，即表示下半椭圆的方程（见图 6.6.8）.

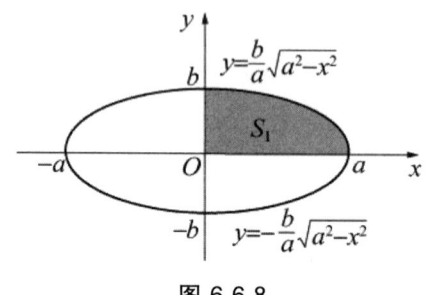

图 6.6.8

又设椭圆的面积为 $S$，它在第一象限的面积为 $S_1$. 由于椭圆关于两坐标轴对称，因而其面积为

$$S=4S_1=4\int_0^a y\mathrm{d}x=4\int_0^a \dfrac{b}{a}\sqrt{a^2-x^2}\mathrm{d}x=\dfrac{4b}{a}\int_0^a\sqrt{a^2-x^2}\mathrm{d}x.$$

已知 $\int_0^a\sqrt{a^2-x^2}\mathrm{d}x=\dfrac{\pi}{4}a^2$，从而有 $S=\dfrac{4b}{a}\cdot\dfrac{\pi}{4}a^2=\pi ab$.

特别地，若 $a=b=R$，则得到圆的面积 $S=\pi R^2$.

### 6.6.3 体 积

**1. 旋转体的体积**

旋转体就是由一个平面图形绕这平面内一条直线旋转一周而成的立体，这直线叫作旋转轴.

常见的旋转体：圆柱、圆锥、圆台、球体.

旋转体都可以看作是由连续曲线 $y=f(x)$、直线 $x=a$、$x=b$ 及 $x$ 轴所围成的曲边梯形绕 $x$ 轴旋转一周而成的立体（见图 6.6.9）.

取 $x$ 为积分变量，它的积分区间为 $[a,b]$，在 $[a,b]$ 上任取一小区间 $[x,x+\mathrm{d}x]$，相应的小薄片体积近似于以 $f(x)$ 为半径，$\mathrm{d}x$ 为高的小圆柱体的体积，从而得到体积元素为

$$\mathrm{d}V=\pi f^2(x)\mathrm{d}x$$

故，从 $a$ 到 $b$ 积分，得到旋转体的体积为

$$V=\int_a^b\mathrm{d}V=\pi\int_a^b f^2(x)\mathrm{d}x$$

类似地，由连续曲线 $x=\varphi(y)$、直线 $y=c$、$y=d$ 及 $y$ 轴所围成的曲边梯形绕 $y$ 轴旋转一周而成的立体（见图6.6.10），所得到的旋转体的体积为

$$V = \pi \int_c^d \varphi^2(y) \mathrm{d}y$$

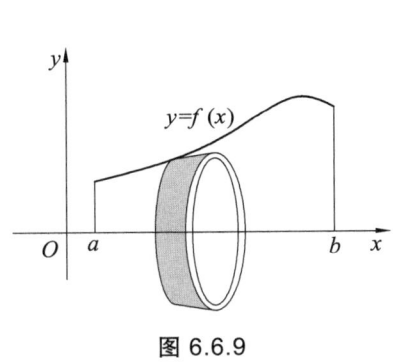

图 6.6.9

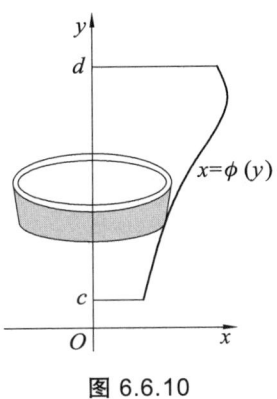

图 6.6.10

**例 6.6.6** 求由椭圆 $\dfrac{x^2}{a^2}+\dfrac{y^2}{b^2}=1$ 绕 $x$ 轴旋转而成的旋转体（见图6.6.11）的体积.

**解**：将椭圆方程化为

$$y^2 = \frac{b^2}{a^2}(a^2 - x^2).$$

由旋转体的体积公式可得

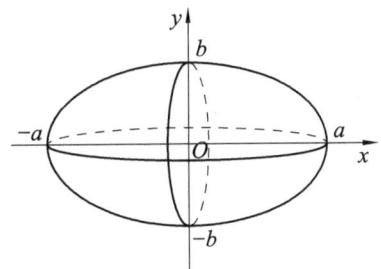

图 6.6.11

$$V = \pi \int_{-a}^{a} f^2(x)\mathrm{d}x = \pi \int_{-a}^{a} \frac{b^2}{a^2}(a^2-x^2)\mathrm{d}x = \frac{\pi b^2}{a^2}\int_{-a}^{a}(a^2-x^2)\mathrm{d}x$$

$$= \frac{\pi b^2}{a^2}\left[a^2 x - \frac{1}{3}x^3\right]_{-a}^{a} = \frac{4}{3}\pi a b^2.$$

当 $a=b=R$ 时，这旋转体为球体，故球体体积为 $V = \dfrac{4}{3}\pi R^3$.

**例 6.6.7** 连接坐标原点 $O(0,0)$ 及点 $P(h,r)$ 的直线、直线 $x=h$ 及 $x$ 轴围成一个直角三角形. 将它绕 $x$ 轴旋转构成一个底半径为 $r$、高为 $h$ 的圆锥体（见图6.6.12），计算圆锥体的体积.

**解**：直线 $OP$ 的方程为

$$y = \frac{r}{h}x.$$

由旋转体的体积公式可得

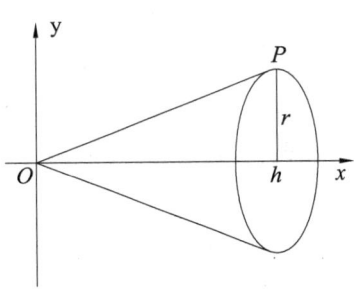

图 6.6.12

$$V = \pi\int_0^h f^2(x)\mathrm{d}x = \pi\int_{-a}^a \left(\frac{r}{h}x\right)^2 \mathrm{d}x = \frac{\pi r^2}{h^2}\int_{-a}^a x^2 \mathrm{d}x$$
$$= \frac{\pi r^2}{h^2}\left[\frac{1}{3}x^3\right]_0^h = \frac{1}{3}\pi h r^2.$$

**例 6.6.8** 求曲线 $x^2 + y^2 = 1$ 与 $y^2 = \frac{3}{2}x$ 所围成的两个图形中较小的一块分别绕 $x$ 轴、$y$ 轴旋转产生的旋转体的体积.

**解**：如图 6.6.13（a）所示，绕 $x$ 轴旋转的旋转体体积为

$$V_x = \int_0^{\frac{1}{2}} \pi \frac{3x}{2}\mathrm{d}x + \pi\int_{\frac{1}{2}}^1 (1-x^2)\mathrm{d}x = \frac{3}{4}\pi x^2\Big|_0^{\frac{1}{2}} + \pi\left(x - \frac{1}{3}x^3\right)\Big|_{\frac{1}{2}}^1 = \frac{3}{16}\pi + \frac{5}{24}\pi = \frac{19}{48}\pi.$$

如图 6.6.13（b）所示，绕 $y$ 轴旋转的旋转体体积

$$V_y = \pi\int_{-\frac{\sqrt{3}}{2}}^{\frac{\sqrt{3}}{2}} \left[(1-y^2) - \frac{4}{9}y^4\right]\mathrm{d}y = 2\pi\int_0^{\frac{\sqrt{3}}{2}}\left[(1-y^2) - \frac{4}{9}y^4\right]\mathrm{d}y$$
$$= 2\pi\left(y - \frac{y^3}{3} - \frac{4}{45}y^5\right)\Big|_0^{\frac{\sqrt{3}}{2}} = 2\pi\left(\frac{\sqrt{3}}{2} - \frac{\sqrt{3}}{8} - \frac{\sqrt{3}}{40}\right) = \frac{7}{10}\sqrt{3}\pi.$$

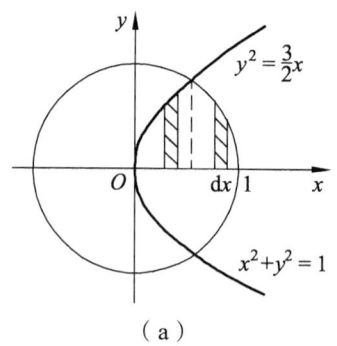
（a）

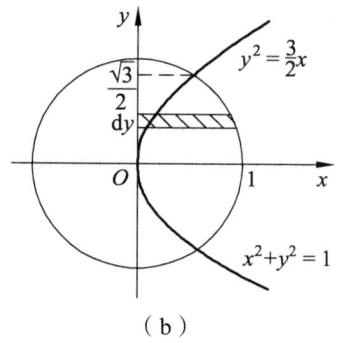
（b）

图 6.6.13

### 2. 平行截面面积为已知的立体的体积

从计算旋转体的体积的过程中可以看出：若一个；立体不是旋转体，但是却知道该立体上垂直于某条直线的各个截面的面积，那么，这个立体的体积也可以用定积分计算.

不妨假设这直线为 $x$ 轴（见图 6.6.14），设立体在 $x$ 轴的投影区间为 $[a,b]$，过点 $x$ 且垂直于 $x$ 轴的平面与立体相截，截面面积为 $A(x)$. $A(x)$ 是关于 $x$ 的已知连续函数.

取 $x$ 为积分变量，它的积分区间为 $[a,b]$，在立体中相应于 $[a,b]$ 上任取一小区间 $[x,x+\mathrm{d}x]$，相应的小薄片体积近似于以底面面积为 $A(x)$，$\mathrm{d}x$ 为高的小圆柱体的体积，从而得到体积元素为

图 6.6.14

$$dV = A(x)dx$$

于是所求立体的体积为

$$V = \int_a^b dV = \int_a^b A(x)dx$$

**例 6.6.9** 一平面经过半径为 $R$ 的圆柱体的底圆的圆心，并与底面交成角为 $\alpha$（见图 6.6.15），计算这个平面截圆柱所得立体的体积.

**解**：取这个平面与圆柱体的底面的交线为 $x$ 轴，底面上过圆心、且垂直于 $x$ 轴的直线为 $y$ 轴. 此时，底圆的方程为

$$x^2 + y^2 = R^2.$$

在立体中过 $x$ 且垂直于 $x$ 轴的截面是直角三角形，它的两条直角边的长度分别为 $y$ 和 $y\tan\alpha$，即 $\sqrt{R^2-x^2}$ 和 $\sqrt{R^2-x^2}\tan\alpha$，故截面的面积为

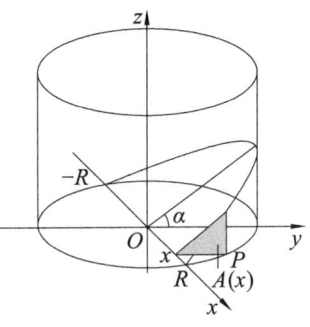

图 6.6.15

$$A(x) = \frac{1}{2} \cdot \sqrt{R^2-x^2} \cdot \sqrt{R^2-x^2}\tan\alpha = \frac{1}{2}(R^2-x^2)\tan\alpha.$$

故所求立体的体积为

$$V = \int_{-R}^{R} A(x)dx = \int_{-R}^{R} \frac{1}{2}(R^2-x^2)\tan\alpha\, dx$$
$$= \frac{1}{2}\tan\alpha \int_{-R}^{R}(R^2-x^2)dx$$
$$= \frac{1}{2}\tan\alpha \left[R^2 x - \frac{1}{3}x^3\right]_{-R}^{R} = \frac{2}{3}R^3\tan\alpha.$$

## 习题 6.6

1. 求下列平面图形的面积.
（1）由抛物线 $y = x^2$ 与 $y = 2-x^2$ 所围成的平面图形；
（2）由抛物线 $y^2 = x$ 与直线 $x - 2y - 3 = 0$ 所围成的平面图形；
（3）由曲线 $y = \ln x$ 与直线 $y = \ln 3$，$y = \ln 7$ 以及 $y$ 轴所围成的平面图形.
2. 求由曲线 $y = 2x - x^2$ 与 $x$ 轴所围成的平面图形绕 $x$ 轴旋转而成的旋转体的体积.
3. 求由曲线 $y = x^2 - 4$ 与 $x$ 轴所围成的平面图形绕 $y$ 轴旋转而成的旋转体的体积.
4. 求下列平面图形的面积.
（1）由曲线 $y = x^3$ 与直线 $y = 2x$ 所围成的平面图形；
（2）由抛物线 $y^2 = x$ 与直线 $y = x$，$x = 2$ 以及 $x$ 轴所围成的平面图形；
（3）由抛物线 $y = x^2$ 与 $y = (x-2)^2$ 以及 $x$ 轴所围成的平面图形.

5. 求下列平面图形分别绕 $x$ 轴、$y$ 轴旋转产生的旋转体的体积.

（1）曲线 $y=\sqrt{x}$ 与直线 $x=1, x=4, y=0$ 所围成的图形；

（2）在区间 $\left[0, \dfrac{\pi}{2}\right]$ 上，曲线 $y=\sin x$ 与直线 $x=\dfrac{\pi}{2}, y=0$ 所围成的图形；

（3）求由曲线 $y=\cos x$、直线 $x=\pi$ 与 $x$ 轴以及和 $y$ 轴所围成的平面图形；

（4）曲线 $y=x^3$ 与直线 $x=2, y=0$ 所围成的图形.

6. 计算底面是半径为 $R$ 的圆，而垂直于底面上一条固定直径的所有截面均是等边三角形的立体的体积.

## 6.7 定积分的经济应用

在经济实际问题中，经常会遇到已知边际函数，利用定积分来求经济函数（原函数）的问题，这是积分在经济中的常见应用.

若已知边际函数或变化率，求总经济函数(总成本、总收入、总利润等）或总量函数在某个范围内的总量时，可以应用定积分进行.

（1）已知边际收入 $R'(x)$，求总成本 $R(x)$ 有

$$\int_a^b R'(x)\mathrm{d}x = R(x)\Big|_a^b = R(b)-R(a) = \Delta R$$

表示产量(销量)从 $a$ 增加到 $b$ 的收入的改变量.

（2）已知边际成本 $C'(x)$，求总成本 $C(x)$ 有

$$\int_a^b C'(x)\mathrm{d}x = C(x)\Big|_a^b = C(b)-C(a) = \Delta C$$

表示产量(销量)从 $a$ 增加到 $b$ 的成本改变量.

（3）已知边际利润 $L'(x)$，求总利润 $L(x)$ 有

$$\int_a^b L'(x)\mathrm{d}x = L(x)\Big|_a^b = L(b)-L(a) = \Delta L$$

表示产量(销量)从 $a$ 增加到 $b$ 的利润改变量.

显然，当 $a=0$ 时，

（1）$\int_0^b R'(x)\mathrm{d}x = R(x)\Big|_0^b = R(b)-R(0) = R(b)$ (生产 $b$ 单位产量的总收入)

（2）$\int_0^b C'(x)\mathrm{d}x = C(x)\Big|_0^b = C(b)-C(0) = C(b)-C_0$ (生产 $b$ 单位产量的可变成本)

（3）$\int_0^b L'(x)\mathrm{d}x = L(x)\Big|_0^b = L(b)-L(0) = L(b)$ （生产 $b$ 单位产量的总利润）

一般地，产量或销量为 0 时，收入 $R(0)=0$，利润 $L(0)=0$，而成本 $C(0)=C_0$ (固定成本).

**例 6.7.1** 若生产共享电车某配件的边际成本函数为 $C'(x)=4x^3-2x+50$，固定成本 $C(0)=2000$，求出生产 $x$ 个生产共享电车某配件的总成本函数.

**解**：总成本函数 $C'(x) = C(0) + \int_0^x C'(x)dx$
$$= \int_0^x (4x^3 - 2x + 50)dx + 2000 = 2000 + (x^4 - x^2 + 50x)\Big|_0^x$$
$$= x^4 - x^2 + 50x + 2000.$$

**例 6.7.2** 已知风力发电机某配件的商品边际收入为 $-0.04x + 30$（万元/t），边际成本为 10（万元/t），求这种配件产量 $x$ 从 100t 增加到 200t 时销售收入 $R(x)$，总成本 $C(x)$，利润 $L(x)$ 的改变量.

**解**：由题意得：求边际利润 $L'(x) = R'(x) - C'(x) = -0.04x + 30 - 10 = -0.04x + 20.$
故收入 $R(x)$ 改变量：
$$R(200) - R(100) = \int_{100}^{200} R'(x)dx = \int_{100}^{200} (-0.04x + 30)dx = 2400;$$
总成本 $C(x)$ 的改变量：
$$C(200) - C(100) = \int_{100}^{200} C'(x)dx = \int_{100}^{200} 10dx = 1000;$$
利润 $L(x)$ 的改变量：
$$L(200) - L(100) = \int_{100}^{200} L'(x)dx = \int_{100}^{200} (-0.04x + 20)dx = 1400.$$

**例 6.7.3** 某公司调查发现，A 品牌商品的边际成本为 $C'(q) = 4 + \dfrac{q}{5}$，固定成本为 $C_0 = 3$，$q$ 为销量，边际收入为 $R'(q) = 10 - q$，求：

（1）A 品牌商品的总成本 $C(q)$ 和总收入 $R(q)$；
（2）销量为多少时，总利润最大？最大利润是多少？
（3）从利润最大的再销 3 件，利润有什么变化？

**解**：（1）总成本函数为 $C(q) = C_0 + \int_0^q C'(q)dq = 3 + \int_0^q \left(4 + \dfrac{q}{5}\right)dq = 3 + 4q + \dfrac{1}{10}q^2.$

总收入函数为：$R(q) = \int_0^q R'(q)dq = \int_0^q (10 - q)dq = 10q - \dfrac{1}{2}q^2.$

（2）总利润函数为 $L(q) = R(q) - C(q) = -\dfrac{3}{5}q^2 + 6q - 3.$

$$L'(q) = -\dfrac{6}{5}q + 6.$$

令 $L'(q) = 0$，得唯一驻点 $q = 5$. 所以当销量为 5 时，利润达到最大，最大利润为 $L(5) = 12.$

（3）从利润最大的再销 3 件，利润变化量为

由 $L'(q) = R'(q) - C'(q) = 6 - \dfrac{6}{5}q$ 得：$\Delta L(q) = \int_5^8 L'(q) = \int_5^8 (6 - \dfrac{6}{5}q)dq = -5.4.$

即如果再销售 3 件，利润将减少 5.4.

**例 6.7.4** 某手机集团公司经营 $x$ 年所获利润为 $L(x)$，利润年变化率为 $L'(x) = 5 \times 10^6(2x + 1)$，求利润从第 5 年初到第 10 年末，即时间间隔 $[4, 10]$ 内的年平均变化率.

**解：** 由于 $\int_4^{10} L'(x)dx = \int_4^{10} 5\times 10^6(2x+1)dx = 5\times 10^6 \cdot (x^2+x)\Big|_4^{10} = 4.5\times 10^8$,
所以，从第 5 年初到第 10 年末，利润的年平均变化率为

$$\bar{L} = \frac{1}{b-a}\int_a^b L'(x)dx = \frac{1}{10-4}\int_4^{10} L'(x)dx = 7.5\times 10^7.$$

即在这 5 年内公司平均每年平均获利 $7.5\times 10^7$.

除了上述应用外，还可以利用前面学习过的贴现率来求总贴现值在某个时间区间上的增量，计算一些投资回收期限的相关问题.

假设某个项目在 $t$(年)时的收入为 $f(t)$，年利率为 $r$，即贴现率是 $f(t)e^{-rt}$，则应用定积分计算，该项目在时间区间 $[0,T]$ 上总贴现值为 $\int_0^T f(t)e^{-rt}dt$.

**例 6.7.4** 某公司为扩大生产，购进一台新设备，成本为 40 000 元，$t$ 年后该设备的报废价值为 $S(t) = 40000 - 1000t$ (元)，使用该设备 $t$ 年时可使公司增加收入 $8500 - 400t$ (元)，若年利率为 4%，连续复利计算，公司应该在什么时候报废设备？

**解：** 设备报废的时间一定是实现总利润最大的时间，假设 $T$ 年后报废设备，此时实现总利润最大，其总现值为 $L(T)$ 也最大.

总利润的现值 $L(T) = $ 总收入的现值 $R(T)$ - 总成本 $C(T)$，

由题意，收入是随时间源源不断地流入的，即是收入流. 每一时刻的收入流 $8500 - 400t$ 的贴现值是

$$(8500 - 400t)e^{-0.04t}.$$

所以贴现值在时间段 $[0,T]$ 内的总现值为：

$$\int_0^T (8500 - 400t)e^{-0.04t}dt = R(T).$$

在 $T$ 年后设备的报废价值为 $(5000 - 400T)$ 元，其贴现值为 $(5000 - 400T)e^{-0.05T}$ (元)，于是，$T$ 年后的总利润的现值为

$$L(T) = R(T) - C(T) = \int_0^T (8500 - 400t)e^{-0.04t}dt + (40000 - 1000T)e^{-0.04T} - 40000.$$

现在要求 $L(T)$ 的最大值，由 $L'(T) = 0$ 得

$$\left[\int_0^T (8500 - 400t)e^{-0.04t}dt\right]' + \left[(40000 - 1000T)e^{-0.04T}\right]' - 40000' = 0.$$

即 $(8500 - 400T)e^{-0.04T} - 1000e^{-0.054T} + (40000 - 1000T)\cdot(-0.04)e^{-0.04T} = 0$.

化简得：$e^{-0.05T}(5900 - 360T) = 0$.

解得唯一驻点 $T = \dfrac{295}{18}$，当 $T < \dfrac{295}{18}$ 时，$L'(T) > 0$，$L(T)$ 递增；当 $T > \dfrac{295}{18}$ 时，$L'(T) < 0$，$L(T)$ 递减，所以 $T < \dfrac{295}{18}$ 是极大值点也是最大值点，所以公司应大约 16.4 年后报废设备.

## 习题 6.7

1. 已知边际收益函数为 $R'(o) = 8(1+o)^{-2}$，其中 $o$ 为产量，且当产量 $o$ 为零时，总收益 $R$ 为零．求总收入函数 $R(o)$．

2. 设某产品的边际收益是产量 $Q$（单位）的函数 $R'(Q) = 15 - 2Q$（元/单位），试求总收益函数与需求函数．

3. 设生产某产品的固定成本为 100 万元，边际收益和边际成本分别为（单位万元/百台）$R'(x) = 8 - x$，$C'(x) = 4 + \dfrac{x}{4}$．

（1）求产量由 100 万增加 500 万时，总收益增加多少．

（2）求产量由 100 万增加 500 万时，总成本增加多少．

4. 已知某产品的边际成本函数 $C'(q) = 6 + \dfrac{1}{2}x$（万元/百台），固定成本 $C_0 = 5$（万元），边际收入的函数 $R'(q) = 12 - x$（万元），求：

（1）总成本函数 $C(x)$、总收入函数 $R(x)$、总利润函数 $L(x)$．

（2）当生产量由 2 百台增加到 4 百台时，总成本的改变量是多少？

（3）当销售量为何值时，利润最大，最大利润是多少？

（4）在最大利润的基础上，再增加 3 百台，利润变化如何？

5. 有一特大型水电投资项目，投资总成本为 $10^6$ 万元，竣工后每年可得收为 $6.5 \times 10^1$ 万元，若年利率为 5%，计算连续复利，求投资回收期及该投资为无限期时纯收为的贴现值．

## 复习题 6

### 一、选择题

1. 由直线 $y = 1$，$x = a$，$x = b$ 及 $x$ 轴围成的图形的面积为（　　）．

    A. $a - b$      B. $b - a$

    C. $\displaystyle\int_a^b \mathrm{d}x$      D. $\left|\displaystyle\int_a^b \mathrm{d}x\right|$

2. 右图中阴影部分的面积可表示为（　　）．

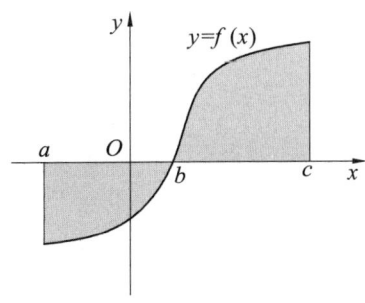

    A. $\displaystyle\int_a^c f(x)\mathrm{d}x$      B. $\displaystyle\int_a^b f(x)\mathrm{d}x + \displaystyle\int_b^c f(x)\mathrm{d}x$

    C. $\left|\displaystyle\int_a^c f(x)\mathrm{d}x\right|$      D. $\displaystyle\int_b^c f(x)\mathrm{d}x - \displaystyle\int_a^b f(x)\mathrm{d}x$

3. $\displaystyle\int_{-1}^{2} |x|\mathrm{d}x = $（　　）．

    A. 0      B. 1      C. $\dfrac{5}{2}$      D. $\dfrac{3}{2}$

4. 下列等于 1 的积分是（　　）.

　　A. $\int_0^1 x\,dx$　　　B. $\int_0^1 (x+1)\,dx$　　　C. $\int_0^1 dx$　　　D. $\int_0^1 \frac{1}{2}\,dx$

5. $\int_0^1 (e^x + e^{-x})\,dx = $（　　）.

　　A. $e + \frac{1}{e}$　　　B. $2e$　　　C. $\frac{2}{e}$　　　D. $e - \frac{1}{e}$

6. 设 $\int_0^1 x(a-x)\,dx = 1$，则常数 $a = $（　　）.

　　A. $\frac{1}{3}$　　　B. $\frac{2}{3}$　　　C. $\frac{4}{3}$　　　D. $\frac{8}{3}$

7. 已知 $f(x)$ 为偶函数且 $\int_0^2 f(x)\,dx = 8$，$\int_{-2}^2 f(x)\,dx = $（　　）.

　　A. 0　　　B. 4　　　C. 8　　　D. 16

8. 曲线 $y = \cos x$，$x \in [0, \pi]$ 与坐标轴围成的面积是（　　）.

　　A. 0　　　B. 1　　　C. 2　　　D. 3

9. 由曲线 $y = e^x$ 及直线 $x = 0$、$y = 2$ 所围成的平面图形的面积 $A = $（　　）.

　　A. $\int_1^2 \ln y\,dy$　　　B. $\int_1^{e^2} e^x\,dx$　　　C. $\int_1^{\ln 2} \ln y\,dy$　　　D. $\int_1^2 (2 - e^x)\,dx$

10. 由曲线 $y = \sqrt{x}$ 及直线 $x = 1$、$x = 3$ 以及 $x$ 轴所围成的平面图形绕 $x$ 轴旋转而成的旋转体的体积 $V = $（　　）.

　　A. $2\pi$　　　B. $4\pi$　　　C. 4　　　D. $4.5\pi$

11. 若 $f(x)$ 在 $[-1,1]$ 上连续，其平均值为 2，则 $\int_{-1}^1 f(x)\,dx = $（　　）.

　　A. 1　　　B. $-1$　　　C. 4　　　D. $-4$

12. 设 $f(x)$ 有连续的导数，则正确的是（　　）.

　　A. $\int_a^x f(t)\,dt = f(x)$　　　B. $\int_a^x f'(t)\,dt = f(x)$

　　C. $\frac{d}{dx}\int_a^x f(t)\,dt = f(x)$　　　D. $\frac{d}{dx}\int_a^b f(t)\,dt = f(x)$

## 二、判断题（正确的划√，不正确的划 ×）

1. 定积分的几何意义是曲边梯形的面积. 　　　　　　　　　　　　　　　（　　）

2. 定积分是一个确定的常数，它只取决于被积函数和积分区间. 　　　　　（　　）

3. $\int_a^b f(x)\,dx = \int_a^c f(x)\,dx + \int_c^b f(x)\,dx$. 　　　　　　　　　　　（　　）

4. 若 $F'(x) = f(x)$，则 $\int_a^b f(x)\,dx = F(b) - F(a)$. 　　　　　　　　　（　　）

5. 令 $t = e^x$，可得 $\int_0^1 \frac{e^x}{1+e^x}\,dx = \int_0^1 \frac{1}{1+t}\,dt$. 　　　　　　　（　　）

6. 若 $f(x)$ 为奇函数，则 $\int_{-a}^a f(x)\,dx = 0$. 　　　　　　　　　　　　（　　）

7. $\int_{-\pi}^{\pi} (\sin x + \cos x)\,dx = 0$. 　　　　　　　　　　　　　　　　　（　　）

8. 曲线 $y = 2x$ 与直线 $y = 0$，$y = 1$ 及 $y$ 轴所围成面积为 1. 　　　　　（　　）

## 三、填空题

1. 定积分 $\int_1^3 \ln(3x+5)dx$ 的积分上限是_____，积分下限是_____，积分区间是_____.

2. 由直线 $y=x$，$x=a$，$x=b$ 及 $x$ 轴围成的图形的面积等于_____；用定积分表示为_____（其中 $0<a<b$）.

3. 由曲线 $y=x^3$ 和 $y=\sqrt{x}$ 围成图形的面积用定积分表示为_____.

4. 若 $\int_1^a \left(2x+\dfrac{1}{x}\right)dx = 3+\ln 2$，则 $a=$_____.

5. 若 $\int_0^1 (3x^2+a)dx = 3$，则 $a=$_____.

6. 若 $f(x)=x$，则 $\int_0^1 f(x)dx + \int_1^2 f(x)dx + \int_2^3 f(x)dx + \int_3^4 f(x)dx =$_____.

7. $\int_a^b f(x)dx$ 和 $\int_b^a f(x)dx$ 的关系是_____.

8. $\int_a^a f(x)dx =$_____；$\int_a^b dx =$_____；

$\int_0^2 (3x^2+e^2+1)dx =$_____；$\int_{-1}^1 |x|dx =$_____；

$\int_0^1 xe^x dx =$_____；$\int_1^e \ln x dx =$_____；

$\int_{-\pi}^{\pi} x\cos x dx =$_____；$\int_0^{\frac{\pi}{2}} 3^{\cos x}\sin x dx =$_____.

9. $\dfrac{d}{dx}\int_{x^3}^{x^2} \dfrac{dt}{\sqrt{1+t^4}} =$_____.

10. $\dfrac{d}{dx}\left[x^2 \int_{2x}^0 \cos t^2 dt\right] =$_____.

## 四、求下列定积分

1. $\int_1^2 \left(x+\dfrac{1}{x}\right)^2 dx$；

2. $\int_0^{\pi} (\cos x + \sin x)dx$；

3. $\int_0^{\frac{\pi}{2}} \dfrac{\cos 2x}{\sin x + \cos x}dx$；

4. $\int_1^{\sqrt{3}} \dfrac{1+2x^2}{x^2(1+x^2)}dx$；

5. $\int_0^2 |x-1|dx$；

6. $\int_0^1 \dfrac{x^4}{1+x^2}dx$；

7. $\int_0^{\frac{\pi}{2}} \cos^5 x \sin x dx$；

8. $\int_0^1 \dfrac{e^x}{1+e^x}dx$；

9. $\int_1^e \dfrac{1+(\ln x)^2}{x}dx$；

10. $\int_0^{\pi} \cos^3 x dx$；

11. $\int_{-2}^1 \dfrac{x}{(1+x^2)^3}dx$；

12. $\int_0^4 \dfrac{1}{1+\sqrt{x}}dx$；

13. $\int_{-2\pi}^{2\pi} \dfrac{\sin x}{1+x^2}dx$；

14. $\int_{-1}^1 \dfrac{2+x\cos x}{\sqrt{1-x^2}}dx$；

15. $\int_{-\frac{\pi}{2}}^{\frac{\pi}{2}} x^8 \sin x dx$；

16. $\int_0^{\pi} x\cos x dx$；

17. $\int_0^{\frac{1}{2}} \arccos x dx$；

18. $\int_1^e x^2 \ln x dx$；

19. $\int_0^{\frac{\pi}{2}} e^{2x} \sin x \, dx$ ;　　　20. $\int_0^{\ln 2} x e^{-x} \, dx$ ;　　　21. $\int_1^2 \ln(2x+1) \, dx$ ;

22. $\int_0^{\frac{\pi}{2}} \left(\sin \frac{x}{2} + \cos \frac{x}{2}\right)^2 dx$ ;　　23. $\int_1^4 \sqrt{x}(1+\sqrt{x}) \, dx$ ;　　24. $\int_1^4 \ln \sqrt{x} \, dx$ ;

25. 设 $f(x) = \begin{cases} 4x^3, & -1 \leqslant x \leqslant 1 \\ 3-2x, & 1 < x \leqslant 2 \end{cases}$，则 $\int_{-1}^2 f(x) \, dx$.

## 五、判别下列广义积分的敛散性，如果收敛计算其值

1. $\int_0^{+\infty} \frac{x}{(1+x^2)^2} \, dx$ ;　2. $\int_0^{+\infty} \frac{1}{x^2} \, dx$ ;　3. $\int_1^{+\infty} e^{-100x} \, dx$ ;　4. $\int_0^2 \frac{dx}{x-1}$ ;　5. $\int_0^{+\infty} \frac{dx}{10+x^2}$.

## 六、求极限

1. $\lim\limits_{x \to 1} \dfrac{\int_1^x \sin \pi t \, dt}{1 + \cos \pi x}$ ;

2. $\lim\limits_{x \to 0} \dfrac{1}{x^6} \int_0^{x^2} \sin t^2 \, dt$ ;

3. $\lim\limits_{x \to 0^+} \dfrac{\int_0^{\sin x} \sqrt{\tan t} \, dt}{\int_0^{\tan x} \sqrt{\sin t} \, dt}$ ;

4. $\lim\limits_{x \to 0} \dfrac{\int_0^x \left[\int_0^{u^2} \arctan(1+t) \, dt\right] du}{x(1 - \cos x)}$.

## 七、解答题

1. 求由曲线 $y = x^2$ 和 $y^2 = 8x$ 所围成的平面图形的面积.

2. 求由直线 $x = \dfrac{1}{3}$，$x = 3$ 和曲线 $y = \dfrac{1}{x}$ 及 $x$ 轴所围成的平面图形的面积.

3. 求抛物线 $y = 3x - x^2$ 与 $x$ 轴所围成的图形绕 $x$ 轴旋转所成的旋转体的体积.

4. 求函数 $y = \sin x + 1$ 在 $[0, 2\pi]$ 上的平均值.

5. 某产品的总成本 $C$（万元）的变化率（边际成本）$C' = 1$，总收益 $R$（万元）的变化率（边际收益）为产量 $x$（百台）的函数 $R' = R'(x) = 5 - x$.

(1) 求产量等于多少时，总利润 $L = R - C$ 最大？

(2) 达到利润最大的产量后又生产了 1 百台，总利润减少了多少？

6. 求函数 $y = \int_0^{x^2} \dfrac{dt}{1+t^3}$ 的二阶导数.

7. 某产品的总成本 $C$（万元）的变化率（边际成本）$C' = 1$，总收益 $R$（万元）的变化率（边际收益）为产量 $x$（百台）的函数 $R' = R'(x) = 5 - x$.

(1) 求产量等于多少时，总利润 $L = R - C$ 最大？

(2) 达到利润最大的产量后又生产了 1 百台，总利润减少了多少？

8. 已知某产品生产 $x$ 个单位时，总收益 $R$ 的变化率（边际收益）为

$$R' = R'(x) = 200 - \frac{x}{100} \quad (x \geqslant 0)$$

(1) 求生产了 50 个单位时的总收益；

(2) 如果已经生产了 100 个单位，求再生产 100 个单位时的总收益.

9. 某厂生产某产品 $Q$（百台）的总成本 $C(Q)$（万元）的变化率为 $C'(Q)=2$（设固定成本为零），总收益 $R(Q)$（万元）的变化率为产量 $Q$（百台）的函数 $R'(Q)=7-2Q$. 问：

（1）生产量为多少时总利润最大？最大利润为多少？

（2）在利润最大的基础上又多生产了 50 台，总利润减少了多少？

# 7 多元函数微分学

在函数微分的学习中,大家可以发现,研究的函数都是只有一个自变量的这种函数,这种函数称为一元函数.但在现实生活以及自然科学、工程应用研究中,有很多涉及实际问题时,会遇到的相关因素是多方面的,反映到数学上,就是一个变量依赖于多个变量的情形.这就提出了多元函数以及多元函数的微分与积分的问题.

本章中,我们将在类比一元函数微分学的基础上,讨论多元函数的微分法及其应用.它们既有很多类似,又有不同.后面的研讨将以二元函数为主,二元以上的多元函数,有关定义、理论和方法大多可以类推.

**学习能力目标**

(1)理解二元函数的概念,会求一些简单二元函数的定义域.
(2)了解二元函数的极限、连续的定义及其基本性质.
(3)熟练掌握显函数的一阶、高阶偏导数的求法.
(4)会求二元函数的极值,会用拉格朗日乘数法求条件极值.
(5)熟练掌握二元函数的经济应用方法.

**课程思政目标**

在讲解多元函数的历史发展过程中,介绍一些我国和国际数学家们在多元函数领域的研究故事,让学生了解到数学家们严谨治学、勤奋钻研的精神,从而激发学生对数学的热爱和敬业精神.

## 7.1 多元函数的基本概念

### 7.1.1 平面点集

坐标平面上具有某种性质 $P$ 的点的集合称为**平面点集**,记作 $E=\{(x,y)|(x,y)$ 具有性质 $P\}$. 比如,平面上到原点的距离小于等于 4 的点的集合是 $E_1=\{(x,y)|x^2+y^2\leqslant 4\}$,即表示以原点为圆心半径为 2 的圆面. 坐标平面上所有点的集合,即

$$R\times R=\{(x,y)|-\infty<x<+\infty,-\infty<y<+\infty\}$$

下面讨论邻域.

设 $P_0(x_0,y_0)$ 是 $xOy$ 平面上的一个点，$\delta$ 是某一正数，与点 $P_0(x_0,y_0)$ 的距离小于 $\delta$ 的点 $P(x,y)$ 的全体，称为点 $P_0$ 的 $\delta$ 邻域，记为 $U(P_0,\delta)$，即

$$U(P_0,\delta) = \{P \mid |PP_0| < \delta\} = \{(x,y) \mid \sqrt{(x-x_0)^2 + (y-y_0)^2} < \delta\}$$

在几何上，点 $P_0$ 的 $\delta$ 邻域就是以点 $P_0$ 为圆心、$\delta$ 为半径的圆的内部（见图 7.1.1）.

点 $P_0$ 的**去心邻域**记作 $\mathring{U}(P_0,\delta)$，即

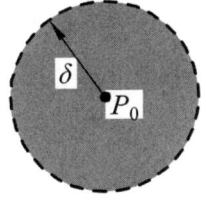

图 7.1.1

$$\mathring{U}(P_0,\delta) = \{P \mid 0 < |PP_0| < \delta\}$$

如果不需要强调邻域的半径，可用 $U(P_0)$ 表示点 $P_0$ 的某个邻域，点 $P_0$ 的去心 $\delta$ 邻域记作 $\mathring{U}(P_0)$.

设 $E$ 为平面点集，$P$ 为平面上的点，下面利用邻域来描述点和点集的关系.

（1）内点：如果存在点 $P$ 的某个邻域 $U(P)$，使得 $U(P) \subset E$ 则称 $P$ 为 $E$ 的内点（如图 7.1.2 中，$P_1$ 为 $E$ 的内点）；

（2）外点：如果存在点 $P$ 的某个邻域 $U(P)$，使得 $U(P) \cap E = \varnothing$ 则称 $P$ 为 $E$ 的外点（如图 7.1.2 中，$P_2$ 为 $E$ 的外点）；

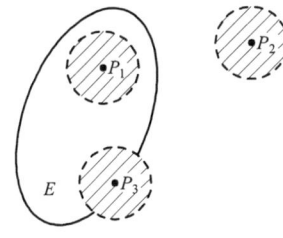

图 7.1.2

（3）边界点：如果点 $P$ 的任一邻域内既含有属于 $E$ 的点，又含有不属于 $E$ 的点，则称 $P$ 为 $E$ 的边界点（如图 7.1.2 中，$P_3$ 为 $E$ 的边界点）.

$E$ 的边界点的全体，称为 $E$ 的边界，记作 $\partial E$.

（4）聚点：设 $E$ 是平面上的一个点集，$P$ 是平面上的一个点，如果点 $P$ 的任何一个邻域内总有无限多个点属于点集 $E$，则称 $P$ 为 $E$ 的聚点.

由聚点的定义可知：内点一定是聚点；边界点可能是聚点；点集 $E$ 的聚点可以属于 $E$，也可以不属于 $E$.

例如，集合 $\{(x,y) \mid 0 < x^2 + y^2 \leq 9\}$ 中，$(0,0)$ 既是边界点，也是聚点，但不属于集合；

集合 $\{(x,y) \mid y \leq x^2\}$ 中，边界上的点都是聚点，也都属于集合.

### 7.1.2 多元函数概念

实践中，我们发现有非常多的问题，不是由一个因素能决定的，而常常受到多个因素的影响. 反映到函数上，就是一个因变量经常由多个自变量来决定.

**例 7.1.1** 长方形的面积 $S$ 和它的长 $a$、宽 $b$ 之间具有关系：

$$S = ab$$

当 $a$、$b$ 在集合 $\{(a,b) \mid a > 0, b > 0\}$ 内取值时，则有唯一的 $S$ 与之对应.

此实际问题说明，在一定的条件下，当两个变量在允许的范围内取值时，另一个变量通过对应的法则有唯一的值与之对应. 仅从数量对应关系来考虑，可从中抽象出二元函数的定义.

**定义 7.1.1** 设 $D$ 为平面上的一个非空点集，若对 $D$ 中的任一点 $(x,y)$，变量 $z$ 按照某种法则 $f$ 总有唯一确定的值与之对应，则称 $z$ 是变量 $x,y$ 的二元函数，记为

$$z = f(x,y), \quad (x,y) \in D$$

其中 $x, y$ 称为自变量，$z$ 称为因变量，$D$ 称为该函数的定义域.

设 $(x_0, y_0) \in D$，与 $(x_0, y_0)$ 对应的因变量的值 $z_0$ 称为函数 $z = f(x, y)$ 在点 $(x_0, y_0)$ 处的函数值，记作

$$z\big|_{\substack{x=x_0 \\ y=y_0}} \text{ 或 } f(x_0, y_0), \quad \text{即} \quad z\big|_{\substack{x=x_0 \\ y=y_0}} = f(x_0, y_0) = z_0$$

函数值的集合 $\{z | z = f(x, y), (x, y) \in D\}$ 称为函数 $z = f(x, y)$ 的值域.

关于多元函数的定义域，与一元函数类似，我们做如下约定：在一般地为讨论用算式表达的二元函数时，就以使这个算式有意义的实数对 $(x, y)$ 所构成的集合其自然定义域.

例如，函数 $z = \ln(x + y)$ 的定义域为 $\{(x, y) | x + y > 0\}$.

类似地，可定义三元及三元以上的函数. $n \geq 2$ 时的 $n$ 元函数统称为多元函数.

**例 7.1.2** 求函数 $z = \arccos(x^2 + y^2 - 3) + \sqrt{y - x^2}$ 的定义域.

**解**：要使解析式有意义，则

$$\begin{cases} |x^2 + y^2 - 3| \leq 1 \\ y - x^2 \geq 0 \end{cases}$$

故所求函数的定义域为 $D = \{(x, y) | 2 \leq x^2 + y^2 \leq 4, y \geq x^2\}$，如图 7.1.3 所示.

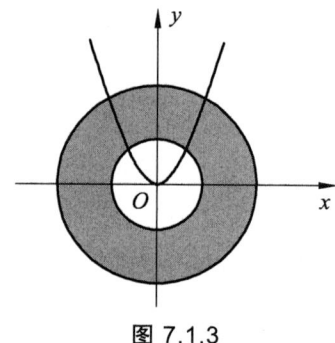

图 7.1.3

**例 7.1.3** 已知函数 $f(x + y, xy) = x^2 + y^2$，求 $f(x, y)$ 的表达式，并求 $f(1, 0)$ 的值.

**解**：设 $u = x + y, v = xy$，由已知可得 $f(u, v) = (x + y)^2 - 2xy = u^2 - 2v$，故可得 $f(x, y) = x^2 - 2y$，即有 $f(1, 0) = 1$.

二元函数的几何意义：设函数 $z = f(x, y)$ 的定义域为 $D$，对于任意取定的 $P(x, y) \in D$，对应的函数值为 $z = f(x, y)$，这样，以 $x$ 为横坐标、$y$ 为纵坐标、$z$ 为竖坐标就能在空间确定一点 $M(x, y, z)$. 当 $x$ 取遍 $D$ 上一切点时，得到一个空间点集 $\{(x, y, z) | z = f(x, y), (x, y) \in D\}$，这个点集称为二元函数的图形. 它通常是一张曲面（见图 7.1.4），该曲面在 $xOy$ 面上的投影即为函数 $z = f(x, y)$ 的定义域 $D$.

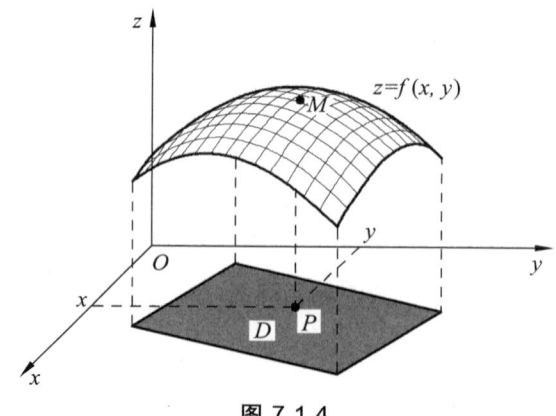

图 7.1.4

例如，二元函数 $z=x+y$ 的图形是一张平面；二元函数 $z=\sqrt{9-x^2-y^2}$ 的图形是上半球面.

### 7.1.3 多元函数的极限

与一元函数的极限概念类似，对于二元函数 $z=f(x,y)$，如果当点 $P(x,y)$ 无限趋近于点 $P_0(x_0,y_0)$（记作 $x\to x_0$，$y\to y_0$ 或 $P(x,y)\to P_0(x_0,y_0)$）时，对应的函数值 $f(x,y)$ 无限趋近于常数 $A$（用 $f(x,y)\to A$ 表示），那么 $A$ 就叫作 $f(x,y)$ 当 $x\to x_0$，$y\to y_0$ 时的极限.

**定义 7.1.2** 设函数 $z=f(x,y)$ 的定义域为 $D$，$P_0(x_0,y_0)$ 是其聚点，如果存在常数 $A$，对于 $P(x,y)\to P_0(x_0,y_0)$，函数值 $f(x,y)$ 无限趋近于常数 $A$，即 $f(x,y)\to A$，则称 $A$ 为函数 $z=f(x,y)$ 当 $x\to x_0$，$y\to y_0$ 时的极限，记为

$$\lim_{\substack{x\to x_0\\y\to y_0}}f(x,y)=A \quad \text{或} \quad \lim_{(x,y)\to(x_0,y_0)}f(x,y)=A$$

**注意：**

（1）定义中 $P\to P_0$ 的方式是任意的，任何方式趋于 $P_0(x_0,y_0)$ 时，二元函数 $f(x,y)$ 都无限趋于同一个常数 $A$. 相反，如果 $P(x,y)$ 以不同方式趋于 $P_0(x_0,y_0)$ 时，对应的函数值 $f(x,y)$ 趋于不同的常数，或者 $P(x,y)$ 以某一种特殊方式趋于 $P_0(x_0,y_0)$ 时，对应的函数值 $f(x,y)$ 不趋于确定的常数，那么就可以断定该函数 $f(x,y)$ 当 $(x,y)\to(x_0,y_0)$ 时的极限不存在.

（2）二元函数的极限也叫作二重极限 $\lim\limits_{\substack{x\to x_0\\y\to y_0}}f(x,y)$.

（3）二元函数的极限运算法则与一元函数类似，一元函数的极限性质及极限运算法则，都可以"平行"地推广到多元函数上来.

**例 7.1.4** 求 $\lim\limits_{\substack{x\to 0\\y\to 0}}(x^2+y^2)\sin\dfrac{1}{x^2+y^2}$.

**解：** 由已知，定义域为 $\{(x,y)|(x,y)\ne(0,0)\}$，令 $u=x^2+y^2$，$f(x,y)=(x^2+y^2)\sin\dfrac{1}{x^2+y^2}=u\sin\dfrac{1}{u}$，当 $x\to 0, y\to 0$ 时，$u\to 0$，$\sin\dfrac{1}{u}$ 为有界函数，所以原式可化为

$$\lim_{u\to 0}u\sin\dfrac{1}{u}=0.$$

**例 7.1.5** 讨论函数 $f(x,y)=\dfrac{xy}{x^2+y^2}$ 在点 $(0,0)$ 的极限.

**解：** 因为当点 $P(x,y)$ 沿直线 $y=kx$ 趋于点 $(0,0)$ 时，

$$\lim_{\substack{x\to 0\\y\to 0}}\dfrac{xy}{x^2+y^2}=\lim_{\substack{x\to 0\\y=kx}}\dfrac{kx^2}{x^2+k^2x^2}=\dfrac{k}{1+k^2}.$$

其值随 $k$ 的变化而变化，故此函数在点 $(0,0)$ 处极限不存在.

**例 7.1.6** 求 $\lim\limits_{(x,y)\to(0,3)}\dfrac{\sin(2x^2y)}{x^2}$.

**解：** 令 $u=2x^2y$，当 $x\to 0, y\to 3$，$u\to 0$，则有

$$\lim_{(x,y)\to(0,3)}\frac{\sin(2x^2 y)}{x^2}=\lim_{(x,y)\to(0,3)}\left[\frac{\sin(2x^2 y)}{2x^2 y}\cdot 2y\right]=\lim_{u\to 0}\frac{\sin u}{u}\cdot\lim_{y\to 3}2y=1\cdot 6=6.$$

**例 7.1.7** 求极限 $\lim\limits_{(x,y)\to(0,0)}\dfrac{\ln(1+3x^2+3y^2)}{(x^2+y^2)}$.

**解**：令 $u=x^2+y^2$，当 $x\to 0,y\to 0$ 时，$u\to 0$，

$$\lim_{(x,y)\to(0,0)}\frac{\ln(1+3x^2+3y^2)}{(x^2+y^2)}=\lim_{u\to 0}\frac{\ln(1+3u)}{u}=\lim_{u\to 0}\frac{3u}{u}=3.$$

### 7.1.4 多元函数的连续性

**定义 7.1.3** 设二元函数 $f(P)=f(x,y)$ 的定义域为点集 $D$，$P_0(x_0,y_0)$ 是其聚点且 $P_0\in D$，如果 $\lim\limits_{P\to P_0}f(P)=f(P_0)$，则称二元函数 $f(x,y)$ 在点 $P_0$ 处连续. 否则，就称函数 $z=f(x,y)$ 在点 $P_0(x_0,y_0)$ 处不连续，此时 $P_0(x_0,y_0)$ 称为函数 $z=f(x,y)$ 的间断点.

例如，前面所讨论过的函数

$$f(x,y)=\begin{cases}\dfrac{xy}{x^2+y^2},&x^2+y^2\neq 0\\0,&x^2+y^2=0\end{cases}$$

当 $(x,y)\to(0,0)$ 时的极限不存在，所以点 $(0,0)$ 是该函数的一个间断点.

若 $f(x,y)$ 在 $D$ 内的每一点都连续，则称函数 $z=f(x,y)$ 在 $D$ 上连续. 此时，我们说 $z=f(x,y)$ 是 $D$ 上的**连续函数**.

**注意**：

（1）多元连续函数的和、差、积仍为连续函数.

（2）多元连续函数的商在分母不为零时仍为连续函数.

（3）多元连续函数的复合函数仍为连续函数.

由常数及具有不同自变量的一元基本初等函数经过有限次的四则运算和复合步骤而得到的可用一个式子表示的函数，称为**多元初等函数**.

一切多元初等函数在其定义区域内是连续的. 所谓定义区域是指包含在定义域内的区域或闭区域.

一般地，求 $\lim\limits_{P\to P_0}f(P)$ 时，如果 $f(P)$ 是初等函数，且 $P_0$ 是 $f(P)$ 的定义域的内点，则 $f(P)$ 在 $P_0$ 处连续，于是

$$\lim_{P\to P_0}f(P)=f(P_0)$$

**例 7.1.8** 求 $\lim\limits_{(x,y)\to\left(\frac{1}{2},0\right)}f(x,y)=\arccos(e^y-x)$.

**解**：因为 $f(x,y)=\arccos(e^y-x)$ 在 $\left(\dfrac{1}{2},0\right)$ 处连续，所以有

$$\lim_{(x,y)\to\left(\frac{1}{2},0\right)}\arccos(e^y-x)=\arccos\left(e^0-\frac{1}{2}\right)=\frac{\pi}{3}.$$

**例 7.1.9** 求 $\lim\limits_{\substack{x\to 0\\y\to 0}}\dfrac{\sqrt{xy+1}-1}{xy}$.

**解**：原式 $=\lim\limits_{\substack{x\to 0\\y\to 0}}\dfrac{xy+1-1}{xy(\sqrt{xy+1}+1)}=\lim\limits_{\substack{x\to 0\\y\to 0}}\dfrac{1}{\sqrt{xy+1}+1}=\dfrac{1}{2}$.

闭区间上的一元连续函数有许多很好的性质，这些性质可推广到多元函数，并且证明方法也与一元函数类似.

**性质 1** （有界性与最大值和最小值定理）在有界闭区域 $D$ 上的多元连续函数，必定在 $D$ 上有界，且能取得它的最大值和最小值.

**性质 2** （介值定理）在有界闭区域 $D$ 上的多元连续函数必取得介于最大值和最小值之间的任何值.

# 习题 7.1

1. 填空题.

（1）设 $z=\cos(xy^2)$，则 $z(0,1)=$ _____.

（2）函数 $u=\dfrac{x-y}{\ln(xy)}$ 的定义域为 _____.

（3）极限 $\lim\limits_{\substack{x\to 1\\y\to 0}}\dfrac{\ln(x+\mathrm{e}^y)}{\sqrt{x^2+y^2}}=$ _____.

（4）设 $f(x+y,x-y)=x^2-y^2$，则 $f(x,y)=$ _____.

（5）已知 $f(x,y)=3x+2y$，则 $f(xy,f(x,y))=$ _____.

2. 求下列函数的定义域，并作出定义域所表示的图形.

（1）$z=\lg(y-2x)$；

（2）$z=\sqrt{4-x^2-y^2}$；

（3）$z=\ln(3xy)$；

（4）$z=\arccos(x+y)$；

（5）$z=\ln(x+y)+\arcsin(2-x^2-y^2)$；

（6）$z=\sqrt{y^2-x}+\ln(y-x+4)$.

3. 求下列极限.

（1）$\lim\limits_{(x,y)\to(0,0)}\dfrac{x^2+y^2}{\sqrt{1+x^2+y^2}-1}$；

（2）$\lim\limits_{\substack{x\to 1\\y\to 0}}\dfrac{\sin(xy^2)}{y^2}$；

（3）$\lim\limits_{(x,y)\to(0,0)}\dfrac{1-\cos(x^2+y^2)}{(x^2+y^2)^2}$；

（4）$\lim\limits_{\substack{x\to 0\\y\to 0}}(1-2xy)^{\frac{1}{xy}}$.

4. 求下列各式的极限.

（1）$\lim\limits_{\substack{x\to\infty\\y\to\infty}}\dfrac{x+y}{x^2-xy+y^2}$；

（2）$\lim\limits_{\substack{x\to\infty\\y\to\infty}}\dfrac{x^2+y^2}{x^4+y^4}$；

（3）$\lim\limits_{\substack{x\to\infty\\y\to\infty}}(x^2+y^2)\mathrm{e}^{-(x+y)}$；

（4）$\lim\limits_{\substack{x\to\infty\\y\to 0}}\left(1+\dfrac{2}{x}\right)^{\frac{x^2}{x+y}}$.

5. 证明下列极限不存在.

（1）$\lim\limits_{\substack{x\to 0\\y\to 0}}\dfrac{x^2y^2}{x^2y^2+(x-y)^2}$ ；

（2）$\lim\limits_{(x,y)\to(0,0)}\dfrac{\sin(x-y)}{x+y}$ ；

（3）$\lim\limits_{(x,y)\to(0,0)}\dfrac{x+y}{x-y}$ ；

（4）$\lim\limits_{\substack{x\to 0\\y\to 0}}\dfrac{x^2y}{x^4+y^3}$ .

6. 指出下列函数在何处间断.

（1）$z=\dfrac{1}{x^2-y}$ ；

（2）$z=\cos\dfrac{1}{x+y}$ .

## 7.2 偏导数与全微分

### 7.2.1 偏导数的定义及其计算方法

以二元函数 $z=f(x,y)$ 为例，如果只有自变量 $x$ 变化，而自变量 $y$ 固定（$y=y_0$ 看作常数），则函数 $z=f(x,y_0)$ 就是 $x$ 的一元函数，该函数 $z=f(x,y)$ 对 $x$ 的变化率（即导数）就称为函数 $z=f(x,y)$ 对 $x$ 的偏导数. 即有如下的定义：

**定义 7.2.1** 设函数 $z=f(x,y)$ 在点 $(x_0,y_0)$ 的某一邻域内有定义，当 $y$ 固定在 $y_0$ 而 $x$ 在 $x_0$ 处有增量 $\Delta x$ 时，相应地函数有增量 $f(x_0+\Delta x,y_0)-f(x_0,y_0)$，如果

$$\lim_{\Delta x\to 0}\frac{f(x_0+\Delta x,y_0)-f(x_0,y_0)}{\Delta x}$$

存在，则称此极限为函数 $z=f(x,y)$ 在点 $(x_0,y_0)$ 处对 $x$ 的偏导数，记为

$$\left.\frac{\partial z}{\partial x}\right|_{\substack{x=x_0\\y=y_0}},\quad \left.\frac{\partial f}{\partial x}\right|_{\substack{x=x_0\\y=y_0}},\quad z_x\Big|_{\substack{x=x_0\\y=y_0}}\quad \text{或}\quad f_x(x_0,y_0)$$

同理，函数 $z=f(x,y)$ 在点 $(x_0,y_0)$ 处对 $y$ 的偏导数，即

$$\lim_{\Delta y\to 0}\frac{f(x_0,y_0+\Delta y)-f(x_0,y_0)}{\Delta y}$$

记为

$$\left.\frac{\partial z}{\partial y}\right|_{\substack{x=x_0\\y=y_0}},\quad \left.\frac{\partial f}{\partial y}\right|_{\substack{x=x_0\\y=y_0}},\quad z_y\Big|_{\substack{x=x_0\\y=y_0}}\quad \text{或}\quad f_y(x_0,y_0)$$

如果函数 $z=f(x,y)$ 在区域 $D$ 内任一点 $(x,y)$ 处对 $x$ 的偏导数都存在，那么这个偏导数就是 $x,y$ 的函数，它就称为函数 $z=f(x,y)$ 对自变量 $x$ 的偏导数，记作

$$\frac{\partial z}{\partial x},\quad \frac{\partial f}{\partial x},\quad z_x\quad \text{或}\quad f_x(x,y)$$

同理，函数 $z=f(x,y)$ 对自变量 $y$ 的偏导数，记作

$$\frac{\partial z}{\partial y},\quad \frac{\partial f}{\partial y},\quad z_y\quad \text{或}\quad f_y(x,y)$$

偏导数的概念可以推广到二元以上的函数. 例如, 三元函数 $u = f(x,y,z)$ 在点 $(x,y,z)$ 处的偏导数定义为

$$f_x(x,y,z) = \lim_{\Delta x \to 0} \frac{f(x+\Delta x, y, z) - f(x,y,z)}{\Delta x}$$

$$f_y(x,y,z) = \lim_{\Delta y \to 0} \frac{f(x, y+\Delta y, z) - f(x,y,z)}{\Delta y}$$

$$f_z(x,y,z) = \lim_{\Delta z \to 0} \frac{f(x, y, z+\Delta z) - f(x,y,z)}{\Delta z}$$

由偏导数的定义可知, 求多元函数对某一自变量的偏导数, 只需把其他的自变量看作常数, 而把函数当成该自变量的一元函数求导便可. 所以, 一元函数的导数公式和运算法则对多元函数的偏导数仍然适用.

**例 7.2.1** 求 $z = 5x^4 - 2x^2 y + \ln xy$ 在点 $(1,2)$ 处的偏导数.

**解**: 把 $y$ 看作常量, 得

$$\frac{\partial z}{\partial x} = 20x^3 - 4xy + \frac{1}{x},$$

把 $x$ 看作常量, 得

$$\frac{\partial z}{\partial y} = -2x^2 + \frac{1}{y},$$

将点 $(1,2)$ 代入得

$$\left.\frac{\partial z}{\partial x}\right|_{\substack{x=1\\y=2}} = 20\times 1 - 4\times 1\times 2 + 1 = 13, \quad \left.\frac{\partial z}{\partial y}\right|_{\substack{x=1\\y=2}} = -2\times 1 + \frac{1}{2} = -\frac{3}{2}.$$

**例 7.2.2** 设 $z = \sin(xy) + \cos^2(xy)$, 求 $\dfrac{\partial z}{\partial x}, \dfrac{\partial z}{\partial y}$.

**解**: $\dfrac{\partial z}{\partial x} = y\cos(xy) + 2\cos(xy)\cdot[-\sin(xy)]\cdot y = y[\cos(xy) - \sin(2xy)]$,

$$\frac{\partial z}{\partial y} = x[\cos(xy) - \sin(2xy)].$$

**例 7.2.3** 设 $z = x^y$ $(x > 0, x \neq 1)$, 求证: $\dfrac{x}{y}\cdot\dfrac{\partial z}{\partial x} + \dfrac{1}{\ln x}\cdot\dfrac{\partial z}{\partial y} = 2z$.

**证**: 因为

$$\frac{\partial z}{\partial x} = yx^{y-1}, \quad \frac{\partial z}{\partial y} = x^y \ln x,$$

所以

$$\frac{x}{y}\cdot\frac{\partial z}{\partial x} + \frac{1}{\ln x}\cdot\frac{\partial z}{\partial y} = \frac{x}{y}yx^{y-1} + \frac{1}{\ln x}x^y \ln x = x^y + x^y = 2z.$$

原结论成立.

**例 7.2.4** 已知理想气体的状态方程为 $pV = RT$ ($R$ 为常数),求证:$\dfrac{\partial p}{\partial V} \cdot \dfrac{\partial V}{\partial T} \cdot \dfrac{\partial T}{\partial p} = -1$.

**证:** 因为 $pV = RT$,则

$$p = \frac{RT}{V} \Rightarrow \frac{\partial p}{\partial V} = -\frac{RT}{V^2}, \quad V = \frac{RT}{p} \Rightarrow \frac{\partial V}{\partial T} = \frac{R}{p}, \quad T = \frac{pV}{R} \Rightarrow \frac{\partial T}{\partial p} = \frac{V}{R}.$$

所以

$$\frac{\partial p}{\partial V} \cdot \frac{\partial V}{\partial T} \cdot \frac{\partial T}{\partial p} = -\frac{RT}{V^2} \cdot \frac{R}{p} \cdot \frac{V}{R} = -\frac{RT}{pV} = -1.$$

**例 7.2.5** 设 $u = (x^2 + y^2)z^2 + \sin x^2$. 求 $\dfrac{\partial u}{\partial x}, \dfrac{\partial u}{\partial y}$ 及 $\dfrac{\partial u}{\partial z}$.

**解:** 先求 $\dfrac{\partial u}{\partial x}$,这时应将表达式中 $y$ 与 $z$ 均视作常数. 于是

$$\frac{\partial u}{\partial x} = 2xz^2 + 2x\cos x^2,$$

类似地,我们得到

$$\frac{\partial u}{\partial y} = 2yz^2, \frac{\partial u}{\partial z} = 2z(x^2 + y^2).$$

**注意:**

(1)在一元函数中,导数 $\dfrac{dy}{dx}$ 是函数 $y = f(x)$ 的微分 $dy$ 与自变量的微分 $dx$ 之商. 但对于多元函数,偏导数记号 $\dfrac{\partial z}{\partial x}, \dfrac{\partial z}{\partial y}$ 是一个整体记号,不能看作是分子与分母之商,单独的记号 $\partial z, \partial x, \partial y$ 没有任何意义.

(2)与一元函数类似,对于分段函数在分段点的偏导数要利用偏导数的定义来求.

(3)在一元函数微分学中,如果函数在某点存在导数,则它在该点必定连续. 但对多元函数而言,即使函数在某点的各个偏导数都存在,也不能保证函数在该点连续.

例如,函数

$$f(x,y) = \begin{cases} \dfrac{xy}{x^2 + y^2}, & x^2 + y^2 \neq 0 \\ 0, & x^2 + y^2 = 0 \end{cases}$$

$$f_x(0,0) = \lim_{\Delta x \to 0} \frac{f(0 + \Delta x, 0) - f(0,0)}{\Delta x} = \lim_{\Delta x \to 0} \frac{0}{\Delta x} = 0,$$

$$f_y(0,0) = \lim_{\Delta y \to 0} \frac{f(0, 0 + \Delta y) - f(0,0)}{\Delta y} = \lim_{\Delta y \to 0} \frac{0}{\Delta y} = 0.$$

在点 (0,0) 处 $f_x(0,0) = f_y(0,0) = 0$,即 $f(x,y)$ 在点 (0,0) 处的偏导数存在,但由上节的例 7.1.5 及函数连续定义知,$f(x,y)$ 在点 (0,0) 处不连续.

二元函数 $z = f(x,y)$ 在点 $(x_0, y_0)$ 处的偏导数有如下的几何意义：

设 $M_0(x_0, y_0, f(x_0, y_0))$ 为曲面 $z = f(x,y)$ 上一点，如图 7.2.1 所示，过 $M_0$ 作平面 $y = y_0$，截此平面得一曲线. 此曲线在平面 $y = y_0$ 上的方程为 $z = f(x, y_0)$，则导数 $f_x(x_0, y_0)$ 就是该曲线在点 $M_0$ 处的切线 $M_0 T_x$ 对 $x$ 轴的斜率. 同样偏导数 $f_y(x_0, y_0)$ 的几何意义是曲面被平面 $x = x_0$ 所截得的曲线在点 $M_0$ 处的切线 $M_0 T_y$ 对 $y$ 轴的斜率.

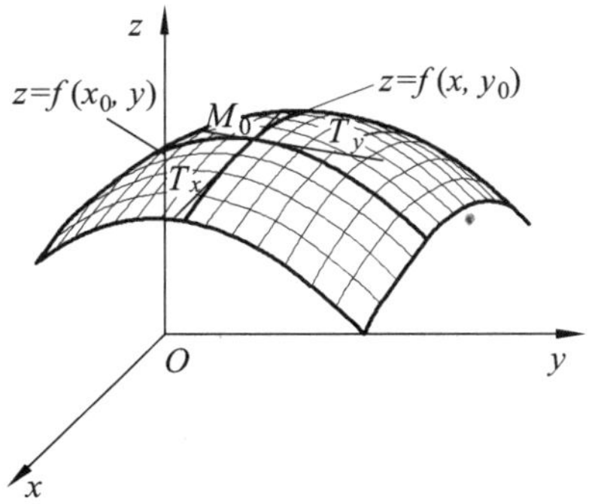

图 7.2.1

### 7.2.2 高阶偏导数

设函数 $z = f(x,y)$ 在区域 $D$ 内具有偏导数

$$\frac{\partial z}{\partial x} = f_x(x,y), \quad \frac{\partial z}{\partial y} = f_y(x,y)$$

那么在 $D$ 内 $f_x(x,y)$，$f_y(x,y)$ 都是 $x,y$ 的函数. 如果这两个函数的偏导数也存在，则称它们是函数 $z = f(x,y)$ 的二阶偏导数. 按照对变量求导次序的不同有下列四个二阶偏导数：

$$\frac{\partial}{\partial x}\left(\frac{\partial z}{\partial x}\right) = \frac{\partial^2 z}{\partial x^2} = f_{xx}(x,y), \quad \frac{\partial}{\partial y}\left(\frac{\partial z}{\partial y}\right) = \frac{\partial^2 z}{\partial y^2} = f_{yy}(x,y)$$

$$\frac{\partial}{\partial y}\left(\frac{\partial z}{\partial x}\right) = \frac{\partial^2 z}{\partial x \partial y} = f_{xy}(x,y), \quad \frac{\partial}{\partial x}\left(\frac{\partial z}{\partial y}\right) = \frac{\partial^2 z}{\partial y \partial x} = f_{yx}(x,y)$$

其中第三、第四个偏导数称为混合偏导数.

同理可得三阶、四阶以及 $n$ 阶偏导数. 二阶及二阶以上的偏导数统称为**高阶偏导数**.

**例 7.2.6** 求下列函数的 $\dfrac{\partial^2 z}{\partial x^2}, \dfrac{\partial^2 z}{\partial y^2}$ 和 $\dfrac{\partial^2 z}{\partial x \partial y}$.

（1）$z = x^4 + y^4 - 4x^2 y^2$； （2）$z = \arctan \dfrac{y}{x}$.

**解**：（1）$\dfrac{\partial z}{\partial x} = 4x^3 - 8xy^2, \dfrac{\partial z}{\partial y} = 4y^3 - 8x^2 y$；

$$\frac{\partial^2 z}{\partial x^2} = 12x^2 - 8y^2, \frac{\partial^2 z}{\partial y^2} = 12y^2 - 8x^2;$$

$$\frac{\partial^2 z}{\partial x \partial y} = \frac{\partial}{\partial y}\left(4x^3 - 8xy^2\right) = -16xy.$$

（2） $\dfrac{\partial z}{\partial x} = \dfrac{1}{1+\left(\dfrac{y}{x}\right)^2} \cdot \left(-\dfrac{y}{x^2}\right) = -\dfrac{y}{x^2+y^2}$, $\dfrac{\partial z}{\partial y} = \dfrac{1}{1+\left(\dfrac{y}{x}\right)^2} \cdot \dfrac{1}{x} = \dfrac{x}{x^2+y^2}$,

$$\frac{\partial^2 z}{\partial x^2} = \frac{2xy}{(x^2+y^2)^2}, \quad \frac{\partial^2 z}{\partial y^2} = -\frac{2xy}{(x^2+y^2)^2}, \quad \frac{\partial^2 z}{\partial x \partial y} = \frac{y^2 - x^2}{(x^2+y^2)^2}.$$

**例 7.2.7** 求函数 $z = x^y$ 的四个二阶偏导数.

**解**：$\dfrac{\partial z}{\partial x} = yx^{y-1}, \dfrac{\partial z}{\partial y} = x^y \ln x$；

$$\dfrac{\partial^2 z}{\partial x^2} = \dfrac{\partial}{\partial x}\left(\dfrac{\partial z}{\partial x}\right) = y(y-1)x^{y-2}, \quad \dfrac{\partial^2 z}{\partial y^2} = \dfrac{\partial}{\partial y}\left(\dfrac{\partial z}{\partial y}\right) = x^y \ln^2 x,$$

$$\dfrac{\partial^2 z}{\partial x \partial y} = \dfrac{\partial}{\partial y}\left(\dfrac{\partial z}{\partial x}\right) = x^{y-1} + yx^{y-1} \ln x = x^{y-1}(1 + y\ln x),$$

$$\dfrac{\partial^2 z}{\partial y \partial x} = \dfrac{\partial}{\partial x}\left(\dfrac{\partial z}{\partial y}\right) = yx^{y-1} \ln x + x^y \cdot \dfrac{1}{x} = x^{y-1}(1 + y\ln x).$$

通过上面的例题，我们很自然地想到一个问题：混合偏导数都相等吗？

**例 7.2.8** 设

$$f(x,y) = \begin{cases} \dfrac{x^3 y}{x^2 + y^2}, & x^2 + y^2 \neq 0 \\ 0, & x^2 + y^2 = 0 \end{cases}$$

求 $f(x,y)$ 的二阶混合偏导数.

**解**：当 $(x,y) \neq (0,0)$ 时，

$$f_x(x,y) = \dfrac{3x^2 y(x^2 + y^2) - 2x \cdot x^3 y}{(x^2 + y^2)^2} = \dfrac{3x^2 y}{x^2 + y^2} - \dfrac{2x^4 y}{(x^2 + y^2)^2},$$

$$f_y(x,y) = \dfrac{x^3}{x^2 + y^2} - \dfrac{2x^3 y^2}{(x^2 + y^2)^2},$$

当 $(x,y) = (0,0)$ 时，由定义可知：

$$f_x(0,0) = \lim_{\Delta x \to 0} \dfrac{f(\Delta x, 0) - f(0,0)}{\Delta x} = \lim_{\Delta x \to 0} \dfrac{0}{\Delta x} = 0,$$

$$f_y(0,0) = \lim_{\Delta y \to 0} \dfrac{f(0, \Delta y) - f(0,0)}{\Delta y} = \lim_{\Delta y \to 0} \dfrac{0}{\Delta y} = 0,$$

$$f_{xy}(0,0) = \lim_{\Delta y \to 0} \dfrac{f_x(0, \Delta y) - f_x(0,0)}{\Delta y} = 0,$$

$$f_{yx}(0,0) = \lim_{\Delta x \to 0} \dfrac{f_y(\Delta x, 0) - f_y(0,0)}{\Delta x} = 1.$$

显然 $f_{xy}(0,0) \neq f_{yx}(0,0)$.

由此例可知，不是所有的二元函数的混合偏导数都相等. 如果函数对应的混合偏导数相等，那么这些函数应具备怎样的条件？

**定理 7.2.1** 如果函数 $z = f(x,y)$ 的两个二阶混合偏导数 $\dfrac{\partial^2 z}{\partial y \partial x}$ 及 $\dfrac{\partial^2 z}{\partial x \partial y}$ 在区域 $D$ 内连续，

那么在该区域内这两个二阶混合偏导数必相等.

这个定理说明,二阶混合偏导数在连续条件下与求偏导数的次序无关. 另外,高阶混合偏导数也有相应的结论.

**例 7.2.9** 验证函数 $u(x,y) = \ln\sqrt{x^2+y^2}$ 满足拉普拉斯方程 $\dfrac{\partial^2 u}{\partial x^2} + \dfrac{\partial^2 u}{\partial y^2} = 0$.

**解:** 因为 $\ln\sqrt{x^2+y^2} = \dfrac{1}{2}\ln(x^2+y^2)$,所以

$$\frac{\partial u}{\partial x} = \frac{x}{x^2+y^2}, \quad \frac{\partial u}{\partial y} = \frac{y}{x^2+y^2},$$

$$\frac{\partial^2 u}{\partial x^2} = \frac{(x^2+y^2) - x \cdot 2x}{(x^2+y^2)^2} = \frac{y^2 - x^2}{(x^2+y^2)^2},$$

$$\frac{\partial^2 u}{\partial y^2} = \frac{(x^2+y^2) - y \cdot 2y}{(x^2+y^2)^2} = \frac{x^2 - y^2}{(x^2+y^2)^2},$$

因此

$$\frac{\partial^2 u}{\partial x^2} + \frac{\partial^2 u}{\partial y^2} = 0.$$

**说明:** 方程 $\dfrac{\partial^2 u}{\partial x^2} + \dfrac{\partial^2 u}{\partial y^2} = 0$ 称为拉普拉斯方程,它代表数学物理方程中的一类很重要的方程,若引入记号(算子)$\Delta = \dfrac{\partial^2}{\partial x^2} + \dfrac{\partial^2}{\partial y^2}$,则拉普拉斯方程可写成 $\Delta u = 0$. 上述算子也称为拉普拉斯算子.

### 7.2.3 全微分

在现实问题中,我们会经常遇到需考虑用 $\Delta x$、$\Delta y$ 的线性函数来代替全增量 $\Delta z$ 的问题,即多元函数的线性逼近.

在多元函数上讨论偏导数,是针对一个自变量的变化率,在这个过程中只有一个自变量在变化,而其他自变量固定. 然而在实际问题中,往往需要研究多元函数中所有自变量都变化时,函数值的变化情况. 为此引入多元函数的全微分概念.

**1. 全微分的定义**

在定义二元函数 $z = f(x, y)$ 的偏导数时,对其中某个自变量的偏导数,表示为当另一个自变量固定时,函数相对于该自变量的变化率. 由一元函数微分学中增量与微分的关系可知

$$f(x+\Delta x, y) - f(x, y) \approx f_x(x, y)\Delta x$$

$$f(x, y+\Delta y) - f(x, y) \approx f_y(x, y)\Delta y$$

上面两式的左端分别称为二元函数对 $x$ 和对 $y$ 的偏增量,而右端分别称为二元函数对 $x$ 和对 $y$ 的偏微分.

对于二元函数 $z=f(x,y)$，设 $f$ 在点 $P(x,y)$ 的某邻域内有定义，并设 $P'(x+\Delta x,y+\Delta y)$ 为该邻域内的任意一点，我们称

$$f(x+\Delta x,y+\Delta y)-f(x,y)$$

为函数 $f$ 在点 $P$ 对应于自变量增量 $\Delta x,\Delta y$ 的**全增量**，记为 $\Delta z$，即

$$\Delta z=f(x+\Delta x,y+\Delta y)-f(x,y) \quad\quad (7.2.1)$$

一般来说，计算全增量比较复杂．与一元函数的情形类似，我们也希望利用关于自变量增量 $\Delta x$、$\Delta y$ 的线性函数来近似地代替函数的全增量 $\Delta z$，由此引入关于二元函数全微分的定义．

**定义 7.2.2** 设函数 $z=f(x,y)$ 在点 $(x,y)$ 的某邻域内有定义，如果函数在点 $(x,y)$ 的全增量

$$\Delta z=f(x+\Delta x,y+\Delta y)-f(x,y)$$

可以表示为

$$\Delta z=A\Delta x+B\Delta y+o(\rho) \quad\quad (7.2.2)$$

其中 $A,B$ 不依赖于 $\Delta x,\Delta y$ 而仅与 $x,y$ 有关，$\rho=\sqrt{(\Delta x)^2+(\Delta y)^2}$，则称函数 $z=f(x,y)$ 在点 $(x,y)$ 可微分，$A\Delta x+B\Delta y$ 称为函数 $z=f(x,y)$ 在点 $(x,y)$ 的全微分，记为 $\mathrm{d}z$，即

$$\mathrm{d}z=A\Delta x+B\Delta y$$

函数若在某区域 $D$ 内各点处处可微分，则称该函数在 $D$ 内可微分．

**2. 函数可微的条件**

在研讨一元函数的微分时，微分、导数、连续的关系是：如果函数在某一点可微，则在该点处必连续，且在该点处可导，对二元函数也有类似的性质．

**定理 7.2.2（必要条件）** 如果函数 $z=f(x,y)$ 在点 $(x,y)$ 处可微分，则

（1）函数 $z=f(x,y)$ 在点 $(x,y)$ 连续；

（2）函数 $z=f(x,y)$ 的两个偏导数 $\dfrac{\partial z}{\partial x}$、$\dfrac{\partial z}{\partial y}$ 都存在，且 $z=f(x,y)$ 在点 $(x,y)$ 处的全微分为

$$\mathrm{d}z=\frac{\partial z}{\partial x}\Delta x+\frac{\partial z}{\partial y}\Delta y \quad\quad (7.2.3)$$

**证：**（1）设函数 $z=f(x,y)$ 在点 $(x,y)$ 处可微分，则有

$$\Delta z=A\Delta x+B\Delta y+o(\rho)$$

即

$$\lim_{(\Delta x,\Delta y)\to(0,0)}f(x+\Delta x,y+\Delta y)=\lim_{(\Delta x,\Delta y)\to(0,0)}(f(x,y)+\Delta z)=f(x,y)$$

因此函数 $z=f(x,y)$ 在点 $(x,y)$ 处连续．

（2）设函数 $z=f(x,y)$ 在点 $(x,y)$ 处可微分，则有

$$f(x+\Delta x,y+\Delta y)-f(x,y)=A\Delta x+B\Delta y+o(\rho)$$

在上式中令 $\Delta y = 0$，即

$$f(x+\Delta x, y) - f(x,y) = A\Delta x + o(|\Delta x|)$$

两边同除以 $\Delta x$，再令 $\Delta x \to 0$，于是有

$$\lim_{\Delta x \to 0} \frac{f(x+\Delta x, y) - f(x,y)}{\Delta x} = A + \lim_{\Delta x \to 0} \frac{o(|\Delta x|)}{\Delta x} = A$$

所以 $\dfrac{\partial z}{\partial x}$ 存在，且 $\dfrac{\partial z}{\partial x} = A$．

同理可证 $\dfrac{\partial z}{\partial y}$ 存在，且 $\dfrac{\partial z}{\partial y} = B$．

因此

$$\mathrm{d}z = \frac{\partial z}{\partial x}\Delta x + \frac{\partial z}{\partial y}\Delta y$$

但是，两个偏导数 $\dfrac{\partial z}{\partial x}$ 和 $\dfrac{\partial z}{\partial y}$ 存在，并不能保证函数 $z = f(x,y)$ 在 $(x,y)$ 处可微．例如，在前面我们已经求得，函数

$$f(x,y) = \begin{cases} \dfrac{xy}{x^2+y^2}, & (x,y) \neq (0,0) \\ 0, & (x,y) = (0,0) \end{cases}$$

在 $(0,0)$ 处的两个偏导数 $f_x(0,0)$ 和 $f_y(0,0)$ 存在，而它在点 $(0,0)$ 处不连续，所以在点 $(0,0)$ 处不可微．

我们知道，一元函数在某点可导是在该点可微的充分必要条件．但对于多元函数则不然．二元函数的各偏导数存在只是全微分存在的必要条件而不是充分条件．

由此可见，对于多元函数而言，偏导数存在并不一定可微．因为函数的偏导数仅描述了函数在一点处沿坐标轴的变化率，而全微分描述了函数沿各个方向的变化情况．但如果对偏导数再加些条件，就可以保证函数的可微性．

**定理 7.2.3**（充分条件） 如果函数 $z = f(x,y)$ 的偏导数 $\dfrac{\partial z}{\partial x}$、$\dfrac{\partial z}{\partial y}$ 在点 $(x,y)$ 存在且连续，则函数在该点处可微分．

**证**：由已知函数的偏导数在点 $(x,y)$ 连续，有

$$\begin{aligned}\Delta z &= f(x+\Delta x, y+\Delta y) - f(x,y) \\ &= [f(x+\Delta x, y+\Delta y) - f(x, y+\Delta y)] + [f(x, y+\Delta y) - f(x,y)]\end{aligned}$$

在第一个方括号内，应用拉格朗日中值定理得

$$\begin{aligned}f(x+\Delta x, y+\Delta y) - f(x, y+\Delta y) &= f_x(x+\theta_1 \Delta x, y+\Delta y)\Delta x \quad (0 < \theta_1 < 1) \\ &= f_x(x,y)\Delta x + \varepsilon_1 \Delta x \quad（依偏导数的连续性） \quad （7.2.4）\end{aligned}$$

其中 $\varepsilon_1$ 为 $\Delta x, \Delta y$ 的函数，且当 $\Delta x \to 0, \Delta y \to 0$ 时，$\varepsilon_1 \to 0$.

同理在第二个方括号内，应用拉格朗日中值定理

$$f(x, y+\Delta y) - f(x,y) = f_y(x,y)\Delta y + \varepsilon_2 \Delta y \tag{7.2.5}$$

其中 $\varepsilon_2$ 为 $\Delta y$ 的函数，当 $\Delta y \to 0$ 时，$\varepsilon_2 \to 0$.

由式（7.2.4）、式（7.2.5）两式，可得

$$\Delta z = f_x(x,y)\Delta x + f_y(x,y)\Delta y + \varepsilon_1 \Delta x + \varepsilon_2 \Delta y \tag{7.2.6}$$

其中

$$\left|\frac{\varepsilon_1 \Delta x + \varepsilon_2 \Delta y}{\rho}\right| \leq |\varepsilon_1| + |\varepsilon_2| \xrightarrow{\rho \to 0} 0$$

故函数 $z = f(x,y)$ 在点 $(x,y)$ 处可微.

习惯上，记全微分为

$$dz = \frac{\partial z}{\partial x}dx + \frac{\partial z}{\partial y}dy$$

通常我们把二元函数的全微分等于它的两个偏微分之和这件事称为二元函数的微分符合叠加原理. 叠加原理也适用于二元以上函数的情况. 全微分的定义可推广到三元及三元以上函数，如三元函数 $u = f(x,y,z)$ 可微分，则它的全微分为

$$du = \frac{\partial u}{\partial x}dx + \frac{\partial u}{\partial y}dy + \frac{\partial u}{\partial z}dz$$

### 3. 全微分的计算

**例 7.2.10** 计算下列函数的全微分.

（1）$z = x^y$ 在点 $(2,1)$ 处；（2）$z = \sin(x^2 y)$ 在点 $\left(1, \dfrac{\pi}{4}\right)$ 处.

**解**：（1）因为 $f_x(x,y) = yx^{y-1}, f_y(x,y) = x^y \ln x$，所以

$$f_x(2,1) = 1, f_y(2,1) = 2\ln 2,$$

从而所求全微分为

$$dz = dx + 2\ln 2 dy.$$

（2）因为 $f_x(x,y) = 2xy\cos(x^2 y), f_y(x,y) = x^2 \cos(x^2 y)$，所以

$$f_x\left(1, \frac{\pi}{4}\right) = \frac{\sqrt{2}}{4}\pi, f_y\left(1, \frac{\pi}{4}\right) = \frac{\sqrt{2}}{2},$$

则全微分为

$$dz = \frac{\sqrt{2}}{4}\pi dx + \frac{\sqrt{2}}{2} dy.$$

## 习题 7.2

1. 填空题.

（1）设 $z = 3xy^3 - 2x^2 + 4y$，则 $\frac{\partial z}{\partial x} = $ _____，$\frac{\partial z}{\partial y} = $ _____，$\frac{\partial z}{\partial x \partial y} = $ _____，$\frac{\partial^2 z}{\partial y^2} = $ _____.

（2）二元函数可微是偏导数存在 _____ 条件，两个偏导数存在且连续是二元函数可微的 _____ 条件.

（3）设 $u = e^{2x+xy^2}$，则全微分 $du = $ _____.

（4）设 $f(x, y) = \ln\left(x + \frac{y}{2x}\right)$，则 $f_y(1, 0) = $ _____.

（5）设 $f(x, y, z) = x + y + z - \sqrt{x^2 + y^2 + z^2}$，则 $f_y(1, 1, 1) = $ _____.

2. 求下列函数的偏导数及全微分.

（1）$z = x\cos 2y^2$； （2）$z = \ln(x^2 + y^2)$； （3）$z = \frac{y}{x^2 + y^2}$；

（4）$z = \arcsin(x^3 y)$； （5）$u = y^{\frac{x}{z}}$； （6）$z = \frac{e^{xy}}{e^{2x} + e^y}$.

3. 计算下列函数的偏导数及全微分.

（1）设 $f(x, y) = \ln\left(2 + \frac{y^2}{x}\right)$，在点 $(1, 2)$ 处； （2）$z = \frac{2y}{y + \cos x}$，在点 $\left(\frac{\pi}{2}, 1\right)$ 处.

4. 求下列函数的二阶偏导数.

（1）$f(x, y) = \ln(5x^3 + 3y)$； （2）$f(x, y) = x\cos y + e^{xy}$；

（3）$f(x, y) = xy^2 - x^3 + \ln(x^2 + 1)$； （4）$f(x, y) = x\ln(xy)$.

5. 设 $z = xy\sin\frac{y^2}{x^2}$，求 $x\frac{\partial z}{\partial x} + y\frac{\partial z}{\partial y}$.

6. 求 $z = e^{ax}\cos by$ 的二阶偏导.

7. 求下列函数的全微分.

（1）$z = \tan xy + \frac{x}{y}$； （2）$z = 2^{\frac{y}{x}}$； （3）$z = \frac{x}{\sqrt{x^2 + y^2}}$； （4）$u = x^{y^z}$.

8. 设 $z = xy^3 + e^{xy}$，求 $\frac{\partial^2 z}{\partial x^2}$，$\frac{\partial^2 z}{\partial x \partial y}$，$\frac{\partial^2 z}{\partial y \partial x}$，$\frac{\partial^2 z}{\partial y^2}$ 及 $\frac{\partial^3 z}{\partial x^3}$.

9. 求函数 $z = \ln\sqrt{x^2 + y^2 + z^2}$ 的全微分.

10. 验证 $u = z\arctan\frac{x}{y}$ 满足 $\frac{\partial^2 u}{\partial x^2} + \frac{\partial^2 u}{\partial y^2} + \frac{\partial^2 u}{\partial z^2} = 0$.

## 7.3 多元复合函数的求导法则

在一元复合函数的求导，我们采用的是链式法则. 现在将一元复合函数的链式求导法则推广到多元函数中，它在多元复合函数的求导中同样起着重要作用.

## 7.3.1 复合函数中间变量为一元函数复合的情形

**定理 7.3.1** 如果函数 $u = \phi(t)$ 及 $v = \varphi(t)$ 都在点 $t$ 可导，函数 $z = f(u,v)$ 在对应点 $(u,v)$ 具有连续偏导数，则复合函数 $z = f[\phi(t), \varphi(t)]$ 在对应点 $t$ 可导，且其导数可用下列公式计算：

$$\frac{\mathrm{d}z}{\mathrm{d}t} = \frac{\partial z}{\partial u} \cdot \frac{\mathrm{d}u}{\mathrm{d}t} + \frac{\partial z}{\partial v} \cdot \frac{\mathrm{d}v}{\mathrm{d}t} \tag{7.3.1}$$

对于此定理我们不做证明，只用结构图来做一下说明.

公式（7.3.1）的右边是偏导数与导数乘积的和式，它与函数自身的结构有密切的关系 $z$ 是 $u$、$v$ 的二元函数，而 $u$ 和 $v$ 都是 $t$ 的一元函数，我们用函数的结构图来表示，就是

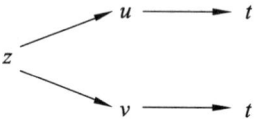

从结构图中可以看出，$z$ 通过中间变量 $u$ 和 $v$ 到达 $t$ 有两条"路径"，而公式（7.3.1）右侧恰好有两式相加，而每条"路径"上都是两项的乘积，是对应的函数的偏导数和导数的乘积.

上面定理的结论可推广到中间变量多于两个的情况. 例如，设由 $z = f(u,v,w)$，$u = \phi(t)$，$v = \varphi(t)$，$w = \omega(t)$ 复合而得复合函数 $z = f[\phi(t), \varphi(t), \omega(t)]$，则在与定理相类似的条件下，求复合函数在点 $t$ 的全导数，函数的结构图为

从函数的结构图中可以看出，由 $z$ 经中间变量 $u$、$v$、$w$ 到达 $t$ 有三条"路径"，因此公式中应该是三项之和，则全导数公式为

$$\frac{\mathrm{d}z}{\mathrm{d}t} = \frac{\partial z}{\partial u} \cdot \frac{\mathrm{d}u}{\mathrm{d}t} + \frac{\partial z}{\partial v} \cdot \frac{\mathrm{d}v}{\mathrm{d}t} + \frac{\partial z}{\partial \omega} \cdot \frac{\mathrm{d}\omega}{\mathrm{d}t} \tag{7.3.2}$$

以上公式中的导数 $\dfrac{\mathrm{d}z}{\mathrm{d}t}$ 称为全导数.

上述定理还可推广到中间变量不是一元函数而是多元函数的情况.

**例 7.3.1** 设 $z = \sin uv$，而 $u = \mathrm{e}^t$，$v = \sqrt{t}$，求 $\dfrac{\mathrm{d}z}{\mathrm{d}t}$.

**解：** $\dfrac{\mathrm{d}z}{\mathrm{d}x} = \dfrac{\partial z}{\partial u} \cdot \dfrac{\mathrm{d}u}{\mathrm{d}t} + \dfrac{\partial z}{\partial v} \cdot \dfrac{\mathrm{d}v}{\mathrm{d}t}$.

$\dfrac{\partial z}{\partial u} = v\cos uv$，$\dfrac{\mathrm{d}u}{\mathrm{d}t} = \mathrm{e}^t$，$\dfrac{\partial z}{\partial v} = u\cos uv$，$\dfrac{\mathrm{d}u}{\mathrm{d}t} = \dfrac{1}{2\sqrt{t}}$.

$\dfrac{\mathrm{d}z}{\mathrm{d}t} = v\mathrm{e}^t\cos uv + u\cos uv \cdot \dfrac{1}{2\sqrt{t}} = \sqrt{t}\mathrm{e}^t\cos\sqrt{t}\mathrm{e}^t + \dfrac{\mathrm{e}^t}{2\sqrt{t}}\cos\sqrt{t}\mathrm{e}^t$.

**例 7.3.2** 设 $z = \arcsin(x-y)$，而 $x = 3t, y = 4t^3$，求 $\dfrac{dz}{dt}$.

**解：** $\dfrac{dz}{dt} = \dfrac{\partial z}{\partial x} \cdot \dfrac{dx}{dt} + \dfrac{\partial z}{\partial y} \cdot \dfrac{dy}{dt} = \dfrac{3}{\sqrt{1-(x-y)^2}} - \dfrac{12t^2}{\sqrt{1-(x-y)^2}} = \dfrac{3(1-4t^2)}{\sqrt{1-(3t-4t^3)^2}}.$

### 7.3.2 复合函数的中间变量为多元函数的情形

**定理 7.3.2** 如果 $u = \phi(x,y)$ 及 $v = \varphi(x,y)$ 都在点 $(x,y)$ 具有对 $x$ 和 $y$ 的偏导数，且函数 $z = f(u,v)$ 在对应点 $(u,v)$ 具有连续偏导数，则复合函数 $z = f[\phi(x,y), \varphi(x,y)]$ 在对应点 $(x,y)$ 的两个偏导数存在，且可用下列公式计算

$$\frac{\partial z}{\partial x} = \frac{\partial z}{\partial u} \cdot \frac{\partial u}{\partial x} + \frac{\partial z}{\partial v} \cdot \frac{\partial v}{\partial x} \tag{7.3.3}$$

$$\frac{\partial z}{\partial y} = \frac{\partial z}{\partial u} \cdot \frac{\partial u}{\partial y} + \frac{\partial z}{\partial v} \cdot \frac{\partial v}{\partial y} \tag{7.3.4}$$

此定理中的复合函数的结构图是

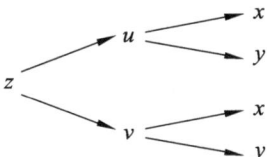

我们可以借助函数结构图，利用前面分析的方法与结论，直接写出式（7.3.3）和式（7.3.4）的求导公式．

类似地可以再推广，设 $u = \phi(x,y), v = \varphi(x,y), w = \omega(x,y)$ 都在点 $(x,y)$ 具有对 $x$ 和 $y$ 的偏导数，复合函数 $z = f[\phi(x,y), \varphi(x,y), \omega(x,y)]$ 在对应点 $(x,y)$ 的两个偏导数存在，且可用下列公式计算

$$\frac{\partial z}{\partial x} = \frac{\partial z}{\partial u} \cdot \frac{\partial u}{\partial x} + \frac{\partial z}{\partial v} \cdot \frac{\partial v}{\partial x} + \frac{\partial z}{\partial \omega} \cdot \frac{\partial \omega}{\partial x} \tag{7.3.5}$$

$$\frac{\partial z}{\partial y} = \frac{\partial z}{\partial u} \cdot \frac{\partial u}{\partial y} + \frac{\partial z}{\partial v} \cdot \frac{\partial v}{\partial y} + \frac{\partial z}{\partial \omega} \cdot \frac{\partial \omega}{\partial y} \tag{7.3.6}$$

**例 7.3.3** 设 $z = u^2 \ln v$，其中 $u = xy^2, v = \dfrac{y}{x}$. 求 $\dfrac{\partial z}{\partial x}$ 及 $\dfrac{\partial z}{\partial y}$.

**解：** 根据复合函数求导规则，有

$$\frac{\partial z}{\partial x} = 2u \cdot y^2 \ln v + u^2 \frac{1}{v}\left(-\frac{y}{x^2}\right) = 2xy^4 \ln \frac{y}{x} + x^2 y^4 \frac{x}{y}\left(-\frac{y}{x^2}\right) = 2xy^4 \ln \frac{y}{x} - xy^4.$$

$$\frac{\partial z}{\partial y} = 4u \cdot xy \ln v + u^2 \frac{1}{v}\left(\frac{1}{x}\right) = 4x^2 y^2 \ln \frac{y}{x} + x^2 y^4 \frac{x}{y}\left(\frac{1}{x}\right) = 4x^2 y^2 \ln \frac{y}{x} + x^2 y^3.$$

### 7.3.3 复合函数的中间变量既有一元函数也有多元函数的情形

**定理 7.3.3** 如果 $u = \phi(x,y)$ 在点 $(x,y)$ 具有对 $x$ 和 $y$ 的偏导数，函数 $v = \varphi(y)$ 在点 $y$ 可导，函数 $z = f(u,v)$ 在对应点 $(u,v)$ 具有连续偏导数，则复合函数 $z = f[\phi(x,y), \varphi(y)]$ 在对应点 $(x,y)$ 的两个偏导数都存在，且有

$$\frac{\partial z}{\partial x} = \frac{\partial z}{\partial u} \cdot \frac{\partial u}{\partial x} \tag{7.3.7}$$

$$\frac{\partial z}{\partial y} = \frac{\partial z}{\partial u} \cdot \frac{\partial u}{\partial y} + \frac{\partial z}{\partial v} \cdot \frac{\mathrm{d}v}{\mathrm{d}y} \tag{7.3.8}$$

上述情形是特例，其中因为 $v = \varphi(y)$ 只是关于 $y$ 的一元函数而与自变量 $x$ 无关，所以 $\frac{\partial v}{\partial x} = 0$；而在 $v = \varphi(y)$ 对 $y$ 求导时，由于是一元函数，故导数形式写成 $\frac{\mathrm{d}v}{\mathrm{d}y}$ 而不是 $\frac{\partial v}{\partial y}$．

该复合函数的结构图为

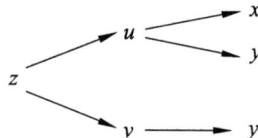

在情形 3 中还会遇到这样的情形：复合函数的某些中间变量本身又是复合函数的自变量．例如

$$z = f(u,x,y)$$

这时可看作情形 2 的特殊情形：$z = f(u,v,w)$，这里 $u = \phi(x,y)$，$v = x$，$w = y$，因此由式（7.3.5）、式（7.3.6）得

$$\frac{\partial z}{\partial x} = \frac{\partial f}{\partial u} \cdot \frac{\partial u}{\partial x} + \frac{\partial f}{\partial x}$$

$$\frac{\partial z}{\partial y} = \frac{\partial f}{\partial u} \cdot \frac{\partial u}{\partial y} + \frac{\partial f}{\partial y}$$

**注意**：这里 $\frac{\partial z}{\partial x}$ 与 $\frac{\partial f}{\partial x}$ 是不同的，$\frac{\partial z}{\partial x}$ 是把复合函数 $z = f[\phi(x,y), x, y]$ 中的 $y$ 看作常量而对 $x$ 的偏导数，$\frac{\partial f}{\partial x}$ 是把 $f(u,x,y)$ 中的 $u$ 及 $y$ 看作常量而对 $x$ 的偏导数．$\frac{\partial z}{\partial y}$ 与 $\frac{\partial f}{\partial y}$ 也有类似的区别．

**例 7.3.4** 设 $z = \mathrm{e}^u \cos v$，而 $u = x^3 y$，$v = y^3$，求 $\frac{\partial z}{\partial x}$ 和 $\frac{\partial z}{\partial y}$．

**解**：$\frac{\partial z}{\partial x} = \frac{\partial z}{\partial u} \cdot \frac{\partial u}{\partial x} = \mathrm{e}^u \cos v \cdot 3x^2 y = 3x^2 y \mathrm{e}^{x^3 y} \cos y^3$．

$\frac{\partial z}{\partial y} = \frac{\partial z}{\partial u} \cdot \frac{\partial u}{\partial y} + \frac{\partial z}{\partial v} \cdot \frac{\partial v}{\partial y} = \mathrm{e}^u \cos v \cdot x^3 - \mathrm{e}^u \sin v \cdot 3y^2 = x^3 \mathrm{e}^{x^3 y} \cos y^3 - 3y^2 \mathrm{e}^{x^3 y} \sin y^3$．

**例 7.3.5** 设 $z = f(x,y,u) = \sin x + \tan y - u^5$，而 $u = 2x - 3y$，求 $\frac{\partial z}{\partial x}$ 和 $\frac{\partial z}{\partial y}$．

**解：** $\dfrac{\partial z}{\partial x} = \dfrac{\partial f}{\partial u} \cdot \dfrac{\partial u}{\partial x} + \dfrac{\partial f}{\partial x} = -5u^4 \cdot 2 + \cos x = \cos x - 10(2x-3y)^4.$

$\dfrac{\partial z}{\partial y} = \dfrac{\partial f}{\partial u} \cdot \dfrac{\partial u}{\partial y} + \dfrac{\partial f}{\partial y} = -5u^4 \cdot (-3) + \sec^2 y = \sec^2 y + 15(2x-3y)^4.$

**例 7.3.6** 设 $w = f(x+y+z, xyz)$，$f$ 具有二阶连续偏导数，求 $\dfrac{\partial w}{\partial x}$ 和 $\dfrac{\partial^2 w}{\partial x \partial z}$.

**解：** 令 $u = x+y+z, v = xyz$，记 $f_1' = \dfrac{\partial f(u,v)}{\partial u}$，$f_{12}'' = \dfrac{\partial^2 f(u,v)}{\partial u \partial v}$，其中下标 1 表示对第一个变量 $u$ 求偏导数，下标 2 表示对第二个变量 $v$ 求偏导数.

同理有 $f_2'$，$f_{11}''$，$f_{22}''$，因此

$$\dfrac{\partial w}{\partial x} = \dfrac{\partial f}{\partial u} \cdot \dfrac{\partial u}{\partial x} + \dfrac{\partial f}{\partial v} \cdot \dfrac{\partial v}{\partial x} = f_1' + yzf_2', \quad \dfrac{\partial^2 w}{\partial x \partial z} = \dfrac{\partial}{\partial z}(f_1' + yzf_2') = \dfrac{\partial f_1'}{\partial z} + yf_2' + yz\dfrac{\partial f_2'}{\partial z}.$$

又

$$\dfrac{\partial f_1'}{\partial z} = \dfrac{\partial f_1'}{\partial u} \cdot \dfrac{\partial u}{\partial z} + \dfrac{\partial f_1'}{\partial v} \cdot \dfrac{\partial v}{\partial z} = f_{11}'' + xyf_{12}'', \quad \dfrac{\partial f_2'}{\partial z} = \dfrac{\partial f_2'}{\partial u} \cdot \dfrac{\partial u}{\partial z} + \dfrac{\partial f_2'}{\partial v} \cdot \dfrac{\partial v}{\partial z} = f_{21}'' + xyf_{22}''.$$

则

$$\dfrac{\partial^2 w}{\partial x \partial z} = f_{11}'' + xyf_{12}'' + yf_2' + yz(f_{21}'' + xyf_{22}'') = f_{11}'' + y(x+z)f_{12}'' + xy^2 z f_{22}'' + yf_2'.$$

### 7.3.4 全微分形式的不变性

设函数 $z = f(u,v)$ 具有连续偏导数，则有全微分

$$\mathrm{d}z = \dfrac{\partial z}{\partial u}\mathrm{d}u + \dfrac{\partial z}{\partial v}\mathrm{d}v$$

若当 $u = \phi(x,y), v = \varphi(x,y)$ 时，有

$$\mathrm{d}z = \dfrac{\partial z}{\partial x}\mathrm{d}x + \dfrac{\partial z}{\partial y}\mathrm{d}y = \left(\dfrac{\partial z}{\partial u} \cdot \dfrac{\partial u}{\partial x} + \dfrac{\partial z}{\partial v} \cdot \dfrac{\partial v}{\partial x}\right)\mathrm{d}x + \left(\dfrac{\partial z}{\partial u} \cdot \dfrac{\partial u}{\partial y} + \dfrac{\partial z}{\partial v} \cdot \dfrac{\partial v}{\partial y}\right)\mathrm{d}y$$

$$= \dfrac{\partial z}{\partial u}\left(\dfrac{\partial u}{\partial x}\mathrm{d}x + \dfrac{\partial u}{\partial y}\mathrm{d}y\right) + \dfrac{\partial z}{\partial v}\left(\dfrac{\partial v}{\partial x}\mathrm{d}x + \dfrac{\partial v}{\partial y}\mathrm{d}y\right) = \dfrac{\partial z}{\partial u}\mathrm{d}u + \dfrac{\partial z}{\partial v}\mathrm{d}v$$

由此可见，无论 $z$ 是自变量 $u,v$ 的函数还是中间变量 $u,v$ 的函数，它的全微分形式是一样的. 这个性质称为全微分形式不变性.

**例 7.3.7** 设 $u = \sin(x^2 + y^2) + \mathrm{e}^{xz}$，求在 $(1,0,1)$ 处的全微分 $\mathrm{d}u$.

**解：** 由一阶微分形式的不变性，有

$$\mathrm{d}u = \cos(x^2+y^2)\mathrm{d}(x^2+y^2) + \mathrm{e}^{xz}\mathrm{d}(xz) = \cos(x^2+y^2)(2x\mathrm{d}x + 2y\mathrm{d}y) + \mathrm{e}^{xz}(z\mathrm{d}x + x\mathrm{d}z).$$

将 $x=1, y=0, z=1$ 代入上式，得

$$\mathrm{d}u = \cos 1 \cdot 2\mathrm{d}x + \mathrm{e}(\mathrm{d}x + \mathrm{d}z) = (2\cos 1 + \mathrm{e})\mathrm{d}x + \mathrm{e}\mathrm{d}z.$$

## 习题 7.3

1. 填空题：

（1）若函数 $z=f(x,y)$ 可微，则所谓一阶全微分形式不变性就是指无论 $x$ 和 $y$ 是_____变量，还是_____变量，恒有_____.

（2）设 $z=uv$，而 $u=xy, v=x-y$，那么 $\dfrac{\partial z}{\partial x}=$ _____，$\dfrac{\partial z}{\partial y}=$ _____.

（3）设 $z=\dfrac{y}{x}$，而 $x=\mathrm{e}^t, y=1-\cos t$，则 $\dfrac{\mathrm{d}z}{\mathrm{d}t}=$ _____.

（4）设 $z=(x^2+y^2)^{x+2y}$，则 $\mathrm{d}z=$ _____.

（5）设 $u=\mathrm{e}^{x^2+y^2+z^2}$，而 $z=x^2\sin y$，则 $\dfrac{\partial u}{\partial x}=$ _____.

2. 下列 $z$ 是 $t$ 的函数，求 $\dfrac{\mathrm{d}z}{\mathrm{d}t}$.

（1）$z=uv^2, u=\sin t, v=\cos t$；

（2）$z=\arccos(x-y^2), x=2t^3, y=t$.

3. 求下列函数的偏导数 $\dfrac{\partial z}{\partial x}$ 和 $\dfrac{\partial z}{\partial y}$.

（1）$z=u\mathrm{e}^v+v\mathrm{e}^u, u=xy, v=x-y$；

（2）$z=\mathrm{e}^u\sin v, u=xy^3, v=x^3+y$；

（3）$z=v\ln u, u=\dfrac{y}{x}, v=xy^2$；

（4）$z=\dfrac{u^2}{v}$，$u=y\mathrm{e}^x$，$v=x\ln y$.

4. 设 $z=f(3x+y^2, \mathrm{e}^{x^3 y})$，且 $f$ 具有一阶连续偏导数，求 $z$ 的一阶偏导数.

5. 设函数 $z=f(u,v,w)=u^2+vw$，而 $u=x+y, v=x^2, w=xy$，求 $\mathrm{d}z$.

6. 设函数 $z=\mathrm{e}^{-x}\sin\dfrac{x}{y}$，求 $\dfrac{\partial^2 z}{\partial x\partial y}\bigg|_{(2,\frac{1}{\pi})}$.

7. 设 $z=f(3x^2-y^3)$，其中函数 $f$ 有二阶连续偏导数，求 $\dfrac{\partial^2 z}{\partial x^2}、\dfrac{\partial^2 z}{\partial y^2}、\dfrac{\partial^2 z}{\partial x\partial y}$.

## 7.4 隐函数的求导公式

在一元微分学中，我们引入了隐函数的概念，从具体方程 $F(x,y)=0$ 出发，应用复合函数求导法求出隐函数导数的方法. 但是，并不是任何一个方程 $F(x,y)=0$ 都能确定 $y$ 是 $x$ 的函数，且使 $y=f(x)$ 可导. 那么，在什么条件下，从方程 $F(x,y)=0$ 中可以确定 $y$ 是 $x$ 的函数？这个函数是否可导？如何来求该导数？这就是我们接下要讨论的问题.

### 7.4.1 $F(x,y)=0$

**定理 7.4.1**（隐函数存在定理） 设函数 $F(x,y)$ 在点 $P(x_0,y_0)$ 的某一邻域内具有连续的偏导数，且 $F(x_0,y_0)=0, F_y(x_0,y_0)\neq 0$，则方程 $F(x,y)=0$ 在点 $P(x_0,y_0)$ 的某一邻域内恒能唯一

确定一个连续且具有连续导数的函数 $y=f(x)$，它满足条件 $y_0=f(x_0)$，并有

$$\frac{dy}{dx}=-\frac{F_x}{F_y} \qquad (7.4.1)$$

这个定理的证明从略. 下面仅从方程 $F(x,y)=0$ 已经确定了具有连续导数的函数 $y=f(x)$ 的假定下，来推导公式（7.4.1）.

将 $y=f(x)$ 代入方程 $F(x,y)=0$ 得恒等式

$$F(x,f(x))=0$$

上式两端看成是 $x$ 的一个复合函数，它的函数结构图为

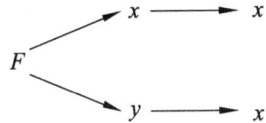

两边取全微分得 $\quad F_x dx+F_y dy=0$.

由于 $F_y$ 连续以及 $F_y(x_0,y_0)\neq 0$，所以存在点 $(x_0,y_0)$ 的一个邻域，在这个邻域内 $F_y\neq 0$，于是得

$$\frac{dy}{dx}=-\frac{F_x}{F_y}$$

如果 $F(x,y)$ 的二阶偏导数也都连续，我们可以把公式（7.4.1）的右端看作 $x$ 的复合函数，再一次求导，就可得二阶导数.

**例 7.4.1** 验证方程 $x^2+y^2-1=0$ 在点 $(0,1)$ 的某邻域内能唯一确定一个可导且 $x=0$ 时 $y=1$ 的隐函数 $y=f(x)$，并求该函数的一阶和二阶导数在 $x=0$ 的值.

**解**：令 $F(x,y)=x^2+y^2-1$，则 $F_x=2x$, $F_y=2y$; $F(0,1)=0$, $F_y(0,1)=2\neq 0$.

依定理知方程 $x^2+y^2-1=0$ 在点 $(0,1)$ 的某邻域内能唯一确定一个可导且 $x=0$ 时 $y=1$ 的函数 $y=f(x)$.

函数的一阶和二阶导数为

$$\frac{dy}{dx}=-\frac{F_x}{F_y}=-\frac{x}{y}, \quad \frac{d^2y}{dx^2}=-\frac{y-xy'}{y^2}=-\frac{y-x\left(-\frac{x}{y}\right)}{y^2}=-\frac{1}{y^3}.$$

因此 $\left.\dfrac{dy}{dx}\right|_{x=0}=0, \left.\dfrac{d^2y}{dx^2}\right|_{x=0}=-1$.

**例 7.4.2** 已知 $xy+x+y=1$，求 $\dfrac{dy}{dx},\dfrac{d^2y}{dx^2}$.

**解**：令 $F(x,y)=xy+x+y-1, F_x(x,y)=y+1, F_y(x,y)=x+1$,

所以 $\qquad \dfrac{dy}{dx}=-\dfrac{F_x(x,y)}{F_y(x,y)}=-\dfrac{y+1}{x+1}$,

$$\frac{d^2y}{dx^2}=\frac{d}{dx}\left(-\frac{y+1}{x+1}\right)=-\frac{y'(x+1)-y}{(x+1)^2}=-\frac{-\frac{y+1}{x+1}(x+1)-y}{(x+1)^2}=\frac{2y+1}{(x+1)^2}.$$

### 7.4.2 $F(x,y,z)=0$

**定理 7.4.2** （隐函数存在定理） 设函数 $F(x,y,z)$ 在点 $P(x_0,y_0,z_0)$ 的某一邻域内有连续的偏导数，且 $F(x_0,y_0,z_0)=0$，$F_z(x_0,y_0,z_0)\neq 0$，则方程 $F(x,y,z)=0$ 在点 $P(x_0,y_0,z_0)$ 的某一邻域内恒能唯一确定一个连续且具有连续偏导数的函数 $z=f(x,y)$，它满足条件 $z_0=f(x_0,y_0)$，并有

$$\frac{\partial z}{\partial x}=-\frac{F_x}{F_z},\quad \frac{\partial z}{\partial y}=-\frac{F_y}{F_z} \tag{7.4.2}$$

这个定理我们不证，与定理 7.4.1 类似，仅就公式（7.4.2）做如下推导.

由于

$$F(x,y,f(x,y))=0$$

上式两端分别对 $x,y$ 求导，应用复合函数求导法则得

$$F_x+F_z\frac{\partial z}{\partial x}=0,\quad F_y+F_z\frac{\partial z}{\partial y}=0$$

由于 $F_z$ 连续，且 $F_z(x_0,y_0,z_0)\neq 0$，所以存在点 $(x_0,y_0,z_0)$ 的一个邻域，在这个邻域内 $F_z\neq 0$，于是得

$$\frac{\partial z}{\partial x}=-\frac{F_x}{F_z},\quad \frac{\partial z}{\partial y}=-\frac{F_y}{F_z}$$

**例 7.4.3** 设 $2\sin(x+2y-3z)=x+2y-3z$，证明 $\frac{\partial z}{\partial x}+\frac{\partial z}{\partial y}=1$.

**解**：设 $F(x,y,z)=2\sin(x+2y-3z)-x-2y+3z$，

则有

$$F_x=2\cos(x+2y-3z)-1,\quad F_y=2\cos(x+2y-3z)\cdot 2-2=2F_x,$$

$$F_z=2\cos(x+2y-3z)\cdot(-3)+3=-3F_x.$$

所以

$$\frac{\partial z}{\partial x}+\frac{\partial z}{\partial y}=-\frac{F_x}{F_z}-\frac{F_y}{F_z}=\frac{1}{3}+\frac{2}{3}=1.$$

**例 7.4.4** 求由方程 $\frac{x}{z}=\ln\frac{z}{y}$ 所确定的隐函数 $z=f(x,y)$ 的偏导数 $\frac{\partial z}{\partial x},\frac{\partial z}{\partial y}$ 及 $\frac{\partial^2 z}{\partial x\partial y}$.

**解**：设 $F(x,y,z)=\frac{x}{z}-\ln\frac{z}{y}$，则 $F(x,y,z)=0$，则

$$F_x=\frac{1}{z},F_y=-\frac{y}{z}\left(-\frac{z}{y^2}\right)=\frac{1}{y},F_z=-\frac{x}{z^2}-\frac{y}{z}\cdot\frac{1}{y}=-\frac{x+z}{z^2}.$$

利用隐函数求导公式，当 $F_z\neq 0$ 时得

$$\frac{\partial z}{\partial x} = -\frac{F_x}{F_z} = \frac{z}{x+z}, \frac{\partial z}{\partial y} = -\frac{F_y}{F_z} = \frac{z^2}{y(x+z)}.$$

$$\frac{\partial^2 z}{\partial x \partial y} = \frac{\partial}{\partial y}\left(\frac{\partial z}{\partial x}\right) = \frac{\partial}{\partial y}\left(\frac{z}{x+z}\right) = \frac{z_y(x+z) - z \cdot z_y}{(x+z)^2} = \frac{x \cdot z_y}{(x+z)^2} = \frac{xz^2}{y(x+z)^3}.$$

**例 7.4.5** 设 $z = f(x+y+z, xyz)$，求 $\dfrac{\partial z}{\partial x} \cdot \dfrac{\partial x}{\partial y} \cdot \dfrac{\partial y}{\partial z} = -1$.

**解**：令 $u = x+y+z, v = xyz$，$F(x,y,z) = z - f(u,v)$.

$$F_x = -(f_u + yzf_v), F_y = -(f_u + xzf_v), F_z = 1 - f_u - xyf_v),$$

故有 
$$\frac{\partial z}{\partial x} = -\frac{F_x}{F_z} = \frac{f_u + yzf_v}{1 - f_u - xyf_v}, \quad \frac{\partial x}{\partial y} = -\frac{F_y}{F_x} = -\frac{f_u + xzf_v}{f_u + yzf_v}, \quad \frac{\partial y}{\partial z} = -\frac{F_z}{F_y} = \frac{1 - f_u - xyf_v}{f_u + xzf_v},$$

所以
$$\frac{\partial z}{\partial x} \cdot \frac{\partial x}{\partial y} \cdot \frac{\partial y}{\partial z} = \frac{f_u + yzf_v}{1 - f_u - xyf_v} \cdot \left(-\frac{f_u + xzf_v}{f_u + yzf_v}\right) \cdot \frac{1 - f_u - xyf_v}{f_u + xzf_v} = -1.$$

## 习题 7.4

1. 设 $y = y(x)$ 由下列方程确定，求 $\dfrac{\mathrm{d}y}{\mathrm{d}x}$.

（1）$y^2 = xe^y - x^3$；

（2）$\cos y + e^x = xy^2$；

（3）$\ln xy = \sin x^3 y - 2022$；

（4）$\arcsin \dfrac{x}{y} = 2^{xy}$.

2. 设 $z = z(x,y)$ 由下列方程确定，求 $\dfrac{\partial z}{\partial x}, \dfrac{\partial z}{\partial y}$.

（1）$x^2 - 2y^3 + z^2 = 2xyz - 22$

（2）$e^z + 4x^2yz = 20$；

（3）$5yz^2 - \ln(xyz) = 0$；

（4）$\sec(xy + 3z) = x - 2z + y$.

3. 设 $y = y(x,z)$ 是由方程 $x^2 + y^2 + z^2 = 3xyz$ 所确定的隐函数，求 $f_x(1,1)$.

4. 设 $y = y(x)$ 由方程 $\arctan \dfrac{x+y}{a} - \dfrac{y}{a} = 0$ 确定，求 $\dfrac{\mathrm{d}y}{\mathrm{d}x} \cdot \dfrac{\mathrm{d}y}{\mathrm{d}x} = \dfrac{a^2}{(x+y)^2}$.

5. 设 $x = x(y,z), y = y(x,z), z = z(x,y)$ 都是由方程 $F(x,y,z) = 0$ 所确定的具有连续偏导数的函数，证明 $\dfrac{\partial x}{\partial y} \cdot \dfrac{\partial y}{\partial z} \cdot \dfrac{\partial z}{\partial x} = -1$.

6. 已知 $z = f(x,y)$ 是由方程 $x^2 + y^2 + z^2 - 2x + 2y - 4z - 5 = 0$ 所确定的隐函数，求 $\dfrac{\partial^2 z}{\partial x^2}, \dfrac{\partial^2 z}{\partial y^2}$.

7. 设 $x^2 + 2y^2 + 3z^2 + xy - z = 0$，当 $x = 1, y = -2, z = 1$ 时，求 $\dfrac{\partial^2 z}{\partial x^2}, \dfrac{\partial^2 z}{\partial x \partial y}, \dfrac{\partial^2 z}{\partial y^2}$ 的值.

8. 设 $F(u,v)$ 有连续偏导数，方程 $F(2x + 3y - 4z, x^2 + y^2 + z^2) = 0$ 确定函数 $z = f(x,y)$，求 $\dfrac{\partial z}{\partial x}, \dfrac{\partial z}{\partial y}$.

# 7.5 多元函数的极值及其求法

与一元函数类似，在研究现实问题时，常常遇到求多元函数的最大值、最小值问题。多元函数的最大值、最小值也与极值有着密切的联系。下面以二元函数为例，我们来研讨多元函数的极值、最值的相关问题。

## 7.5.1 多元函数的极值

**定义 7.5.1** 设函数 $z=f(x,y)$ 在点 $(x_0,y_0)$ 的某邻域内有定义，对于该邻域内异于 $(x_0,y_0)$ 的点 $(x,y)$，若满足不等式 $f(x,y)<f(x_0,y_0)$，则称函数在点 $(x_0,y_0)$ 处有极大值 $f(x_0,y_0)$；若满足不等式 $f(x,y)>f(x_0,y_0)$，则称函数在点 $(x_0,y_0)$ 处有极小值 $f(x_0,y_0)$。极大值、极小值统称为极值，使函数取得极值的点称为极值点。

**例 7.5.1** 函数 $z=2x^2+3y^2$ 在点 $(0,0)$ 处的函数值等于 $0$，而在点 $(0,0)$ 的任一去心邻域内的函数值都大于 $0$，因此，函数 $z=2x^2+3y^2$ 在点 $(0,0)$ 处取得极小值 $0$。从几何图形（见图 7.5.1）上看，点 $(0,0,0)$ 正是椭圆抛物面的最低点。

**例 7.5.2** 函数 $z=-\sqrt{x^2+y^2}$ 在点 $(0,0)$ 处的函数值为 $0$，而在点 $(0,0)$ 的任一去心邻域内的函数值都小于 $0$，因此函数 $z=-\sqrt{x^2+y^2}$ 在点 $(0,0)$ 处取得极大值 $0$。事实上，点 $(0,0,0)$ 就是位于 $xOy$ 面下方的圆锥面的顶点，如图 7.5.2 所示。

**例 7.5.3** 函数 $z=xy$ 在点 $(0,0)$ 处既不取得极大值也不取得极小值，如图 7.5.3 所示。因为在点 $(0,0)$ 处的函数值为 $0$，而在点 $(0,0)$ 的任一去心邻域内总有使函数值为正的点，也总有使函数值为负的点。从几何上看（见图 7.5.3），函数 $z=xy$ 的图形是双曲抛物面，在原点的任一邻域内，曲面既有部分在 $xOy$ 坐标面的上方，也有部分在 $xOy$ 坐标面的下方。

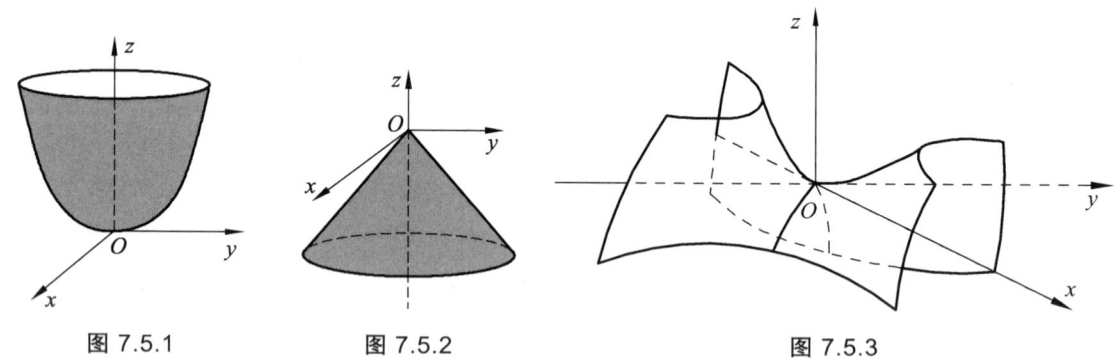

图 7.5.1　　　　图 7.5.2　　　　图 7.5.3

需要注意，像一元函数的情况一样，极值的概念是局部性的，它指的是在一点附近的最大值或最小值，而不是在函数的定义域上或某个区间上的最大值或最小值。

一元函数可以利用导数来处理极值问题，类似地，二元函数的极值问题，一般可以用偏导数来解决。

**定理 7.5.1** （极值的必要条件）　设函数 $z=f(x,y)$ 在点 $(x_0,y_0)$ 具有偏导数，且在点 $(x_0,y_0)$ 处有极值，则它在该点的偏导数必然为零，即

$$f_x(x_0, y_0) = 0, \quad f_y(x_0, y_0) = 0 \tag{7.5.1}$$

**证**：不妨设 $z = f(x, y)$ 在点 $(x_0, y_0)$ 处有极大值，则对于 $(x_0, y_0)$ 的某邻域内任意 $(x, y) \neq (x_0, y_0)$ 都有 $f(x, y) < f(x_0, y_0)$，故当 $y = y_0, x \neq x_0$ 时，也有 $f(x, y_0) < f(x_0, y_0)$。

这说明一元函数 $f(x, y_0)$ 在点 $x = x_0$ 处有极大值，因而必有 $f_x(x_0, y_0) = 0$。类似地可证 $f_y(x_0, y_0) = 0$。

我们还可以推广到三元函数的情况，如果三元函数 $u = f(x, y, z)$ 在点 $P(x_0, y_0, z_0)$ 具有偏导数，则它在点 $P(x_0, y_0, z_0)$ 有极值的必要条件是 $f_x(x_0, y_0, z_0) = 0, \ f_y(x_0, y_0, z_0) = 0, \ f_z(x_0, y_0, z_0) = 0$。

类似一元函数，称使两个一阶偏导数同时为零的点为函数的**驻点**。例如，函数 $z = 2x^2 + 3y^2$ 的驻点为 $(0, 0)$。

定理 7.5.1 表明，在偏导数存在的条件下，函数的极值点一定是函数的驻点。但是，函数的驻点不一定是函数的极值点。例如，函数 $z = xy$，在点 $(0, 0)$ 处的两个偏导数为

$$f_x(0, 0) = y \Big|_{\substack{x=0 \\ y=0}} = 0, \ f_y(0, 0) = x \Big|_{\substack{x=0 \\ y=0}} = 0$$

所以点 $(0, 0)$ 是函数 $z = xy$ 的驻点，但不是极值点。因此，条件 (7.5.1) 只是函数在点 $(x_0, y_0)$ 取得极值的必要条件，而不是充分条件。

应该指出偏导数不存在的点也可能成为极值点。例如，点 $(0, 0)$ 是函数 $z = -\sqrt{x^2 + y^2}$ 的极值点，但该点不是函数的驻点。

由此可见，函数的可能极值点应是驻点或是偏导数不存在的点。

如果偏导数存在，那么如何判定一个驻点是否为极值点呢？来看下面这个定理。

**定理 7.5.2**　（充分条件）　设函数 $z = f(x, y)$ 在点 $(x_0, y_0)$ 的某邻域内连续，且有一阶及二阶连续偏导数，又 $\begin{cases} f_x(x_0, y_0) = 0 \\ f_y(x_0, y_0) = 0 \end{cases}$，令 $f_{xx}(x_0, y_0) = A, \quad f_{xy}(x_0, y_0) = B, \quad f_{yy}(x_0, y_0) = C$，则 $f(x, y)$ 在点 $(x_0, y_0)$ 处是否取得极值的条件如下：

（1）$B^2 - AC < 0$ 时具有极值：当 $A < 0$ 时有极大值，当 $A > 0$ 时有极小值；

（2）$B^2 - AC > 0$ 时没有极值；

（3）$B^2 - AC = 0$ 时可能有极值，也可能没有极值，还需另作讨论。

根据定理 7.5.1 与定理 7.5.2，对于具有二阶连续偏导数的二元函数 $z = f(x, y)$，求其极值的步骤叙述如下：

第一步，解方程组 $\begin{cases} f_x(x, y) = 0 \\ f_y(x, y) = 0 \end{cases}$，求出函数 $f(x, y)$ 的全部驻点；

第二步，对于每一个驻点 $(x_0, y_0)$，求出二阶偏导数的值 $A, B, C$；

第三步，定出 $B^2 - AC$ 的符号，再根据定理 7.5.2 判定是否是极值。

**例 7.5.4**　求 $f(x, y) = \dfrac{1}{3}(x^3 + y^3) + xy$ 的驻点，并判别它们是否是极值点。

**解**：先解方程

$$\begin{cases} f_x(x, y) = x^2 + y = 0 \\ f_y(x, y) = y^2 + x = 0 \end{cases}$$

得驻点为 $(0, 0)$ 及 $(-1, -1)$，由定理可得

在 $(0,0)$ 点，$A = C = 0, B = 1, B^2 - AC > 0$. 可见 $(0,0)$ 不是极值点.

在 $(-1,-1)$ 点，$A = C = -2, B = 1, B^2 - AC < 0, A < 0$. 可见 $(-1,-1)$ 为极大值点.

**例 7.5.5** 求由方程 $x^2 + y^2 + z^2 - 2x + 2y - 4z - 10 = 0$ 确定的函数 $z = f(x,y)$ 的极值.

**解**：先求出偏导数得：$f_x(x,y) = -\dfrac{x-1}{z-2}$，$f_y(x,y) = -\dfrac{y+1}{z-2}$，

$$f''_{xx}(x,y) = -\dfrac{(z-2)^2 + (x-1)^2}{(z-2)^3}, \quad f''_{xy}(x,y) = \dfrac{(x-1)(y+1)}{(z-2)^3}, \quad f''_{yy}(x,y) = -\dfrac{(z-2)^2 + (y+1)^2}{(z-2)^3}.$$

再解方程组

$$\begin{cases} f_x = -\dfrac{x-1}{z-2} = 0 \\ f_y = -\dfrac{y+1}{z-2} = 0 \end{cases},$$

得驻点为 $M(1,-1)$. 代入二阶偏导数可得

$$A = f''_{xx}|_M = \dfrac{1}{2-z}, \quad B = f''_{xy}|_M = 0, \quad C = f''_{yy}|_M = \dfrac{1}{2-z}.$$

故 $B^2 - AC = -\dfrac{1}{(2-z)^2} < 0 \ (z \neq 2)$，所以函数在点 $M$ 有极值.

将 $P(1,-1)$ 代入原方程，有 $z_1 = -2, z_2 = 6$. 当 $z_1 = -2$ 时，$A = \dfrac{1}{4} > 0$，所以 $z = f(1,-1) = -2$ 为极小值；当 $z_2 = 6$ 时，$A = -\dfrac{1}{4} < 0$，所以 $z = f(1,-1) = 6$ 为极大值.

该曲面方程是一个以 $(1,-1,2)$ 为球心、4 为半径的球面.

**例 7.5.6** 求 $z = xy(a - x - y)(a \neq 0)$ 的极值.

**解**：令 $\begin{cases} \dfrac{\partial z}{\partial x} = y(a - x - y) + xy \cdot (-1) = y(a - 2x - y) = 0, \\ \dfrac{\partial z}{\partial y} = x(a - x - y) + xy \cdot (-1) = x(a - x - 2y) = 0, \end{cases}$ 得驻点 $(0,0), (a,0), (0,a), \left(\dfrac{a}{3}, \dfrac{a}{3}\right)$.

又 $\dfrac{\partial^2 z}{\partial x^2} = -2y, \dfrac{\partial^2 z}{\partial y^2} = -2x, \dfrac{\partial^2 z}{\partial x \partial y} = a - 2x - 2y$，

对于点 $(0,0), (a,0), (0,a), P(0,0) = P(a,0) = P(0,a) = a^2 > 0$，故都不是极值点.

对于点 $\left(\dfrac{a}{3}, \dfrac{a}{3}\right), P\left(\dfrac{a}{3}, \dfrac{a}{3}\right) = \left(-\dfrac{a}{3}\right)^2 - \left(-\dfrac{2a}{3}\right)\left(-\dfrac{2a}{3}\right) = -\dfrac{a^2}{3} < 0$，

当 $a > 0$ 时，$\dfrac{\partial^2 z}{\partial x^2}\bigg|_{x = \frac{a}{3}} = -\dfrac{2a}{3} < 0$，故此时函数有极大值 $z\big|_{\substack{x = \frac{a}{3} \\ y = \frac{a}{3}}} = \dfrac{a^3}{27}$；

当 $a < 0$ 时，$\dfrac{\partial^2 z}{\partial x^2}\bigg|_{x = \frac{a}{3}} = -\dfrac{2a}{3} > 0$，故此时函数有极小值 $z\big|_{\substack{x = \frac{a}{3} \\ y = \frac{a}{3}}} = \dfrac{a^3}{27}$.

### 7.5.2 二元函数的最值

与一元函数类似，如果函数 $z = f(x,y)$ 在闭区域上连续，那么它在闭区域上一定有最大值和最小值。函数最大值和最小值的求法，也可以利用函数的极值来求。求函数 $f(x,y)$ 的最大值和最小值的一般步骤如下：

（1）求函数 $f(x,y)$ 在 $D$ 内所有驻点处的函数值。

（2）求 $f(x,y)$ 在 $D$ 的边界上的最大值和最小值。

（3）将前两步得到的所有函数值进行比较，其中最大者即为最大值，最小者即为最小值。

**例 7.5.7** 求函数 $z = 2x^2 + 3y^2 + 4x - 8$ 在闭域 $D: x^2 + y^2 \leqslant 4$ 上的最大值和最小值。

**解**：由 $\begin{cases} z_x = 4x + 4 = 0 \\ z_y = 6y = 0 \end{cases}$ 得 $D$ 内驻点 $(-1, 0)$ 且 $z(-1, 0) = -10$。

在边界 $x^2 + y^2 = 4$ 上，$z_1 = -x^2 + 4x + 4 (-2 \leqslant x \leqslant 2)$，$z_1' = -2x + 4 \geqslant 0$，$z_1(-2) = -8$，$z_1(2) = 8$。

比较后可知，函数 $z$ 在点 $(-1, 0)$ 处取最小值 $z(-1, 0) = -10$，在点 $(2, 0)$ 处取最大值 $z(2, 0) = 8$。

**例 7.5.8** 求 $z = \dfrac{x+y}{x^2 + y^2 + 1}$ 的最大值和最小值。

**解**：由 $z_x = \dfrac{(x^2 + y^2 + 1) - 2x(x+y)}{(x^2 + y^2 + 1)^2} = 0$，$z_y = \dfrac{(x^2 + y^2 + 1) - 2y(x+y)}{(x^2 + y^2 + 1)^2} = 0$，

得驻点 $\left(\dfrac{1}{\sqrt{2}}, \dfrac{1}{\sqrt{2}}\right)$ 和 $\left(-\dfrac{1}{\sqrt{2}}, -\dfrac{1}{\sqrt{2}}\right)$。

因为 $\lim\limits_{\substack{x \to \infty \\ y \to \infty}} \dfrac{x+y}{x^2 + y^2 + 1} = 0$，即边界上的值为零，所以

$$z\left(\dfrac{1}{\sqrt{2}}, \dfrac{1}{\sqrt{2}}\right) = \dfrac{1}{\sqrt{2}}, \quad z\left(-\dfrac{1}{\sqrt{2}}, -\dfrac{1}{\sqrt{2}}\right) = -\dfrac{1}{\sqrt{2}}.$$

因此最大值为 $\dfrac{1}{\sqrt{2}}$，最小值为 $-\dfrac{1}{\sqrt{2}}$。

**例 7.5.9** 某厂要用铁板做成一个体积为 2 m³ 的有盖长方体水箱。问当长、宽、高各取怎样的尺寸时，才能使用料最省。

**解**：设水箱的长为 $x$ m，宽为 $y$ m，则其高应为 $\dfrac{2}{xy}$ m。此水箱所用材料的面积为

$$A = 2\left(xy + y \cdot \dfrac{2}{xy} + x \cdot \dfrac{2}{xy}\right) = 2\left(xy + \dfrac{2}{x} + \dfrac{2}{y}\right) (x > 0, y > 0).$$

此为目标函数。下面求使这函数取得最小值的点 $(x, y)$。

令 $A_x = 2\left(y - \dfrac{2}{x^2}\right) = 0$，$A_y = 2\left(x - \dfrac{2}{y^2}\right) = 0$，解这方程组，得唯一的驻点 $x = \sqrt[3]{2}$，$y = \sqrt[3]{2}$。根据题意可断定，该驻点即为所求最小值点。

因此，当水箱的长为 $\sqrt[3]{2}$ m、宽为 $\sqrt[3]{2}$ m、高为 $\sqrt[3]{2}$ m 时，水箱所用的材料最省。

### 7.5.3 条件极值——拉格朗日乘数法

前面在讨论函数极值问题时，函数的自变量只要求在定义域内取值，此外再无其他限制，

这种极值称为**无条件极值**. 但在很多实际问题中，求函数的极值会遇到对函数的自变量还需要附加约束条件. 对自变量附加有约束条件的极值称为**条件极值**.

下面讨论目标函数 $z = f(x,y)$ 在约束条件 $\varphi(x,y) = 0$ 下求极值的方法.

在某些时候，条件极值可化为无条件极值来求解. 即只要从约束条件 $\varphi(x,y)=0$ 中解出 $x = x(y)$ 或 $y = y(x)$，并将它代入目标函数 $z = f(x,y)$ 即可变为一元函数 $z = f(x, y(x))$ 或 $z = f(x(y), y)$，此时问题就转化为求相应一元函数的极值问题，也即无条件极值问题.

但在很多情况下，将条件极值转化为无条件极值很复杂. 下面我们介绍一种直接求条件极值的方法，这种方法称为拉格朗日乘数法.

拉格朗日乘数法：要找目标函数 $z = f(x,y)$ 在约束条件 $\varphi(x,y) = 0$ 下的可能极值点：

（1）先构造函数 $L(x, y, \lambda) = f(x,y) + \lambda \varphi(x,y)$，其中 $\lambda$ 为某一常数；

（2）再由

$$\begin{cases} L_x = f_x(x,y) + \lambda \varphi_x(x,y) = 0 \\ L_y = f_y(x,y) + \lambda \varphi_y(x,y) = 0 \\ L_\lambda = \varphi(x,y) = 0 \end{cases}$$

解出 $x, y, \lambda$，其中 $x, y$ 就是可能的极值点的坐标.

拉格朗日乘数法可推广到自变量多于两个的情况：要找函数 $u = f(x,y,z)$ 在条件 $\varphi(x,y,z) = 0, \phi(x,y,z) = 0$ 下的极值，先构造函数

$$L(x,y,z) = f(x,y,z) + \lambda_1 \varphi(x,y,z) + \lambda_2 \phi(x,y,z)$$

其中 $\lambda_1, \lambda_2$ 均为常数，可由偏导数为零及条件解出 $x, y, z$，即得极值点的坐标.

**例 7.5.10** 从斜边之长为 $l$ 的一切直角三角形中，求有最大周长的直角三角形.

**解**：设直角三角形两直角边的长分别为 $x$ 和 $y$，则其周长 $s = x + y + l (0 < x < l, 0 < y < l)$，限制条件是 $x^2 + y^2 = l^2$. 令 $F(x,y) = x + y + l + \lambda(x^2 + y^2 - l^2)$，求其对 $x, y$ 的偏导数，并使之为零，再结合限制条件，得

$$\begin{cases} 1 + 2\lambda x = 0 \\ 1 + 2\lambda y = 0 \\ x^2 + y^2 - l^2 = 0 \end{cases},$$

解得

$$x = \frac{l}{\sqrt{2}}, y = \frac{l}{\sqrt{2}}.$$

$\left(\dfrac{l}{\sqrt{2}}, \dfrac{l}{\sqrt{2}}\right)$ 是唯一驻点. 由实际问题可知，它就是最大值点，也就是说，周长最大者为等腰直角三角形.

### 7.5.4 二元函数的经济应用

**1. 求经济函数**

**例 7.5.11** 某超市销售甲、乙两种商品，其进货成本分别为 2 元和 1.5 元，售价分别为 $x$ 元和 $y$ 元，甲商品的需求函数为 $Q_1 = 6500(y - x)$，乙商品的需求函数为 $Q_2 = 80000 + 4000(x - 2y)$. 求利润函数 $L(x,y)$.

**解**：总成本为
$$C = 2\times Q_1 + 1.5\times Q_2 = 13000(y-x) + 1.5[80000 + 4000(x-2y)]$$
$$= 25000y - 7000x + 120000,$$

总收入为
$$R = 6500(y-x)x + [80000 + 4000(x-2y)]y$$
$$= 10500xy - 6500x^2 - 8000y^2 + 80000y,$$

因此，总利润为 $L(x,y) = R - C = 100(-65x^2 - 80y^2 + 550y + 70x + 105xy - 1200).$

### 2. 求最值（优）

**例 7.5.12** 某服装厂生产的一种衬衣同时在 A、B 两座城市销售，售价分别为 $P_1$ 和 $P_2$，销售量分别为 $Q_1$ 和 $Q_2$，需求函数分别为 $Q_1 = 24 - 0.2P_1, Q_2 = 10 - 0.05P_2$，总成本函数为 $C = 35 + 40(Q_1 + Q_2)$。试求：厂家如何确定两个市场的产品售价，才能使其获得的总利润最大？最大总利润是多少？

**解**：由已知条件，服装厂的总收入为
$$R = P_1 Q_1 + P_2 Q_2 = 24P_1 - 0.2P_1^2 + 10P_2 - 0.05P_2^2,$$

总利润函数为
$$L = R - C = 32P_1 - 0.2P_1^2 + 12P_2 - 0.05P_2^2 - 1395,$$

于是有
$$\frac{\partial L}{\partial P_1} = 32 - 0.4P_1, \frac{\partial L}{\partial P_2} = 12 - 0.1P_2,$$

令 $\frac{\partial L}{\partial P_1} = 0, \frac{\partial L}{\partial P_2} = 0$，得驻点 $P_1 = 80, P_2 = 120$，又 $\frac{\partial^2 L}{\partial P_1^2} = -0.4 < 0, \frac{\partial^2 L}{\partial P_1 \partial P_2} = 0, \frac{\partial^2 L}{\partial P_2^2} = -0.1$，
$$P(80,120) = B^2 - AC = 0 - (-0.4)(-0.1) = -0.04 < 0.$$

所以，在 $P_1 = 80, P_2 = 120$ 时，可获极大值，也是最大值，故最大总利润 605.

**例 7.5.13** 问智公司调查发现，销售收入 $R$(元)与花费在自媒体和平面媒体两种广告宣传上的费用 $x, y$(万元)之间的关系为
$$R = \frac{200x}{x+5} + \frac{100y}{10+y}$$

而利润额只相当于 $\frac{1}{5}$ 的销售收入，并要扣除广告费用。已知广告费用总预算金是 25 万元，试问如何分配两种广告费用能使得利润最大？最大利润是多少？

**解**：设利润为 $f(x,y)$，则有目标函数
$$f(x,y) = \frac{1}{5}R - x - y = \frac{40x}{x+5} + \frac{20y}{10+y} - x - y,$$

在约束条件 $x + y = 25$ 下求最大利润。

这是条件极值问题，构造拉格朗日函数
$$L(x,y) = \frac{40x}{x+5} + \frac{20y}{10+y} - x - y + \lambda(x+y-25).$$

解方程组 $\begin{cases} L_x = \dfrac{200}{(x+5)^2} - 1 + \lambda = 0 \\ L_y = \dfrac{200}{(10+y)^2} - 1 + \lambda = 0 \\ L_\lambda = x + y - 25 = 0 \end{cases}$，解得 $\begin{cases} x = 15 \\ y = 10 \end{cases}$.

根据问题本身的实际意义及驻点的唯一性可知，当投入两种广告的费用分别为 15 万元和 10 万元时，可使利润达到最大 15 万元.

## 习题 7.5

1. 填空题.

（1）函数 $z = f(x,y)$ 在点 $(x_0, y_0)$ 可微，且在点 $(x_0, y_0)$ 处有极值的必要条件是_____.

（2）函数 $z = f(x,y)$ 在点 $(x_0, y_0)$ 的某邻域内连续，且有一阶及二阶连续偏导数，又 $\begin{cases} f_x(x_0,y_0) = 0, \\ f_y(x_0,y_0) = 0, \end{cases}$ 令 $f_{xx}(x_0,y_0) = A$，$f_{xy}(x_0,y_0) = B$，$f_{yy}(x_0,y_0) = C$，则_____时具有极值；当_____时有极大值，当_____时有极小值.

（3）函数 $z = x^2 + y^2 - \dfrac{2}{3}x^3 y$ 的驻点为_____.

（4）若函数 $f(x,y) = x^2 + 2xy + 2y^2 + 4x + 2y - 5$ 有驻点 $M_0(-3,1)$ 且 $A = f''_{xx}\big|_{M_0} = $ _____，$B = f''_{xy}\big|_{M_0} = $ _____，$C = f''_{yy}\big|_{M_0} = $ _____ $B^2 - AC = $ ____，则函数 $f(x,y)$ 在 $M_0$ 有_____值.

（5）原点 $(0,0)$ 是函数 $f(x,y) = \sqrt{x^2 + y^2}$ 的_____（驻点/极值点）点.

（6）函数 $z = x^2 + y^2$ 在条件：$x + y = 1$ 下的极值为_____.

（7）函数 $z = x^2 + y^2 - xy$ 在区域 $D = \{(x,y) | 0 \leq x \leq 1, 0 \leq y \leq 1\}$ 上的最大值为_____；最小值为_____.

2. 求下列函数的极值和极值点.

（1）$z = 3x^2 y + y^3 - 3x^2 - 3y^2 + 2$；　　　（2）$z = x^3 + 3xy^2 - 15x - 12y$；

（3）$z = x^3 - 4x^2 + 2xy - y^2 + 3$；　　　（4）$z = y^3 - x^2 + 6x + 3 - 12y$.

3. 求二元函数 $f(x,y) = x^2 y(4 - x - y)$ 在直线 $x + y = 6$，$x$ 轴和 $y$ 轴所围成的区域 $D$ 上的最大值和最小值.

4. 确定函数 $z = 3x + 4y$ 在 $x^2 + y^2 = 1$ 时最大值及最小值.

5. 求下列函数的极值和极值点.

（1）$z = e^{2x}(x + y^2 + 2y)$；　　　（2）$z = x^3 y^2 (6 - x - y)(x > 0, y > 0)$；

（3）$z = e^{x-y}(x^2 - 2y^2)$；　　　（4）$z = x^2(2 + y^2) + y \ln y$.

6. 设函数 $z = z(x,y)$ 由方程 $x^2 - 6xy + 10y^2 - 2yz - z^2 + 18 = 0$ 确定，求函数 $z = z(x,y)$ 的极值.

7. 求函数 $z = \sqrt{x} + \sqrt{y}$ 在约束条件 $x + y = 1$ 下的极大值.

8. 求函数 $z = 2x^2 + 3y^2 + 4x - 8$ 在闭域 $D: x^2 + y^2 \leq 4$ 上的最大值和最小值.

9. 要建造一容积等于 24 m³ 的长方体无盖水池，应如何选择水池的尺寸，方可使它的表面积最小.

10. 设生产某种产品的数量与所用两种原料 $A$、$B$ 的数量 $x$、$y$ 间有关系式 $P(x,y) = 0.005x^2y$. 欲用 150 元购料，已知 $A$、$B$ 原料的单价分别为 1 元、2 元，问购进两种原料各多少，可使生产的产品数量最多？

11. 某公司通过网络及报纸做某商品的销售广告，据统计销售收入 $R$（万元）与网络广告费 $x_1$（万元）及报纸广告费 $x_2$（万元）的函数关系为

$$R(x_1, x_2) = 15 + 14x_1 + 32x_2 - 8x_1x_2 - 2x_1^2 - 10x_2^2$$

试求（1）在不限广告费时的最优广告策略；

（2）在仅用 1.5 万元做广告费用时的最优广告策略.

# 复习题 7

## 一、选择题

1. 函数 $z = \sqrt{5 - x^2 - y^2} \ln(x^2 + y^2 - 3)$ 的定义域为（　　）.
   A. $D = \{(x,y) | 1 < x^2 + y^2 < 4\}$
   B. $D = \{(x,y) | 0 < x^2 + y^2 \leq 4\}$
   C. $D = \{(x,y) | 3 < x^2 + y^2 \leq 5\}$
   D. $D = \{(x,y) | 2 < x^2 + y^2 \leq 5\}$

2. 已知 $z = 5x + 3y^2$，则 $z(1,2) = ($　　$)$.
   A. 10　　　　B. 14　　　　C. 15　　　　D. 17

3. $\lim\limits_{\substack{x \to 0 \\ y \to 0}} \dfrac{2xy}{\sqrt{xy+4}-2} = ($　　$)$.
   A. 8　　　　B. 7　　　　C. 6　　　　D. 5

4. 设 $f(xy, x-y) = (x+y)^2$，则 $f(x,y) = ($　　$)$.
   A. 0　　　　B. $y^2 + 4x$　　　　C. $xy^2 + 2x$　　　　D. $xy + x - y$

5. 设 $f(x,y)$ 在点 $(x_0, y_0)$ 处有偏导数存在，则 $\lim\limits_{h \to 0} \dfrac{f(x_0 + 2h, y_0) - f(x_0 - h, y_0)}{h} = ($　　$)$.
   A. 0　　　　B. $f'_x(x_0, y_0)$　　　　C. $2f'_x(x_0, y_0)$　　　　D. $3f'_x(x_0, y_0)$

6. 设 $u = e^x \sin xy$，则 $\left.\dfrac{\partial u}{\partial x}\right|_{(0,1)} = ($　　$)$, $\left.\dfrac{\partial u}{\partial y}\right|_{(1,0)} = ($　　$)$.
   A. 1　　　　B. e　　　　C. 2　　　　D. $e^2$

7. 设 $u = \sqrt{xy}$，则 $\left.\dfrac{\partial u}{\partial x}\right|_{(0,0)} = ($　　$)$.
   A. 2　　　　B. 不存在　　　　C. 3　　　　D. 0

8. $\lim\limits_{(x,y) \to (0,0)} \dfrac{1 - \cos(x^2 + y^2)}{(x^2 + y^2)e^{xy}} = ($　　$)$.
   A. 1　　　　B. 2　　　　C. 0　　　　D. 4

9. 已知 $z = \ln u, u = \sqrt{x} + \sqrt{y}$，则 $x\dfrac{\partial z}{\partial x} + y\dfrac{\partial z}{\partial y} = $（  ）.

   A. 1  B. $\sqrt{x} + \sqrt{y}$  C. $\dfrac{1}{2}$  D. 以上结论都不对

10. 设 $z = x^8 e^y$，则 $\dfrac{\partial^2 z}{\partial x^2} = $（  ）.

    A. $5x^2 e^y$  B. $56x^8 e^y$  C. $x^6 e^y$  D. $56x^6 e^y$

11. 设 $f(x,y) = \begin{cases} \dfrac{x^2 - y^2}{x^2 + y^2}, & x^2 + y^2 \neq 0, \\ 0, & x^2 + y^2 = 0, \end{cases}$ 则函数 $f(x,y)$ 在 $(0,0)$ 处（  ）.

    A. 可微  B. 偏导数不存在  C. 连续  D. 无极限

12. $z = f(x,y)$ 偏导数存在是 $z = f(x,y)$ 可微的（  ）.

    A. 充分条件  B. 必要条件  C. 充分必要条件  D. 无关条件

13. 设函数 $f(x,y) = \begin{cases} xy \sin \dfrac{1}{\sqrt{x^2 + y^2}}, & (x,y) \neq (0,0), \\ 0, & (x,y) = (0,0), \end{cases}$ 则 $f(x,y)$ 在 $(0,0)$ 点处（  ）.

    A. 不可微  B. 偏导数存在且连续
    C. 偏导数不存在  D. 可微

14. 函数 $z = e^{x^2 y}$ 在点 $(1,1)$ 的全微 $dz = $（  ）.

    A. $e^2(dx + dy)$  B. $e^{xy}(dx + dy)$  C. $e(2dx + dy)$  D. $dx + dy$

15. 若函数 $F(x,y,z) = 0$ 可分解出 $x = f(y,z), y = g(z,x), z = h(x,y)$，则下列各式错误的是（  ）.

    A. $F_x' dx + F_y' dy + F_z' dz = 0$  B. $\dfrac{\partial F}{\partial x} = \dfrac{\partial F}{\partial y} = \dfrac{\partial F}{\partial z}$

    C. $\dfrac{\partial z}{\partial x} \times \dfrac{\partial x}{\partial y} \times \dfrac{\partial y}{\partial z} = -1$  D. $\left(\dfrac{\partial z}{\partial x} \times \dfrac{\partial x}{\partial y} \times \dfrac{\partial y}{\partial z}\right)^2 = 1$

16. 已知 $f(x+y, x-y) = x^2 + y^2$，则 $\dfrac{\partial f(x,y)}{\partial x} + \dfrac{\partial f(x,y)}{\partial y} = $（  ）.

    A. $2x - 2y$  B. $2x + 2y$  C. $x + y$  D. $x - y$

17. 设函数 $z = 2x^2 - 3y^2$，则（  ）.

    A. 函数 $z$ 在点 $(0,0)$ 处取得极大值
    B. 函数 $z$ 在点 $(0,0)$ 处取得极小值
    C. 点 $(0,0)$ 非函数 $z$ 的极值点
    D. 点 $(0,0)$ 是函数 $z$ 的最大值点或最小值点，但不是极值点

18. 设 $z = f(x,v), v = v(x,y)$，其中 $f, v$ 具有二阶连续偏导数，则 $\dfrac{\partial^2 z}{\partial y^2} = $（  ）.

    A. $\dfrac{\partial^2 f}{\partial v \partial y} \cdot \dfrac{\partial v}{\partial y} + \dfrac{\partial f}{\partial v} \cdot \dfrac{\partial^2 v}{\partial y^2}$  B. $\dfrac{\partial f}{\partial v} \cdot \dfrac{\partial^2 v}{\partial y^2}$

    C. $\dfrac{\partial^2 f}{\partial v^2}\left(\dfrac{\partial v}{\partial y}\right)^2 + \dfrac{\partial f}{\partial v} \cdot \dfrac{\partial^2 v}{\partial y^2}$  D. $\dfrac{\partial^2 f}{\partial v^2} \cdot \dfrac{\partial v}{\partial y} + \dfrac{\partial f}{\partial v} \cdot \dfrac{\partial^2 v}{\partial y^2}$

19. 对于函数 $z = 5\sqrt{x^2+y^2}$，原点 $(0,0)$ 是（　　）.
   A. 驻点且为极值点　　　　　　　　B. 驻点但非极值点
   C. 非驻点但为极大值点　　　　　　D. 非驻点但为极小值点

20. 函数 $u = xyz$ 满足 $x+y+z=12$ 且 $x,y,z$ 均为正整数的最大值是（　　）.
   A. 64　　　　　　B. 65　　　　　　C. 66　　　　　　D. 63

## 二、填空题

1. 函数 $u = \dfrac{x-y}{\sqrt{xy-1}}$ 的定义域为_____.

2. 若函数 $z = 2x^2 + 2y^2 + 3xy + ax + by + c$ 在点 $(-2,3)$ 处取得极小值 $-3$，则常数 $a,b,c$ 之积 $abc = $ _____.

3. 极限 $\lim\limits_{\substack{x \to 1 \\ y \to 0}} \dfrac{\ln(x+e^y)}{\arctan\sqrt{x^2+y^2}} = $ _____.

4. 设 $z(x,y) = \operatorname{arccot} \dfrac{x^3-y^3}{x+y}$，则 $\left.\dfrac{\partial z}{\partial y}\right|_{\substack{x=1 \\ y=0}} = $ _____.

6. 设 $z = \ln\left(1+\dfrac{x}{y}\right)$ 则 $\mathrm{d}z\big|_{(1,2)} = $ _____.

7. 设函数 $u = (xyz)^2 + f(e^{xyz})$，其中 $f$ 可微，则 $\mathrm{d}u = $ _____.

8. 设 $u = f(x, xy, xyz)$，$f$ 可微，则 $\dfrac{\partial u}{\partial x} = $ _____.

9. 设 $x^2+y^2+z^2 = xf\left(\dfrac{z}{y}\right)$，$f$ 连续可导，则 $\mathrm{d}z = $ _____.

10. 设 $f(x,y) = xy(a-x-y)(a>0)$，则 $f(x,y)$ 的驻点为_____，极大值点为_____极小值点为_____.

## 三、解答题

1. 求二元函数 $z = \sqrt{\ln\dfrac{4}{x^2+y^2}} + \arcsin\dfrac{1}{x^2+y^2}$ 的定义域.

2. 求下列函数的一阶偏导数及全微分.
   （1）$z = \arccos\dfrac{x}{\sqrt{x^2+y^2}}$；
   （2）$z = (1+xy)^x$；
   （3）$u = e^x \sin xy$；
   （4）$z = x^y$；
   （5）$u = (x+2y+3z)^2$；
   （6）$z = (1+x)^{xy}$；
   （7）$u = f(x, xy, xyz), z = \phi(x,y)$；
   （8）$f(u,v)$ 可微，$z = f\left(\dfrac{x}{y}, xy\right)$；
   （9）$f(x,y) = \begin{cases} \dfrac{x^2 y}{x^2+y^2}, & x^2+y^2 \neq 0 \\ 0, & x^2+y^2 = 0 \end{cases}$；
   （10）$z = \arctan(xy) + 2x^2 + y$.

3. 讨论函数 $z = \dfrac{x+y}{x^3+y^3}$ 的连续性，并指出其间断点的类型.

4. 设 $z = \dfrac{x^2}{y^2}\ln(2x-y)$，求 $\dfrac{\partial z}{\partial x}$，$\dfrac{\partial z}{\partial y}$.

5. 求由方程 $x\cos y + y\cos z + z\cos x = a$ 所确定的函数 $z = f(x,y)$ 的全微分.

6. 设函数 $f(u,v)$ 可微，$z = f(xy, x-y)$，$x = \sin t$，$y = t^2$，求 $\dfrac{\mathrm{d}z}{\mathrm{d}t}$.

7. 设 $x^2 + y^2 + z^2 - 4z = 0$，求 $\dfrac{\partial^2 z}{\partial x^2}$.

8. 设 $z^3 - 3xyz = a^3$，求 $\dfrac{\partial^2 z}{\partial x \partial y}$.

9. 设 $z = (u, x, y)$，$u = x\mathrm{e}^y$，其中 $f$ 具有连续的二阶偏导数，求 $\dfrac{\partial^2 z}{\partial x \partial y}$.

10. 设 $z = f\left(2x+3y, \dfrac{x}{y}\right)$，其中 $f$ 二阶可微，求 $\dfrac{\partial^2 z}{\partial x \partial y}$.

11. 设 $z = f[\ln(x^2 + y^2)]$，其中 $f$ 二阶可微，求 $\dfrac{\partial^2 z}{\partial x \partial y}$.

12. 设 $u = f\left(\dfrac{x}{y}, \dfrac{y}{z}\right)$，其中 $f$ 二阶可微，求 $\dfrac{\partial^2 u}{\partial x^2}, \dfrac{\partial^2 u}{\partial x \partial z}, \dfrac{\partial^2 u}{\partial y^2}$.

13. 已知 $f(x+mz, y+nz) = 0$，其中 $f$ 可微，证明 $mz_x + nz_y = -1$.

14. 证明极限 $\lim\limits_{(x,y)\to(0,0)} \dfrac{x-y}{x+y}$ 不存在.

15. 设 $u = f(x, z)$，而 $z(x, y)$ 是由方程 $z = x + y\phi(z)$ 所确定的函数，求 $\mathrm{d}u$.

16. 设函数 $u = f(x, y, z) = xy^2 z^3$，又有方程 $x^2 + y^2 + z^2 - 3xyz = 0$. 当 $z = z(x, y)$ 是由上述方程所确定的隐函数时，求 $\dfrac{\partial u}{\partial x}\bigg|_{(1,1,1)}$.

17. 求 $f(x,y) = -x^2 + y^3 + 6x - 12y + 5$ 的极值.

18. 求函数 $u = xy^2 z^3$ 在条件 $x + y + z = a$ $(x, y, z, a > 0)$ 下的极值.

19. 求函数 $f(x,y) = x^2 + y^2$ 在由两坐标轴 $x = 0, y = 0$ 及直线 $2x + y = 2$ 所围成的三角形区域上的最大值与最小值.

20. 某工厂生产甲、乙两种产品，其销售价格分别为 $P_1 = 6, P_2 = 9$，总成本是两种产品产量 $x_1$ 和 $x_2$ 的函数 $C(x_1, x_2) = x_1^2 + x_2^2 + x_1 x_2 + 10$，当两种产品的产量为多少时，可获利润最大？最大利润是多少？

21. 设某工厂生产甲、乙两种产品，它们的批发价分别为 10 万元/千件和 9 万元/千件. 已知生产 $x$ 千件甲产品和 $y$ 千件乙产品的总费用为

$$C(x,y) = 400 + 2x + 3y + \dfrac{1}{100}\left(3x^2 + xy + 3y^2\right),$$

问甲、乙产品各生产多少件时获利最大？

# 8 微分方程

微积分研究的对象是函数关系，但在实际应用时，经常很难直接找到所研究的变量之间的函数关系，而比较容易建立起这些变量与它们的导数或微分之间的联系，从而得到一个关于未知函数的导数或微分的方程，即微分方程．通过求解这种方程，同样可以找到指定未知量之间的函数关系．

微分方程是现代数学的一个重要分支，是人们解决各种实际问题的有效工具，它在集几何、力学、物理、电子技术、自动控制、航天、生命科学、经济等领域都有着广泛的应用．本章主要讨论微分方程的一些基本概念以及常见的简单微分方程的解法．

### 学习能力目标

（1）理解微分方程的定义及阶、解、通解、特解等概念．
（2）熟练掌握可分离变量的微分方程、齐次微分方程及一阶线性微分方程的解法．
（3）熟练掌握微分方程经济建模的方法及求解．

### 课程思政目标

（1）在讲解常微分方程的定义、解法和应用时，强调严谨的逻辑推理和实证精神，引导学生学会用科学的方法分析和解决问题，培养学生追求真理、崇尚科学的品质．
（2）鼓励学生在解题和讨论中相互合作，培养学生团队协作的能力和集体荣誉感．利用组织小组讨论、课题研究等形式，让学生在实践中学会共同分析和解决问题．

## 8.1 微分方程的概念

在初等数学中，含有未知量的等式称为方程，它表达了未知量所必须满足的某种条件．下面通过几个具体的例子来说明微分方程的基本概念．

**例 8.1.1** 一曲线通过点 $(1,2)$ 且在该曲线上任一点 $M(x,y)$ 处的切线的斜率为 $2x$，求这曲线的方程．

**解**：设所求曲线方程为 $y=f(x)$，根据导数的几何意义可知 $y'=2x$，即

$$\frac{dy}{dx}=2x, \quad 即\ dy=2xdx. \tag{8.1.1}$$

同时还满足以下条件：

当 $x=1$ 时， $\qquad\qquad\qquad y=2.\qquad\qquad\qquad\qquad$ （8.1.2）

对式（8.1.1）两边同时求积分可得

$$y = \int 2x \mathrm{d}x, \text{ 解得 } y = x^2 + C, \tag{8.1.3}$$

其中 $C$ 为任意常数.

把条件式（8.1.2）代入式（8.1.3），可得

$$2 = 1^2 + C,$$

即 $C=1$，于是所求曲线的方程为

$$y = x^2 + 1. \tag{8.1.4}$$

**例 8.1.2** 汽车在平直线路上以 25 m/s 的速度行驶，当制动时汽车获得加速度 $-0.5\,\mathrm{m/s^2}$，求开始制动后多少时间才能使汽车停住，以及汽车在这段时间里行驶了多少距离？

**解**：设汽车开始制动后 $t$ s 时行驶了 $s$ m．根据题意，所求函数 $s=s(t)$ 满足：

$$\frac{\mathrm{d}^2 s}{\mathrm{d} t^2} = -0.3. \tag{8.1.5}$$

同时还满足以下条件：

当 $t=0$ 时，

$$s = 0, \quad v = \frac{\mathrm{d}s}{\mathrm{d}t} = 25. \tag{8.1.6}$$

对式（8.1.5）两边同时求积分可得

$$v = \frac{\mathrm{d}s}{\mathrm{d}t} = -0.5t + C_1, \tag{8.1.7}$$

再积分一次，即对式（8.1.7）两边同时求积分可得

$$s = -0.25t^2 + C_1 t + C_2, \tag{8.1.8}$$

其中 $C_1$ 和 $C_2$ 均为任意常数.

把条件式（8.1.6）中"$t=0$ 时，$v=25$"和"$t=0$ 时，$s=0$"分别代入式（8.1.7）和式（8.1.8），得

$$C_1 = 25, \quad C_2 = 0.$$

将 $C_1 = 25$ 和 $C_2 = 0$ 代入式（8.1.7）和式（8.1.8），得

$$v = -0.5t + 25, \tag{8.1.9}$$

$$s = -0.25t^2 + 25t, \tag{8.1.10}$$

在式（8.1.9）中令 $v=0$，得汽车从开始制动到完全停止所需的时间为

$$t = \frac{25}{0.5} = 50(\mathrm{s}).$$

再把 $t=50$ 代入式（8.10），得到汽车在制动阶段行驶的距离为

$$s = -0.25 \times 50^2 + 25 \times 50 = 625(\mathrm{m}).$$

上述两例中，式（8.1.1）和式（111..5）都是含有未知函数的导数（或微分），它们都是微分方程.

一般地，凡含有未知函数的导数（或微分）的方程叫微分方程. 微分方程中出现的未知函数的最高阶导数的阶数称为微分方程的阶.

例如，式（8.1.1），$F(x,y,y')=0$，$y'=f(x,y)$ 均是一阶微分方程；式（8.1.5），$y''+2xy=\cos x+\mathrm{e}^x+2$ 均是二阶微分方程；$y^{(4)}+3y''+5y=x+2$ 是四阶微分方程；$F(x,y,y',\cdots,y^{(n)})=0$，$y^{(n)}=f(x,y,y',\cdots,y^{(n-1)})$ 均是 $n$ 阶微分方程.

形如

$$y^{(n)}+a_1(x)y^{(n-1)}+\ldots+a_{n-1}(x)y'+a_n(x)y=f(x)$$

的微分方程，称为线性微分方程. 否则，称为非线性微分方程.

未知函数及未知函数的导数都是一次函数是线性微分方程的必要条件（但不是充分条件）.

例如，$y'+P(x)y=Q(x)$，$\dfrac{\mathrm{d}y}{\mathrm{d}x}+y=\sin^2 x$ 和 $xy'''+2y''+x^2y=0$ 均为线性微分方程，而 $x(y')^2-2yy'+x=0$，$yy'+x=1$ 和 $y'+x\sin y=x^2+1$ 均是非线性微分方程.

如果将某个函数以及它的各阶导数代入微分方程，能使得方程恒成立，这个函数称为微分方程的解.

例如，式（8.1.3）和式（8.1.4）均是微分方程式（8.1.1）的解，式（8.1.8）和式（8.1.10）均是微分方程式（8.1.5）的解.

微分方程的解有两种不同的形式：

一种是微分方程的解中含有任意常数，且任意常数的个数与微分方程的阶数相同，这样的解叫作微分方程的通解.

例如，一阶微分方程式（8.1.3）是微分方程式（8.1.1）的通解，其中有一个任意常数；二阶微分方程式（8.1.8）的微分方程式（8.1.5）的通解，其中有两个任意常数；

一阶微分方程 $y'=y$ 的通解为 $y=C\mathrm{e}^x$，其中 $C$ 为任意常数；二阶微分方程 $y''+y=0$ 的通解为 $y=C_1\sin x+C_2\cos x$，其中 $C_1$ 和 $C_2$ 均为任意常数.

另一种是确定了通解中的任意常数以后得到的解，即不含任意常数的解叫作微分方程的特解.

例如，式（8.1.4）是微分方程式（8.1.1）的特解；式（8.1.10）是微分方程式（8.1.5）的特解.

用于确定通解中任意常数的条件，称为初始条件，例如式（8.1.2）和式（8.1.6）.

**例 8.1.3** 试指出下列方程是否为线性微分方程，并指出微分方程的阶数.

（1）$x\mathrm{d}y+\left(x^2-y^2\right)\mathrm{d}x=0$；

（2）$\dfrac{\mathrm{d}^2y}{\mathrm{d}x^2}+\dfrac{\mathrm{d}y}{\mathrm{d}x}=-3\ln x$；

（3）$x^2y^{(n)}-2xy+12x(y')^2=0$；

（4）$y''y'+\ln y=2022$.

**解**：（1）是一阶非线性微分方程，因方程中含有非线性函数 $y^2$.

（2）是二阶线性微分方程.

（3）是 $n$ 阶非线性微分方程，因方程中含有非线性函数 $(y')^2$.

（4）是二阶非线性微分方程，因方程中含有非线性函数 $y''y'$ 和 $\ln y$.

**例 8.1.4** 验证函数 $x = C_1\cos t + C_2\sin t$ 是微分方程 $\dfrac{d^2 x}{dt^2} + x = 0$ 的解，并求满足初始条件 $x|_{t=0} = 1, \dfrac{dx}{dt}\Big|_{t=0} = 0$ 的特解.

**解**：求所给函数的导数及二阶导数为

$$\frac{dx}{dt} = -C_1\sin t + C_2\cos t,$$

$$\frac{d^2 x}{dt^2} = -C_1\cos t - C_2\sin t.$$

将 $\dfrac{d^2 x}{dt^2}$ 及 $x$ 的表达式代入所给方程，得

$$-C_1\cos t - C_2\sin t + C_1\cos t + C_2\sin t \equiv 0.$$

这表明函数 $x = C_1\cos t + C_2\sin t$ 的微分方程 $\dfrac{d^2 x}{dt^2} + x = 0$ 的解.

将初始条件 $x|_{t=0} = 1, \dfrac{dx}{dt}\Big|_{t=0} = 0$ 分别代入 $x$ 及 $\dfrac{dx}{dt}$ 的表达式可得

$$C_1 = 1, \quad C_2 = 0.$$

将 $C_1 = 1$ 和 $C_2 = 0$ 代入 $x = C_1\cos t + C_2\sin t$ 中，可得特解为

$$x = \cos t.$$

**例 8.1.4** 验证由 $e^{2y} = xy$ 决定的函数 $y = y(x)$ 满足微分方程

$$x(2y-1)y'' = 2y'(1 - y - xy').$$

**证**：按题意，$2y = \ln x + \ln y$.

两边求导 $2y' = \dfrac{1}{x} + \dfrac{1}{y}y'$ 或者 $2xyy' = y + xy'$

两边再求导数 $2(yy' + xy'^2 + xyy'') = y' + y' + xy''$.

移项得到 $2xyy'' - xy'' = 2y' - 2yy' - 2xy'^2$ 正是 $x(2y-1)y'' = 2y'(1 - y - xy')$

即 $e^{2y} = xy$ 是满足给出微分方程的解.

# 习题 8.1

1. 判断题.

（1）$y''' + 4y = 1$ 为三阶非齐次线性微分方程. （　　）

（2）方程 $x^2 + y^2 = K^2$ 是二阶线性微分方程. （　　）

（3）$d^n y = \dfrac{y^n}{x^2} dx^n$ 为 $n$ 阶齐次线性微分方程. （　　）

（4）$y = x^2 + 2022$ 是微分方程 $dy - 2xdx = 0$ 的一个解. （　　）

（5）$\dfrac{ds}{d\theta}+s=\tan^2\theta$ 为一阶非齐次线性微分方程. （　　）

（6）$y=x^2e^x$ 是微分方程 $y''-2y'+y=0$ 的特解. （　　）

2. 指出下列微分函数的阶，并判断它们是否为线性微分方程.

（1）$x^2y''+xy'+2y=\cos x$；　　　　　（2）$(1+y)y''+xy'+y=e^x$；

（3）$y'''+\sin(x+y)=\sin x$；　　　　　（4）$y^{(n)}+y'+xy=0$；

（5）$y'+P(x)y=Q(x)$；　　　　　　　（6）$y'+xy^2=x^3+1$.

3. 验证下列各函数是相应微分方程的解.

（1）$y'=y^2-(x^2+1)y+2x$，$y=x^2+1$；

（2）$(1-x^2)y'+xy=2x$，$y=2+C\sqrt{1-x^2}$，$C$ 为任意常数.

4. 对下列的每个微分方程分别求出 $r$ 的值，使得 $y=e^{rx}$ 是它的解.

（1）$y'+2y=0$；　（2）$y''-y=0$；　（3）$y''+y'-6y=0$.

5. 验证函数 $y=C_1e^{3x}+C_2e^{4x}$ 是微分方程 $y''-7y'+12y=0$ 解，并求满足 $y(0)=2, y'(0)=7$ 时的特解.

6. 一质量为 $mg$ 的物体从 1m 的高度以初速度 20 m/s 铅直向上抛出. 设空气阻力可以忽略，试建立该物体运动方程，并计算它达到最高点时的时间和高度.

## 8.2　可分离变量的微分方程

微分方程的类型是非常多，有的还很复杂，它们的解法也各不相同. 本节将主要介绍可分离变量的微分方程、齐次方程的解法.

### 8.2.1　可分离变量的微分方程

如果一个一阶微分方程能写成

$$g(y)dy=f(x)dx$$

的形式，就是说，能把微分方程写成一端只含 $y$ 的函数和 $dy$，另一端只含 $x$ 的函数和 $dx$，那么原方程就称为可分离变量的微分方程.

例如，微分方程 $\dfrac{dy}{dx}=3x^2y^2$ 可改写为 $y^{-2}dy=3x^2dx$，则 $\dfrac{dy}{dx}=3x^2y^2$ 为可分离变量的微分方程.

可分离变量的微分方程的解法：

第一步　分离变量，将方程改写成 $g(y)dy=f(x)dx$ 的形式；

第二步　两端同时积分：$\int g(y)dy=\int f(x)dx$，设积分后得 $G(y)=F(x)+C$；

第三步　求出由 $G(y)=F(x)+C$ 所确定的隐函数 $y=\Phi(x)$ 或 $x=\Psi(y)$.

注意：$G(y)=F(x)+C$，$y=\Phi(x)$ 和 $x=\Psi(y)$ 均为方程的通解，其中 $G(y)=F(x)+C$ 称为隐式（通）解.

**例 8.2.1** 求下列微分方程的通解.

（1）$\dfrac{dy}{dx} = 2xy$；　（2）$y' = y^2 + 2xy^2$；　（3）$(1+x)ydx + (1-y)xdy = 0$.

**解**：（1）此方程为可分离变量的微分方程，分离变量后得

$$\dfrac{1}{y}dy = 2xdx.$$

对上式两端同时积分，可得

$$\int \dfrac{1}{y}dy = \int 2xdx,$$

即

$$\ln|y| = x^2 + C_1.$$

从而

$$y = \pm e^{x^2+C_1} = \pm e^{C_1} e^{x^2}.$$

因为 $\pm e^{C_1}$ 仍是任意常数，把它记作 $C$，便得所给方程的通解

$$y = Ce^{x^2}.$$

（2）此方程为可分离变量的微分方程，分离变量后得

$$\dfrac{1}{y^2}dy = (1+2x)dx.$$

对上式两端同时积分，可得

$$\int \dfrac{1}{y^2}dy = \int (1+2x)dx,$$

即

$$-\dfrac{1}{y} = x + x^2 + C.$$

故所给方程的通解为

$$y = -\dfrac{1}{x+x^2+C}.$$

（3）此方程为可分离变量的微分方程，分离变量后得

$$\dfrac{1-y}{y}dy = -\dfrac{1+x}{x}dx.$$

对上式两端同时积分，可得

$$\int \dfrac{1-y}{y}dy = -\int \dfrac{1+x}{x}dx,$$

解之可得所给方程的通解为
$$\ln|y| - y = -\ln|x| - x + C,$$
或
$$\ln|x| + \ln|y| + x - y = C.$$

**例 8.2.2** 求 $y'\sin x - y\cos x = 0, y|_{x=\frac{\pi}{2}} = 1$ 的特解.

**解**：将原方程分离变量，可得
$$\frac{1}{y}dy = \frac{\cos x}{\sin x}dx,$$
两边积分得
$$\ln y = \ln \sin x + \ln C,$$
所以原方程的通解为 $y = C\sin x$ (C 为任意非负常数).

将初始条件 $x = \frac{\pi}{2}, y = 1$ 代入，得 $C = 1$，
故所求特解为 $y = \sin x$.

**例 8.2.3** 已知 $f'(\sin^2 x) = \cos 2x + \tan^2 x$，当 $0 < x < 1$ 时，求 $f(x)$.

**解**：首先求出 $f'(x)$.
设 $t = \sin^2 x$，则 $\cos 2x = 1 - 2\sin^2 x = 1 - 2t$,
$$\tan^2 x = \frac{\sin^2 x}{\cos^2 x} = \frac{\sin^2 x}{1 - \sin^2 x} = \frac{t}{1-t}.$$
所以原方程变为 $f'(t) = 1 - 2t + \frac{t}{1-t}$，即 $f'(t) = -2t + \frac{1}{1-t}$.
所以
$$f(t) = \int \left(-2t + \frac{1}{1-t}\right)dt = -t^2 - \ln(1-t) + C,$$
故
$$f(x) = -\left[x^2 + \ln(1-x)\right] + C \, (0 < x < 1).$$

### 8.2.2 齐次方程

接下来我们讨论另一种方程，可以通过适当的变量代换，转化为可分离变量的方程.

如果一阶微分方程 $\frac{dy}{dx} = f(x, y)$ 中的表达式 $f(x, y)$ 可化为 $\varphi\left(\frac{y}{x}\right)$，则通过变量替换 $u = \frac{y}{x}$ 或转化为可分离变量方程求解. 我们称形如 $\frac{dy}{dx} = \varphi\left(\frac{y}{x}\right)$ 的微分方程为**齐次方程**.

在齐次方程 $\frac{dy}{dx} = \varphi\left(\frac{y}{x}\right)$ 中，令 $u = \frac{y}{x}$，即 $y = ux$，有

$$u + x\frac{\mathrm{d}u}{\mathrm{d}x} = \varphi(u).$$

分离变量，得

$$\frac{\mathrm{d}u}{\varphi(u) - u} = \frac{\mathrm{d}x}{x}.$$

两端积分，得

$$\int \frac{\mathrm{d}u}{\varphi(u) - u} = \int \frac{\mathrm{d}x}{x}.$$

求出积分后，再用 $\frac{y}{x}$ 代替 $u$，便得所给齐次方程的通解．

**例 8.2.4** 求解方程 $\frac{x\mathrm{d}y}{\mathrm{d}x} = y\ln\frac{y}{x}$.

**解**：原方程变为 $\frac{\mathrm{d}y}{\mathrm{d}x} = \frac{y}{x}\ln\frac{y}{x}$，令 $\frac{y}{x} = u, y = xu$，两端对 $x$ 求导，得

$$\frac{\mathrm{d}y}{\mathrm{d}x} = u + x\frac{\mathrm{d}u}{\mathrm{d}x}.$$

代入原方程得

$$u + x\frac{\mathrm{d}u}{\mathrm{d}x} = u\ln u,$$

整理得

$$x\frac{\mathrm{d}u}{\mathrm{d}x} = u(\ln u - 1),$$

分离变量得

$$\frac{1}{u(\ln u - 1)}\mathrm{d}u = \frac{1}{x}\mathrm{d}x,$$

有

$$\int \frac{1}{u(\ln u - 1)}\mathrm{d}u = \int \frac{1}{x}\mathrm{d}x,$$

得

$$\ln|\ln u - 1| = \ln|Cx|, \quad \ln u - 1 = Cx,$$

将 $\frac{y}{x} = u$ 回代，得原方程的通解：$\ln\frac{y}{x} = Cx + 1$，其中 $C$ 为任意常数．

**例 8.2.5** 求 $\left(y + \sqrt{x^2 + y^2}\right)\mathrm{d}x - x\mathrm{d}y = 0$ 满足 $y(1) = 0$ 的特解．

**解**：原方程可化为

$$\frac{dy}{dx} = \frac{y}{x} + \sqrt{1+\left(\frac{y}{x}\right)^2},$$

令 $u = \frac{y}{x}$，有

$$\frac{du}{\sqrt{1+u^2}} = \frac{dx}{x},$$

两边积分，得

$$\ln|u+\sqrt{1+u^2}| = \ln|x| + \ln|C|,$$

即

$$\frac{y}{x} + \sqrt{1+\left(\frac{y}{x}\right)^2} = Cx.$$

由 $y(1) = 0$，定出 $C = 1$，最后得特解

$$y = \frac{1}{2}(x^2 - 1).$$

**例 8.2.6** 求方程 $\frac{dy}{dx} = (x+y)^2$ 的通解.

**解**：可令 $x + y = u$，则 $\frac{dy}{dx} = \frac{du}{dx} - 1$，代入原方程得

$$\frac{du}{dx} = 1 + u^2,$$

分离变量得

$$\frac{du}{1+u^2} = dx,$$

两边积分得$\qquad\qquad\qquad \arctan u = x + C,$
回代得 $\qquad\qquad\qquad \arctan(x+y) = x + C,$
故原方程的通解为 $\qquad\quad y = \tan(x+C) - x.$

## 习题 8.2

1. 判断下列微分方程是否为可分离变量的微分方程.
（1）$y' = 2xy(1+y^2)$；
（2）$(1+xy)y' + xy = 0$；
（3）$(y-1)^2 y' = 2x + 3$；
（4）$xy' + xy = 1$；
（5）$y' = e^{x-y}$；
（6）$y' + \sin(x+y) = \sin x$.

2. 求下列微分方程的通解.
（1）$y' = xy + y$；
（2）$y' \sin y = 2x + e^x$；

（3）$(3y^2+4y)y'+2x+\cos x=0$；　　　（4）$x^2y'=y-xy$；

（5）$(1+x^2)y'+y=0$；　　　（6）$y'=(2x+4x^3)e^{-y}$.

3. 求下列微分方程满足所给初始条件的特解.

（1）$\dfrac{dy}{dx}=\dfrac{2xy}{x^2+y^2}, y|_{x=1}=0$；　　　（2）$x^2 dy+y(x-y)dx=0, y(1)=1$.

4. 求微分方程 $(y-2)y'=x^2+3x+2$ 满足初始条件 $y(1)=4$ 的特解.

5. 求下列微分函数的通解.

（1）$(y+1)^2 y'=x^2 y \ln x$；　　　（2）$xy'=\ln x$；

（3）$2\dfrac{dy}{dx}-\dfrac{2}{y}=\dfrac{x\sin x}{y}$；　　　（4）$(e^x+e^{-x})\dfrac{dy}{dx}=y^2$；

（5）$y'+xe^{x-y}=0$；　　　（6）$xy'=(y^2+1)(2\ln x+1)$.

6. 求下列微分方程的通解.

（1）$y'=\dfrac{y}{y-x}$；　　　（2）$(x+y)dx+xdy=0$；

（3）$xy'-y-\sqrt{x^2+y^2}=0$；　　　（4）$xy^2 dy=(x^3+y^3)dx$.

7. 求微分方程 $y'=e^{2x-y}$ 满足初始条件 $y(0)=0$ 的特解.

## 8.3　一阶线性微分方程

本节将主要介绍另一种一阶方程，即一阶线性微分方程及其解法.

形如

$$y'+P(x)y=Q(x) \tag{8.3.1}$$

的微分方程称为一阶线性微分方程.

当 $Q(x)=0$ 时，式（8.3.1）称为一阶齐次线性微分方程；

当 $Q(x)\neq 0$ 时，式（8.3.1）称为一阶非齐次线性微分方程.

方程 $y'+P(x)y=0$ 叫作对应于一阶非齐次线性方程 $y'+P(x)y=Q(x)$ 的一阶齐次线性方程.

一阶齐次线性方程 $y'+P(x)y=0$ 是一个可分离变量的微分方程，分离变量后得

$$\dfrac{1}{y}dy=-P(x)dx$$

对上式两端同时积分，可得

$$\ln|y|=-\int P(x)dx+C_1$$

即

$$y=Ce^{-\int P(x)dx} \quad (C=\pm e^{C_1}) \tag{8.3.2}$$

这就是一阶齐次线性方程的通解.

**例 8.3.1** 求微分方程 $\dfrac{dy}{dx}+y\sin x=0$ 的通解.

**解**：因 $P(x)=\sin x$，代入通解公式，得通解为

$$y=Ce^{-\int P(x)dx}=Ce^{-\int \sin x dx}=Ce^{\cos x}.$$

在给出一阶非齐次线性微分方程的求解方法之前，先看一个例子.

**例 8.3.2** 求微分方程 $y'+y=1$ 的通解.

**解**：此方程不是可分离变量的微分方程，很难直接积分. 但是，若在微分方程的两端同时乘以 $e^x$，原方程就变成

$$e^x y'+e^x y=e^x.$$

可以看出上式的左端是函数 $e^x y$ 的导数，而右端是只含 $x$ 的表达式，故对等式两端同时积分

$$\int (e^x y'+e^x y)dx=\int e^x dx,$$

即

$$\int (e^x y)' dx=\int e^x dx,$$

得

$$e^x y=e^x+C.$$

两端同时除以 $e^x$，得原方程的通解为

$$y=1+Ce^{-x}.$$

本例中的微分方程是一阶非齐次线性微分方程. 在求解的过程中，我们在方程的两端同时乘以因子 $e^x$，使得方程左端变成一个函数的导数，而右端是只含有 $x$ 的表达式，再对方程两端同时积分便可得到原方程的通解. 满足这样的条件的因子称为**积分因子**.

对于一般如式（8.3.1）的方程是否同样存在满足类似上例条件的积分因子呢？下面给出一阶非齐次线性微分方程的求解方法.

对于微分方程

$$y'+P(x)y=Q(x),$$

在方程的两端同时乘以积分因子 $e^{\int P(x)dx}$，这时方程变成

$$y'e^{\int P(x)dx}+e^{\int P(x)dx}P(x)y=Q(x)e^{\int P(x)dx}.$$

上式的左端为

$$y'e^{\int P(x)dx}+e^{\int P(x)dx}P(x)y=y'e^{\int P(x)dx}+y\left(e^{\int P(x)dx}\right)'=\left(ye^{\int P(x)dx}\right)',$$

即微分方程可写成

$$\left(y\mathrm{e}^{\int P(x)\mathrm{d}x}\right)' = Q(x)\mathrm{e}^{\int P(x)\mathrm{d}x}.$$

对上式两端同时积分，可得

$$y\mathrm{e}^{\int P(x)\mathrm{d}x} = \int Q(x)\mathrm{e}^{\int P(x)\mathrm{d}x}\mathrm{d}x + C.$$

即

$$y = \mathrm{e}^{-\int P(x)\mathrm{d}x}\left(\int Q(x)\mathrm{e}^{\int P(x)\mathrm{d}x}\mathrm{d}x + C\right). \tag{8.3.3}$$

这就是一阶非齐次线性方程的通解.

将一阶非齐次线性方程的通解（8.3.3）展开，得

$$y = C\mathrm{e}^{-\int P(x)\mathrm{d}x} + \mathrm{e}^{-\int P(x)\mathrm{d}x}\int Q(x)\mathrm{e}^{\int P(x)\mathrm{d}x}\mathrm{d}x.$$

一阶非齐次线性方程的通解由两部分组成. 第一项是对应的齐次线性方程的通解. 第二项可以看成在一阶非齐次线性方程的通解中取 $C = 0$ 得到的, 所以它是一阶非齐次线性方程的一个特解. 于是得到如下结论.

**定理 8.3.1（一阶非齐次线性方程的解的结构）** 一阶非齐次线性方程（8.3.1）的通解等于对应的齐次线性方程的通解与一阶非齐次线性方程的一个特解之和.

**例 8.3.3** 求微分方程 $y' - \dfrac{2y}{x} = 0$ 的通解，并求满足初始条件 $y(2) = 8$ 的特解.

**解**：因为 $P(x) = -\dfrac{2}{x}$，则利用公式（8.3.2）可得

$$y = C\mathrm{e}^{-\int P(x)\mathrm{d}x} = C\mathrm{e}^{-\int -\frac{2}{x}\mathrm{d}x}$$
$$= C\mathrm{e}^{\int \frac{2}{x}\mathrm{d}x} = C\mathrm{e}^{\ln x^2} = Cx^2.$$

由 $y(2) = 8$ 可得，$C = 2$，所以特解为 $y = 2x^2$.

**例 8.3.4** 求微分方程 $y' + \dfrac{y}{x} = x^2$ 的通解.

**解**：因为 $P(x) = \dfrac{1}{x}$，$Q(x) = x^2$，则利用公式（8.3.3）可得

$$y = \mathrm{e}^{-\int P(x)\mathrm{d}x}\left(\int Q(x)\mathrm{e}^{\int P(x)\mathrm{d}x}\mathrm{d}x + C\right)$$
$$= \mathrm{e}^{-\int \frac{1}{x}\mathrm{d}x}\left(\int x^2\,\mathrm{e}^{\int \frac{1}{x}\mathrm{d}x}\mathrm{d}x + C\right)$$
$$= \mathrm{e}^{-\ln x}\left(\int x^2\,\mathrm{e}^{\ln x}\mathrm{d}x + C\right)$$
$$= \frac{1}{x}\left(\int x^2 \cdot x\mathrm{d}x + C\right)$$
$$= \frac{1}{4}x^3 + \frac{C}{x}.$$

**例 8.3.5** 求微分方程 $y' - \dfrac{y}{x} - 2\ln x = 0$ 的通解.

**解**：因为 $y' - \dfrac{y}{x} - 2\ln x = 0$，则 $y' - \dfrac{y}{x} = 2\ln x$，所以

$$P(x) = -\dfrac{1}{x}, \quad Q(x) = 2\ln x,$$

则利用公式（8.3.3）可得

$$\begin{aligned}
y &= \mathrm{e}^{-\int P(x)\mathrm{d}x}\left(\int Q(x)\mathrm{e}^{\int P(x)\mathrm{d}x}\mathrm{d}x + C\right) \\
&= \mathrm{e}^{\int \frac{1}{x}\mathrm{d}x}\left(\int 2\ln x\, \mathrm{e}^{\int -\frac{1}{x}\mathrm{d}x}\mathrm{d}x + C\right) \\
&= \mathrm{e}^{\ln x}\left(\int 2\ln x\, \mathrm{e}^{-\ln x}\mathrm{d}x + C\right) \\
&= x\left(\int 2\ln x \cdot \dfrac{1}{x}\mathrm{d}x + C\right) \\
&= x\left(\int 2\ln x\, \mathrm{d}\ln x + C\right) \\
&= x(\ln x)^2 + xC.
\end{aligned}$$

**例 8.3.6** 求解微分方程 $x(1+y)y' = y'\mathrm{e}^y - y$.

**解**：如果将 $y$ 看成 $x$ 函数，该方程不可分离变量，也不是非齐次一阶微分方程，无法求解。但是我们可以将 $y$ 看成自变量，将 $x$ 看成 $y$ 的函数，则原方程是关于未知函数 $x = x(y)$ 的一阶线性微分方程：$\dfrac{\mathrm{d}x}{\mathrm{d}y} + \dfrac{1+y}{y}x = \dfrac{\mathrm{e}^y}{y}$，其中 $P(y) = \dfrac{1+y}{y}, Q(y) = \dfrac{\mathrm{e}^y}{y}$，

由公式可得此方程的通解为：

$$\begin{aligned}
x &= \mathrm{e}^{-\int P(y)\mathrm{d}y}\left(\int Q(y)\mathrm{e}^{\int P(y)\mathrm{d}y}\mathrm{d}y + C\right) = \mathrm{e}^{-\int \frac{1+y}{y}\mathrm{d}y}\left(\int \dfrac{\mathrm{e}^y}{y}\mathrm{e}^{\int \frac{1+y}{y}\mathrm{d}y}\mathrm{d}y + C\right) \\
&= \mathrm{e}^{-(\ln y + y)}\left(\int \dfrac{\mathrm{e}^y}{y}\mathrm{e}^{(\ln y + y)}\mathrm{d}y + C\right) = \dfrac{\mathrm{e}^{-y}}{y}\left(\int \mathrm{e}^{2y}\mathrm{d}y + C\right) = \dfrac{\mathrm{e}^{-y}}{y}\left(\dfrac{1}{2}\mathrm{e}^{2y} + C\right),
\end{aligned}$$

其中 $C$ 是任意常数.

# 习题 8.3

1. 求下列微分函数的通解.
   （1）$y' + 2xy = 0$；
   （2）$y' - x\mathrm{e}^x y = 0$；
   （3）$y' + y = 2x$；
   （4）$y' + y = \mathrm{e}^{-x}$；
   （5）$y' - \dfrac{y}{x} + \dfrac{2\ln x}{x} = 0$；
   （6）$y' + y\tan x = \sec x$.

2. 求微分方程 $y' + 2xy + 2x^3 = 0$ 的通解.

3. 求微分方程 $xy' + y - \mathrm{e}^x = 0$ 满足初始条件 $y(1) = 1$ 的特解.

4. 求微分方程 $xy' + y\ln x = 0$ 的通解.

5. 求微分方程 $y' + y\cos x = \frac{1}{2}\sin 2x$ 的通解.

6. 求下列各微分方程的通解.

（1）$y' + ay = b\sin x$ （其中 $a,b$ 为常数）；　　（2）$\frac{dy}{dx} = \frac{2y}{x} + e^x x^2$；

（3）$\frac{dy}{dx} = \frac{1}{x+y^2}$；　　（4）$\frac{dy}{dx} - \frac{2y}{x+1} = (x+1)^3$；

（5）$(x^2+1)\frac{dy}{dx} + 2xy = 4x^2$；　　（6）$x\frac{dy}{dx} - 2y = x^3 e^t$.

7. 求微分方程 $xy' + \left(1 + \frac{1}{\ln x}\right)y = 0$ 满足初始条件 $y(e) = 1$ 的特解.

8. 求微分方程 $y' = \frac{y}{x+y^3}$ 的通解.

9. 求在给定初始条件下的特解，

（1）$y' = -\frac{y}{x} + \frac{2}{x}, y\big|_{x=1} = 0$；　　（2）$(x^2-1)dy + (2xy - \cos x)dx = 0, y\big|_{x=0} = 1$.

## 8.4　微分方程的经济应用

在现实生产实践中，比如天气的预测、汽车智能驾驶等问题都可以利用微分方程的知识来进行建立数学模型进行求解，从而解决问题.

应用微分方程建立数学模型解决问题的一般步骤如下：

（1）收集、整理信息，确定问题类型，分析问题，建立微分方程模型，找出相应的初始条件；

（2）求出通解，根据初始条件确定所需的特解；

（3）根据问题的需求，用解回答实际问题，并作出评估、预测等.

**例 8.4.1**　假设某家具配件产品的需求函数与供给函数分别为 $Q_1 = a - bP, Q_2 = -c + dP$ ($a,b,c,d$ 为正常数)，若价格 $P$ 为时间 $t$ 的函数，其中初始价格为 $P\big|_{t=0} = P_0$，且在任意时刻 $t$，价格 $P(t)$ 的变化率总与这一时刻的超额需求 $Q_1 - Q_2$ 成正比(比例常数为 $k > 0$).

（1）求此家具配件的均衡价格 $P_e$；

（2）求价格 $P(t)$ 的表达式.

**解**：（1）所谓均衡价格就是供需相等，即 $Q_1 = Q_2$，得 $a - bP = -c + dP$，得 $P_e = \frac{a+c}{b+d}$.

（2）已知可得价格 $P(t)$ 应满足：$\frac{dP}{dt} = k(Q_1 - Q_2)$，

代入 $Q_1, Q_2$ 的表达式，并整理得到

$$\frac{dP}{dt} = k(a+c) - k(b+d)P.$$

这是可分离变量方程，分离变量并积分

$$\int \frac{\mathrm{d}P}{k(a+c)-k(b+d)P} = \int \mathrm{d}t, \quad 有 -\frac{1}{k(b+d)}\ln|k(a+c)-k(b+d)P| = t + C_1.$$

化简得 $P(t) = \frac{a+c}{b+d} + C\mathrm{e}^{-k(b+d)t}.$

由 $P|_{t=0} = P_0$，代入上式，$P_0 = \frac{a+c}{b+d} + C$，

解得 $C = P_0 - \frac{a+c}{b+d} = P_0 - P_e,$

所以价格 $P(t)$ 的表达式为 $P(t) = \frac{a+c}{b+d} + (P_0 - P_e)\mathrm{e}^{-k(b+d)t}.$

从 $P(t)$ 的表达式可以看到，由于 $P_0 - P_e$ 与 $k(b+d) > 0$ 均为常数，所以在时间 $t \to +\infty$ 时，$(P_0 - P_e)\mathrm{e}^{-k(b+d)t} \to 0$，因此

$$P(t) \to P_e (t \to +\infty).$$

由此可见，随着时间的推移，价格趋向于均衡价格.

**例 8.4.2** 某公司有新一批食品需要储存，但随着时间的推移，经常有过期腐烂的情况. 根据调研发现，一个月内腐烂食品数目的增长速度为未腐烂食品数目的三十分之一. 若储存 $A$ 件完好的食品，求描述在某时刻腐烂食品数目的表达式.

**解：** 设一个月内某时刻 $t$ 腐烂食品数目为 $Q(t)$. 此时完好食品数目为 $A - Q(t)$. 由题意，有

$$Q' = \frac{1}{30}(A-Q), Q(0) = 0,$$

分离变量，得 $\dfrac{\mathrm{d}Q}{A-Q} = \dfrac{1}{30}\mathrm{d}t,$

两边积分，得 $-\ln(A-Q) = \dfrac{1}{30}t + C_1$，即 $A - Q = \mathrm{e}^{-\frac{1}{30}t} \cdot \mathrm{e}^{-C_1}.$

记 $C = \mathrm{e}^{-C_1}$，得 $Q = A - C\mathrm{e}^{-\frac{1}{30}t}$ （$C$ 为常数）. 由初始条件 $Q(0) = 0$，有 $0 = A - C$，得 $C = A$. 故所求表达式为 $Q(t) = A\left(1 - \mathrm{e}^{-\frac{t}{30}}\right).$

**例 8.4.3** 假设小张的资产以以前账户总量 6% 的速率连续增长，而且已知初始资产为 10000，写出该项资产总量变化的微分方程，并求解微分方程的初值问题.

**解：** 设在时刻 $t$ 资产总量为 $Z(t)$，则依据条件有

$$Z'(t) = 0.06Z(t).$$

上述微分方程的通解为 $Z(t) = C\mathrm{e}^{0.06t}$，代入初始条件 $Z(0) = 10\,000$ 可得

$$Z(0) = 10000\mathrm{e}^{0.06t}.$$

# 习题 8.4

1. 设某商品的供给函数 $Q_\mathrm{s} = 60 + P + 4\dfrac{\mathrm{d}P}{\mathrm{d}t}$，需求函数 $Q_\mathrm{d} = 100 - P + 3\dfrac{\mathrm{d}P}{\mathrm{d}t}$，其中 $P(t)$ 表示时

刻 $t$ 时该商品的价格，$\dfrac{dP}{dt}$ 表示价格关于时间的变化率，已知 $P(0)=8$，试把市场均衡价格表示成关于时间的函数，并说明其实际意义.

2. 设某商品净利润 $p$ 与广告费 $x$ 之间关系为：净利润随广告费增加率正比于常数 $a$ 与净利润 $p$ 之差，$k(>0)$ 为比例常数，已知当 $x=0$ 时，$p=p_0$，求净利润 $p$ 与广告费 $x$ 之间函数关系，并问广告费无限增加时，净利润最终趋于何值.

3. 某商品的需求量 $Q$ 对价格 $P$ 的弹性为 $-P\ln 3$. 已知该商品的最大需求量为 1 200（即当 $P=0$ 时，$Q=1\,200$），求需求量 $Q$ 对价格 $P$ 的函数关系.

# 复习题 8

### 一、选择题

1. 微分方程 $\dfrac{dy}{dx}=\dfrac{1}{xy+x^2y}$ 是（　　）.

   A. 线性微分方程　　　　　　　　B. 可分离变量的微分方程
   C. 齐次微分方程　　　　　　　　D. 一阶线性非齐次微分方程

2. 微分方程 $y'=y$ 的解的是（　　）.

   A. $y=2x^2$　　　　B. $y=7x$　　　　C. $y=e^x$　　　　D. $y=\sin x$

3. 下列微分方程是线性微分方程的是（　　）.

   A. $x^4y'+2y=e^x$　　　　　　　　B. $xy''+x^3y'+y=\tan y$
   C. $y'''+yy''+y'-y=0$　　　　　　D. $y^{(n)}+y^{(n-1)}+y'+\sin y=0$

4. 下列微分方程是可分离变量微分方程的是（　　）.

   A. $y'+y\tan(\ln xy+1)=0$　　　　B. $y'+y\tan\sqrt{x+\sin x}=x^4+\ln x$
   C. $y'+e^{x-y}=0$　　　　　　　　D. $y'+xy^2=x^3+1$

5. 方程 $(3x+y)dx+(2y+x)dy=0$ 的阶是（　　）.

   A. 齐次方程　　　　　　　　　　B. 可分离变量方程
   C. 二阶方程方程　　　　　　　　D. 线性非齐次方程

6. 微分方程 $\dfrac{dy}{dx}=\dfrac{y}{x}+\tan\dfrac{y}{x}$ 的通解是（　　）.

   A. $\dfrac{1}{\sin\dfrac{y}{x}}=cx$　　　　　　　　B. $\sin\dfrac{y}{x}=x+C$

   C. $\sin\dfrac{y}{x}=cx$　　　　　　　　D. $\sin\dfrac{x}{y}=cx$

### 二、填空题

1. 一阶线性微分方程的一般形式是_____
2. 一阶线性非齐次微分方程通解是_____
3. 微分方程 $y'=1+y^2$ 的通解是_____

4. 微分方程 $y' = \dfrac{x}{y} + \dfrac{y}{x}, y|_{x=1} = 2$ 的特解为_____

5. 微分方程 $y' - y = 2e^x$ 的通解是_____

### 三、解下列微分方程

1. $xy' - 2y = 0$；

2. $xy^2 dx + (1+x^2) dy = 0$；

3. $1 + y' = e^x$；

4. $\dfrac{dy}{dx} + \dfrac{x}{1-x^2} y = 1$.

### 四、求下列齐次微分方程的通解

1. $\dfrac{dy}{dx} = \dfrac{3y}{x-3y}$；

2. $y(x^2 - xy + y^2) dx + x(x^2 + xy + y^2) dy = 0$；

3. $\dfrac{dy}{dx} = \dfrac{4x+3y}{2x+y}$；

4. $x \dfrac{dy}{dx} = y(\ln y - \ln x)$.

### 五、解答题

1. $f(x) = e^x - x\int_0^x f(t) dt + \int_0^x t f(t) dt$，其中 $f$ 连续，求 $f(x)$ 的具体表达式.

2. 一曲线经过点（2，-1），且曲线上任意点 $M$ 处的切线斜率为 $4x^3 - 2$，求该曲线方程.

3. 设曲线上任一点 $M(x,y)$ 处切线与 $OM$ 直线垂直，且曲线过点 $(\sqrt{2}, \sqrt{2})$.
证明曲线是以原点为圆心，半径为 2 的圆.

### 六、应用题

1. 某林区现有木材 10 万米$^3$，如果在每一瞬时木材的变化率与当时的木材数成正比，假设 10 年内该林区有木材 20 万米$^3$，试确定木材数 $P$ 与时间 $t$ 的关系.

2. 假设小李的资产总值每年的递增率是 15%. 问多少年后小李的资产翻两番？

# 线性代数模块

# 9　线性代数

在现实生活中，面对一些相对复杂的实际应用问题，通过建模，可以转化为线性方程组的问题．即可以归结为求线性方程组的解．行列式与矩阵的研究和运用，就来源于线性方程组．它是研究线性关系的最基本的数学工具，在概率统计、图论、二元关系等数学分支中都具有重要的应用．它在计算机图形学方面也有着重要的作用．本章将介绍行列式与矩阵的基本知识，包括矩阵的运算、行列式的运算、求解线性方程组及其在经济中的应用．

## 学习能力目标

（1）理解行列式的概念，掌握行列式的性质．
（2）掌握行列式的计算．
（3）会用克拉默（Cramer）法则．
（4）熟练掌握矩阵的线性运算及运算法则、矩阵的乘法及运算法则．
（5）理解方阵可逆的概念和判定法则，掌握求可逆矩阵的逆矩阵的方法．
（6）理解矩阵的秩的概念，掌握求矩阵秩的方法．
（7）熟练掌握矩阵的初等变换，会解简单的矩阵方程．
（8）掌握齐次线性方程组有非零解的判定条件及解的结构，掌握非齐次线性方程组解的判定和结构．
（9）熟练掌握线性方程组的解法．
（10）会利用线性方程组进行简单的经济问题分析．

## 课程思政目标

（1）介绍线性代数在我国的发展历程，展示我国数学家的成就，如华罗庚的矩阵形式等式、熊庆来的教育理念等，激发学生的民族自豪感和历史使命感．
（2）在讲解线性方程组、向量空间等理论时，结合现实生活中遵守规则、承担责任的重要性，教育学生要有良好的道德品质和社会责任感．

## 9.1　行列式

### 9.1.1　行列式的定义

在初等代数中，用加减消元法求解二元一次方程组

$$\begin{cases} a_{11}x_1 + a_{12}x_2 = b_1 & (9.1.1) \\ a_{21}x_1 + a_{22}x_2 = b_2 & (9.1.2) \end{cases}$$

由式（9.1.1）$\times a_{22}$ - 式（9.1.2）$\times a_{12}$ 可得

$$(a_{11}a_{22} - a_{12}a_{21})x_1 = b_1 a_{22} - b_2 a_{12}$$

由式（9.1.2）$\times a_{11}$ - 式（9.1.1）$\times a_{21}$ 可得

$$(a_{11}a_{22} - a_{12}a_{21})x_2 = b_2 a_{11} - b_1 a_{21}$$

如果未知量 $x_1$、$x_2$ 的系数 $a_{11}a_{22} - a_{12}a_{21} \neq 0$，则该线性方程组的解为

$$\begin{cases} x_1 = \dfrac{b_1 a_{22} - b_2 a_{12}}{a_{11}a_{22} - a_{12}a_{21}} \\ x_2 = \dfrac{b_2 a_{11} - b_1 a_{21}}{a_{11}a_{22} - a_{12}a_{21}} \end{cases}$$

这极不便于记忆，为此引入二阶行列式的概念.

**定义 9.1.1** 符号 $\begin{vmatrix} a_{11} & a_{12} \\ a_{21} & a_{22} \end{vmatrix}$ 称为二阶行列式，它代表 $a_{11}a_{22} - a_{12}a_{21}$ 这个算式，即

$$\begin{vmatrix} a_{11} & a_{12} \\ a_{21} & a_{22} \end{vmatrix} = a_{11}a_{22} - a_{12}a_{21}$$

它是由两行两列的 $2^2$ 个元素组成，其中 $a_{ij}$（$i=1$，2；$j=1$，2）称为这个行列式的元素，$i$ 代表 $a_{ij}$ 所在的行数，称为行标；$j$ 代表 $a_{ij}$ 所在的列数，称为列标. 如 $a_{12}$ 表示这一元素处在第 1 行第 2 列的位置.

类似地，也可以得到三阶行列式的概念.

**定义 9.1.2** 符号

$$\begin{vmatrix} a_{11} & a_{12} & a_{13} \\ a_{21} & a_{22} & a_{23} \\ a_{31} & a_{32} & a_{33} \end{vmatrix}$$

称为三阶行列式，它代表

$$a_{11}a_{22}a_{33} + a_{12}a_{23}a_{31} + a_{13}a_{21}a_{32} - a_{13}a_{22}a_{31} - a_{12}a_{21}a_{33} - a_{11}a_{23}a_{32}$$

这一算式，即

$$\begin{vmatrix} a_{11} & a_{12} & a_{13} \\ a_{21} & a_{22} & a_{23} \\ a_{31} & a_{32} & a_{33} \end{vmatrix} = a_{11}a_{22}a_{33} + a_{12}a_{23}a_{31} + a_{13}a_{21}a_{32} - a_{13}a_{22}a_{31} - a_{12}a_{21}a_{33} - a_{11}a_{23}a_{32}$$

它由三行三列的 $3^2$ 个元素组成，其中从左上角到右下角这条对角线称为主对角线，从右上角到左下角这条对角线称为次对角线（或副对角线）.

由此可以看出，对于二阶行列式的值，恰好为主对角线上两元素之积减去次对角线上两元素之积.

三阶行列式如图 9.1.1 所示.

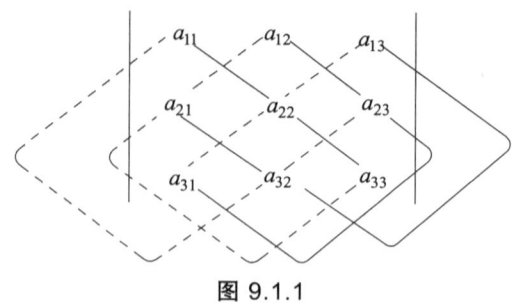

图 9.1.1

每条实线上的 3 个元素之积前加正号，每条虚线上的 3 个元素之积前加负号，最后各项相加就是三阶行列式的值.

这种计算方法称为对角线法，但是，我们要注意该种方法只对二阶、三阶行列式有效，对于 $n$ 阶行列式的展开，等我们学完行列式的性质后再讨论.

**例 9.1.1** 计算下列行列式.

（1）$\begin{vmatrix} \sqrt{2}-1 & 2 \\ 1 & \sqrt{2}+1 \end{vmatrix}$；　　（2）$\begin{vmatrix} 3 & 0 & -1 \\ -2 & 1 & 3 \\ 2 & 2 & 1 \end{vmatrix}$.

**解**：

（1）$\begin{vmatrix} \sqrt{2}-1 & 2 \\ 1 & \sqrt{2}+1 \end{vmatrix} = (\sqrt{2}-1)(\sqrt{2}+1) - 2 \times 1 = 1 - 2 = -1$.

（2）$\begin{vmatrix} 3 & 0 & -1 \\ -2 & 1 & 3 \\ 2 & 2 & 1 \end{vmatrix} = 3 \times 1 \times 1 + 0 \times 3 \times 2 + (-1) \times (-2) \times 2 - (-1) \times 1 \times 2 - 0 \times (-2) \times 1 - 3 \times 3 \times 2 = -9$.

### 9.1.2 行列式的性质

$n$ 阶行列式：我们记

$$D = \begin{vmatrix} a_{11} & a_{12} & \cdots & a_{1n} \\ a_{21} & a_{22} & \cdots & a_{2n} \\ \vdots & \vdots & & \vdots \\ a_{n1} & a_{n2} & \cdots & a_{nn} \end{vmatrix}$$

它由 $n$ 行、$n$ 列元素（共 $n^2$ 个元素）组成，称之为 $n$ 阶行列式. 其中，每一个数 $a_{ij}$ 称为行列式的一个元素，它的前一个下标 $i$ 称为行标，它表示这个数 $a_{ij}$ 在第 $i$ 行上；后一个下标 $j$ 称为列标，它表示这个数 $a_{ij}$ 在第 $j$ 列上，所以 $a_{ij}$ 在行列式第 $i$ 行和第 $j$ 列的交叉位置上. $n$ 阶行列式 $D_n$ 通常也简记作 $|a_{ij}|_n$. 类似二、三阶行列式，$n$ 阶行列式也表示的是一个算式.

接下来，我们看三种特殊的行列式：

（1）称形如 $D = \begin{vmatrix} a_{11} & 0 & \cdots & 0 \\ 0 & a_{22} & \cdots & 0 \\ \vdots & \vdots & & \vdots \\ 0 & 0 & \cdots & a_{nn} \end{vmatrix}$ 为对角行列式；

（2）称形如 $D = \begin{vmatrix} a_{11} & a_{12} & \cdots & a_{1n} \\ 0 & a_{22} & \cdots & a_{2n} \\ \vdots & \vdots & & \vdots \\ 0 & 0 & \cdots & a_{nn} \end{vmatrix}$ 为上三角行列式；

（3）称形如 $D = \begin{vmatrix} a_{11} & 0 & \cdots & 0 \\ a_{12} & a_{22} & \cdots & 0 \\ \vdots & \vdots & & \vdots \\ a_{1n} & a_{2n} & \cdots & a_{nn} \end{vmatrix}$ 为下三角行列式.

**定义 9.1.3** 设有 $n$ 阶行列式

$$D = \begin{vmatrix} a_{11} & a_{12} & \cdots & a_{1n} \\ a_{21} & a_{22} & \cdots & a_{2n} \\ \vdots & \vdots & & \vdots \\ a_{n1} & a_{n2} & \cdots & a_{nn} \end{vmatrix}$$

将 $D$ 的第 $1, 2, \cdots, n$ 行依次变为第 $1, 2, \cdots, n$ 列，得到的新行列式称为 $D$ 的转置行列式，记为 $D^T$，即

$$D = \begin{vmatrix} a_{11} & a_{21} & \cdots & a_{n1} \\ a_{12} & a_{22} & \cdots & a_{n2} \\ \vdots & \vdots & & \vdots \\ a_{1n} & a_{2n} & \cdots & a_{nn} \end{vmatrix}$$

显然 $(D^T)^T = D$.

**性质 9.1.1** 行列式经转置以后其值不变，即 $D^T = D$.

此性质说明在行列式中行与列具有相同的地位. 因此，下面的性质，凡是有关行的性质，对于列也同样成立.

**性质 9.1.2** 交换行列式中任意两行（列）的位置，行列式改变符号.

**推论 9.1.1** 如果行列式中有两行（列）的对应元素完全相同，那么该行列式等于零.

**性质 9.1.3** 把行列式的某一行（列）的所有元素同乘以数 $k$，等于以数 $k$ 乘以该行列式. 即

$$\begin{vmatrix} a_{11} & a_{12} & \cdots & a_{1n} \\ \vdots & \vdots & & \vdots \\ ka_{i1} & ka_{i2} & \cdots & ka_{in} \\ \vdots & \vdots & & \vdots \\ a_{n1} & a_{n2} & \cdots & a_{nn} \end{vmatrix} = k \begin{vmatrix} a_{11} & a_{12} & \cdots & a_{1n} \\ \vdots & \vdots & & \vdots \\ a_{i1} & a_{i2} & \cdots & a_{in} \\ \vdots & \vdots & & \vdots \\ a_{n1} & a_{n2} & \cdots & a_{nn} \end{vmatrix}$$

由性质 9.1.3 可得以下推论:

**推论 9.1.2** 行列式中某一行(列)的所有元素的公因子,可以提到行列式符号外面.

当性质 9.1.3 中的 $k=0$ 时,就有如下推论:

**推论 9.1.3** 如果行列式中有一行(列)全为零,那么该行列式等于零.

**推论 9.1.4** 如果行列式中有两行(列)的元素对应成比例,那么该行列式等于零.

**性质 9.1.4** 如果行列式的某一行(列)的元素为两组数的和,那么该行列式可以分成两个行列式之和. 而且这两个行列式除这一行(列)以外的其他元素与原行列式的对应元素一样. 即

$$\begin{vmatrix} a_{11} & a_{12} & \cdots & a_{1n} \\ \vdots & \vdots & & \vdots \\ x_1+y_1 & x_2+y_2 & \cdots & x_n+y_n \\ \vdots & \vdots & & \vdots \\ a_{n1} & a_{n2} & \cdots & a_{nn} \end{vmatrix} = \begin{vmatrix} a_{11} & a_{12} & \cdots & a_{1n} \\ \vdots & \vdots & & \vdots \\ x_1 & x_2 & \cdots & x_n \\ \vdots & \vdots & & \vdots \\ a_{n1} & a_{n2} & \cdots & a_{nn} \end{vmatrix} + \begin{vmatrix} a_{11} & a_{12} & \cdots & a_{1n} \\ \vdots & \vdots & & \vdots \\ y_1 & y_2 & \cdots & y_n \\ \vdots & \vdots & & \vdots \\ a_{n1} & a_{n2} & \cdots & a_{nn} \end{vmatrix}$$

**性质 9.1.5** 如果以数 $k$ 乘以行列式中的某一行(列)的所有元素然后加到另一行(列)的对应元素上去,所得行列式的值不变. 即

$$\begin{vmatrix} a_{11} & a_{12} & \cdots & a_{1n} \\ \vdots & \vdots & & \vdots \\ a_{i1} & a_{i2} & \cdots & a_{in} \\ \vdots & \vdots & & \vdots \\ a_{j1} & a_{j2} & \cdots & a_{jn} \\ \vdots & \vdots & & \vdots \\ a_{n1} & a_{n2} & \cdots & a_{nn} \end{vmatrix} = \begin{vmatrix} a_{11} & a_{12} & \cdots & a_{1n} \\ \vdots & \vdots & & \vdots \\ a_{i1}+ka_{j1} & a_{i2}+ka_{j2} & \cdots & a_{in}+ka_{jn} \\ \vdots & \vdots & & \vdots \\ a_{j1} & a_{j2} & \cdots & a_{jn} \\ \vdots & \vdots & & \vdots \\ a_{n1} & a_{n2} & \cdots & a_{nn} \end{vmatrix}$$

**说明**:今后在进行行列式计算时,为了简明地表达解题过程,也为了便于检查,我们约定,用

(1) $r_i$ 表示第 $i$ 行.

(2) $c_j$ 表示第 $j$ 列.

(3) $kr_i+r_j(kc_i+c_j)$ 表示将第 $i$ 行(列)乘以 $k$ 加到第 $j$ 行(列)上去.

(4) $r_i \leftrightarrow r_j(c_i \leftrightarrow c_j)$ 表示将第 $i$ 行(列)与第 $j$ 行(列)交换位置.

**例 9.1.2** 计算行列式 $D = \begin{vmatrix} 4 & 2 & -4 \\ 0 & 3 & -6 \\ 3 & 6 & -12 \end{vmatrix}$.

**解**:通过观察发现行列式的第 2 列与第 3 列对应元素成比例,由推论 9.1.4 可知

$$D = \begin{vmatrix} 4 & 2 & -4 \\ 0 & 3 & -6 \\ 3 & 6 & -12 \end{vmatrix} = 0.$$

**例 9.1.3** 计算行列式 $D = \begin{vmatrix} 1 & -1 & 2 & 3 \\ 0 & 3 & 4 & 8 \\ -1 & 4 & 2 & 5 \\ 6 & 2 & 5 & 4 \end{vmatrix}$.

**解**：通过观察发现行列式的第 2 行恰为第 1 行与第 3 行之和，所以

$$D=\begin{vmatrix} 1 & -1 & 2 & 3 \\ 0 & 3 & 4 & 8 \\ -1 & 4 & 2 & 5 \\ 6 & 2 & 5 & 4 \end{vmatrix} \xrightarrow{r_1+r_3} \begin{vmatrix} 1 & -1 & 2 & 3 \\ 0 & 3 & 4 & 8 \\ 0 & 3 & 4 & 8 \\ 6 & 2 & 5 & 4 \end{vmatrix}=0.$$

### 9.1.3 行列式的计算

**1. 行列式的展开**

**定义 9.1.4** 在 $n$ 阶行列式中，划去元素 $a_{ij}$ 所在的行和列，余下的元素按原来的相对位置不变构成的行列式称为 $a_{ij}$ 的余子式，记作 $M_{ij}$.

在 $M_{ij}$ 前面冠以符号 $(-1)^{i+j}$ 后，称为 $a_{ij}$ 的代数余子式，记作 $A_{ij}$，即 $A_{ij}=(-1)^{i+j}M_{ij}$.

**例 9.1.4** 设 $D=\begin{vmatrix} 4 & 3 & 6 \\ 5 & 2 & 1 \\ 7 & 2 & 8 \end{vmatrix}$，求出元素 $a_{21}$、$a_{32}$ 的余子式和代数余子式.

**解**：元素 $a_{21}$ 的余子式和代数余子式分别为

$$M_{21}=\begin{vmatrix} 3 & 6 \\ 2 & 8 \end{vmatrix}=12, \qquad A_{21}=(-1)^{2+1}\begin{vmatrix} 3 & 6 \\ 2 & 8 \end{vmatrix}=-12.$$

元素 $a_{32}$ 的余子式和代数余子式分别为

$$M_{32}=\begin{vmatrix} 4 & 6 \\ 5 & 1 \end{vmatrix}=-26, \qquad A_{32}=(-1)^{3+2}\begin{vmatrix} 4 & 6 \\ 5 & 1 \end{vmatrix}=-\begin{vmatrix} 4 & 6 \\ 5 & 1 \end{vmatrix}=26.$$

**定理 9.1.1（拉普拉斯展开定理）** $n$ 阶行列式 $D$ 等于其任意一行（列）中的各元素与其代数余子式的乘积之和. 即

$$D=a_{i1}A_{i1}+a_{i2}A_{i2}+\cdots+a_{in}A_{in} \quad (i=1,2,\cdots,n)$$

或

$$D=a_{1j}A_{1j}+a_{2j}A_{2j}+\cdots+a_{nj}A_{nj} \quad (j=1,2,\cdots,n)$$

这个定理称为拉普拉斯定理，利用此定理可以进行降阶运算.

**说明：**

（1）$n$ 阶行列式 $D$ 等于它的任意一行（列）的各元素与其对应的代数余子式乘积的和.

（2）$n$ 阶行列式 $D$ 它的任意一行（列）的各元素与另一行（列）对应的代数余子式乘积的和等于零. 即

$$a_{i1}A_{j1}+a_{i2}A_{j2}+\cdots+a_{in}A_{jn}=\sum_{k=1}^{n}a_{ik}A_{jk}=\begin{cases} D, i=j \\ 0, i\neq j \end{cases}$$

$$a_{1i}A_{1j}+a_{2i}A_{2j}+\cdots+a_{ni}A_{nj}=\sum_{k=1}^{n}a_{ki}A_{kj}=\begin{cases} D, i=j \\ 0, i\neq j \end{cases}$$

但在计算行列式时，直接利用此定理进行行列式展开并不一定能简化运算，而当行列式中某一行或某一列中含有较多零时，运用此定理将会非常简便.

**推论 9.1.5** 当 $n$ 阶行列式 $D$ 的第 $i$ 行（或第 $j$ 列）中只有一个非零元素 $a_{ij}$ 时 $D = a_{ij}A_{ij}$.

例如：

$$\begin{vmatrix} 3 & 0 & 0 & 2 \\ 2 & 5 & 0 & 6 \\ 7 & 6 & 5 & 3 \\ 1 & 0 & 0 & 8 \end{vmatrix} = 5 \times \begin{vmatrix} 3 & 0 & 2 \\ 2 & 5 & 6 \\ 1 & 0 & 8 \end{vmatrix} = 5 \times 5 \times \begin{vmatrix} 3 & 2 \\ 1 & 8 \end{vmatrix} = 550.$$

### 2. 行列式的计算

行列式的计算方法主要有以下几种：

（1）对二阶、三阶行列式通常应用对角线法直接求值.

（2）对于高阶行列式可以利用行列式的性质，将其转化为三角形行列式，再求其值.

（3）利用行列式的展开，可以使行列式的阶数降低，从而简化其运算过程，特别是当某行（列）中含有较多个零元素时常用此法.

**例 9.1.5** 证明 $n$ 阶下三角行列式（当 $i < j$ 时，$a_{ij} = 0$，即主对角线以上元素全为 0）.

$$D_n = \begin{vmatrix} a_{11} & 0 & \cdots & 0 \\ a_{21} & a_{22} & \cdots & 0 \\ \vdots & \vdots & & \vdots \\ a_{n1} & a_{n2} & \cdots & a_{nn} \end{vmatrix} = a_{11}a_{22}\cdots a_{nn}$$

**证**：对 $n$ 作数学归纳法，当 $n = 2$ 时，结论成立.

假设结论对 $n-1$ 阶下三角行列式成立，则由定义得

$$D_n = \begin{vmatrix} a_{11} & 0 & \cdots & 0 \\ a_{21} & a_{22} & \cdots & 0 \\ \vdots & \vdots & & \vdots \\ a_{n1} & a_{n2} & \cdots & a_{nn} \end{vmatrix} = (-1)^{n+n}a_{nn} \begin{vmatrix} a_{11} & 0 & \cdots & 0 \\ a_{21} & a_{22} & \cdots & 0 \\ \vdots & \vdots & & \vdots \\ a_{n-1,1} & a_{n-2,2} & \cdots & a_{n-1,n-1} \end{vmatrix}.$$

右端行列式是 $n-1$ 阶下三角行列式，根据归纳假设得

$$D_n = a_{11}a_{22}a_{33}\cdots a_{nn}.$$

同理可证，$n$ 阶对角行列式（非主对角线上元素全为 0）

$$\begin{vmatrix} a_{11} & 0 & \cdots & 0 \\ 0 & a_{22} & \cdots & 0 \\ \vdots & \vdots & & \vdots \\ 0 & 0 & \cdots & a_{nn} \end{vmatrix} = a_{11}a_{22}\cdots a_{nn}.$$

又根据性质 9.1.1 有 $n$ 阶上三角行列式

$$\begin{vmatrix} a_{11} & a_{21} & \cdots & a_{n1} \\ 0 & a_{22} & \cdots & a_{n2} \\ \vdots & \vdots & & \vdots \\ 0 & 0 & \cdots & a_{nn} \end{vmatrix} = a_{11}a_{22}\cdots a_{nn}.$$

类似的，也可以证明：

$$\begin{vmatrix} & & & \lambda_1 \\ & & \lambda_2 & \\ & \cdots & & \\ \lambda_n & & & \end{vmatrix} = (-1)^{\frac{n(n-1)}{2}} \lambda_1 \lambda_2 \cdots \lambda_n.$$（次对角线以外的元素都为 0）

以上两个结论非常重要，可用于简化行列式的计算.

**例 9.1.6** 求下列行列式的值.

（1） $D = \begin{vmatrix} 2 & -1 & 3 & -2 \\ 1 & 2 & -1 & 3 \\ 0 & 3 & -1 & 1 \\ 1 & -1 & 1 & 4 \end{vmatrix}$；（2） $D = \begin{vmatrix} 1 & -1 & 0 \\ 1 & 0 & 9 \\ -3 & 1 & 5 \end{vmatrix}$；（3） $D = \begin{vmatrix} 5 & 1 & 1 & 1 \\ 1 & 5 & 1 & 1 \\ 1 & 1 & 5 & 1 \\ 1 & 1 & 1 & 5 \end{vmatrix}$.

**解：**

（1） $D \xrightarrow{r_1 \leftrightarrow r_2} - \begin{vmatrix} 1 & 2 & -1 & 3 \\ 2 & -1 & 3 & -2 \\ 0 & 3 & -1 & 1 \\ 1 & -1 & 1 & 4 \end{vmatrix} \xrightarrow{r_2 - 2r_1, r_4 - r_1} - \begin{vmatrix} 1 & 2 & -1 & 3 \\ 0 & -5 & 5 & -8 \\ 0 & 3 & -1 & 1 \\ 0 & -3 & 2 & 1 \end{vmatrix}.$

$\xrightarrow{r_2 + 2r_3} - \begin{vmatrix} 1 & 2 & -1 & 3 \\ 0 & 1 & 3 & -6 \\ 0 & 3 & -1 & 1 \\ 0 & -3 & 2 & 1 \end{vmatrix} \xrightarrow{r_3 - 3r_2, r_4 + 3r_2} - \begin{vmatrix} 1 & 2 & -1 & 3 \\ 0 & 1 & 3 & -6 \\ 0 & 0 & -10 & 19 \\ 0 & 0 & 11 & -17 \end{vmatrix}$

$\xrightarrow{r_3 + r_4} - \begin{vmatrix} 1 & 2 & -1 & 3 \\ 0 & 1 & 3 & -6 \\ 0 & 0 & 1 & 2 \\ 0 & 0 & 11 & -17 \end{vmatrix} \xrightarrow{r_4 - 11r_3} - \begin{vmatrix} 1 & 2 & -1 & 3 \\ 0 & 1 & 3 & -6 \\ 0 & 0 & 1 & 2 \\ 0 & 0 & 0 & -39 \end{vmatrix}$

$= -(1 \times 1 \times 1 \times (-39)) = 39.$

（2）由于 $D$ 是三阶行列式，可利用对角线法则计算：

$$D = \begin{vmatrix} 1 & -1 & 0 \\ 1 & 0 & 9 \\ -3 & 1 & 5 \end{vmatrix} = 0 + 27 + 0 - 0 - 9 - (-5) = 23.$$

（3）我们发现除了主对角线外，其他元素都是 1，另外，每列元素的和都是 8，因此，将第四行、第三行、第二行同时加到第一行，再提出公因式 8，即

$D \xrightarrow{r_1 + r_2 + r_3 + r_4} \begin{vmatrix} 8 & 8 & 8 & 8 \\ 1 & 5 & 1 & 1 \\ 1 & 1 & 5 & 1 \\ 1 & 1 & 1 & 5 \end{vmatrix} \xrightarrow{r_1 \div 8} 8 \begin{vmatrix} 1 & 1 & 1 & 1 \\ 1 & 5 & 1 & 1 \\ 1 & 1 & 5 & 1 \\ 1 & 1 & 1 & 5 \end{vmatrix}$

$\xrightarrow{r_2 - r_1, r_3 - r_1, r_4 - r_1} 8 \begin{vmatrix} 1 & 1 & 1 & 1 \\ 0 & 4 & 0 & 0 \\ 0 & 0 & 4 & 0 \\ 0 & 0 & 0 & 4 \end{vmatrix} = 8 \times 1 \times 4 \times 4 \times 4 = 512.$

### 9.1.4 克拉默法则

我们已经知道二元线性方程组的解与行列式有着密切相关的联系，下面介绍 $n$ 元线性方程组的解的公式，这是行列式理论的一个非常重要的应用.

设含有 $n$ 个未知量，$n$ 个方程的线性方程组为

$$\begin{cases} a_{11}x_1 + a_{12}x_2 + \cdots + a_{1n}x_n = b_1 \\ a_{21}x_1 + a_{22}x_2 + \cdots + a_{2n}x_n = b_2 \\ \vdots \quad \vdots \quad \vdots \\ a_{n1}x_1 + a_{n2}x_2 + \cdots + a_{nn}x_n = b_n \end{cases} \quad (9.1.3)$$

其中方程组（9.1.3）中的未知量系数在保持原来的相对位置不变的情况下构成的 $n$ 阶行列式 $D = \begin{vmatrix} a_{11} & a_{12} & \cdots & a_{1n} \\ a_{21} & a_{22} & \cdots & a_{2n} \\ \vdots & \vdots & & \vdots \\ a_{n1} & a_{n2} & \cdots & a_{nn} \end{vmatrix}$ 称为方程组（9.1.3）的系数行列式，记作 $\det D$.

**定理 9.1.2（克拉默法则）** 若 $n$ 元线性方程组（9.1.3）的系数行列式 $D \neq 0$，那么此方程组有唯一解，且 $x_1 = \dfrac{D_1}{D}$，$x_2 = \dfrac{D_2}{D}$，$\cdots$，$x_n = \dfrac{D_n}{D}$，其中 $D_j$ 是把系数行列式 $D$ 的第 $j$ 列的元素用方程组的常数项 $b_1, b_2, \cdots, b_n$ 替换而得到的 $n$ 阶行列式.

**例 9.1.7** 用克拉默法则解线性方程组 $\begin{cases} 2x_1 + x_2 - 5x_3 = 8 \\ x_1 - 3x_2 = 9 \\ 2x_2 - x_3 = -5 \end{cases}$.

**解**：该方程组的系数行列式为

$$D = \begin{vmatrix} 2 & 1 & -5 \\ 1 & -3 & 0 \\ 0 & 2 & -1 \end{vmatrix} = -3,$$

因为 $D \neq 0$，所以该方程组有唯一解. 又由于

$$D_1 = \begin{vmatrix} 8 & 1 & -5 \\ 9 & -3 & 0 \\ -5 & 2 & -1 \end{vmatrix} = 18, \quad D_2 = \begin{vmatrix} 2 & 8 & -5 \\ 1 & 9 & 0 \\ 0 & -5 & -1 \end{vmatrix} = 15, \quad D_3 = \begin{vmatrix} 2 & 1 & 8 \\ 1 & -3 & 9 \\ 0 & 2 & -5 \end{vmatrix} = 15$$

所以

$$x_1 = \frac{D_1}{D} = -6, \quad x_2 = \frac{D_2}{D} = -5, \quad x_3 = \frac{D_3}{D} = -5.$$

克拉默法则给出了线性方程组的解与其系数、常数项之间的重要关系. 但它只适用于**方程个数与未知量个数相等，且系数行列式不等于零的线性方程组**.

当线性方程组（9.1.3）的常数项全为零时，有

$$\begin{cases} a_{11}x_1 + a_{12}x_2 + \cdots + a_{1n}x_n = 0 \\ a_{21}x_1 + a_{22}x_2 + \cdots + a_{2n}x_n = 0 \\ \cdots \\ a_{n1}x_1 + a_{n2}x_2 + \cdots + a_{nn}x_n = 0 \end{cases} \qquad (9.1.4)$$

称方程组（9.1.4）为**齐次线性方程组**，否则，称为**非齐次线性方程组**.

显然，$x_1 = x_2 = \cdots = x_n = 0$ 就是式（9.1.4）的一个解. 那么，它除了零解以外是否还有其他非零解呢？

由克拉默法则可以得出：若式（9.1.4）的系数行列式 $D \neq 0$，则方程组有**唯一零解**；若方程组有**非零解**，则系数行列式 $D$ 必为零.

**推论 9.1.6** 齐次线性方程组有非零解的充分必要条件是 $D=0$.

**例 9.1.8** 讨论方程组 $\begin{cases} \lambda x_1 + x_2 + x_3 = 0 \\ x_1 + \lambda x_2 + x_3 = 0 \\ 3x_1 - x_2 + x_3 = 0 \end{cases}$ 解的情况.

**解**：因为 $D = \begin{vmatrix} \lambda & 1 & 1 \\ 1 & \lambda & 1 \\ 3 & -1 & 1 \end{vmatrix} = (\lambda - 1)^2$，所以，当 $\lambda = 1$ 时，$D=0$，此时方程组有非零解；当 $\lambda \neq 1$ 时，$D \neq 0$，此时方程组有唯一的零解.

# 习题 9.1

1. 选择题.

（1）3 阶行列式 $D = \begin{vmatrix} 0 & -1 & 1 \\ 1 & 0 & -1 \\ -1 & 1 & 0 \end{vmatrix}$ 中元素 $a_{21}$ 的代数余子式 $A_{21}=$（　　　）.

  A．$-2$      B．1      C．$-1$      D．2

（2）已知 $\begin{vmatrix} a_{11} & a_{12} & a_{13} \\ a_{21} & a_{22} & a_{23} \\ a_{31} & a_{32} & a_{33} \end{vmatrix} = 3$，那么 $\begin{vmatrix} 2a_{11} & 2a_{12} & 2a_{13} \\ a_{21} & a_{22} & a_{23} \\ -2a_{31} & -2a_{32} & -2a_{33} \end{vmatrix} = $（　　　）.

  A．$-24$      B．$-12$      C．$-6$      D．12

（3）设有行列式 $\begin{vmatrix} x & 2 & 3 \\ -1 & x & 0 \\ 0 & x & 1 \end{vmatrix} = 0$，则 $x = $（　　　）.

  A．1      B．$-2$      C．1 或 2      D．3

（4）$\begin{vmatrix} 1 & 2 & 0 & 0 \\ 0 & 1 & 2 & 0 \\ 0 & 0 & 1 & 2 \\ 2 & 0 & 0 & 1 \end{vmatrix} = $（　　　）.

  A．$-15$      B．$-3$      C．1 或 2      D．3

2. 填空题.

（1）设 3 阶行列式 $D_3$ 的第 2 列元素分别为 $1,-2,3$，对应的代数余子式分别为 $-3,2,1$，则 $D_3=$_____.

（2） $\begin{vmatrix} 0 & 0 & 0 & a \\ b & 0 & 0 & 0 \\ 0 & c & 0 & 0 \\ 0 & 0 & d & 0 \end{vmatrix} =$_____.

（3）已知行列式 $\begin{vmatrix} a_1 & b_1 & c_1 \\ a_2 & b_2 & c_2 \\ a_3 & b_3 & c_3 \end{vmatrix} =1$，则 $\begin{vmatrix} a_1 & a_1-b_1 & a_1-b_1+c_1 \\ a_2 & a_2-b_2 & a_2-b_2+c_2 \\ a_3 & a_3-b_3 & a_3-b_3+c_3 \end{vmatrix} =$_____.

（4）如果 $\begin{vmatrix} a & 3 & 1 \\ b & 0 & 1 \\ c & 2 & 1 \end{vmatrix} =2$，则 $\begin{vmatrix} a-3 & b-3 & c-3 \\ 5 & 2 & 4 \\ 1 & 1 & 1 \end{vmatrix} =$_____.

3. 用对角线算法计算下列行列式.

（1） $\begin{vmatrix} 2 & 6 \\ 5 & 3 \end{vmatrix}$；

（2） $\begin{vmatrix} \sin\alpha & \cos\alpha \\ \sin\beta & \cos\beta \end{vmatrix}$；

（3） $\begin{vmatrix} 1 & 2 & 3 \\ 2 & 3 & 1 \\ 3 & 1 & 2 \end{vmatrix}$；

（4） $\begin{vmatrix} 1 & 2 & 2 \\ 3 & 7 & 4 \\ 2 & 3 & 5 \end{vmatrix}$；

（5） $\begin{vmatrix} 2 & 0 & 2 \\ 0 & 3 & 1 \\ 1 & 0 & 3 \end{vmatrix}$；

（6） $\begin{vmatrix} 1 & 1 & 1 \\ a & b & c \\ a^2 & b^2 & c^2 \end{vmatrix}$；

（7） $\begin{vmatrix} x & y & x+y \\ y & x+y & x \\ x+y & x & y \end{vmatrix}$；

（8） $\begin{vmatrix} 3 & 2 & 2 \\ 3 & 2 & 3 \\ 2 & 3 & 2 \end{vmatrix}$.

4. 计算下列行列式.

（1） $\begin{vmatrix} 5 & 0 & 4 & 2 \\ 1 & -1 & 2 & 1 \\ 4 & 1 & 2 & 0 \\ 1 & 1 & 1 & 1 \end{vmatrix}$；

（2） $\begin{vmatrix} 1 & 2 & 3 & 4 \\ 2 & 1 & 2 & 3 \\ 3 & 2 & 1 & 2 \\ 4 & 3 & 2 & 1 \end{vmatrix}$；

（3） $D = \begin{vmatrix} 1 & 1 & 1 & 1 \\ 1 & 2 & 0 & 0 \\ 1 & 0 & 3 & 0 \\ 1 & 0 & 0 & 4 \end{vmatrix}$；

（5） $\begin{vmatrix} 0 & 1 & 0 & \cdots & 0 \\ 0 & 0 & 2 & \cdots & 0 \\ \vdots & \vdots & \vdots & & \vdots \\ 0 & 0 & 0 & \cdots & n-1 \\ n & 0 & 0 & \cdots & 0 \end{vmatrix}$.

5. 求解方程 $\begin{vmatrix} 1 & 1 & 1 & 1 \\ 1 & 1-x & 1 & 1 \\ 1 & 1 & 2-x & 1 \\ 1 & 1 & 1 & 3-x \end{vmatrix} = 0$.

6. 求解下列线性方程组.

（1）$\begin{cases} x_1 - x_2 + x_3 = 1 \\ x_1 + x_2 - 2x_3 = 1 \\ x_1 + x_2 = 2 \end{cases}$；
（2）$\begin{cases} x_1 - x_2 = -5 \\ 3x_1 + 2x_2 + x_3 = 6 \\ 4x_1 + x_2 + 2x_3 = 0 \end{cases}$；

（3）$\begin{cases} x_1 + x_2 + x_3 + x_4 = 5 \\ x_1 + 2x_2 - x_3 + 4x_4 = -2 \\ 2x_1 - 3x_2 - x_3 - 5x_4 = -2 \\ 3x_1 + x_2 + 2x_3 + 11x_4 = 0 \end{cases}$；
（4）$\begin{cases} 5x_1 + 6x_2 = 1 \\ x_1 + 5x_2 + 6x_3 = 0 \\ x_2 + 5x_3 + 6x_4 = 0 \\ x_3 + 5x_4 = 1 \end{cases}$.

7. 当 $a$ 为何值时，齐次线性方程组 $\begin{cases} x_1 + 2x_2 + 5x_3 = 0 \\ x_1 + 3x_2 - 2x_3 = 0 \\ 2x_1 + 5x_2 + ax_3 = 0 \end{cases}$ 有非零解？

## 9.2 矩阵的概念及矩阵的运算

### 9.2.1 矩阵的概念

**引例 1**：如果我们把线性方程组

$$\begin{cases} a_{11}x_1 + a_{12}x_2 + \cdots + a_{1n}x_n = b_1 \\ a_{21}x_1 + a_{22}x_2 + \cdots + a_{2n}x_n = b_2 \\ \cdots \\ a_{m1}x_1 + a_{m2}x_2 + \cdots + a_{mn}x_n = b_m \end{cases} \quad (9.2.1)$$

的系数和常数项按其原有的位置排成 $m$ 行 $n+1$ 列，这就形成一个表达数据的数表：

$$\begin{pmatrix} a_{11} & a_{12} & \cdots & a_{1n} & b_1 \\ a_{21} & a_{22} & \cdots & a_{2n} & b_2 \\ \vdots & \vdots & & \vdots & \vdots \\ a_{m1} & a_{m2} & \cdots & a_{mn} & b_m \end{pmatrix}$$

显然，该数表决定着方程组（9.2.1）是否有解，以及如果有解，解是什么等问题. 因而研究这个数表就很有必要.

**引例 2**：假若你是某商店的老板，要了解 3 种商品一周的销售情况，于是店员给你制作了这样一个表格：

| 分类 | 星期一 | 星期二 | 星期三 | 星期四 | 星期五 | 星期六 | 星期日 |
|---|---|---|---|---|---|---|---|
| 食品 | 503 | 35 | 96 | 54 | 65 | 800 | 745 |
| 日用品 | 205 | 74 | 68 | 84 | 58 | 945 | 694 |
| 电器 | 10 | 0 | -3 | 100 | 27 | 347 | 289 |

$$\begin{pmatrix} 503 & 35 & 96 & 54 & 65 & 800 & 745 \\ 205 & 74 & 68 & 84 & 58 & 945 & 694 \\ 10 & 0 & -3 & 100 & 27 & 347 & 289 \end{pmatrix}$$

具体描述了这一周的销售情况. 对于一些只讨论数据的问题, 可以用数表来表示. 我们把这样的数表称为矩阵. 矩阵就是数字表格的抽象形式.

### 1. 矩阵的定义

**定义 9.2.1** 由 $m \times n$ 个数 $a_{ij}(i=1, 2, \cdots, m; j=1, 2, \cdots, n)$ 排成的 $m$ 行 $n$ 列的长方形数表, 并用括弧"()"括起来, 形如

$$\begin{pmatrix} a_{11} & a_{12} & \cdots & a_{1n} \\ a_{21} & a_{22} & \cdots & a_{2n} \\ \vdots & \vdots & & \vdots \\ a_{m1} & a_{m2} & \cdots & a_{mn} \end{pmatrix}$$

的数表, 我们称之为矩阵. 一般用大写英文字母 $A$、$B$、$C$ 等来表示.

上面的矩阵也可以简记为 $A_{m \times n} = (a_{ij})_{m \times n}$, 其中 $a_{ij}$ 称为矩阵第 $i$ 行第 $j$ 列的元素.

有些特殊矩阵是我们经常碰见的:

(1) 当 $m=1$ 时, 矩阵只有一行, 形如 $A = (a_{11} \quad a_{12} \quad \cdots \quad a_{1n})$, 称为**行矩阵**或**行向量**.

(2) 当 $n=1$ 时, 矩阵只有一列, 形如 $A = \begin{pmatrix} a_{11} \\ a_{21} \\ \vdots \\ a_{m1} \end{pmatrix}$, 称为**列矩阵**或**列向量**.

(3) 当 $m=n$ 时, 矩阵的行数等于列数, 即

$$A = \begin{pmatrix} a_{11} & a_{12} & a_{13} & \cdots & a_{1n} \\ a_{21} & a_{22} & a_{23} & \cdots & a_{2n} \\ a_{31} & a_{32} & a_{33} & \cdots & a_{3n} \\ \vdots & \vdots & \vdots & & \vdots \\ a_{n1} & a_{n2} & a_{n3} & \cdots & a_{nn} \end{pmatrix}$$

称为 $n$ 阶方阵, 记作 $A_n$.

(4) 我们把方阵左上角到右下角的对角线称为**主对角线**, 右上角到左下角的对角线称为**次对角线**. 一个方阵除主对角线外其他元素均为零的称为**对角矩阵**; 主对角线上方的元素全部为零的方阵称为**下三角矩阵**; 主对角线下方的元素全部为零的方阵称为**上三角矩阵**; 上三角矩阵和下三角矩阵统称为三角矩阵.

如矩阵 $A = \begin{pmatrix} a_{11} & 0 & \cdots & 0 \\ * & a_{22} & \cdots & 0 \\ \cdots & \cdots & \ddots & \cdots \\ * & * & \cdots & a_{nn} \end{pmatrix}$, 就是 $n$ 阶下三角矩阵.

(5) 主对角线上元素均为 1 的 $n$ 阶对角矩阵 $E_n = \begin{pmatrix} 1 & & & 0 \\ & 1 & & \\ & & \ddots & \\ 0 & & & 1 \end{pmatrix}$, 称为 $n$ 阶单位矩阵.

（6）所有元素全为零的矩阵称为**零矩阵**，记作 $\boldsymbol{O}_{m \times n}$，例如 $\boldsymbol{O}_{2 \times 3} = \begin{pmatrix} 0 & 0 & 0 \\ 0 & 0 & 0 \end{pmatrix}$.

（7）矩阵中元素全为零的行被称为零行，如果零行均排在矩阵的非零行的下面，且各行首非零元素前的零元素个数随行数增加而增加，这样的矩阵叫作**阶梯形矩阵**．若每行首非零元素均为 1，且所在列的其他元素均为 0 的阶梯形矩阵，我们称为**最简阶梯形矩阵**．

例如 $\boldsymbol{A} = \begin{pmatrix} 1 & -2 & 4 & 0 & 2 \\ 0 & 2 & 3 & -1 & 0 \\ 0 & 0 & 0 & 5 & 4 \\ 0 & 0 & 0 & 0 & 0 \end{pmatrix}$ 就是一个梯形矩阵，$\boldsymbol{B} = \begin{pmatrix} 1 & 0 & 0 \\ 0 & 1 & 0 \\ 0 & 0 & 1 \\ 0 & 0 & 0 \\ 0 & 0 & 0 \end{pmatrix}$ 就是一个最简阶梯形矩阵．

（8）位于主对角线两侧对称位置上的元素对应相等的方阵，即 $a_{ij} = a_{ji}(i, j = 1, 2, \cdots, n)$，称为**对称矩阵**．

例如，$\boldsymbol{A} = \begin{pmatrix} 4 & 1 & 0 \\ 1 & -3 & 6 \\ 0 & 6 & 2 \end{pmatrix}$ 是一个三阶对称矩阵．

（9）主对角线上元素全为零，且主对角线两侧对称位置上的元素互为相反数的方阵，即 $a_{ij} = -a_{ji}(i, j = 1, 2, \cdots, n)$，称为**反对称矩阵**．

例如，$\boldsymbol{A} = \begin{pmatrix} 0 & 1 & 7 \\ -1 & 0 & -6 \\ -7 & 6 & 0 \end{pmatrix}$ 是一个三阶反对称矩阵．

（10）把行数与列数分别相等的两个矩阵称为**同型矩阵**．

例如，$\boldsymbol{A} = \begin{pmatrix} 1 & 0 \\ 3 & 5 \\ 9 & 6 \end{pmatrix}$ 与 $\boldsymbol{B} = \begin{pmatrix} -9 & 2 \\ 0 & 7 \\ 9 & 4 \end{pmatrix}$ 是三行两列的同型矩阵．

**2. 矩阵相等**

**定义 9.2.2** 若两个矩阵 $\boldsymbol{A} = (a_{ij})_{m \times n}$ 和 $\boldsymbol{B} = (b_{ij})_{s \times t}$ 满足：

（1）$m = s, n = t$；

（2）$a_{ij} = b_{ij}(i = 1, 2, \cdots, m; j = 1, 2, \cdots, n)$．

则称矩阵 $\boldsymbol{A}$ 和 $\boldsymbol{B}$ 相等，记为 $\boldsymbol{A} = \boldsymbol{B}$．

**例 9.2.1** 已知 $\boldsymbol{A} = \boldsymbol{B}$，其中

$$\boldsymbol{A} = \begin{pmatrix} 3 & x+y \\ x-3y & a \end{pmatrix}, \boldsymbol{B} = \begin{pmatrix} b+2a & 7 \\ -5 & 2a-b-3 \end{pmatrix}$$

试求出 $x$、$y$、$a$、$b$．

**解**：由矩阵相等得

$$\begin{cases} 3 = b+2a \\ x+y = 7 \\ x-3y = -5 \\ a = 2a-b-3 \end{cases} \Rightarrow \begin{cases} a = 2 \\ b = -1 \\ x = 4 \\ y = 3 \end{cases}.$$

### 9.2.2 矩阵的运算

**1. 矩阵的加（减）法与数乘运算**

**定义 9.2.3** 两个同型矩阵的对应元素相加（减）而得到的矩阵，称为两矩阵的和（差）．

**例 9.2.2** 已知 $A = \begin{pmatrix} 3 & -2 & 8 & 0 \\ -5 & 6 & 1 & -4 \end{pmatrix}$，$B = \begin{pmatrix} 9 & -2 & 0 & 5 \\ 8 & -6 & 2 & 6 \end{pmatrix}$，求 $A+B$、$A-B$．

**解：**

$$A+B = \begin{pmatrix} 3 & -2 & 8 & 0 \\ -5 & 6 & 1 & -4 \end{pmatrix} + \begin{pmatrix} 9 & -2 & 0 & 5 \\ 8 & -6 & 2 & 6 \end{pmatrix} = \begin{pmatrix} 12 & -4 & 8 & 5 \\ 3 & 0 & 3 & 2 \end{pmatrix};$$

$$A-B = \begin{pmatrix} 3 & -2 & 8 & 0 \\ -5 & 6 & 1 & -4 \end{pmatrix} - \begin{pmatrix} 9 & -2 & 0 & 5 \\ 8 & -6 & 2 & 6 \end{pmatrix} = \begin{pmatrix} -6 & 0 & 8 & -5 \\ -13 & 12 & -1 & -10 \end{pmatrix}.$$

**注意：** 只有同型矩阵才能进行加法运算，矩阵的和仍是一个与它们同型的矩阵．由矩阵加法定义，不难得出矩阵加法运算律：

（1）$A + B = B + A$（交换律）．
（2）$(A + B) + C = A + (B + C)$（结合律）．
（3）$A + O = O + A = A$（零矩阵特性）．
（4）任意矩阵 $A$，存在唯一一个矩阵 $-A$，使 $A + (-A) = 0$，称 $-A$ 为 $A$ 的负矩阵．若 $A = (a_{ij})_{m \times n}$，则 $-A = (-a_{ij})_{m \times n}$．
（5）$A - B = A + (-B)$．

**定义 9.2.4** 用一个数乘以矩阵的每一个元素而得到的矩阵，称为**数乘矩阵**．

**例 9.2.3** 已知 $A = \begin{pmatrix} -2 & 4 & 6 \\ 6 & -9 & 0 \\ 3 & -5 & 1 \\ 6 & 8 & 4 \end{pmatrix}$，求 $5A$．

**解：** $5A = 5\begin{pmatrix} -2 & 4 & 6 \\ 6 & -9 & 0 \\ 3 & -5 & 1 \\ 6 & 8 & 4 \end{pmatrix} = \begin{pmatrix} -10 & 20 & 30 \\ 30 & -45 & 0 \\ 15 & -25 & 5 \\ 30 & 40 & 20 \end{pmatrix}.$

**注意：** 数乘矩阵的运算律：（其中 $A$ 与 $B$ 为同型矩阵，$k$、$l$ 是常数）

（1）$(k+l)A = kA + lA$．
（2）$k(A+B) = kA + kB$（分配律）．
（3）$k(lA) = (kl)A$（结合律）．
（4）$(-1)A = -A$．

**2. 矩阵的乘法运算**

**定义 9.2.5** 两个矩阵的乘积是将左边矩阵第 $i$ 行的每一个元素乘以右边矩阵第 $j$ 列的对应元素之积的和作为乘积矩阵中的第 $i$ 行第 $j$ 列元素，左边矩阵的每一行遍乘右边矩阵的每一列即可获得乘积矩阵，即设有 $A = (a_{ik})_{m \times l}$，$B = (b_{kj})_{l \times n}$，则

$$AB = A \times B = (a_{ik})_{m \times l} \times (b_{kj})_{l \times n} = (c_{ij})_{m \times n}$$

其中
$$c_{ij} = a_{i1}b_{1j} + a_{i2}b_{2j} + \cdots + a_{il}b_{lj} = \sum_{k=1}^{l} a_{ik}b_{kj} \ (i=1,2,\cdots,m;\ j=1,2,\cdots,n)$$

**注意**：只有当左矩阵 $A$ 的列数与右矩阵 $B$ 的行数相等时，两矩阵才可以依次相乘.

有了矩阵的乘法运算，则线性方程组（9.2.1）就可表示为矩阵方程 $AX = b$，其中

$$A = \begin{pmatrix} a_{11} & a_{12} & \cdots & a_{1n} & b_1 \\ a_{21} & a_{22} & \cdots & a_{2n} & b_2 \\ \vdots & \vdots & & \vdots & \vdots \\ a_{m1} & a_{m2} & \cdots & a_{mn} & b_m \end{pmatrix}, \quad X = \begin{pmatrix} x_1 \\ x_2 \\ \vdots \\ x_n \end{pmatrix}, \quad b = \begin{pmatrix} b_1 \\ b_2 \\ \vdots \\ b_m \end{pmatrix}$$

**例 9.2.4** 已知 $A = \begin{pmatrix} 1 & 3 & -2 \\ 2 & 0 & 5 \end{pmatrix}$, $B = \begin{pmatrix} 2 & -3 \\ 1 & -1 \\ 3 & 6 \end{pmatrix}$，计算 $AB$、$BA$.

**解**：

$$AB = \begin{pmatrix} 1 & 3 & -2 \\ 2 & 0 & 5 \end{pmatrix} \begin{pmatrix} 2 & -3 \\ 1 & -1 \\ 3 & 6 \end{pmatrix}$$

$$= \begin{pmatrix} 1\times 2 + 3\times 1 + (-2)\times 3 & 1\times(-3) + 3\times(-1) + (-2)\times 6 \\ 2\times 2 + 0\times 1 + 5\times 3 & 2\times(-3) + 0\times(-1) + 5\times 6 \end{pmatrix} = \begin{pmatrix} -1 & -18 \\ 19 & 24 \end{pmatrix}.$$

$$BA = \begin{pmatrix} 2 & -3 \\ 1 & -1 \\ 3 & 6 \end{pmatrix} \begin{pmatrix} 1 & 3 & -2 \\ 2 & 0 & 5 \end{pmatrix}$$

$$= \begin{pmatrix} 2\times 1 + (-3)\times 2 & 2\times 3 + (-3)\times 0 & 2\times(-2) + (-3)\times 5 \\ 1\times 1 + (-1)\times 2 & 1\times 3 + (-1)\times 0 & 1\times(-2) + (-1)\times 5 \\ 3\times 1 + 6\times 2 & 3\times 3 + 6\times 0 & 3\times(-2) + 6\times 5 \end{pmatrix} = \begin{pmatrix} -4 & 6 & -19 \\ -1 & 3 & -7 \\ 15 & 9 & 24 \end{pmatrix}.$$

由此例可知 $AB \neq BA$.

一般情况下，矩阵乘法不满足交换律，但矩阵乘法有如下运算律：

（1）结合律：$(AB)C = A(BC)$

$$k(AB) = (kA)B = A(kB)$$

（2）分配律：$(A+B)C = AC + BC$

$$C(A+B) = CA + CB$$

（3）单位矩阵特性：$AE = EA = A$

（4）零矩阵特性：$AO = OA = O$

**例 9.2.5** 已知 $A = \begin{pmatrix} -2 & -1 \\ 4 & 2 \end{pmatrix}$, $B = \begin{pmatrix} 3 & -2 \\ -6 & 4 \end{pmatrix}$, $C = \begin{pmatrix} 1 & -5 \\ -2 & 10 \end{pmatrix}$，求 $AB$，$BA$，$AC$.

**解**：

$$AB = \begin{pmatrix} -2 & -1 \\ 4 & 2 \end{pmatrix} \begin{pmatrix} 3 & -2 \\ -6 & 4 \end{pmatrix} = \begin{pmatrix} 0 & 0 \\ 0 & 0 \end{pmatrix}.$$

$$BA = \begin{pmatrix} 3 & -2 \\ -6 & 4 \end{pmatrix} \begin{pmatrix} -2 & -1 \\ 4 & 2 \end{pmatrix} = \begin{pmatrix} -14 & -7 \\ 28 & 14 \end{pmatrix}.$$

$$AC = \begin{pmatrix} -2 & -1 \\ 4 & 2 \end{pmatrix} \begin{pmatrix} 1 & -5 \\ -2 & 10 \end{pmatrix} = \begin{pmatrix} 0 & 0 \\ 0 & 0 \end{pmatrix}.$$

从上述各例可以看出：即使 $AB = O$，一般也不能导出 $A = O$ 或 $B = O$；矩阵乘法一般也不满足消去律，即若 $AB = AC$，且 $A \neq O$，也不能导出 $B = C$。

### 3. 矩阵的转置

**定义 9.2.6** 将一个 $m \times n$ 的矩阵 $A = \begin{pmatrix} a_{11} & a_{12} & a_{13} & \cdots & a_{1n} \\ a_{21} & a_{22} & a_{23} & \cdots & a_{2n} \\ a_{31} & a_{32} & a_{33} & \cdots & a_{3n} \\ \vdots & \vdots & \vdots & & \vdots \\ a_{m1} & a_{m2} & a_{m3} & \cdots & a_{mn} \end{pmatrix}$ 的行和列互换得到一个 $n \times m$ 的矩阵，称为 $A$ 的转置矩阵，记作 $A^{\mathrm{T}}$，即

$$A^{\mathrm{T}} = \begin{pmatrix} a_{11} & a_{21} & a_{31} & \cdots & a_{m1} \\ a_{12} & a_{22} & a_{32} & \cdots & a_{m2} \\ a_{13} & a_{23} & a_{33} & \cdots & a_{m3} \\ \vdots & \vdots & \vdots & & \vdots \\ a_{1n} & a_{2n} & a_{3n} & \cdots & a_{mn} \end{pmatrix}$$

例如，设矩阵 $A = \begin{pmatrix} 1 & 3 & -2 \\ 2 & 0 & 5 \end{pmatrix}$，$A^{\mathrm{T}} = \begin{pmatrix} 1 & 2 \\ 3 & 0 \\ -2 & 5 \end{pmatrix}$。

容易验证，矩阵转置运算有如下性质：

（1）$(A + B)^{\mathrm{T}} = A^{\mathrm{T}} + B^{\mathrm{T}}$；　　　　（2）$(A^{\mathrm{T}})^{\mathrm{T}} = A$；

（3）$(kA)^{\mathrm{T}} = kA^{\mathrm{T}}$；　　　　　　　　（4）$(AB)^{\mathrm{T}} = B^{\mathrm{T}} A^{\mathrm{T}}$。

**例 9.2.6** 矩阵 $A = \begin{pmatrix} 1 & 0 & 2 \\ 3 & 1 & 0 \end{pmatrix}$ 与 $B = \begin{pmatrix} 4 & 1 \\ 0 & 5 \\ 2 & 0 \end{pmatrix}$，求转置矩阵 $(AB)^{\mathrm{T}}$。

**解**：法 1　利用转置运算律，$(AB)^{\mathrm{T}} = B^{\mathrm{T}} \cdot A^{\mathrm{T}}$。

$$A^{\mathrm{T}} = \begin{pmatrix} 1 & 3 \\ 0 & 1 \\ 2 & 0 \end{pmatrix}, B^{\mathrm{T}} = \begin{pmatrix} 4 & 0 & 2 \\ 1 & 5 & 0 \end{pmatrix}.$$

$$(AB)^{\mathrm{T}} = B^{\mathrm{T}} A^{\mathrm{T}} = \begin{pmatrix} 4 & 0 & 2 \\ 1 & 5 & 0 \end{pmatrix} \begin{pmatrix} 1 & 3 \\ 0 & 1 \\ 2 & 0 \end{pmatrix} = \begin{pmatrix} 8 & 12 \\ 1 & 8 \end{pmatrix}.$$

法 2　先求 $AB$，再求 $(AB)^{\mathrm{T}}$。

$$AB = \begin{pmatrix} 8 & 1 \\ 12 & 8 \end{pmatrix}. \text{ 故 } (AB)^{\mathrm{T}} = \begin{pmatrix} 8 & 12 \\ 1 & 8 \end{pmatrix}.$$

### 4. 方阵的行列式

所谓 $n$ 阶方阵 $A$ 的行列式，简单一点来讲，就是将其矩阵的符号改成行列式的符号，其余不变，**方阵 $A$ 的行列式**记作 $|A|$ 或 $\det A$。

例如，方阵 $A = \begin{pmatrix} 1 & 4 \\ 2 & 3 \end{pmatrix}$ 的行列式就是 $|A| = \begin{vmatrix} 1 & 4 \\ 2 & 3 \end{vmatrix} = -5$。单位矩阵 $E$ 的行列式就是 $|E| = 1$。

另外，方阵的行列式有如下性质：设 $A$、$B$ 为 $n$ 阶方阵，$k$ 为数，则：

（1）$|A^{\mathrm{T}}| = |A|$；

（2）$|kA| = k^n |A|$；

（3）$|AB| = |BA| = |A||B|$。

**例 9.2.7** 设二阶矩阵 $A = \begin{pmatrix} 1 & 2 \\ 0 & 3 \end{pmatrix}$，$B = \begin{pmatrix} -2 & 0 \\ 3 & 5 \end{pmatrix}$，求 $|A|, |B|, |AB|, |A - 2B|$。

**解**：$|A| = \begin{vmatrix} 1 & 2 \\ 0 & 3 \end{vmatrix} = 3, |B| = \begin{vmatrix} -2 & 0 \\ 3 & 5 \end{vmatrix} = -10$，所以 $|AB| = |A||B| = -30, |A - 2B| = \begin{vmatrix} 5 & 2 \\ -6 & -7 \end{vmatrix} = -23$。

**例 9.2.8** 设 $A$、$B$ 为 $n$ 阶方矩阵，且 $AB = O$，得出 $A = O$ 或 $B = O$ 吗？你能得到什么样的结果？

**解**：若 $A$、$B$ 为 $n$ 阶方阵，$AB = O$，一般情况下不能得到 $A = O$ 或 $B = O$，但是 $AB = O$ 可以根据方阵行列式的性质，得到 $|AB| = 0 \Rightarrow |A||B| = 0 \Rightarrow |A| = 0$ 或 $|B| = 0$。

### 5. 方阵的幂

**定义 9.2.6** 设 $n$ 阶方阵 $A = (a_{ij})_{n \times n}$，定义 $A^k = \overbrace{AA \cdots A}^{k\text{个}}$，其中 $k$ 为正整数，$A^k$ 称为矩阵 $A$ 的 $k$ 次幂，规定：$A^0 = E$。

可以验证，矩阵的幂运算律：$A^m A^n = A^{m+n}, (A^m)^n = A^{mn}$。

因为矩阵乘法不满足交换律，因此，一般情况下 $(AB)^k \neq A^k B^k$。

**例 9.2.9** 设 $A = \begin{pmatrix} 1 & 1 & 0 \\ 0 & 2 & 0 \\ 0 & 0 & 0 \end{pmatrix}$，求 $A^4$。

**解**：$A^2 = \begin{pmatrix} 1 & 1 & 0 \\ 0 & 2 & 0 \\ 0 & 0 & 0 \end{pmatrix} \begin{pmatrix} 1 & 1 & 0 \\ 0 & 2 & 0 \\ 0 & 0 & 0 \end{pmatrix} = \begin{pmatrix} 1 & 3 & 0 \\ 0 & 4 & 0 \\ 0 & 0 & 0 \end{pmatrix}$。

$$A^4 = AAAA = (AA)(AA) = A^2 A^2 = \begin{pmatrix} 1 & 3 & 0 \\ 0 & 4 & 0 \\ 0 & 0 & 0 \end{pmatrix} \begin{pmatrix} 1 & 3 & 0 \\ 0 & 4 & 0 \\ 0 & 0 & 0 \end{pmatrix} = \begin{pmatrix} 1 & 15 & 0 \\ 0 & 16 & 0 \\ 0 & 0 & 0 \end{pmatrix}.$$

## 9.2.3 矩阵的初等变换

### 1. 矩阵的初等变换

**定义 9.2.7** 对矩阵的行实施如下 3 种变换，称为矩阵的**初等行变换**：

（1）互换变换：交换矩阵的两行（用 $r_i \leftrightarrow r_j$ 表示第 $i$ 行与第 $j$ 行互换）。

（2）倍乘变换：用一非零数遍乘矩阵的某一行（用 $kr_i$ 表示用非零数 $k$ 乘以第 $i$ 行）。

（3）倍加变换：将矩阵的某一行遍乘数 $k$ 后加到另一行（用 $r_j + kr_i$ 表示第 $i$ 行的 $k$ 倍加到第 $j$ 行）．相应地，在初等行变换中将行改为列，称为**初等列变换**．初等行变换与初等列变换统称为**初等变换**．

从矩阵初等变换的定义不难看出，矩阵的每一种初等变换的逆变换都是同类型的初等变换．

变换 $r_i \leftrightarrow r_j$ 的逆变换是本身；

变换 $r_i \times k$ 的逆变换就是 $r_i \times \dfrac{1}{k}$（或记作 $r_i \div k$）；

变换 $r_i + kr_j$ 的逆变换是 $r_i + (-k)r_j$（或记作 $r_i - kr_j$）．

如果矩阵 $A$ 经过有限次的初等变换变成矩阵 $B$，我们称 $A$ **与** $B$ **等价**，记作：$A \sim B$．

根据消元法可知，我们只需用到矩阵的初等行变换，总可以经过有限次的变换，将任一矩阵化为单位矩阵或从非零行的首个非零元素所在列下边的元素全为 0．

例如，$\begin{pmatrix} 1 & 2 & 4 & 1 \\ 3 & 6 & 2 & 0 \\ 2 & 4 & 8 & 2 \end{pmatrix} \xrightarrow[r_3 - 2r_1]{r_2 - 3r_1} \begin{pmatrix} 1 & 2 & 4 & 1 \\ 0 & 0 & -10 & -3 \\ 0 & 0 & 0 & 0 \end{pmatrix}$．

这是一类特殊的矩阵，我们称为行阶梯形矩阵．

### 2. 行阶梯形矩阵

**定义 9.2.8** 称满足下列条件的矩阵为**行阶梯形矩阵**：

（1）零行（元素全为零的行）位于矩阵的下方；

（2）各非零行的首非零元（从左到右的第一个不为零的元素）的列标随着行标的增大而严格增大（或者说其列标一定不小于行标）．

例如，$A = \begin{pmatrix} 1 & 2 & 3 & 0 \\ 0 & 2 & 1 & 0 \\ 0 & 0 & 1 & 2 \\ 0 & 0 & 0 & 0 \\ 0 & 0 & 0 & 0 \end{pmatrix}$ 就是行阶梯形矩阵．

若 $A = \begin{pmatrix} 1 & 2 & 3 & 0 \\ 0 & 2 & 1 & 0 \\ 0 & 0 & 1 & 2 \\ 0 & 0 & 0 & 0 \\ 0 & 0 & 0 & 0 \end{pmatrix} \to \begin{pmatrix} 1 & 2 & 3 & 0 \\ 0 & 1 & \dfrac{1}{2} & 0 \\ 0 & 0 & 1 & 2 \\ 0 & 0 & 0 & 0 \\ 0 & 0 & 0 & 0 \end{pmatrix}$，称这种特殊的行阶梯形矩阵为行最简形矩阵．

**定义 9.2.9** 称满足下列条件的行阶梯形矩阵为**行最简形矩阵**：

（1）各非零行的首非零元都是 1；

（2）每个首非零元所在列的其余元素都是零．

**例 9.2.10** 利用矩阵的初等行变换，将矩阵 $\begin{pmatrix} 2 & 2 & 0 \\ 1 & 1 & -1 \\ -1 & -1 & 3 \\ 3 & 3 & -3 \end{pmatrix}$ 变换为行最简形矩阵．

**解：**
$$\begin{pmatrix} 2 & 2 & 0 \\ 1 & 1 & -1 \\ -1 & -1 & 3 \\ 3 & 3 & -3 \end{pmatrix} \to \begin{pmatrix} 1 & 1 & -1 \\ 2 & 2 & 0 \\ -1 & -1 & 3 \\ 3 & 3 & -3 \end{pmatrix} \to \begin{pmatrix} 1 & 1 & -1 \\ 0 & 0 & 2 \\ 0 & 0 & 0 \\ 0 & 0 & 0 \end{pmatrix} \to \begin{pmatrix} 1 & 1 & -1 \\ 0 & 0 & 1 \\ 0 & 0 & 0 \\ 0 & 0 & 0 \end{pmatrix},$$

针对上述矩阵 $A$，我们还可以再作初等列变换，可得

$$A = \begin{pmatrix} 1 & 2 & 3 & 0 \\ 0 & 2 & 1 & 0 \\ 0 & 0 & 1 & 2 \\ 0 & 0 & 0 & 0 \\ 0 & 0 & 0 & 0 \end{pmatrix} \to \begin{pmatrix} 1 & 2 & 3 & 0 \\ 0 & 1 & \frac{1}{2} & 0 \\ 0 & 0 & 1 & 2 \\ 0 & 0 & 0 & 0 \\ 0 & 0 & 0 & 0 \end{pmatrix} \to \begin{pmatrix} 1 & 0 & 0 & 0 \\ 0 & 1 & 0 & 0 \\ 0 & 0 & 1 & 0 \\ 0 & 0 & 0 & 0 \\ 0 & 0 & 0 & 0 \end{pmatrix} = B.$$

我们把 $B$ 称为原矩阵 $A$ 的标准形.

一般地，矩阵 $A$ 的标准形特征：左上角是一个单位矩阵，其余元素全为零.

**定理 9.2.1** 任何一非零矩阵 $A$ 经过有限次初等变换，可以化为下列标准形矩阵：

$$D = \begin{bmatrix} 1 & & & & & \\ & \ddots & & & & \\ & & 1 & & & \\ & & & 0 & & \\ & & & & \ddots & \\ & & & & & 0 \end{bmatrix}_{m \times n} = \begin{bmatrix} E_r & O_{r \times (n-r)} \\ O_{(m-r) \times r} & O_{(m-r) \times (n-r)} \end{bmatrix}$$

**注意：** 定理 9.2.1 实质上给出了方法：任一非零矩阵 $A$ 总可以经过有限次初等行变换化为行阶梯形矩阵，从而化为行最简形矩阵.

**推论** 若矩阵 $A$ 为 $n$ 阶且 $|A| \neq 0$，则其经过有限次初等行变换总可化为单位矩阵 $E$.

在例 9.2.10 中，$\begin{pmatrix} 2 & 2 & 0 \\ 1 & 1 & -1 \\ -1 & -1 & 3 \\ 3 & 3 & -3 \end{pmatrix} \to \begin{pmatrix} 1 & 1 & -1 \\ 0 & 0 & 1 \\ 0 & 0 & 0 \\ 0 & 0 & 0 \end{pmatrix}$ 再经过列变换，可化为标准形：

$$\begin{pmatrix} 2 & 2 & 0 \\ 1 & 1 & -1 \\ -1 & -1 & 3 \\ 3 & 3 & -3 \end{pmatrix} \to \begin{pmatrix} 1 & 1 & -1 \\ 0 & 0 & 1 \\ 0 & 0 & 0 \\ 0 & 0 & 0 \end{pmatrix} \to \begin{pmatrix} 1 & 0 & 0 \\ 0 & 1 & 0 \\ 0 & 0 & 0 \\ 0 & 0 & 0 \end{pmatrix}$$

矩阵经过初等变换后，其元素可以发生很大变化，但是其本身所具有的许多特性是保持不变的. 比如，一个矩阵的阶梯形矩阵中所含非零行的行数是唯一的. 后面我们会把这种特性称为矩阵的秩.

### 9.2.4 矩阵的秩

**1. 矩阵的秩**

从矩阵 $A$ 中取 $k$ 行 $k$ 列，位于这些行、列交叉处的元素按原来的次序构成的 $k$ 阶行列式，称为 $A$ 的 $k$ 阶子式. $m \times n$ 矩阵 $A$ 的 $k$ 阶子式共有 $C_m^k C_n^k$（组合数）个.

例如，在矩阵 $\begin{pmatrix} 1 & -1 & 3 & 2 \\ 4 & 1 & -5 & 1 \\ 2 & 3 & -11 & -3 \end{pmatrix}$ 中，取第 1、3 行与第 1、4 列交叉处的元素构成的二阶行列式 $\begin{vmatrix} 1 & 2 \\ 2 & -3 \end{vmatrix}$ 为 $A$ 的二阶子式.

**定义 9.2.10** 设在矩阵 $A$ 中有一个不等于 0 的 $r$ 阶子式 $D$，且所有 $r+1$ 阶子式（如果有的话）全等于 0，那么 $D$ 称为矩阵 $A$ 的最高阶非零子式，数 $r$ 称为矩阵 $A$ 的秩，记作 $R(A)=r$.

规定零矩阵的秩等于 0.

根据矩阵的秩的定义，不难验证，其有如下性质：

（1）$R(A)$ 就是 $A$ 中非零的子式的最高阶数；

（2）$R(A^T) = R(A)$；

（3）矩阵 $A$ 的秩唯一确定，且 $0 \leqslant R(A) \leqslant \min\{m,n\}$；

（4）若矩阵 $A$ 中有一个 $r_1$ 阶子式不为零，则 $R(A) \geqslant r_1$；若矩阵 $A$ 的所有 $r_1+1$ 阶子式全等于零，则 $R(A) \leqslant r_1$；

（5）$R(AB) \leqslant \min\{R(A), R(B)\}$，即矩阵乘积的秩不超过每个因子的秩；

（6）设 $A, B$ 为 $n$ 阶方阵，则 $R(AB) \geqslant R(A) + R(B) - n$；

（7）若 $n$ 阶方阵 $A$，有 $|A| \neq 0 \Leftrightarrow R(A) = n \Leftrightarrow A$ 的标准形为 $n$ 阶单位阵 $E$.

当 $R(A) = \min\{m,n\}$，称矩阵 $A$ 为**满秩矩阵**，否则称为**降秩矩阵**. 因此，可逆矩阵是满秩矩阵. 奇异矩阵是降秩矩阵.

例如，对矩阵 $A = \begin{pmatrix} 1 & 2 & 3 & 4 \\ 0 & 3 & -2 & 6 \\ 0 & 0 & 5 & 8 \end{pmatrix}$，$0 \leqslant R(A) \leqslant 3$，又存在三阶子式 $\begin{vmatrix} 1 & 2 & 3 \\ 0 & 3 & -2 \\ 0 & 0 & 5 \end{vmatrix} = 15 \neq 0$，所以 $R(A) = 3$，故 $A$ 为满秩矩阵.

**2. 初等变换求秩**

如果矩阵的元素比较多的情况下，用定义去求矩阵的秩比较麻烦，我们可以考虑用初等变换来求. 我们知道任何一个矩阵都可以通过初等行变换把它变成一个阶梯矩阵，如果我们能够确定在这些变换过程中矩阵的秩如果一直都没有改变的话，那么任何一个矩阵的秩也就很好求了，事实上，在线性代数中，有这样一个结论：矩阵的初等变换不会改变矩阵的秩.

**定理 9.2.2** 若矩阵 $A$ 通过初等变换得到 $B$，即 $A \sim B$，则有 $R(A) = R(B)$.

所以，要求一个矩阵的秩，具体步骤：

（1）用矩阵的初等行（列）变换将它化为行（列）阶梯形矩阵，

（2）计算行（列）阶梯形矩阵非零行（列）的行（列）数，就是所求的秩.

**例 9.2.11** 求矩阵 $A = \begin{pmatrix} 2 & -4 & 3 & -3 & 5 \\ 1 & -2 & 1 & 5 & 3 \\ 1 & -2 & 4 & -34 & 0 \end{pmatrix}$ 的秩.

**解**：只要将矩阵转换为阶梯矩阵即可找到矩阵的秩.

$$A \xrightarrow{r_1 \leftrightarrow r_2} \begin{pmatrix} 1 & -2 & 1 & 5 & 3 \\ 2 & -4 & 3 & -3 & 5 \\ 1 & -2 & 4 & -34 & 0 \end{pmatrix} \xrightarrow[r_3 - r_1]{r_2 - 2r_1} \begin{pmatrix} 1 & -2 & 1 & 5 & 3 \\ 0 & 0 & 1 & -13 & -1 \\ 0 & 0 & 3 & -39 & -3 \end{pmatrix}$$

$$\xrightarrow{r_3 - 3r_2} \begin{pmatrix} 1 & -2 & 1 & 5 & 3 \\ 0 & 0 & 1 & -13 & -1 \\ 0 & 0 & 0 & 0 & 0 \end{pmatrix} = B$$

所以 $R(A) = R(B) = 2$.

**例 9.2.12** 求例 9.2.11 中转置矩阵 $A^{\mathrm{T}}$ 的秩.

**解**：

$$A^{\mathrm{T}} = \begin{pmatrix} 2 & 1 & 1 \\ -4 & -2 & -2 \\ 3 & 1 & 4 \\ -3 & 5 & -34 \\ 5 & 3 & 0 \end{pmatrix} \xrightarrow{\frac{1}{2} r_1} \begin{pmatrix} 1 & \frac{1}{2} & \frac{1}{2} \\ -4 & -2 & -2 \\ 3 & 1 & 4 \\ -3 & 5 & -34 \\ 5 & 3 & 0 \end{pmatrix} \xrightarrow[\substack{r_4 + r_3 \\ r_5 - 5r_1}]{r_2 + 4r_1} \begin{pmatrix} 1 & \frac{1}{2} & \frac{1}{2} \\ 0 & 0 & 0 \\ 3 & 1 & 4 \\ 0 & 6 & -30 \\ 0 & \frac{1}{2} & -\frac{5}{2} \end{pmatrix}$$

$$\xrightarrow{r_3 - 3r_1} \begin{pmatrix} 1 & \frac{1}{2} & \frac{1}{2} \\ 0 & 0 & 0 \\ 0 & -\frac{1}{2} & \frac{5}{2} \\ 0 & 6 & -30 \\ 0 & \frac{1}{2} & -\frac{5}{2} \end{pmatrix} \xrightarrow[r_5 + r_3]{r_4 + 12r_3} \begin{pmatrix} 1 & \frac{1}{2} & \frac{1}{2} \\ 0 & 0 & 0 \\ 0 & -\frac{1}{2} & \frac{5}{2} \\ 0 & 0 & 0 \\ 0 & 0 & 0 \end{pmatrix} \xrightarrow{r_2 \leftrightarrow r_3} \begin{pmatrix} 1 & \frac{1}{2} & \frac{1}{2} \\ 0 & -\frac{1}{2} & \frac{5}{2} \\ 0 & 0 & 0 \\ 0 & 0 & 0 \\ 0 & 0 & 0 \end{pmatrix}$$

所以 $R(A^{\mathrm{T}}) = 2$.

### 9.2.5 逆矩阵

**1. 逆矩阵的定义**

我们知道，当 $m = n$ 时，矩阵 $A = (a_{ij})_{n \times n}$ 被称为方阵. 方阵除了具有一般矩阵的运算外，它还有特殊运算.

一般的矩阵乘法是不满足交换律的，那么特殊情况下矩阵乘法有没有交换律呢？回答是肯定的.

**定义 9.2.11** 对于 $n$ 阶方阵 $A$，如果存在另一个 $n$ 阶方阵 $B$，使 $AB = BA = E$，则称矩阵 $A$ 可逆，$B$ 为 $A$ 的**逆矩阵**（简称逆阵），记作 $B = A^{-1}$.

于是，当 $A$ 为可逆矩阵时，存在矩阵 $A^{-1}$，满足 $AA^{-1} = A^{-1}A = E$.

由逆矩阵的定义知：

（1）矩阵 $A$ 与矩阵 $B$ 的地位是相同的，即如果 $B$ 为 $A$ 的逆矩阵，则 $A$ 也为 $B$ 的逆矩阵，因此 $A$、$B$ 互为逆矩阵.

（2）单位矩阵 $E$ 的逆矩阵是本身. 这是因为 $EE = E$.

（3）零矩阵不可逆. 事实上，对任意 $n$ 阶方阵 $B$，都有 $OB = BO = O \neq E$.

**注意**：只有方阵才可能有逆矩阵存在；一个方阵也可能不可逆. 互为逆矩阵的两个矩阵对乘法满足交换律.

例如，设 $A = \begin{pmatrix} 1 & 4 \\ 0 & 1 \end{pmatrix}, B = \begin{pmatrix} 1 & -4 \\ 0 & 1 \end{pmatrix}$，显然 $AB = BA = E$，所以矩阵 $A$、$B$ 互为逆矩阵.

**例 9.2.13** 已知 $A = \begin{pmatrix} 1 & 2 & 3 \\ 2 & 1 & 2 \\ 1 & 3 & 4 \end{pmatrix}, B = \begin{pmatrix} -2 & 1 & 1 \\ -6 & 1 & 4 \\ 5 & -1 & -3 \end{pmatrix}$，验证 $B = A^{-1}$.

**证**：由

$$AB = \begin{pmatrix} 1 & 2 & 3 \\ 2 & 1 & 2 \\ 1 & 3 & 4 \end{pmatrix} \begin{pmatrix} -2 & 1 & 1 \\ -6 & 1 & 4 \\ 5 & -1 & -3 \end{pmatrix} = \begin{pmatrix} 1 & 0 & 0 \\ 0 & 1 & 0 \\ 0 & 0 & 1 \end{pmatrix} = E$$

$$BA = \begin{pmatrix} -2 & 1 & 1 \\ -6 & 1 & 4 \\ 5 & -1 & -3 \end{pmatrix} \begin{pmatrix} 1 & 2 & 3 \\ 2 & 1 & 2 \\ 1 & 3 & 4 \end{pmatrix} = \begin{pmatrix} 1 & 0 & 0 \\ 0 & 1 & 0 \\ 0 & 0 & 1 \end{pmatrix} = E$$

可知 $AB = BA = E$，故 $B = A^{-1}$.

### 2. 逆矩阵的性质

**定理 9.2.3** 若方阵 $A$ 可逆，则逆矩阵 $A^{-1}$ 唯一.

**证**：设矩阵 $A$ 有两个逆矩阵 $B$、$C$，则 $AB = BA = E, AC = CA = E$

因而 $B = BE = B(AC) = (BA)C = EC = C$，故逆矩阵唯一.

**定理 9.2.4** 若方阵 $A$ 可逆，则 $|A| \neq 0$.

**证**：设方阵 $A$ 可逆，则有 $AA^{-1} = E$，它的行列式为 $|AA^{-1}| = |E| = 1$，即 $|A||A^{-1}| = 1 \neq 0$，所以，$|A| \neq 0$.

可逆矩阵具有下列性质：

**性质 9.2.1** 若矩阵 $A$ 可逆，则 $A^{-1}$ 也可逆，且 $(A^{-1})^{-1} = A$.

**证**：因为 $AA^{-1} = A^{-1}A = E$，所以，$A^{-1}$ 为可逆矩阵，$(A^{-1})^{-1} = A$.

**性质 9.2.2** 若矩阵 $A$ 可逆，数 $k \neq 0$，则 $kA$ 也可逆，且 $(kA)^{-1} = k^{-1}A^{-1}$.

**证**：对于 $kA$，取 $B = k^{-1}A^{-1}$，有 $(kA)B = (kA)(k^{-1}A^{-1}) = AA^{-1} = E$，故 $(kA)^{-1} = k^{-1}A^{-1}$.

**性质 9.2.3** 若 $A$、$B$ 为同阶可逆矩阵，则 $AB$ 也可逆，且 $(AB)^{-1} = B^{-1}A^{-1}$.

**证**：$(AB)B^{-1}A^{-1} = A(BB^{-1})A^{-1} = AEA^{-1} = AA^{-1} = E$，所以 $(AB)^{-1} = B^{-1}A^{-1}$.

性质 9.2.3 可以推广到多个矩阵相乘的情形，即当 $n$ 阶矩阵 $A_1, A_2, \cdots, A_n$ 都可逆时，乘积矩阵 $A_1 A_2 \cdots A_n$ 也可逆，且 $(A_1 A_2 \cdots A_n)^{-1} = A_n^{-1} \cdots A_2^{-1} A_1^{-1}$.

**性质 9.2.4** 若矩阵 $A$ 可逆，则 $A^T$ 也可逆，且 $(A^T)^{-1} = (A^{-1})^T$.

**证**：因为 $A^T(A^{-1})^T = (A^{-1}A)^T = E^T = E$，故 $(A^T)^{-1} = (A^{-1})^T$.

**性质 9.2.5** 若矩阵 $A$ 可逆，则 $|A^{-1}| = |A|^{-1}$.

**证**：由 $AA^{-1} = E$，得 $|AA^{-1}| = |E| = 1$，又 $|AA^{-1}| = |A||A^{-1}|$，故 $|A||A^{-1}| = 1$，所以

$$|A^{-1}| = \frac{1}{|A|} = |A|^{-1}.$$

**例 9.2.14** 若 $A$ 是 $n$ 阶矩阵，满足 $A^2 + 3A - 2E = O$，求 $(A+E)^{-1}$.

**解**：因为

$$(A+E)(A+2E) - 4E = A^2 + 3A - 2E = O,$$

于是 $(A+E)(A+2E) = 4E,$

即 $(A+E) \cdot \frac{1}{4}(A+2E) = E$

故 $(A+E)^{-1} = \frac{1}{4}(A+2E).$

**例 9.2.15** 若矩阵 $A$、$B$、$C$、$D$ 均为方阵，且 $B$、$C$、$D$ 均可逆，且有 $BAC = D$，证明 $A$ 可逆，且 $A^{-1} = CD^{-1}B$

**证**：因为 $BAC = D$，$B$、$C$、$D$ 均可逆，所以，$D$ 的行列式 $|D| = |B||A||C| \neq 0$，则 $|A| \neq 0$，由性质 9.2.3 得，$D^{-1} = (BAC)^{-1} = C^{-1}A^{-1}B^{-1}$，等式两边分别左乘 $C$ 和右乘 $B$ 得

$$A^{-1} = CD^{-1}B.$$

### 3. 伴随矩阵求逆矩阵

**定义 9.2.12** 设 $n$ 阶方阵 $A$ 的行列式 $|A|$ 的各个元素的代数余子式 $A_{ij}$ 所构成的方阵如下

$$A^* = \begin{pmatrix} A_{11} & A_{21} & \cdots & A_{n1} \\ A_{12} & A_{22} & \cdots & A_{n2} \\ \cdots\cdots\cdots\cdots \\ A_{1n} & A_{2n} & \cdots & A_{nn} \end{pmatrix}$$

称为 $A$ 的伴随矩阵.

例如，设矩阵 $A = \begin{pmatrix} 1 & 2 \\ 3 & 4 \end{pmatrix}$，则 $A$ 的伴随矩阵 $A^* = \begin{pmatrix} A_{11} & A_{21} \\ A_{12} & A_{22} \end{pmatrix} = \begin{pmatrix} 4 & -2 \\ -3 & 1 \end{pmatrix}$.

**定理 9.2.5** 方阵 $A = (a_{ij})_{n \times n}$ 与它的伴随矩阵 $A^*$ 满足：$AA^* = A^*A = |A|E$，若 $A$ 可逆，则 $A^{-1} = \frac{1}{|A|}A^*$.

**证**：$AA^* = \begin{pmatrix} a_{11} & a_{12} & \cdots & a_{1n} \\ a_{21} & a_{22} & \cdots & a_{2n} \\ \vdots & \vdots & & \vdots \\ a_{n1} & a_{n2} & \cdots & a_{nn} \end{pmatrix} \begin{pmatrix} A_{11} & A_{21} & \cdots & A_{n1} \\ A_{12} & A_{22} & \cdots & A_{n2} \\ \vdots & \vdots & & \vdots \\ A_{1n} & A_{2n} & \cdots & A_{nn} \end{pmatrix}$

$$= \begin{pmatrix} \sum_{i=1}^{n} a_{1i}A_{1i} & \sum_{i=1}^{n} a_{1i}A_{2i} & \cdots & \sum_{i=1}^{n} a_{1i}A_{ni} \\ \sum_{i=1}^{n} a_{2i}A_{1i} & \sum_{i=1}^{n} a_{2i}A_{2i} & \cdots & \sum_{i=1}^{n} a_{2i}A_{ni} \\ \cdots & \cdots & & \cdots \\ \sum_{i=1}^{n} a_{ni}A_{1i} & \sum_{i=1}^{n} a_{ni}A_{2i} & \cdots & \sum_{i=1}^{n} a_{ni}A_{ni} \end{pmatrix} = \begin{pmatrix} |A| & & & \\ & |A| & & \\ & & \ddots & \\ & & & |A| \end{pmatrix} = |A|E$$

同理可证 $A^*A = |A|E$.

已知 $A$ 可逆,则有 $|A| \neq 0$,又由 $AA^* = A^*A = |A|E$,可得

$$\left(\frac{1}{|A|}A^*\right)A = E, A\left(\frac{1}{|A|}A^*\right) = E,\text{ 所以 }A^{-1} = \frac{1}{|A|}A^*.$$

实际上,此定理给出了求已知矩阵的逆矩阵的方法,即伴随矩阵法.

例如,前面例子中,若 $A = \begin{pmatrix} 1 & 2 \\ 3 & 4 \end{pmatrix}$, $A^* = \begin{pmatrix} 4 & -2 \\ -3 & 1 \end{pmatrix}$, $|A| = -2$,则

$$A^{-1} = \frac{1}{-2}\begin{pmatrix} 4 & -2 \\ -3 & 1 \end{pmatrix} = \begin{pmatrix} -2 & 1 \\ \frac{3}{2} & -\frac{1}{2} \end{pmatrix}$$

归纳起来,$n$ 阶方阵 $A$ 的伴随矩阵 $A^*$ 有如下性质:

**性质 9.2.6** $AA^* = A^*A = |A|E$.

**性质 9.2.7** 若 $A$ 可逆,则 $A^{-1} = \frac{1}{|A|}A^*$.

**性质 9.2.8** $(A^*)^{\text{T}} = (A^{\text{T}})^*; (kA)^* = k^{n-1}A^*$.

**性质 9.2.9** 若 $A$ 可逆,则 $A^* = |A|A^{-1}; |A^*| = |A|^{n-1}$.

**证**:因为 $A$ 可逆矩阵,由性质 9.2.7 可得 $A^{-1} = \frac{1}{|A|}A^*$,故 $A^* = |A|A^{-1}$.

由性质 9.2.6 可得 $AA^* = A^*A = |A|E$,两边取行列式有

$$|AA^*| = ||A|E|$$

即

$$|AA^*| = |A||A^*| = |A|^n|E| = |A|^n$$

所以

$$|A^*| = |A|^{n-1}$$

**性质 9.2.10** 若 $A$ 可逆,$(A^*)^{-1} = (A^{-1})^* = \frac{1}{|A|}A$.

**证**:根据已知,$A$ 是 $n$ 阶可逆矩阵,$A^*$ 是 $A$ 的伴随矩阵,由性质 9.2.6,$AA^* = A^*A = |A|E$,又 $|A| \neq 0$,故有

$$A \cdot \frac{A^*}{|A|} = \frac{A^*}{|A|}A = E \Rightarrow A^{-1} = \frac{A^*}{|A|}$$

$$\frac{A}{|A|} \cdot A^* = A^* \cdot \frac{A}{|A|} = E \Rightarrow (A^*)^{-1} = \frac{A}{|A|}$$

另一方面，因为对于任何 $n$ 阶矩阵 $A$，公式 $AA^* = A^*A = |A|E$ 恒成立，那么对于 $A^{-1}$ 亦应有 $A^{-1}(A^{-1})^* = |A^{-1}|E$，从而

$$(AA^{-1})(A^{-1})^* = A|A^{-1}|E \Rightarrow (A^{-1})^* = \frac{1}{|A|}A$$

综上可得

$$(A^{-1})^* = (A^*)^{-1} = \frac{1}{|A|}A$$

**性质 9.2.11** 若 $A$ 可逆，则 $(A^*)^* = |A|^{n-2}A$.

证：由性质 9.2.9 可知，若 $A$ 可逆，$|A| \neq 0$，$|A^*| = |A|^{n-1} \neq 0$，则 $A^*$ 也可逆，又由 $A^* = |A|A^{-1}$ 有 $(A^*)^* = |A^*|(A^*)^{-1} = |A|^{n-1}\frac{1}{|A|}A = |A|^{n-2}A$.

**性质 9.2.12** $r(A^*) = \begin{cases} n, & r(A) = n \\ 1, & r(A) = n-1 \\ 0, & r(A) < n-1 \end{cases}$.

证：若秩 $r(A) = n$，则 $|A| \neq 0$，由于 $AA^* = |A|E$，故 $|A^*| \neq 0$，所以秩 $r(A^*) = n$.

若秩 $r(A) < n-1$，则 $A$ 中所有 $n-1$ 阶子式均为 0，即行列式 $|A|$ 的所有代数余子式均为 0，即 $A^* = O$，故 $r(A^*) = 0$.

若秩 $r(A) = n-1$，则 $|A| = 0$ 且 $A$ 中存在 $n-1$ 阶子式不为 0. 那么，由 $|A| = 0$ 有

$$AA^* = |A|E = O$$

从而 $r(A) + r(A^*) \leq n$，得 $r(A^*) \leq 1$.

又因 $A$ 中有 $n-1$ 阶子式非 0，知有 $A_{ij} \neq 0$，即 $A^* \neq O$，得 $r(A^*) \geq 1$，故 $r(A^*) = 1$.

**例 9.2.16** 求矩阵 $A = \begin{pmatrix} 0 & 1 & 3 \\ 1 & -1 & 0 \\ -1 & 2 & 1 \end{pmatrix}$ 的逆矩阵.

解：由于 $|A| = 2 \neq 0$，所以 $A$ 可逆，$A_{11} = -1, A_{12} = -1, A_{13} = 1, A_{21} = 5, A_{22} = 3$,

$$A_{23} = -1, A_{31} = 3, A_{32} = 3, A_{33} = -1,$$

于是有

$$A^* = \begin{pmatrix} -1 & 5 & 3 \\ -1 & 3 & 3 \\ 1 & -1 & -1 \end{pmatrix},$$

所以

$$A^{-1} = \frac{1}{2}\begin{pmatrix} -1 & 5 & 3 \\ -1 & 3 & 3 \\ 1 & -1 & -1 \end{pmatrix}.$$

**定理 9.2.6** 若 $AB = E$（或 $BA = E$），则 $B = A^{-1}, A = B^{-1}$.

**证**：由 $AB = E$，得 $|A||B| = |E| = 1$，则 $|A| \neq 0$，故 $A$ 可逆，且

$$B = EB = (A^{-1}A)B = A^{-1}(AB) = A^{-1}$$

同理可证得 $A = B^{-1}$.

由此，若 $A$ 可逆，且 $AB = C$，则 $B = A^{-1}C$.（相当于等式两边左乘 $A^{-1}$）.

方阵 $A$ 的行列式 $|A| \neq 0$，称 $A$ 为**非奇异（或非退化）矩阵**；$|A| = 0$，称 $A$ 为**奇异（或退化）矩阵**.

### 4. 初等变换求逆矩阵

设 $A$ 为 $n$ 阶可逆矩阵，根据前面的推论 9.2.1，$A$ 经过有限次初等行变换可化为单位矩阵 $E$，即存在初等矩阵 $P_1, P_2, \cdots, P_n$，使得

$$P_1 P_2 \cdots P_n A = E$$

上式两端同时右乘矩阵 $A^{-1}$，有

$$P_1 P_2 \cdots P_n E = A^{-1}$$

这说明，当 $n$ 阶可逆矩阵 $A$ 经过若干次初等行变换变成单位矩阵 $E$ 的同时，$n$ 阶单位矩阵 $E$ 经过这相同的若干次初等行变换变成 $A^{-1}$.

于是，求矩阵 $A$ 的逆矩阵时，就可以设计一个 $n \times 2n$ 矩阵 $(A \vdots E)$（或 $2n \times n$ 矩阵 $\begin{pmatrix} A \\ E \end{pmatrix}$），然后对其施以初等行（列）变换，当把矩阵 $A$ 化为单位矩阵 $E$ 时，同时右边（下边）的单位矩阵 $E$ 就化为 $A^{-1}$，即

$$(A \vdots E) \xrightarrow{\text{初等行变换}} (E \vdots A^{-1})$$

$$\begin{pmatrix} A \\ E \end{pmatrix} \xrightarrow{\text{初等列变换}} \begin{pmatrix} E \\ A^{-1} \end{pmatrix}$$

从而通过初等变换来求逆矩阵.

**例 9.2.17** 判断方阵 $A = \begin{pmatrix} 5 & 2 & 1 \\ 4 & 1 & 8 \\ 5 & 2 & 3 \end{pmatrix}$ 是否有逆矩阵.

**解**：$A = \begin{pmatrix} 5 & 2 & 1 \\ 4 & 1 & 8 \\ 5 & 2 & 3 \end{pmatrix} \xrightarrow{r_3 - r_1} \begin{pmatrix} 5 & 2 & 1 \\ 4 & 1 & 8 \\ 0 & 0 & 2 \end{pmatrix} \xrightarrow{r_1 - r_2} \begin{pmatrix} 1 & 1 & -7 \\ 4 & 1 & 8 \\ 0 & 0 & 2 \end{pmatrix} \xrightarrow{r_2 - 4r_1} \begin{pmatrix} 1 & 1 & -7 \\ 0 & -3 & 36 \\ 0 & 0 & 2 \end{pmatrix}$

此为阶梯矩阵，故 $R(A) = 3 = n$，也即此矩阵有逆矩阵.

如何求逆矩阵呢？我们用宽矩阵的方法：将一可逆矩阵右旁附带一同阶单位方阵，对此宽阵只实施初等行变换，将此矩阵变换为单位矩阵的同时右旁的单位矩阵即变换为原矩阵的逆矩阵，即 $(AE) \xrightarrow{\text{初等行变换}} (EA^{-1})$.

**例 9.2.18** 求例 9.2.17 中矩阵的逆矩阵.

**解**: $(A, E) = \begin{pmatrix} 5 & 2 & 1 & \vdots & 1 & 0 & 0 \\ 4 & 1 & 8 & \vdots & 0 & 1 & 0 \\ 5 & 2 & 3 & \vdots & 0 & 0 & 1 \end{pmatrix} \xrightarrow{r_3 - r_1} \begin{pmatrix} 5 & 2 & 1 & \vdots & 1 & 0 & 0 \\ 4 & 1 & 8 & \vdots & 0 & 1 & 0 \\ 0 & 0 & 2 & \vdots & -1 & 0 & 1 \end{pmatrix}$

$\xrightarrow{r_1 - r_2} \begin{pmatrix} 1 & 1 & -7 & \vdots & 1 & -1 & 0 \\ 4 & 1 & 8 & \vdots & 0 & 1 & 0 \\ 0 & 0 & 2 & \vdots & -1 & 0 & 1 \end{pmatrix} \xrightarrow{r_2 - 4r_1} \begin{pmatrix} 1 & 1 & -7 & \vdots & 1 & -1 & 0 \\ 0 & -3 & 36 & \vdots & -4 & 5 & 0 \\ 0 & 0 & 2 & \vdots & -1 & 0 & 1 \end{pmatrix}$

$\xrightarrow[\frac{1}{2}r_3]{-\frac{1}{3}r_2} \begin{pmatrix} 1 & 1 & -7 & \vdots & 1 & -1 & 0 \\ 0 & 1 & -12 & \vdots & \frac{4}{3} & -\frac{5}{3} & 0 \\ 0 & 0 & 1 & \vdots & -\frac{1}{2} & 0 & \frac{1}{2} \end{pmatrix} \xrightarrow{r_1 - r_2} \begin{pmatrix} 1 & 0 & 5 & \vdots & -\frac{1}{3} & \frac{2}{3} & 0 \\ 0 & 1 & -12 & \vdots & \frac{4}{3} & -\frac{5}{3} & 0 \\ 0 & 0 & 1 & \vdots & -\frac{1}{2} & 0 & \frac{1}{2} \end{pmatrix}$

$\xrightarrow[r_2 + 12r_3]{r_1 - 5r_3} \begin{pmatrix} 1 & 0 & 0 & \vdots & \frac{13}{6} & \frac{2}{3} & -\frac{5}{2} \\ 0 & 1 & 0 & \vdots & -\frac{14}{3} & -\frac{5}{3} & 6 \\ 0 & 0 & 1 & \vdots & -\frac{1}{2} & 0 & \frac{1}{2} \end{pmatrix}.$

所以 $A^{-1} = \begin{pmatrix} \frac{13}{6} & \frac{2}{3} & -\frac{5}{2} \\ -\frac{14}{3} & -\frac{5}{3} & 6 \\ -\frac{1}{2} & 0 & \frac{1}{2} \end{pmatrix}.$

### 5. 矩阵方程

我们还可以利用求逆矩阵来解矩阵方程. 设矩阵方程为 $AX = B$, 若 $|A| \neq 0$, 则 $A$ 可逆, 矩阵方程两边左乘 $A^{-1}$, 得 $A^{-1}AX = A^{-1}B$, 即

$$X = A^{-1}B = \frac{1}{|A|}A^*B$$

同理, 对矩阵方程 $XA = B$ ($A$ 可逆), $AXB = C$ ($A$、$B$ 均可逆), 利用矩阵乘法的运算规律和逆矩阵的运算性质, 通过在方程两边左乘或右乘相应矩阵的逆矩阵, 可求出其解分别为 $X = BA^{-1}, X = A^{-1}CB^{-1}$.

**例 9.2.19** 已知矩阵方程 $\begin{pmatrix} 1 & -2 \\ 3 & -7 \end{pmatrix} X = \begin{pmatrix} 3 \\ 1 \end{pmatrix}$, 求矩阵 $X$.

**解**: 易得

$$\begin{pmatrix} 1 & -2 \\ 3 & -7 \end{pmatrix}^{-1} = \begin{pmatrix} 7 & -2 \\ 3 & -1 \end{pmatrix},$$

故方程两边同时左乘 $\begin{pmatrix} 1 & -2 \\ 3 & -7 \end{pmatrix}^{-1}$ 得到

$$\begin{pmatrix} 1 & -2 \\ 3 & -7 \end{pmatrix}^{-1}\begin{pmatrix} 1 & -2 \\ 3 & -7 \end{pmatrix}X = \begin{pmatrix} 1 & -2 \\ 3 & -7 \end{pmatrix}^{-1}\begin{pmatrix} 3 \\ 1 \end{pmatrix}$$（注意：$EX = XE = X$）

所以

$$X = \begin{pmatrix} 1 & -2 \\ 3 & -7 \end{pmatrix}^{-1}\begin{pmatrix} 3 \\ 1 \end{pmatrix} = \begin{pmatrix} 7 & -2 \\ 3 & -1 \end{pmatrix}\begin{pmatrix} 3 \\ 1 \end{pmatrix} = \begin{pmatrix} 19 \\ 8 \end{pmatrix}.$$

**例 9.2.20** 设 $A = \begin{pmatrix} 2 & 0 & 1 \\ 0 & 3 & 0 \\ 2 & 0 & 2 \end{pmatrix}, B = \begin{pmatrix} 1 & 0 & 0 \\ 0 & -1 & 0 \\ 0 & 0 & 0 \end{pmatrix}$，若 $X$ 满足 $AX + 2B = BA + 2X$，求 $X$.

**解**：由矩阵方程，有

$$AX - 2X = BA - 2B \Rightarrow (A - 2E)X = B(A - 2E)$$

又

$$A - 2E = \begin{pmatrix} 0 & 0 & 1 \\ 0 & 1 & 0 \\ 2 & 0 & 0 \end{pmatrix},$$

显然可逆，所以

$$X = (A - 2E)^{-1}B(A - 2E),$$

从而

$$X = (A - 2E)^{-1}B(A - 2E) = \begin{pmatrix} 0 & 0 & \frac{1}{2} \\ 0 & 1 & 0 \\ 1 & 0 & 0 \end{pmatrix}\begin{pmatrix} 1 & 0 & 0 \\ 0 & -1 & 0 \\ 0 & 0 & 0 \end{pmatrix}\begin{pmatrix} 0 & 0 & 1 \\ 0 & 1 & 0 \\ 2 & 0 & 0 \end{pmatrix} = \begin{pmatrix} 0 & 0 & 0 \\ 0 & -1 & 0 \\ 0 & 0 & 1 \end{pmatrix}.$$

# 习题 9.2

**1. 选择题.**

（1）若 $A = \begin{bmatrix} 3 & 1 & -2 \\ 1 & 5 & 2 \end{bmatrix}$，$B = \begin{bmatrix} 4 & 1 \\ -2 & 3 \\ 2 & 1 \end{bmatrix}$，$C = \begin{bmatrix} 0 & 2 & -1 \\ 3 & -1 & 2 \end{bmatrix}$，则下列矩阵运算的结果为 $3 \times 2$ 的矩阵是（　　）.

  A. $ABC$    B. $AC^TB^T$    C. $CBA$    D. $C^TB^TA^T$

（2）设 $n$ 阶方阵 $A$，$B$，$C$ 均是可逆方阵，则 $(ACB^T)^{-1} = $（　　）

  A. $(B^{-1})^{-1}A^{-1}C^{-1}$      B. $A^{-1}C^{-1}(B^T)^{-1}$

  C. $B^{-1}C^{-1}A^{-1}$        D. $(B^{-1})^TC^{-1}A^{-1}$

（3）设 $A$ 为 2 阶矩阵，若 $|3A|=3$，则 $|2A|=$（　　）．

　　A. $\dfrac{1}{2}$　　　　B. 1　　　　C. $\dfrac{4}{3}$　　　　D. 2

（4）设 $A$、$B$ 均为 $n$ 阶方阵，则下面结论正确的是（　　）．

　　A. 若 $A$ 或 $B$ 可逆，则 $AB$ 必可逆

　　B. 若 $A$ 或 $B$ 不可逆，则 $AB$ 必不可逆

　　C. 若 $A$、$B$ 均可逆，则 $A+B$ 必可逆

　　D. 若 $A$、$B$ 均不可逆，则 $A+B$ 必不可逆

（5）设 $A$、$B$ 都是 $n$ 阶方阵，且 $|A|=3, |B|=-1$，则 $|A^{\mathrm{T}}B^{-1}|=$（　　）．

　　A. $-3$　　　　B. $-\dfrac{1}{3}$　　　　C. $\dfrac{1}{3}$　　　　D. 3

（6）设 $A$、$B$ 均为 $n$ 阶方阵，且 $A(B-E)=O$，则（　　）．

　　A. $A=O$ 或 $B=E$　　　　　　B. $|A|=0$ 或 $|B-E|=0$

　　C. $|A|=0$ 或 $|B|=1$　　　　　　D. $A=BA$

（7）设 $A$、$B$、$C$ 为同阶方阵，下面矩阵的运算中不成立的是（　　）．

　　A. $(A+B)^{\mathrm{T}}=A^{\mathrm{T}}+B^{\mathrm{T}}$　　　　　　B. $|AB|=|A||B|$

　　C. $A(B+C)=BA+CA$　　　　　D. $(AB)^{\mathrm{T}}=B^{\mathrm{T}}A^{\mathrm{T}}$

（8）设 $A$、$B$ 均为 $n$ 阶方阵，$E+AB$ 可逆，则 $E+BA$ 也可逆，且 $(E+BA)^{-1}=$（　　）．

　　A. $E+A^{-1}B^{-1}$　　　　　　B. $E+B^{-1}A^{-1}$

　　C. $E-B(E+AB)^{-1}A$　　　　C. $B(E+AB^{-1})A$

（9）设 $A$ 是 $m\times n$ 矩阵，$B$ 是 $n\times m$ 矩阵，则（　　）．

　　A. $m>n$ 时必有 $|AB|=0$　　　　B. $m<n$ 时必有 $|AB|=0$

　　C. $m>n$ 时必有 $|AB|\neq 0$　　　　D. $m<n$ 时必有 $|AB|\neq 0$

（10）设 $n$ 阶矩阵 $A$ 非奇异 $(n\geqslant 2)$，$A^*$ 是 $A$ 的伴随矩阵，则（　　）．

　　A. $(A^*)^*=|A|^{n-1}A$　　　　　B. $(A^*)^*=|A|^{n+1}A$

　　C. $(A^*)^*=|A|^{n-2}A$　　　　　D. $(A^*)^*=|A|^{n+2}A$

2. 填空题．

（1）设 $A=(1, 3, -1), B=(2, 1)$，则 $A^{\mathrm{T}}B=$_____．

（2）已知 $\begin{pmatrix} a & 1 & 1 \\ 3 & 0 & 1 \\ 0 & 2 & -1 \end{pmatrix}\begin{pmatrix} 3 \\ a \\ -3 \end{pmatrix}=\begin{pmatrix} b \\ 6 \\ -b \end{pmatrix}$，则 $a==$_____；$b=$_____．

（3）两个矩阵 $A_{m\times l}$ 与 $B_{k\times n}$ 相乘要求 $l$_____$k$．

（4）若 $A$，$B$ 均为 3 阶方阵，且 $|A|=2$，$B=-2E$，则 $|AB|=$_____．

（5）已知矩阵方程 $XA=B$，其中 $A=\begin{pmatrix} 1 & 0 \\ 2 & 1 \end{pmatrix}$，$B=\begin{pmatrix} 1 & -1 \\ 1 & 0 \end{pmatrix}$，则 $X=$_____．

（6）设 $A=\begin{pmatrix} 1 & 0 & 1 \\ 0 & 2 & 0 \\ 2 & 0 & 1 \end{pmatrix}$ 满足 $A^2B-A-B=E$，则 $|B|=$_____．

（7）设 $A = \begin{pmatrix} 0 & 1 & 0 \\ 1 & -2 & 0 \\ 0 & 0 & 2 \end{pmatrix}$，则 $A^* = $ _____.

（8）设矩阵 $A = \begin{pmatrix} 1 & -1 \\ 2 & 3 \end{pmatrix}$，$B = A^2 - 3A + 2E$，则 $B^{-1} = $ _____.

（9）设矩阵 $B = \begin{pmatrix} 1 & 1 & -6 & -10 \\ 2 & 5 & a & 1 \\ 1 & 2 & -1 & -a \end{pmatrix}$ 的秩为 2，则 $a = $ _____ .

（10）$A$ 为 6 阶方阵，且 $R(A) = 3$，则 $R(A^*) = $ _____ .

（11）设矩阵 $A = \begin{pmatrix} 1 & 0 & 0 \\ 2 & 2 & 0 \\ 3 & 3 & 3 \end{pmatrix}$，则 $\left(\dfrac{1}{2}A\right)^{-1} = $ _____.

（12）设 $n$ 阶方阵 $A$ 满足 $|A| = 2$，则 $|A^T A| = $ _____，$|A^{-1}|$ _____，$|A^*| = $ _____，$|(A^*)^*| = $ _____，$|(A^*)^{-1} + A| = $ _____，$|A^{-1}(A^* + A^{-1})A| = $ _____.

（13）设三阶方阵 $A \sim \begin{pmatrix} 1 & 2 & 5 \\ 2 & 1 & 0 \\ -5 & 0 & 0 \end{pmatrix}$，则 $R(A) = $ _____.

（14）当 $\lambda = $ _____，线性方程组 $\begin{cases} 2x_1 + \lambda x_2 + 3x_3 = 0 \\ \lambda x_1 + 9x_2 - 4x_3 = 0 \\ 4x_1 + x_2 - x_3 = 0 \end{cases}$ 有非零解.

（15）已知 $A = \begin{pmatrix} 1 & 0 & 1 \\ 0 & 2 & 0 \\ 0 & 0 & 1 \end{pmatrix}$，则 $(A + 3E)^{-1}(A^2 - 9E) = $ _____.

3. 设 $A = \begin{pmatrix} 2 & 4 & 1 \\ 0 & 3 & 5 \end{pmatrix}$，$B = \begin{pmatrix} -1 & 3 & 1 \\ 2 & 0 & 5 \end{pmatrix}$，$C = \begin{pmatrix} 0 & 1 & 2 \\ -3 & -1 & 3 \end{pmatrix}$，求 $3A - 2B + C$.

4. 设矩阵 $A = \begin{pmatrix} 1 & 1 & 2 \\ 1 & 1 & -1 \\ 2 & -1 & 1 \end{pmatrix}$；$B = \begin{pmatrix} 1 & 2 & 3 \\ -1 & -2 & 2 \\ 0 & 3 & -1 \end{pmatrix}$，求 $3AB - 2A^T$ 及 $(AB)^T$.

5. 计算下列矩阵.

（1）$\begin{pmatrix} 2 \\ 1 \\ 3 \end{pmatrix} \begin{pmatrix} 1 & 3 & 2 \end{pmatrix}$；

（2）$\begin{pmatrix} 1 & 0 & 0 \\ 0 & 1 & 0 \\ 0 & 0 & 1 \end{pmatrix} \begin{pmatrix} 2 & 1 \\ 4 & 3 \\ 7 & 9 \end{pmatrix}$；

（3）$\begin{pmatrix} 2 & 1 & 3 \\ 0 & 1 & -1 \\ 0 & 0 & 5 \end{pmatrix} \begin{pmatrix} -1 & 2 & 0 \\ 0 & 1 & 7 \\ 0 & 0 & -3 \end{pmatrix}$；

（4）$\begin{pmatrix} -1 & 1 & 4 & 0 \\ 3 & -1 & 0 & 4 \end{pmatrix} \begin{pmatrix} 1 & 2 & 1 \\ 0 & -1 & 0 \\ 1 & 5 & 1 \\ 4 & 0 & -2 \end{pmatrix}$.

6. 用初等行变换把下列矩阵化为行最简形矩阵.

（1）$\begin{pmatrix} 1 & 1 & 9 \\ 2 & 5 & 0 \\ 1 & 2 & 2 \end{pmatrix}$;

（2）$\begin{pmatrix} 1 & 2 & 0 & 1 \\ 4 & 3 & 2 & 6 \\ 2 & 0 & 5 & 0 \end{pmatrix}$;

（3）$\begin{pmatrix} 2 & 0 & 1 \\ 6 & 1 & 0 \\ 3 & 3 & 6 \\ 4 & 5 & 2 \end{pmatrix}$;

（4）$\begin{pmatrix} 2 & 3 & 0 & 6 & 1 \\ 1 & 0 & 2 & 0 & 4 \\ 1 & 2 & 1 & 2 & 3 \\ 2 & 0 & 5 & 4 & 1 \end{pmatrix}$.

7. 求矩阵的秩.

（1）$\begin{pmatrix} 1 & 1 & 1 & 0 \\ 2 & -2 & 0 & -1 \\ 1 & 3 & -1 & 2 \end{pmatrix}$;

（2）$\begin{pmatrix} 1 & -1 & 0 & 3 & 1 \\ -1 & 1 & 1 & -3 & -1 \\ 4 & 0 & 3 & -1 & 3 \\ 1 & 2 & 0 & 6 & -1 \end{pmatrix}$;

（3）$\begin{pmatrix} 3 & 1 & 0 & 2 \\ 1 & -1 & 2 & -1 \\ 1 & 3 & -4 & 4 \end{pmatrix}$;

（4）$\begin{pmatrix} 1 & 0 & 1 & 1 \\ 1 & 1 & 0 & 1 \\ 0 & 1 & 1 & 1 \\ 1 & 1 & -2 & 0 \end{pmatrix}$;

（5）$\begin{pmatrix} 1 & 2 & 3 & 0 \\ 2 & -1 & 1 & 5 \\ -1 & 0 & -1 & 2 \\ 0 & 1 & 1 & 1 \\ 3 & -1 & 2 & -7 \end{pmatrix}$;

（6）$\begin{pmatrix} 1 & 1 & 2 & 2 & 1 \\ 0 & 2 & 1 & 5 & -1 \\ 2 & 0 & 3 & -1 & 3 \\ 1 & 1 & 0 & 4 & -1 \end{pmatrix}$.

8. 求矩阵的逆矩阵.

（1）$\begin{pmatrix} 2 & 0 \\ 0 & 3 \end{pmatrix}$;

（2）$\begin{pmatrix} 1 & 2 & 3 \\ 1 & 1 & 1 \\ 3 & 1 & 1 \end{pmatrix}$;

（3）$\begin{pmatrix} 1 & 2 & -1 \\ 3 & 4 & -2 \\ 5 & -4 & 1 \end{pmatrix}$;

（4）$\begin{pmatrix} 3 & -2 & 0 & -1 \\ 0 & 2 & 2 & 1 \\ 1 & -2 & -3 & -2 \\ 0 & 1 & 2 & 1 \end{pmatrix}$;

（5）$\begin{pmatrix} 1 & 0 & 0 & 0 \\ 1 & 2 & 0 & 0 \\ 2 & 1 & 3 & 0 \\ 1 & 2 & 1 & 4 \end{pmatrix}$;

（6）$\begin{pmatrix} 5 & 2 & 0 & 0 \\ 2 & 1 & 0 & 0 \\ 0 & 0 & 4 & -2 \\ 0 & 0 & 1 & 3 \end{pmatrix}$.

9. 判断下列命题的正误，并说明理由：

（1）若 $A^2 = O$，则 $A = O$；

（2）若 $A^2 = A$，则 $A = O$ 或 $A = E$；

（3）若 $AX = AY$，且 $A \neq O$，则 $X = Y$.

10. 解下列矩阵方程：

（1）$A = \begin{pmatrix} 2 & 1 & 0 \\ 1 & 2 & 1 \\ 0 & 1 & 2 \end{pmatrix}$，$C = \begin{pmatrix} 1 & 2 \\ 3 & 4 \\ 2 & 1 \end{pmatrix}$，$AX = X + C$.

（2）$\begin{pmatrix} 1 & 1 & -1 \\ 0 & 2 & 2 \\ 1 & -1 & 0 \end{pmatrix} X = \begin{pmatrix} 1 & -1 & 1 \\ 1 & 1 & 0 \\ 2 & 1 & 4 \end{pmatrix}$.

11. 设 $A = \begin{pmatrix} 1 & 0 & 1 \\ 0 & 2 & 0 \\ 1 & 0 & 1 \end{pmatrix}$，且 $AB + E = A^2 + B$，求 $B$.

12. 设 $A = \begin{pmatrix} 8 & 0 & 2 \\ 0 & 2 & 0 \\ 3 & 0 & 1 \end{pmatrix}$，$A^*$ 为 $A$ 的伴随矩阵，求 $A^*$.

## 9.3　线性方程组

### 9.3.1　向量组及其线性相关性

**1. $n$ 维向量和向量空间**

（1）$n$ 维向量的定义.

我们把空间解析几何中的任何一个 $\boldsymbol{\alpha}$ 称为一个三维向量，即可用坐标表示为 $\boldsymbol{\alpha} = (a_1, a_2, a_3)$. 它具有三个分量. 而在实际问题中，常常需要讨论具有多个甚至 $n$ 个分量的向量，称为 $n$ 维向量.

**定义 9.3.1**　由 $n$ 个数 $a_1, a_2, \cdots, a_n$ 按一定的顺序排列的有序数组 $\boldsymbol{\alpha} = (a_1, a_2, \cdots, a_n)$ 称为 $n$ 维**向量**，其中 $a_i$ 称为向量 $\boldsymbol{\alpha}$ 的第 $i$ 个分量 $(i = 1, 2, \cdots, n)$. 分量全为实数的 $n$ 维向量称为 $n$ 维实向量，分量为复数的向量 $\boldsymbol{\alpha}$ 称为 $n$ 维复向量. 一个向量所含分量的个数 $n$ 称为它的维数. 所有 $n$ 维实向量构成的集合称为**实 $n$ 维向量空间**，记为 $\mathbf{R}^n$.

在线性代数中，向量一般用希腊字母 $\boldsymbol{\alpha}, \boldsymbol{\beta}, \boldsymbol{\gamma}$ 等表示；除特别声明外，本书所讨论的向量均为实向量.

（2）几种特殊的 $n$ 维向量.

**列向量**：$\boldsymbol{\alpha} = \begin{pmatrix} a_1 \\ a_2 \\ \vdots \\ a_n \end{pmatrix}$，例如，$\boldsymbol{\alpha} = \begin{pmatrix} 1 \\ 2 \\ \vdots \\ n \end{pmatrix}$.

**行向量**：$\boldsymbol{\alpha} = (a_1, a_2, \cdots, a_n)$；例如，$\boldsymbol{\alpha} = (3, 6, \cdots, 3n)$.

**零向量**：$\mathbf{0} = (0, 0, \cdots, 0)$ 或 $\mathbf{0} = \begin{pmatrix} 0 \\ 0 \\ \vdots \\ 0 \end{pmatrix}$.

$n$ 维单位（标准）向量：$\varepsilon_1, \varepsilon_2, \cdots, \varepsilon_n$，其中 $\varepsilon_i = (0, \cdots, 0, 1, 0, \cdots, 0)$，第 $i$ 个分量为 1，其余分量全为 0 $(i = 1, 2, \cdots, n)$.

**负向量**：若 $\boldsymbol{\alpha} = (a_1, a_2, \cdots, a_n)$，则 $\boldsymbol{\alpha}$ 的负向量为 $\boldsymbol{\beta} = -\boldsymbol{\alpha} = (-a_1, -a_2, \cdots, -a_n)$.

（3）向量的线性运算.

**定义 9.3.2** 设向量 $\boldsymbol{\alpha} = (a_1, a_2, \cdots, a_n), \boldsymbol{\beta} = (b_1, b_2, \cdots, b_n)$，则定义向量 $\boldsymbol{\alpha}$ 与 $\boldsymbol{\beta}$ 的加法为 $\boldsymbol{\alpha} + \boldsymbol{\beta} = (a_1 + b_1, a_2 + b_2, \cdots, a_n + b_m)$，
而数 $\lambda$ 与 $\boldsymbol{\alpha}$ 的乘法为
$$\lambda \boldsymbol{\alpha} = (\lambda a_1, \lambda a_2, \cdots, \lambda a_n)$$

向量的加法和数乘运算统称为向量的**线性运算**. 它们满足以下运算规律（$\lambda, \mu$ 为数，$\boldsymbol{\alpha}, \boldsymbol{\beta}, \boldsymbol{\gamma}$ 为向量）：

（1）交换律 $\boldsymbol{\alpha} + \boldsymbol{\beta} = \boldsymbol{\beta} + \boldsymbol{\alpha}$；

（2）结合律 $(\boldsymbol{\alpha} + \boldsymbol{\beta}) + \boldsymbol{\gamma} = \boldsymbol{\alpha} + (\boldsymbol{\beta} + \boldsymbol{\gamma}), (\lambda \mu) \boldsymbol{\alpha} = \lambda (\mu \boldsymbol{\alpha}) = \mu (\lambda \boldsymbol{\alpha})$；

（3）分配律 $\lambda (\boldsymbol{\alpha} + \boldsymbol{\beta}) = \lambda \boldsymbol{\alpha} + \lambda \boldsymbol{\beta}, (\lambda + \mu) \boldsymbol{\alpha} = \lambda \boldsymbol{\alpha} + \mu \boldsymbol{\alpha}$；

**2. 向量组的线性相关性**

（1）基本概念.

① 设 $\boldsymbol{\beta}, \boldsymbol{\alpha}_1, \boldsymbol{\alpha}_2, \cdots, \boldsymbol{\alpha}_m$ 为 $m+1$ 个向量，若存在一组数 $x_1, x_2, \cdots, x_m$，使得
$$\boldsymbol{\beta} = x_1 \boldsymbol{\alpha}_1 + x_2 \boldsymbol{\alpha}_2 + \cdots + x_m \boldsymbol{\alpha}_m,$$
则称 $\boldsymbol{\beta}$ 是向量组 $\boldsymbol{\alpha}_1, \boldsymbol{\alpha}_2, \cdots, \boldsymbol{\alpha}_m$ 的线性组合或称 $\boldsymbol{\beta}$ 可由 $\boldsymbol{\alpha}_1, \boldsymbol{\alpha}_2, \cdots, \boldsymbol{\alpha}_m$ 线性表出.

也可记作 $\boldsymbol{AX} = \boldsymbol{\beta}$，其中，$\boldsymbol{A} = (\boldsymbol{\alpha}_1, \boldsymbol{\alpha}_2 \cdots \boldsymbol{\alpha}_m), \boldsymbol{X} = (x_1, x_2 \cdots x_m)^\mathrm{T}$.

② 向量组 $B: \boldsymbol{\beta}_1, \boldsymbol{\beta}_2, \cdots, \boldsymbol{\beta}_l$ 能由向量组 $A: \boldsymbol{\alpha}_1, \boldsymbol{\alpha}_2, \cdots, \boldsymbol{\alpha}_m$ 线性表示 $\Leftrightarrow$ 矩阵方程 $(\boldsymbol{\alpha}_1, \boldsymbol{\alpha}_2, \cdots, \boldsymbol{\alpha}_m) \boldsymbol{X} = (\boldsymbol{\beta}_1, \boldsymbol{\beta}_2, \cdots, \boldsymbol{\beta}_l)$（或记作 $\boldsymbol{AX} = \boldsymbol{B}$）有解.

③ 如果两个向量组可以互相线性表出，则这两个向量组等价，可记为：$\boldsymbol{\alpha} \sim \boldsymbol{\beta}$.

等价的向量组满足三个基本性质：

**反身性**：每一个向量组都与自身等价；

**对称性**：若向量组 $\boldsymbol{\alpha}_1, \boldsymbol{\alpha}_2, \cdots, \boldsymbol{\alpha}_t$ 与 $\boldsymbol{\beta}_1, \boldsymbol{\beta}_2, \cdots, \boldsymbol{\beta}_c$ 等价，则向量组 $\boldsymbol{\beta}_1, \boldsymbol{\beta}_2, \cdots, \boldsymbol{\beta}_c$ 与 $\boldsymbol{\alpha}_1, \boldsymbol{\alpha}_2, \cdots, \boldsymbol{\alpha}_t$ 等价；

**传递性**：若向量组 $\boldsymbol{\alpha}_1, \boldsymbol{\alpha}_2, \cdots, \boldsymbol{\alpha}_t$ 与 $\boldsymbol{\beta}_1, \boldsymbol{\beta}_2, \cdots, \boldsymbol{\beta}_c$ 等价，$\boldsymbol{\beta}_1, \boldsymbol{\beta}_2, \cdots, \boldsymbol{\beta}_c$ 与 $\boldsymbol{\gamma}_1, \boldsymbol{\gamma}_2, \cdots, \boldsymbol{\gamma}_p$ 等价，则向量组 $\boldsymbol{\alpha}_1, \boldsymbol{\alpha}_2, \cdots, \boldsymbol{\alpha}_t$ 与 $\boldsymbol{\gamma}_1, \boldsymbol{\gamma}_2, \cdots, \boldsymbol{\gamma}_p$ 等价.

例如，已知向量组

$$\boldsymbol{\alpha}_1 = [1, 0, 0]^\mathrm{T}, \boldsymbol{\alpha}_2 = [0, 1, 0]^\mathrm{T}, \boldsymbol{\alpha}_3 = [0, 0, 1]^\mathrm{T}; \ \boldsymbol{\beta}_1 = [1, 1, 1]^\mathrm{T}, \boldsymbol{\beta}_2 = [1, 1, 0]^\mathrm{T}, \boldsymbol{\beta}_3 = [1, 0, 0]^\mathrm{T}.$$

由

$$\boldsymbol{\beta}_1 = \boldsymbol{\alpha}_1 + \boldsymbol{\alpha}_2 + \boldsymbol{\alpha}_3, \boldsymbol{\beta}_2 = \boldsymbol{\alpha}_1 + \boldsymbol{\alpha}_2, \boldsymbol{\beta}_3 = \boldsymbol{\alpha}_1, \ \boldsymbol{\alpha}_1 = \boldsymbol{\beta}_3, \boldsymbol{\alpha}_2 = \boldsymbol{\beta}_2 - \boldsymbol{\beta}_3, \boldsymbol{\alpha}_3 = \boldsymbol{\beta}_1 - \boldsymbol{\beta}_2,$$

可知向量组 $\boldsymbol{\alpha}_1, \boldsymbol{\alpha}_2, \boldsymbol{\alpha}_3$ 与 $\boldsymbol{\beta}_1, \boldsymbol{\beta}_2, \boldsymbol{\beta}_3$ 可互相线性表出，所以 $\boldsymbol{\alpha}_1, \boldsymbol{\alpha}_2, \boldsymbol{\alpha}_3$ 与 $\boldsymbol{\beta}_1, \boldsymbol{\beta}_2, \boldsymbol{\beta}_3$ 是等价向量组.

已知向量组 $\boldsymbol{\alpha}_1 = [1, 0, 0]^\mathrm{T}, \boldsymbol{\alpha}_2 = [1, 2, 0]^\mathrm{T}, \ \boldsymbol{\beta}_1 = [2, 1, 1]^\mathrm{T}, \boldsymbol{\beta}_2 = [0, 1, 1]^\mathrm{T}, \boldsymbol{\beta}_3 = [3, 1, 0]^\mathrm{T}$.

由

$$\boldsymbol{\alpha}_1 = \frac{1}{2} \boldsymbol{\beta}_1 - \frac{1}{2} \boldsymbol{\beta}_2, \ \boldsymbol{\alpha}_2 = -\frac{5}{2} \boldsymbol{\beta}_1 + \frac{5}{2} \boldsymbol{\beta}_2 + 2 \boldsymbol{\beta}_3$$

可知向量组 $\alpha_1,\alpha_2$ 可由向量组 $\beta_1,\beta_2,\beta_3$ 线性表出，但向量组 $\beta_1,\beta_2$ 不能由 $\alpha_1,\alpha_2$ 线性表出，所以向量组 $\beta_1,\beta_2,\beta_3$ 不能由向量组 $\alpha_1,\alpha_2$ 线性表出．这两个向量组不等价．

**定义 9.3.3**  设 $\alpha_1,\alpha_2,\cdots,\alpha_m$ 为 $n$ 维向量空间的一个向量组，若存在数 $\lambda_1,\lambda_2,\cdots,\lambda_m \in \mathbf{R}$ 且不全为零，使 $\lambda_1\alpha_1+\lambda_2\alpha_2+\cdots+\lambda_m\alpha_m = \mathbf{0}$，则称向量组 $\alpha_1,\alpha_2,\cdots,\alpha_n$ **线性相关**；否则称 $\alpha_1,\alpha_2,\cdots,\alpha_m$ **线性无关**．

上述定义与如下结论是等价的：

① 若关于 $\lambda_1,\lambda_2,\cdots,\lambda_m$ 的方程

$$\lambda_1\alpha_2+\lambda_2\alpha_2+\cdots+\lambda_m\alpha_n = \mathbf{0}$$

有非零解 $\lambda_1,\lambda_2,\cdots,\lambda_m$（不全为零），则 $\alpha_1,\alpha_2,\cdots,\alpha_m$ 线性相关；

② 若上述方程仅有零解，即 $\lambda_1=\lambda_2=\cdots=\lambda_m=0$，则 $\alpha_1,\alpha_2,\cdots,\alpha_m$ 线性无关．

例如，向量组 $\alpha_1=(3,2,4),\alpha_2=(1,1,2),\alpha_3=(5,3,6)$ 线性相关，因为

$$2\alpha_1+(-1)\alpha_2+(-1)\alpha_3 = \mathbf{0}.$$

而向量组 $\alpha=(2,0,0),\beta=(0,4,0),\gamma=(0,0,5)$ 线性无关，因为要使必有

$$\lambda_1=\lambda_2=\lambda_3=0.$$

通过这个例子，我们可以观察到，$n$ 维单位向量组 $\varepsilon_1,\varepsilon_2,\cdots,\varepsilon_n$ 也是线性无关的．

（2）线性相关性的判别．

**定理 9.3.1**  向量组 $\alpha_1,\cdots,\alpha_m (m\geq 2)$ 线性相关的充要条件是存在某个向量 $\alpha_j (1\leq j \leq m)$，使 $\alpha_j$ 能由其余 $m-1$ 个向量线性表示．

**定理 9.3.2**  设向量组 $A: \alpha_1,\alpha_2,\cdots,\alpha_m$ 线性无关，而向量组 $\alpha_1,\cdots,\alpha_m,\beta$ 线性相关，则向量 $\beta$ 必能由向量组 $A$ 线性表示，且表示式是唯一．

**定理 9.3.3**  设 $A:\alpha_1,\alpha_2,\cdots,\alpha_r$ 和 $B:\beta_1,\beta_2,\cdots,\beta_s$ 为 $n$ 维向量空间中的两个向量组，若

① $B$ 组可由 $A$ 组线性表出，

② $s>r$，

那么 $B$ 组向量组 $\beta_1,\beta_2,\cdots,\beta_s$ 线性相关．

**推论**  设 $A:\alpha_1,\alpha_2,\cdots,\alpha_r$ 和 $B:\beta_1,\beta_2,\cdots,\beta_s$ 为 $n$ 维向量空间中的两个向量组，$B$ 组可由 $A$ 组线性表出，且 $B$ 组线性无关，则 $s\leq r$．

**定理 9.3.4**  若向量组 $\alpha_1,\cdots,\alpha_s$ 线性相关，则向量组 $\alpha_1,\cdots,\alpha_s,\alpha_{s+1},\cdots,\alpha_m$，也线性相关．

**定理 9.3.5**  $\alpha_i=(a_{i1},a_{i2},\cdots,a_{im})\in \mathbf{R}^m, \beta_i=(a_{i1},a_{i2},\cdots,a_{in},a_{i,m+1})\in \mathbf{R}^{m+1}, i=1,2,\cdots,r$．若 $\alpha_1,\alpha_2,\cdots,\alpha_r$ 线性无关，则 $\beta_1,\beta_2,\cdots,\beta_r$ 也线性无关．

**例 9.3.1**  已知 $n$ 维向量 $\alpha_1,\alpha_2,\alpha_3$ 线性无关，证明 $3\alpha_1+2\alpha_2,\alpha_2-\alpha_3,4\alpha_3-5\alpha_1$ 线性无关．

**证**：设 $k_1(3\alpha_1+2\alpha_2)+k_2(\alpha_2-\alpha_3)+k_3(4\alpha_3-5\alpha_1)=\mathbf{0}$，

即 $(3k_1-5k_3)\alpha_1+(2k_1+k_2)\alpha_2+(-k_2+4k_3)\alpha_3=\mathbf{0}$．由于 $\alpha_1,\alpha_2,\alpha_3$ 线性无关，故

$$\begin{cases} 3k_1-5k_3=0 \\ 2k_1+k_2=0 \\ -k_2+4k_3=0 \end{cases}$$

这是一个三元齐次方程组，因为系数行列式 $\begin{vmatrix} 3 & 0 & -5 \\ 2 & 1 & 0 \\ 0 & -1 & 4 \end{vmatrix} = 22 \neq 0$，则只有零解.

$$k_1 = 0, k_2 = 0, k_3 = 0.$$

故向量组 $3\boldsymbol{\alpha}_1 + 2\boldsymbol{\alpha}_2, \boldsymbol{\alpha}_2 - \boldsymbol{\alpha}_3, 4\boldsymbol{\alpha}_3 - 5\boldsymbol{\alpha}_1$ 线性无关.

**例 9.3.2** 已知向量组 $\boldsymbol{\alpha}_1, \boldsymbol{\alpha}_2, \boldsymbol{\alpha}_3$ 线性无关，向量组 $\boldsymbol{\alpha}_1 + a\boldsymbol{\alpha}_2, \boldsymbol{\alpha}_1 + 2\boldsymbol{\alpha}_2 + \boldsymbol{\alpha}_3, a\boldsymbol{\alpha}_1 - \boldsymbol{\alpha}_3$ 线性相关，求 $a$ 的值.

**解**：由已知，向量组 $\boldsymbol{\alpha}_1 + a\boldsymbol{\alpha}_2, \boldsymbol{\alpha}_1 + 2\boldsymbol{\alpha}_2 + \boldsymbol{\alpha}_3, a\boldsymbol{\alpha}_1 - \boldsymbol{\alpha}_3$ 线性相关，则存在不全为零的数 $k_1, k_2, k_3$，使得等式 $k_1(\boldsymbol{\alpha}_1 + a\boldsymbol{\alpha}_2) + k_2(\boldsymbol{\alpha}_1 + 2\boldsymbol{\alpha}_2 + \boldsymbol{\alpha}_3) + k_3(a\boldsymbol{\alpha}_1 - \boldsymbol{\alpha}_3) = 0$，整理可得

$$(k_1 + k_2 + k_3 a)\boldsymbol{\alpha}_1 + (k_1 a + 2k_2)\boldsymbol{\alpha}_2 + (k_2 - k_3)\boldsymbol{\alpha}_3 = 0,$$

又向量组 $\boldsymbol{\alpha}_1, \boldsymbol{\alpha}_2, \boldsymbol{\alpha}_3$ 线性无关，即

$$\begin{cases} k_1 + k_2 + k_3 a = 0 \\ k_1 a + 2k_2 = 0 \\ k_2 - k_3 = 0 \end{cases}$$

有非零解.
从而

$$\begin{vmatrix} 1 & 1 & a \\ a & 2 & 0 \\ 0 & 1 & -1 \end{vmatrix} = a^2 + a - 2 = 0,$$

故 $a = 1$ 或 $a = -2$.

### 3. 向量组的极大无关组和向量组的秩

（1）向量组的极大无关组的定义.

**定义 9.3.4** 若存在同维向量 $\boldsymbol{\alpha}_1, \boldsymbol{\alpha}_2, \cdots, \boldsymbol{\alpha}_m$ 的一个部分组 $\boldsymbol{\alpha}_{i_1}, \boldsymbol{\alpha}_{i_2}, \cdots, \boldsymbol{\alpha}_{i_r}$ 满足

① $\boldsymbol{\alpha}_{i_1}, \boldsymbol{\alpha}_{i_2}, \cdots, \boldsymbol{\alpha}_{i_r}$ 线性无关；

② $\boldsymbol{\alpha}_1, \boldsymbol{\alpha}_2, \cdots, \boldsymbol{\alpha}_m$ 中任意 $r+1$ 个向量（如果有 $r+1$ 个向量的话）都线性相关，

则称向量组 $\boldsymbol{\alpha}_{i_1}, \boldsymbol{\alpha}_{i_2}, \cdots, \boldsymbol{\alpha}_{i_r}$ 为向量组 $\boldsymbol{\alpha}_1, \boldsymbol{\alpha}_2, \cdots, \boldsymbol{\alpha}_m$ 的**一个极大（或最大）无关组**. 而 $r$ 称为向量组 $\boldsymbol{\alpha}_1, \boldsymbol{\alpha}_2, \cdots, \boldsymbol{\alpha}_m$ 的**秩**.

由定义可知，一个向量组中任意一个向量均可由该向量组的一个极大无关组线性表出.

**规定**：只含零向量的向量组的秩为零.

例如，向量组 $\boldsymbol{\alpha}_1 = \begin{pmatrix} 1 \\ 0 \end{pmatrix}, \boldsymbol{\alpha}_2 = \begin{pmatrix} 0 \\ 0 \end{pmatrix}, \boldsymbol{\alpha}_3 = \begin{pmatrix} 2 \\ 1 \end{pmatrix}, \boldsymbol{\alpha}_4 = \begin{pmatrix} 3 \\ 0 \end{pmatrix}, \boldsymbol{\alpha}_5 = \begin{pmatrix} 0 \\ 4 \end{pmatrix}, \boldsymbol{\alpha}_6 = \begin{pmatrix} 5 \\ 6 \end{pmatrix}$ 中，$\boldsymbol{\alpha}_1, \boldsymbol{\alpha}_3$ 线性无关，再添加向量组中的任一个向量 $\boldsymbol{\alpha}_j$，向量组 $\boldsymbol{\alpha}_1, \boldsymbol{\alpha}_3, \boldsymbol{\alpha}_j$ 必线性相关，所以 $\boldsymbol{\alpha}_1, \boldsymbol{\alpha}_3$ 是向量组 $\boldsymbol{\alpha}_1, \boldsymbol{\alpha}_2, \cdots, \boldsymbol{\alpha}_6$ 的一个极大线性无关组. 因此，向量组的秩 $r(\boldsymbol{\alpha}_1, \boldsymbol{\alpha}_2, \cdots, \boldsymbol{\alpha}_6) = 2$.

**注意**：向量组的极大线性无关组一般情况下**不唯一**. 例如，$\boldsymbol{\alpha}_1, \boldsymbol{\alpha}_5$ 与 $\boldsymbol{\alpha}_3, \boldsymbol{\alpha}_5$ 也是极大线性无关组.

（2）向量组的性质.

**性质 9.3.1** 向量组 $A$：$\alpha_1, \alpha_2, \cdots, \alpha_m$ 线性无关 $\Leftrightarrow R(A) = m$.

**性质 9.3.2** 设向量组 $A$：$\alpha_1, \alpha_2, \cdots, \alpha_m$，和它的极大无关组 $\alpha_{i_1}, \alpha_{i_2}, \cdots, \alpha_{i_r}$，则 $R(\alpha_1, \alpha_2, \cdots, \alpha_m) = R(\alpha_{i_1}, \alpha_{i_2}, \cdots, \alpha_{i_r})$.

**性质 9.3.3** 向量组 $\alpha_1, \alpha_2, \cdots, \alpha_m \sim \beta_1, \beta_2, \cdots, \beta_s$，则 $R(\alpha_1, \alpha_2, \cdots, \alpha_m) = R(\beta_1, \beta_2, \cdots, \beta_s)$.

（3）向量组的秩与矩阵的秩的关系.

**定义 9.3.5** 设矩阵 $A = (a_{ij})_{m \times n} = \begin{pmatrix} \alpha_1 \\ \alpha_2 \\ \vdots \\ \alpha_m \end{pmatrix} = (a_{i1}, a_{i2}, \cdots, a_{in}), i = 1, 2, \cdots, m$；$\beta_j$ 为 $A$ 的第 $j$ 列构成的列向量 $\beta_j = \begin{pmatrix} a_{1j} \\ a_{2j} \\ \vdots \\ a_{mj} \end{pmatrix}, j = 1, 2, \cdots, n$. 则 $A$ 的行向量组 $\alpha_1, \alpha_2, \cdots, \alpha_m$ 的秩称为矩阵 $A$ 的**行秩**，$A$ 的列向量组 $\beta_1, \beta_2, \cdots, \beta_n$ 的秩称为矩阵 $A$ 的**列秩**.

一般地，$r(A) = A$ 的行秩 $= A$ 的列秩.

**定理 9.3.6** 如果矩阵 $A$ 经初等行(或列)变换化为 $B$，则

① $A$ 与 $B$ 的行(或列)向量组等价；

② $A$ 与 $B$ 对应的列(或行)向量组的线性相关性相同.

**例 9.3.3** 分别求下列向量组的秩及其一个最大的线性无关组：

① 向量组 1：$\alpha_1 = \begin{pmatrix} 1 \\ 2 \\ 4 \\ 0 \end{pmatrix}$，$\alpha_2 = \begin{pmatrix} 4 \\ 11 \\ 15 \\ -1 \end{pmatrix}$，$\alpha_3 = \begin{pmatrix} 1 \\ 7 \\ 8 \\ 4 \end{pmatrix}$；

② 向量组 2：$\alpha_1 = \begin{pmatrix} 1 \\ 8 \\ 0 \\ -1 \end{pmatrix}$，$\alpha_2 = \begin{pmatrix} -2 \\ 9 \\ -5 \\ -3 \end{pmatrix}$，$\alpha_3 = \begin{pmatrix} 4 \\ 7 \\ 5 \\ 1 \end{pmatrix}$，$\alpha_4 = \begin{pmatrix} 7 \\ 6 \\ 10 \\ 3 \end{pmatrix}$，$\alpha_5 = \begin{pmatrix} 3 \\ -1 \\ 5 \\ 2 \end{pmatrix}$.

**解**：① $(\alpha_1 \quad \alpha_2 \quad \alpha_3) = \begin{pmatrix} 1 & 4 & 1 \\ 2 & 11 & 7 \\ 4 & 15 & 8 \\ 0 & -1 & 4 \end{pmatrix} \sim \begin{pmatrix} 1 & 4 & 1 \\ 0 & 3 & 5 \\ 0 & -1 & 4 \\ 0 & -1 & 4 \end{pmatrix} \sim \begin{pmatrix} 1 & 4 & 1 \\ 0 & 1 & -4 \\ 0 & 0 & 17 \\ 0 & 0 & 0 \end{pmatrix}$

所以 $R(\alpha_1 \quad \alpha_2 \quad \alpha_3) = 3$，$\alpha_1, \alpha_2, \alpha_3$ 为一个极大无关组.

② $\alpha = (\alpha_1 \quad \alpha_2 \quad \alpha_3 \quad \alpha_4) = \begin{pmatrix} 1 & -2 & 4 & 7 \\ 8 & 9 & 7 & 6 \\ 0 & -5 & 5 & 10 \\ -1 & -3 & 1 & 3 \end{pmatrix} \sim \begin{pmatrix} 1 & -2 & 4 & 7 \\ 0 & 25 & -25 & -50 \\ 0 & -5 & 5 & 10 \\ 0 & -5 & 5 & 10 \end{pmatrix} \sim \begin{pmatrix} 1 & -2 & 4 & 7 \\ 0 & 1 & -1 & -2 \\ 0 & 0 & 0 & 0 \\ 0 & 0 & 0 & 0 \end{pmatrix} \triangleq \alpha'$

所以 $R(\alpha) = 2$，显然矩阵 $\alpha'$ 的前两个列向量线性无关，所以 $\alpha$ 的前两个列向量线性无关，所以 $\alpha_1, \alpha_2$ 为一个极大无关组.

### 9.3.2 线性方程组的基本概念

所谓一般线性方程组是指形式为

$$\begin{cases} a_{11}x_1 + a_{12}x_2 + \cdots + a_{1n}x_n = b_1 \\ a_{21}x_1 + a_{22}x_2 + \cdots + a_{2n}x_n = b_2 \\ \cdots \\ a_{m1}x_1 + a_{m2}x_2 + \cdots + a_{mn}x_n = b_m \end{cases} \quad (9.3.1)$$

的方程组，其中 $x_1, x_2, \cdots, x_n$ 代表 $n$ 个未知量，$m$ 是方程的个数，$a_{ij}(i=1,2,\cdots,m;\ j=1,2,\cdots,n)$ 称为线性方程组的系数，$b_j(j=1,2,\cdots,s)$ 称为常数项。方程组中未知量的个数 $n$ 与方程的个数 $m$ 不一定相等。系数 $a_{ij}$ 的第一个指标 $i$ 表示它在第 $i$ 个方程，第二个指标 $j$ 表示它是 $x_j$ 的系数。

若 $b_i(\forall i=1,2,\cdots,m)$ 不全为零，称此方程组为**非齐次线性方程组**。
如果 $b_i = 0(\forall i=1,2,\cdots,m)$，则称方程组

$$\begin{cases} a_{11}x_1 + a_{12}x_2 + \cdots + a_{1n}x_n = 0 \\ a_{21}x_1 + a_{22}x_2 + \cdots + a_{2n}x_n = 0 \\ \cdots \\ a_{m1}x_1 + a_{m2}x_2 + \cdots + a_{mn}x_n = 0 \end{cases} \quad (9.3.2)$$

为**齐次线性方程组**。它是方程组（9.3.1）的导出组，也称为方程组（9.3.1）对应的齐次线性方程组。

方程组（9.3.1）可写成矩阵的形式：

$$Ax = b$$

式中矩阵 $x = \begin{pmatrix} x_1 \\ x_2 \\ \vdots \\ x_n \end{pmatrix}$ 是未知向量，$b = \begin{pmatrix} b_1 \\ b_2 \\ \vdots \\ b_m \end{pmatrix}$ 是常数列向量。

$$A = (\pmb{\alpha}_1, \pmb{\alpha}_2 \cdots \pmb{\alpha}_n) = \begin{pmatrix} a_{11} & a_{12} & \cdots & a_{1n} \\ a_{21} & a_{22} & \cdots & a_{2n} \\ \vdots & \vdots & & \vdots \\ a_{m1} & a_{m2} & \cdots & a_{mn} \end{pmatrix}$$

是方程组的**系数矩阵**，矩阵

$$\overline{A} = (Ab) = \begin{pmatrix} a_{11} & a_{12} & \cdots & a_{1n} & b_1 \\ a_{21} & a_{22} & \cdots & a_{2n} & b_2 \\ \vdots & \vdots & & \vdots & \vdots \\ a_{m1} & a_{m2} & \cdots & a_{mn} & b_m \end{pmatrix}$$

称为方程组的**增广矩阵**。

方程组（9.3.2）可写成矩阵的形式：

$$Ax = 0$$

### 9.3.3 线性方程组解的判定

**1. 齐次线性方程组的解法**

我们在前面学习了消元法、当方程组的系数矩阵 $A$ 为方阵时的情形，下面就来介绍如何解一般线性方程组.

若将一组数 $c_1, c_2, \cdots, c_n$ 分别代替方程组（9.3.1）中的 $x_1, x_2, \cdots, x_n$，使式（9.3.1）中 $m$ 个等式都成立，则称有序数组 $(c_1, c_2, \cdots, c_n)$ 是方程组（9.3.1）的一组**解**. 解方程就是要找出方程组的全部解.

如果两个方程组有相同的解集合，则称它们是**同解方程组**.

**定义 9.3.6** 下列三种变换称为**线性方程组的初等变换**.

（1）用一个非零常数乘方程的两边；

（2）把某方程的 $k$ 倍加到另一方程上；

（3）互换两个方程的位置.

线性方程组经初等变换化为阶梯形方程组后，每个方程中的第一个未知量通常称为**主变量**，其余的未知量称为**自由变量**.

**定理 9.3.7** 线性方程组的初等行变换把线性方程组变成与它同解的方程组.

例如，对增广矩阵做初等行变换，化为

$$\overline{A} \to \cdots \to \begin{pmatrix} 1 & 0 & 2 & 5 & 4 & 3 \\ & 2 & 3 & 0 & 4 & 9 \\ & & & 1 & 7 \end{pmatrix},$$

则 $x_1, x_2, x_5$ 为主变量，$x_3, x_4$ 为自由变量.

接下来，我们先来看齐次线性方程组解的情形.

方程组（9.3.2）可写成矩阵的形式：$Ax = 0$. 也可表示为向量形式

$$Ax = (\alpha_1, \alpha_2, \cdots, \alpha_n)(x_1, x_2, \cdots x_n)^\mathrm{T} = \mathbf{0}.$$

即 $x_1 \alpha_1 + x_2 \alpha_2 + \cdots + x_n \alpha_n = \mathbf{0}$. 若方程组只有零解的充要条件为 $\alpha_1, \alpha_2, \cdots, \alpha_n$ 线性无关，而 $\alpha_1, \alpha_2, \cdots, \alpha_n$ 线性无关的充要条件为 $r(A) = n$. 所以方程组只有零解的充要条件为 $r(A) = n$. 若方程组有非零解，则 $\alpha_1, \alpha_2, \cdots, \alpha_n$ 线性相关，$r(A) < n$.

$n$ 元齐次线性方程组只有零解的充要条件为 $r(A) = n$，即矩阵 $A$ 的秩等于方程组中未知变量 $x$ 的个数.

于是我们得到如下定理：

**定理 9.3.8** 齐次方程组（9.3.2）有非零解 $\Leftrightarrow r(A) < n \Leftrightarrow A$ 的列向量线性相关；只有零解 $\Leftrightarrow r(A) = n \Leftrightarrow A$ 的列向量线性无关.

**推论** 当 $m < n$（即方程的个数<未知数的个数）时，齐次线性方程组（9.3.2）必有非零解.

**推论** 当 $m = n$ 时，齐次线性方程组（9.3.2）有非零解的充分必要条件是行列式 $|A| = 0$. 只有零解时，$|A| \neq 0$.

**性质 9.3.4** 若 $\xi_1, \xi_2$ 为方程组（9.3.2）的解，则 $\xi_1 + \xi_2$ 也是方程组（9.3.2）的解.

**证**：因为 $A\xi_1 = 0, A\xi_2 = 0$，所以 $A(\xi_1 + \xi_2) = A\xi_1 + A\xi_2 = \mathbf{0} + \mathbf{0} = \mathbf{0}$.

**性质 9.3.5** 若 $\xi$ 为方程组（9.3.2）的解，$k$ 为任意常数，则 $k\xi$ 也是方程组（9.3.2）的解.

**证**：因为 $A\xi = 0$，所以 $A(k\xi) = k(A\xi) = k\mathbf{0} = \mathbf{0}$.

**定义 9.3.7** 向量组 $\eta_1, \eta_2, \cdots, \eta_t$ 称为齐次线性方程组 $Ax = 0$ 的**基础解系**，如果

（1）$\eta_1, \eta_2, \cdots, \eta_t$ 是 $Ax = 0$ 的解；

（2）$\eta_1, \eta_2, \cdots, \eta_t$ 线性无关；

（3）$Ax = 0$ 的任一解都可由 $\eta_1, \eta_2, \cdots, \eta_t$ 线性表出.

如果 $\eta_1, \eta_2, \cdots, \eta_t$ 是齐次线性方程组 $Ax = 0$ 的一组基础解系，那么，对任意常数 $c_1, c_2, \cdots, c_t$，$c_1\eta_1 + c_2\eta_2 + \cdots + c_t\eta_t$ 是齐次方程组 $Ax = 0$ 的通解.

**注意**：$Ax = 0$ 的基础解系是不唯一的.

要求 $n$ 元齐次线性方程组（9.3.2）的通解，最终化归为求其中一个基础解系. 易知当 $r(A) = n$ 时方程组只有零解，没有基础解系，而当 $r(A) < n$ 时方程组有非零解，才有基础解系. 接下来我们给出当 $r(A) < n$ 时求基础解系的一个方法.

设 $r(A) = r < n$，$A$ 的左上角 $r$ 阶子式不等于零. 由于齐次线性方程组与系数矩阵 $A$ 一一对应，其初等变换与 $A$ 的初等行变换一一对应，所以只要用初等行变换把 $A$ 化为行最简形 $B$，写出 $B$ 对应的齐次线性方程组，它是与方程组（9.3.2）同解的最简方程组，求方程组（9.3.2）的解只要求其最简方程组的解即可. $A$ 的行最简形为

$$B = \begin{pmatrix} 1 & 0 & \cdots & 0 & b_{11} & b_{12} & \cdots & b_{1n-r} \\ 0 & 1 & \cdots & 0 & b_{21} & b_{22} & \cdots & b_{2n-r} \\ \vdots & \vdots & & \vdots & \vdots & \vdots & & \vdots \\ 0 & 0 & \cdots & 1 & b_{r1} & b_{r2} & \cdots & b_{rn-r} \\ 0 & 0 & \cdots & 0 & 0 & 0 & \cdots & 0 \\ \vdots & \vdots & & \vdots & \vdots & \vdots & & \vdots \\ 0 & 0 & \cdots & 0 & 0 & 0 & \cdots & 0 \end{pmatrix} \quad (9.3.3)$$

$B$ 对应的方程组为

$$\begin{cases} x_1 = -b_{11}x_{r+1} - b_{12}x_{r+2} - \cdots - b_{1n-r}x_n \\ x_2 = -b_{21}x_{r+1} - b_{22}x_{r+2} - \cdots - b_{2n-r}x_n \\ \cdots \\ x_r = -b_{r1}x_{r+1} - b_{r2}x_{r+2} - \cdots - b_{rn-r}x_n \end{cases} \quad (9.3.4)$$

由于 $x_{r+1}, x_{r+2}, \cdots, x_n$ 任取一组值即可解出 $x_1, x_2, \cdots, x_r$，将它们合在一起得

$$x = \begin{pmatrix} x_1 \\ \vdots \\ x_r \\ x_{r+1} \\ \vdots \\ x_n \end{pmatrix},$$

则 $x$ 是方程组（9.3.2）的解. 可知，主变量 $x_1, x_2, \cdots, x_r$ 由自由变量 $x_{r+1}, x_{r+2}, \cdots, x_n$ 唯一确定令 $x_{r+1}, x_{r+2}, \cdots, x_n$ 取下列 $n-r$ 组值

$$\begin{pmatrix} x_{r+1} \\ x_{r+2} \\ \vdots \\ x_n \end{pmatrix} = \begin{pmatrix} 1 \\ 0 \\ \vdots \\ 0 \end{pmatrix}, \begin{pmatrix} 0 \\ 1 \\ \vdots \\ 0 \end{pmatrix}, \cdots, \begin{pmatrix} 0 \\ 0 \\ \vdots \\ 1 \end{pmatrix},$$

代入方程组（9.3.3）求出 $x_1, x_2, \cdots, x_r$，再与 $x_{r+1}, x_{r+2}, \cdots, x_n$ 合在一起得到方程组（9.3.2）的 $n-r$ 个解.

$$\eta_1 = \begin{pmatrix} -b_{11} \\ \vdots \\ -b_{r1} \\ 1 \\ 0 \\ \vdots \\ 0 \end{pmatrix}, \eta_2 = \begin{pmatrix} -b_{12} \\ \vdots \\ -b_{r2} \\ 0 \\ 1 \\ \vdots \\ 0 \end{pmatrix}, \cdots, \eta_{n-r} = \begin{pmatrix} -b_{1,n-r} \\ \vdots \\ -b_{r,n-r} \\ 0 \\ 0 \\ \vdots \\ 1 \end{pmatrix},$$

显然，$\eta_1, \eta_2, \cdots, \eta_{n-r}$ 线性无关. 所以方程组（9.3.2）的任一解可由 $\eta_1, \eta_2, \cdots, \eta_{n-r}$ 线性表出，因此 $\eta_1, \eta_2, \cdots, \eta_{n-r}$ 为方程组（9.3.2）的一个基础解系. 齐次线性方程组的通解为

$$x = k_1 \eta_1 + k_2 \eta_2 + \cdots + k_{n-r} \eta_{n-r}，\text{其中 } k_1, k_2, \cdots, k_{n-r} \text{ 为任意常数.}$$

设 $x = \begin{pmatrix} x_1 \\ \vdots \\ x_r \\ k_1 \\ \vdots \\ k_{n-r} \end{pmatrix}$ 为方程组（9.3.2）的任一解，则由方程组（9.3.4）得

$$\begin{cases} x_1 = -b_{11}k_1 - b_{12}k_2 - \cdots - b_{1n-r}k_{n-r} \\ x_2 = -b_{21}k_1 - b_{22}k_2 - \cdots - b_{2n-r}k_{n-r} \\ \cdots \\ x_r = -b_{r1}k_1 - b_{r2}k_2 - \cdots - b_{rn-r}k_{n-r} \end{cases}$$

即

$$x = \begin{pmatrix} -b_{11}k_1 - b_{12}k_2 - \cdots - b_{1n-r}k_{n-r} \\ -b_{21}k_1 - b_{22}k_2 - \cdots - b_{2n-r}k_{n-r} \\ \vdots \\ -b_{r1}k_1 - b_{r2}k_2 - \cdots - b_{rn-r}k_{n-r} \\ k_1 \\ k_2 \\ \vdots \\ k_{n-r} \end{pmatrix} = k_1 \begin{pmatrix} -b_{11} \\ -b_{21} \\ \vdots \\ -b_{r1} \\ 1 \\ 0 \\ \vdots \\ 0 \end{pmatrix} + k_2 \begin{pmatrix} -b_{12} \\ -b_{22} \\ \vdots \\ -b_{r2} \\ 0 \\ 1 \\ \vdots \\ 0 \end{pmatrix} + \cdots + k_{n-r} \begin{pmatrix} -b_{1n-r} \\ -b_{2n-r} \\ \vdots \\ -b_{rn-r} \\ 0 \\ 0 \\ \vdots \\ 1 \end{pmatrix}$$

$$= k_1 \eta_1 + k_2 \eta_2 + \cdots + k_{n-r} \eta_{n-r}.$$

其实，求方程组通解，还可以先把方程组化为最简方程组，然后只要令自由未知数 $x_{r+1}, x_{r+2}, \cdots, x_n$ 取任意常数 $k_1, k_2, \cdots, k_{n-r}$，代入解出 $x_1, x_2, \cdots, x_r$，再与 $x_{r+1}, x_{r+2}, \cdots, x_n$ 合在一起即可.

**例 9.3.4** 求齐次线性方程组 $\begin{cases} x_1 - x_2 + 5x_3 - x_4 = 0 \\ x_1 + x_2 - 2x_3 + 3x_4 = 0 \\ 3x_1 - x_2 + 8x_3 + x_4 = 0 \\ x_1 + 3x_2 - 9x_3 + 7x_4 = 0 \end{cases}$ 的一个基础解系和通解.

**解**：先用行初等变换将方程组的系数矩阵变为最简阶梯形矩阵.

$$\begin{pmatrix} 1 & -1 & 5 & -1 \\ 1 & 1 & -2 & 3 \\ 3 & -1 & 8 & 1 \\ 1 & 3 & -9 & 7 \end{pmatrix} \rightarrow \begin{pmatrix} 1 & -1 & 5 & -1 \\ 0 & 2 & -7 & 4 \\ 0 & 2 & -7 & 4 \\ 0 & 4 & -14 & 8 \end{pmatrix} \rightarrow \begin{pmatrix} 1 & -1 & 5 & -1 \\ 0 & 2 & -7 & 4 \\ 0 & 0 & 0 & 0 \\ 0 & 0 & 0 & 0 \end{pmatrix}$$

$$\rightarrow \begin{pmatrix} 1 & -1 & 5 & -1 \\ 0 & 1 & -\frac{7}{2} & 2 \\ 0 & 0 & 0 & 0 \\ 0 & 0 & 0 & 0 \end{pmatrix} \rightarrow \begin{pmatrix} 1 & 0 & \frac{3}{2} & 1 \\ 0 & 1 & -\frac{7}{2} & 2 \\ 0 & 0 & 0 & 0 \\ 0 & 0 & 0 & 0 \end{pmatrix},$$

然后将它还原成方程组的形式：

$$\begin{cases} x_1 = -\frac{3}{2}x_3 - x_4 \\ x_2 = \frac{7}{2}x_3 - 2x_4 \end{cases},$$

并将该方程组整理成如下形式：

$$\begin{cases} x_1 = -\frac{3}{2}x_3 - x_4 \\ x_2 = \frac{7}{2}x_3 - 2x_4 \\ x_3 = 1x_3 + 0x_4 \\ x_4 = 0x_3 + 1x_4 \end{cases} \Rightarrow \begin{pmatrix} x_1 \\ x_2 \\ x_3 \\ x_4 \end{pmatrix} = x_3 \begin{pmatrix} -\frac{3}{2} \\ \frac{7}{2} \\ 1 \\ 0 \end{pmatrix} + x_4 \begin{pmatrix} -1 \\ -2 \\ 0 \\ 1 \end{pmatrix},$$

列矩阵 $\begin{pmatrix} -\frac{3}{2} \\ \frac{7}{2} \\ 1 \\ 0 \end{pmatrix}$ 和 $\begin{pmatrix} -1 \\ -2 \\ 0 \\ 1 \end{pmatrix}$ 就是我们所要求的一组基础解系.

所以该方程组的通解为 $\begin{pmatrix} x_1 \\ x_2 \\ x_3 \\ x_4 \end{pmatrix} = k_1 \begin{pmatrix} -\frac{3}{2} \\ \frac{7}{2} \\ 1 \\ 0 \end{pmatrix} + k_2 \begin{pmatrix} -1 \\ -2 \\ 0 \\ 1 \end{pmatrix}.$

通过上面的例题，我们可以总结出解方程组的步骤：

（1）先用初等行变换将系数矩阵化成最简阶梯形矩阵.
（2）将最简阶梯形矩阵改写成方程组的形式，并整理成列矩阵的形式.
（3）写出基础解系，并写出其通解.

**例 9.3.5** 已知 $A = \begin{pmatrix} 1 & 2 & 3 \\ -1 & 3 & 2 \\ 2 & a & 1 \\ 1 & 7 & 8 \end{pmatrix}$，若 $Ax = 0$ 有非零解，求其基础解系及通解.

**解：** $Ax = 0$ 有非零解 $\Leftrightarrow r(A) < n$.

$$A = \begin{pmatrix} 1 & 2 & 3 \\ -1 & 3 & 2 \\ 2 & a & 1 \\ 1 & 7 & 8 \end{pmatrix} \to \begin{pmatrix} 1 & 2 & 3 \\ 0 & 1 & 1 \\ 0 & a-4 & -5 \\ 0 & 5 & 5 \end{pmatrix} \to \begin{pmatrix} 1 & 0 & 1 \\ 0 & 1 & 1 \\ 0 & a+1 & 0 \\ 0 & 0 & 0 \end{pmatrix},$$

故必有 $a = -1$.

所以同解程组为

$$\begin{cases} x_1 + x_3 = 0 \\ x_2 + x_3 = 0 \end{cases} \Rightarrow \begin{cases} x_1 = -x_3 \\ x_2 = -x_3 \\ x_3 = x_3 \end{cases},$$

令 $x_3 = c$，通解为 $\begin{pmatrix} x_1 \\ x_2 \\ x_3 \end{pmatrix} = c \begin{pmatrix} -1 \\ -1 \\ 1 \end{pmatrix}$，基础解系是 $\begin{pmatrix} -1 \\ -1 \\ 1 \end{pmatrix}$.

### 2. 非齐次线性方程组解的判定

对于非齐次线性方程组（9.3.1）我们有

$$Ax = b \Leftrightarrow (\alpha_1, \alpha_2, \cdots, \alpha_n) \begin{pmatrix} x_1 \\ x_2 \\ \vdots \\ x_n \end{pmatrix} = \beta \Leftrightarrow x_1 \alpha_1 + x_2 \alpha_2 + \cdots + x_n \alpha_n = \beta$$

故 $Ax = b$ 有解 $\Leftrightarrow \beta$ 可由 $\alpha_1, \alpha_2, \cdots, \alpha_n$ 线性表示 $\Leftrightarrow r(\alpha_1, \alpha_2, \cdots, \alpha_n) = r(\alpha_1, \alpha_2, \cdots, \alpha_n, \beta)$，于是我们得到如下定理：

**定理 9.3.9（线性方程组有解判别定理）** 已知线性方程组（9.3.1）的系数矩阵 $A = \begin{pmatrix} a_{11} & a_{12} & \cdots & a_{1n} \\ a_{21} & a_{22} & \cdots & a_{2n} \\ \vdots & \vdots & & \vdots \\ a_{s1} & a_{s2} & \cdots & a_{sn} \end{pmatrix}$ 与增广矩阵 $\overline{A} = \begin{pmatrix} a_{11} & a_{12} & \cdots & a_{1n} & b_1 \\ a_{21} & a_{22} & \cdots & a_{2n} & b_2 \\ \vdots & \vdots & & \vdots & \vdots \\ a_{s1} & a_{s2} & \cdots & a_{sn} & b_s \end{pmatrix}$

的秩分别为 $R(A)$ 和 $R(\overline{A})$，则

（1）当 $R(A) = R(\overline{A}) = r$ 时方程组有解，此时也称方程组是相容的，且当 $r = n$ 时，方程组有唯一解；当 $r < n$ 时，方程组有无数组解.

（2）当 $R(A) \neq R(\overline{A})$ 时方程组无解，此时也称方程组是不相容的.

**例 9.3.6** 当 $\lambda$ 取何值时，方程组

$$\begin{cases} x_1 + 2x_2 + \lambda x_3 = 2 \\ 2x_1 + \dfrac{4}{3}\lambda x_2 + 6x_3 = 4 \\ \lambda x_1 + 6x_2 + 9x_3 = 6 \end{cases}$$

（1）无解；（2）有唯一解；（3）有无穷多解．

**解**：将增广矩阵化为上阶梯形

$$\overline{A} = \begin{pmatrix} 1 & 2 & \lambda & 2 \\ 2 & \dfrac{4}{3}\lambda & 6 & 4 \\ \lambda & 6 & 9 & 6 \end{pmatrix} \longrightarrow \begin{pmatrix} 1 & 2 & \lambda & 2 \\ 0 & \dfrac{4}{3}\lambda - 4 & 6 - 2\lambda & 0 \\ 0 & 6 - 2\lambda & 9 - \lambda^2 & 6 - 2\lambda \end{pmatrix}$$

$$\longrightarrow \begin{pmatrix} 1 & 2 & \lambda & 2 \\ 0 & \dfrac{4}{3}\lambda - 4 & 6 - 2\lambda & 0 \\ 0 & 0 & (\lambda + 6)(3 - \lambda) & 2(3 - \lambda) \end{pmatrix}$$

由定理 9.3.9 可得出如下结论：

（1）当 $\lambda = -6$ 时，$R(A) < R(\overline{A})$，故方程组无解．

（2）当 $\lambda \neq -6$，且 $\lambda \neq 3$ 时，$R(A) = R(\overline{A}) = 3$，方程组有唯一解．

（3）当 $\lambda = 3$ 时，$R(A) = R(\overline{A}) = 1$，有无穷多解．

### 3. 非齐次线性方程组的解的结构

**定理 9.3.10（解的性质）**

（1）如果 $\boldsymbol{\alpha}, \boldsymbol{\beta}$ 是线性方程组 $Ax = b$ 的两个解，则 $\boldsymbol{\alpha} - \boldsymbol{\beta}$ 是导出组 $Ax = 0$ 的解．

（2）如果 $\boldsymbol{\alpha}$ 是线性方程组 $Ax = b$ 的解，$\boldsymbol{\eta}$ 是导出组 $Ax = 0$ 的解，则 $\boldsymbol{\alpha} + \boldsymbol{\eta}$ 是 $Ax = b$ 的解．

由上面的定理可知，若 $\boldsymbol{\xi}$ 为 $Ax = 0$ 的解，$\boldsymbol{\eta}$ 为 $Ax = b$ 的解，则 $\boldsymbol{\xi} + \boldsymbol{\eta}$ 为 $Ax = b$ 的解．再若 $x$ 为 $Ax = b$ 的任一解，$\boldsymbol{\eta}$ 为 $Ax = b$ 的一个解，则 $\boldsymbol{\xi} = x - \boldsymbol{\eta}$ 为 $Ax = 0$ 的解，所以 $x = \boldsymbol{\xi} + \boldsymbol{\eta}$，因此 $Ax = b$ 的通解为 $x = \boldsymbol{\xi} + \boldsymbol{\eta}$，其中 $\boldsymbol{\xi}$ 为 $Ax = 0$ 的通解．

所以当 $\boldsymbol{\eta}_1, \boldsymbol{\eta}_2, \cdots, \boldsymbol{\eta}_{n-r}$ 为 $Ax = 0$ 的一个基础解系，$\boldsymbol{\zeta}_0$ 是 $Ax = b$ 的一个解，$c_1, c_2, \cdots, c_{n-r}$ 为任意常数，则 $Ax = b$ 的通解为

$$x = \boldsymbol{\zeta}_0 + c_1 \boldsymbol{\eta}_1 + c_2 \boldsymbol{\eta}_2 + \cdots + c_{n-r} \boldsymbol{\eta}_{n-r}$$

由此，我们可以得出下面的定理．

**定理 9.3.11（解的结构）** 对非齐次线性方程组 $Ax = b$，若 $r(A) = r(\overline{A}) = r$，且已知 $\boldsymbol{\eta}_1, \boldsymbol{\eta}_2, \cdots, \boldsymbol{\eta}_{n-r}$ 是导出组 $Ax = 0$ 的基础解系，$\boldsymbol{\zeta}_0$ 是 $Ax = b$ 的某个已知解，则 $Ax = b$ 的通解为

$$x = \boldsymbol{\zeta}_0 + c_1 \boldsymbol{\eta}_1 + c_2 \boldsymbol{\eta}_2 + \cdots + c_{n-r} \boldsymbol{\eta}_{n-r}, \text{ 其中 } c_1, c_2, \cdots, c_{n-r} \text{ 为任意常数．}$$

**例 9.3.7** 求非齐次线性方程组 $\begin{cases} x_1 + 2x_2 - x_3 + 2x_4 = 1 \\ 2x_1 + 4x_2 + x_3 + x_4 = 5 \\ -x_1 - 2x_2 - 2x_3 + x_4 = -4 \end{cases}$ 的通解．

**解**：先用初等行变换将增广矩阵化成最简阶梯形矩阵．

$$\overline{A} = \begin{pmatrix} 1 & 2 & -1 & 2 & 1 \\ 2 & 4 & 1 & 1 & 5 \\ -1 & -2 & -2 & 1 & -4 \end{pmatrix} \to \begin{pmatrix} 1 & 2 & -1 & 2 & 1 \\ 0 & 0 & 3 & -3 & 3 \\ 0 & 0 & -3 & 3 & -3 \end{pmatrix} \to \begin{pmatrix} 1 & 2 & -1 & 2 & 1 \\ 0 & 0 & 1 & -1 & 1 \\ 0 & 0 & 0 & 0 & 0 \end{pmatrix}$$

$$\to \begin{pmatrix} 1 & 2 & 0 & 1 & 2 \\ 0 & 0 & 1 & -1 & 1 \\ 0 & 0 & 0 & 0 & 0 \end{pmatrix},$$

由于 $R(\overline{A}) = R(A) = 2$，所以方程组有解，将上面的最简阶梯形矩阵化成方程组的形式：

$$\begin{cases} x_1 = -2x_2 - x_4 + 2 \\ x_3 = x_4 + 1 \end{cases},$$

并将方程组写成如下形式：

$$\begin{cases} x_1 = -2x_2 - x_4 + 2 \\ x_2 = 1x_2 + 0x_4 + 0 \\ x_3 = 0x_2 + x_4 + 1 \\ x_4 = 0x_2 + 1x_4 + 0 \end{cases} \Rightarrow \begin{pmatrix} x_1 \\ x_2 \\ x_3 \\ x_4 \end{pmatrix} = x_2 \begin{pmatrix} -2 \\ 1 \\ 0 \\ 0 \end{pmatrix} + x_4 \begin{pmatrix} -1 \\ 0 \\ 1 \\ 1 \end{pmatrix} + \begin{pmatrix} 2 \\ 0 \\ 1 \\ 0 \end{pmatrix},$$

列矩阵 $\begin{pmatrix} 2 \\ 0 \\ 1 \\ 0 \end{pmatrix}$ 就是方程组的一个特解，$\begin{pmatrix} -2 \\ 1 \\ 0 \\ 0 \end{pmatrix}$ 和 $\begin{pmatrix} -1 \\ 0 \\ 1 \\ 1 \end{pmatrix}$ 就是方程组对应的齐次线性方程组的基础解系.

所以，该方程组的通解为 $\begin{pmatrix} x_1 \\ x_2 \\ x_3 \\ x_4 \end{pmatrix} = k_1 \begin{pmatrix} -2 \\ 1 \\ 0 \\ 0 \end{pmatrix} + k_2 \begin{pmatrix} -1 \\ 0 \\ 1 \\ 1 \end{pmatrix} + \begin{pmatrix} 2 \\ 0 \\ 1 \\ 0 \end{pmatrix}$.

**例 9.3.8** 已知线性方程组

$$\begin{cases} x_1 - x_2 - 2x_3 + 3x_4 = 0 \\ x_1 - 3x_2 - 5x_3 + 2x_4 = -1 \\ x_1 + x_2 + ax_3 + 4x_4 = 1 \\ x_1 + 7x_2 + 10x_3 + 7x_4 = b \end{cases}$$

讨论参数 $a, b$ 取何值时，方程组有解、无解；当有解时，试用其导出组的基础解系表示通解.

**解**：对增广矩阵作初等行变换，有

$$\overline{A} = \begin{pmatrix} 1 & -1 & -2 & 3 & 0 \\ 1 & -3 & -5 & 2 & -1 \\ 1 & 1 & a & 4 & 1 \\ 1 & 7 & 10 & 7 & b \end{pmatrix} \to \begin{pmatrix} 1 & -1 & -2 & 3 & 0 \\ 0 & 2 & 3 & 1 & 1 \\ 0 & 0 & a-1 & 0 & 0 \\ 0 & 0 & 0 & 0 & b-4 \end{pmatrix}.$$

当 $b \neq 4$ 时，$r(A) \neq r(\overline{A})$，方程组无解.

当 $b = 4$ 时，$\forall a$，恒有 $r(A) = r(\overline{A})$，方程组有解.

当 $a \neq 1$ 时，$\overline{A} \to \begin{pmatrix} 1 & -1 & -2 & 3 & 0 \\ 0 & 2 & 3 & 1 & 1 \\ 0 & 0 & a-1 & 0 & 0 \\ 0 & 0 & 0 & 0 & 0 \end{pmatrix} \to \begin{pmatrix} 1 & 0 & 0 & \frac{7}{2} & \frac{1}{2} \\ 0 & 1 & 0 & \frac{1}{2} & \frac{1}{2} \\ 0 & 0 & 1 & 0 & 0 \\ 0 & 0 & 0 & 0 & 0 \end{pmatrix}.$

$r(A) = r(\overline{A}) = 3$，方程组有无穷多解，通解为

$$x = \begin{pmatrix} x_1 \\ x_2 \\ x_3 \\ x_4 \end{pmatrix} = \begin{pmatrix} \frac{1}{2} \\ \frac{1}{2} \\ 0 \\ 0 \end{pmatrix} + k \begin{pmatrix} -\frac{7}{2} \\ -\frac{1}{2} \\ 0 \\ 1 \end{pmatrix}, k \text{ 为任意常数}.$$

若 $a = 1$，有 $\overline{A} \to \begin{pmatrix} 1 & -1 & -2 & 3 & 0 \\ 0 & 2 & 3 & 1 & 1 \\ 0 & 0 & 0 & 0 & 0 \\ 0 & 0 & 0 & 0 & 0 \end{pmatrix} \to \begin{pmatrix} 1 & 0 & -\frac{1}{2} & \frac{7}{2} & \frac{1}{2} \\ 0 & 1 & \frac{3}{2} & \frac{1}{2} & \frac{1}{2} \\ 0 & 0 & 0 & 0 & 0 \\ 0 & 0 & 0 & 0 & 0 \end{pmatrix},$

$r(A) = r(\overline{A}) = 2$，方程组有无穷多解，通解为

$$x = \begin{pmatrix} x_1 \\ x_2 \\ x_3 \\ x_4 \end{pmatrix} = \begin{pmatrix} \frac{1}{2} \\ \frac{1}{2} \\ 0 \\ 0 \end{pmatrix} + k_1 \begin{pmatrix} \frac{1}{2} \\ -\frac{3}{2} \\ 1 \\ 0 \end{pmatrix} + k_2 \begin{pmatrix} -\frac{7}{2} \\ -\frac{1}{2} \\ 0 \\ 1 \end{pmatrix}, k_1, k_2 \text{ 为任意常数}.$$

**例 9.3.9** 已知四元方程组 $Ax = b$ 中，系数矩阵的秩 $r(A) = 3$，$\alpha_1, \alpha_2, \alpha_3$ 是方程组的三个解，若 $\alpha_1 = [1,1,1,1]^T$，$\alpha_2 + \alpha_3 = [2,3,4,5]^T$，求方程组通解.

**解**：由于 $n - r(A) = 4 - 3 = 1$，故方程组通解形式为 $\alpha + k\eta$.

因为 $\alpha_1$ 是方程组 $Ax = b$ 的解，故 $\alpha$ 可取为 $\alpha_1$.

因为 $A(\alpha_2 + \alpha_3) = A\alpha_2 + A\alpha_3 = 2b$，$A(2\alpha_1) = 2b$，

由定理 9.3.10 可知，$\xi, \eta$ 是 $Ax = b$ 的解，则有 $A\xi = b, A\eta = b$ 可得，$A(\xi - \eta) = 0$，即 $\xi - \eta$ 是 $Ax = 0$ 的解.

所以有 $(\alpha_2 + \alpha_3) - 2\alpha_1$ 是 $Ax = 0$ 的解，即 $(0,1,2,3)^T$ 是 $Ax = 0$ 的解，所以方程组的通解为 $(1,1,1,1)^T + k(0,1,2,3)^T$，$k$ 为任意常数.

## 习题 9.3

1. 选择题.

（1）若四阶方阵的秩为 3，则（　　）.

    A. $A$ 为可逆阵　　　　　　　　　　B. 齐次方程组 $Ax=0$ 有非零解

    C. 齐次方程组 $Ax=0$ 只有零解　　　D. 非齐次方程组 $Ax=b$ 必有解

（2）下列向量组中，线性无关的是（　　）.

    A. $[1,2,3,4]^T, [2,3,4,5]^T, [0,0,0,0]^T$

    B. $[1,2,-1]^T, [3,5,6]^T, [0,7,9]^T, [1,0,2]^T$

    C. $[a,1,2,3]^T, [b,1,2,3]^T, [c,3,4,5]^T, [d,0,0,0]^T$

    D. $[1,0,0]^T, [0,6,0]^T, [0,5,6]^T$

（3）齐次线性方程组 $Ax=0$ 仅有零解的充要条件是（　　）.

    A. 矩阵 $A$ 的列向量组线性无关　　　B. 矩阵 $A$ 的列向量组线性相关；

    C. 矩阵 $A$ 的行向量组线性无关　　　D. 矩阵 $A$ 的行向量组线性相关.

（4）设 $A$ 为 $m \times n$ 矩阵，则 $n$ 元齐次线性方程组 $Ax=0$ 有非零解的充分必要条件是（　　）.

    A. $r(A)=n$　　　B. $r(A)=m$　　　C. $r(A)<n$　　　D. $r(A)<m$

（5）设 $\alpha_1, \alpha_2$ 为非齐次线性方程组 $Ax=\beta$ 的两个不同解，则（　　）是 $Ax=\beta$ 的解.

    A. $\alpha_1+\alpha_2$　　　　　　　　　　B. $\dfrac{2}{3}\alpha_1+\dfrac{1}{3}\alpha_2$

    C. $\alpha_1-\alpha_2$　　　　　　　　　　D. $k_1\alpha_1+k_2\alpha_2, k_i \in \mathbf{R}, i=1,2$

（6）设 $\alpha_1, \alpha_2$ 为齐次线性方程组 $Ax=0$ 的两个不同解，则（　　）是 $Ax=0$ 的解.

    A. $\alpha_1+\alpha_2$　　　　　　　　　　B. $\dfrac{2}{3}\alpha_1+\dfrac{1}{3}\alpha_2$

    C. $\alpha_1-\alpha_2$　　　　　　　　　　D. 以上三个都是

（7）已知向量组 $\alpha_1=[1,1,1,3]^T, \alpha_2=[1,3,-5,-1]^T, \alpha_3=[-2,-6,10,a]^T, \alpha_4=[4,1,6,a+10]^T$ 线性相关，则向量组 $\alpha_1, \alpha_2, \alpha_3, \alpha_4$ 的极大线性无关组是（　　）.

    A. $\alpha_1, \alpha_2, \alpha_3$　　　B. $\alpha_2, \alpha_3, \alpha_4$　　　C. $\alpha_1, \alpha_3, \alpha_4$　　　D. 以上都不对

（8）设 $A=\begin{pmatrix} 1 & 0 & 3 & 1 & 2 \\ 2 & 1 & 7 & 4 & 3 \\ -1 & 2 & 1 & 3 & 0 \end{pmatrix}$，则 $Ax=0$ 的基础解系中，所含解向量的个数是（　　）.

    A. 1　　　　　　　B. 2　　　　　　　C. 3　　　　　　　D. 4

（9）下列各命题正确的是（　　）.

    A. 若向量组 $\alpha_1, \alpha_2, \cdots, \alpha_m$ 线性相关，则 $\alpha_1$ 可由 $\alpha_2, \cdots, \alpha_m$ 线性表示.

    B. 若有不全为零的数 $\lambda_1, \lambda_2, \cdots, \lambda_m$，使

$$\lambda_1\alpha_1+\lambda_2\alpha_2+\cdots+\lambda_m\alpha_m+\lambda_1\beta_1+\lambda_2\beta_2+\cdots+\lambda_m\beta_m=0$$

成立，则 $\alpha_1, \alpha_2, \cdots, \alpha_m$ 线性相关，$\beta_1, \beta_2, \cdots, \beta_m$ 也线性相关.

C. 若只有当 $\lambda_1,\cdots,\lambda_m$ 全为零时，等式
$$\lambda_1\alpha_1+\cdots+\lambda_m\alpha_m+\lambda_1\beta_1+\cdots+\lambda_m\beta_m=0$$
才能成立，则 $(\alpha_1+\beta_1),\cdots,(\alpha_m+\beta_m)$ 线性无关.

D. 若 $\alpha_1,\cdots,\alpha_m$ 线性相关，$\beta_1,\cdots,\beta_m$ 也线性相关，则有不全为零的数 $\lambda_1,\cdots,\lambda_m$，使 $\lambda_1\alpha_1+\cdots+\lambda_m\alpha_m=0, \lambda_1\beta_1+\cdots+\lambda_m\beta_m=0$ 同时成立.

（10）设 $\beta_1,\beta_2$ 为非齐次线性方程组 $Ax=\beta$ 的两个不同解，而 $\alpha_1,\alpha_2$ 为对应的齐次线性方程组 $Ax=0$ 的基础解系，$k_1,k_2$ 为任意实数，则 $Ax=\beta$ 的通解为（　　）.

A. $k_1\alpha_1+k_2(\alpha_1+\alpha_2)+\dfrac{\beta_1+\beta_2}{2}$  　　B. $k_1\alpha_1+k_2(\beta_1-\beta_2)+\dfrac{\beta_1+\beta_2}{2}$

C. $k_1\alpha_1+k_2(\beta_1+\beta_2)+\dfrac{\beta_1-\beta_2}{2}$  　　D. 以上都不对

2. 填空题.

（1）设 $A$ 为 $m\times n$ 矩阵，则非齐次线性方程组 $Ax=\beta$ 有唯一解的充要条件是_____.

（2）设 $A$ 为 $n\times n$ 矩阵，则齐次线性方程组 $Ax=0$ 有唯一解的充要条件是_____.

（3）已知三元非齐次线性方程组的增广矩阵为 $\begin{pmatrix}1 & -1 & 2 & 1\\ 0 & a+1 & 0 & 1\\ 0 & 0 & a+1 & 0\end{pmatrix}$，若该方程组无解，则 $a$ 的取值为_____.

（4）若齐次方程组 $\begin{cases}\lambda x_1+x_2+x_3=0\\ x_1+\lambda x_2+x_3=0\\ x_1+x_2+\lambda x_3=0\end{cases}$ 只有零解，则参数 $\lambda$ 应满足_____.

（5）三元齐次线性方程组 $\begin{cases}x_1-x_2=0\\ x_2+x_3=0\end{cases}$ 的基础解系中所含解向量的个数为_____.

（6）若方程组 $\begin{cases}x_1+x_2=-a_1\\ x_2+x_3=a_2\\ x_3+x_4=-a_3\\ x_1+x_4=a_4\end{cases}$ 有解，则常数 $a_1,a_2,a_3,a_4$ 满足_____.

（7）向量组 $\begin{pmatrix}-1\\ 3\\ 1\end{pmatrix},\begin{pmatrix}2\\ 1\\ 0\end{pmatrix},\begin{pmatrix}1\\ 4\\ 1\end{pmatrix}$ 是线性_____（相关/无关）；向量组 $\begin{pmatrix}2\\ 3\\ 0\end{pmatrix},\begin{pmatrix}-1\\ 4\\ 0\end{pmatrix},\begin{pmatrix}0\\ 0\\ 2\end{pmatrix}$ 是线性_____（相关/无关）.

（8）若方程组 $\begin{pmatrix}1 & 2 & 1\\ 2 & 3 & a+1\\ 1 & a & -2\end{pmatrix}\begin{pmatrix}x_1\\ x_2\\ x_3\end{pmatrix}=\begin{pmatrix}1\\ 3\\ 0\end{pmatrix}$ 无解，则 $a=$_____.

（9）若 $\alpha_1=[1,3,4,-2]^T,\alpha_2=[2,1,3,t]^T,\alpha_3=[3,-1,2,0]^T$ 线性相关，则 $t=$_____.

（10）若方程组 $\begin{pmatrix}1 & 2 & 0\\ 2 & 3 & 1\\ 3 & 4 & a\end{pmatrix}\begin{pmatrix}x_1\\ x_2\\ x_3\end{pmatrix}=\begin{pmatrix}2\\ 3\\ b\end{pmatrix}$ 有唯一解，则 $a,b$ 满足_____.

（11）四元齐次线性方程组 $\begin{cases} x_1 + x_2 = 0 \\ x_2 - x_4 = 0 \end{cases}$ 的一个基础解系为_____.

3. 判断下列方程组是否有解，若有解，并求出其通解.

（1）$\begin{cases} x_1 + x_2 + 4x_3 = -5 \\ 2x_1 + x_2 + 2x_3 = -1 \\ 3x_1 - 3x_2 + x_3 = -2 \end{cases}$；
（2）$\begin{cases} x_1 + x_2 + x_3 + x_4 = 1 \\ x_1 + x_2 - x_3 - x_4 = 1 \\ x_1 - x_2 - x_3 - x_4 = 1 \\ x_1 - x_2 - x_3 + x_4 = 1 \end{cases}$；

（3）$\begin{cases} 4x_1 + 2x_2 - x_3 = 2 \\ 3x_1 - x_2 + 2x_3 = 10 \\ 11x_1 + 3x_2 = 8 \end{cases}$；
（4）$\begin{cases} x_1 + 2x_2 + x_3 - x_4 = 0 \\ 3x_1 + 6x_2 - x_3 - 3x_4 = 0 \\ 5x_1 + 10x_2 + x_3 - 5x_4 = 0 \end{cases}$；

（5）$\begin{cases} x_1 + 2x_2 + 3x_3 - x_4 = 1 \\ 3x_1 + 2x_2 + x_3 - x_4 = 1 \\ 2x_1 + 3x_3 + x_3 + x_4 = 1 \\ 2x_1 + 2x_2 + 2x_3 - x = 1 \\ 5x_1 + 5x_2 + 2x_3 = 2 \end{cases}$.

4. 求齐次线性方程组 $\begin{cases} 3x_1 + x_2 - x_3 = 0 \\ 3x_1 + 2x_2 + 3x_3 = 0 \\ x_2 + 4x_3 = 0 \end{cases}$ 的一个基础解系和它的通解.

5. 求参数 $\lambda, a, b$ 取何值时，下列方程组有唯一解、无解或有无穷多个解. 当有无穷多个解时，求其一般解.

（1）$\begin{cases} -x_1 - 4x_2 + x_3 = 1 \\ ax_2 - 3x_3 = 3 \\ x_1 + 3x_2 + (a+1)x_3 = 0 \end{cases}$；
（2）$\begin{cases} -2x_1 + x_2 + x_3 = -2 \\ x_1 - 2x_2 + x_3 = \lambda \\ x_1 + x_2 - 2x_3 = \lambda^2 \end{cases}$.

## 9.4 线性代数的经济应用

矩阵和线性方程组在实际经济生活中应用非常广泛. 这里主要介绍投入与产出数学模型及线性规划数学模型.

在人类整个经济体系中，各企业、各部门、各机构之间是相互联系的产业生态链. 每个单位在生产过程中都要投资一些原料、设备、人力、场地、资金、资源条件、服务等，称之为投入；同时每个单位也会生产出自己的产品或服务，称之为产出.

投入产出数学模型就是应用矩阵运算与线性方程组的数学方法，研究经济系统各部门之间投入、产出关系的经济模型. 它揭示投入与产出的数量关系.

而线性规划主要解决的是在资源有限的一系列约束条件下，如何对其进行合理分配，制定最优的实施方案一般分为两类：一是对于一项确定的工作，如何统筹安排，使得人力、物力、资源等成本最少；二是对于已有的人力、物力、资源，如何科学合理的安排，才能使完成产品最多.

### 9.4.1 线性规划数学模型

线性规划数学模型主要特点：

（1）每个问题的解决方案都可用一组变量 $x_1, x_2, \cdots, x_n$（称为**决策变量**）的值来表示，其具体的值代表一个具体方案．根据实际意义对决策变量加以条件限制，很多时候为非负．

（2）存在一组线性等式或不等式来表达约束的条件（称为**约束条件**）．

（3）有一个可以用决策变量组成的线性函数（称为**目标函数**）来表示的目标要求．按问题的不同，分别求目标函数的最大值或最小值．

满足以上三个条件的数学模型称为线性规划数学模型（简记 **LP**），其一般形式为

目标函数： $$\max(\text{或}\min) z = c_1 x_1 + c_2 x_2 + \cdots + c_n x_n$$

$$s.t. \begin{cases} a_{11} x_1 + a_{12} x_2 + \cdots + a_{1n} x_n \leqslant (=, \geqslant) b_1, \\ a_{21} x_1 + a_{22} x_2 + \cdots + a_{2n} x_n \leqslant (=, \geqslant) b_2, \\ \cdots \\ a_{m1} x_1 + a_{m2} x_2 + \cdots + a_{mn} x_n \leqslant (=, \geqslant) b_m, \\ x_1, x_2, \cdots, x_n \geqslant 0. \end{cases}$$

若令

$$\boldsymbol{A} = \begin{pmatrix} a_{11} & a_{12} & \cdots & a_{1n} \\ a_{21} & a_{22} & \cdots & a_{2n} \\ \vdots & \vdots & & \vdots \\ a_{m1} & a_{m2} & \cdots & a_{mn} \end{pmatrix}, \boldsymbol{X} = \begin{pmatrix} x_1 \\ x_2 \\ \vdots \\ x_n \end{pmatrix}, \boldsymbol{b} = \begin{pmatrix} b_1 \\ b_2 \\ \vdots \\ b_m \end{pmatrix}, \boldsymbol{C} = \begin{pmatrix} c_1 \\ c_2 \\ \vdots \\ c_m \end{pmatrix},$$

利用矩阵可将该模型表示为

$$\max(\text{或}\min) z = \boldsymbol{C}^\mathrm{T} \boldsymbol{X},$$

$$s.t. \begin{cases} \boldsymbol{AX} \leqslant (=, \geqslant) \boldsymbol{b}, \\ \boldsymbol{X} \geqslant \boldsymbol{0}. \end{cases}$$

其中，$\boldsymbol{C}$ 称为价值矩阵，$\boldsymbol{X}$ 称为决策变量矩阵，$\boldsymbol{A} = (a_{ij})_{m \times n}$ 称为约束条件的系数矩阵，$\boldsymbol{b}$ 称为限定矩阵．

满足所有约束条件的决策变量的值称为 LP 问题的可行解，使目标函数达到最优解的可行解称为最优解，一个 LP 问题的可行解可能有，也可能无解，也可能有有限个或无穷多个可行解．

在经济活动中，涉及的问题很多，例如，任务安排问题、配料问题、落料问题、布局问题、库存问题、运输问题等等．对于线性规划来说，只有当建立的数学模型真实反映实际问题时，据此数学模型进行求解才是有效的．

**例 9.4.1** 假定一个 20—40 岁的青年人每天需要从各种食物中获取 4 000 大卡热量，200 g 蛋白质和 1 500 mg 钙．如果市场上只有 5 大类食品可供采购，它们每千克所含热量和营养以及市场价格如表 9.4.1 所示．试建立在满足营养的前提下使购买食品费用最小的数学模型．

表 9.4.1

| 食品名称 | 热量/cal | 蛋白质/g | 钙/mg | 价格/元 |
|---|---|---|---|---|
| 瘦肉 | 1000 | 60 | 150 | 25 |
| 蛋 | 700 | 80 | 100 | 7 |
| 米 | 800 | 40 | 30 | 3 |
| 蔬菜 | 80 | 20 | 90 | 2.5 |
| 鱼 | 50 | 100 | 100 | 20 |

**解**：设 $x_i(i=1,2,3,4,5)$ 为第 $i$ 种食品每天的购买量，则配餐问题数学模型为

$$\min\ z = 25x_1 + 7x_2 + 3x_3 + 2.5x_4 + 20x_5$$

$$s.t. \begin{cases} 1000x_1 + 700x_2 + 800x_3 + 80x_4 + 50x_5 \geq 4000 \\ 60x_1 + 80x_2 + 40x_3 + 20x_4 + 100x_5 \geq 200 \\ 150x_1 + 100x_2 + 30x_3 + 90x_4 + 100x_5 \geq 1500, \\ x_i \geq 0 (i=1,2,3,4,5). \end{cases}$$

**例 9.4.2** 某机械厂要用 $A$、$B$、$C$ 三种原材料制造三种不同规格的器件甲、乙、丙，产品的规格要求和单价、原料的供应量和价格等数据如表 9.4.2 所示，问：该机械厂应如何安排生产，才能使总利润最大？

表 9.4.2 产品的规格要求和单价、原料的供应量和价格

| 产品 | 原料 | | | 产品单价 /（元/千克）|
|---|---|---|---|---|
| | A | B | C | |
| 甲 | $\geq 50\%$ | $\leq 35\%$ | 不限 | 90 |
| 乙 | $\geq 40\%$ | $\leq 45\%$ | 不限 | 85 |
| 丙 | 30% | 50% | 20% | 65 |
| 原料供应量/千克 | 200 | 150 | 100 | |
| 原料单价/（元/千克）| 60 | 35 | 30 | |

**解**：设决策变量 $x_i(i=1,4,7)$ 表示原料 $A$、$B$、$C$ 用于产品甲的数量，$x_j(j=2,5,8)$ 表示原料 $A$、$B$、$C$ 用于产品乙的数量，$x_k(k=3,6,9)$ 表示原料 $A$、$B$、$C$ 用于产品丙的数量. 于是决策变量可表示为如表 9.4.3 所示.

表 9.4.3 决策变量表

| 原料 | 产品 | | |
|---|---|---|---|
| | 甲 | 乙 | 丙 |
| $A$ | $x_1$ | $x_2$ | $x_3$ |
| $B$ | $x_4$ | $x_5$ | $x_6$ |
| $C$ | $x_7$ | $x_8$ | $x_9$ |

此时，原料使用：$A$：$x_1+x_2+x_3$；$B$：$x_4+x_5+x_6$；$C$：$x_7+x_8+x_9$；
产品的产量：甲：$x_1+x_4+x_7$；乙：$x_2+x_5+x_8$；丙：$x_3+x_6+x_9$.
收入：甲：$90(x_1+x_4+x_7)$，乙：$85(x_2+x_5+x_8)$，丙：$65(x_3+x_6+x_9)$；
支出：$A$：$60(x_1+x_2+x_3)$，$B$：$35(x_4+x_5+x_6)$，$C$：$30(x_7+x_8+x_9)$；
于是得到目标函数为

$$\max z = 90(x_1+x_4+x_7)+85(x_2+x_5+x_8)+65(x_3+x_6+x_9)-60(x_1+x_2+x_3)$$
$$-35(x_4+x_5+x_6)-30(x_7+x_8+x_9).$$

供应量限制条件，$A$：$x_1+x_2+x_3 \leqslant 200$，$B$：$x_1+x_5+x_6 \leqslant 150$，$C$：$x_7+x_8+x_9 \leqslant 100$ 规格要求，
甲对原料 $A$：$x_1 \geqslant 50\%(x_1+x_4+x_7)$，甲对原料 $B$：$x_1 \leqslant 35\%(x_1+x_4+x_7)$.
乙对原料 $A$：$x_2 \geqslant 40\%(x_2+x_5+x_8)$，乙对原料 $B$：$x_5 \leqslant 45\%(x_2+x_5+x_8)$.
丙对原料 $A$：$x_3 = 30\%(x_3+x_6+x_9)$，丙对原料 $B$：$x_6 = 50\%(x_3+x_6+x_9)$.
丙对原料 $C$：$x_9 = 20\%(x_3+x_6+x_9)$.
由此得到线性规划模型：

$$\max z = 90(x_1+x_4+x_7)+85(x_2+x_5+x_8)+65(x_3+x_6+x_9)-60(x_1+x_2+x_3)$$
$$-35(x_4+x_5+x_6)-30(x_7+x_8+x_9).$$

$$\begin{cases} x_1+x_2+x_3 \leqslant 200 \\ x_4+x_5+x_6 \leqslant 150 \\ x_7+x_8+x_9 \leqslant 100 \\ x_1 \geqslant 50\%(x_1+x_4+x_7) \\ x_4 \leqslant 35\%(x_1+x_4+x_7) \\ x_2 \geqslant 40\%(x_2+x_5+x_8) \\ x_5 \leqslant 45\%(x_2+x_5+x_8) \\ x_3 = 30\%(x_3+x_6+x_9) \\ x_6 = 50\%(x_3+x_6+x_9) \\ x_9 = 20\%(x_3+x_6+x_9) \\ x_i \geqslant 0(i=1,4,7), x_j \geqslant 0(j=2,5,8), x_k \geqslant 0(k=3,6,9) \end{cases}$$

利用 DPS 数据处理系统计算可得到：
用原料 $A$ 100 kg，原料 $B$ 37.5 kg，原料 $C$ 62.5 kg 混合生产产品甲 200 kg；$A$ 100 kg，原料 $B$ 112.5 kg，原料 $C$ 37.5 kg 混合生产产品甲 250 kg；不生产丙时，该公司能获得最大总利润为 19 000 元.

**例 9.4.3** 某县城为规划单行道，经过工作人员观察统计发现，若如图 9.4.1 规划车流量，

其中的数字表示该路段每小时按箭头方向行驶的车流量（单位：辆）．假设每条道路都是单行线，且每个交叉路口进入和离开的车辆数目相等（不考虑中途停靠）．试建立确定每条道路流量的线性方程组；若 $x_4=350$，试确定 $x_1,x_2,x_3$ 的值．

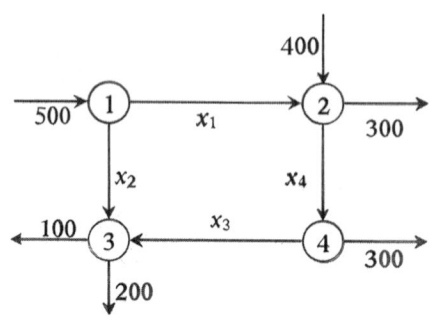

图 9.4.1

**解**：由已知，在路口（1）进出车辆数目满足方程 $500=x_1+x_2$；在路口（2）进出车辆数目满足方程 $400+x_1=x_4+300$；在路口（3）进出车辆数目满足方程 $x_2+x_3=100+200$；在路口（4）进出车辆数目满足方程 $x_4=x_3+300$．

建立线性方程组：

$$\begin{cases} x_1+x_2=500 \\ x_1-x_4=-100 \\ x_2+x_3=300 \\ -x_3+x_4=300 \end{cases},$$

其增广矩阵

$$(A,b)=\begin{pmatrix} 1 & 1 & 0 & 0 & 500 \\ 1 & 0 & 0 & -1 & -100 \\ 0 & 1 & 1 & 0 & 300 \\ 0 & 0 & -1 & 1 & 300 \end{pmatrix} \longrightarrow \begin{pmatrix} 1 & 0 & 0 & -1 & -100 \\ 0 & 1 & 0 & 1 & 600 \\ 0 & 0 & 1 & -1 & -300 \\ 0 & 0 & 0 & 0 & 0 \end{pmatrix},$$

由此可得 $\begin{cases} x_1=x_4-100 \\ x_2=-x_4+600 \\ x_3=x_4-300 \\ x_4=x_4 \end{cases}$，当 $x_4=350$ 时，可得 $\begin{cases} x_1=250 \\ x_2=250 \\ x_3=50 \end{cases}$．

### 9.4.2 投入产出数学模型

**1. 投入产出表**

在整个经济系统中，各企业、公司、机构、各部门的投入产出关系的表，称为投入产出表．表 9.4.4 就是投入产出表．其特点是形式统一，可以系统化的进行全面分析．

表 9.4.4

| 投入 | | 消耗部门 | | | | 最终产品 | | | | 总产出 |
|---|---|---|---|---|---|---|---|---|---|---|
| | | 1 | 2 | ⋯ | $n$ | 消费 | 积累 | ⋯ | 合计 | |
| 生产部门 | 1 | $x_{11}$ | $x_{12}$ | ⋯ | $x_{1n}$ | | | ⋯ | $y_1$ | $x_1$ |
| | 2 | $x_{21}$ | $x_{22}$ | ⋯ | $x_{2n}$ | | | ⋯ | $y_2$ | $x_2$ |
| | ⋮ | ⋮ | ⋮ | | ⋮ | | | ⋯ | ⋮ | ⋮ |
| | $n$ | $x_{n1}$ | $x_{n2}$ | ⋯ | $x_{nn}$ | | | ⋯ | $y_n$ | $x_n$ |
| 新创造价值 | 劳动报酬 | $v_1$ | $v_2$ | ⋯ | $v_n$ | | | | | |
| | 纯收入 | $m_1$ | $m_2$ | ⋯ | $m_n$ | | | | | |
| | 合计 | $z_1$ | $z_2$ | ⋯ | $z_n$ | | | | | |
| 总投入 | | $x_1$ | $x_2$ | $x_1$ | $x_n$ | | | | | |

表中数据经济解释:

$x_i$ 表示第 $i$ 部门总产出的价值量,或是第 $i$ 部门总投入的价值量;

$y_i$ 表示第 $i$ 部门生产的用作最终使用部分的产品的价值量;

$x_{ij}$ 表示第 $i$ 部门分配给第 $j$ 部门的产品的价值量,或第 $j$ 部门消耗第 $i$ 部门生产的产品的价值量. 该量又称为部门间的流量;

$v_j$ 表示第 $j$ 部门发给劳动者的劳动报酬;

$m_j$ 表示第 $j$ 部门创造的纯收出;

$z_j$ 表示第 $j$ 部门新创造的价值量(增加值)$(i, j = 1, 2, \cdots, n)$.

表可分成四部分,分别称为第 Ⅰ、Ⅱ、Ⅲ、Ⅳ 象限,如表 9.4.5 所示. 消耗部门产品的价值量也称中间使用的价值量,生产部门的价值量也称中间投出的价值量,新创造价值也称为增加值.

表 9.4.5

| 投入 | | 中间使用 | | | | 最终产品 | | | | 总产出 |
|---|---|---|---|---|---|---|---|---|---|---|
| | | 1 | 2 | ⋯ | $n$ | 消费 | 积累 | ⋯ | 合计 | |
| 中间投入 | 1 | Ⅰ | | | | Ⅱ | | | | |
| | 2 | | | | | | | | | |
| | ⋮ | | | | | | | | | |
| | $n$ | | | | | | | | | |
| 增加值 | 劳动报酬 | Ⅲ | | | | Ⅳ | | | | |
| | 纯收入 | | | | | | | | | |
| | 合计 | | | | | | | | | |
| 总投入 | | | | | | | | | | |

第Ⅰ象限部分，它由 $n$ 个部门组成．从行方向看，表明某部门生产的产品分配给各部门使用的价值量，也称中间产品或中间使用；从列方向看，表明某部门在生产过程中消耗各部门的产品的价值量，也称中间投入或中间消耗，反映经济部门间的经济关联性．

第Ⅱ象限部分，它由 $n$ 个部门和各行与最终产品的各列交叉而成，反映了最终产品的构成；

第Ⅲ象限部分，它由新创造价值的各行与 $n$ 个部门的各列交叉而成，反映了收入的初次分配情况；

第Ⅳ象限部分，是由新创造价值的各行与最终产品的各列交叉而成，反映收入再次分配情况．由于分配过程非常复杂，暂不讨论．

建立产出方程组模型．由第Ⅰ象限和第Ⅱ象限的各行组成一个方程，反映各部门生产的总产品的分配使用去向，利用平衡关系是：中间产品+最终产品=总产出．方程组为

$$\begin{cases} x_1 = x_{11} + x_{12} + \cdots + x_{1n} + y_1 \\ x_2 = x_{21} + x_{22} + \cdots + x_{2n} + y_2 \\ \vdots \\ x_n = x_{n1} + x_{n2} + \cdots + x_{nn} + y_n \end{cases}$$

也简称为分配平衡方程组．

按列建立生产方程组或投入方程组模型．由第Ⅰ象限和第Ⅲ象限各列组成一个方程，反映总产品价值的形成过程，平衡关系是：中间投产+增加值=总投产．由此列出方程组为

$$\begin{cases} x_1 = x_{11} + x_{21} + \cdots + x_{n1} + z_1 \\ x_2 = x_{12} + x_{22} + \cdots + x_{n2} + z_2 \\ \vdots \\ x_n = x_{1n} + x_{2n} + \cdots + x_{nn} + z_n \end{cases}$$

可简记为
$$x_j = \sum_{i=1}^{n} x_{ij} + z_j \ (j=1,2,\cdots,n)$$

称为投入构成平衡方程组，简称投入方程组．

**例 9.4.4** 已知某无人机集团在一个生产周期内的生产与分配情况如表 9.4.6 所示．

表 9.4.6

| 投入 | | 中间产品 | | | 最终产品 | 总产品 |
|---|---|---|---|---|---|---|
| | | Ⅰ | Ⅱ | Ⅲ | | |
| 生产部门 | Ⅰ | 300 | 600 | 200 | $y_1$ | 2 000 |
| | Ⅱ | 400 | 800 | 1500 | $y_2$ | 3 000 |
| | Ⅲ | 500 | 350 | 0 | $y_3$ | 1 000 |
| 新创造价值 | | $z_1$ | $z_2$ | $z_3$ | | |
| 总产值 | | 2 000 | 3 000 | 1 000 | | |

求：（1）各部门的最终产品 $y_1, y_2, y_3$；

（2）各部门新创造的价值 $z_1, z_2, z_3$．

**解:**(1)由表 9.4.6 可得分配平衡方程组

$$\begin{cases} x_1 = x_{11} + x_{12} + x_{13} + y_1 \\ x_2 = x_{21} + x_{22} + x_{23} + y_2 \\ x_3 = x_{31} + x_{32} + x_{33} + y_3 \end{cases},$$

于是

$$\begin{cases} y_1 = x_1 - (x_{11} + x_{12} + x_{13}) \\ y_2 = x_2 - (x_{21} + x_{22} + x_{23}) \\ y_3 = x_3 \cdots (x_{31} + x_{32} + x_{33}) \end{cases},$$

将已知数值代入上式,得

$$\begin{cases} y_1 = 2000 - (300 + 600 + 200) = 800 \\ y_2 = 3000 - (400 + 800 + 1500) = 300 \\ y_3 = 1000 - (500 + 350 + 0) = 150 \end{cases},$$

即 $y_1 = 800, y_2 = 300, y_3 = 150$.

(2)由表 9.4.6 可得产值平衡方程组

$$\begin{cases} x_1 = x_{11} + x_{21} + x_{31} + z_1 \\ x_2 = x_{12} + x_{22} + x_{32} + z_2 \\ x_3 = x_{13} + x_{23} + x_{33} + z_3 \end{cases},$$

于是

$$\begin{cases} z_1 = x_1 - (x_{11} + x_{21} + x_{31}) \\ z_2 = x_2 - (x_{12} + x_{22} + x_{32}) \\ z_3 = x_3 - (x_{13} + x_{23} + x_{33}) \end{cases},$$

将表中数值代入上式,得

$$\begin{cases} z_1 = 2000 - (300 + 400 + 500) = 800 \\ z_2 = 3000 - (600 + 800 + 350) = 1250 \\ z_3 = 1000 - (200 + 1500 + 0) = 300 \end{cases},$$

即 $z_1 = 800, z_2 = 1250, z_3 = 300$.

## 2. 直接消耗系数

一般地,在经济活动中,根据投入产出表 9-4-4,第 $j$ 部门生产单位价值产品所直接消耗第 $i$ 部门的产品 $x_{ij}$ 在对第 $j$ 部门的部投入 $x_j$ 中占有的比例,称为第 $j$ 部门对第 $i$ 部门的**直接消耗系数**,记为 $a_{ij}$. 即

$$a_{ij} = \frac{x_{ij}}{x_j} (i, j = 1, 2, \cdots, n)$$

由 $n$ 个部门相互之间的直接消耗系数构成的 $n$ 阶方阵，称为直接消耗系数矩阵．记作

$$A = \begin{pmatrix} a_{11} & a_{12} & \cdots & a_{1n} \\ a_{21} & a_{22} & \cdots & a_{2n} \\ \vdots & \vdots & & \vdots \\ a_{n1} & a_{n2} & \cdots & a_{mm} \end{pmatrix} = \begin{pmatrix} \dfrac{x_{11}}{x_1} & \dfrac{x_{12}}{x_2} & \cdots & \dfrac{x_{1n}}{x_n} \\ \dfrac{x_{21}}{x_1} & \dfrac{x_{22}}{x_2} & \cdots & \dfrac{x_{2n}}{x_n} \\ \vdots & \vdots & & \vdots \\ \dfrac{x_{n1}}{x_1} & \dfrac{x_{n2}}{x_2} & \cdots & \dfrac{x_{nn}}{x_n} \end{pmatrix}$$

由定义可知，$x_{ij} = a_{ij} x_j$

将其代入产品分配平衡方程组，可得

$$\begin{cases} x_1 = a_{11}x_1 + a_{12}x_2 + \cdots + a_{1n}x_n + y_1 \\ x_2 = a_{21}x_1 + a_{22}x_2 + \cdots + a_{2n}x_n + y_2 \\ \quad \vdots \\ x_n = a_{n1}x_1 + a_{n2}x_2 + \cdots + a_{nn}x_n + y_n \end{cases}$$

也可简写为 $\quad x_i = \sum_{j=1}^{n} a_{ij} x_j + y_i \ (i = 1, 2, \cdots, n)$

设 $\quad X = \begin{pmatrix} x_1 \\ x_2 \\ \vdots \\ x_n \end{pmatrix}, \ Y = \begin{pmatrix} y_1 \\ y_2 \\ \vdots \\ y_n \end{pmatrix}$

则上式可用矩阵形式表示为 $X = AX + Y$，

可以证明矩阵 $(I - A)$ 是可逆矩阵，即 $(I - A)^{-1}$ 存在，从而有

$$X = (I - A)^{-1} Y$$

若已知直接消耗系数矩阵，由该系统各部门的总产值，可确定各部门的最终产值；由各部门的最终产值，可计算出各部门的总产值.

若将 $x_{ij} = a_{ij} x_j$ 代入投入方程组，可得

$$\begin{cases} x_1 = a_{11}x_1 + a_{21}x_1 + \cdots + a_{n1}x_1 + z_1 \\ x_2 = a_{12}x_2 + a_{22}x_2 + \cdots + a_{n2}x_2 + z_2 \\ \quad \vdots \\ x_n = a_{1n}x_n + a_{2n}x_n + \cdots + a_{nn}x_n + z_n \end{cases}$$

可简写为 $\quad x_j = \sum_{i=1}^{n} a_{ij} x_j + z_j \ (j = 1, 2, \cdots, n)$

可得出 $\quad z_j = \left(1 - \sum_{i=1}^{n} a_{ij}\right) x_j \ (j = 1, 2, \cdots, n)$，$\quad x_j = \dfrac{z_j}{1 - \sum_{i=1}^{n} a_{ij}} \ (j = 1, 2, \cdots, n)$

在已知各部门间的直接消耗系数时，由该系统各部门的总投入，可求得各部门的新创造价值；由各部门的新创造价值，可以计算各部门的总投入.

**例 9.4.5** 设某公司有三个生产部门,在某一生产周期内各部门间的直接消耗系数及最终产值如表 9.4.7 所示. 求:

(1) 各部门的总产出;
(2) 各部门新创造价值;
(3) 部门间流量.

表 9.4.7

| 投入 | | 中间使用 | | | 最终产品 |
| --- | --- | --- | --- | --- | --- |
| | | 部门一 | 部门二 | 部门三 | |
| 中间投入 | 部门一 | 0.20 | 0.10 | 0.20 | 540 |
| | 部门二 | 0.10 | 0.20 | 0.10 | 270 |
| | 部门三 | 0.10 | 0.10 | 0.10 | 216 |

**解:**(1) 设三个部门总产出 $x_1, x_2, x_3$ 组成矩阵

$$X = \begin{pmatrix} x_1 \\ x_2 \\ x_3 \end{pmatrix},$$

直接消耗系数矩阵与最终产值矩阵分别为

$$A = \begin{pmatrix} 0.2 & 0.1 & 0.2 \\ 0.1 & 0.2 & 0.1 \\ 0.1 & 0.1 & 0.1 \end{pmatrix}, Y = \begin{pmatrix} 540 \\ 270 \\ 216 \end{pmatrix},$$

由 $X = (I - A)^{-1} Y$ 可得

$$X = \begin{pmatrix} 1-0.2 & 0-0.10 & 0-0.20 \\ 0-0.1 & 1-0.2 & 0-0.10 \\ 0-0.1 & 0-0.1 & 1-0.1 \end{pmatrix}^{-1} \begin{pmatrix} 540 \\ 270 \\ 216 \end{pmatrix} = \begin{pmatrix} \frac{71}{54} & \frac{11}{54} & \frac{17}{54} \\ \frac{10}{54} & \frac{70}{54} & \frac{10}{54} \\ \frac{9}{54} & \frac{9}{54} & \frac{63}{54} \end{pmatrix} \begin{pmatrix} 540 \\ 270 \\ 216 \end{pmatrix} = \begin{pmatrix} 833 \\ 490 \\ 387 \end{pmatrix}.$$

即三个部门在一个生产周期内的总产值分别为 833 万元、490 万元、387 万元.

# 习题 9.4

1. 通信大学的学生暑期社会调查活动中,对一种新产品进行消费者反馈的调查. 该实践小组采用了挨户调查的方法,委托他们调查的厂家提出下列几点要求:
(1) 至少调查 3 000 个客户;
(2) 在晚上调查的人数与白天调查的人数相等;
(3) 至少应调查 1 500 已婚客户;
(4) 至少应调查 500 未婚客户;

每会见一户家庭，进行调查所需费用如下表所示．

试计算白天和晚上各调查这两种家庭多少户，才能使得总调查费最少？

| 客户 | 白天会见 | 晚上会见 |
|---|---|---|
| 已婚 | 30 元 | 40 元 |
| 未婚 | 20 元 | 30 元 |

2. 某厂有一批长度为 400 cm 的钢管，要截成长度分别为 55 cm 和 60 cm 两种规格钢管，共有 7 种截取方案，如下表所示．已知需要 55 cm 长钢管 200 根，65 cm 长钢管 300 根．试建立使用所用原材料数量最少的下料方案的数学模型．

| 规格 | 方案1 | 方案2 | 方案3 | 方案4 | 方案5 | 方案6 | 方案7 |
|---|---|---|---|---|---|---|---|
| 55 cm | 0 | 1 | 2 | 3 | 4 | 6 | 7 |
| 65 cm | 6 | 5 | 4 | 3 | 2 | 1 | 0 |
| 余料长度/cm | 10 | 20 | 30 | 40 | 50 | 5 | 15 |

3. 某集团有三个分公司：矿厂、新能源和物流．在过去一年内，产业间流量和总产出如下表所示．求：

（1）各产业的最终产品的价值 $y_i(i=1,2,3,4)$；

（2）各产业新创造的价值 $z_j(j=1,2,3,4)$；

（3）直接消耗系数矩阵 $A$．

| 投入 | | 消耗部门 | | | 最终产品 | 总产出 |
|---|---|---|---|---|---|---|
| | | 矿厂 | 新能源 | 物流 | | |
| 生产部门 | 矿厂 | 100 | 20 | 40 | $y_1$ | 400 |
| | 新能源 | 90 | 60 | 30 | $y_2$ | 300 |
| | 物流 | 40 | 30 | 90 | $y_3$ | 2 000 |
| 新创造价值 | | $z_1$ | $z_2$ | $z_3$ | | |
| 总产品价值 | | 400 | 300 | 2 000 | | |

# 复习题 9

一、选择题

1. 已知行列式 $\begin{vmatrix} 1 & 2 & 5 \\ 1 & 3 & -2 \\ 2 & 5 & a \end{vmatrix}=0$，则数 $a=$（    ）．

A. $-3$  　　　　　B. $-2$  　　　　　C. 2  　　　　　D. 3

2. 设行列式 $\begin{vmatrix} x & y & z \\ 4 & 0 & 3 \\ 1 & 1 & 1 \end{vmatrix} = 1$，则行列式 $\begin{vmatrix} 2x & 2y & 2z \\ \frac{4}{3} & 0 & 1 \\ 1 & 1 & 1 \end{vmatrix} = (\qquad)$.

  A. $\frac{2}{3}$    B. 1    C. 2    D. $\frac{8}{3}$

3. 行列式 $\begin{vmatrix} 0 & 1 & -1 & 1 \\ -1 & 0 & 1 & -1 \\ 1 & -1 & 0 & 1 \\ -1 & 1 & -1 & 0 \end{vmatrix}$ 第二行第一列元素的代数余子式 $A_{21} = (\qquad)$.

  A. $-2$    B. $-1$    C. 1    D. 2

4. 设 $A$ 是 $4 \times 6$ 矩阵，$r(A) = 2$，则齐次线性方程组 $Ax = 0$ 的基础解系中所含向量的个数是（   ）.

  A. 1    B. 2    C. 3    D. 4

5. 设 $A$ 为四阶矩阵，且 $|A| = \frac{1}{2}$，则 $\left| \left(\frac{1}{3}A\right)^{-1} - 2A^* \right| = (\qquad)$.

  A. 16    B. 32    C. 33    D. 44

6. 设 $A$ 与 $B$ 是 $n$ 阶方阵，下列结论正确的是（   ）.

  A. $A^2 = 0 \Leftrightarrow A = 0$    B. $A^2 = A \Leftrightarrow A = 0$ 或 $A = E$

  C. $(A-B)(A+B) = A^2 - B^2$    D. $(A-B)^2 = A^2 - AB - BA + B^2$

7. 若向量 $\beta$ 可由向量组 $\alpha_1, \alpha_2, \cdots, \alpha_s$ 线性表出，则（   ）.

  A. 存在一组不全为零的数 $k_1, \cdots, k_s$，使 $\beta = k_1\alpha_1 + k_2\alpha_2 + \cdots + k_s\alpha_s$

  B. 存在一组全为零的数 $k_1, \cdots, k_s$，使 $\beta = k_1\alpha_1 + k_2\alpha_2 + \cdots + k_s\alpha_s$

  C. 向量 $\beta, \alpha_1, \alpha_2, \cdots, \alpha_s$ 线性相关

  D. 对 $\beta$ 的线性表示不唯一

8. 若 $n$ 维向量 $\alpha_1, \alpha_2, \cdots, \alpha_n$ 线性无关，则 $\alpha_1 - \alpha_2, \alpha_2 - \alpha_3, \cdots, \alpha_{n-1} - \alpha_n, \alpha_n - \alpha_1$（   ）.

  A. 线性相关    B. 线性无关

  C. 不能判断    D. 以上都不对

9. 设 $A$ 是 $m \times n$ 阶矩阵，$Ax = 0$ 是非齐次线性方程组 $Ax = b$ 对应的齐次线性方程组，下列结论正确的是（   ）.

  A. 若 $Ax = 0$ 只有零解，则 $Ax = b$ 有唯一解

  B. 若 $Ax = 0$ 有非零解，则 $Ax = b$ 有无穷多个解

  C. 若 $Ax = b$ 有无穷多个解，则 $Ax = 0$ 只有零解

  D. 若 $Ax = b$ 有无穷多个解，则 $Ax = 0$ 有非零解

## 二、填空题

1. 若 $\begin{vmatrix} 2 & 1 & 0 \\ 1 & 3 & 1 \\ k & 2 & 1 \end{vmatrix} = 0$，则 $k = $ _____.

2. 行列式 $\begin{vmatrix} 1 & 2 & 3 \\ 4 & 5 & 9 \\ 6 & 7 & 13 \end{vmatrix} = $ _____.

3. 已知行列式 $\begin{vmatrix} a_1+b_1 & a_1-b_1 \\ a_2+b_2 & a_2-b_2 \end{vmatrix} = -4$，则 $\begin{vmatrix} a_1 & b_1 \\ a_2 & b_2 \end{vmatrix} = $ _____.

4. 设 $\alpha_1$、$\alpha_2$ 是非齐次线性方程组 $Ax = b$ 的解，则 $A(5\alpha_2 - 4\alpha_1) = $ _____.

5. 设 $\alpha = (1,1,-1)$，$\beta = (-2,1,0)$，$\gamma = (-1,-2,1)$，则 $3\alpha - \beta + 5\gamma = $ _____.

6. 设齐次线性方程组 $Ax = 0$ 的一个基础解系为 $\xi$，而非齐次线性方程组 $Ax = b$ 有解 $\eta$，则方程组 $Ax = b$ 的通解为 _____.

7. 设 $A = \begin{pmatrix} 1 & -2 \\ 1 & 2 \end{pmatrix}$，$B$ 为二阶矩阵，且 $AB + A = B$，则 $|B| = $ _____.

8. 齐次线性方程组 $Ax = 0$ 有非零解的充要条件为 _____.

9. 已知 $\alpha_1 = (1,0,5,2)^T, \alpha_2 = (3,-2,3,-4)^T, \alpha_3 = (-1,1,t,3)^T$ 线性相关，则 $t = $ _____.

10. 设 $A = \begin{pmatrix} 2 & 0 & 0 \\ 1 & 3 & 0 \\ 0 & 0 & 4 \end{pmatrix}$，$E = \begin{pmatrix} 1 & 0 & 0 \\ 0 & 1 & 0 \\ 0 & 0 & 1 \end{pmatrix}$，则逆矩阵 $(A-E)^{-1} = $ _____.

## 三、计算题

1. 计算下列行列式.

（1）$\begin{vmatrix} 2 & 1 & 3 \\ 3 & -2 & -1 \\ 1 & 4 & 3 \end{vmatrix}$；

（2）$\begin{vmatrix} x_1 & x_2 & 0 \\ y_1 & y_2 & 0 \\ 0 & 0 & z \end{vmatrix}$；

（3）$\begin{vmatrix} 4 & 3 & 2 & 1 \\ 3 & 2 & 1 & 4 \\ 2 & 1 & 4 & 3 \\ 1 & 4 & 3 & 2 \end{vmatrix}$.

2. 用行列式的性质证明.

（1）$\begin{vmatrix} a^2 & ab & b^2 \\ 2a & a+b & 2b \\ 1 & 1 & 1 \end{vmatrix} = (a-b)^3$；

（2）$\begin{vmatrix} a_1+b_1 & b_1+c_1 & c_1+a_1 \\ a_2+b_2 & b_2+c_2 & c_2+a_2 \\ a_3+b_3 & b_3+c_3 & c_3+a_3 \end{vmatrix} = 2 \begin{vmatrix} a_1 & b_1 & c_1 \\ a_2 & b_2 & c_2 \\ a_3 & b_3 & c_3 \end{vmatrix}$.

3. 试求下列方程的根.

（1）$\begin{vmatrix} \lambda-6 & 5 & 3 \\ -3 & \lambda+2 & 2 \\ -2 & 2 & \lambda \end{vmatrix} = 0$；

（2）$\begin{vmatrix} 1 & 1 & 2 & 3 \\ 1 & 2-x^2 & 2 & 3 \\ 2 & 3 & 1 & 5 \\ 2 & 3 & 1 & 9-x^2 \end{vmatrix} = 0$.

4. 解下列方程组.

（1）$\begin{cases} 5x_1 + 2x_2 + 3x_3 = -2 \\ 2x_1 - 2x_2 + 5x_3 = 0 \\ 3x_1 + 4x_2 + 2x_3 = -10 \end{cases}$；  （2）$\begin{cases} 2x_1 - x_2 - x_3 = 4 \\ 3x_1 + 4x_2 - 2x_3 = 11 \\ 3x_1 - 2x_2 + 4x_3 = 11 \end{cases}$.

5. 计算下列矩阵.

（1）$(2 \ 1 \ 3)\begin{pmatrix} 1 \\ 3 \\ 2 \end{pmatrix}$；  （2）$\begin{pmatrix} 2 & 1 & 4 & 3 \\ 1 & -1 & 3 & 4 \end{pmatrix}\begin{pmatrix} 1 & 3 & 1 \\ 0 & -1 & 2 \\ 1 & -3 & 1 \\ 0 & 2 & -2 \end{pmatrix}$；

（3）$\begin{pmatrix} 2 \\ -1 \\ 3 \end{pmatrix}(2 \ -1)\begin{pmatrix} 1 & -1 \\ 3 & -2 \end{pmatrix}$.

6. 设 $\boldsymbol{A} = \begin{pmatrix} 1 & 1 & 1 \\ -1 & 1 & 1 \\ 1 & -1 & 1 \end{pmatrix}$，$\boldsymbol{B} = \begin{pmatrix} 1 & 2 & 1 \\ 1 & 3 & -1 \\ 2 & 1 & 2 \end{pmatrix}$，求：

（1）$\boldsymbol{AB} - 3\boldsymbol{B}$；（2）$\boldsymbol{AB} - \boldsymbol{BA}$；（3）$(\boldsymbol{A} - \boldsymbol{B})(\boldsymbol{A} + \boldsymbol{B})$；（4）$\boldsymbol{A}^2 - \boldsymbol{B}^2$.

7. 设 $\boldsymbol{A} = \begin{pmatrix} 1 & 2 & -1 \\ 3 & -1 & 2 \\ 0 & 2 & 0 \end{pmatrix}$，$\boldsymbol{B} = \begin{pmatrix} 1 & -5 & 7 \\ -5 & 2 & 3 \\ 7 & 3 & -1 \end{pmatrix}$，试计算行列式 $|2(\boldsymbol{A}-\boldsymbol{B})^{\mathrm{T}} + \boldsymbol{B}|$ 的值.

8. 求矩阵的逆矩阵.

（1）$\boldsymbol{A} = \begin{pmatrix} 1 & 2 & -3 \\ 0 & 1 & 2 \\ 0 & 0 & 1 \end{pmatrix}$；  （2）$\boldsymbol{A} = \begin{pmatrix} 0 & 0 & 1 \\ 0 & -2 & 0 \\ \frac{1}{3} & 0 & 0 \end{pmatrix}$.

9. 解下列矩阵方程.

（1）$\begin{pmatrix} 2 & 5 \\ 1 & 3 \end{pmatrix}\boldsymbol{X} = \begin{pmatrix} 4 & -6 \\ 2 & 1 \end{pmatrix}$；  （2）$\begin{pmatrix} 1 & 1 & -1 \\ 0 & 2 & 2 \\ 1 & -1 & 0 \end{pmatrix}\boldsymbol{X} = \begin{pmatrix} 1 & -1 & 1 \\ 1 & 1 & 0 \\ 2 & 1 & 4 \end{pmatrix}$；

（3）$\begin{pmatrix} 0 & 1 & 0 \\ 1 & 0 & 0 \\ 0 & 0 & 1 \end{pmatrix}\boldsymbol{X}\begin{pmatrix} 1 & 0 & 0 \\ 0 & 0 & 1 \\ 0 & 1 & 0 \end{pmatrix} = \begin{pmatrix} 1 & -4 & 3 \\ 2 & 0 & -1 \\ 1 & -2 & 0 \end{pmatrix}$.

10. 求下列矩阵的秩.

（1）$\begin{pmatrix} 1 & 1 & 2 & 2 & 1 \\ 0 & 2 & 1 & 5 & -1 \\ 2 & 0 & 3 & -1 & 3 \\ 1 & 1 & 0 & 4 & -1 \end{pmatrix}$；  （2）$\begin{pmatrix} 1 & 0 & 1 & 0 & 0 \\ 1 & 1 & 0 & 0 & 0 \\ 0 & 1 & 1 & 0 & 0 \\ 0 & 0 & 1 & 1 & 0 \\ 0 & 1 & 0 & 1 & 1 \end{pmatrix}$.

11. 问能否适当选取矩阵 $A = \begin{pmatrix} 1 & -2 & -1 & 3 \\ 3 & -6 & -3 & 9 \\ -2 & 4 & 2 & k \end{pmatrix}$ 中的 $k$ 的值，使：

（1）$r(A)=1$；（2）$r(A)=2$；（3）$r(A)=3$.

12. 求逆矩阵.

（1）$\begin{pmatrix} 3 & 2 & 1 \\ 3 & 1 & 5 \\ 3 & 2 & 3 \end{pmatrix}$；

（2）$\begin{pmatrix} 3 & -2 & 0 & -1 \\ 0 & 2 & 2 & 1 \\ 1 & -2 & -3 & -2 \\ 0 & 1 & 2 & 1 \end{pmatrix}$.

13. 已知矩阵 $A = \begin{pmatrix} 4 & 2 & 3 \\ 1 & 1 & 0 \\ -1 & 2 & 3 \end{pmatrix}$.

（1）设 $AX - 2A + 5E = 0$，求 $X$. （2）设 $AX = A + 2X$，求 $X$.

14. 判断下列方程组是否有解，若有解，求出其解.

（1）$\begin{cases} 2x_1 + 3x_2 + x_3 = 4 \\ x_1 - 2x_2 + 4x_3 = -5 \\ 3x_1 + 8x_2 - 2x_3 = 13 \\ 4x_1 - x_2 + 9x_3 = -6 \end{cases}$；

（2）$\begin{cases} 2x_1 + x_2 - x_3 + x_4 = 1 \\ 3x_1 - 2x_2 + x_3 - 3x_4 = 4 \\ x_1 + 2x_2 - 3x_3 + 3x_4 = -2 \end{cases}$.

15. 问 $k$ 取何值时，线性方程组

$$\begin{cases} kx_1 + x_2 + x_3 = 1 \\ x_1 + kx_2 + x_3 = k \\ x_1 + x_2 + kx_3 = k^2 \end{cases}$$

无解？有唯一解？有无穷多个解？有解时请求出它的解.

16. 当 $k$ 取何值时，线性方程组

$$\begin{cases} (k-2)x_1 - 3x_2 - 2x_3 = 0 \\ -x_1 + (k-8)x_2 - 2x_3 = 0 \\ 2x_1 + 14x_2 + (k+3)x_3 = 0 \end{cases}$$

有非零解？并求出它的一般解.

17. 设向量组 $\boldsymbol{\alpha}_1 = (1,3,2,0)^T, \boldsymbol{\alpha}_2 = (7,0,14,3)^T, \boldsymbol{\alpha}_3 = (2,-1,0,1)^T, \boldsymbol{\alpha}_4 = (5,1,6,2)^T, \boldsymbol{\alpha}_5 = (2,-1,4,1)^T$.

（1）求向量组的秩；

（2）求此向量组的一个极大线性无关组，并将其余的向量分别用该极大线性无关组表示.

18. 设 $\boldsymbol{\alpha}_1, \boldsymbol{\alpha}_2, \boldsymbol{\alpha}_3$ 线性无关，$\boldsymbol{\alpha}_2, \boldsymbol{\alpha}_3, \boldsymbol{\alpha}_4$ 线性相关，证明：$\boldsymbol{\alpha}_4$ 可由 $\boldsymbol{\alpha}_1, \boldsymbol{\alpha}_2, \boldsymbol{\alpha}_3$ 线性表示.

19. 某工厂生产某种配件，每件重量为 500 g，它是由甲、乙两种原料混合而成，要求每件中甲种原料最多不能超过 400 g，乙种原料至少不少于 200 g. 而甲种原料的成本是每克 5 元，乙种原料每克 8 元. 问每件产品中甲、乙两种原料的配比如何，才能使成本最小？

20. 已知某经济系统在一个生周期内直接消耗系数矩阵为

$$A = \begin{pmatrix} 0.2 & 0.3 & 0.1 \\ 0.1 & 0.5 & 0.1 \\ 0.2 & 0.1 & 0.2 \end{pmatrix}$$

及最终产品 $Y = (75, 120, 225)^{\mathrm{T}}$，试求：

（1）各部门总产品 $x_1, x_2, x_3$.

（2）各部门之间流量 $X_{ij}$ ($i, j = 1, 2, 3$) 及新创造价值 $z_j$ ($j = 1, 2, 3$).

# 概率论模块

# 10 概率论初步

概率论是研究随机现象统计规律性的数学分支，在现实生活、科学研究等各个领域都有着广泛的运用，为人类提供大量解决学习、生活、工作问题的方法与工具．它也是大学各专业的基础课，是高等数学的重要组成部分．概率论初步包括随机事件及其概率、条件概率与独立性、随机变量及其概率分布、随机变量的数字特征等内容．

## 学习能力目标

（1）理解随机事件的定义，掌握事件之间的关系和运算．
（2）了解概率的统计定义，掌握概率的基本性质和概率的加法公式．
（3）掌握古典概率的计算公式，会求一些事件发生的概率．
（4）理解事件独立性的定义，能用事件的独立性计算概率．
（5）理解随机变量的定义，会求一些简单随机变量的分布．
（6）理解随机变量的数学期望及方差的定义，掌握数学期望和方差的基本性质，会求一些简单随机变量的数学期望和方差．
（7）掌握概率论在经济投资、管理、预测等方面的简单应用．

## 课程思政目标

（1）通过概率论中决策理论的介绍，教会学生在面对不确定性和风险时如何做出合理的决策，教育他们努力学习，不畏艰难困苦，勇于承担建设祖国、复兴民族的历史重担．
（2）在讲授对数据进行方差分析时，强调数据的重要性、准确性、及时性，教育学生必须依靠数据，接受客观事实，遵循科学分析方法，坚持实事求是．

## 10.1 随机事件

### 10.1.1 随机事件与样本空间

**1. 随机现象**

在科学研究和实际生活中，我们经常会遇到各种各样的现象，例如：
（1）抛掷一枚质地均匀的硬币，可能出现正面向上，也可能出现反面向上．
（2）某人射击一次，可能会命中 0 环，1 环，…，10 环．
（3）重物在空中失去支撑的情况下必然会垂直落到地面．

这三种现象中，（1）和（2）有多种可能的结果，事前不能确定哪种结果会发生，（3）却只有一种确定的结果.（1）和（2）为随机现象，（3）为必然现象. 故有以下定义：

（1）**随机现象**：在一定条件下结果不止一个，而且事先不能断言哪种结果发生的现象称为随机现象.

（2）**必然现象**：在一定条件下事先可以断言必然会发生某一结果的现象称为必然现象.

例如，① 在标准大气压下，水加热到 100 ℃ 必然沸腾；
② 物体下落；
③ 同性电荷相斥.

这些都是确定性现象，也就是必然现象.

### 2. 随机试验

要研究随机现象的统计规律性，就得通过试验来观察随机现象. 我们这里所说的试验，是一个含义广泛的术语，它包括各种各样的科学实验，甚至对某一事物的某一特征或某一现象的观察都认为是一种试验.

**定义 10.1.1** 对随机现象进行一次观察或一次试验称为**随机试验**，简称为试验，一般用大写字母 $E$ 表示. 随机试验的基本特征是：

① 可重复性：在相同条件下，试验可以重复进行；
② 不唯一性：每次试验的结果具有多种可能性，且在试验前能明确所有可能结果；
③ 不确定性：每次试验前无法准确地预言该次试验将发生哪一种结果.

**例 10.1.1** 下面几种试验都是随机试验：

$E_1$：抛一枚硬币，观察正面 $H$、反面 $T$ 出现的情况；
$E_2$：将一枚硬币抛掷三次，观察正面 $H$、反面 $T$ 出现的情况；
$E_3$：将一枚硬币抛掷二次，观察正面 $H$ 出现的次数；
$E_4$：投掷一颗骰子，观察它出现的点数；
$E_5$：记录某超市一天内进入的顾客人数；
$E_6$：在一批灯泡里，任取一只，测试它的寿命.

### 3. 样本空间与样本点

对于一个试验 $E$，虽然在一次试验之前不能肯定会出现哪种结果，但试验的一切可能结果是已知的，故我们定义如下：

**定义 10.1.2** 随机试验 $E$ 的所有可能结果组成的集合称为试验 $E$ 的**样本空间**，记为 $\Omega$. 样本空间中的元素（即试验 $E$ 的每个可能结果）称为样本点，记作 $\omega$. 一般地，样本空间表示为

$$\Omega = \{\omega_1, \omega_2, \omega_3, \cdots\}$$

上面试验对应的样本空间分别是：

$\Omega_1 = \{H, T\}$；
$\Omega_2 = \{HHH, HHT, HTH, HTT, THH, THT, TTH, TTT\}$；
$\Omega_3 = \{0, 1, 2\}$；

$\Omega_4 = \{1, 2, 3, 4, 5, 6\}$；

$\Omega_5 = \{0, 1, 2, 3, 4, \cdots\}$；

$\Omega_6 = \{t | t \geq 0\}$.

注意，试验的目的决定试验所对应的样本空间.

**例 10.1.2** 下面随机试验的样本空间：

（1）抛掷一枚均匀硬币 2 次的样本空间为 $\Omega_1 = \{(正,正),(正,反),(反,正),(反,反)\}$，其中正表示正面朝上，反表示反面朝上；

（2）抛掷一枚均匀骰子的样本空间为 $\Omega_2 = \{1, 2, \cdots, 6\}$；

（3）某店接到的订单量的样本空间为 $\Omega_3 = \{0, 1, 2, \cdots, n, \cdots\}$；

（4）在一批灯泡中，任意抽取一只，测试它的寿命. 样本空间为 $\Omega_4 = \{t : t \geq 0\}$；

（5）一支正常交易的 A 股股票每天涨跌幅的样本空间为 $\Omega_5 = \{x : -10\% \leq x\% \leq 10\%\}$；

（6）将 $a, b$ 两封信分别投入编号为 Ⅰ、Ⅱ、Ⅲ 的三个信箱中，观察两封信所有可能投入的结果，共有 $3 \times 3 = 9$ 种，分别记为 $\omega_1, \omega_2, \cdots, \omega_9$，于是样本空间 $\Omega_6 = \{\omega_1, \omega_2, \cdots, \omega_9\}$.

通过上面的例子，可以看出，样本空间中的元素可以是数，也可以不是数. 从样本空间中含有样本点的个数来看，可以是有限个也可以是无限个；可以是可列个也可以是不可列个. 例如，$\Omega_1$、$\Omega_2$ 和 $\Omega_6$ 中样本点的个数是有限个，$\Omega_3$、$\Omega_4$ 和 $\Omega_5$ 中样本点的个数是无限个；$\Omega_1$、$\Omega_2$、$\Omega_3$、$\Omega_6$ 中样本点的个数是可列个，而 $\Omega_4$ 和 $\Omega_5$ 中样本点的个数是不可列个.

### 4. 随机事件、必然事件、不可能事件

当我们通过试验来研究随机现象时，常常关心的不是某一个样本点在试验后是否出现，而是关心满足某些条件的样本点在试验后是否出现. 例如，我们要通过对某车站售票处一天售出的票数来决定是否需要扩建车站. 假定超过 $n$ 张票便认为需要扩建，这时，我们关心的便是试验结果是否大于 $n$；抛掷一枚均匀的骰子，关心掷出的点数是否是奇数；航班起飞关心延误时间是否超过 2 个小时……满足这些条件的样本点就组成了样本空间的一个子集.

**定义 10.1.3** 试验 $E$ 的样本空间 $\Omega$ 的子集称为试验 $E$ 的**随机事件**，简称事件，用大写拉丁字母 $A$，$B$，$C$，$\cdots$ 表示. 在每次试验中，当且仅当这一子集中的一个样本点出现时，称这一事件发生.

例如，$A =$ "抽到合格品"；$B =$ "灯泡的寿命低于 1000 h" 都是随机事件.

特别地，由一个样本点组成的单点集，称为**基本事件**.

例如，在例 10.1.2（1）中有 4 个基本事件，（2）中有 6 个基本事件，（6）中有 9 个基本事件.

由若干个基本事件组成的事件称为**复合事件**. 在每次随机试验中必然会发生的事件，称为**必然事件**. 显然，必然事件是由事件的全体可能结果所组成，故 $\Omega$ 是必然事件. 在每次随机试验中一定不发生的事件称为**不可能事件**，不可能事件是不包含任何试验结果的事件，用空集的符号 $\varnothing$ 来表示.

**例 10.1.3** 一个袋中装有大小相同的 3 个白球和 2 个黑球，现从中任意取出一球，试写出样本空间及下列事件是由哪些基本事件组成的.

（1）事件 $A$ ："摸出的是白球"；

（2）事件 $B$ ："摸出的是黑球"．

（3）事件 $C$ ："摸出的是红球"．

（4）事件 $D$ ："摸出的不是白球就是黑球"．

**解：** 先对球编号，令 1、2、3 号球为白球，4、5 号球为黑球，并设 $\omega_i$ ="取得第 $i$ 号球"（$1 \leqslant i \leqslant 5$）．则样本空间 $\Omega = \{\omega_1, \omega_2, \omega_3, \omega_4, \omega_5\}$，且

（1）随机事件 $A = \{\omega_1, \omega_2, \omega_3\}$，是复合事件．

（2）随机事件 $B = \{\omega_4, \omega_5\}$，是复合事件．

（3）随机事件 $C = \varnothing$，是不可能事件．

（4）随机事件 $D = \{\omega_1, \cdots \omega_5\}$，是必然事件．

## 10.1.2 事件之间的关系和运算

从上面的讨论，我们知道，对于试验 $E$，不可能事件是 $\varnothing$，必然事件是样本空间 $\Omega$ 本身，事件 $A$ 是样本空间的子集，于是事件的关系和运算就可以用集合论的知识来解释．下面，在讨论两个事件之间的关系和对若干个事件进行运算时，均假定它们是同一个随机试验下的随机事件．

设随机试验 $E$ 的样本空间为 $\Omega$，而 $A$，$B$，$C$，……是 $E$ 的事件．

### 1. 事件的包含与相等

在试验中，若事件 $A$ 发生必然导致事件 $B$ 发生，即事件 $A$ 的所有样本点都包含在事件 $B$ 中，则称事件 $B$ **包含**事件 $A$ 或称事件 $A$ **包含于**事件 $B$（见图 10.1.1），记为 $B \supset A$ 或 $A \subset B$．此时，事件 $A$ 中的基本事件必属于事件 $B$，即 $A$ 是 $B$ 的一个子集．

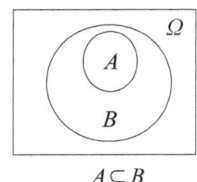

图 10.1.1

例如，$E_4$ 中，若记 $A = \{1,3,5\}$ 表示"出现奇数点"，$B = \{1,2,3,4,5\}$ 表示"出现点数不超过 5"，显然 $A \subset B$，即事件 $B$ 包含事件 $A$．

事件的包含关系有以下性质：

（1）$A \subset A$；

（2）若 $A \subset B$，$B \subset C$，则 $A \subset C$；

（3）$\varnothing \subset A \subset \Omega$．

若事件 $A$ 发生必有事件 $B$ 发生，而且事件 $B$ 发生必有事件 $A$ 发生，即 $A \supset B$，且 $B \supset A$，则称事件 $A$ 和事件 $B$ **相等**，记为 $A = B$．此时，$A$ 与 $B$ 拥有完全相同的基本事件．

### 2. 事件的并（和运算）

在试验中，由属于事件 $A$ 或属于事件 $B$ 的全部基本事件组成的集合，称为事件 $A$ 与事件 $B$ 的**并**（或**和事件**）（见图 10.1.2），记为 $A \cup B$．

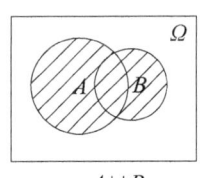

图 10.1.2

例如，$E_4$ 中，若记 $A = \{1,3,5\}$ 表示"出现奇数点"，$B = \{1,2,3,4\}$ 表示"出现点数不超过 4"，则 $A \cup B = \{1,2,3,4,5\}$ 表示"出现点数不超过 5"．

易知，若 $A \subset B$，则 $A \cup B = B$．

类似地,称"$n$ 个事件 $A_1, A_2, \cdots, A_n$ 中至少有一个发生"的事件为 $n$ 个事件 $A_1$, $A_2$, $\cdots$, $A_n$ 的**并**,记为

$$A_1 \cup A_2 \cup \cdots \cup A_n = \bigcup_{i=1}^{n} A_i$$

### 3. 事件的交(积运算)

在试验中,事件 $A$ 与事件 $B$ 同时发生的事件,称为**事件 $A$ 与事件 $B$ 的交**(或**积事件**)(见图 10.1.3),记为 $A \cap B$ (或 $AB$ ). 此时,$A \cap B$ 就是由既属于事件 $A$ 又属于事件 $B$ 的全部基本事件组成的集合.

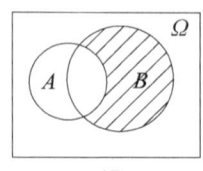

$AB$

图 10.1.3

例如,$E_4$ 中,若记 $A = \{1,3,5\}$ 表示"出现奇数点",$B = \{1,2\}$ 表示"出现点数不超过 2",则 $AB = \{1\}$ 表示"出现点数为 1".

易知,若 $A \subset B$,则 $AB = A$.

类似地,称"$n$ 个事件 $A_1, A_2, \cdots, A_n$ 同时发生"的事件为 $n$ 个事件 $A_1$, $A_2$, $\cdots$, $A_n$ 的交,记作

$$A_1 \cap A_2 \cap \cdots \cap A_n = \bigcap_{i=1}^{n} A_i \quad \text{或} \quad A_1 A_2 \cdots A_n = \prod_{i=1}^{n} A_i$$

### 4. 事件的差(差运算)

在试验中,事件 $A$ 发生而事件 $B$ 不发生的事件称为**事件 $A$ 与事件 $B$ 的差**(或**差事件**)(见图 10.1.4),记为 $A - B$. 此时,$A - B$ 就是由属于事件 $A$ 而不属于事件 $B$ 的全部基本事件组成的集合.

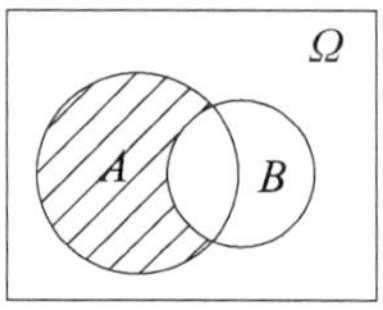

如,$E_4$ 中,若记 $A = \{1,3,5\}$ 表示"出现奇数点",$B = \{1,2,3,4\}$ 表示"出现点数不超过 4",则 $A - B = \{5\}$ 表示"出现点数为 5".

$A - B$

图 10.1.4

### 5. 互不相容事件

在试验中,若事件 $A$ 与事件 $B$ 不能同时发生,则称事件 $A$ 与事件 $B$ 是**互不相容的**(或**互斥的**)(见图 10.1.5),记为 $A \cap B = \varnothing$(或 $AB = \varnothing$),此时,事件 $A$ 与事件 $B$ 不相交,或它们的交是空集,即事件 $A$ 与事件 $B$ 没有公共的基本事件.

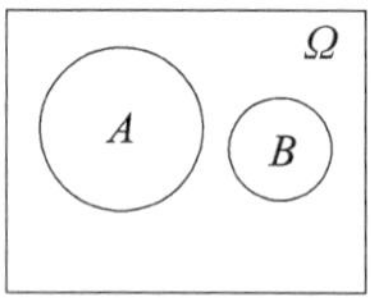

例如,$E_2$ 中,若记 $A = \{1,3,5\}$ 表示"出现奇数点",$B = \{2,4\}$ 表示"出现小于 5 的偶数点",则 $A \cap B = \varnothing$,即 $A, B$ 是互不相容事件,不可能同时"出现奇数点"和"出现偶数点".

$AB = \varnothing$

图 10.1.5

在一次试验中,任意两个基本事件都不能同时发生,所以基本事件是互不相容的.

对于 $n$ 个事件 $A_1, A_2, \cdots, A_n$,如果其中任取两个 $A_i, A_j (i \neq j)$,均有 $A_i A_j = \varnothing$,则称此 $n$ 个事件 $A_1, A_2, \cdots, A_n$ 是**两两互不相容**的.

### 6. 对立事件(逆事件)

在试验中,若事件 $A$ 与事件 $B$ 必有一个发生且仅有一个发生,即事件 $A$ 和事件 $B$ 满足条件:

$$A \cup B = \Omega \quad \text{且} \quad AB = \varnothing$$

则称事件 $A$ 和事件 $B$ 是**对立事件**（或**互逆事件**）（见图 10.1.6），记为 $B = \overline{A}$，$A = \overline{B}$. 因此，事件 $A$ 的逆事件 $\overline{A}$ 就是由属于 $\Omega$ 而不属于 $A$ 的全部基本事件组成的集合，即 $\overline{A}$ 是 $A$ 的补集.

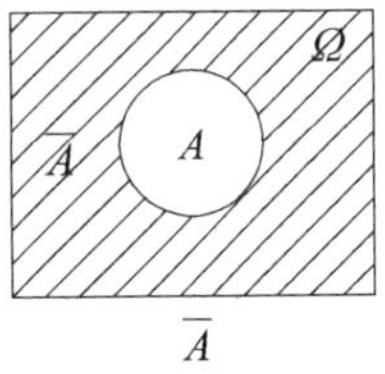

例如，$E_4$ 中，若记 $A = \{1,3,5\}$ 表示"出现奇数点"，则 $\overline{A} = \{2,4,6\}$ 表示"出现偶数点".

易知有以下性质：

（1）$\overline{\overline{A}} = A$；

（2）$\overline{A} = \Omega - A$；

（3）$A - B = A\overline{B}$.

图 10.1.6

### 7. 事件及其运算与集合及其运算之间的关系

概率论中事件之间的关系及其运算与集合论中集合之间的关系与运算是一致的，两者之间的对应关系如表 10.1.1 所示.

表 10.1.1　概率论和集合论的关系

| 符号 | 概率论 | 集合论 |
|---|---|---|
| $\Omega$ | 样本空间 | 全集 |
| $\varnothing$ | 不可能事件 | 空集 |
| $\omega$ | 样本点 | 集合的元素 |
| $A$ | 事件 | 子集 |
| $\overline{A}$ | $A$ 的对立事件 | $A$ 的补集 |
| $A \subset B$ | 事件 $A$ 发生导致事件 $B$ 发生 | $A$ 是 $B$ 的子集 |
| $A = B$ | $A$ 与 $B$ 两事件相等 | 集合 $A$ 与 $B$ 相等 |
| $A \cup B$ | 事件 $A$ 与事件 $B$ 至少有一个发生 | $A$ 与 $B$ 的并集 |
| $A \cap B$ | 事件 $A$ 与事件 $B$ 同时发生 | $A$ 与 $B$ 的交集 |
| $A - B$ | 事件 $A$ 发生而事件 $B$ 不发生 | $A$ 与 $B$ 的差集 |
| $A \cap B = \varnothing$ | 事件 $A$ 与事件 $B$ 互不相容 | $A$ 与 $B$ 没有相同元素 |

### 8. 完备事件组

$n$ 个事件 $A_1, A_2, \cdots, A_n$，如果满足下列条件：

（1）$A_1 \cup A_2 \cup \cdots \cup A_n = \Omega$；

（2）$A_i \cap A_j = \varnothing, (i \neq j, i, j = 1, 2 \cdots\cdots, n)$，

则称其为完备事件组.

显然，任何一个事件 $A$ 与其对立事件 $\overline{A}$ 构成完备事件组.

### 9. 事件的运算规则

（1）交换律：$A \cup B = B \cup A, A \cap B = B \cap A$.

（2）结合律：$(A\cup B)\cup C = A\cup(B\cup C)$，
$(AB)C = A(BC)$.
（3）分配律：$(A\cup B)\cap C = AC\cup BC$，
$(A\cap B)\cup C = (A\cup C)\cap(B\cup C)$.
（4）对偶律：$\overline{A\cup B} = \overline{A}\cap\overline{B}, \overline{A\cap B} = \overline{A}\cup\overline{B}$.

事件运算的对偶律是非常有用的公式，且以上的定律都可以推广到任意多个事件.

**例 10.1.4** 设 $A, B, C$ 为三个事件，用 $A, B, C$ 的运算关系表示下列各事件：

（1）$A$ 发生，$B$ 与 $C$ 不发生. （2）$A$ 与 $B$ 都发生，而 $C$ 不发生.
（3）$A, B, C$ 中至少有一个发生. （4）$A, B, C$ 都发生.
（5）$A, B, C$ 都不发生. （6）$A, B, C$ 中不多于一个发生.
（7）$A, B, C$ 中不多于两个发生. （8）$A, B, C$ 中至少有两个发生.

**解**：以下分别用 $D_i(i=1,2,\cdots,8)$ 表示 $(1),(2),\cdots,(8)$ 中所给出的事件. 注意到一个事件不发生即为它的对立事件发生，例如事件 $A$ 不发生即为 $\overline{A}$ 发生.

（1）$A$ 发生，$B$ 与 $C$ 不发生，表示 $A, \overline{B}, \overline{C}$ 同时发生，故 $D_1 = A\overline{B}\overline{C}$ 或写成
$$D_1 = (A-B)-C.$$

（2）$A$ 与 $B$ 都发生而 $C$ 不发生，表示 $A, B, \overline{C}$ 同时发生，故 $D_2 = AB\overline{C}$ 或写成
$$D_2 = AB - C.$$

（3）由和事件的含义知，事件 $A\cup B\cup C$ 即表示 $A, B, C$ 中至少有一个发生，故
$$D_3 = A\cup B\cup C.$$

也可以这样考虑：事件"$A, B, C$ 至少有一个发生"是事件"$A, B, C$ 都不发生"的对立事件，因此，$D_3 = \overline{\overline{A}\overline{B}\overline{C}}$.

也可以这样考虑：事件"$A, B, C$ 中至少有一个发生"表示三个事件中恰有一个发生或恰有两个发生或三个事件都发生，因此，$D_3$ 又可写成
$$D_3 = A\overline{B}\overline{C}\cup\overline{A}B\overline{C}\cup\overline{A}\overline{B}C\cup AB\overline{C}\cup A\overline{B}C\cup\overline{A}BC\cup ABC.$$

（4）$D_4 = ABC$.

（5）$D_5 = \overline{A}\overline{B}\overline{C}$.

（6）"$A, B, C$ 中不多于一个发生"表示都不发生或 $\{A, B, C\}$ 中恰有一个发生，因此，
$D_6 = \overline{A}\overline{B}\overline{C}\cup A\overline{B}\overline{C}\cup\overline{A}B\overline{C}\cup\overline{A}\overline{B}C$.

又"$A, B, C$ 中不多于一个发生"表示"$A, B, C$ 中至少有两个不发生"，亦即 $\overline{A}\overline{B}, \overline{B}\overline{C}, \overline{A}\overline{C}$ 中至少有一个发生，因此又有 $D_6 = \overline{AB}\cup\overline{BC}\cup\overline{CA}$.

又"$A, B, C$ 中不多于一个发生"是事件 $G = "A, B, C$ 中至少有两个发生"的对立事件. 而事件 $G$ 可写成 $G = AB\cup BC\cup CA$，因此又可将 $D_6$ 写成
$$D_6 = \overline{AB\cup BC\cup CA} = \overline{AB}\cap\overline{BC}\cap\overline{CA}.$$

（7）"$A, B, C$ 中不多于两个发生"表示 $A, B, C$ 都不发生或 $A, B, C$ 中恰有一个发生或 $A, B, C$ 中恰有两个发生. 因此，

$$D_7 = \overline{A}B\overline{C} \cup A\overline{B}\overline{C} \cup \overline{A}\overline{B}C \cup \overline{A}BC \cup AB\overline{C} \cup A\overline{B}C \cup \overline{A}BC.$$

又 "$A,B,C$ 中不多于两个发生" 表示 $A,B,C$ 中至少有一个不发生，也即 $\overline{A},\overline{B},\overline{C}$ 中至少有一个发生，即有 $D_7 = \overline{A} \cup \overline{B} \cup \overline{C}$.

又 "$A,B,C$ 中不多于两个发生" 是事件 "$A,B,C$ 三个都发生" 的对立事件，因此又有 $D_7 = \overline{ABC}$.

（8）$D_8 = AB \cup BC \cup CA$，也可写成 $D_8 = ABC \cup \overline{A}BC \cup A\overline{B}C \cup AB\overline{C}$.

注意：i. 两事件的差可用对立事件来表示，例如 $A - B = A\overline{B}$，$A - BC = A\overline{BC}$.

（ii）易犯的错误是，误将 $\overline{AB}$ 与 $\overline{A}\overline{B}$ 等同起来，事实上，$\overline{AB} = \overline{A} \cup \overline{B} \neq \overline{A}\overline{B}$，又如 $\overline{ABC} = \overline{A} \cup \overline{B} \cup \overline{C} \neq \overline{A}\overline{B}\overline{C}$.

（iii）误以为 $S = A \cup B \cup C$，事实上，$S - A \cup B \cup C$ 可能不等于 $\varnothing$，一般 $S \supset A \cup B \cup C$.

**例 10.1.5** 请指出互不相容事件与对立事件的区别与联系，说出下列各对事件之间的关系：

（1）$|x-1|<3$ 与 $x-1 \geqslant 5$；　　　　（2）$x>1$ 与 $x \leqslant 1$；

（3）$x=\{正方形\}$ 与 $x=\{平行四边形\}$；　（4）$x<3$ 与 $2x<6$；

（5）$x<3$ 与 $2x>4$.

**解**：对立事件一定是互不相容事件，而互不相容事件不一定是对立事件，只有互不相容的事件之和等于必然事件时，才是对立事件.

（1）$|x-1|<3$ 与 $x-1 \geqslant 5$ 为互不相容事件；

（2）$x>1$ 与 $x \leqslant 1$ 为对立事件；

（3）$x=\{正方形\}$ 是 $x=\{平行四边形\}$ 子事件，两者呈包含关系，前者包含于后者；

（4）$x<3$ 与 $2x<6$ 为相等事件；

（5）$x<3$ 与 $2x>4$ 为相容事件.

# 习题 10.1

1. 选择题.

（1）下列事件不是随机事件（　　）.

① 一批产品有正品，从中任意抽出一件是 "正品"；

② "明天降雨"；

③ "十字路口汽车的流量"；

④ "在北京地区，将水加热到 100 ℃，变成水蒸气"；

⑤ 掷一枚均匀的骰子 "出现 1 点".

　　A. ②④　　　　　B. ②③④　　　　　C. ④　　　　　D. ②③

（2）设甲乙两人进行象棋比赛，考虑事件 A={甲胜乙负}，则 $\overline{A}$ 为（　　）.

　　A. {甲负乙胜}　　B. {甲乙平局}　　C. {甲负}　　D. {甲负或平局}

（3）如果（　　）成立，则事件 A 与 B 为对立事件

　　A. $AB = \varnothing$　　　　　　　　　　B. $A + B = \omega$

　　C. $AB = \varnothing$ 且 $A + B = \omega$　　　D. $A$ 与 $\overline{B}$ 互为对立事件

（4）对于事件 $A$，$B$，命题（　　　）是正确的.

　　A. 如果 $A$，$B$ 互不相容，则 $\bar{A}$，$\bar{B}$ 也互不相容

　　B. 如果 $A \subset B$，则 $\bar{A} \subset \bar{B}$

　　C. 如果 $A$，$B$ 相容，则 $\bar{A}$，$\bar{B}$ 也相容

　　D. 如果 $A$，$B$ 对立，$\bar{A}$，$\bar{B}$ 对立

（5）设事件 $A$，$B$，则下列等式成立的是（　　　）.

　　A. $\overline{A+B} = \bar{A} + \bar{B}$　　　　　　　　　　B. $\overline{AB} = \bar{A} \cdot \bar{B}$

　　C. $A + B = A\bar{B} + B$　　　　　　　　　D. $A + B = A\bar{B} + B$

2. 设 $A$，$B$，$C$ 为 3 个事件，则用 $A$，$B$，$C$ 表示下列事件有：

（1）$A$，$B$，$C$ 都出现＿＿＿＿＿＿＿＿＿＿＿＿＿＿＿＿＿＿；

（2）$A$，$B$，$C$ 都不出现＿＿＿＿＿＿＿＿＿＿＿＿＿＿＿＿；

（3）$A$，$B$，$C$ 不都出现＿＿＿＿＿＿＿＿＿＿＿＿＿＿＿＿；

（4）$A$，$B$，$C$ 恰好一个出现＿＿＿＿＿＿＿＿＿＿＿＿＿＿；

（5）$A$，$B$，$C$ 至多有 2 个出现＿＿＿＿＿＿＿＿＿＿＿＿＿．

3. 写出下列随机试验的样本空间 $\Omega$：

（1）记录一个班一次数学考试的平均分数（设以百分制记分）.

（2）生产产品直到有 10 件正品为止，记录生产产品的总件数.

（3）对某工厂出厂的产品进行检查，合格的记上"正品"，不合格的记上"次品"，如连续查出了 2 件次品就停止检查，或检查了 4 件产品就停止检查，记录检查的结果.

（4）在单位圆内任意取一点，记录它的坐标.

4. 掷一枚骰子，观察其出现的点数，$A$ 表示"出现奇数点"，$B$ 表示"出现的点数小于 5"，$C$ 表示"出现的点数是小于 5 的偶数"，用集合列举法表示下列事件：$\Omega, A, B, C, A+B, A-B, B-A, AB, AC, \bar{A}+B$.

5. $A$＝{甲产品畅销，乙产品畅销}，求 $A$ 的逆事件.

6. 从某系学生任选一名，$A$ = {所选者会英语}，$B$ = {所选者会日语}，$C$ = {所选者是男生}，试描述事件 $AC$ 和 $A = B$.

7. 从一批产品中每次取出一件产品进行检验（每次取出的产品不放回），事件 $A_i$ 表示第 $i$ 次取到的合格品（$i = 1,2,3$）. 试用事件的运算符号表示下列事件：

　　$A$：三次都取到了合格品；

　　$B$：三次中至少有一次取到合格品；

　　$C$：三次中恰有两次取到合格品；

　　$D$：三次中最多有一次取到合格品.

8. 说出下列各对事件之间的关系：

（1）"20 件产品全是合格品"与"20 件产品中恰有一件是废品"；

（2）"20 件产品全是合格品"与"20 件产品中至少有一件是废品"；

（3）"20 件产品全是合格品"与"20 件产品中至多有一件是废品"；

（4）"三门课程的考核成绩都为优秀"与"三门课程的考核成绩至少一门不优秀".

## 10.2 随机事件的概率

对于一个随机事件（除必然事件和不可能事件外）来说，它在一次试验中可能发生，也可能不发生．人们经常希望知道某些事件在一次试验中发生的可能性究竟有多大．例如，购买彩票后可能中奖，可能不中奖；抽取一件产品可能为合格品，也可能为不合格品；新生婴儿可能为男孩，也可能为女孩．这些中奖率、不合格品率、男婴出生率等都是概率的原型．

数学家们希望找到一个合适的数来表征事件在一次试验中发生的可能性大小．在概率论发展的历史上，曾有过概率的古典定义、概率的几何定义、概率的频率定义和概率的主观定义．这些定义各适合一类随机现象．那么如何给出适合一切随机现象的概率的最一般的定义呢？

1900 年数学家希尔伯特（Hilbert，1862—1943）提出要建立概率的公理化定义以解决这个问题，即以最少的几条本质特性出发去刻画概率的概念．1933 年苏联数学家柯尔莫戈洛夫（Kolmogorov，1903—1987）首次提出了概率的公理化定义：这个定义既概括了历史上几种概率定义中的共同特性，提出了三条公理，迅速得到其他数学家的认同，是概率论发展史上的一个里程碑．

### 10.2.1 频率与概率

**定义 10.2.1** 在相同条件下，进行了 $n$ 次试验，在这 $n$ 次试验中，事件 $A$ 发生了 $n_A$ 次，则事件 $A$ 发生的次数 $n_A$ 叫作事件 $A$ 发生的**频数**．比值 $\dfrac{n_A}{n}$ 称为事件 $A$ 发生的**频率**，记作 $f_n(A)$，即 $f_n(A) = \dfrac{n_A}{n}$．

随机事件在一次试验中是否发生是不确定的，但在大量重复试验或观察中，其发生却具有规律性．

例如，历史上，多人做过抛掷硬币的试验，其结果如表 10.2.1 所示．

表 10.2.1 抛掷硬币的试验结果

| 试验者 | 试验次数 $N$ | 正面向上次数 $n$ | 正面向上频率 $f$ |
| --- | --- | --- | --- |
| 蒲丰 | 4 040 | 2 028 | 0.506 9 |
| 费勒 | 10 000 | 4 979 | 0.497 9 |
| 皮尔逊 | 12 000 | 6 019 | 0.501 6 |
| 维尼 | 30 000 | 14 994 | 0.499 8 |

从表 10.2.1 中可以看出，当抛掷次数足够多时，正面向上的频率在 0.5 附近摆动，这种现象称为随机事件的**频率稳定性**，这是概率这一概念的经验基础．

**定义 10.2.2** 在相同条件下做大量重复随机试验，事件 $A$ 出现的频率总在某一常数 $p$ 附近摆动，且试验次数越多，摆动幅度越小，则称常数 $p$ 为事件 $A$ 的**概率**，记作 $P(A) = p$．

该定义通常称为**概率的统计定义**. 概率的统计定义虽无法确定概率的准确值, 但可取当试验次数 $n$ 充分大时, 事件 $A$ 出现的频率作为它的近似值, 这一点在实践中有着重要意义.

概率 $P(A)$ 表示随机事件 $A$ 发生的可能性大小, 它是事件 $A$ 本身客观存在的一种固有属性. 由频率的稳定性和频率的性质得到启发, 给出**概率的公理化定义**.

**定义 10.2.2′** 设 $E$ 是随机试验, $\Omega$ 是它的样本空间, 对于 $E$ 的每一个事件 $A$ 赋予一个实数, 记为 $P(A)$, 如果集合函数 $P(\bullet)$ 满足下列条件, 则称 $P(A)$ 为事件 $A$ 的**概率**:

(1) **非负性**: 对每一个事件 $A$, 有 $P(A) \geq 0$;

(2) **规范性**: 对必然事件 $\Omega$, 有 $P(\Omega) = 1$;

(3) **可列可加性**: 设事件 $A_1, A_2, \cdots$ 是两两互不相容的事件, 则有

$$P(A_1 \cup A_2 \cup \cdots) = P(A_1) + P(A_2) + \cdots \quad 或 \quad P\left(\bigcup_{i=1}^{\infty} A_i\right) = \sum_{i=1}^{\infty} P(A_i)$$

### 10.2.2 概率的性质

**性质 10.2.1** $P(\varnothing) = 0$.

**性质 10.2.2 (有限可加性)** 若事件 $A_1, A_2, \cdots, A_n$ 两两互不相容, 则有

$$P(A_1 \cup A_2 \cup \cdots \cup A_n) = P(A_1) + P(A_2) + \cdots + P(A_n)$$

**性质 10.2.3** 若事件 $A, B$ 满足 $A \subset B$, 则有

$$P(B-A) = P(B) - P(A), \quad P(B) \geq P(A)$$

**性质 10.2.4** 对任一事件 $A$, $P(A) \leq 1$.

**性质 10.2.5 (逆事件概率)** 对任一事件 $A$, 有

$$P(\overline{A}) = 1 - P(A)$$

**性质 10.2.6 (加法公式)** 对任意两个事件 $A, B$, 有

$$P(A \cup B) = P(A) + P(B) - P(AB)$$

推广到对任意三个事件 $A, B, C$, 则有

$$P(A \cup B \cup C) = P(A) + P(B) + P(C) - P(AB) - P(AC) - P((BC) + P(ABC)$$

**例 10.2.1** 随机调查某班的一次考试成绩, 数学及格的学生占 72%, 语文及格的学生占 69%, 两门都及格的学生占 50%, 问至少一门及格的学生的概率?

**解**: 设 $A$ 表示"数学及格的学生", $B$ 表示"语文及格的学生", 则"两门都及格的学生"可用 $AB$ 表示, "至少有一门及格的学生"可用 $A \cup B$ 表示.

已知 $P(A) = 72\%$, $P(B) = 69\%$, $P(AB) = 50\%$, 于是由加法公式得

$$P(A \cup B) = P(A) + P(B) - P(AB) = 91\%$$

**例 10.2.2** 已知事件 $A$ 和 $B$ 满足 $P(AB) = P(\overline{A} \, \overline{B})$, 且 $P(A) = t$, 求 $P(B)$.

**解**: 因为 $\overline{A} \, \overline{B} = \overline{A + B}$, 于是有

$$P(A\overline{B}) = P(\overline{AB}) = P(\overline{A \cup B}) = 1 - P(A \cup B) = 1 - [P(A) + P(B) - P(AB)],$$

化简得
$$P(A) + P(B) = 1,$$

所以
$$P(B) = 1 - P(A) = 1 - t.$$

**例 10.2.3（减法公式）** 对任意两个事件 $A, B$，有
$$P(A - B) = P(A) - P(AB),$$

**证**：因为 $A - B = A - AB$，且 $AB \subset A$，所以有
$$P(A - B) = P(A - AB) = P(A) - P(AB).$$

**例 10.2.4** 设事件 $A, B, C$，当 $P(A \cup B) = 0.6, P(B) = 0.3$ 时，求 $P(A\overline{B})$。

**解**：$P(A\overline{B}) = P(A - B) = P(A) - P(AB) = [P(A) + P(B) - P(AB)] - P(B)$
$= P(A \cup B) - P(B) = 0.6 - 0.3 = 0.3.$

### 10.2.3 等可能概型（古典概型）

**引例 1** 在抛掷硬币试验中，试验只有 2 个结果："出现正面"和"出现反面"。由于硬币是均质的，这两个结果发生的可能性相同，即它们的概率都是 1/2。

**引例 2** 在投掷骰子试验中，试验的结果有 6 个："出现的点数为 $i$"（$i = 1, 2, 3, 4, 5, 6$）。由于骰子是均质的，每一个结果发生的可能性相同，即它们的概率都是 1/6。

以上两个例子具有如下共同点：

（1）有限性 试验可能发生的结果是有限的，即样本空间中只含有限个基本事件；

（2）等可能性 试验中每个基本事件发生的可能性是相同的。

具有上述特点的随机试验称为**等可能概型（古典概型）**。

**定义 10.2.3** 在古典概型中，设样本空间 $\Omega$ 的样本点总数为 $n$，$A$ 为随机事件，其中所含的样本点数为 $r$，则事件 $A$ 的概率为

$$P(A) = \frac{r(A中包含的样本点数)}{n(\Omega中包含的样本点数)} \text{ 或 } P(A) = \frac{r(A中包含的基本事件)}{n(基本事件总数)}.$$

该定义通常称为**概率的古典定义**。

**例 10.2.5** 掷三次硬币，设 $A$ 表示恰有一次出现正面，$B$ 表示三次都出现正面，$C$ 表示至少出现一次正面，求：（1）$P(A)$；（2）$P(B)$；（3）$P(C)$。

**解**：样本空间 $\Omega = \{$正正正，正正反，正反正，正反反，反正正，反正反，反反正，反反反$\}$；

（1）$n = 8, r = 3$，所以 $P(A) = \dfrac{3}{8}$；

（2）$n = 8, r = 3$，所以 $P(B) = \dfrac{1}{8}$；

（3）$n = 8, r = 3$，所以 $P(C) = \dfrac{7}{8}$。

由于在古典概型中，事件 $A$ 的概率 $P(A)$ 的计算公式只需知道样本空间中的样本点的总数

$n$ 和事件 $A$ 包含的样本点的个数 $r$ 就足够,而不必一一列举样本空间的样本点,因此,当样本空间的样本点总数比较多或难于一一列举的时候,也可以用分析的方法求出 $n$ 与 $r$ 的数值即可.

**例 10.2.6** 从 0,1,2,3,4,5,6,7,8,9 这 10 个数码中,取出 3 个不同的数码,求所取 3 个数码不含 0 和 5 的事件 $A$ 的概率.

**解**:从 10 个不同数码中,任取 3 个的结果与顺序无关,所以基本事件总数

$$n = C_{10}^3 = \frac{10 \times 9 \times 8}{1 \times 2 \times 3} = 10 \times 3 \times 4,$$

$A$ 事件中不能有 0 和 5,所以只能从其余 8 个数码中任取 3 个,所以 $A$ 中的基本事件

$$r = C_8^3 = \frac{8 \times 7 \times 6}{1 \times 2 \times 3} = 8 \times 7,$$

所以

$$P(A) = \frac{r}{n} = \frac{8 \times 7}{10 \times 3 \times 4} = \frac{7}{15}.$$

**例 10.2.7** 袋中有 5 个白球,3 个红球,从中任取 2 个球,
求(1)所取 2 个球的颜色不同的事件 $A$ 的概率;
(2)所取 2 个球都是白球的事件 $B$ 的概率;
(3)所取 2 个球都是红球的事件 $C$ 的概率;
(4)所取 2 个球是颜色相同的事件的概率.

**解**:袋中共的 8 个球,从中任取 2 个球结果与顺序无关,所以取法共有 $C_8^2$ 种,每一种取法的结果是一个基本事件,所以基本事件总数为

$$n = C_8^2 = \frac{8 \times 7}{1 \times 2} = 4 \times 7,$$

(1)分两步取.第一步,在 5 个白球中任取一个,方法数为 5;第二步在 3 个红球中取一个,方法数为 3,根据乘法原则,共有 $5 \times 3$ 种方法,即有 $5 \times 3$ 种结果.所以

$$r_1 = 5 \times 3,$$

所以

$$P(A) = \frac{r_1}{n} = \frac{5 \times 3}{4 \times 7} = \frac{15}{28}.$$

(2)从 5 个白球中任取 2 个,结果与顺序无关,所以取法共有

$$C_5^2 = \frac{5 \times 4}{1 \times 2} = 10 \text{(种)},$$

即 $B$ 包含的基本事件共有 $r_2 = 10$,所以

$$P(B) = \frac{r_1}{n} = \frac{10}{28} = \frac{5}{14}.$$

(3)从 3 个红球中任取 2 个的方法为

$$C_3^2 = \frac{3 \times 2}{1 \times 2} = 3 \text{(种)},$$

即 C 包含的基本事件数 $r_3=3$,所以

$$P(C) = \frac{r_3}{n} = \frac{3}{28}.$$

(4) 所取 2 个球颜色相同的有两类:

第一类:2 个球都是白球的方法有 $C_5^2 = 10$(种);

第二类:2 个球都是红球的方法有 $C_3^2 = 3$(种).

根据加法原则,所取 2 个球是颜色相同的方法共有 $10 + 3 = 13$ 种. 所以 2 个球颜色相同的事件 $D$ 包含 $r_4 = 13$ 种基本事件,所以

$$P(D) = \frac{r_4}{n} = \frac{13}{28}.$$

**例 10.2.8** 袋中有 10 件产品,其中有 7 件正品,3 件次品,从中每次取一件,共取两次,求:

(1) 不放回抽样,第一次取后不放回,第二次再取一件,而且第一次取到正品,第二次取到次品的事件 $A$ 的概率.

(2) 放回抽样,第一次取一件产品,放回后第二次再取一件,求第一次取到正品,第二次取到次品的事件 $B$ 的概率

**解**:(1) 第一次取一件产品的方法有 10 种. 因为不放回,所以第二次取一件产品的方法有 9 种. 由乘法原则知,取两次的方法共有 $10 \times 9$ 种.

也可以用排列数计算,因为结果与顺序有关,所以取法有

$$P_{10}^2 = 10 \times 9 \text{(种)},$$

所以基本事件总数 $n = 10 \times 9$.

第一次取到正品,第二次取到次品的方法有 $7 \times 3$ 种,所以事件 $A$ 包含的基本事件有:

$$r_1 = 7 \times 3 \text{(种)},$$

所以

$$P(A) = \frac{r_1}{n} = \frac{7 \times 3}{10 \times 9} = \frac{7}{30}.$$

(2) 放回抽样. 由于有放回,所以第一次、第二次取一件产品的方法都是 10 种,由乘法原则知抽取方法共有 $10 \times 10 = 100$ 种,所以基本事件总数

$$n = 10 \times 10 = 100,$$

第一次取正品方法有 7 种,第二次取次品的方法有 3 种,由乘法原则,事件 $B$ 包含的基本事件共有

$$r_1 = 7 \times 3 \text{(个)},$$

所以

$$P(B) = \frac{r_2}{n} = \frac{7 \times 3}{10 \times 10} = \frac{21}{100}.$$

**例 10.2.9** 将一套有 1,2,3,4,5 分册的 5 本书随机放在书架的一排上,求 1,2 分册放在一起的事件 $A$ 的概率.

**解**：（1）基本事件总数

$$n = 5 \times 4 \times 3 \times 2 \times 1 \text{（种）},$$

或者为 $P_5^5$.

（2）$A$ 包含的基本事件有

$$r = P_4^4 \times P_2^1 = 1 \times 2 \times 3 \times 4 \times 2 \text{（种）},$$

所以

$$P(A) = \frac{r}{n} = \frac{1 \times 2 \times 3 \times 4 \times 2}{1 \times 2 \times 3 \times 4 \times 5} = \frac{2}{5}.$$

**例 10.2.10** 从 1，2，3，4，5，6，7 这七个数码中任取 3 个，排成三位数，求：
（1）所排成的三位数是偶数的事件 $A$ 的概率；
（2）所排成的三位数是奇数的事件 $B$ 的概率.

**解**：基本事件总数

$$n = P_7^3 = 7 \times 6 \times 5 \text{（个）}.$$

（1）所排成的三位数是偶数的取法需分两步：
第一步，取一个偶数放在个位码位置，取法有 3 种；
第二步，将其余 6 个数中任取两个排成一排，分别处于十位数和百位数码位置，共有 $P_6^2 = 6 \times 5$ 种方法.

根据乘法原则，事件 $A$ 包含的基本事件数

$$r_1 = 3 \times 6 \times 5,$$

所以

$$P(A) = \frac{r_1}{n} = \frac{3 \times 6 \times 5}{7 \times 6 \times 5} = \frac{3}{7}.$$

（2）所排成的三位数的取法也需分两步进行：
第一步，取一个奇数放在个位码位置，有 4 种方法.
第二步，将其余 6 个数中任取两个放在十位码和百位码，方法有 $P_6^2 = 6 \times 5$ 种.
根据乘法原则，事件 $B$ 包含的基本事件数

$$r_2 = 4 \times 6 \times 5,$$

所以

$$P(B) = \frac{r_2}{n} = \frac{4 \times 6 \times 5}{7 \times 6 \times 5} = \frac{4}{7}.$$

**例 10.2.11** 袋中有 9 个球，分别标有号码 1，2，3，4，5，6，7，8，9 从中任取 3 个球，求：
（1）所取 3 个球的最小号码为 4 的事件 $A$ 的概率；
（2）所取 3 个球的最大号码为 4 的事件 $B$ 的概率.

**解**：基本事件总数 $n = C_9^3 = \frac{9 \times 8 \times 7}{1 \times 2 \times 3} = 3 \times 4 \times 7$ （个）.

（1）最小号码为 4 的取法分两步进行：

第一步，取出 4 号球，方法只有 1 种；

第二步，在 5，6，7，8，9 这 5 个球中任取 2 个，方法数为 $C_5^2 = \dfrac{5 \times 4}{1 \times 2} = 10$.

所以 $A$ 包含的基本事件

$$r_1 = 1 \times 10 = 10,$$

所以
$$P(A) = \dfrac{r_1}{n} = \dfrac{10}{3 \times 4 \times 7} = \dfrac{5}{42}.$$

（2）最大码为 4 的取法为：

第一步，取出 4 号球方法只有 1 种；

第二步，在 1，2，3 号球中任取 2 个，方法数为 $C_3^2 = \dfrac{3 \times 2}{1 \times 2} = 3$.

所以 $B$ 包含的基本事件

$$r_2 = 1 \times 3 = 3,$$

所以
$$P(B) = \dfrac{r_2}{n} = \dfrac{3}{3 \times 4 \times 7} = \dfrac{1}{28}.$$

### 10.2.4 几何概型

接下来，我们来讨论几何概型. 属于古典概型的推广，每个样本点是否发生，也是等可能的，但去掉了 $\Omega$ 中包含有限个样本点的限制，即允许试验可能结果有无穷不可列个.

解决这种几何概型的基本步骤：

（1）随机试验的样本空间 $\Omega$ 是某个区域（可以是一维区间、二维平面区域或三维空间区域）；

（2）每个样本点发生的可能性相等；

（3）事件 $A$ 的概率为 $P(A) = \dfrac{m(A)}{m(\Omega)}$.

其中，$m$ 在一维情形下表示长度，在二维情形下表示面积，在三维情形下表示体积. 求几何概型的关键在于用图形正确地描述样本空间 $\Omega$ 和所求事件 $A$，然后计算出相关图形的度量.

**例 10.2.12**　在 $[0,3]$ 区间内任取一个数，求：

（1）这个数落在区间 $(0,2.1)$ 内的概率；

（2）这个数落在区间 $(0,3)$ 内的概率；

（3）这个数落在 1 的概率.

**解：** 以 $x$ 表示取到的这个数，因为这个数都是在 $[0,3]$ 区间内等可能取到，所以样本空间 $\Omega = \{x : 0 \leqslant x \leqslant 3\}, m(\Omega) = 3$.

（1）设事件 $A$ 表示"这个数落在区间 $(0,2.1)$ 内"，即 $A = \{x : 0 < x < 2.1\}, m(A) = 2.1$. 由几何概率的计算公式，有

$$P(A) = \dfrac{m(A)}{m(\Omega)} = \dfrac{2.1}{3} = 0.7.$$

（2）设事件 $A$ 表示"这个数落在区间 $(0,3)$ 内"，即 $A=\{x:0<x<3\}, m(A)=3$，于是

$$P(A)=\frac{m(A)}{m(\Omega)}=\frac{3}{3}=1.$$

（3）设事件 $A$ 表示"这个数落在 1"，即 $A=\{x:x=1\}, m(A)=0$，于是

$$P(A)=\frac{m(A)}{m(\Omega)}=\frac{0}{3}=0.$$

由于样本空间 $\Omega$ 和事件 $A$ 采用区间线段的长度来表示，这是一维的情形. 这个例子的（2）和（3）告诉可知，概率为零的事件未必就是不可能事件，同理，概率为 1 的事件未必就是必然事件.

**例 10.2.13（蒲丰投针问题）** 非常著名的蒲丰投针试验，是第一个利用几何来表达概率的实例. 设平面上画满间距为 $d$ 的平行直线，向该平面随机投掷一枚长度为 $l(l<d)$ 的针，求针与任一平行线相交的概率.

**解**：设 $M$ 为针的中点，$x$ 为 $M$ 与最近平行线的距离，$\varphi$ 为针与平行线的交角，可得样本空间为

$$\Omega=\left\{(x,\varphi):0\leqslant x\leqslant\frac{d}{2},0\leqslant\varphi\leqslant\pi\right\}, m(\Omega)=\frac{\pi d}{2}.$$

设事件 $A$ 表示"针与平行线相交"，其发生的充要条件是 $x\leqslant\frac{l}{2}\sin\varphi$（见图 10.2.1），故

$$A=\left\{(x,\varphi):x\leqslant\frac{l}{2}\sin\varphi\right\}, m(A)=\int_0^\pi\frac{l}{2}\sin\varphi\mathrm{d}\varphi=l（见图 10.2.2）.$$

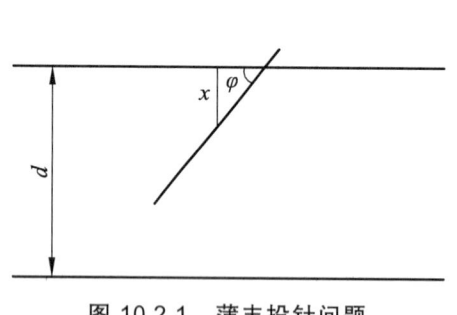

图 10.2.1 蒲丰投针问题

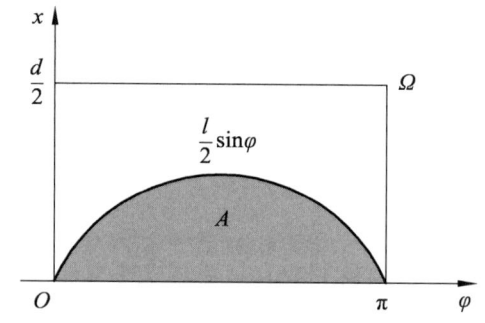

图 10.2.2 蒲丰投针问题中的 $\Omega$ 和 $A$

由于针是向平面任意投掷的，所以由等可能性知这是一个几何概率问题，于是有

$$P(A)=\frac{m(A)}{m(\Omega)}=\frac{2l}{\pi d}.$$

如果 $l, d, P(A)$ 的值为已知，则也可以利用上式去求 $\pi$，而关于 $P(A)$ 的值，可用从试验中获得的频率去. 我们用 $n$ 表示投针总次数，$n_A$ 表示针与平行线相交的次数，可以用 $\frac{n_A}{n}$ 作为 $P(A)$ 的估计值，即

$$\frac{n_A}{n}\approx P(A)=\frac{2l}{\pi d},$$

于是有

$$\pi \approx \frac{2nl}{dn_A}.$$

于是，我们得到了一个概率方法：只要设计一个随机试验，使一个事件的概率与某个未知数有关，然后通过重复试验，以频率估计概率，即可求得未知数的近似解. 19—20 世纪，一些学者曾亲自做过这个试验，利用概率的方法来计算圆周率的近似值. 留下的一些实验数据（见表 10.2.2）.

表 10.2.2　利用概率方法计算圆周率近似值的实验数据

| 试验者 | 时间 | 投掷次数 | 相交次数 | 圆周率 $w$ 的估计值 |
| --- | --- | --- | --- | --- |
| Wolf | 1850 年 | 5 000 | 2 532 | 3.159 6 |
| Smith | 1855 年 | 3 204 | 1 218.5 | 3.155 4 |
| Lazerini | 1901 年 | 3 408 | 1 808 | 3.141 592 9 |
| Reina | 1925 年 | 2 520 | 859 | 3.179 5 |

我们知道，试验次数越多，所求近似解就越精确. 随着计算机技术的发展，人们便可利用计算机来模拟大量重复的随机试验. 称这种方法为随机模拟法，也称为蒙特卡罗（MonteCarlo）法.

# 习题 10.2

1. 填空题.

（1）设 $A$，$B$，$C$ 为三个事件，用 $A$、$B$、$C$ 的运算关系表示① $A$ 和 $B$ 都发生，而 $C$ 不发生为＿＿＿＿＿＿，② $A$、$B$、$C$ 至少有两个发生的事件为＿＿＿＿＿＿.

（2）设 $A$，$B$ 为两个互不相容的事件，$P(A)=0.2$，$P(B)=0.4$，$P(A+B)=$＿＿＿＿＿＿.

（3）设 $A$，$B$ 是两个事件，已知 $P(A)=0.5, P(B)=0.7, P(A\cup B)=0.8$，则 $P(AB)=$＿＿＿；$P(A-B)=$＿＿＿；$P(B-A)$＿＿＿.

（4）把一枚硬币抛四次，则无反面的概率为＿＿＿＿＿＿，有反面的概率为＿＿＿.

（5）若事件 $A,B$ 有包含关系，$P(A)=0.2, P(B)=0.3$，则
$P(\bar{A})=$＿＿＿；$P(\bar{B})=$＿＿＿，$P(A\cup B)=$＿＿＿；$P(AB)=$＿＿＿；$P(\bar{B}A)=$＿＿＿；$P(\bar{A}\cap\bar{B})=$＿＿＿.

（6）电话号码由 0，1，…，9 中的 8 数字排列而成，则电话号码后四位数字全都不相同的概率表示为＿＿＿＿＿＿.

（7）若 $P(A)=0.5$，$P(B)=0.4$，当 $A$，$B$ 互不相容时，$P(A-B)=$＿＿＿；当 $A$，$B$ 有包含关系情况时，$P(A-B)=$＿＿＿.

（8）设公寓中的每一个房间都有 4 名学生，任意挑选一个房间，则这 4 人生日无重复的概率表示为＿＿＿＿＿＿（一年以 365 天计算）.

2. 选择题.

（1）设 $A$ 与 $B$ 是两随机事件，则 $\overline{AB}$ 表示（　　）.
　　A. $A$ 与 $B$ 都不发生　　　　　　B. $A$ 与 $B$ 同时发生
　　C. $A$ 与 $B$ 中至少有一个发生　　D. $A$ 与 $B$ 中至少有一个不发生

（2）设 $A$ 与 $B$ 是两随机事件，则 $(A+B)(\overline{A}+\overline{B})$ 表示（　　）.
　　A. 必然事件　　　　　　　　　　B. 不可能事件
　　C. $A$ 与 $B$ 恰好有一个发生　　　D. $A$ 与 $B$ 不同时发生

（3）设 $P(A)=a, P(B)=b, P(A+B)=c$，则 $P(A\overline{B})$ 为
　　A. $a-b$　　　　　　　　　　　　B. $c-b$
　　C. $a(1-b)$　　　　　　　　　　　D. $a(1-c)$

（4）若 $A,B$ 是两个互不相容的事件，$P(A)>0$，$P(B)>0$，则一定有（　　）.
　　A. $P(A)=1-P(B)$　　　　　　　B. $P(AB)=0$
　　C. $P(A+\overline{B})=1$　　　　　　　D. $P(\overline{A}+B)=0$

3. 已知 $P(A)=P(B)=P(C)=0.25, P(AB)=0, P(AC)=P(BC)=\dfrac{1}{16}$. 求：

（1）$P(A\cup B)$；（2）$P(A\cup B\cup C)$；（3）$P(\overline{B}\cap \overline{C})$.

4. 设 $A,B,C$ 构成一个随机试验的样本空间的一个划分，且 $P(A)=0.5, P(\overline{B})=0.7$，求 $P(C), P(AB)$.

5. 设随机事件 $A,B,C$ 的概率都是 $\dfrac{1}{2}$，且 $P(ABC)=P(\overline{A}\cap \overline{B}\cap \overline{C}), P(AB)=P(AC)=P(BC)=\dfrac{1}{3}$，求 $P(ABC)$.

6. 从去掉大小王的 52 张扑克牌中任取 3 张，求下列事件的概率：

（1）二张红色，一张黑色；（2）全是黑色；（3）二张梅花；（4）没有二张同一花色；（5）同花；（6）同花顺；（7）三条（四张牌形相同，如 4 张 $A$ 等）.

7. 掷两颗质地均匀的骰子，求出现的两个点数之和等于 5 的概率.

8. 若 10 个产品中有 7 个正品，3 个次品，

（1）不放回地每次从中任取一个，共取 3 次，求取到 3 个次品的概率.

（2）每次从中任取一个，有放回地取 3 次，求取到 3 个次品的概率.

9. 有 5 张票，其中 2 张是电影票，3 人依次抽签得票，求每个人抽到电影票的概率分别为多少？

10. 有 5 张票，其中 3 张是电影票，5 个人依次抽签得票，如果第 1 人抽的结果尚未公开，由第 2 人抽得的结果去猜第 1 人是否抽的电影票. 问：若第 2 人抽到了电影票，则第 1 人抽到电影票的概率为多少？

11. 8 个老师 3 个学生排成一列，求任意 2 个学生都不相邻的概率.

12. 电路由电池 $A$ 与 2 个并联电池的电池 $B$ 及 $C$ 串联而成，设电池 $A$、$B$、$C$ 损坏的概率分别是 0.3，0.2，0.2，求电路发生间断的概率？

13. 车间有甲、乙、丙 3 台机床生产同一种产品，且知它们的次品率依次是 0.2，0.3，

0.1，而生产的产品数量比为：甲：乙：丙 = 2：3：5，现从产品中任取一个，（1）求它是次品的概率？（2）若发现取出的产品是次品，求次品是来自机床乙的概率？

14. 3 个箱子中，第 1 箱装有 4 个黑球 1 个白球，第 2 箱装有 3 个黑球 3 个白球，第 3 箱装有 3 个黑球 5 个白球. 现先任取 1 箱，再从该箱中任取 1 球. 求：（1）取出球是白球的概率？（2）若取出的球为白球，则该球属于第 2 箱的概率？

15. 将 3 个完全相同的小球随机地放入 5 个不同的盒子，求：

（1）3 个球都在同一个盒子里的概率；

（2）3 个球都在不同的盒子里的概率；

（3）某指定的盒子中恰好有 2 个球的概率.

16. 从 0,1,2,3,4,5,6,7,8,9 中任取三个数. 求 3 个数中最小数是 4 的概率和 3 个数中最大数是 4 的概率各为多少？

## 10.3 条件概率与独立性

现实生活中，要计算概率，情况往往比较复杂，有很多附加条件. 例如，在购买汽车保险时，不同人的保费是不同的，因为不同投保人在未来一年内出车祸的概率是不一样的，出事概率越大，赔付可能性就高，所以保费就高. 一般来讲，条件概率就是在附加一定的条件之下所计算的概率.

从广义来说，任何概率都是条件概率，因为都是在一定的试验之下去考虑概率的，而试验即有条件. 在概率论中，规定试验的那些基础条件被看作是已定不变的. 如果不再加入其他条件或假定，则算出的概率就叫做"无条件概率"，就是通常所说的概率. 当说到"条件概率"时，总是指另外附加的条件，归为"已知某事件已经发生了".

例如，抽奖，连续抽两次，只有中奖和不中奖之分，其样本空间为 $\Omega = \{zz, zb, bz, bb\}$，其中 $z$ 代表中奖，$b$ 代表没中奖. 讨论下面一些事件的概率.

（1）事件 $A$ = "至少有 1 次不中奖"发生的概率为

$$P(A) = \frac{3}{4}$$

（2）若已知事件 $B$ = "至少有一次中奖"发生，再求事件 $A$ 发生的概率为

$$P(A|B) = \frac{2}{3}.$$

这是因为事件 $B$ 的发生，排除了两次都不中奖的可能性，这时样本空间 $\Omega$ 也随之改为 $\Omega_B = \{zz, zb, bz\}$，而在 $\Omega_B$ 中事件 $A$ 只含 2 个样本点，故 $P(A|B) = 2/3$. 这就是条件概率，它与(无条件)概率 $P(A)$ 是不同的两个概念.

（3）若对上述条件概率的分子分母各除以 4，则可得

$$P(A|B) = \frac{2/4}{3/4} = \frac{P(AB)}{P(B)}$$

其中交事件 $AB$ = "一次中奖、一次不中奖".

把这个关系推广到一般情形，得到条件概率就是两个无条件概率之商.

### 10.3.1 条件概率

**定义 10.3.1** 在事件 $A$ 发生的条件下，事件 $B$ 发生的概率称为**条件概率**，记作 $P(B|A)$.

**例 10.3.1** 一个家庭有 2 个小孩，已知其中至少一个是女孩，问另一个也是女孩的概率是多少（假定生男生女是等可能的）？

**定义 10.3.1′** 设 $A,B$ 是两个事件，且 $P(A)>0$，则称

$$P(B|A) = \frac{P(AB)}{P(A)}$$

为在事件 $A$ 发生的条件下，事件 $B$ 发生的**条件概率**.

可以验证，条件概率满足概率定义中的三个条件，所以条件概率也是概率，具有概率的一切性质.

例如，对于任意事件 $B_1, B_2$ 有

$$P(B_1 \cup B_2 | A) = P(B_1 | A) + P(B_2 | A) - P(B_1 B_2 | A).$$

**例 10.3.2** 已知灯泡使用到 1 000 h 的概率为 0.75，使用到 1 500 h 的概率为 0.25. 一只灯泡已经使用了 1 000 h，求这只灯泡使用到 1 500 h 的概率.

**解**：设 $A$ 表示事件"灯泡使用到 1 000 h"，$B$ 表示事件"灯泡使用到 1 500 h". 显然，$B \subset A$，所以 $AB = B$. 所求的概率为 $P(B|A)$，由条件概率的定义

$$P(B|A) = P(AB)/P(A) = P(B)/P(A) = 0.25/0.75 = \frac{1}{3}.$$

**例 10.3.3** 设盒中有 10 个木质球，6 个玻璃球，木质球有 3 个为红色，7 个为蓝色，玻璃球有 2 个为红色，4 个为蓝色. 现从盒中任取一球，用 $A$ 表示"取到蓝色球"，$B$ 表示"取到玻璃球"，求 $P(B|A)$.

**解**：列表分析已知条件（见表 10.3.1）.

表 10.3.1 列表分析

| 颜色 | 木球 | 玻璃球 | 总计 |
| --- | --- | --- | --- |
| 红色球 | 3 | 2 | 5 |
| 蓝色球 | 7 | 4 | 11 |
| 总计 | 10 | 6 | 16 |

由表 10.3.1 可得

$$P(A) = \frac{11}{16}, \quad P(AB) = \frac{4}{16},$$

所以

$$P(B|A) = \frac{P(AB)}{P(A)} = \frac{\frac{4}{16}}{\frac{11}{16}} = \frac{4}{11}.$$

## 10.3.2 乘法公式

由条件概率的公式，立即可得

**定理 10.3.1（乘法公式）** 对任意事件 $A$、$B$，有

$$P(AB) = P(A)P(B|A) \quad (P(A) > 0) \quad (10.3.1)$$
$$= P(B)P(A|B) \quad (P(B) > 0) \quad (10.3.2)$$

如果 $A$ 先发生，则使用式（10.3.1）；如果 $B$ 先发生，则使用式（10.3.2）.
可以推广到有限多个事件的情形：$n$ 个事件的乘法公式为

$$P(A_1 A_2 \cdots A_n) = P(A_1)P(A_2|A_1)P(A_3|A_1 A_2)\cdots P(A_n|A_1 A_2 \cdots A_{n-1})$$

特别地，当 $n=3$ 时，有

$$P(ABC) = P(A)P(B|A)P(C|AB) \quad (P(A) > 0, P(AB) > 0)$$

**例 10.3.4** 设随机事件 $A$、$B$，已知 $P(A) = \dfrac{1}{2}$，$P(B) = \dfrac{1}{3}$，且 $P(B|A) = \dfrac{1}{2}$，求 $P(A+B)$.

**解：**

$$P(AB) = P(A)P(B|A) = \frac{1}{2} \cdot \frac{1}{2} = \frac{1}{4},$$

$$P(A+B) = P(A) + P(B) - P(AB) = \frac{1}{2} + \frac{1}{3} - \frac{1}{4} = \frac{7}{12}.$$

**例 10.3.5** 袋中共有 100 个球，已知有 10 个黑球，90 个红球，现从中依次取出 2 个球，求：

（1）不放回取出时，第 2 次才取到红球的概率；

（2）取出第一个球放回后，再取出第二个球，第 2 次才取到红球的概率.

**解：** 设 $A_i$ 表示事件"第 $i$ 次取到红球"（$i=1,2$），则 $\overline{A_i}$ 表示事件"第 $i$ 次取到黑球".

（1）所求的概率为 $P(\overline{A_1}A_2)$，由乘法公式得

$$P(\overline{A_1}A_2) = P(\overline{A_1})P(A_2|\overline{A_1}) = \frac{10}{100} \cdot \frac{90}{99} = 0.091.$$

（2）此时所求的概率仍记为 $P(\overline{A_1}A_2)$，由乘法公式得

$$P(\overline{A_1}A_2) = P(\overline{A_1})P(A_2|\overline{A_1}) = \frac{10}{100} \cdot \frac{90}{100} = 0.090.$$

## 10.3.3 事件的相互独立性

一般地说，$P(A|B) \neq P(A)$，即说明事件 $B$ 的发生影响了事件 $A$ 发生的概率. 若 $P(A|B) = P(A)$，则说明事件 $B$ 的发生在概率意义下对事件 $A$ 的发生无关，这时称事件 $A$，$B$ 相互独立.

**定义 10.3.2** 若事件 $A$ 的发生不影响事件 $B$ 的概率，即

$$P(B|A) = P(B)$$

则称事件 $B$ 对 $A$ 是**独立的**，否则称为不独立的.

根据乘法公式，$P(AB) = P(A)P(B|A) = P(B)P(A|B)$，如果事件 $B$ 对 $A$ 是独立的，则 $P(B) = P(B|A)$，代入乘法公式得 $P(A) = P(A|B)$，即事件 $A$ 对 $B$ 也是独立的. 所以，事件 $A$、$B$ 之间的独立性是对称的，即是**相互独立的**.

**定理 10.3.2** 事件 $A$ 与事件 $B$ 相互独立的充要条件是

$$P(AB) = P(A)P(B)$$

推广到有限个事件的情形：如果 $n$ 个事件 $A_1, A_2, \cdots, A_n$ 相互独立，则

$$P(A_1 A_2 \cdots A_n) = P(A_1)P(A_2) \cdots P(A_n).$$

理论上定理 10.3.1 可用于事件独立性的判断. 但在具体应用中，往往先根据事件的实际意义判断 $A$、$B$ 的独立性，然后利用定理 10.3.1 求出 $P(AB)$.

**定理 10.3.3** 如果事件 $A$ 与 $B$ 相互独立，则事件 $A$ 与 $\overline{B}$、$\overline{A}$ 与 $B$、$\overline{A}$ 与 $\overline{B}$ 也相互独立. 即

$$P(AB) = P(A)P(B)$$
$$\Leftrightarrow P(\overline{A}B) = P(\overline{A})P(B)$$
$$\Leftrightarrow P(A\overline{B}) = P(A)P(\overline{B})$$
$$\Leftrightarrow P(\overline{AB}) = P(\overline{A})P(\overline{B}).$$

**证**：事件 $A$ 与事件 $B$ 相互独立，即 $P(AB) = P(A)P(B)$，所以

$$P(A\overline{B}) = P(A) - P(AB) = P(A) - P(A)P(B) = P(A)(1 - P(B)) = P(A)P(\overline{B})$$

因此，$A$ 与 $\overline{B}$ 相互独立. 由此即可推出 $\overline{A}$ 与 $\overline{B}$ 相互独立，再由 $\overline{\overline{B}} = B$，又可推出 $\overline{A}$ 与 $B$ 相互独立.

由这个定理可知：事件 $A$ 与 $B$ 相互独立，则 $A$ 的发生不会影响 $B$ 发生的概率，那么 $A$ 的发生也不会影响 $B$ 不发生的概率，$A$ 的不发生也不会影响 $B$ 发生的概率，$A$ 的不发生也不会影响 $B$ 不发生的概率.

**定理 10.3.4** 如果事件 $A$ 与 $B$ 相互独立，则

$$P(A \cup B) = 1 - P(\overline{A})P(\overline{B})$$

推广到有限个事件的情形：如果 $n$ 个事件 $A_1, A_2, \cdots, A_n$ 相互独立，则

$$P(A_1 \cup A_2 \cup \cdots \cup A_n) = 1 - P(\overline{A_1})P(\overline{A_2}) \cdots P(\overline{A_n})$$

**例 10.3.6** 从甲、乙两个箱子中随机抽取奖券，中奖率分别为 0.6 和 0.5，现在两个箱子中各随机抽取一张，求两张都中奖的概率.

**解**：设 $A$ 表示"甲箱中抽出一张中奖"，$B$ 表示"乙箱中抽出一张中奖"，则

$$P(A) = 0.6, \quad P(B) = 0.5.$$

显然 $A$ 与 $B$ 是相互独立的，因而

$$P(AB) = P(A)P(B) = 0.3.$$

**例 10.3.7** 甲、乙两人各自考上大学的概率分别为 70%，80%，求甲、乙两人至少有一人考上大学的概率.

**解**：设 $A$ 表示"甲考上大学"，$B$ 表示"乙考上大学"，则 $P(A) = 0.7, P(B) = 0.8$. 显然，$A$ 与 $B$ 是相互独立的，所以

$$P(A+B) = P(A) + P(B) - P(AB) = P(A) + P(B) - P(A)P(B) = 0.7 + 0.8 - 0.7 \times 0.8 = 0.94.$$

**例 10.3.8** 设事件 $A, B$ 相互独立，已知 $P(A) = 0.6$，$P(B) = 0.8$，求 $A$ 与 $B$ 恰有一个发生的概率.

**解**：

$$\begin{aligned}
P(A\bar{B} + \bar{A}B) &= P(A\bar{B}) + P(\bar{A}B) \\
&= P(A)P(\bar{B}) + P(\bar{A})P(B) \\
&= 0.6 \times (1-0.8) + (1-0.6) \times 0.8 \\
&= 0.44.
\end{aligned}$$

**例 10.3.9** 一条线路中有 3 个电阻，每个电阻断电的概率都是 $r(0 < r < 1)$，分别计算
（1）3 个电阻并联时，整条线路断电的概率；
（2）3 个电阻串联时，整条线路断电的概率.

**解**：设 $A_i (i = 1, 2, 3)$ 表示"第 $i$ 个电阻断电"，$A$ 表示"并联时整条线路断电"，$B$ 表示"串联时整条线路断电".

（1）并联时，只有 3 个电阻全断电线路才会断电，即 $A = A_1 A_2 A_3$. 因而有

$$P(A) = P(A_1 A_2 A_3) = P(A_1)P(A_2)P(A_3) = r^3.$$

（2）串联时，只要有一个电阻断电整条线路就会断电，即 $B = A_1 \cup A_2 \cup A_3$. 因而有

$$P(B) = P(A_1 \cup A_2 \cup A_3) = 1 - P(\bar{A_1})P(\bar{A_2})P(\bar{A_3}) = 1 - (1-r)^3.$$

**注意**：事件 $A, B$ 相互独立与事件 $A, B$ 互不相容是不同范畴中的两个概念，一般来说它们是没有关系的. 但当 $A, B$ 相互独立，且 $P(A) > 0, P(B) > 0$ 时，$A, B$ 必相容.

### 10.3.4 全概率公式和贝叶斯公式

全概率公式是概率论中运用广泛的一个重要公式. 当遇到一些较为复杂的随机事件的概率计算问题时，可以将它分解成一些较容易计算的情况分别进行考虑，可以化繁为简. 下面先介绍样本空间的划分.

**定义 10.3.3** 设 $S$ 为试验 $E$ 的样本空间，$B_1, B_2, \cdots, B_n$ 为 $E$ 的一组事件. 若
（i）$B_i B_j = \varnothing, i \neq j, i, j = 1, 2, \cdots, n$；
（ii）$B_1 \cup B_2 \cup \cdots \cup B_n = S$，
则称 $B_1, B_2, \cdots, B_n$ 为样本空间 $S$ 的一个**划分**，也称为一个完备事件组.

若 $B_1, B_2, \cdots, B_n$ 是样本空间的一个划分，那么，对每次试验，事件 $B_1, B_2, \cdots, B_n$ 中必有一个且仅有一个发生.

例如，设样本空间为 $S = \{1, 2, 3, 4, 6, 8\}$，$E$ 的一组事件 $B_1 = \{1, 2\}$，$B_2 = \{4, 8\}$，$B_3 = \{3, 6\}$，是 $S$ 的一个划分. 而事件组 $C_1 = \{1, 2, 3\}$，$C_2 = \{3, 4\}$，$C_3 = \{6\}$ 不是 $S$ 的划分.

**定理 10.3.5（全概率公式）** 设 $A_1, A_2, \cdots, A_n$ 为样本空间 $\Omega$ 的一个事件组划分，且 $P(A_i) > 0 (i = 1, 2, \cdots, n)$，$B$ 为任一事件，则全概率公式

$$P(B) = \sum_{i=1}^{n} P(A_i) P(B \mid A_i)$$

**证**：因为 $B = \Omega \cap B = (A_1 \cup A_2 \cup \cdots \cup A_n) \cap B = A_1 B \cup A_2 B \cup \cdots \cup A_n B$，且 $A_1 B, A_2 B, \cdots, A_n B$ 互不相容，所以由有限可加性及概率的乘法公式得

$$P(B) = P(A_1 B) + P(A_2 B) + \cdots P(A_n B)$$
$$= P(A_1) P(B \mid A_1) + P(A_2) P(B \mid A_2) + \cdots + P(A_n) P(B \mid A_n)$$
$$= \sum_{i=1}^{n} P(A_i) P(B \mid A_i)$$

**定理 10.3.6（贝叶斯公式）** 设 $A_1, A_2, \cdots, A_n$ 为样本空间 $\Omega$ 的一个事件组划分，$P(A_i) > 0 (i = 1, 2, \cdots, n)$，$B$ 为满足条件 $P(B) > 0$ 的任一事件，则

$$P(A_i \mid B) = \frac{P(A_i) P(B \mid A_i)}{\sum_{i=1}^{n} P(A_i) P(B \mid A_i)}$$

**证**：由条件概率的定义可知

$$P(A_i \mid B) = \frac{P(A_i B)}{P(B)}$$

对上式的分子用乘法公式、分母用全概率公式得

$$P(A_i B) = P(A_i) P(B \mid A_i), \quad P(B) = \sum_{i=1}^{n} P(A_i) P(B \mid A_i)$$

即得

$$P(A_i \mid B) = \frac{P(A_i) P(B \mid A_i)}{\sum_{i=1}^{n} P(A_i) P(B \mid A_i)}$$

**例 10.3.10** 保险公司认为某险种的投保人可以分成两类：一类为易出事故者，另一类为安全者。统计表明：一个易出事故者在一年内发生事故的概率为 0.4，而安全者这个概率则减少为 0.1。若假定易出事故者占此险种投保人的比例为 20%。现有一个新的投保人来投保此险种，问：

（1）该投保人在购买保单后一年内将出事故的概率有多大？（2）假设一个新投保人在购买保单后一年内出了事故，那么他是易出事故者的概率是多大？

**解**：（1）记 $A$ = "投保人在一年内出事故"，$B$ = "投保人为易出事故者"，则 $\bar{B}$ = "投保人为安全者"，且 $P(\bar{B}) = 0.8$。由全概率公式得

$$P(A) = P(B) P(A \mid B) + P(\bar{B}) P(A \mid \bar{B}) = 0.2 \times 0.4 + 0.8 \times 0.1 = 0.16.$$

（2）所求概率为 $P(B|A)$，可由贝叶斯公式计算得

$$P(B|A) = \frac{P(BA)}{P(A)} = \frac{P(B)P(A|B)}{P(A)} = \frac{0.2 \times 0.4}{0.16} = \frac{1}{2}.$$

**例 10.3.11** 某种疾病的患病率为 0.1%，某项血液医学检查的误诊率为 1%，即非患者中有 1% 的人验血结果为阳性，患者中有 1% 的人验血结果为阴性．现知某人验血结果是阳性，求他确实患有该种疾病的概率．

**解：** 以 $A$ 表示该人患此疾病，$B$ 表示验血结果为阳性，则由已知条件知

$$P(A) = 0.001, P(\overline{A}) = 0.999, P(B|A) = 0.99, P(B|\overline{A}) = 0.01.$$

先由全概率公式得

$$P(B) = P(A)P(B|A) + P(\overline{A})P(B|\overline{A}) = 0.001 \cdot 0.99 + 0.999 \cdot 0.01 = 0.01098.$$

再由贝叶斯公式得

$$P(A|B) = \frac{P(A)P(B|A)}{P(B)} = \frac{0.001 \cdot 0.99}{0.01098} \approx 0.09.$$

我们可以看到这个概率值非常的小．生活中，当我们看到阳性报告时，经常认为就是确诊，但事实上并非如此，也有可能没有患病，而且没有患病的概率还不小．这归根结底在于该病的患病率很低，仅为 0.1%，误诊率虽然不高，为 1%，但总阳性人群中被误诊为阳性的几乎是真阳性患者的 10 倍多．所以化验单结果是阳性时，切莫慌张，要多次检查修正，才能大概率确定是否患病．

如果我们把检查为阳性看成是"结果"，而导致该结果发生的"原因"有两个：一是患者且检查正确，二是非患者检查错误．所以，全概率公式，就是通过已知每种"原因"发生的概率，即 $P(A)$ 和 $P(\overline{A})$ 已知，求"结果" $B$ 发生的概率 $P(B)$．这里的 $P(A)$ 和 $P(\overline{A})$ 又称为"先验概率"．而贝叶斯公式，则是从已知"结果" $B$ 发生的条件下，求各个可能"原因"引起的条件概率 $P(A|B)$ 和 $P(\overline{A}|B)$，所以也有人把贝叶斯公式看成是用来解决"已知结果，分析原因"的问题．这里的 $P(A|B)$ 和 $P(\overline{A}|B)$ 又称为"后验概率"．后来根据这一原理，发展了一整套统计推断方法，叫作贝叶斯统计，感兴趣的，可以自学．

# 习题 10.3

1．选择题．

（1）设 $A$、$B$ 为两个事件，$P(A) \neq P(B) > 0$，且 $A \supset B$，则下列必成立是（　　）．

  A. $P(A|B) = 1$        B. $P(B|A) = 1$

  C. $P(B|\overline{A}) = 1$        D. $P(A|\overline{B}) = 0$

（2）设盒中有 10 个木质球，6 个玻璃球，木质球有 3 个红球，7 个蓝色；玻璃球有 2 个红色，4 个蓝色．现在从盒中任取一球，用 $A$ 表示"取到蓝色球"，$B$ 表示"取到玻璃球"，则 $P(B|A) = $（　　）．

  A. $\dfrac{6}{10}$     B. $\dfrac{6}{16}$     C. $\dfrac{4}{7}$     D. $\dfrac{4}{11}$

（3）设 $A$、$B$ 为两事件，且 $P(A),P(B)$ 均大于 $0$，则下列公式错误的是（　　）.

A. $P(A\cup B)=P(A)+P(B)-P(AB)$　　B. $P(AB)=P(A)P(B)$

C. $P(AB)=P(A)P(B|A)$　　D. $P(\overline{A})=1-P(A)$

（4）设 10 件产品中有 4 件不合格品，从中任取 2 件，已知所取的 2 件产品中有一件是不合格品，则另一件也是不合格品的概率为（　　）.

A. $\dfrac{2}{5}$　　B. $\dfrac{1}{5}$　　C. $\dfrac{1}{2}$　　D. $\dfrac{3}{5}$

（5）设 $A$、$B$ 为两个随机事件，且 $0<P(A)<1,P(B)>0,P(B|A)=P(B|\overline{A})$，则必有（　　）.

A. $P(A|B)=P(\overline{A}|B)$　　B. $P(A|B)\ne P(\overline{A}|B)$

C. $P(AB)=P(A)P(B)$　　D. $P(AB)\ne P(A)P(B)$

（6）每次试验失败的概率为 $p(0<p<1)$，则在 3 次重复试验中至少成功一次的概率为（　　）.

A. $3(1-p)$　　B. $(1-p)^3$　　C. $1-p^3$　　D. $C_3^1(1-p)p^3$

2. 填空题.

（1）设 $A$ 和 $B$ 是两事件，则 $P(A)=P(A\overline{B})+$ _____.

（2）设 $A$、$B$、$C$ 两两互不相容，$P(A)=0.2$，$P(B)=0.3$，$P(C)=0.4$，则 $P[(A\cup B)-C]=$ _____.

（3）若 $P(A)=0.5,P(B)=0.4,P(A-B)=0.3$，则 $P(\overline{A}\cup\overline{B})=$ _____.

（4）设两两独立的事件 $A,B,C$ 满足条件 $ABC=\varnothing$，$P(A)=P(B)=P(C)<\dfrac{1}{2}$，且已知 $P(A\cup B\cup C)=\dfrac{9}{16}$，则 $P(A)=$ _____.

（5）设 $P(A)=P(B)=P(C)=\dfrac{1}{4}$，$P(AB)=0$，$P(AC)=P(BC)=\dfrac{1}{8}$，则 $A$、$B$、$C$ 全不发生的概率为 _____.

（6）设 $A$ 和 $B$ 是两事件，$B\subset A$，$P(A)=0.9,P(B)=0.36$，则 $P(A\overline{B})=$ _____.

（7）设 $P(A)=0.6,P(A\cup B)=0.84$，$P(\overline{B}|A)=0.4$，则 $P(B)=$ _____.

（8）设 $A,B$ 为两个相互独立的事件，$P(A)=0.4,P(A+B)=0.7$，则 $P(B)=$ _____.

（9）3 个人独立地猜一谜语，他们能够猜出的概率都是 $\dfrac{1}{3}$，则此谜语被猜出的概率为 ____.

（10）设 $A,B$ 为两个事件，$P(A)=0.4$，$P(B)=0.8,P(\overline{A}B)=0.5$，则 $P(B|A)=$ _____.

（11）设 $A,B,C$ 为三个相互独立的事件，已知 $P(A)=a,P(B)=b,P(C)=c$，则 $A,B,C$ 至少有一个发生的概率为 _____.

3. 已知 $P(A)=\dfrac{1}{3},P(B|A)=\dfrac{1}{4}$，$P(A|B)=\dfrac{1}{6}$，求 $P(A\cup B)$.

4. 某种灯泡能用到 3 000 h 的概率为 0.8，能用到 3 500 h 的概率为 0.7. 求一只已用到了 3 000 h 还未坏的灯泡还可以再用 500 h 的概率.

5. 设 $A,B$ 是两个事件，已知 $P(A)=0.5,P(B)=0.6,P(B|\overline{A})=0.4$，求：（1）$P(\overline{A}B)$；（2）$P(AB)$；（3）$P(A+B)$.

6. 加工某一零件共需经过四道工序，设第一、二、三、四道工序出次品的概率分别是 0.02，0.03，0.05，0.04，各道工序互不影响，求加工出的零件的次品率？

7. 两个箱子中装有同类型的零件，第一箱装有 60 只，其中 15 只一等品；第二箱装有

40 只，其中 15 只一等品．求在以下两种取法下恰好取到一只一等品的概率：（1）将两个箱子都打开，取出所有的零件混放在一堆，从中任取一只零件；（2）从两个箱子中任意挑出一个箱子，然后从该箱中随机地取出一只零件．

8. 某市男性的色盲发病率为 7%，女性的色盲发病率为 0.5%．今有一人到医院求治色盲，求此人为女性的概率．（设该市性别结构为男：女 = 0.502：0.498）．

9. 袋中有 $a$ 只黑球，$b$ 只白球，甲、乙、丙三人依次从袋中取出一只球（取后不放回），分别求出他们各自取到白球的概率．

10. 一射手对同一目标进行四次独立的射击，若至少射中一次的概率为 $\frac{80}{81}$，求此射手每次射击的命中率．

11. 甲、乙、丙三人同时各用一发子弹对目标进行射击，三人各自击中目标的概率分别是 0.4、0.5、0.7．目标被击中一发而冒烟的概率为 0.2，被击中两发而冒烟的概率为 0.6，被击中三发则必定冒烟，求目标冒烟的概率．

12. 甲、乙、丙三人抢答一道智力竞赛题，他们抢到答题权的概率分别为 0.2、0.3、0.5；而他们能将题答对的概率则分别为 0.9、0.4、0.4．现在这道题已经答对，问甲、乙、丙三人谁答对的可能性最大．

13. 某学校五年级有两个班，一班 50 名学生，其中 10 名女生；二班 30 名学生，其中 18 名女生．在两班中任选一个班，然后从中先后挑选两名学生，求（1）先选出的是女生的概率；（2）在已知先选出的是女生的条件下，后选出的也是女生的概率．

14. 设三次独立试验中，若 $A$ 出现的概率均相等且至少出现 1 次的概率为 $\frac{19}{27}$，求在一次试验中，事件 $A$ 出现的概率？

# 10.4 随机变量及其分布

## 10.4.1 随机变量

**引例 1**：掷骰子，可能结果为 $\Omega=\{1,2,3,4,5,6\}$．为了方便讨论，我们可以引入变量 $X$，使 $X=1$，表示点数为 1；$X=2$ 表示点数为 2；$\cdots$；$X=6$，表示点数为 6．并把其所有概率的情况列表 10.4.1 如下．

表 10.4.1

| 样本点 $\omega$ | 1 | 2 | 3 | 4 | 5 | 6 |
|---|---|---|---|---|---|---|
| 变量 $X$ | 1 | 2 | 3 | 4 | 5 | 6 |
| 概率 $P$ | $\frac{1}{6}$ | $\frac{1}{6}$ | $\frac{1}{6}$ | $\frac{1}{6}$ | $\frac{1}{6}$ | $\frac{1}{6}$ |

**引例 2**：掷硬币，可能结果为 $\Omega=\{正，反\}$．我们可以引入变量 $X$，使 $X=1$，表示正面，$X=0$ 表示反面．并把其所有概率的情况列表 10.4.2 如下．

表 10.4.2

| 样本点 $\omega$ | 正面 | 反面 |
|---|---|---|
| 变量 $X$ | 1 | 0 |
| 概率 $P$ | $\dfrac{1}{2}$ | $\dfrac{1}{2}$ |

**引例 3**：在灯泡使用寿命的试验中，我们引入变量 $X$，使 $a<X<b$，表示灯泡使用寿命在 $a$（小时）与 $b$（小时）之间. 例如，$1000 \leqslant X \leqslant 2000$ 表示灯泡寿命在 1 000 小时与 2 000 小时之间. $0<X<4000$ 表示灯泡寿命在 4 000 小时以内的事件. 并把其所有概率的情况列表 10.4.3 如下.

表 10.4.3

| 样本点 $\omega$ | 寿命 1 000 小时以下 | 寿命 1 000 小时与 2 000 小时之间 | 寿命 2 000 小时以上 |
|---|---|---|---|
| 变量 $X$ | $X \leqslant 1000$ | $1000 \leqslant X \leqslant 2000$ | $2000 < X$ |
| 概率 $P$ | 0.02 | 0.95 | 0.03 |

**定义 10.4.1**  设随机试验中样本空间为 $\Omega$，如果对每一个可能结果 $\omega \in \Omega$，变量 $X$ 都有一个确定的实数值 $X(\omega)$ 与之对应，那么就把这个定义域为 $\Omega$ 的单值实值函数 $X = X(\omega)$ 称为（一维）**随机变量**，常用大写字母 $X,Y,Z$ 等表示随机变量，其取值用小写字母 $x,y,z$ 等表示.

通过上面这个定义，我们可以看到：随机变量 $X$ 是样本点 $\omega$ 的一个函数，其自变量是样本点定义域是样本空间. 样本点可以是数，也可以不是数. 而因变量必须是实数. 可以是不同样本点对应不同的实数（一对一），也允许多个样本点对应同一个实数（多对一）.

概率论真正成熟起来，就是随机变量的引入. 在讨论随机变量时，我们就可以使用数学中的微积分工具. 与微积分中的变量不同，概率论中的随机变量 $X$ 是一种"随机取值的变量且伴随一个分布". 以离散随机变量为例，我们不仅要知道 $X$ 可能取哪些值，而且还要知道它取这些值的概率各是多少，这就需要分布的概念. 因为如果知道随机变量的分布，随机试验下任一随机事件的概率就可以得到，彻底解决其概率问题. 于是，有没有分布，是区分一般变量与随机变量的主要标志.

例如，引例 1、2、3 中的 $X$ 都是随机变量.

### 10.4.2 离散型随机变量及其分布律

**定义 10.4.2**  若随机变量 $X$ 只取有限多个值或可列的无限多个（分散的）值，就称 $X$ 是**离散型随机变量**. 假如一个随机变量的可能取值充满数轴上的一个区间 $(a,b)$，则称其为**连续随机变量**，其中 $a$ 可以是 $-\infty$，$b$ 可以是 $+\infty$. 连续型随机变量就是非离散型随机变量中最常见的一类随机变量.

例如，本节中的引例 1、引例 2 的 $X$ 是离散型随机变量，引例 3 是连续随机变量.

**定义 10.4.3**  设 $X$ 为离散型随机变量，它的所有可能取值为 $x_1, x_2, x_3, \cdots$，而 $X$ 取 $x_k$ 的概率为 $p_k$，即 $p\{X = x_k\} = p_k (k=1,2,\cdots)$，则称为 $X$ 的概率分布（或概率函数或分布列）.

离散型随机变量 $X$ 的概率分布也可以用下列列表形式来表示：

| $X$ | $x_1$ | $x_2$ | $\cdots$ | $x_i$ | $\cdots$ |
|---|---|---|---|---|---|
| $P$ | $p_1$ | $p_2$ | $\cdots$ | $p_i$ | $\cdots$ |

其中，第一行表示 $X$ 的取值，第二行表示 $X$ 取相应值的概率.

离散型随机变量 $X$ 的分布列满足下列性质：

（1）非负性：$p_i \geqslant 0$；

（2）规范性：$\sum\limits_{i=1}^{+\infty} p_i = 1$.

**例 10.4.1** 设离散型随机变量 $X$ 的分布律为

| $X$ | 0 | 1 | 2 |
|---|---|---|---|
| $P$ | 0.2 | $C$ | 0.5 |

求常数 $C$.

**解**：由分布律的性质知 $1=0.2+C+0.5$，解得 $C=0.3$.

**例 10.4.2** 掷一枚质地均匀的骰子，记 $X$ 为出现的点数，求 $X$ 的分布律.

**解**：$X$ 的全部可能取值为 $1,2,3,4,5,6$，且

$$P_K = P\{X=k\} = \frac{1}{6}, k=1,2,\cdots,$$

则 $X$ 的分布律为

| $X$ | 1 | 2 | 3 | 4 | 5 | 6 |
|---|---|---|---|---|---|---|
| $P$ | $\frac{1}{6}$ | $\frac{1}{6}$ | $\frac{1}{6}$ | $\frac{1}{6}$ | $\frac{1}{6}$ | $\frac{1}{6}$ |

### 10.4.3 几个重要的离散型随机变量

**1. 0-1 分布**

**定义 10.4.4** 设随机变量 $X$ 只可能取 0 与 1 两个值，它的分布律是

$$P\{X=k\} = P^k(1-P)^{1-k}, k=0,1$$

则称 $X$ 服从两点分布（也称 0-1 分布）其分布律也可以列表表示：

| $X$ | 0 | 1 |
|---|---|---|
| $P$ | $P$ | $1-P$ |

如果一个随机试验，如果它的样本空间只包含两个元素，即 $\Omega = \{\omega_1, \omega_2\}$，总可以在 $\Omega$ 上定义一个服从 (0-1) 分布的随机变量

$$X = X(\omega) = \begin{cases} 0, & \omega = \omega_1 \\ 1, & \omega = \omega_2 \end{cases}$$

来描述这个随机试验的结果.

例如，对检查产品的质量是否合格，学生成绩是否及格，性别登记，"抛硬币"试验等，都可以用(0-1)分布的随机变量来描述.

**例 10.4.3** 一批产品有 1 000 件，其中有 50 件次品，从中任取 1 件，用 $\{X=0\}$ 表示取到次品，$\{X=1\}$ 表示取到正品，请写出 $X$ 的分布律.

**解**：因为 $P\{X=0\} = \dfrac{50}{1000} = 0.05$，$P\{X=1\} = \dfrac{950}{1000} = 0.95$，

所以 $X$ 的分布律为

| $X$ | 0 | 1 |
|---|---|---|
| $P$ | 0.05 | 0.95 |

### 2. 二项分布

设对一随机试验 $E$，若试验只有两种可能的结果：$A$ 和 $\overline{A}$，则称这样的随机试验叫**伯努利（Bernoulli）试验**. 设事件 $A$ 在一次试验中发生的概率 $P(A) = p(0 < p < 1)$，则 $P(\overline{A}) = 1-p$. 将该随机试验独立重复地进行 $n$ 次，独立是指各次试验的结果互不影响，重复是指在每次试验中 $P(A) = p$ 保持不变，则称这 $n$ 次独立重复试验叫 $n$ **重伯努利试验**.

我们知道，对于贝努利试验，事件 $A$ 在 $n$ 次试验中出现 $k$ 次的概率为

$$P\{A发生k次\} = C_n^k p^k (1-p)^{n-k}, k = 0,1,2,3,\cdots,n. $$且满足

（1）$p_n(k) \geq 0, k = 0, 1, \cdots, n$；

（2）$\sum_{k=0}^{n} p_n(k) = \sum_{k=0}^{n} C_n^k p^k (1-p)^{n-k} = 1$.

**定义 10.4.5** 设随机变量 $X$ 的分布律是

$$P\{X = k\} = C_n^k p^k (1-p)^{n-k}, k = 0, 1, \cdots, n$$

其中 $0<P<1$，则称 $X$ 服从参数 $n, p$ 的二项分布，$X \sim B(n, p)$.

特别的，当 $n = 1$，二项分布化为

$$P\{X = k\} = p^k (1-p)^{1-k}, k = 0, 1, \cdots, n$$

这就是两点分布.

事实上，二项分布可以作为描绘射手射击 $n$ 次，其中有 $k$ 次击个目标 $(k = 0,1,\cdots,n)$ 的概率分布情况的一个数学模型. 也可以作为随机地抛掷硬币 $n$ 次，落地时出现 $k$ 次"正面"的概率分布情况的数学模型. 当然还可以作为从一批足够多的产品中任意抽取 $n$ 件，其中有 $k$ 件次品的概率分布的模型. 总之，二项分布是由贝努利试验产生的.

**例 10.4.4** 某特效药的临床有效率为 0.95，今有 10 人服用，问至少有 8 人治愈的概率是多少？

**解**：设 $X$ 为 10 人中被治愈的人数，则 $X \sim B(10, 0.95)$，而所求概率为

$$P\{X \geq 8\} = P\{X = 8\} + P\{X = 9\} + P\{X = 10\}$$
$$= C_{10}^8 (0.95)^8 (0.05)^2 + C_{10}^9 (0.95)^9 (0.05)^1 + C_{10}^{10} (0.95)^{10} (0.05)^0 = 0.9885$$

**例 10.4.5** 设随机变量 $X \sim B(2,p), Y \sim B(3,p)$，若 $P(X \geqslant 1) = \dfrac{7}{16}$，求 $P(Y \geqslant 1)$.

**解：** 因 $X \sim B(2,p), P(X \geqslant 1) = \dfrac{7}{16} \Rightarrow P(X=0) = (1-p)^2 = \dfrac{9}{16} \Rightarrow p = \dfrac{1}{4}$，

故
$$P(Y \geqslant 1) = 1 - P(Y=0) = 1 - \left(\dfrac{3}{4}\right)^3 = \dfrac{37}{64}.$$

### 3. 泊松分布

泊松分布是 1837 年由法国数学家泊松（Poisson, 1781—1840 年）首次提出的. 设随机变量 $X$ 的取值为 $0,1,2,\cdots,n,\cdots$，相应的分布律为

$$P(X=k) = \dfrac{\lambda^k}{k!}\mathrm{e}^{-\lambda}, \lambda > 0, k = 0,1,2,\cdots,n,\cdots$$

称随机变量 $X$ 服从参数为 $\lambda$ 的**泊松分布**，记为 $X \sim P(\lambda)$.

具有泊松分布的随机变量在实际应用中是很多的. 通常与计数有关，比如，一本书一页中的印刷错误数，电脑在某天被病毒入侵的次数，某一超市在一天内的顾客的人数，某一地区一个时间间隔内发生交通事故的次数等都服从泊松分布. 泊松分布也是概率论中的一种重要分布.

**例 10.4.6** 设随机变量 $X$ 有分布律 $P(X=k) = \dfrac{c \cdot 2^k}{k!}(k=0,1,2,\cdots)$，求 $c$ 的值，并求解 $P(X \leqslant 1)$.

**解：** 根据分布律，有

$$\sum_{k=0}^{\infty} \dfrac{c \cdot 2^k}{k!} = 1 \Rightarrow c = \mathrm{e}^{-2}.$$

所以
$$X \sim P(2), c = \mathrm{e}^{-2}.$$

$$P(X \leqslant 1) = P(X=0) + P(X=1) = \dfrac{\mathrm{e}^{-2} \cdot 2^0}{0!} + \dfrac{\mathrm{e}^{-2} \cdot 2^1}{1!} = 3\mathrm{e}^{-2}.$$

我们还可以用泊松分布来逼近二项分布的定理.

**定理 10.4.1（泊松定理）** 设 $\lambda > 0$ 是一个常数，$n$ 是任意正整数，在 $n$ 重伯努利试验中，记 $A$ 事件在一次试验中发生的概率为 $p_n$，如果当 $n \to +\infty$ 时，有 $np_n \to \lambda(>0)$，则

$$\lim_{n \to \infty} C_n^k p_n^k (1-p_n)^{n-k} = \dfrac{\lambda^k \mathrm{e}^{-\lambda}}{k!}.$$

在二项分布计算中，当 $n$ 较大时，计算结果非常不理想，如果 $p$ 较小而 $np = \lambda$ 适中时，我们常用泊松分布的概率值近似取代二项分布的概率值.

**例 10.4.7** 计算机芯片公司要生产某种微型芯片，次品率达 0.1%，各芯片成为次品相互独立. 求在 1 000 只产品中至少有 2 只次品的概率. 以 $X$ 记产品中的次品数，$X \sim B(1000, 0.001)$.

**解：**

$$P\{X \geqslant 2\} = 1 - P\{X=0\} - P\{X=1\} = 1 - 0.999^{1000} - C_{1000}^{1} 0.999^{999} \times 0.001$$
$$\approx 1 - 0.3676954 - 0.3680635 = 0.2642411.$$

利用泊松分布来计算得

$$\lambda = 1000 \times 0.001 = 1,$$

$$P\{X \geqslant 2\} = 1 - P\{X=0\} - P\{X=1\} \approx 1 - e^{-1} - e^{-1} \approx 0.2642411.$$

显然很方便.

一般地，当 $n \geqslant 20, p \leqslant 0.05$ 时，用 $\dfrac{\lambda^k e^{-\lambda}}{k!}$ ($\lambda = np$ 作为 $C_n^k p^k (1-p)^{n-k}$ 的近似值效果颇佳.

### 4. 几何分布

在伯努利试验序列中，记每次试验中事件 $A$ 发生的概率为 $p$，如果 $X$ 为事件 $A$ 首次出现时的试验次数，则 $X$ 的可能取值为 $1, 2, \cdots$，称 $X$ 服从几何分布，记为 $X \sim Ge(p)$，其分布列为

$$P(X=k) = (1-p)^{k-1} p, k = 1, 2, \cdots$$

实际问题中有不少随机变量服从几何分布，例如：

（1）血液样本抽检中，首次出现阳性的抽检人数 $X \sim Ge(0.005)$；

（2）某奥运选手射击的命中率为 $0.95$，则首次击中目标的射击次数 $X \sim Ge(0.95)$；

（3）概率课教授每次上课随机抽取 $15\%$ 的学生点名，某同学首次被老师点到名的已经开课次数 $X \sim Ge(0.05)$.

### 5. 超几何分布

超几何分布描述由有限个物品 $N$ 中，抽出个 $n$ 个，成功抽出指定某种物品的次数（不放回），例如，$N$ 个产品中有 $M(M \leqslant N)$ 件次品，若从中不放回地抽取 $n(n \leqslant N)$ 件，设其中含有的不合格品的件数为 $X$，则 $X$ 的分布律为

$$P(X=k) = \dfrac{C_M^k C_{N-M}^{n-k}}{C_N^n}, k = \max(0, n+M-N), \cdots, \min(n, M)$$

称 $X$ 服从参数为 $N$、$M$ 和 $n$ 的**超几何分布**，记为 $X \sim H(N, M, n)$，其中 $N$、$M$ 和 $n$ 均为正整数.

若将不放回抽样改成有放回抽样，那么，这个模型就是 $n$ 重伯努利试验，即 $n$ 件被抽查的产品中含有的不合格品的件数 $X \sim B(n, p)$，其中 $p = \dfrac{M}{N}$，可以证明：当 $M = Np$ 时，有

$$\lim_{N \to \infty} \dfrac{C_M^k C_{N-M}^{n-k}}{C_N^n} = C_n^k p^k (1-p)^{n-k}$$

即在实际应用中，当 $n \ll N$ 时，即抽取个数 $n$ 远小于产品总数 $N$ 时，每次抽取后，总体中的不合格品率 $p = \dfrac{M}{N}$ 改变很微小，所以不放回抽样可以近似地看成有放回抽样，这时超几何分布可用二项分布近似.

**例 10.4.8** 假设有一批农作物的种子，经测算，发芽率为 90%，现从中任取 10 粒，求播种后：

（1）恰有 8 粒发芽的概率；（2）不少 8 粒发芽的概率.（结果保留 4 位小数）

**解：** 由题可知，因 10 粒种子是从一批量种子中抽取的，这是一个 $N$ 很大，$n$ 相对于 $N$ 是很小的超几何分布，由于 10 粒与一大批量相比，即 $n \ll N$，就可用二项分布来近似计算. 其中 $n = 10, p = 90\%, k = 8$. 用 $X$ 表示种子的发芽数，则

（1）$P(X = 8) = C_{10}^{8} 0.9^8 \times 0.1^2 \approx 0.1937$；

（2）$P(X \geqslant 8) = P(X = 8) + P(X = 9) + P(X = 10) = C_{10}^{8} 0.9^8 \times 0.1^2 + C_{10}^{9} 0.9^9 \times 0.1 + C_{10}^{10} 0.9^{10}$

$\approx 0.1937 + 0.3874 + 0.3487 = 0.9298.$

### 10.4.4 随机变量的分布函数

**1. 分布函数的概念**

对于离散型随机变量 $X$，它的分布律能够完全刻画其统计特性，也可用分布律得到我们关心的事件，如 $\{X > a\}$，$\{X \leqslant b\}$，$\{a \leqslant X \leqslant b\}$ 等事件的概率. 而对于非离散型的随机变量，就无法用分布率来描述它了. 首先，我们不能将其可能的取值一一地列举出来，如连续型随机变量的取值可充满数轴上的一个区间 $(a,b)$，甚至是几个区间，也可以是无穷区间. 其次，对于连续型随机变量 $X$，取任一指定的实数值 $x$ 的概率都等于 0，即 $P\{X=x\}=0$. 于是，如何刻画一般的随机变量的统计规律成了我们的首要问题. 对于任意实数 $x$，我们只关心 $\{X \leqslant x\}$ 的概率，于是就用 $F(x)$ 表示这个概率值，形成一个分布函数. 显然这个 $F(x)$ 概率值与 $x$ 有关，不同的 $x$，此概率值也不一样.

**定义 10.4.6** 设 $X$ 为随机变量，称函数

$$F(x) = P\{X \leqslant x\}, x \in (-\infty, +\infty)$$

为 $X$ 的**分布函数**.

对于任意实数 $x_1, x_2 (x_1 < x_2)$，有

$$P\{x_1 < X \leqslant x_2\} = P\{X \leqslant x_2\} - P\{X \leqslant x_1\} = F(x_2) - F(x_1),$$

因此，若已知 $X$ 的分布函数，我们就知道 $X$ 落在任一区间 $(x_1, x_2]$ 上的概率. 分布函数就完整地描述了随机变量的统计规律性.

根据定义，我们可以得到：

（1）分布函数是定义在 $(-\infty, +\infty)$ 上，取值在 $[0,1]$ 上的一个函数；

（2）任一随机变量 $X$ 都有且仅有一个分布函数，有了分布函数，就可计算与随机变量 $X$ 相关事件的概率问题.

随机变量的分布函数的定义适应于任意的随机变量，其中也包含了离散型随机变量，即离散型随机变量既有分布律也有分布函数，二者都能完全描述它的统计规律性.

要求离散型随机变量 $X$ 的分布函数时，需注意，其分布律为

$$P\{X = x_k\} = p_k, k = 1, 2, \cdots.$$

可由概率的可列可加性得 $X$ 的分布函数为

$$F(x)=P\{X\leqslant x\}=\sum_{x_k\leqslant x}P\{X=x_k\}$$

即

$$F(x)=\sum_{x_k\leqslant x}p_k$$

这里和式是对于所有满足 $x_k \leqslant x$ 的 $k$ 求和的. 分布函数 $F(x)$ 在 $x = x_k (k = 1, 2, \cdots)$ 处有跳跃，其跳跃值为 $p_k = P\{X = x_k\}$.

**例 10.4.9** 若 $X$ 的分布律为

| $X$ | 0 | 1 | 2 | 3 | 4 |
|---|---|---|---|---|---|
| $P$ | 0.2 | 0.1 | 0.3 | 0.3 | 0.1 |

求：（1）$F(1)$；（2）$F(2.1)$；（3）$F(3)$；（4）$F(3.2)$.

**解：** 由分布函数定义知 $F(x)=P(X\leqslant x)$

所以（1）$F(1) = P(X\leqslant 1) = P(X=0) + P(X=1) = 0.3$；

（2）$F(2.1) = P(X\leqslant 2.1) = P(X=0) + P(X=1) + P(X=2) = 0.6$；

（3）$F(3) = P(X\leqslant 3) = P(X=0) + P(X=1) + P(X=2) + P(X=3) = 0.2+0.1+0.3+0.3=0.9$；

（4）$F(3.2) = P(X\leqslant 3.2) = 1 - P(X>3.2) = 1 - P(X=4) = 1 - 0.1 = 0.9$.

### 2. 分布函数的性质

分布函数有以下基本性质：

（1）$0 \leqslant F(x) \leqslant 1$；

（2）$F(x)$ 是不减函数，即对于任意的 $x_1 < x_2$ 有 $F(x_1) \leqslant F(x_2)$；

（3）$F(-\infty)=0$，$F(+\infty)=1$，即 $\lim\limits_{x\to -\infty}F(x)=0$，$\lim\limits_{x\to +\infty}F(x)=1$；

（4）$F(x)$ 在任一点 $x_0$ 处至少右连续，即 $\lim\limits_{x\to x_0^+}F(x)=F(x_0)$.

**例 10.4.10** 设随机变量 $X$ 的分布律为

| $X$ | $-2$ | $-1$ | 0 | 1 |
|---|---|---|---|---|
| $p_k$ | 0.1 | 0.3 | 0.1 | 0.5 |

求 $X$ 的分布函数，并求 $P\left\{X\leqslant\dfrac{1}{2}\right\}$，$P\{-1\leqslant X\leqslant 1\}$.

**解：** $X$ 仅在 $x = -2, -1, 0, 1$ 四点处其概率 $\neq 0$，而 $F(x)$ 的值是 $X \leqslant x$ 的累积概率值，由概率的有限可加性，知它即为小于或等于 $x$ 的那些 $x_k$ 处的概率 $p_k$ 之和，有

$$F(x)=\begin{cases}0, & x<-2,\\ P\{X=-2\}, & -2\leqslant x<-1\\ P\{X=-2\}+P\{X=-1\}, & -1\leqslant x<0\\ P\{X=-2\}+P\{X=-1\}+P\{X=0\}, & 0\leqslant x<1\\ 1, & x\geqslant 1\end{cases},$$

即

$$F(x) = \begin{cases} 0, & x < -2 \\ 0.1, & -2 \leqslant x < -1 \\ 0.4, & -1 \leqslant x < 0 \\ 0.5, & 0 \leqslant x < 1 \\ 1, & x \geqslant 1 \end{cases}.$$

$P\left\{X \leqslant \dfrac{1}{2}\right\} = F(\dfrac{1}{2}) = 0.5$,关 $P\{-1 \leqslant X \leqslant 1\} = F(1) - F(-1) + P\{X = -1\} = 0.9$.

通过这个例子可以看到,若已知一个离散型随机变量的分布列,就可以求得其分布函数;反过来,若已知一个离散型随机变量的分布函数,也可以通过如下过程求得其分布列:

$$P(X = -2) = P(X \leqslant -2) = F(-2) = 0.1,$$
$$P(X = -1) = P(-2 < X \leqslant -1) = F(-1) - F(-2) = 0.4 - 0.1 = 0.3,$$
$$P(X = 0) = P(-1 < X \leqslant 0) = F(0) - F(-1) = 0.5 - 0.4 = 0.1,$$
$$P(X = 1) = P(0 < X \leqslant 1) = F(1) - F(0) = 1 - 0.5 = 0.5.$$

随机变量 $X$ 的分布列如下:

| $X$ | -2 | -1 | 0 | 1 |
|---|---|---|---|---|
| $p_k$ | 0.1 | 0.3 | 0.1 | 0.5 |

### 3. 连续型随机变量的概率密度

我们知道,连续随机变量的一切可能取值充满某个区间 $(a,b)$,而在这个区间内有无穷不可列个实数,这类随机变量的概率分布,显然不能再用分布列形式表示,而要改用概率密度函数表示.

**定义 10.4.7** 若随机变量 $X$ 的分布函数为 $F(x)$,若存在非负函数 $f(x)$,使得对于任意实数 $x$,有

$$F(x) = P\{X \leqslant x\} = \int_{-\infty}^{x} f(t)\mathrm{d}t$$

成立,则称 $X$(一维)为连续型随机变量,其中函数 $f(x)$ 称为 $X$ 的**概率密度函数**,简称概率密度.

概率密度函数 $f(x)$ 与分布函数 $F(x)$ 之间的关系如图 10.4.1 所示,$F(x) = P(X \leqslant x)$ 恰好是 $f(x)$ 在区间 $(-\infty, x]$ 上的积分,根据定积分的几何意义,即是图中阴影部分的面积.

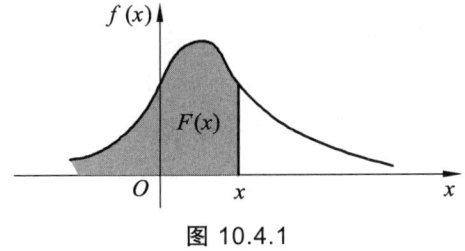

图 10.4.1

由连续型随机变量及概率密度函数的定义可知,有如下性质:

（1）非负性：$f(x) \geq 0, -\infty < x < +\infty$；

（2）规范性：$\int_{-\infty}^{+\infty} f(x)dx = 1$；

（3）对于任意实数 $a, b (a \leq b)$，

$$P\{a < X \leq b\} = F(b) - F(a) = \int_a^b f(x)dx.$$

（4）分布函数 $F(x)$ 是连续函数，在 $f(x)$ 的连续点处，$F'(x) = f(x)$；

（5）对任意一个常数 $c, -\infty < c < +\infty, P(X = c) = 0$，所以，在事件 $\{a \leq X \leq b\}$ 中剔除 $X = a$ 或剔除 $X = b$，都不影响概率的大小，即

$$P(a \leq X \leq b) = P(a < X \leq b) = P(a \leq X < b) = P(a < X < b).$$

我们接下来讨论，假如一个函数 $f(x)$ 具备性质（1）（2）的非负性和规范性，我们就可以引入

$$F(x) = \int_{-\infty}^x f(t)dt,$$

则 $F(x)$ 是某一随机变量 $X$ 的分布函数，$f(x)$ 是 $X$ 的概率密度.

由性质（2）知道，根据定积分的几何意义，介于曲线 $y = f(x)$ 与 $x$ 轴之间的面积等于 1（见图 10.4.2）.

由性质（3）知道，根据定积分的几何意义，$X$ 落在区间 $(x_1, x_2]$ 的概率 $P\{x_1 < X \leq x_2\}$ 等于区间 $(x_1, x_2]$ 上曲线 $y = f(x)$ 之下的曲边梯形的面积（见图 10.4.3）.

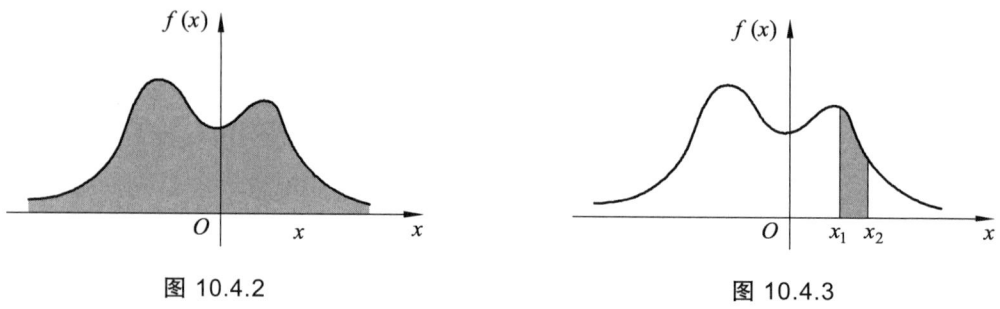

图 10.4.2　　　　　　　　图 10.4.3

由性质（4）知道在 $f(x)$ 的连续点 $x$ 处有

$$f(x) = \lim_{\Delta x \to 0^+} \frac{F(x + \Delta x) - F(x)}{\Delta x} = \lim_{\Delta x \to 0^+} \frac{P\{x < X \leq x + \Delta x\}}{\Delta x}.$$

由此可知，概率密度函数的定义与物理学中的线密度的定义相类似，就称 $f(x)$ 为概率密度.

性质（5）对离散型随机变量是不成立的，离散型随机变量计算是"点对点概率". 由此，如果一个非离散型随机变量不存在离散的点，且概率不为 0，则该随机变量为连续型随机变量.

**例 10.4.11** 设连续函数变量 $X$ 的分布函数为 $x \sim F(x) = \begin{cases} 0, & x \leq 0 \\ x^2, & 0 < x < 1 \\ 1, & x \geq 1 \end{cases}$，求：

（1）$X$ 的概率密度 $f(x)$；

（2）$X$ 落在区间（0.3，0.7）的概率.

解：（1）$f(x) = F'(x) = \begin{cases} 0', & x \leq 0 \\ (x^2)', & 0 < x < 1 \\ 1', & x \geq 1 \end{cases} = \begin{cases} 2x, & 0 < x < 1 \\ 0, & 其他 \end{cases}$

（2）有两种解法：

$$P\{0.3 < X < 0.7\} = F(0.7) - F(0.3) = 0.7^2 - 0.3^2 = 0.4 ,$$

或者

$$P\{0.3 < X < 0.7\} = \int_{0.3}^{0.7} f(x)\mathrm{d}x = \int_{0.3}^{0.7} 2x\mathrm{d}x = x^2 \big|_{0.3}^{0.7} = 0.4 .$$

**例 10.4.12** 设随机变量 $X$ 的概率密度为 $f(x) = \begin{cases} 2\left(1 - \dfrac{1}{x^2}\right) & 1 \leq x \leq 2 \\ 0, & 其他 \end{cases}$，求 $X$ 的分布函数 $F(x)$.

解：根据分布函数的定义有

$$F(x) = P(\xi \leq x) = \int_{-\infty}^{x} f(t)\mathrm{d}t ,$$

可得当 $x < 1$ 时，

$$F(x) = \int_{-\infty}^{x} f(x)\mathrm{d}x = \int_{-\infty}^{x} 0 \mathrm{d}x = 0 ,$$

当 $1 \leq x \leq 2$ 时，

$$F(x) = \int_{-\infty}^{x} f(x)\mathrm{d}x = \int_{-\infty}^{1} 0 \mathrm{d}x + \int_{1}^{x} 2\left(1 - \dfrac{1}{x^2}\right)\mathrm{d}x = 2\left(x + \dfrac{1}{x}\right)\bigg|_{1}^{x} = 2\left(x + \dfrac{1}{x} - 2\right).$$

当 $x > 2$ 时，

$$F(x) = \int_{-\infty}^{x} f(x)\mathrm{d}x = \int_{-\infty}^{1} f(x)\mathrm{d}x + \int_{1}^{2} f(x)\mathrm{d}x + \int_{2}^{x} f(x)\mathrm{d}x$$

$$= \int_{-\infty}^{1} 0 \mathrm{d}x + \int_{1}^{2} 2\left(1 - \dfrac{1}{x^2}\right)\mathrm{d}x + \int_{2}^{x} 0 \mathrm{d}x = 1.$$

所以 所求分布函数是

$$F(x) = \begin{cases} 0, & x < 1 \\ 2\left(x + \dfrac{1}{x} - 2\right), & 1 \leq x < 2 \\ 1, & x \geq 2 \end{cases}$$

**例 10.4.13** 随机变量 $X$ 的分布函数是 $F(x) = a + b\arctan x$.

求：（1）常数 $A, B$；（2）$P(-1 < X < 1)$；（3）$X$ 的概率密度.

**解:**（1）因为 $F(x)$ 是分布函数，所以 $F(x)$ 满足：

$$\lim_{x \to -\infty} F(x) = 0, \lim_{x \to +\infty} F(x) = 1,$$

即

$$\lim_{x \to -\infty}(a + b\arctan x) = a - \frac{\pi}{2}b = 0, \lim_{x \to +\infty}(a + b\arctan x) = a + \frac{\pi}{2}b = 1,$$

解出

$$a = \frac{1}{2}, b = \frac{1}{\pi}.$$

（2）由（1）可知

$$F(x) = \frac{1}{2} + \frac{1}{\pi}\arctan x,$$

所以

$$P(-1 < \xi < 1) = F(1) - F(-1) = \left(\frac{1}{2} + \frac{1}{\pi}\arctan 1\right) - \left(\frac{1}{2} - \frac{1}{\pi}\arctan 1\right) = \frac{2}{\pi}\arctan 1 = \frac{1}{2}.$$

（3）$F(x)$ 是连续函数，对任一 $x \in (-\infty, +\infty)$，可得 $X$ 的概率密度为

$$f(x) = F'(x) = \left(\frac{1}{2} + \frac{1}{\pi}\arctan x\right)' = \frac{1}{\pi(1+x^2)}.$$

### 4. 重要的连续型随机变量

（1）均匀分布.

**定义 10.4.8** 若随机变量 $X$ 的概率密度为 $f(x) = \begin{cases} \dfrac{1}{b-a}, & a \leqslant x \leqslant b \\ 0, & \text{其他} \end{cases}$，则称 $X$ 服从区间 $[a,b]$ 上的**均匀分布**，简记为 $X \sim U(a,b)$.

显然，$f(x) \geqslant 0$，且 $\int_{-\infty}^{+\infty} f(x) \mathrm{d}x = 1$.

容易求得其分布函数为

$$F(x) = \begin{cases} 0, & x \leqslant a \\ \dfrac{x-a}{b-a}, & a < x < b \\ 1, & x \geqslant b \end{cases}$$

若 $X \sim U(a,b), a < c < c+d < b$，则 $P(c < X \leqslant c+d) = \int_c^{c+d} \dfrac{1}{b-a} \mathrm{d}x = \dfrac{d}{b-a}$. 由此可以看出，均匀分布的随机变量 $X$，在其取值范围 $(a,b)$ 中的任何子区间取值的概率仅与该区间长度 $d$ 有关而与区间的位置 $c$ 无关.

均匀分布的概率密度 $f(x)$ 和分布函数 $F(x)$ 的图像分别如图 10.4.4 和图 10.4.5 所示.

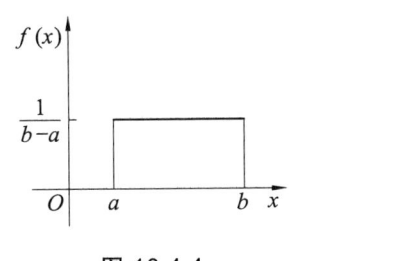

图 10.4.4

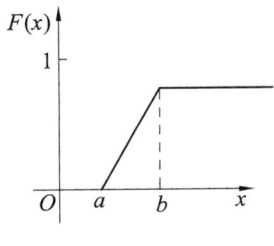

图 10.4.5

**例 10.4.14** 设随机变量 $X \sim U(0,3)$，求（1）事件 $\{|X|<1\}$ 的概率；（2）$Y$ 表示对 $X$ 作 4 次相互独立重复事件 $\{|X|<1\}$ 出现的次数，求 $P(Y=3)$.

**解**：（1）根据题意，$X$ 的概率密度函数为

$$f(x) = \begin{cases} \dfrac{1}{3}, & 0 < x < 3 \\ 0, & \text{其他} \end{cases},$$

于是可得

$$P(|X|<1) = P(0<X<1) = \int_0^1 \frac{1}{3}\mathrm{d}x = \frac{1}{3}.$$

（2）$Y$ 表示对 $X$ 作 4 次相互独立重复观测中事件 $\{|X|<1\}$ 出现的次数，故 $Y \sim B\left(4, \dfrac{1}{3}\right)$，所以

$$P(Y=3) = C_4^3 \left(\frac{1}{3}\right)^3 \frac{2}{3} = \frac{8}{81}.$$

**例 10.4.15** 公共汽车站每隔 5 分钟有一辆汽车通过，乘客在 5 分钟内任一时刻到达汽车站是等可能的，求乘客候车时间在 1 到 3 分钟内的概率.

**解**：设 $X$ 表示乘客的候车时间，则 $X \sim U(0,5)$，其概率密度为

$$f(x) = \begin{cases} \dfrac{1}{5} & 0 \leqslant x \leqslant 5 \\ 0 & \text{其他} \end{cases},$$

所求概率为

$$P\{1 \leqslant x \leqslant 3\} = \frac{3-1}{5-0} = \frac{2}{5}.$$

（2）指数分布.

**定义 10.4.9** 若随机变量 $X$ 的概率密度为

$$f(x) = \begin{cases} \lambda \mathrm{e}^{-\lambda x}, & x > 0 \\ 0, & x \leqslant 0 \end{cases}$$

其中 $\lambda > 0$ 为常数，则称 $X$ 服从参数为 $\lambda$ 的指数分布，简记为 $X \sim E(\lambda)$. 其分布函数为

$$F(x) = \begin{cases} 1 - e^{-\lambda x}, & x > 0 \\ 0, & x \leq 0 \end{cases}.$$

$f(x)$ 和 $F(x)$ 的图形分别如图 10.4.6 和图 10.4.7 所示.

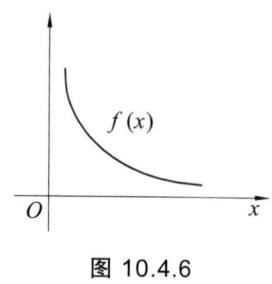

图 10.4.6

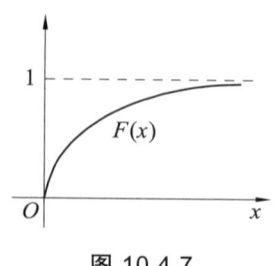

图 10.4.7

若 $X \sim E(\lambda), 0 < a < b$，可得

$$P(a < X \leq b) = F(b) - F(a) = e^{-\lambda a} - e^{-\lambda b}.$$

服从指数分布的随机变量 $X$ 还具有以下的性质：
对于任意 $s, t > 0$，有

$$P\{X > s + t \mid X > s\} = P\{X > t\}.$$

因为

$$P\{X > s + t \mid X > s\} = \frac{P\{(X > s+t) \cap (X > s)\}}{P\{X > s\}} = \frac{P\{X > s+t\}}{P\{X > s\}}$$

$$= \frac{1 - F(s+t)}{1 - F(s)} = \frac{e^{-(s+t)x}}{e^{-sx}} = e^{-tx} = P\{X > t\}.$$

此性质称为无记忆性.

如果 $X$ 是某一配件的寿命，已知配件已使用了 $s$ 小时，它总共能使用至少 $(s+t)$ 小时的条件概率，与从开始使用时算起它至少能使用 $t$ 小时的概率相等. 这就是说，配件对它已使用过 $s$ 小时没有记忆.

指数分布常被用作各种"寿命"的分布，如电子元件的使用寿命、动物的寿命、电话的通话时间、顾客在某一服和系统接受服务的时间等都可以假定服从指数分布，因而指数分布在可靠性理论与排队论有着广泛的应用.

**例 10.4.16** 若某设备的使用寿命 $X$（小时）$\sim E(0.001)$ 求该设备使用寿命超过 1 000 小时的概率.

**解**：因为 $\lambda = 0.001$，所以

$$x \sim F(x) = \begin{cases} 1 - e^{-0.001x}, & x > 0 \\ 0, & x \leq 0 \end{cases},$$

所以

$$P(1000 < X) = P(1000 < X < +\infty) = F(+\infty) - F(1000) = 1 - \{1 - e^{-1}\} = e^{-1} = \frac{1}{e}.$$

（3）正态分布．

设 $X$ 为随机变量，概率密度函数为

$$f(x)=\frac{1}{\sqrt{2\pi}\sigma}e^{-\frac{(x-\mu)^2}{2\sigma^2}},-\infty<x<+\infty$$

则称随机变量 $X$ 服从参数为 $\mu(-\infty<\mu<+\infty)$ 和 $\sigma^2(\sigma>0)$ 的正态分布，记为

$$X\sim N(\mu,\sigma^2)$$

若 $X\sim N(\mu,\sigma^2)$，则相应的分布函数为

$$F(x)=\int_{-\infty}^{x}\frac{1}{\sqrt{2\pi}\sigma}e^{-\frac{(t-\mu)^2}{2\sigma^2}}\mathrm{d}t$$

它是一条光滑上升的 S 形曲线．

正态分布密度函数（见图 10.4.8）和分布函数（见图 10.4.9）如下．

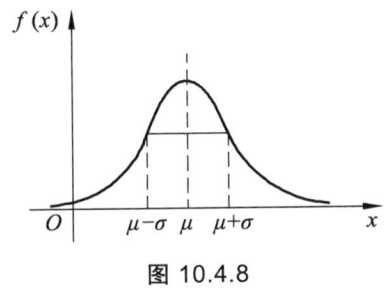

图 10.4.8

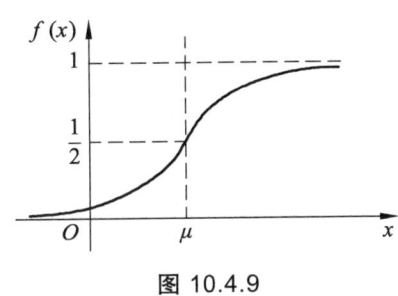

图 10.4.9

根据正态分布密度函数的图像，我们还可以得到如下性质：

（1）正态分布密度函数曲线是关于直线 $x=\mu$ 对称对称的钟形曲线，中间高，两边低；

（2）当 $x=\mu$ 时，$f(x)$ 取最大值 $\frac{1}{\sqrt{2\pi}\sigma}$，而这个值随 $\sigma$ 增大而减小；

（3）固定 $\sigma$，改变 $\mu$ 的值，则曲线沿 $x$ 轴平移，但不改变其形状，所以参数 $\mu$ 又称为位置参数．如图 10.4.10 所示；

（4）固定 $\mu$，改变 $\sigma$ 的值，则曲线的位置不变，但随着 $\sigma$ 的值越小，曲线越陡峭，所以参数 $\sigma$ 又称为尺度参数，如图 10.4.11 所示．

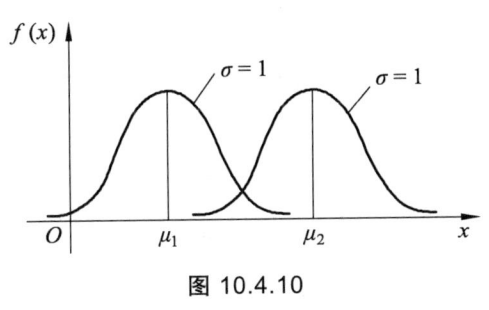

图 10.4.10

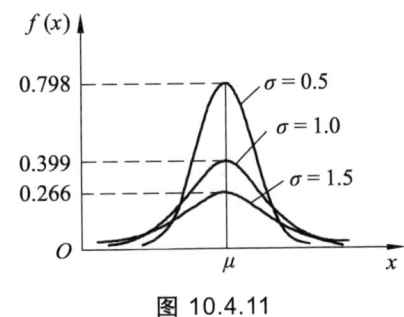

图 10.4.11

特别地，当 $\mu=0,\sigma=1$ 时，相应的正态分布称为标准正态分布，记为 $X\sim N(0,1)$．其概率密度函数和分布函数分别为

$$f(x) = \frac{1}{\sqrt{2\pi}} e^{-\frac{x^2}{2}} \triangleq \varphi(x), -\infty < x < +\infty$$

$$F(x) = \int_{-\infty}^{x} \frac{1}{\sqrt{2\pi}} e^{-\frac{t^2}{2}} dt \triangleq \Phi(x), -\infty < x < +\infty$$

其函数图像如图 10.4.12 所示，显然，标准正态分布密度函数关于 $y$ 轴对称.

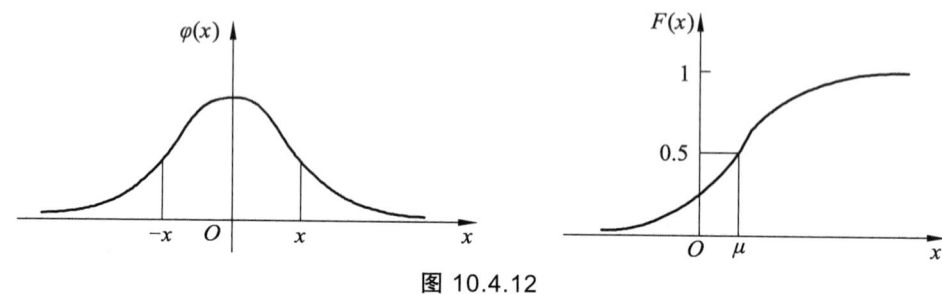

图 10.4.12

若随机变量 $X \sim N(\mu, \sigma^2)$，我们只要通过一个线性变换就能将它化成标准正态分布.

**定理 10.4.2** 若随机变量 $X \sim N(\mu, \sigma^2)$，则 $Z = \dfrac{X-\mu}{\sigma} \sim N(0,1)$.

证：$Z = \dfrac{X-\mu}{\sigma}$ 的分布函数为

$$P\{Z \leqslant x\} = P\left\{\frac{X-\mu}{\sigma} \leqslant x\right\} = P\{X \leqslant \mu + \sigma x\}$$

$$= \frac{1}{\sqrt{2\pi}\sigma} \int_{-\infty}^{\mu+\sigma x} e^{-\frac{(t-\mu)^2}{2\sigma^2}} dt, \frac{t-\mu}{\sigma} = u,$$

$$P\{Z \leqslant x\} = \frac{1}{\sqrt{2\pi}} \int_{-\infty}^{x} e^{-\frac{u^2}{2}} du = \Phi(x),$$

由此知

$$Z = \frac{X-\mu}{\sigma} \sim N(0,1).$$

于是，若随机变量 $X \sim N(\mu, \sigma^2)$，则它的分布函数 $F(x)$ 可写成

$$F(x) = P\{X \leqslant x\} = P\left\{\frac{X-\mu}{\sigma} \leqslant \frac{x-\mu}{\sigma}\right\} = \Phi\left(\frac{x-\mu}{\sigma}\right).$$

对于任意区间 $(x_1, x_2]$，有

$$P\{x_1 < X \leqslant x_2\} = P\left\{\frac{x_1-\mu}{\sigma} < \frac{X-\mu}{\sigma} \leqslant \frac{x_2-\mu}{\sigma}\right\} = \Phi\left(\frac{x_2-\mu}{\sigma}\right) - \Phi\left(\frac{x_1-\mu}{\sigma}\right).$$

通过这个定理，正态分布的计算转化成查询标准正态分布 $\Phi(x)$ 数值表（见表 10.4.1）.

### 表 10.4.1　标准正态分布 $\Phi(x)$ 数值表

| $x$ | 0 | 0.01 | 0.02 | 0.03 | 0.04 | 0.05 | 0.06 | 0.07 | 0.08 | 0.09 |
|---|---|---|---|---|---|---|---|---|---|---|
| 0.0 | 0.5 | 0.504 | 0.508 | 0.512 | 0.516 | 0.5199 | 0.5239 | 0.5279 | 0.5319 | 0.5359 |
| 0.1 | 0.5398 | 0.5438 | 0.5478 | 0.5517 | 0.5557 | 0.5596 | 0.5636 | 0.5675 | 0.5714 | 0.5753 |
| 0.2 | 0.5793 | 0.5832 | 0.5871 | 0.591 | 0.5948 | 0.5987 | 0.6026 | 0.6064 | 0.6103 | 0.6141 |
| 0.3 | 0.6179 | 0.6217 | 0.6255 | 0.6293 | 0.6331 | 0.6368 | 0.6406 | 0.6443 | 0.6480 | 0.6517 |
| 0.4 | 0.6554 | 0.6591 | 0.6628 | 0.6664 | 0.6700 | 0.6736 | 0.6772 | 0.6808 | 0.6844 | 0.6879 |
| 0.5 | 0.6915 | 0.695 | 0.6985 | 0.7019 | 0.7054 | 0.7088 | 0.7123 | 0.7157 | 0.7190 | 0.7224 |
| 0.6 | 0.7257 | 0.7291 | 0.7324 | 0.7357 | 0.7389 | 0.7422 | 0.7454 | 0.7486 | 0.7517 | 0.7549 |
| 0.7 | 0.7580 | 0.7611 | 0.7642 | 0.7673 | 0.7704 | 0.7734 | 0.7764 | 0.7794 | 0.7823 | 0.7852 |
| 0.8 | 0.7881 | 0.7910 | 0.7939 | 0.7967 | 0.7995 | 0.8023 | 0.8051 | 0.8078 | 0.8106 | 0.8133 |
| 0.9 | 0.8159 | 0.8186 | 0.8212 | 0.8238 | 0.8264 | 0.8289 | 0.8315 | 0.834 | 0.8365 | 0.8389 |
| 1.0 | 0.8413 | 0.8438 | 0.8461 | 0.8485 | 0.8508 | 0.8531 | 0.8554 | 0.8577 | 0.8599 | 0.8621 |
| 1.1 | 0.8643 | 0.8665 | 0.8686 | 0.8708 | 0.8729 | 0.8749 | 0.8770 | 0.8790 | 0.8810 | 0.8830 |
| 1.2 | 0.8849 | 0.8869 | 0.8888 | 0.8907 | 0.8925 | 0.8944 | 0.8962 | 0.8980 | 0.8997 | 0.9015 |
| 1.3 | 0.9032 | 0.9049 | 0.9066 | 0.9082 | 0.9099 | 0.9115 | 0.9131 | 0.9147 | 0.9162 | 0.9177 |
| 1.4 | 0.9192 | 0.9207 | 0.9222 | 0.9236 | 0.9251 | 0.9265 | 0.9279 | 0.9292 | 0.9306 | 0.9319 |
| 1.5 | 0.9332 | 0.9345 | 0.9357 | 0.937 | 0.9382 | 0.9394 | 0.9406 | 0.9418 | 0.9429 | 0.9441 |
| 1.6 | 0.9452 | 0.9463 | 0.9474 | 0.9484 | 0.9495 | 0.9505 | 0.9515 | 0.9525 | 0.9535 | 0.9545 |
| 1.7 | 0.9554 | 0.9564 | 0.9573 | 0.9582 | 0.9591 | 0.9599 | 0.9608 | 0.9616 | 0.9625 | 0.9633 |
| 1.8 | 0.9641 | 0.9649 | 0.9656 | 0.9664 | 0.9671 | 0.9678 | 0.9686 | 0.9693 | 0.9699 | 0.9706 |
| 1.9 | 0.9713 | 0.9719 | 0.9726 | 0.9732 | 0.9738 | 0.9744 | 0.9750 | 0.9756 | 0.9761 | 0.9767 |
| 2.0 | 0.9772 | 0.9778 | 0.9783 | 0.9788 | 0.9793 | 0.9798 | 0.9803 | 0.9808 | 0.9812 | 0.9817 |
| 2.1 | 0.9821 | 0.9826 | 0.983 | 0.9834 | 0.9838 | 0.9842 | 0.9846 | 0.9850 | 0.9854 | 0.9857 |
| 2.2 | 0.9861 | 0.9864 | 0.9868 | 0.9871 | 0.9875 | 0.9878 | 0.9881 | 0.9884 | 0.9887 | 0.9890 |
| 2.3 | 0.9893 | 0.9896 | 0.9898 | 0.9901 | 0.9904 | 0.9906 | 0.9909 | 0.9911 | 0.9913 | 0.9916 |
| 2.4 | 0.9918 | 0.9920 | 0.9922 | 0.9925 | 0.9927 | 0.9929 | 0.9931 | 0.9932 | 0.9934 | 0.9936 |
| 2.5 | 0.9938 | 0.9940 | 0.9941 | 0.9943 | 0.9945 | 0.9946 | 0.9948 | 0.9949 | 0.9951 | 0.9952 |
| 2.6 | 0.9953 | 0.9955 | 0.9956 | 0.9957 | 0.9959 | 0.9960 | 0.9961 | 0.9962 | 0.9963 | 0.9964 |
| 2.7 | 0.9965 | 0.9966 | 0.9967 | 0.9968 | 0.9969 | 0.9970 | 0.9971 | 0.9972 | 0.9973 | 0.9974 |
| 2.8 | 0.9974 | 0.9975 | 0.9976 | 0.9977 | 0.9977 | 0.9978 | 0.9979 | 0.9979 | 0.9980 | 0.9981 |
| 2.9 | 0.9981 | 0.9982 | 0.9982 | 0.9983 | 0.9984 | 0.9984 | 0.9985 | 0.9985 | 0.9986 | 0.9986 |
| 3.0 | 0.9987 | 0.9987 | 0.9987 | 0.9988 | 0.9988 | 0.9989 | 0.9989 | 0.9989 | 0.9990 | 0.9990 |
| 3.1 | 0.9990 | 0.9991 | 0.9991 | 0.9991 | 0.9992 | 0.9992 | 0.9992 | 0.9992 | 0.9993 | 0.9993 |
| 3.2 | 0.9993 | 0.9993 | 0.9994 | 0.9994 | 0.9994 | 0.9994 | 0.9994 | 0.9995 | 0.9995 | 0.9995 |
| 3.3 | 0.9995 | 0.9995 | 0.9995 | 0.9996 | 0.9996 | 0.9996 | 0.9996 | 0.9996 | 0.9996 | 0.9997 |
| 3.4 | 0.9997 | 0.9997 | 0.9997 | 0.9997 | 0.9997 | 0.9997 | 0.9997 | 0.9997 | 0.9997 | 0.9998 |

当 $x \geq 0$ 时，利用标准正态分布的概率密度函数 $\varphi(x)$ 是偶函数的性质可知，当 $x < 0$ 时，有 $\Phi(x) = 1 - \Phi(-x)$，因此对任意的两个实数 $a, b (a < b)$，有 $P(a < X \leq b) = \Phi(b) - \Phi(a)$，$P(X > b) = 1 - \Phi(a)$，$P(|X| \leq b) = 2\Phi(b) - 1$.

**例 10.4.17** 如果 $X \sim N(3,9)$，求：

（1）$P\{2 < X < 5\}$；（2）$P\{X > 0\}$；（3）$P\{|X-3| > 6\}$；（4）求 $c$，使得 $P\{X > c\} = P\{X \leq c\}$.

**解：**（1）由于 $X \sim N(3,9)$，所以 $\mu = 3$，$\sigma = 3$，于是有

$$P\{2 < X < 5\} = P\left\{\frac{2-3}{3} < \frac{X-3}{3} < \frac{5-3}{3}\right\} = P\left\{-\frac{1}{3} < Z < \frac{2}{3}\right\}$$

$$= \Phi\left(\frac{2}{3}\right) - \Phi\left(-\frac{1}{3}\right) = \Phi\left(\frac{2}{3}\right) - \left[1 - \Phi\left(\frac{1}{3}\right)\right] \approx 0.3779.$$

（2）$P\{X > 0\} = P\left\{\frac{X-3}{3} > \frac{0-3}{3}\right\} = P\{Z > -1\} = 1 - \Phi(-1) = \Phi(1) \approx 0.8413$.

（3）$P\{|X-3| > 6\} = P\{X > 9\} + P\{X < -3\} = P\left\{\frac{X-3}{3} > \frac{9-3}{3}\right\} + P\left\{\frac{X-3}{3} < \frac{-3-3}{3}\right\}$

$$= P\{Z > 2\} + P\{Z < -2\} = 1 - \Phi(2) + \Phi(-2) = 2[1 - \Phi(2)] \approx 0.0456.$$

（4）由 $P\{X > c\} = P\{X \leq c\}$，得

$$1 - P\{X \leq c\} = P\{X \leq c\} \Rightarrow P\{X \leq c\} = \frac{1}{2},$$

即有

$$\Phi\left(\frac{c-3}{3}\right) = \frac{1}{2} = \Phi(0),$$

于是

$$\frac{c-3}{3} = 0, c = 3.$$

**例 10.4.18** 某大学期末考试中，考生的成绩 $X$ 服从正态分布 $N(\mu, \sigma^2)$，经计算可知 $\mu = 76, \sigma^2 = 121$，学校规定按如下方法划分考生成绩的等级：实际考分在前 10% 的为优秀，考分在前 10% 以后但在前 50% 的为良好等，考分在前 50% 以后但在前 90% 的为中等，考分在后 10% 的为不及格等. 求这次期末考试等级划分的具体分数线（结果四舍五入，取整数）.

**解：** 由题 $X \sim N(76, 121)$，可得 $\mu = 76, \sigma = 11$，则有

$$P(X \geq a) = 1 - P(X < a) = 1 - \Phi\left(\frac{a-76}{11}\right) = 0.1.$$

所以 $\dfrac{a-76}{11} = u_{0.9} = 1.28$，即 $a \approx 90$.

又

$$P(b \leq X < a) = \Phi\left(\frac{a-76}{11}\right) - \Phi\left(\frac{b-76}{11}\right) = 0.4,$$

所以 $\dfrac{b-76}{11} = u_{0.5} = 0$，即 $b \approx 76$.

又

$$P(X \leqslant c) = \Phi\left(\dfrac{c-76}{11}\right) = 0.1,$$

所以 $\dfrac{c-76}{11} = u_{0.1} = -u_{0.9} = -1.28$，即 $c \approx 62$.

所以，在此次考试中，分数在 90 以上的为等级优秀；分数在 76～89 的为等级良好；分数在 62～75 的为等级中等；分数在 62 以下的，为不及格.

# 习题 10.4

1. 选择题.

（1）检查下面数列，是概率分布（　　）.

    A. $p(x) = x/15, x = 0, -1, 2, 3, 4, 5$      B. $p(x) = (5-x^2)/6, x = 0, 1, 2, 3$

    C. $p(x) = 1/4, x = 3, 4, 5, 6$      D. $p(x) = (x+1)/25, x = 1, 2, 3, 4, 5$

（2）设随机变量 $X$ 的分布律 $P(X=k) = \dfrac{k}{15}, k = 1, 2, 3, 4, 5$，则 $P\left\{\dfrac{k}{15} < X < \dfrac{5}{2}\right\}$ 的值是（　　）.

    A. $\dfrac{3}{5}$      B. $\dfrac{1}{5}$      C. $\dfrac{2}{5}$      D. $\dfrac{4}{5}$

（3）任何一个连续型随机变量的概率密度 $f(x)$ 一定满足（　　）.

    A. $0 \leqslant f(x) \leqslant 1$      B. 在定义域内单调不减

    C. $\displaystyle\int_{-\infty}^{+\infty} f(x)\mathrm{d}x = 1$      D. $\displaystyle\lim_{x \to \infty} f(x) = 1$

（4）某公共汽车站从上午 6 时起，每 15 分钟有一班车通过，若某乘客到达此站的时间 8：00 到 9：00 之间服从均匀分布的随机变量，则他候车时间少 5 分钟的概率是（　　）.

    A. $\dfrac{1}{3}$      B. $\dfrac{2}{3}$      C. $\dfrac{1}{4}$      D. $\dfrac{1}{2}$

（5）已知标准正态分布函数为 $\Phi(x)$，则下列等式不成立的是（　　）.

    A. $P(a < X \leqslant b) = \Phi(b) - \Phi(a)$      B. $\Phi(-x) = -\Phi(x)$

    C. $P(X > b) = 1 - \Phi(a)$      D. $P(|X| \leqslant b) = 2\Phi(b) - 1$

（6）随机变量 $X$ 的分布函数有以下基本性质，其中错误是（　　）.

    A. $F(x) \geqslant 0$

    B. $F(x)$ 是不减函数，即对于任意的 $x_1 < x_2$ 有 $F(x_1) \leqslant F(x_2)$

    C. $F(-\infty) = 0$，$F(+\infty) = 1$，即 $\displaystyle\lim_{x \to -\infty} F(x) = 0$，$\displaystyle\lim_{x \to +\infty} F(x) = 1$

    D. $F(x)$ 在任一点 $x_0$ 处至少右连续，即 $\displaystyle\lim_{x \to x_0^+} F(x) = F(x_0)$

（7）若离散型随机变量 $X$ 的分布律为

| $X$ | 0 | 1 | 2 | 3 | 4 |
|---|---|---|---|---|---|
| $P$ | 0.2 | 0.1 | $a$ | $a$ | 0.1 |

则 $a = ($   $)$.

    A. 0.2　　　　　B. 0.3　　　　　C. 0.4　　　　　D. 1

（8）若连续随机变量 $X \sim U(0,4)$，则 $P(|X|<1) = ($   $)$.

    A. $\dfrac{1}{3}$　　　　　B. $\dfrac{1}{5}$　　　　　C. $\dfrac{1}{4}$　　　　　D. $\dfrac{1}{2}$

（9）若连续随机变量 $X \sim E(2)$，则 $P(2 < X \leqslant 3) = ($   $)$.

    A. $e^{-3} - e^{-6}$　　　B. $e^{-4} - e^{-5}$　　　C. $e^{-4} - e^{-2}$　　　D. $e^{-4} - e^{-6}$

（10）如果连续随机变量 $X \sim N(3,9)$，则 $P\{X > 5\} = ($   $)$.

    A. 0.254 6　　　B. 0.745 4　　　C. 0.345 4　　　D. 0.945 4

2. 填空题.

（1）设 100 件产品中有 10 件次品，每次随机抽取 1 件，检验后放回去，连续抽 3 次，则最多取到 1 件次品的概率为_____.

（2）要使数列 $p(x) = \dfrac{C}{2^x}, x = 0,1,2,3,4$ 成为一个概率分布，则 $C = $_____.

（3）某射手每次射击击中目标的概率为 $P$，连续向同一目标射击，直到某一次击中为止，则射击次数 $X$ 的概率为_____.

（4）一袋中装有（5）只球，编号为 1,2,3,4,5. 在袋中同时取 3 只，以 $X$ 表示取出的 3 只球中的最大号码，写出随机变量 $X$ 的分布律_____.

（5）设随机变量 $X \sim N(2, \delta^2)$，且 $P\{2 < X < 4\} = 0.3$，则 $P\{X < 0\} = $_____.

（6）随机变量 $X$ 的分布函数是 $F(x) = 3 + 4\arctan x$，则 $X$ 的概率密度为_____.

（7）随机变量 $X \sim H(5,4,3)$，则 $P\{X = 2\} = $_____.

（8）随机变量 $X \sim Ge(0.2)$，则 $P\{X = 3\} = $_____.

（9）随机变量 $X \sim P(4)$，则 $P\{X = 2\} = $_____.

（10）随机变量 $X \sim B(5,0.3)$，则 $P\{X \geqslant 2\} = $_____.

（11）一批产品有 10 件，其中有 1 件次品，从中任取 1 件，用 $\{X=0\}$ 表示取到次品，$\{X=1\}$ 表示取到正品，$X$ 的分布律为_____.

3. 掷一枚均匀的骰子，试写出点数 $X$ 的概率分布律，并求 $P\{X > 1\}, P\{2 < X < 5\}$.

4. 盒中装有某种产品 15 件，其中有 2 件次品，现在从中任取 3 件，试写出取出次品数 $X$ 的分布律；并求至少有一件不合格的概率.

5. 设随机变量 $X$ 的分布函数为

$$F(x) = \begin{cases} 0, & x < 0 \\ \dfrac{1}{4}, & 0 \leqslant x < 1 \\ \dfrac{1}{3}, & 1 \leqslant x < 3 \\ \dfrac{1}{2}, & 3 \leqslant x < 6 \\ 1, & x \geqslant 6 \end{cases}$$

试求 $X$ 的概率分布列及 $P(X < 1), P(1 < X \leqslant 3), P(X > 1), P(X \geqslant 1)$.

6. 设 $X \sim N(1, 0.6^2)$，求 $P\{X > 1\}, P\{0.2 < X < 1.8\}$.

7. 某人射击，设每次射击的命中率为 0.01，独立射击 500 次，求可能命中 5 次的概率.

8. 设随机变量 $X$ 的分布函数为

$$F(x) = \begin{cases} 0, & x < 1 \\ \ln x, & 1 \leq x < e \\ 1, & x \geq e \end{cases}$$

试求其概率密度函数，并求 $P(X > 2), P(0 < X \leq 3), P(2 < X < 2.5)$.

9. 设随机变量 $X$ 具有概率密度

$$f(x) = \begin{cases} kx, & 0 \leq x < 3 \\ 2 - \dfrac{x}{2}, & 3 \leq x \leq 4 \\ 0, & \text{其他} \end{cases}$$

（1）确定常数 $k$. （2）求 $X$ 的分布函数 $F(x)$. （3）求 $P\left\{1 < X \leq \dfrac{7}{2}\right\}$.

10. 从 1, 2, 3, 4, 5 五个数中任取三个，按大小排列记为 $x_1 < x_2 < x_3$，令 $X = x_2$，试求
（1）$X$ 的分布函数；（2）$P(X < 2)$ 及 $P(X > 4)$.

11. 掷 5 枚均匀的硬币，假定掷各枚硬币所得的结果是相互独立的，求掷出的 5 枚硬币中正面朝上的硬币数的分布列.

12. 某试验室：记录 1 克放射性物质在 1 秒内放出的 $\alpha$ 粒子数. 如果从过去的经验得知，这个数目的平均值为 3.2，近似地服从参数为 $\lambda = 3.2$ 的泊松分布. 求放出的 $\alpha$ 粒子数至少为 2 的概率的近似值.

13. 设随机变量 $X$ 的密度函数为

$$p(x) = \begin{cases} 1 - |x|, & -1 \leq x \leq 1 \\ 0, & \text{其他} \end{cases}$$

试求 $X$ 的分布函数.

14. 某公司销售部有 10 名员工，其中有 6 名男员工，现从中任意抽出 3 名去公关部协助工作，设被选到的男员工数为一个随机变量 $X$，求 $X$ 的分布列及 $P(X < 2)$.

## 10.5 随机变量的数字特征

随机变量 $X$ 的分布能够完整地描述随机变量的统计规律. 但要确定一个随机变量的分布有时是比较困难的，而且往往也是不必要的，实际问题中，有时只需要知道随机变量取值的平均数以及描述随机变量取值分散程度等一些特征数即可. 这些特征数在一定程度上刻画出随机变量的基本形态，而且也可用数理统计的方法估计它们. 因此，研究随机变量的数字特征无论在理论上还是实际中都有着重要的意义.

### 10.5.1 数学期望及其性质

**1. 离散型随机变量的数学期望**

先通过下面的实例说明数学期望的直观含义.

**例 10.5.1** 某车间共有 4 台机床，这些机床由于各种原因时而工作时而停机，因而在任意时刻工作着的机床数 $X$ 是一随机变量. 为评估该车间机床的使用效率，需要知道车间中同时工作着的机床的平均数.

作了 20 次观察，结果如表 10.5.1 所示.

表 10.5.1 观察结果

| 工作机床数 $X$ | 0 | 1 | 2 | 3 | 4 |
|---|---|---|---|---|---|
| 频数 | 0 | 1 | 3 | 9 | 7 |
| 频率 | 0/10 | 1/20 | 3/20 | 9/20 | 7/20 |

从表 10.5.1 中可看出，在 20 次观察中，有 1 次"1 台工作"，有 3 次"2 台工作"，有 9 次"3 台工作"，有 7 次"4 台工作"，"机床都不工作"的情况未出现. 在 20 次观察中，工作机床总数为

$$0\times0+1\times1+2\times3+3\times9+4\times7=62.$$

所以，车间中同时工作机床的平均数为

$$\begin{aligned}62/20 &= (0\times0+1\times1+2\times3+3\times9+4\times7)/20\\&=0\times(0/20)+1\times(1/20)+2\times(3/20)+3\times(9/20)+4\times(7/20)\\&=3.1\end{aligned}$$

式中，0/20、1/20、3/20、9/20、7/20 是 $X$ 的 5 种可能取值的频率，或概率的近似值. 可以看出，$X$ 的平均数并不是 $X$ 的 5 种可能取值的简单算术平均数 $(0+1+2+3+4)/5=2$. 这种简单的算术平均数不能真实反映出随机变量 $X$ 的平均情况，因为 $X$ 取各个值的可能性即概率是不相等的. 这个"平均数"应是随机变量所有可能取的值与相应概率的乘积之和，即以概率为权数的**加权平均值**. 为此，我们引入数学期望这一概念.

**定义 10.5.1** 设离散型随机变量 $X$ 的分布律为

$$P\{X=x_i\}=p_i \quad (i=1,2,\cdots)$$

若级数 $\sum_{i=1}^{\infty}x_ip_i$ 绝对收敛，则称级数 $\sum_{i=1}^{\infty}x_ip_i$ 的和为随机变量 $X$ 的**数学期望**，简称**期望**或**均值**，记作 $E(X)$，即

$$E(X)=\sum_{i=1}^{\infty}x_ip_i=x_1p_1+x_2p_2+\cdots+x_np_n+\cdots$$

定义中要求级数 $\sum_{i=1}^{\infty}x_ip_i$ 绝对收敛，是为了保证数学期望的唯一性. 若级数 $\sum_{i=1}^{\infty}x_ip_i$ 条件收敛，级数 $\sum_{i=1}^{\infty}x_ip_i$ 改变项的次序后，其和不唯一. 只有当级数 $\sum_{i=1}^{\infty}x_ip_i$ 绝对收敛时，改变项的顺

序才不影响和的唯一性，即绝对收敛级数具有可交换性.

**例 10.5.2** 某公司的 120 名员工分别乘坐 3 辆大客车去团建. 第一辆车有 40 名员工，第二辆有 20 名，第三辆有 60 名. 到达拓展训练场后，从 120 名员工中随机抽取一名. 令 $X$ 表示被随机选中的员工所乘坐的车上的员工数，求数学期望 $E(X)$.

**解**：120 名员工随机抽取，意味着被抽中的可能性是一样的，因此

$$P\{X=40\}=\frac{40}{120}, P\{X=20\}=\frac{20}{120}, P\{X=60\}=\frac{60}{120},$$

于是，

$$E[X]=40\times\frac{1}{3}+20\times\frac{1}{6}+60\times\frac{1}{2}=\frac{280}{6}\approx 46.6667.$$

可以看出，一辆客车上的员工数的平均值为 $120/3=40$. 计算表明，随机抽取一名员工，他乘坐的车上员工数的期望值要大于车上员工数的平均值. 这是很正常的，因为一辆车上员工越多，该车上的员工越容易被抽中，即员工数多的车所占权重要大于员工数少的车所占权重.

**例 10.5.3** 设有离散型随机变量 $X$，在下列三种情形下分别计算随机变量 $X$ 的数学期望 $E(X)$.

（1） $X \sim B(1,p)$；（2） $X \sim B(n,p)$；（3） $X \sim P(\lambda)$.

**解**：（1）由于 $X \sim B(1,p)$，可设 $X$ 的分布律为

| $X$ | 0 | 1 |
|---|---|---|
| $P$ | $1-p$ | $p$ |

则它的数学期望

$$E(X)=0\times(1-p)+1\times p=p.$$

（2）因为 $X \sim B(n,p)$，所以 $X$ 的分布律为

$$P(X=k)=C_n^k p^k q^{n-k}, k=0,1,\cdots,n$$

由期望的定义得

$$E(X)=\sum_{k=0}^{n} k\frac{n!}{k!(n-k)!}p^k q^{n-k}=\sum_{k=1}^{n}\frac{n!}{(k-1)!(n-k)!}p^k q^{n-k}$$

$$=np\sum_{k=1}^{n}\frac{(n-1)!}{(k-1)!(n-k)!}p^{k-1}q^{n-1-(k-1)}\overset{令 l=k-1}{=}np\sum_{l=0}^{n-1}C_{n-1}^l p^l q^{n-1-l}=np.$$

（3）因为 $X \sim P(\lambda)$，所以 $X$ 的分布律为

$$P(X=k)=\frac{\lambda^k}{k!}e^{-\lambda}, k=0,1,2,\cdots,$$

由期望的定义得

$$E(X)=\sum_{k=0}^{\infty} k\frac{\lambda^k}{k!}e^{-\lambda}=\lambda e^{-\lambda}\sum_{k=1}^{\infty}\frac{\lambda^{k-1}}{(k-1)!}\overset{令 l=k-1}{=}\lambda e^{-\lambda}\sum_{l=0}^{\infty}\frac{\lambda^l}{l!}=\lambda e^{-\lambda}e^{\lambda}=\lambda.$$

**例 10.5.4** 设随机变量 $X$ 的分布律分别为

（1）$P\left(X=(-1)^n\dfrac{3^n}{\sqrt{n}}\right)=\dfrac{1}{3^n}, n=1,2,\cdots$；

（2）$P\left(X=\dfrac{3^n}{\sqrt{n}}\right)=\dfrac{1}{3^n}, n=1,2,\cdots$；

（3）$P\left(X=(-1)^n\dfrac{3^n}{n^3}\right)=\dfrac{1}{3^n}, n=1,2,\cdots$.

说明 $E(X)$ 是否存在.

**解**：在（1）中，级数

$$\sum_{n=1}^{\infty}x_np_n=\sum_{n=1}^{\infty}\frac{(-1)^n 3^n}{\sqrt{n}}\cdot\frac{1}{3^n}=\sum_{n=1}^{\infty}\frac{(-1)^n}{\sqrt{n}}$$

收敛，但

$$\sum_{n=1}^{\infty}|x_np_n|=\sum_{n=1}^{\infty}\frac{3^n}{\sqrt{n}}\cdot\frac{1}{3^n}=\sum_{n=1}^{\infty}\frac{1}{\sqrt{n}}$$

发散，所以由数学期望的定义知 $E(X)$ 不存在.

（2）因为级数

$$\sum_{n=1}^{\infty}|x_np_n|=\sum_{n=1}^{\infty}\frac{3^n}{\sqrt{n}}\cdot\frac{1}{3^n}=\sum_{n=1}^{\infty}\frac{1}{\sqrt{n}}$$

发散，所以 $E(X)$ 不存在；

（3）因为级数

$$\sum_{n=1}^{\infty}|x_np_n|=\sum_{n=1}^{\infty}\frac{3^n}{n^3}\cdot\frac{1}{3^n}=\sum_{n=1}^{\infty}\frac{1}{n^3}$$

是收敛的，$E(X)$ 存在.

### 2. 连续型随机变量的数学期望

离散型随机变量数学期望的定义，可以推广到连续型随机变量的情形.

**定义 10.5.2** 设连续型随机变量 $X$ 的概率密度为 $f(x)$，若反常积分 $\int_{-\infty}^{+\infty}xf(x)\mathrm{d}x$ 绝对收敛，则称反常积分 $\int_{-\infty}^{+\infty}xf(x)\mathrm{d}x$ 的值为随机变量 $X$ 的**数学期望**，记作 $E(X)$，即

$$E(X)=\int_{-\infty}^{+\infty}xf(x)\mathrm{d}x$$

**例 10.5.5** 设随机变量 $X$ 的密度函数为

$$f(x)=\begin{cases}\dfrac{1}{2}x, & 0\leqslant x\leqslant 2\\ 0, & \text{其他}\end{cases}$$

求 $E(X)$.

解：
$$E(X) = \int_{-\infty}^{+\infty} xf(x)dx = \int_0^2 \frac{1}{2}x^2 dx = \frac{4}{3}.$$

**例 10.5.6** 设连续型随机变量 $X$ 在区间 $[a,b]$ 上服从均匀分布，即 $X \sim U(a,b)$，求 $E(X)$.

**解**：均匀分布的概率密度 $f(x)$ 为 $f(x) = \begin{cases} \dfrac{1}{b-a}, & a \leqslant x \leqslant b \\ 0, & 其他 \end{cases}$，由定义 10.5.2 有

$$E(X) = \int_{-\infty}^{+\infty} xf(x)dx = \int_a^b x\frac{1}{b-a}dx = \frac{a+b}{2}.$$

即期望位于区间的中点．

**例 10.5.7** 某计算机发生故障后的维修时间 $T$ 是一个随机变量（单位：小时），其密度函数为

$$p(t) = \begin{cases} 0.02 e^{-0.02t}, & t > 0 \\ 0, & t \leqslant 0 \end{cases}$$

试求平均维修时间．

**解**：求平均维修时间，就是求随机变量 $T$ 的数学期望，所以有

$$E(T) = \int_0^{+\infty} 0.02 t e^{-0.02t} dt = -t e^{-0.02t} \Big|_0^{+\infty} + \int_0^{+\infty} e^{-0.02t} dt = -\frac{1}{0.02} e^{-0.02t} \Big|_0^{+\infty} = 50.$$

故其平均维修时间为 50 小时．

### 3. 随机变量函数的数学期望

设 $X$ 是一个随机变量且已知其概率分布，则作为 $X$ 的函数 $Y = g(X)$ 也是一个随机变量．要计算 $Y$ 的数学期望，可以先由 $X$ 的概率分布求出 $Y$ 的概率分布，再按期望定义求 $E(Y)$．但更方便的是利用 $X$ 的分布及 $Y$ 与 $X$ 的函数关系直接计算 $Y$ 的数学期望．

**定理 10.5.1** 设离散型随机变量 $X$ 的分布律为

$$P\{X = x_i\} = p_i \quad (i = 1, 2, \cdots)$$

$g(x)$ 是实值连续函数，且级数 $\sum_{i=1}^{\infty} g(x_i) p_i$ 绝对收敛，则随机变量函数 $Y = g(X)$ 的数学期望为

$$E[g(X)] = \sum_{i=1}^{\infty} g(x_i) p_i$$

**定理 10.5.2** 设连续型随机变量 $X$ 的概率密度为 $f(x)$，$g(x)$ 是实值连续函数，且反常积分 $\int_{-\infty}^{+\infty} g(x) f(x) dx$ 绝对收敛，则随机变量函数 $Y = g(X)$ 的数学期望为

$$E[g(X)] = \int_{-\infty}^{+\infty} g(x) f(x) dx$$

**例 10.5.8** 设随机变量 $X$ 的分布律为

| $X$ | $-1$ | 0 | 1 | 2 |
|---|---|---|---|---|
| $P$ | 0.3 | 0.2 | 0.4 | 0.1 |

令 $Y=2X+1$，求 $E(Y)$.

**解**：$E(Y)=(2\times(-1)+1)\times 0.3+(2\times 0+1)\times 0.2+(2\times 1+1)\times 0.4+(2\times 2+1)\times 0.1=(-1)\times 0.3+1\times 0.2+3\times 0.4+5\times 0.1=1.6$.

**例 10.5.9** 设随机变量 $X$ 的分布律为

| $X$ | $-1$ | 0 | 0.5 | 1 | 2 |
|---|---|---|---|---|---|
| $P$ | 0.3 | 0.2 | 0.1 | 0.1 | 0.3 |

求随机变量函数 $Y=X^2$ 的数学期望.

**解**：$Y$ 的可能取值为 4，1，0，1，4，9. 由于

$$E(Y)=\sum_{k=1}^{\infty}g(x_k)p_k=x_1^2p_1+x_2^2p_2+x_3^2p_3+x_4^2p_4+x_5^2p_5$$
$$=(-1)^2\times 0.3+0^2\times 0.2+0.5^2\times 0.1+1^2\times 0.1+2^2\times 0.3$$
$$=0.3+0.025+0.1+1.2=1.625.$$

**例 10.5.10** 设随机变量 $X$ 的密度函数为

$$p(x)=\begin{cases}\dfrac{3}{8}x^2, & 0<x<2 \\ 0, & 其他\end{cases}$$

试求 $\dfrac{1}{X^2}$ 的数学期望.

**解**：

$$E\left(\frac{1}{X^2}\right)=\int_0^2\frac{1}{x^2}\frac{3}{8}x^2\mathrm{d}x=\frac{3}{4}.$$

### 4. 数学期望的性质

期望计算中，有可能遇到复杂的随机变量函数，这时就可以利用期望的性质来化简计算. 下面给出数学期望的几个性质，并假设所提到的数学期望均存在.

**性质 10.5.1** $E(c)=c$ （$c$ 为常数）.

**性质 10.5.2** $E(cX)=cE(X)$ （$c$ 为常数）.

**性质 10.5.3** 设 $X,Y$ 是任意两个随机变量，则有

$$E(X+Y)=E(X)+E(Y)$$

这一性质可推广到有限个随机变量的情形，即

$$E(X_1+X_2+\cdots+X_n)=E(X_1)+E(X_2)+\cdots+E(X_n)$$

**性质 10.5.4** 设 $X,Y$ 是两个相互独立的随机变量，则有

$$E(XY)=E(X)E(Y)$$

这一性质也可推广到有限个相互独立的随机变量的情形，即有
$$E(X_1X_2\cdots X_n)=E(X_1)E(X_2)\cdots E(X_n)$$
运用数学期望的这些性质，可以简化一些随机变量数学期望的计算.

**例 10.5.11** 某人射击目标的命中率 $p=\dfrac{1}{2}$，他向目标射击 3 枪，击中 0 枪得 0 分，击中一枪得 20 分，击中二枪得 60 分，击中三枪得 100 分. 随机变量 $Y$ 表示他的得分，求 $E(Y), E(2Y+10)$.

**解**：用 $X$ 表示该人击中枪数，$Y$ 表示得分数. 因为

（1）$p(x=0)=C_3^0\left(\dfrac{1}{2}\right)^0\left(1-\dfrac{1}{2}\right)^3=\dfrac{1}{8}$

（2）$p(x=1)=C_3^1\left(\dfrac{1}{2}\right)\left(1-\dfrac{1}{2}\right)^2=\dfrac{3}{8}$

（3）$p(x=2)=C_3^2\left(\dfrac{1}{2}\right)^2\left(1-\dfrac{1}{2}\right)=\dfrac{3}{8}$

（4）$p(x=3)=C_3^3\left(\dfrac{1}{2}\right)^3\left(1-\dfrac{1}{2}\right)^0=\dfrac{1}{8}$

所以

| $X$ | 0 | 1 | 2 | 3 |
|---|---|---|---|---|
| $P$ | $\dfrac{1}{8}$ | $\dfrac{3}{8}$ | $\dfrac{3}{8}$ | $\dfrac{1}{8}$ |

| $X$ | 0 | 20 | 60 | 100 |
|---|---|---|---|---|
| $P$ | $\dfrac{1}{8}$ | $\dfrac{3}{8}$ | $\dfrac{3}{8}$ | $\dfrac{1}{8}$ |

所以
$$EY=0\times\dfrac{1}{8}+20\times\dfrac{3}{8}+60\times\dfrac{3}{8}+100\times\dfrac{1}{8}=30+12.5=42.5,$$
$$E(2Y+10)=2E(Y)+10=95.$$

**例 10.5.12** 设两个相互独立的随机变量 $R$ 与 $T$，其概率密度分别为
$$F(r)=\begin{cases}2r, 0\leqslant r\leqslant 1\\ 0,\text{其他}\end{cases}, \quad G(t)=\begin{cases}\dfrac{t^3}{64}, 0\leqslant t\leqslant 4\\ 0,\text{其他}\end{cases}$$

试求 $H=RT$ 的均值.

**解**：
$$E(H)=E(RT)=E(R)E(T)=\left[\int_{-\infty}^{+\infty}rg(r)\mathrm{d}r\right]\left[\int_{-\infty}^{+\infty}tg(t)\mathrm{d}t\right]$$
$$=\left(\int_0^1 2r^2\mathrm{d}r\right)\left(\int_0^4 \dfrac{t^4}{64}\mathrm{d}t\right)=\dfrac{32}{15}.$$

## 10.5.2 方差

### 1. 方差的定义

随机变量的数学期望反映了随机变量取值的平均水平，它是随机变量的一个重要数字特征．为了能对随机变量的变化情况作出更加全面、准确的描述，除了知道随机变量的数学期望外，还需要知道随机变量取值与其均值的偏离程度．

**例 10.5.13** 在相同的条件下，甲、乙两人对长度为 $a$ 的某零件进行测量，测量结果分别用 $X,Y$ 表示，已知 $X,Y$ 的概率分布如表 10.5.2 所示．

表 10.5.2 $X$，$Y$ 概率分布

| $X,Y$ | $a-0.02$ | $a-0.01$ | $a$ | $a+0.01$ | $a+0.02$ |
| --- | --- | --- | --- | --- | --- |
| $P_X$ | 0 | 0.1 | 0.8 | 0.1 | 0 |
| $P_Y$ | 0.1 | 0.2 | 0.4 | 0.2 | 0.1 |

容易算出，$E(X)=E(Y)=a$，即甲、乙两人测量的平均值是相同的，这时仅用数学期望比较不出甲、乙两人测量技术的好坏．但从以上列表分布大致可以看到，$X$ 取值比 $Y$ 取值更集中于数学期望 $a$ 附近，说明甲的测量技术比乙好．为了定量表示这种集中程度，需要用一个数值来刻画随机变量取值与其数学期望偏差的大小．为此，我们引入方差这一概念．

**定义 10.5.3** 设 $X$ 是一个随机变量，若 $E[X-E(X)]^2$ 存在，则称 $E[X-E(X)]^2$ 为 $X$ 的**方差**，记为 $D(X)$ 或 $\text{Var}(X)$，即

$$D(X) = \text{Var}(X) = E[X-E(X)]^2$$

还引入与 $X$ 具有相同量纲的量 $\sqrt{D(X)}$，记为 $\sigma(X)$，称为**标准差**或**均方差**．显然方差的大小反映了随机变量 $X$ 取值的分散程度：方差越大，则 $X$ 取值越分散；方差越小，则 $X$ 取值越集中．

对离散型随机变量 $X$

$$D(X) = \sum_{i=1}^{\infty}[x_i - E(X)]^2 p_i$$

对连续型随机变量 $X$

$$D(X) = \int_{-\infty}^{+\infty}[x - E(X)]^2 f(x)\mathrm{d}x$$

对于方差，常用以下公式计算：

$$D(X) = E(X^2) - [E(X)]^2$$

**例 10.5.14** 设随机变量 $X$ 表示掷一颗骰子出现的点数，求 $X$ 的期望和方差．

**解**：$X$ 的分布律为

$$P(X=k) = 1/6,\ (k=1,2,\cdots,6).$$

由期望的定义有

$$E(X) = (1+2+3+4+5+6) \times 1/6 = 7/2.$$

对于方差的计算：

（方法 1）直接由方差的定义式.

$$D(X) = E[X-E(X)]^2 = (1/6)\sum_{k=1}^{6}(k-7/2)^2$$
$$= (1/6)[(-5/2)^2 + (-3/2)^2 + (-1/2)^2 + (1/2)^2 + (3/2)^2 + (5/2)^2] = 35/12.$$

（方法 2）应用方差的常用公式.

因为

$$E(X^2) = (1/6)(1^2 + 2^2 + 3^2 + 4^2 + 5^2 + 6^2) = 91/6.$$

所以

$$D(X) = E(X^2) - [E(X)]^2 = 91/6 - (7/2)^2 = 35/12.$$

## 2. 方差的性质

**性质 10.5.5** $D(c) = 0$ （$c$ 为常数）.

**性质 10.5.6** $D(cX) = c^2 D(X)$ （$c$ 为常数），

更一般有，$D(aX+b) = a^2 D(X)$ （$a,b$ 为常数）.

**性质 10.5.7** 若 $X,Y$ 相互独立，则 $D(X+Y) = D(X) + D(Y)$.

一般地，设 $X,Y$ 是任意两个随机变量，则有

$$D(X+Y) = D(X) + D(Y) + 2E\{(X-E(X))(Y-E(Y))\}.$$

**性质 10.5.8** $D(X) = 0$ 的充要条件是 $X$ 以概率 1 取常数 $E(X)$，即

$$P\{X = E(X)\} = 1.$$

**例 10.5.15** 随机变量 $X$ 的分布函数为

$$F(x) = \begin{cases} 1 - \dfrac{a^3}{x^3}, & x \geq a \\ 0, & x < a \end{cases}$$

求 $E(X)$，$D(X)$.

**解**：$f(x) = F'(x) = \begin{cases} 3a^3 x^{-4}, & x \geq a \\ 0, & x < a \end{cases}$；

$$E(X) = \int_{-\infty}^{+\infty} xf(x)dx = \int_{a}^{+\infty} 3a^3 x^{-3} dx = 3a^3 \left.\frac{-x^{-2}}{2}\right|_{a}^{+\infty} = \frac{3}{2}a;$$

$$E(X^2) = \int_{-\infty}^{+\infty} x^2 f(x)dx = \int_{a}^{+\infty} 3a^3 x^{-2} dx = 3a^3 \left.\left(-\frac{1}{x}\right)\right|_{a}^{+\infty} = 3a^2;$$

$$D(X) = 3a^2 - \left(\frac{3}{2}a\right)^2 = \frac{3}{4}a^2.$$

### 10.5.3 常用分布及数字特征

一些常见的离散型及连续型随机变量的数字特征经常会用到,现总结如表 10.5.3 所示.

表 10.5.3 常用分布及数字特征

| 分布名称 | 分布律或密度函数 | 数学期望 | 方差 |
|---|---|---|---|
| 0–1 分布 $B(1,p)$ | $P(X=k)=p^k(1-p)^{1-k}, 0<p<1, k=0,1$ | $p$ | $pq$ |
| 二项分布 $B(n,p)$ | $P(X=k)=\binom{n}{k}p^k(1-p)^{n-k},\ 0<p<1, k=0,1,\cdots,n$ | $np$ | $npq$ |
| 超几何分布 $H(N,M,n)$ | $P(K=k)=\dfrac{\binom{M}{k}\binom{N-M}{n-k}}{\binom{N}{n}},$ $k=\max(0,n+M-N),\cdots,\min(n,M)$ | $n\dfrac{M}{N}$ | $\dfrac{nM(N-M)(N-n)}{N^2(N-1)}$ |
| 泊松分布 $P(\lambda)$ | $P(K=k)=\dfrac{\lambda^k}{k!}\mathrm{e}^{-\lambda},\ \lambda>0, k=0,1,2,\cdots,n,\cdots$ | $\lambda$ | $\lambda$ |
| 几何分布 $Ge(p)$ | $P(X=k)=p(1-p)^{k-1}\ 0<p<1, k=1,2,\cdots,n,\cdots,$ | $\dfrac{1}{p}$ | $\dfrac{1-p}{p^2}$ |
| 均匀分布 $U(a,b)$ | $f(x)=\begin{cases}\dfrac{1}{b-a}, & a<x<b,\\ 0 & \end{cases}$ | $\dfrac{a+b}{2}$ | $\dfrac{(b-a)^2}{12}$ |
| 指数分布 $E(\lambda)$ | $f(x)=\begin{cases}\lambda\mathrm{e}^{-\lambda x}, & x\geqslant 0,\\ 0, & 其他\end{cases}\ \lambda>0$ | $\dfrac{1}{\lambda}$ | $\dfrac{1}{\lambda^2}$ |
| 正态分布 $N(\mu,\sigma^2)$ | $f(x)=\dfrac{1}{\sqrt{2\pi}\sigma}\mathrm{e}^{-\dfrac{(x-\mu)^2}{2\sigma^2}},\ -\infty<x<+\infty\ \mu\in R,\sigma>0$ | $\mu$ | $\sigma^2$ |

## 习题 10.5

1. 选择题.

(1) 设 $X\sim B(n,p)$ 且 $E(X)=4.8, D(X)=1.92$,则( ).

    A. $n=6, p=0.8$      B. $n=0.8, p=6$

    C. $n=12, p=0.4$      D. $n=16, p=0.3$

(2) 设 $X\sim N(2,3^2)$,且 $Y=2X-3$ 则 $Y\sim$( ).

    A. $N(1,1.5^2)$      B. $N(1,1.6^2)$      C. $N(1,1)$      D. $N(1,3^2)$

(3) 盒中有 6 个红球 4 个白球,任意摸出一球,记住颜色后再放入盒中,一共进行 4 次,设 X 为红球出现的次数,则 $E(x)=$( ).

    A. $\dfrac{16}{10}$      B. $\dfrac{4}{10}$      C. $\dfrac{24}{10}$      D. $\dfrac{4^2\times 6}{10}$

(4) 设随机变量 $X\sim N(\mu,\delta^2)$,$P\{|X-\mu|\leqslant 2\delta\}=$( ).

    A. 0.68      B. 0.90      C. 0.95      D. 0.99

（5）若连续型随机变量 $X$ 的分布函数为 $F(x)=\begin{cases}0, & x<0 \\ x^3, & 0\leq x\leq 1 \\ 1, & x>1\end{cases}$，则 $E(x)=($　　　$)$.

A. $\int_0^\infty x^4 dx$　　　　　　　　　B. $\int_0^1 3x^3 dx$

C. $\int_0^1 x^4 dx + \int_0^\infty x dx$　　　　D. $\int_0^\infty 3x^3 dx$

2. 填空题.

（1）某批产品的正品率为 $\frac{3}{4}$，现对其进行测试，以 $X$ 表示首先测到正品时已进行的测试次数，则 $X$ 的数学期望为_____.

（2）当 $X$ 的数学期望 $E(X)$ 和 $E(X^2)$ 都存在时，$X$ 的方差计算公式为 $D(x)=$_____.

（3）设 $X\sim B(n,p)$，则 $P\{X=k\}=$_____.

（4）设随机变量 $X$ 服从区间 $[1,5]$ 上的均匀分布，当 $x_1<1<x_2<5$ 时，$P\{x_1\leq X\leq x_2\}=$_____.

（5）一射手对同一目标独立进行 4 次射击，每次射击的命中率相同，如果至少命中一次的概率为 $\frac{80}{81}$，用 $X$ 表示该射手命中的次数，则数学期望 $E(X^2)$_____.

（6）设随机变量 $X_1$，$X_2$，$X_3$ 均服从区间 $[0,2]$ 上的均匀分布，则 $E(3X_1-X_2=2X_3)=$_____.

3. 已知甲、乙两箱中装同种产品，其中甲箱中装有 3 件合格品和 3 件次品，乙箱中仅装有 3 件合格品. 从甲箱任取 3 件产品放入乙箱后，求：乙箱中次品件数的数学期望.

4. 一部机器在一天内发生故障的概率为 0.2，发生故障则当天停止工作，若一周 5 个工作日无故障，可获利 10 万元，发生 1 次故障仍可获利 5 万元，发生 2 次故障获利 0 元，发生 3 次或 3 次以上故障要亏损 2 万元，求一周内期望利润是多少？

5. 某种产品周需求量 $X$ 在 $(10,30)$ 上服从均匀分布，而商店进行货量 $a$ 是区间 $(10,30)$ 上的某一整数，商店每销售 1 单位商品，获利 500 元，若供大于求，则削价处理，这时亏损 100 元，若供不应求，可从外部调剂供应，此时每单位获利 300 元，为使商店获利期望值不少于 9280 元，试确定该最少进货量 $a$.

6. 设随机变量 $X$ 与 $y$ 相互独立，且 $X\sim N(1,\sqrt{2}^2)$，$Y\sim(0,1)$，试求 $Z=2X-Y+3$ 的概率密度.

7. 某短视频平台在节目中插播广告有三种方案(10 秒，20 秒和 40 秒)供商家选择，据一段时间内的统计，这三种方案被选择的可能性分别是 10%,30% 和 60%.

（1）设 $X$ 为业主随机选择的广告时间长度，求 $E(X)$，$D(X)$，并说明 $E(X)$ 的含义.

（2）假如该短视频平台在节目中插播 10 s 广告售价是 4 000 元，20 s 广告售价是 6 500 元，40 s 广告售价是 8 000 元. 若设 $Y$ 为广告价格，请写出 $Y$ 的概率分布，计算 $E(Y)$，并说明 $E(Y)$ 的含义.

8. 设随机变量 $X$ 的分布为 $P(X=\pm 1)=\frac{1}{3}$，$P(X=0)=\frac{1}{3}$，求 $Y=|X|$ 的分布及 $E(Y)$.

9. 在超几何分布 $h(n,M,N)$ 中，设 $N=8$，$M=4$，$n=3$，写出其分布列，然后求其期望与方差.

10. 设随机变量 $X$ 的密度函数为

$$p(x) = \begin{cases} ax+bx^2, & 0<x<1 \\ 0, & \text{其他} \end{cases}$$

如果已知 $E(X)=0.5$，试计算 $D(X), D(2X+5)$.

## 10.6 概率在经济中的应用

无论是在生活中，还是经济活动中，市场瞬息万变，到处充满不确定性和风险，任何事业都具有不确定性，正所谓"谋事在人，成事在天". 但通过前面的学习，我们可以利用概率的知识去把不确定的可能性作出评估，并将这种估计作为科学决策的依据，才能尽可能避免风险，把握机遇，增加完成目标的概率. 可以看到，概率在生产、生活中有着广泛的运用.

### 10.6.1 投资风险决策问题

一般情况下，投资风险决策问题可以用决策矩阵表来描述，如表 10.6.1 所示.

表 10.6.1 决策矩阵表的一般形式

| 方案\收益\概率\状态 | $s_1$ | $s_2$ | … | $s_j$ | … | $s_n$ | 期望方差 |
|---|---|---|---|---|---|---|---|
|  | $p_1$ | $p_2$ | … | $p_j$ | … | $p_n$ |  |
| $A_1$ | $a_{11}$ | $a_{12}$ | … | $a_{1j}$ | … | $a_{1n}$ | $E(A_1)\ D(A_1)$ |
| $A_2$ | $a_{21}$ | $a_{22}$ | … | $a_{2j}$ | … | $a_{2n}$ | $E(A_2)\ D(A_2)$ |
| ⋮ | ⋮ | ⋮ | ⋮ | ⋮ | ⋮ | ⋮ | ⋮ |
| $A_m$ | $a_{m1}$ | $a_{m2}$ | … | $a_{mj}$ | … | $a_{mn}$ | $E(A_m)\ D(A_m)$ |
| 决策 | \multicolumn{6}{l|}{$A_r = \max E(A_i)\ \ A_r = \min E(A_i)\ \ \ D_r = \min D(A_i)\ \ (i=1,2,\cdots,m)$} | |

在表 10-6-1 中，$A_1, A_2, \cdots, A_m$ 分别表示决策者可能采取的 $m$ 个行动方案，它们彼此相互独立，$S_1, S_2, \cdots, S_n$ 分别表示各个行动方案可能遇到的客观条件即自然状态分类情况. 对风险决策问题，假定它们是随机变量，其发生的概率分别用 $p_1, p_2, \cdots, p_n$ 表示. 由于发生这类事件的可能性既是相互排斥的，又是相互独立的事件，故有 $p_1+p_2+\cdots+p_n=1$. 在自然状态 $S_1, S_2, \cdots, S_n$ 下，采用方案 $A_1, A_2, \cdots, A_m$ 的风险值为 $a_{ij}(i=1,2,\cdots,m; j=1,2,\cdots,n)$. 表中的主要部分是在各自然状态下决策者采取行动方案的后果，即期望与方差值 $E(A_i)$、$D(A_i)$. 通过比较各 $E(A_i)$、$D(A_i)(i=1,2,\cdots,m)$，确定决策者采取的最优行动方案.

把所有期望损益值看作一个列矩阵，则

$$E(A) = \begin{pmatrix} E(A_2) \\ E(A_2) \\ \vdots \\ E(A_m) \end{pmatrix}$$

把状态概率用矩阵表示为

$$P = \begin{pmatrix} p_1 \\ p_2 \\ \vdots \\ p_n \end{pmatrix}$$

所有方案的风险值 $a_{ij}(i=1,2,\cdots,m;j=1,2,\cdots,n)$ 用矩阵表示为

$$A = \begin{pmatrix} a_{11} & a_{12} & \cdots & a_{1j} & \cdots & a_{1n} \\ a_{21} & a_{22} & \cdots & a_{2j} & \cdots & a_{2n} \\ \vdots & \vdots & & \vdots & & \vdots \\ a_{m1} & a_{m2} & \cdots & a_{mj} & \cdots & a_{mn} \end{pmatrix}$$

把矩阵 $A$ 与矩阵 $P$ 相乘，得

$$AP = \begin{pmatrix} a_{11} & a_{12} & \cdots & a_{1j} & \cdots & a_{1n} \\ a_{21} & a_{22} & \cdots & a_{2j} & \cdots & a_{2n} \\ \vdots & \vdots & & \vdots & & \vdots \\ a_{m1} & a_{m2} & \cdots & a_{mj} & \cdots & a_{mm} \end{pmatrix} \begin{pmatrix} p_1 \\ p_2 \\ \vdots \\ p_n \end{pmatrix} = \begin{pmatrix} \sum_{j=1}^{n} a_{1j}p_j \\ \sum_{j=1}^{n} a_{2j}p_j \\ \vdots \\ \sum_{j=1}^{n} a_{mj}p_j \end{pmatrix} = \begin{pmatrix} E(A_1) \\ E(A_2) \\ \vdots \\ E(A_m) \end{pmatrix}$$

即以上三者的关系为 $E(A) = AP$，同时，还可以计算出各方案对应的方差 $D(A)$.

当决策目标是收益时，应选择期望值最大、方差小的方案为最优方案；当决策目标是损失时，应选择期望值最小、差异系数小的方案为最优方案.

上述期望值可由矩阵的乘法运算得到，故这种风险型决策模型称为矩阵决策模型.

**例 10.6.1** 东方集团公司想投资办加工厂，经过一番调查以后，需要进行的决策. 条件如下：

（1）现有两个可行方案：A 方案建较大规模的厂，总投资 5 000 万元，B 方案建较小规模的厂，总投资 2 000 万元. 由于技术迭代，投产 5 年后工厂就要改造，即工厂使用期为投产后 5 年.

（2）存在三种需求自然状态：高需求（概率 0.3）、中需求（概率 0.6）、低需求（概率 0.1）.

（3）两种方案在三种需求状态下的年利润值（或亏损值）如下：

| 方案状态 | 高需求（概率 0.3） | 中需求（概率 0.6） | 低需求（概率 0.2） |
|---|---|---|---|
| 建较大规模的厂 A2 | 2 000 万元 | 1 000 万元 | -100 万元 |
| 建较小规模的厂 A1 | 800 万元 | 500 万元 | 100 万元 |

应选择何种方案，可使 5 年的纯利润达到最大？

**解：** 建立自然收益情况表：

| 方案\收益\概率\状态 | 高需求 | 中需求 | 低需求 | 期望、方差 |
|---|---|---|---|---|
| | 0.3 | 0.6 | 0.1 | |
| $A_1$ | 2 000 | 1 000 | -100 | $E(A_1)$ |
| $A_2$ | 800 | 500 | 100 | $E(A_2)$ |
| 决策 | | | | |

计算出5年内的期望收益：$E(A_1) = 5950$ $E(A_2) = 2750$。

因此，5年内的期望纯利润分别为5950－5000＝950（万元），2750－2000＝750（万元）．经过比较，应该建较大的厂，5年内可望获得利950万元．

**例10.6.2** 某个工厂停电、停水天的而造成停工的损失（单位：万元）及概率情况如下表所示，求出该工厂停电和停水的损失哪个大．

**停电损失的概率分布表**

| 损失金额($\xi$) | 1 | 2 | 3 | 4 | 5 |
|---|---|---|---|---|---|
| 概率 | 0.15 | 0.15 | 0.4 | 0.2 | 0.1 |

**停水损失的概率分布表**

| 损失金额($\xi$) | 0.5 | 0.8 | 1 | 1.5 | 2 |
|---|---|---|---|---|---|
| 概率 | 0.15 | 0.2 | 0.4 | 0.2 | 0.05 |

**解：** 由停电造成的平均损失为

$$E_1(\xi) = \sum_{i=1}^{n=5} x_i p_i = 1 \times 0.15 + 2 \times 0.15 + 3 \times 0.4 + 4 \times 0.2 + 5 \times 0.1 = 2.95$$

由停水造成的平均损失为

$$E_2(\xi) = \sum_{i=1}^{n=5} x_i p_i = 0.5 \times 0.15 + 0.8 \times 0.2 + 1 \times 0.4 + 1.5 \times 0.2 + 2 \times 0.05 = 1.035$$

由停电、停水的损失风险为

$$D_1(\xi) = \sum_{i=1}^{i=5} [x_i - E(\xi)]^2 \cdot p_i = 1.375 \quad D_2(\xi) = \sum_{i=1}^{i=5} [x_i - E(\xi)]^2 \cdot p_i = 0.1414$$

标准差

$$\sigma_1 = \sqrt{D(\xi)} = 1.161 \quad \sigma_2 = \sqrt{D(\xi)} = 0.3798$$

差异系数：

$$V_1 = \frac{\sigma}{\mu} = 0.3935 \quad V_2 = \frac{\sigma}{\mu} = 0.3669$$

停电损失的差异系数大于停水的差异系数，差异系数越大风险就越大，所以工厂停电的损失风险大于停水的损失风险．

### 10.6.2 估测最大利润问题

企业是一个经济实体，获得最大利润是经营管理者的目标和责任，而前面所学的随机变量函数期望在科学预测利润问题中起着非常重要的作用．

**例10.6.3** 某电机厂生产某种型号的配件，每周的市场需求量 $x$ 在 20～40 范围内等可能取值，该产品的生产量也在范围内等可能取值（每周只在周日前出货物一次），电机厂每销售一单位配件可获利 600 元，若供大于求，则降价处理，每处理一单位配件亏损 100 元；若供不应求，可从外单位调拨，此时一单位配件可获利 300 元. 试测算周生产量为多少时，电机厂可获得最佳利润，并求出最大利润的期望值.

**解**：设每周的生产量为 $a(20 \leqslant a \leqslant 40)$，由于该配件的需求量（销售量）$x$ 是一个连续型随机变量，它在区间 $[20,40]$ 上均匀分布，利润值 $Y$ 也是随机变量，它是 $x$ 的函数，建立 $Y$ 与 $x$ 的函数关系，

$$Y = \begin{cases} 600x - 100(a-x), & x < a \\ 600a + 300(x-a), & x \geqslant a \end{cases}$$

由题可知，需求量 $x$ 服从均匀分布，其概率密度函数为：

$$f(x) = \begin{cases} \dfrac{1}{40-20}, & 20 \leqslant x \leqslant 40 \\ 0, & \text{其他} \end{cases}$$

可得利润的期望为：

$$\begin{aligned} E(Y) &= \int_{-\infty}^{+\infty} Y f(x) \mathrm{d}x = \int_{20}^{40} Y \frac{1}{20} \mathrm{d}x \\ &= \int_{20}^{a} \frac{1}{20}(600x - 100(a-x)) \mathrm{d}x + \int_{a}^{40} \frac{1}{20}(600a + 300(x-a)) \mathrm{d}x \\ &= -10a^2 + 700a + 5000 \end{aligned}$$

则可知 $E'(Y) = -20a + 700$，解得 $a = 35$. 唯一驻点，$E(Y)$ 此时取得最大，最大值为 17250（元）. 所以周生产量安排为 35 时，电机厂周利润达到最大.

### 10.6.3 管理相关问题

通过概率知识，还可以对经济活动中的一些管理相关的问题进行科学推断，进行综合分析，帮助管理者提升科学管理的效率.

**例 10.6.4** 某公司为激励员工，对完成超工作量的员工进行奖励. 为此需要对工作量定额作出规定. 根据以往的统计资料可知，各个工人每月参与的工作量 $X$ 服从正态分布 $X \sim N(40,400)$. 为达到激励效果，要求有 15% 的员工可以获得此项奖励，那么员工每月需要完成多少个工作量以上才能获得奖金？

**解**：这是管理中常见的激励政策制订的问题.

设 $x_0$ 个工作量为定额标准，那么工作量 $P\{X \geqslant x_0\} = 0.15$，则

$$P\{X < x_0\} = 1 - P\{X \geqslant x_0\} = 0.85$$

$$P\{X < x_0\} = P\left\{\frac{X-40}{20} < \frac{x_0-40}{20}\right\} = \Phi\left(\frac{x_0-40}{20}\right) = 0.85$$

查表，得 $\dfrac{x_0-40}{20} = 1.04$，所以 $x_0 = 40 + 1.04 \times 20 = 60.8$（个）. 也就是说，员工每月必须完成 60.8 个工作量以上才能获得超工作量奖.

**例 10.6.5** 保险公司在制定险种销售政策时，经常用到概率论的知识. 假设有 2 500 人

参加人身意外死亡保险. 根据以前的统计资料，在一年里每个人出意外死亡的概率为 0.000 1. 每个参保人保险费为 120 元，而在出意外死亡时参保人及家属可获得赔偿 20 000 元. 试求：

（1）未来一年中保险公司在此保险项目中亏本的概率；

（2）未来一年中保险公司获利不少于 10 万元的概论.

**解**：在一年里人的出意外死亡服从二项分布，假设 2 500 人中有 $k$ 个人出意外死亡，则保险公司亏本当且仅当 $20000k > 2500 \times 120$，即 $k > 15$. 一年之中出意外死亡的人数 $X \sim B(2500, 0.0001)$，又由二项分布知，一年中有 $k$ 个人出意外死亡的概率为

$$P\{X = k\} = C_{2500}^{k}(0.0001)^{k}(0.9999)^{2500-k}, k = 0,1,2,\cdots,2500$$

所以，保险公司亏本的概率为

$$P(A) = P\{X > 15\} = \sum_{k=16}^{2500}(0.0001)^{k}(0.9999)^{2500-k} \approx 0.000001$$

由此可见保险公司亏本几乎是不可能的.

又因保险公司一年获利不少于 10 万元等价于

$$2500 \times 120 - 20000X > 100000 \text{ 即 } X \leqslant 10$$

所以保险公司一年获利不少于 10 万元的概率为

$$P(B) = P\{X \leqslant 10\} = \sum_{k=0}^{10} C_{2500}^{k}(0.0001^{k})(0.9999)^{2500-k} \approx 1$$

所以，保险公司一年获利 10 万元几乎是必然的.

由此可知，保险公司亏本的概率几乎为 0，而赢利的概率接近百分之百，这就是他们经常开拓业务的重要原因.

# 习题 10.6

1. 为了适应建筑市场的需要，某企业提出了扩大某产品生产的两个方案. 第一个方案是建设大工厂，第二个方案是建设小工厂. 建设大工厂需要投资 600 万元，可使用 10 年. 建设小工厂需投资 280 万元，如销路好,3 年后扩建，扩建需要投资 400 万元，可使用 7 年，每年赢利 190 万元. 试选出合理的决策方案.

2. 某公司经销某种原料，根据历史资料，这种原料的市场需求量 $X$（单位：吨）服从 $(300,500)$ 上的均匀分布，每售出 1t 该原料，公司可获利 1.5 千元. 若积压 1t，则公司损失 0.5 千元，问公司应该组织多少货源，可使期望的利润最大.

3. 一家保险公司有 10 000 个客户参加某险种的保险，每人每年支付 12 元保险，在一年内一个人死亡的概率为 0.6%，死亡时家属可向保险公司领取 10 000 元，求：

（1）保险公司亏本的概率.

（2）保险公司一年利润不小于 40 000 元的概率.

4. 某突发事件，在不采取任何预防措施的情况下发生的概率为 0.3，一旦发生，将造成 400 万元的损失. 现有甲、乙两种相互独立的预防措施可供采用. 单独采用甲、乙预防

措施所需的费用分别为 45 万元和 30 万元,采用相应预防措施后此突发事件不发生的概率分别为 0.9 和 0.85. 若预防方案允许甲、乙两种预防措施单独采用、联合采用或不采用,总费用=采取预防措施的费用+发生突发事件损失的期望值. 试确定恰当的预防方案使总费用最少.

5. 某人去火车站乘车,有两条路可走. 第一条路程较短,但交通拥挤,所需时间(单位:分钟)服从正态分布 $N(40,10^2)$;第二条路程较长,但意外阻塞较少,所需时间服从正态分布 $N(50,4^2)$,求:

(1)若动身离开车时间只有 60 分钟,应走哪条路线?

(2)若动身离开车时间只有 45 分钟,应走哪条路线?

# 复习题 10

## 一、选择题

1. 下面各组事件中,互为对立事件的有(    ).

    A. $A_1$ = {抽到的三个产品全是合格品},  $A_2$ = {抽到的三个产品全是废品}

    B. $B_1$ = {抽到的三个产品全是合格品},  $B_2$ = {抽到的三个产品中至少有一个废品}

    C. $C_1$ = {抽到的三个产品中合格品不少于 2 个},  $C_2$ = {抽到的三个产品中废品不多于 2 个}

    D. $D_1$ = {抽到的三个产品中有 2 个合格品},  $D_2$ = {抽到的三个产品中有 2 个废品}

2. 下列事件与事件 $A-B$ 不等价的是(    ).

    A. $A-AB$      B. $(A\cup B)-B$      C. $\overline{A}B$      D. $A\overline{B}$

3. 甲、乙两人进行射击,$A$、$B$ 分别表示甲、乙射中目标,则 $\overline{A}\cup\overline{B}$ 表示(    ).

    A. 二人都没射中      B. 二人都射中

    C. 二人没有都射着      D. 至少一个射中

4. 在事件 $A$,$B$,$C$ 中,$A$ 和 $B$ 至少有一个发生而 $C$ 不发生的事件可表示为(    ).

    A. $A\overline{C}\cup B\overline{C}$      B. $AB\overline{C}$

    C. $AB\overline{C}\cup A\overline{B}C\cup \overline{A}BC$      D. $A\cup B\cup \overline{C}$

5. 设随机事件 $A,B$ 满足 $P(AB)=0$,则(    ).

    A. $A,B$ 互为对立事件      B. $A,B$ 互不相容

    C. $AB$ 一定为不可能事件      D. $AB$ 不一定为不可能事件

6. 设离散型随机变量 $X$ 的分布律为

| $X$ | 0 | 1 | 2 | 3 |
|---|---|---|---|---|
| $P$ | 0.1 | 0.3 | 0.4 | 0.2 |

$F(x)$ 为其分布函数,则 $F(3)=$(    ).

    A. 0.2      B. 0.4      C. 0.8      D. 1

7. 设 $X \sim B\left(10, \dfrac{1}{3}\right)$，则 $E(X) = $（　　）.

　　A. $\dfrac{1}{3}$　　　　　B. 1　　　　　C. $\dfrac{10}{3}$　　　　　D. 10

8. 已知随机变量 $X$ 服从参数为 $n, p$ 的二项分布 $B(n,p)$，且 $E(X)=2.4$, $D(X)=1.44$，则参数 $n, p$ 的值是（　　）.

　　A. $n=4, p=0.6$　　　　　　　　B. $n=6, p=0.4$
　　C. $n=8, p=0.3$　　　　　　　　D. $n=24, p=0.1$

### 三、填空题

1. 若事件 $A, B$ 满足 $AB = \varnothing$，则称 $A$ 与 $B$ _____.

2. "$A, B, C$ 三个事件中至少发生 2 个"此事件可以表示为 _____.

3. 设 $\overline{A}$ 与 $B$ 是相互独立的两事件，且 $P(\overline{A})=0.7$, $P(B)=0.4$，则 $P(AB) = $ _____.

4. 设事件 $A, B$ 独立. 且 $P(A)=0.4, P(B)=0.7$，则 $A, B$ 至少一个发生的概率为 _____.

5. 设有供水龙头 5 个，每一个龙头被打开的可能为 0.1，则有 3 个同时被打开的概率为 _____.

6. 某批产品中有 20% 的次品，进行重复抽样调查，共取 5 件样品，则 5 件中恰有 2 件次品的概率为 _____，5 件中至多有 2 件次品的概率 _____.

7. 当 $c = $ _____ 时 $P(X=k) = c/N, (k=1,\cdots,N)$ 是随机变量 $X$ 的概率分布，当 $c = $ _____ 时 $P(Y=k)=(1-c)/N, (k=1,\cdots,N)$ 是随机变量 $Y$ 的概率分布；当 $a = $ _____ 时 $P(Y=k) = a\dfrac{\lambda^k}{k!}(k=0,1,\cdots, \lambda>0)$ 是随机变量 $Y$ 的概率分布.

8. 进行重复的独立试验，并设每次试验成功的概率都是 0.6. 以 $X$ 表示直到试验获得成功时所需要的试验次数，则 $X$ 的分布律为 _____.

9. 某射手对某一目标进行射击，每次射击的命中率都是 $p$，射中了就停止射击且至多只射击 10 次. 以 $X$ 表示射击的次数，则 $X$ 的分布律为 _____.

10. 将一枚质量均匀的硬币独立地抛掷 $n$ 次，以 $X$ 表示此 $n$ 次抛掷中落地后正面向上的次数，则 $X$ 的分布律为 _____.

### 四、简答题

1. 写出下列随机试验的样本空间：

（1）一盒内放有四个球，它们分别标上 1, 2, 3, 4 号. 现从盒中任取一球后，不放回盒中，再从盒中任取一球，记录两次取球的号码.

（2）将（1）的取球方式改为第一次取球后放回盒中再作第二次取球，记录两次取球的号码.

（3）一次从盒中任取 2 个球，记录取球的结果.

2. 设 $A、B、C$ 为三个事件，用 $A、B、C$ 的运算关系表示下列事件：

（1）$A、B、C$ 中只有 $A$ 发生；　　　（2）$A$ 不发生，$B$ 与 $C$ 发生；
（3）$A、B、C$ 中恰有一个发生；　　　（4）$A、B、C$ 中恰有二个发生；

（5）$A$、$B$、$C$ 中没有一个发生； （6）$A$、$B$、$C$ 中所有三个都发生；

（7）$A$、$B$、$C$ 中至少有一个发生； （8）$A$、$B$、$C$ 中不多于两个发生.

## 五、计算题

1. $A$、$B$、$C$ 为三个事件，说明下述运算关系的含义：

（1）$A$；（2）$\overline{BC}$；（3）$A\overline{BC}$；（4）$\overline{A}\ \overline{B}\ \overline{C}$；（5）$A \cup B \cup C$；（6）$\overline{ABC}$.

2. 一个工人生产了三个零件，以 $A_i$ 与 $\overline{A}_i$ $(i=1,2,3)$ 分别表示他生产的第 $i$ 个零件为正品、次品的事件. 试用 $A_i$ 与 $\overline{A}_i$ $(i=1,2,3)$ 表示以下事件：

（1）全是正品；（2）至少有一个零件是次品；（3）恰有一个零件是次品；（4）至少有两个零件是次品.

3. 袋中有 12 只球，其中红球 5 只，白球 4 只，黑球 3 只. 从中任取 9 只，求其中恰好有 4 只红球，3 只白球，2 只黑球的概率.

4. 求寝室里的六个同学中至少有两个同学的生日恰好同在一个月的概率.

5. 10 把钥匙中有三把能打开门，今任取两把，求能打开门的概率.

6. 将三封信随机地放入标号为 1、2、3、4 的四个空邮筒中，求以下概率：

（1）恰有三个邮筒各有一封信；（2）第二个邮筒恰有两封信；（3）恰好有一个邮筒有三封信.

7. 将 20 个足球球队随机地分成两组，每组 10 个队，进行比赛. 求上一届分别为第一、二名的两个队被分在同一小组的概率.

8. 设在 15 只同类型的零件中有 2 只是次品，从中取 3 次，每次任取 1 只，以 $X$ 表示取出的 3 只中次品的只数. 分别求出在（1）每次取出后记录是否为次品，再放回去；（2）取后不放回，两种情形下 $X$ 的分布律.

9. 一只袋子中装有大小、质量相同的 6 只球，其中 3 只球上各标有 1 个点，2 只球上各标有 2 个点，1 只球上标有 3 个点. 从袋子中任取 3 只球，以 $X$ 表示取出的 3 只球上点数的和.

（1）求 $X$ 的分布律；（2）求概率 $P(4 < X \leqslant 6), P(4 \leqslant X < 6), P(4 < X < 6), P(4 \leqslant X \leqslant 6)$.

10. 设随机变量 $X$ 的概率分布律如下，求 $X$ 的分布函数及 $P(X \leqslant 2), P(0 < X < 3), P(2 \leqslant X \leqslant 3)$.

| $X$ | 0 | 1 | 2 | 3 |
|---|---|---|---|---|
| $P$ | $\dfrac{1}{16}$ | $\dfrac{3}{16}$ | $\dfrac{1}{2}$ | $\dfrac{1}{4}$ |

11. 设一只袋中装有依次标有数字 $-1$、2、2、2、3、3 的六只球，从此袋中任取一只球，并以 $X$ 表示取得的球上所标有的数字. 求 $X$ 的分布律与分布函数.

12. 一批零件中有 9 件合格品与 3 件次品，往机器上安装时任取一件，若取到次品就弃置一边. 求在取到合格品之前已取到的次品数的期望、方差与均方差.

13. 设随机变量 $X$ 的概率密度为 $f(x) = \begin{cases} 2(1-x), & 0 \leqslant x \leqslant 1 \\ 0, & \text{其他} \end{cases}$，求 $E(X)$ 与 $D(X)$.

14. 设随机变量 $X$ 的分布律为

| $X$ | $-1$ | 0 | 3 |
|---|---|---|---|
| $p$ | 0.2 | 0.3 | 0.5 |

（1）求 $X$ 的分布函数；

（2）求 $Y=2X^2+1$ 及 $Z=3X+1$ 的分布律；

（3）$Y=2X^2+1$ 及 $Z=3X+1$ 期望.

## 六、经济应用题

1. 某工程经理欲决定下月是否开工. 如果开工后天气好，可以如期竣工，获利 10 万元；如果开工后天气坏，将造成损失 2 万元. 如果不开工，不论天气好坏都得付误工费 1 万元. 根据过去资料统计，预计下月天气好的概率为 0.6，而天气坏的概率为 0.4. 决策的目的是使施工单位平均获利最多，损失最少.

2. 某企业准备通过招聘考试招收 300 名职工，其中正式工 270 名，临时工 30 名；报考的人数 1657 人，考试满分 400 分. 开始后得知，考试平均成绩分 $\mu=166$ 分，360 分以上的高分考生 31 人. 小王在这次考试中得 256 分，问他能否被录取？能否被聘为正式工？

3. 从某地乘车前往火车站搭火车，有两条路线可走：第一条路线走市区，路程短，但交通堵塞严重，所需时间 $X_1 \sim N(50,100)$；第二条路线走环城公路，路程长，但意外阻塞少，所需时间 $X_2 \sim N(60,16)$. 问：

（1）若有 70 分钟可用，应走哪条路线？

（2）若有 65 分钟可用，应走哪条路线？

# 附录：常用的初等数学公式

## 一、初等代数

### 1. 乘法及因式分解

（1） $(x+a)(x+b) = x^2 + (a+b)x + ab$；

（2） $(a \pm b)^2 = a^2 \pm 2ab + b^2$；

（3） $(a \pm b)^3 = a^3 \pm 3a^2b + 3ab^2 \pm b^3$；

（4） $(a+b+c)^2 = a^2+b^2+c^2+2ab+2bc+2ca$；

（5） $a^2 - b^2 = (a-b)(a+b)$；

（6） $a^3 \pm b^3 = (a \pm b)(a^2 \mp ab + b^2)$；

（7） $(a+b+c)^3 = a^3+b^3+c^3+3a^2b+3ab^2+3b^2c+3bc^2+3a^2c+3ac^2+6abc$；

（8） $a^n - b^n = (a-b)(a^{n-1}+a^{n-2}b+a^{n-3}b^2+\ldots+ab^{n-2}+b^{n-1})$（$n$ 为正整数）；

（9） 二项式定理 $(a+b)^n = C_n^0 a^n + C_n^1 a^{n-1}b + C_n^2 a^{n-2}b^2 + \cdots + C_n^r a^{n-r}b^r + \cdots + C_n^n b^n$；

二项展开式的通项公式 $T_{r+1} = C_n^r a^{n-r} b^r \ (r=0,1,2\cdots, n)$.

### 2. 实系数一元二次方程的解

实系数一元二次方程 $ax^2+bx+c=0$，

①若 $\Delta = b^2 - 4ac > 0$，则 $x_{1,2} = \dfrac{-b \pm \sqrt{b^2-4ac}}{2a}$（求根公式）；

②若 $\Delta = b^2 - 4ac = 0$，则 $x_1 = x_2 = -\dfrac{b}{2a}$；

③若 $\Delta = b^2 - 4ac < 0$，它在实数集 $R$ 内没有实数根；

④在复数集 $C$ 内有且仅有两个共轭复数根 $x = \dfrac{-b \pm \sqrt{-(b^2-4ac)}\,i}{2a}\,(b^2-4ac<0)$；

⑤根与系数的关系（韦达定理）：$x_1 + x_2 = -\dfrac{b}{a}$, $x_1 \cdot x_2 = \dfrac{c}{a}$.

### 3. 指数运算（设 $a,b$ 是正实数，$m,n$ 是任意实数）

（1）指数定义

① $a^{-n} = \dfrac{1}{a^n} \ (a \neq 0)$；

② $a^0 = 1 \ (a \neq 0)$；

③ $a^{-\frac{m}{n}} = \dfrac{1}{a^{\frac{m}{n}}} = \dfrac{1}{\sqrt[n]{a^m}}$（$a>0, m,n \in N^*$，且 $n>1$）.

（2）指数运算法则

① $a^r \cdot a^s = a^{r+s} (a>0, r,s \in \mathbf{Q})$；

② $(a^r)^s = a^{rs} (a>0, r,s \in \mathbf{Q})$；

③ $(ab)^r = a^r b^r (a>0, b>0, r \in \mathbf{Q})$；

④ $\left(\dfrac{b}{a}\right)^r = \dfrac{b^r}{a^r} (a>0, b>0, r \in \mathbf{Q})$.

### 4. 根式的性质

（1）$(\sqrt[n]{a})^n = a$.

（2）当 $n$ 为奇数时，$\sqrt[n]{a^n} = a$；当 $n$ 为偶数时，$\sqrt[n]{a^n} = |a| = \begin{cases} a, a \geq 0 \\ -a, a < 0 \end{cases}$.

### 5. 对 数

（1）指数式与对数式的互化式
$$\log_a N = b \Leftrightarrow a^b = N \ (a > 0, a \neq 1, N > 0).$$

（2）对数的换底公式
$$\log_a N = \frac{\log_m N}{\log_m a} \ (a > 0, 且 a \neq 1, m > 0, 且 m \neq 1, N > 0).$$

推论 $\log_{a^m} b^n = \frac{n}{m}\log_a b$，$\log_a b \cdot \log_b a = 1 \ (a > 0, 且 a > 1, m, n > 0, 且 m \neq 1, n \neq 1, N > 0)$.

（3）对数的四则运算法则

若 $a > 0$，$a \neq 1$，$M > 0$，$N > 0$，则

① $\log_a(MN) = \log_a M + \log_a N$；  ② $\log_a \frac{M}{N} = \log_a M - \log_a N$；

③ $\log_a M^n = n \log_a M (n \in R)$；  ④ $a^{\log_a N} = N$；

⑤ $\log_a a^b = b$；  ⑥ $\log_a 1 = 0$.

（4）自然对数 $\log_e x = \ln x$，常用对数 $\log_{10} x = \lg x$.

### 6. 等差与等比数列

（1）等差数列

通项公式：$a_n = a_1 + (n-1)d = dn + a_1 - d(n \in N^*)$；

其前 $n$ 项和公式为 $s_n = \frac{n(a_1 + a_n)}{2} = na_1 + \frac{n(n-1)}{2}d = \frac{d}{2}n^2 + (a_1 - \frac{1}{2}d)n$.

（2）等比数列

通项公式：$a_n = a_1 q^{n-1} = \frac{a_1}{q} \cdot q^n (n \in N^*)$；

其前 $n$ 项的和公式为

$$s_n = \begin{cases} \frac{a_1(1-q^n)}{1-q}, q \neq 1 \\ na_1, q = 1 \end{cases} \text{或} \ s_n = \begin{cases} \frac{a_1 - a_n q}{1-q}, q \neq 1 \\ na_1, q = 1 \end{cases}.$$

（3）一些常见的数列的前 $n$ 项和

① $1 + 2 + 3 + \cdots + n = \frac{n(n+1)}{2}$；  ② $2 + 4 + 6 + \cdots + 2n = n(n+1)$；

③ $1 + 3 + 5 + \cdots + 2n - 1 = n^2$.  ④ $1^2 + 2^2 + 3^2 + \cdots + n^2 = \frac{n(n+1)(2n+1)}{6}$；

⑤ $1^3 + 2^3 + 3^3 + \cdots + n^3 = \left(\frac{n(n+1)}{2}\right)^2$.

## 二、三角函数公式

### 1. 常用锐角三角函数值

| 角 | 0 | $\dfrac{\pi}{6}$ | $\dfrac{\pi}{4}$ | $\dfrac{\pi}{3}$ | $\dfrac{\pi}{2}$ | $\pi$ |
|---|---|---|---|---|---|---|
| $\sin\alpha$ | 0 | $\dfrac{1}{2}$ | $\dfrac{\sqrt{2}}{2}$ | $\dfrac{\sqrt{3}}{2}$ | 1 | 0 |
| $\cos\alpha$ | 1 | $\dfrac{\sqrt{3}}{2}$ | $\dfrac{\sqrt{2}}{2}$ | $\dfrac{1}{2}$ | 0 | $-1$ |
| $\tan\alpha$ | 0 | $\dfrac{\sqrt{3}}{3}$ | 1 | $\sqrt{3}$ | 不存在 | 0 |
| $\cot\alpha$ | 不存在 | $\sqrt{3}$ | 1 | $\dfrac{\sqrt{3}}{3}$ | 0 | 不存在 |

### 2. 倒数关系

$\tan x \cdot \cot x = 1$ $\qquad$ $\sin x \cdot \csc x = 1$ $\qquad$ $\cos x \cdot \sec x = 1$

### 3. 商的关系

$\dfrac{\sin x}{\cos x} = \tan x = \dfrac{\sec x}{\csc x}$ $\qquad$ $\dfrac{\cos x}{\sin x} = \cot x = \dfrac{\csc x}{\sec x}$

### 4. 平方关系

$\sin^2\alpha + \cos^2\alpha = 1$ $\qquad$ $1 + \tan^2\alpha = \sec^2\alpha$ $\qquad$ $1 + \cot^2\alpha = \csc^2\alpha$

### 5. 诱导公式

| 组序 | 一 | 二 | 三 | 四 | 五 | 六 |
|---|---|---|---|---|---|---|
| 角 | $2k\pi + \alpha (k \in \mathbf{Z})$ | $\pi + \alpha$ | $-\alpha$ | $\pi - \alpha$ | $\dfrac{\pi}{2} - \alpha$ | $\pi + \alpha$ |
| 正弦 | $\sin\alpha$ | $-\sin\alpha$ | $-\sin\alpha$ | $\sin\alpha$ | $\cos\alpha$ | $\cos\alpha$ |
| 余弦 | $\cos\alpha$ | $-\cos\alpha$ | $\cos\alpha$ | $-\cos\alpha$ | $\sin\alpha$ | $-\sin\alpha$ |
| 正切 | $\tan\alpha$ | $\tan\alpha$ | $-\tan\alpha$ | $-\tan\alpha$ | $\cot\alpha$ | $-\cot\alpha$ |
| 余切 | $\cot\alpha$ | $\cot\alpha$ | $-\cot\alpha$ | $-\cot\alpha$ | $\tan\alpha$ | $-\tan\alpha$ |
| 口诀 | 函数名不变，符号看象限 | | | | 函数名改变 符号看象限 | |

### 6. 两角和与差的三角函数公式

$\sin(\alpha+\beta) = \sin\alpha\cos\beta + \cos\alpha\sin\beta$ $\qquad$ $\sin(\alpha-\beta) = \sin\alpha\cos\beta - \cos\alpha\sin\beta$

$\cos(\alpha+\beta) = \cos\alpha\cos\beta - \sin\alpha\sin\beta$ $\qquad$ $\cos(\alpha-\beta) = \cos\alpha\cos\beta + \sin\alpha\sin\beta$

$\tan(\alpha+\beta) = \dfrac{\tan\alpha + \tan\beta}{1 - \tan\alpha\tan\beta}$ $\qquad$ $\tan(\alpha-\beta) = \dfrac{\tan\alpha - \tan\beta}{1 + \tan\alpha\tan\beta}$

### 7. 半角公式

$$\sin\frac{\alpha}{2} = \pm\sqrt{\frac{1-\cos\alpha}{2}} \qquad \cos\frac{\alpha}{2} = \pm\sqrt{\frac{1+\cos\alpha}{2}}$$

$$\tan\frac{\alpha}{2} = \pm\sqrt{\frac{1-\cos\alpha}{1+\cos\alpha}} = \frac{1-\cos\alpha}{\sin\alpha} = \frac{\sin\alpha}{1+\cos\alpha}$$

### 8. 降次升倍公式

$$\cos^2\alpha = \frac{1+\cos 2\alpha}{2} \qquad \sin^2\alpha = \frac{1-\cos 2\alpha}{2}$$

### 9. 二倍角公式

$$\sin 2\alpha = 2\sin\alpha\cos\alpha \qquad \cos 2\alpha = \cos^2\alpha - \sin^2\alpha \qquad \tan 2\alpha = \frac{2\tan\alpha}{1-\tan^2\alpha}$$

### 10. 三角函数的和差化积公式

$$\sin\alpha + \sin\beta = 2\sin\frac{\alpha+\beta}{2}\cos\frac{\alpha-\beta}{2} \qquad \sin\alpha - \sin\beta = 2\cos\frac{\alpha+\beta}{2}\sin\frac{\alpha-\beta}{2}$$

$$\cos\alpha + \cos\beta = 2\cos\frac{\alpha+\beta}{2}\cos\frac{\alpha-\beta}{2} \qquad \cos\alpha - \cos\beta = -2\sin\frac{\alpha+\beta}{2}\sin\frac{\alpha-\beta}{2}$$

### 11. 三角函数的积化和差公式

$$\sin\alpha\cos\beta = \frac{1}{2}[\sin(\alpha+\beta) + \sin(\alpha-\beta)] \qquad \cos\alpha\sin\beta = \frac{1}{2}[\sin(\alpha+\beta) - \sin(\alpha-\beta)]$$

$$\cos\alpha\cos\beta = \frac{1}{2}[\cos(\alpha+\beta) + \cos(\alpha-\beta)] \qquad \sin\alpha\sin\beta = -\frac{1}{2}[\cos(\alpha+\beta) - \cos(\alpha-\beta)]$$

辅助角公式：

$$a\sin x \pm b\cos x = \sqrt{a^2+b^2}\sin(x\pm\Phi)$$

（其中 $\Phi$ 角所在象限由 $a$、$b$ 的符号确定，$\Phi$ 角的值由 $\tan\Phi = \dfrac{b}{a}$ 确定）

# 参考文献

[1] 同济大学数学系. 高等数学[M]. 北京：人民邮电出版社，2016.
[2] 陈华峰，袁佳. 高等应用数学[M]. 成都：西南交通大学出版社，2022.
[3] 顾静相. 经济数学基础[M]. 北京：高等教育出版社，2008.
[4] 陈兆斗，高瑞. 高等数学[M]. 北京：北京大学出版社，2006.
[5] 刘吉佑，徐诚浩. 线性代数（经管类）[M]. 武汉：武汉大学出版社，2006.
[6] 张淑娟，张黎. 经济数学[M]. 北京：清华大学出版社，2022.
[7] [美]亚当斯，哈斯，汤普森. 微积分之屠龙宝刀[M]. 长沙：湖南科学技术出版社，2004.
[8] 任广千，谢聪，胡翠芳. 线性代数的几何意义[M]. 西安：西安电子科技大学出版社，2015.
[9] 同济大学数学系. 概率论与数理统计[M]. 北京：人民邮电出版社，2017.
[10] 周华. 高级微观经济学中的数学方法[M]. 北京：首都经济贸易大学出版社，2018.
[11] [美]迪安·科尔贝. 经济数学引论[M]. 童乙伦，译. 上海：格致出版社，上海三联书店，上海人民出版社，2015.
[12] [美]卡尔·P. 西蒙. 经济学中的数学[M]. 杨介棒，何辉，译. 北京：中国人民大学出版社，2018.
[13] [美]蒋中一. 数理经济学的基本方法[M]. 刘学，顾佳峰，译. 北京：北京大学出版社，2006.
[14] 宋西红. 经济应用数学[M]. 广州：广东高等教育出版社，2021.
[15] 白健，胡桂萍. 经济数学基础与应用模型[M]. 天津：天津大学出版社，2014.
[16] 应惠芬，金开正. 经济应用数学基础[M]. 杭州：浙江大学出版社，2010.
[17] 赵树源，胡显佑. 经济应用数学基础微积分第五版学习参考[M]. 北京：中国人民大学出版社，2022.
[18] 施桂萍，等. 高等数学财经版习题全解指南[M]. 北京：北京理工大学出版社，2016.
[19] 李本图，高玉燕，等. 高等数学财经版[M]. 北京：北京理工大学出版社，2016.